유통관리사 2급

핵심이론 + 기출문제

이정후

2024
유통관리사 2급 핵심이론+기출문제

인쇄일 2024년 4월 5일 초판 1쇄 인쇄
발행일 2024년 4월 10일 초판 1쇄 발행
등 록 제17-269호
판 권 시스컴2024

발행처 시스컴 출판사
발행인 송인식
지은이 이정후

ISBN 979-11-6941-375-6 13320
정 가 25,000원

주소 서울시 금천구 가산디지털1로 225, 514호(가산포휴) | **홈페이지** www.nadoogong.com
E-mail siscombooks@naver.com | **전화** 02)866-9311 | **Fax** 02)866-9312

국내 유통시장 개방과 해외 유통업체의 진출로 유통의 글로벌화가 진행되고 있으며, 인터넷의 급성장과 국민생활수준의 향상으로 유통 및 물류와 관련된 소비자의 요구가 심화되고 있습니다. 또한 유통업체들이 점차 전문화, 대형화되어감에 따라 물류관리를 합리화하고 물류비용을 절감하는 한편, 판매업무 등을 효율적으로 관리하려는 움직임이 일면서 각 유통업체와 물류업체들은 종합적인 판매기획과 전략을 수립하고, 유통경영과 관리를 수행할 수 있는 전문 인력에 대한 필요를 절감하게 되었습니다.

국가에서도 업계의 이러한 움직임에 부응하여 유통관련 종사자의 일정비율을 유통관리사로 고용하도록 의무화하고 있으며, 또한 이를 고용하는 업체에는 자금을 지원하는 등 아낌없는 투자와 노력을 다하고 있는 실정입니다.

이런 유통 전문 인력에 대한 수요 폭증의 추세로 볼 때, 취업대란을 겪고 있는 지금의 현실에서 유통관리사 자격증 취득은 백화점이나 대형할인점, 마트, 기타 유통·물류회사의 유통책임자로 쉽게 취업할 수 있는 마스터키를 쥐는 것과 다름이 없습니다.

유통관리사 2급 핵심이론+기출문제는 개념 파악을 위한 핵심이론과 최근 2년간의 유통관리사2급 기출문제를 수록하고, 이에 대한 풍부한 해설을 담아 기본서를 따로 참고하지 않고도 명쾌하게 이해할 수 있도록 구성한 개념기출문제집입니다. 또한, 중요한 문제의 상당수가 변형되어 반복 출제되고 있다는 점을 고려해 '정답해설'뿐만 아니라 '오답해설'도 상세하게 수록하여 다양한 유형의 문제에도 보다 쉽게 대처할 수 있게 하였습니다.

본서로 유통관리사 자격시험을 준비하시는 모든 수험생들에게 합격의 영광이 함께하길 바랍니다.

유통관리사 2급 자격시험 안내

유통관리사 가이드

▎유통관리사란?

유통관리사 검정은 대한상공회의소에서 시행하는 국가공인 자격시험으로, 소비자와 생산자 간의 커뮤니케이션, 소비자 동향 파악 등 판매 현장에서 활약할 전문 인력을 양성하기 위해 마련되었다.

▎유통관리사의 주요 업무

백화점, 쇼핑센터 등 대규모 유통업체에서 유통실무, 유통관리, 경영지도, 판매관리, 판매계획 수립 및 경영분석 등의 업무를 담당한다.

- 유통관리사 1급 : 유통업체의 경영자, 지점장급으로 경영 담당
- 유통관리사 2급 : 유통업체의 매장 주임이나 감독자, 실장, 과장급으로 일선관리업무 담당
- 유통관리사 3급 : 고객을 직접 상대하는 일반 판매원으로 고객응대업무 담당

「유통산업발전법」 제24조 유통관리사

유통관리사는 다음 각 호의 직무를 수행한다.
1. 유통경영·관리 기법의 향상
2. 유통경영·관리와 관련한 계획·조사·연구
3. 유통경영·관리와 관련한 진단·평가
4. 유통경영·관리와 관련한 상담·자문
5. 그 밖에 유통경영·관리에 필요한 사항

▎진출분야 및 전망

- 유통업체의 전문화·대형화, 국내 유통시장 개방, 해외 유통업체의 진출 등으로 말미암아 유통전문가에 대한 필요성 증대로 인력수요가 크게 늘어날 예정이다.
- 유통시장의 개방과 산업구조의 변화로 유통관리사의 업무비중이 점차 높아짐에 따라 대우와 수입 면에서 전망이 밝은 자격증으로 자리 잡고 있다.
- 정부 및 유통업체의 관심 증가로 유통업체나 물류업체 취업 시 필수 자격증으로 인정받고 있다.

유통관리사 자격시험 안내

▌ 주관 및 시행처

- 주관 : 산업통상자원부
- 시행처 : 대한상공회의소

▌ 응시자격 : 제한 없음

▌ 원서접수

- 인터넷 접수 : 대한상공회의소 자격평가사업단(license.korcham.net)
- 접수기간 중 해당 상공회의소 방문 접수 가능
- 검정수수료 : 29,700원(부가세 포함)

▌ 검정기준

자격명칭		검정기준
유통관리사	2급	유통에 관한 전문적인 지식을 터득하고 관리업무 및 중소유통업 경영지도의 보조 업무 능력을 갖춘 자

▌ 시험과목별 문제 수 및 제한시간

등 급	검정방법	시험과목	문제 수	시험시간	출제방법
2급	필기시험	– 유통물류일반 – 상권분석 – 유통마케팅 – 유통정보	객관식 90문항	09:15~10:55 (100분)	객관식 (5지선다)

※ 필기시험 입실시간 – 09 : 00

유통관리사 2급 자격시험 안내

▌**출제기준 :** 상위 급수는 하위 급수의 출제범위를 포함함

▌**합격결정 기준**

등 급	검정방법	합격결정 기준	
		만 점	합격점수
2급	필기시험	매 과목 100점	매 과목 40점 이상 전 과목 평균 60점 이상

※ 과락은 40점으로 평균 60점이 넘는다 하더라도 한 과목이라도 40점 아래가 있으면 과락 처리되어 불합격입니다.

▌**가산점수 혜택기준**

가산점수	혜택기준
10점	유통산업분야에서 3년 이상 근무한 자로서 산업통상자원부가 지정한 연수기관에서 40시간 이상 수료 후 2년 이내 2급 시험에 응시한 자

●가산점 적용방법
- 채점 결과 과락이 있으면 적용치 않고 불합격 처리됩니다.
- 평균 점수에 가산점을 부여하는 방식으로 총점이나 과목별 점수에 가산하는 방식이 아닙니다.
  예) 2급 평균 50점 + 가산점 10점 = 합격

●유통연수 지정기관
- 대한상공회의소
- 한국생산성본부
- 산업통상자원부 장관이 지정한 기관(산업통상자원부 유통물류과)

※ 각 기관별 연수 시행 유무는 별도로 확인하시기 바랍니다.
※ 통신강좌는 가점혜택을 받을 수 없습니다.

과목별 세부 출제기준

제1과목	대분류	중분류	세분류
유통 물류 일반 관리 (25문항)	유통의 이해	유통의 이해	유통의 개념과 분류 / 유통(중간상)의 필요성 / 유통기능 (function)과 유통흐름(flow)
		유통경로 및 구조	유통경로의 개념 / 유통경로의 유용성 / 유통경로의 유형과 조직 / 유통경로의 믹스
		유통경제	유통산업의 경제적 역할 / 상품생산 · 소비 및 교환 / 유통비 용과 이윤
		유통산업의 이해 및 환경	유통의 발전과정 / 유통환경의 변화와 특징 / 유통산업관련 정책 / 글로벌 유통산업의 동향과 추세
	유통 경영전략	유통경영환경 분석	유통경영전략의 필요성과 이해 / 유통경영의 비전과 목표 / 유통경영의 외부적 요소분석 / 유통경영의 내부적 요소 분석
		유통경영전략의 수립과 실행	유통기업의 사업방향 결정 / 기업수준의 경영전략, 사업부 수준의 경영전략, 기능별 경영전략 / 경쟁우위와 경쟁전략 / 경영혁신 / 다각화 · 통합전략과 아웃소싱전략 / 전략적 제휴, 합작투자, 인수합병전략 / 유통기업의 글로벌화 전략 / 기타 유통경영전략 / 경영전략의 대안 평가 및 선택
		유통경영전략의 평가 및 통제	전략의 평가 / 전략의 통제 / 성과의 환류(feedback)
	유통 경영관리	조직 관리	조직 이론 / 조직구조의 유형 및 설계 / 조직의 목표관리와 동 기부여 / 조직의 의사전달과 갈등관리 / 조직문화와 리더십
		인적자원관리	인사관리의 기초와 개념 / 직무분석과 직무평가 / 인적자원 의 확보와 개발 / 인적자원의 활용과 배치 / 인적자원의 보 상과 유지
		재무관리	재무관리의 개요 / 화폐의 시간적 가치와 현재가치 및 균형 가격 / 자본예산과 자본조달 / 자본비용
		구매 및 조달관리	구매 및 조달관리의 개념 및 절차 / 공급자 선택 및 관리 / 구매실무(원가계산, 구매가격, 구매계약, 구매협상, 재고관 리) / 품질관리 / 글로벌 구매 및 조달관리

물류 경영관리	도소매물류의 이해	도소매물류의 기초 / 도소매물류의 고객서비스
	도소매물류관리	물류계획 / 운송, 보관, 하역, 창고관리 / 포장관리 / 물류관리를 위한 정보기술 / 물류비 / 물류아웃소싱과 3자물류, 4자물류 / 국제물류
유통기업의 윤리와 법규	기업윤리의 기본개념	기업윤리의 기본개념 / 기업윤리의 기본원칙 / 유통기업의 사회적 책임 / 유통기업윤리 프로그램의 도입과 관리 / 기업환경의 변화와 기업윤리 / 시장구조와 윤리/ 양성평등에 대한 이해
	유통관련 법규	유통산업발전법 / 전자문서 및 전자거래기본법 / 소비자기본법

제2과목	대분류	중분류	세분류
상권 분석 (20문항)	유통 상권조사	상권의 개요	상권의 정의와 유형 / 상권의 계층성
		상권분석에서의 정보 기술 활용	상권분석과 상권정보 / 상권정보시스템, 지리정보 활용
		상권설정 및 분석	상권분석의 개념 및 평가 방법 / 상권설정 / 업태 및 업종별 상권의 분석 / 상권 · 입지분석의 제이론 / 상권조사의 방법과 분석
	입지분석	입지의 개요	도매입지와 소매입지의 개요 / 업태 및 업종과 입지 / 물류와 입지
		입지별 유형	지역 공간 구조 / 도심입지 / 쇼핑센터입지 / 기타입지
		입지선정 및 분석	입지선정의 의의 / 입지영향인자 / 업태별 입지 개발방법 / 경쟁점(채널) 분석 / 입지의 선정
	개점 전략	개점 계획	점포개점 의의 및 원칙 / 투자의 기본계획 / 개점입지에 대한 법률규제검토
		개점과 폐점	출점 및 개점 / 점포개점을 위한 준비 / 업종전환과 폐점

제3과목	대분류	중분류	세분류
유통 마케팅 (25문항)	유통마케팅 전략기획	유통마케팅전략	시장 세분화 / 목표시장 선정 / 포지셔닝 전략
		유통경쟁 전략	유통경쟁의 개요 / 유통경쟁의 형태 / 소매업태의 성장과 경쟁 / 글로벌 경쟁전략 / 서비스 마케팅
		상품관리 및 머천다이징 전략	머천다이징 및 상품관리의 개요 / 머천다이징과 브랜드 / 업태별 머천다이징 및 상품기획 / 상품 카테고리 계획과 관리 / 상품매입과 구매계획 / 상품수명주기별 상품관리전략 / 단품관리전략
		가격관리전략	가격관리의 개요 / 가격설정의 방법 / 가격설정 정책 / 업태별 가격관리
		촉진관리전략	촉진관리전략의 개요 / 프로모션믹스 / 업태별 촉진전략(옴니채널, O2O, O4O 등) / e-Retailing촉진 / 소매정보와 촉진
	디지털 마케팅 전략	소매점의 디지털 마케팅 전략	디지털 마케팅에 대한 이해 / 온라인 구매결정과정에 대한 이해 / 소매점의 디지털 마케팅을 위한 목표결정 / 타겟 고객층 파악 / 경쟁분석과 마케팅 포지셔닝
		웹사이트 및 온라인 쇼핑몰 구축	사용자 경험(UX)에 대한 이해 / 온라인 쇼핑몰의 중요성과 이점 / 온라인 쇼핑몰 기능과 결제 시스템 / 검색엔진 마케팅과 검색엔진 최적화(SEO) / 보안과 개인정보 보호
		소셜미디어 마케팅	소셜미디어 플랫폼에 대한 이해 / 소셜미디어 마케팅 전략과 콘텐츠 제작 / 소셜미디어 광고
		데이터분석과 성과측정	디지털 마케팅 데이터 분석의 개요 / 효과적인 분석도구와 측정지표 / 사용자 데이터 수집과 분석
	점포관리	점포구성	점포구성의 개요 / 점포의 구성과 설계 / 점포 디자인 / 온라인 쇼핑몰 구성과 설계 / 온라인 쇼핑몰 UI, UX 등
		매장 레이아웃 및 디스플레이	매장 레이아웃의 개요 / 매장의 구성과 분류 / 매장 배치와 통로 설정 / 상품진열의 조건 및 형식 / 상품진열 및 배열기법 / 비주얼 프리젠테이션 개요 및 기술 / 컬러 머천다이징의 기초지식 / 디스플레이 웨어와 POP 광고 취급 방법
		매장 환경관리	매장환경의 개요 / 매장 내외부 환경관리 / 매장 구성요소와 관리 및 통제 / 매장 안전관리

상품판매와 고객관리	상품판매	상품판매의 개요 / 판매서비스 / 상품 로스(Loss)관리
	고객관리	고객의 이해 / 고객관리의 개요 / 고객정보의 수집과 활용 / 고객응대기법
	CRM전략 및 구현방안	CRM의 배경 및 장점 / CRM의 도입방법 및 고려사항 / CRM의 정의 및 필요성 / CRM의 유형 / CRM 구현 단계 / 유통기업의 CRM 구축방안
유통마케팅 조사와 평가	유통마케팅 조사	유통마케팅 조사의 개요 / 유통마케팅 조사의 방법과 절차 / 유통마케팅 자료분석기법
	유통마케팅 성과평가	유통마케팅 성과평가의 개요 / 유통마케팅 목표의 평가 / 유통업의 성과평가 / 경로구성원의 평가 / 영향력 및 갈등 평가 / 온라인유통마케팅의 성과지표(전환율, 노출수, CPC, CPM 등)

제4과목	대분류	중분류	세분류
유통정보 (20문항)	유통정보의 이해	정보의 개념과 정보화 사회	정보와 자료의 개념 / 정보 · 자료 · 지식 간의 관계 / 정보혁명의 의의와 특성 / 정보화 사회의 개요 / 정보화 사회의 특징과 문제점 / 정보의 유형
		정보와 유통혁명	유통정보혁명의 시대 / 유통업에 있어서의 정보혁명 / 정보화 진전에 따른 유통업태의 변화
		정보와 의사결정	의사결정의 이해 / 의사결정의 종류와 정보 / 의사결정의 단계와 정보 / 의사결정지원 정보시스템(DSS, GDSS, EIS 등) / 지식경영과 지식관리시스템 활용
		유통정보시스템	유통정보시스템의 개념 / 유통정보시스템의 유형 / 유통정보시스템의 운영 환경적 특성 / 유통정보시스템의 구성요소 / 유통정보시스템의 기획 / 유통정보시스템의 분석 · 설계 · 구축 / 정보 네트워크
	주요 유통정보화 기술 및 시스템	바코드, POS EDI, QR 시스템 구축 및 효과	바코드의 개념 및 활용 / POS의 개념 및 활용 / EDI의 개념 및 활용 / QR의 개념 및 활용

유통정보의 관리와 활용	데이터관리	데이터베이스, 데이터웨어하우징, 데이터마트 / 빅데이터, R, 데이터마이닝 등 데이터 수집·분석·관리기술 및 관련 장비 / 데이터 거버넌스
	개인정보보호와 프라이버시	개인정보보호 개념 / 개인정보보호 정책 / 개인정보보호 기술 / 보안시스템 / 프라이버시 개념 / 프라이버시 보호 정책 / 프라이버시 보호 기술
	고객충성도 프로그램	고객충성도 프로그램의 개념과 필요성 / 고객충성도 프로그램을 위한 정보기술
전자상거래	전자상거래 운영	전자상거래 프로세스 / 물류 및 배송 관리 시스템 / 전자결제 시스템
유통혁신을 위한 정보자원관리	ERP 시스템	ERP 개념 / ERP 요소기술 / ERP 구축 / 유통분야에서의 ERP 활용
	CRM 시스템	CRM 개념 / CRM 요소기술 / CRM 구축 / 유통분야에서의 CRM 활용
	SCM 시스템	SCM 개념 / SCM 요소기술 / SCM 구축 / 유통분야에서의 SCM 활용
신융합기술의 유통분야에서의 응용	신융합기술	신융합기술 개요 / 디지털 신기술 현황 / 신융합 핵심 기술 / 신융합기술에 따른 유통업체 비즈니스 모델 변화
	신융합기술의 개념 및 활용	빅데이터와 애널리틱스의 개념 및 활용 / 인공지능의 개념 및 활용 / RFID와 사물인터넷의 개념 및 활용 / 로보틱스와 자동화의 개념 및 활용 / 블록체인과 핀테크의 개념 및 활용 / 클라우드컴퓨팅의 개념 및 활용 / 가상현실과 메타버스의 개념 및 활용 / 스마트물류와 자율주행의 개념 및 활용

이 책의 구성과 특징

핵심요약이론

시험에 출제되는 핵심 내용만을 모아 단기간에 체계적이고 효율적인 학습이 가능하도록 구성하였습니다.

2개년 기출문제

2022~2023년까지의 최근 2개년 기출문제를 동형 그대로 빠짐없이 수록하였습니다. 이를 통해 올해 시험의 출제유형이 어떨지 예상하고 알맞은 공부 계획을 수립할 수 있습니다.

핵심정리

기출문제로 출제된 범위의 중요 이론을 보다 상세히 학습할 수 있도록, 해당 문제의 주제를 면밀히 분석하고 그의 가장 밀접한 이론의 핵심만을 요약하여 정리하였습니다.

정답해설

해당 보기가 문제의 정답이 되는 이유를 논리적이고 명확하게 설명하였습니다. 또한 유사한 문제뿐만 아니라 응용문제까지도 폭넓게 대처할 수 있도록, 경우에 따라 정답과 관련된 배경 이론이나 참고 사항 등을 수록하였습니다.

오답해설

다른 보기들이 오답이 되는 이유를 각 보기별로 세세하게 설명하고 유사문제에서 오답을 확실히 피할 수 있도록 문제의 요지에 초점을 맞추어 필요한 보충 설명을 제시하였습니다.

이 책의 목차

핵심이론 요약

과목	과목명	쪽수
제1과목	유통물류일반	20
제2과목	상권분석	108
제3과목	유통마케팅	144
제4과목	유통정보	202

2023년 기출문제

회차	문제	해설
제1회	280	**434**
제2회	307	445
제3회	333	457

2022년 기출문제

회차	문제	해설
제1회	360	470
제2회	385	481
제3회	408	492

Study Plan

2급 ▼

연도	회차	과목	학습예상일	학습일	학습시간
핵심이론	제1과목	유통물류일반			
	제2과목	상권분석			
	제3과목	유통마케팅			
	제4과목	유통정보			
2023년 기출문제	제1회	유통물류일반(01~25)			
		상권분석(26~45)			
		유통마케팅(46~70)			
		유통정보(71~90)			
	제2회	유통물류일반(01~25)			
		상권분석(26~45)			
		유통마케팅(46~70)			
		유통정보(71~90)			
	제3회	유통물류일반(01~25)			
		상권분석(26~45)			
		유통마케팅(46~70)			
		유통정보(71~90)			
2022년 기출문제	제1회	유통물류일반(01~25)			
		상권분석(26~45)			
		유통마케팅(46~70)			
		유통정보(71~90)			
	제2회	유통물류일반(01~25)			
		상권분석(26~45)			
		유통마케팅(46~70)			
		유통정보(71~90)			
	제3회	유통물류일반(01~25)			
		상권분석(26~45)			
		유통마케팅(46~70)			
		유통정보(71~90)			

Special Information Service Company
SISCOM

제1과목

유통물류일반

CHAPTER1 유통의 이해

CHAPTER2 유통경영전략

CHAPTER3 유통경로 구성원

CHAPTER4 유통경영관리

CHAPTER5 물류경영관리

CHAPTER6 유통기업의 윤리와 법규

1 유통의 이해

1절 유통의 이해

🔷 유통의 개념

생산자로부터 소비자에게 재화 및 서비스를 이전시키는 장소, 시간 및 소유의 효용성을 창조하는 활동이다.

① 광의의 의미 : 상품뿐만 아니라 화폐·유가증권 등이 경제주체 사이에서 사회적으로 이전하는 상태를 말한다.

② 협의의 의미 : 단지 상품유통만을 뜻하며, 생산물의 이동을 위하여 교섭하는 상적유통과 그 결과로서 생산물을 이동하는 물적유통이 있다.

🔷 유통의 목적

① 수송·보관·재고·포장·하역 등을 효율적으로 관리하여 고객에 대한 서비스를 향상시킨다.

② 유통비용을 절감시킨다.

③ 매출의 증대와 가격의 안정화를 꾀한다.

🔷 유통의 역할

① **사회적 불일치의 극복** : 생산과 소비 사이에는 생산자와 소비자가 별도로 존재하는 사회적 분리가 존재하며, 유통은 이러한 사회적 간격을 해소하는 역할을 한다.

② **장소적 불일치의 극복** : 생산과 소비 사이에는 상품이 생산되는 생산지와 소비되는 소비지가 서로 다른 장소적 분리가 있으며, 유통은 이러한 장소적 차이를 해소하는 역할을 한다.

③ **시간적 불일치의 극복** : 생산과 소비 사이에는 생산시기와 소비시기의 차이라는 시간적 분리가 있으며, 유통은 이러한 시간적 차이를 해소하는 역할을 한다.

🔷 유통의 기능

① **매매** : 생산과 소비 사이의 사회적 분리를 극복하기 위하여 생산자로부터 상품을 구입하여 소비자에게 판매함으로써 상품의 소유권을 이전시키는 기본적인 기능이다. 매매의 기능으로는 상품의 수집과 분산, 중개가 있다.

② 보관 : 생산과 소비 사이의 시간적 분리를 극복하기 위해 생산시기부터 소비시기까지 상품을 안전하게 관리하는 기능이다.

③ 운송 : 생산과 소비 사이의 장소적 분리를 극복하기 위해 생산지에서 소비지까지 상품을 운반하는 기능이다.

④ 금융 : 자금이 필요한 사람에게 융통해 줌으로써 생산과 매매의 성립을 용이하게 하고 거래의 확대를 도모하는 기능이다.

⑤ 보험 : 유통과정상의 위험을 부담하여 생산이나 매매업무가 안전하게 이루어질 수 있도록 하는 기능이다.

⑥ 정보통신 : 생산자와 소비자 간의 정보를 수집·전달하여 상호 의사소통을 원활하게 하는 기능이다.

🐚 유통의 분류

① 상적유통 : 상류(商流)라고 하며, 유통부문 중 재화의 이동을 동반하지 않는 상거래 유통으로 서류·금전·정보의 이동을 의미한다.

② 물적유통 : 물류(物流)라고 하며, 수송 또는 보관업무만을 전문적으로 취급하는 유통으로 상적유통에 따른 상품의 운반·보관 등의 활동을 의미한다.

③ 금융적유통 : 유통활동에서 발생하는 위험부담이나 필요한 자금융통, 거래대금 등의 이전활동을 의미한다.

④ 정보유통 : 유통상품에 대한 정보를 제공하거나 물적유통의 각 기능 사이에 흐르는 정보를 원활하게 연결하여 고객에 대한 서비스를 향상시키는 활동을 의미한다.

🐚 상적유통의 담당자

① 소매업 : 생산자나 도매업자로부터 구입한 상품을 소비자에게 판매하는 것을 주된 업무로 하는 유통업이다.

② 도매업 : 최종 소비자 이외의 구매자에게 상품 및 서비스를 판매하는 유통업으로, 생산자와 소매업을 연결함으로써 상품의 수요와 공급을 원활하게 유지한다.

🐚 물적유통의 담당자

① 운송업 : 운송로에 따라 운송을 담당하는 운송기관의 업무이다.

② 창고업 : 재화를 소비시기까지 보관할 목적으로 보관시설인 창고를 소유하고 상품을 보관하는 업무이다.

금융적유통의 담당자

① 금융업 : 유통활동을 원활하게 할 수 있도록 필요한 자금을 조달하는 업무이다.

② 보험업 : 유통과정에서 상품에 대한 화재 · 도난 · 사고 · 부주의로 발생하는 재산상의 손실에 대하여 일정한 금액의 보험금을 보상함으로써 유통활동을 안전하게 하는 업무이다.

정보유통의 담당자

① 정보처리업 : 유통활동에 관련된 여러 정보를 분석 · 처리하여 그 정보를 활용할 수 있도록 효율적으로 관리하는 업무이다.

② 통신업 : 생산지나 소비지 사이에 상품의 생산 · 소비 · 금융 · 가격변동 등과 관련된 여러 정보를 컴퓨터나 인터넷을 통해 상대방에게 신속 · 정확하게 전달하여 상품의 교환이 유리하게 이루어지도록 한다.

유통기구

① 수집기구 : 소량이면서 분산적으로 생산되는 농산물, 원시생산물, 가내공업제품 등을 대규모의 제조공업이나 유통기관이 도매시장에 공급하는 유통기구이다.

② 중개기구 : 수집기구에 의해 집하된 상품을 분산기구에 분산하는 연락조직으로, 수집기구와 분산기구의 중간에 위치하는 유통기구이다.

③ 분산기구 : 수집기구가 수집한 상품을 중개기구를 통해 구입하여 재판매하는 기능을 담당하는 유통기구이다.

2절 유통산업의 환경

유통산업의 구조적 특성

① 영세성과 과밀성　　　　　　② 저생산성

③ 비조직성과 비체계성　　　　④ 폐쇄적 · 이중적인 유통구조

유통산업의 사회적 역할

① 소비문화의 창달　　　　　　② 사회에 풍요성 제공

❦ 유통산업의 경제적 역할

① 생산자와 소비자 간 매개 역할　② 산업발전의 촉매

③ 고용창출　④ 물가조정

❦ 유통산업의 인구통계적, 사회적 환경변화

① 소비자의 가치지향 소비(명품구매 등)와 친환경 소비추세 증가

② 국제경기 둔화에 따른 국내 경제성장 둔화, 이에 따른 민간소비 둔화

③ 핵가족화, 싱글족 등의 증가로 시간절약형 소비, 근거리 소비 등 증가

④ 노령화사회가 가속화됨으로 인해 뉴시니어층의 소비영향력 증가

⑤ 할인점 쇼핑이 선호되고 있고, 쇼핑시간의 중요성 증가

⑥ 구매력 분산으로 소비의 다양화, 가치화, 편의주의화 가속화

⑦ 상품선택이 까다로워지고 브랜드보다 점포애호도의 비중 증대

⑧ 연대적 소비행동 증대

❦ 시장유통환경 변화

① 국내 경제성장률이 둔화되고 있고, 가처분 소득이 감소하는 추세

② 원자재가격 상승과 이상기후로 인한 생산량 감소로 물가 상승

③ 소비자의 명품선호현상이 늘고 있으며, 외국인관광객 증가

④ 오픈프라이싱 폐지, SSM 영업규제 등, 중소기업 친화적 정책 강화

⑤ 유통채널 시장포화로 인해 업체 간 경쟁을 넘어 업태 간 경쟁 치열

⑥ 복합형태의 점포나 신규업태 등이 새롭게 등장

⑦ 소매업체의 영업시간 확대 및 배달서비스 증가

3절　유통경제

❦ 거시경제

① **주요 연구대상** : 성장이론, 무역이론, 화폐이론, 경기순환 이론 등

② **주요 연구변수** : 소득, 고용, 물가, 금리, 환율 등

③ **시장요소** : 노동시장, 제품시장, 금융시장, 증권시장

물가변동

① 의미 : 화폐가치를 바탕으로 재화의 구매 가능량을 나타내는 개념이다.

② 인플레이션의 원인은 원가압력 인플레이션과 수요견인 인플레이션으로 구분된다.

> • 인플레이션 : 화폐명목가치 > 화폐실질가치의 상태
> • 디플레이션 : 화폐명목가치 < 화폐실질가치의 상태

실업

① 의미 : 일할 수 있는 노동력이 완전히 고용되지 않은 상태이다.

② 종류 : 계절적 실업, 마찰적 실업, 자발적 실업, 비자발적 실업 등으로 구분된다.

고용과 수요의 관계

① 단기적으로 한 지역의 고용률과 구매력은 비례한다.

② 지역의 고용 환경은 상품에 대한 전반적 수요 동향에 영향을 미친다.

③ 다양한 산업에 걸쳐 고용이 이루어지는 지역일수록 상품 수요가 경기순환의 영향을 적게 받는다.

④ 극소수 산업의 비중이 높은 지역의 고용 동향은 상황에 따라 급격하게 악화된다.

인플레이션에서의 의사결정

인플레이션이란 화폐가치의 실질구매력이 감소하는 현상이며, 기업이 대응할 수 있는 방법은 다음과 같다.

① 실질구매력 수준에 맞춰 제품과 서비스를 제공한다.

② 생산성이 낮은 인력이나 시설을 정리한다.

③ 자가 상표의 비중을 늘리고, 재고비용 및 수송비용을 축소한다.

시장의 가정

① 독점시장

　㉠ 단일의 판매자만 존재한다.

　㉡ 독점의 발생원인 : 법률적 특권, 경제적 특권, 기타 독점적 특권

② 과점시장 : 소수의 판매자가 시장전체에 상품을 공급한다.

　㉠ 동질적 상품의 비협조적 과점시장 : 차별화 시도, 치킨런 행위

　㉡ 동질적 상품의 협조적 과점시장 : 리더행위 추종, 카르텔

③ 독점경쟁시장

㉠ 다수의 판매자가 이질적 상품을 제공한다.

    ㉡ 독점적 경쟁시장의 경쟁형태 : 비가격경쟁, 광고경쟁

④ 완전경쟁시장

    ㉠ 다수의 거래자 존재, 동질적 상품판매, 자유로운 시장진입 가능

    ㉡ 전자상거래 시장에서 지지하는 가정이다.

🏷️ 탄력성

① 수요의 가격탄력성이 비탄력적인 경우, 가격이 오르면 총수입은 증가하고 가격이 하락하면 총수입은 감소한다. (<1)

② 수요의 가격탄력성이 탄력적인 경우, 가격이 오르면 총수입은 감소하고 가격이 하락하면 총수입은 증가한다. (>1)

🏷️ 정상재와 열등재

① 정상재 : 소득이 증가하면 제품의 수요가 늘어난다.

② 열등재 : 소득이 증가하면 제품의 수요가 감소한다.

🏷️ 대체재와 보완재

① 대체재 : 동일한 효용을 얻을 수 있는 재화를 의미하며 한 제품의 수요가 증가하면 다른 제품의 수요가 감소한다.

② 보완재 : 두 재화를 따로따로 소비했을 때의 효용을 합한 것보다 함께 소비했을 때의 효용이 증가하는 재화를 의미하며 한 제품의 수요가 증가할 때 다른 제품의 수요가 동반 증가한다.

4절　유통경로 및 구조

🏷️ 유통경로

① 의의

    ㉠ 상품이 생산자로부터 생산되어 소비자 또는 최종 수요자에 이르기까지 거치게 되는 과정·통로·코스를 말한다.

    ㉡ 생산자의 제품이 최종 소비자나 사용자에게 전달될 때까지의 마케팅 활동을 수행하는 중간상들의 상호 연결과정이다.

② 유통경로의 효용

    ㉠ **시간효용(Time Utility)** : 재화나 서비스의 생산과 소비 간 시차를 극복하여 소비자가 재화나 서비스를 필요로 할 때 이를 소비자가 이용 가능하도록 해주는 효용이다.

    ㉡ **장소효용(Place Utility)** : 지역적으로 분산되어 생산되는 재화나 서비스가 소비자가 구매하기 용이한 장소로 전달될 때 창출되는 효용이다.

    ㉢ **소유효용(Possession Utility)** : 재화나 서비스가 생산자로부터 소비자에게 거래되어 소유권이 이전되는 과정에서 발생하는 효용이다.

    ㉣ **형태효용(Form Utility)** : 대량으로 생산되는 상품의 수량을 소비지에서 요구되는 적절한 수량으로 분할·분배함으로써 창출되는 효용이다.

③ 유통경로의 필요성

    ㉠ **총거래수 최소화의 원칙** : 생산자와 소비자가 직거래를 하는 것보다 중간상이 개입하면 거래가 보다 효율적으로 이루어져 총거래수가 줄어든다는 원칙이다.

    ㉡ **집중준비의 원칙** : 도매상이 유통경로에 개입하여 상품재고의 도매상 집중현상을 소매상에 분산함으로써 도매상의 대량보관기능을 분담시키고, 사회 전체의 상품재고 총량을 감소시킨다는 원칙이다.

    ㉢ **분업의 원칙** : 유통경로에서 수급조절기능, 보관기능, 위험부담기능, 정보수집기능 등을 제조업자가 일괄적으로 수행하기보다는 중간상들이 분업의 원리로 참여하면 유통기능이 경제적·능률적으로 원활하게 수행될 수 있다는 원칙이다.

    ㉣ **변동비 우위의 원칙** : 무조건적으로 제조와 유통기관을 통합하여 대규모화하기보다는 각각의 유통기관이 적절한 규모로 역할분담을 하는 것이 비용면에서 훨씬 유리하다는 원칙이다.

📦 유통경로의 사회·경제적 기능

① **교환과정의 촉진** : 유통경로는 교환과정에서부터 발생하였고 시장경제가 복잡해질수록 교환과정 역시 복잡해지며, 더 많은 생산자와 잠재적인 소비자가 증가함에 따라 시장에서의 거래수를 감소시키고 거래를 촉진한다.

② **제품구색 불일치의 완화** : 생산자는 규모의 경제를 실현하기 위하여 소품종 대량생산을 하는 반면, 소비자가 다양한 제품을 요구함에 따라 발생하는 제품구색의 불일치를 유통경로가 완화시킨다.

③ **거래의 표준화** : 제품, 가격, 구입단위, 지불조건 등을 표준화하여 시장에서의 거래를 용이하게 한다.

④ **생산과 소비의 연결** : 생산자와 소비자 사이에 존재하는 지리적·시간적·정보적 장애를 극복하여 양자 간에 원활한 거래가 이루어지도록 한다.

⑤ **고객 서비스 제공** : 소비자에게 A/S(After Service), 제품의 배달, 설치 및 사용방법의 교육 등

의 서비스를 제공한다.

⑥ **정보제공기능** : 유통기관 특히 소매업은 유형재인 상품의 판매기능뿐만 아니라 소비자에게 상품정보, 유행정보, 생활정보 등과 같은 무형의 가치도 함께 제공한다.

⑦ **쇼핑의 즐거움 제공** : 소매점도 소비자의 쇼핑 동기를 충족할 수 있도록 물적 요인(점포의 위치, 점포의 설비, 인테리어, 휴식 및 문화공간, 진열대의 구조 및 진열, 조명, 냉·난방 등)과 인적 요인(판매원의 고객에 대한 표정, 용모, 복장, 언행 등)이 조화를 이루도록 해야 한다.

🏆 유통경로의 유형

① 소비재 유통경로

ㄱ 생산자가 소비자에게 직접 판매하는 경우 : 생산자 → 최종 소비자

ㄴ 소매상을 경로로 하는 경우 : 생산자 → 소매상 → 최종 소비자

ㄷ 도매상과 소매상을 경로로 하는 경우 : 생산자 → 도매상 → 소매상 → 최종 소비자

ㄹ 도매상, 중간 도매상, 소매상을 경로로 하는 경우

② 산업재 유통경로

ㄱ 산업재 생산자 → 산업재 사용자

ㄴ 산업재 생산자 → 도매상 → 산업재 사용자

ㄷ 산업재 생산자 → 산업재 생산자 대리점 → 도매상 → 산업재 사용자

ㄹ 산업재 생산자 → 산업재 생산자 대리점 → 산업재 사용자

ㅁ 산업재 생산자 → 산업재 생산자 판매지점 → 도매상 → 산업재 사용자

ㅂ 산업재 생산자 → 산업재 생산자 판매지점 → 산업재 사용자

🏆 소매업 유통경로의 변천과정

① **비상설시장(Periodic Market)** : 가장 원시적인 단계의 시장

② **상설시장(Permanent Market)** : 직업적인 중간상이 생겨나면서 일정한 지역을 중심으로 소매상들이 집합하여 상업을 영위하는 시장

③ **분화시장(Fragmented Market)** : 소득의 증가, 도시화, 교통 통신망의 발전 및 대량생산 체제의 구축을 중심으로 수직적·수평적 분화가 야기되면서 근대화된 통합시장 구조의 모습을 갖추기 이전의 시장

④ **통합시장(Integrated Market)** : 소매기관의 대형화와 수직적 통합의 과정을 통해 생성된 현대적 시장

> 비상설시장 → 상설시장 → 분화시장 → 통합시장

🔹 유통경로의 마케팅 기능

① **소유권이전기능** : 유통경로가 수행하는 마케팅 기능 중 가장 본질적인 기능으로, 생산자와 소비자 간의 소유적 격리를 조절하여 거래가 성립되도록 하는 기능이다.

② **물적유통기능** : 생산과 소비 사이의 장소적·시간적 격리를 조절하는 기능이다. 장소적 격리를 극복함으로써 장소 효용을 창출하는 운송기능과 시간적 격리를 극복하여 시간 효용을 창출하는 보관기능을 수행한다.

③ **조성기능** : 소유권이전기능과 물적유통기능이 원활히 수행될 수 있도록 지원하는 기능이다.

   ㉠ **표준화기능** : 수요와 공급의 품질적 차이를 조절하여 거래과정에서 거래단위, 가격, 지불조건 등을 표준화한다.

   ㉡ **시장금융기능** : 유통기관이 외상거래, 어음발행, 할부판매, 담보 등의 시장금융을 담당함으로써 생산자와 소비자의 원활한 마케팅 기능을 도모한다.

   ㉢ **위험부담기능** : 유통과정에서 물리적 위험과 경제적 위험을 유통기관이 부담함으로써 소유권이전기능과 물적유통기능이 원활하도록 지원한다.

   ㉣ **시장정보기능** : 기업이 필요로 하는 소비자 정보와 소비자가 필요로 하는 상품정보를 수집 및 제공함으로써 정보적으로 격리되어 있는 양자를 매개하여 거래를 촉진한다.

🔹 소매업의 마케팅 기능

① **소유권이전기능** : 생산자와 소비자 간의 소유권이나 인적 격리를 조절하여 마케팅이 이루어지게 하는 교환기능으로, 마케팅 기능 중 가장 본질적인 기능이다.

   ㉠ **구매** : 구매기능은 최종 소비자에 의한 구매보다는 재판매를 위해서 구매하는 것을 말한다.

   ㉡ **판매** : 판매기능은 고객이 상품 또는 용역을 사거나 판매자의 상업상 중요한 아이디어에 기인해서 호의적으로 행위를 하도록 하는 것 또는 예상 고객을 원조하거나 설득하는 대인적·비대인적 과정을 말한다.

② **물적유통기능** : 생산과 소비 간의 장소적·시간적 격리를 조정하는 기능이다.

   ㉠ **운송** : 운송의 목적은 소수요지에서 대수요지로 재화를 수송하고 재화의 장소적 수급조절을 하는 데 있다.

   ㉡ **보관** : 보관의 목적은 초과공급 시 상품재고를 저장하고, 초과수요 시 부족한 재화를 공급하는 데 있다.

③ **조성기능** : 소유권이전기능과 물적유통기능이 원활히 수행되도록 조성하는 기능을 말한다.

   ㉠ **표준화 및 등급화** : 상품 표준화는 상품의 사용 또는 소비를 보다 합리적으로 하게 하는 동시에 그 상품의 유통을 원활하게 하며, 생산의 합리화를 추진함으로써 가격의 저감화를 꾀하는 데 목적이 있다.

   ㉡ **시장금융** : 시장금융은 마케팅 활동을 수행하는 데 있어 필요불가결의 요소이다.

ⓒ **위험부담** : 여러 가지 잡다한 우발적 사고와 자연적 · 사회적 제반사정의 변화로부터 야기
되는 상품 · 서비스의 감가 또는 생산과정과 거래과정에서 일어날지도 모르는 손실 발생에
대한 부담을 의미한다.

ⓔ **시장정보** : 시장정보는 마케팅 기능 가운데서도 가장 광범위한 기능의 하나로, 일반적인 기
업의 전반에 관한 정보를 포함한 것으로 시장자료, 시장경영기능에 관한 정보, 경제적인
특수화를 지시 · 조종하는 데 관련된 모든 활동 등에 대한 정보가 포함된다.

☙ 거래비용이론

① 거래비용 이론에 따르면 기업은 거래에 따른 부가적 비용을 줄이기 위해 서래기능을 내부화
하려는 시도가 일어나며, 이 과정 속에서 유통기능의 통합이나 분할이 일어난다.

② 시장이 효율적이지 못할 때, 기업이 시장을 통해 독립된 경로구성원과 거래관계를 맺는 것보
다 모든 경로관련활동을 직접 수행함으로써 시장에서의 거래비용을 줄일 수 있다는 이론이다.

☙ 대리인이론

① 대리인이론은 기업의 소유와 경영의 분리원칙에 입각해 소유자와 경영자 간의 계약이 형성되
고 이 관계에서 여러 가지 문제점이 발생된다는 것으로 유통경로에 있어 제조업체와 중간상
이 각자 자신의 이익을 극대화하기 위해 자신과 상대방의 행위를 조정하는 과정에서 유통경
로 구조가 결정된다고 주장한다.

② 소유자의 자의적 비용삭감은 대리인으로 하여금 일을 수행하는 데 업무동기부여 저하, 부정
의 가능성을 유발하며, 대리인이론에서 소유자(주인)의 이익극대화는 결국 대리인과 관련한
비용을 최소화시키는 것이라고 보고 이를 달성하기 위한 방법을 연구한다.

③ 대리인이론을 통해 수직적 통합, 유통갈등, 유통경로관리, 프랜차이즈, 중간상 동기부여, 최
적 생산자−중개상 계약형태 등을 설명할 수 있다.

☙ 기능위양이론

① 전체 유통활동이 최적화 되는 방법은 각각의 특별한 능력을 가진 자에게 유통의 다양한 역할
을 배분하는 것이라고 보는 이론이다.

② 신설기업은 자원이 부족하기 때문에 기능적으로 전문화된 타기업에게 특정한 기능들을 위임
하나, 성장하여 이전된 기능 중 일부 기능을 보다 저렴한 비용으로 수행하는 수단이 생기게
되면 이들 기능을 스스로 수행한다.

③ 기능위양을 통해 업무수행으로 경제적 효율성이 달성된다.

🎁 소매업 수레바퀴이론(Wheel of Retailing)

① 사회 · 경제적 환경변화에 따른 소매상의 진화와 발전을 설명하는 대표적 이론이다.

② 신규형태의 소매점이 시장에 진출하는 초기에는 저가격 · 저서비스 · 상품구색의 제한적 갖춤으로 등장하고, 점차 동종의 신규소매점 등장으로 경쟁이 유발되면서 이에 대응하여 고비용 · 고가격 · 고서비스로 경쟁적 우위를 지키고 차별화를 시도하게 되며, 그 결과 새로운 유형의 혁신적 소매점이 저가격 · 저마진 · 저서비스로 시장진입을 꾀하는 과정이 수레바퀴처럼 되풀이된다는 이론이다.

③ 소매업 수레바퀴이론은 모든 유형의 소매점에 일률적으로 적용되는 이론은 아니다.

소매업 수레바퀴이론의 단계별 특징

구분	도입기	성장기	취약기
성격	혁신적 소매상	전통적 소매상	성숙 소매상
시장지위	유치	신장(성장)	쇠퇴
영업특성	• 저가격 • 최소한의 서비스 • 점포시설의 미비 • 제한적 제품구색	• 고가격 • 차별적 서비스 • 세련된 점포시설 • 제품구색 욕구의 충족 • 번화가에 위치	• 고가격 • 고품질, 고서비스 • 고비용, 대자본 • 보수주의 • ROI(투자수익률) 감소

🎁 소매업 아코디언이론(Retail Accordion Theory)

① 소매업의 진화과정을 소매점에서 갖춘 상품믹스를 기준으로 보는 이론이다.

② 상품믹스가 확대 → 수축 → 확대되는 반복 진화과정이 아코디언과 유사하여 이름이 붙여진 이론이다.

③ 소매점은 다양한 상품구색을 갖춘 점포로 시작하여 시간이 경과함에 따라 점차 전문화되고 한정된 상품계열을 취급하는 소매점 형태로 진화하며, 이는 다시 다양하고 전문적인 제품계열을 취급하는 소매점으로 진화해 가는 것으로 본다.

🎁 소매업 수명주기이론(Retail Life Cycle Theory)

① 한 제품의 라이프사이클 과정을 소매점 수명주기로 보는 이론이다.

② 소매점은 도입기 → 성장기 → 성숙기 → 쇠퇴기의 단계를 지나게 되는 것으로 본다.

소매업 수명주기이론의 단계별 특징

구분	특징	수명주기의 단계			
		도입기	성장기	성숙기	쇠퇴기
시장 특성	경쟁자 수	거의 없음	중간	동종업태 내의 높은 직접경쟁	이종업 간의 높은 간접경쟁
	판매증가율	매우 빠름	빠름	중간	매우 느림
	이익 수준	낮음	높음	중간	매우 확정
소매업자 전략	투자, 위험부담의 결정	높은 위험부담	성장 유지를 위한 높은 투자	성장세분시장에 대한 선별적 투자	자본지출의 최소화
	경영의 중심적 관심	소매개념의 정립 및 정착	시장위치 선점	소매개념의 수정	탈출 전략
	통제 정도	최소	중간	최대	중간

정 · 반 · 합 이론 – 변증법적 과정(Dialectic Process)

① 소매점의 진화과정을 변증법적 유물론으로 설명하는 이론이다.

② 소매점의 정 · 반 · 합 과정

㉠ 정(正, Thesis) : 고가격 · 고서비스 · 저회전율로 도심지에 화려한 백화점이 등장한다.

㉡ 반(反, Antithesis) : 저가격 · 저마진 · 저서비스 · 고회전율로 검소한 시설을 갖추고 교외에 할인점이 등장한다.

㉢ 합(合, Synthesis) : 백화점과 할인점의 장점을 취합하여 절충한 평균마진 · 평균회전율 · 중간가격 · 제한된 서비스 · 보통시설을 갖추고 제3의 할인백화점이 교외지역에 등장한다.

2 유통경영전략

1절 유통경로의 설계

🎁 유통경로 설계 고려요소

① 소비자의 유통서비스 기대수준 분석
  ㉠ 고객이 기다리는 시간의 단축
  ㉡ 취급제품의 다양성
  ㉢ 입지의 편리성(점포의 수와 분포)
  ㉣ 구매단위의 최소화(구매 및 보관의 편리성)
② 유통경로의 목표설정 시 고려사항
  ㉠ 기업의 목표
    • 계량적 목표 : 판매증대, 이익증대 등
    • 질적 목표 : 소비자 만족, 사회적 책임이행 등
  ㉡ 기업의 특성 : 인적 · 물적 · 재무적 지원
  ㉢ 제품 특성 : 표준화 정도, 기술적 복잡성, 가격, 부피 등
  ㉣ 중간상 특성 : 중간상 유형별 장 · 단점
  ㉤ 경쟁적 특성 : 경쟁자의 유통경로 믹스
  ㉥ 환경적 특성 : 경기변동, 법적 · 제도적 환경요인

🎁 유통경로 설계

① 제1단계 : 유통범위의 결정요인
  ㉠ 전속적 유통경로전략 : 일정한 지역에서 한 점포가 자사제품을 독점적으로 취급하도록 하는 전략
  ㉡ 개방(집약)적 유통경로전략 : 가능한 한 많은 점포들이 자사제품을 취급하도록 하는 전략
  ㉢ 선택적 유통경로전략 : 전속적 유통경로와 개방적 유통경로의 중간 형태로, 일정 수준이 넘는 중간상을 골라 자사제품을 취급하도록 하는 전략

유통경로전략의 대상과 특징

구분	대상	특징
전속적 유통경로전략	자동차, 주요 내구재, 패션의류, 가구 등의 제품을 생산하는 기업	• 소매상 또는 도매상에 대한 통제 가능 • 긴밀한 협조체제 형성 • 유통비용의 감소 • 제품 이미지 제고 및 유지기능 • 귀금속, 자동차, 고급의류 등 고가품에 적용
개방(집약)적 유통경로전략	고객들이 자주 구매하여 구매 시 최소의 노력을 원하는 편의품들을 생산하는 기업	• 소매상이 많음 • 소비자에게 제품의 노출 최대화 • 유통비용의 증가 • 체인화의 어려움 • 식품 · 일용품 등 편의품에 적용
선택적 유통경로전략	일정지역 내에 일정수준 이상의 이미지 · 입지 · 경영능력을 갖춘 소매점	• 전속적 유통경로에 비해 제품노출 확대 • 개방적 유통경로에 비해 소매상의 수가 적어 유통비용의 절감효과 • 의류, 가구, 가전제품 등에 적용

② 제2단계 : 유통경로의 길이 결정요인

영향요인	짧은 경로	긴 경로
제품특성	• 비표준화된 중량품, 부패성 상품 • 기술적 복잡성, 전문품	• 표준화된 경량품, 비부패성 상품 • 기술적 단순성, 편의품
수요특성	• 구매단위가 큼 • 구매빈도가 낮고 비규칙적 • 전문품	• 구매단위가 작음 • 구매빈도가 높고 규칙적 • 편의품
공급특성	• 생산자 수가 적음 • 제한적 진입과 탈퇴 • 지역적 집중 생산	• 생산자 수가 많음 • 자유로운 진입과 탈퇴 • 지역적 분산 생산
유통비용 구조	장기적으로 불안정 → 최적화 추구	장기적으로 안정적

③ 제3단계 : 통제수준의 결정요인

ⓒ 유통경로에 대한 통제수준이 높을수록 유통경로에 대한 수직적 통합이 강화되어 기업이 소유하게 된다.

ⓒ 유통경로에 대한 통제수준이 최저로 되는 경우에는 독립적인 중간상을 이용하게 된다.

ⓒ 양자 사이에는 프랜차이즈나 계약 또는 합자의 방식으로 이루어지는 유사통합이 있다.

🎁 전속적 유통경로의 선택

① 고객들이 제품 구매 시 고도의 관여를 필요로 한다.
② 제조기업의 유통경로 구성원에 대한 고도의 통제가 필요하다.
③ 타사 상표들과 효과적인 경쟁이 필요하다.
④ 제품과 연관된 배타성과 유일하다는 이미지를 더욱 효과적으로 전달할 수 있다.
⑤ 경로구성원과의 긴밀한 관계를 더욱 공고히 하여 판매의 원활화를 꾀할 수 있다.

🎁 선택적 유통경로의 이점

① 선적비용과 같은 유통비용을 낮출 수 있다.
② 경로구성원의 수가 많을 때보다 구성원들과의 관계를 더 잘 유지할 수 있다.
③ 제품개념에 독특함, 희소성, 선택성 같은 이미지를 부여하고자 할 때 적절하다.
④ 경로구성원에게 고객들의 서비스에 관한 교육이 필요로 한 제품의 경우에 적절하다.

🎁 개방적 유통경로의 문제점

① 중간상의 수가 많아질수록 동일한 제품을 시장에서 구매할 수 있는 기회가 많아져 제품 판매
에 대한 경쟁이 과열될 수 있다.
② 중간상의 숫자가 많아지므로 제조업체는 이들에게 적시에 상품을 공급하기 위해 충분한 재고
를 항상 보유하여야 한다.
③ 품질보증이나 수리 같은 부수적 서비스의 수준이 낮아질 수 있다.
④ 중간상 간 치열한 가격경쟁으로 인해 마진과 동기부여가 감소할 수 있다.
⑤ 중간상의 경쟁이 심해져(비협조적 과점경쟁) 별도의 촉진프로그램을 통한 동기부여가 필요하다.

🎁 수직적 마케팅 시스템(VMS : Vertical Marketing System)

① 의의
　　㉠ 상품이 제조업자에게서 소비자에게 이전되는 과정의 수직적 유통단계를 전문적으로 관리
　　　하고 집중적으로 계획한 유통경로이다.
　　㉡ 중앙통제적 조직구조를 가지며 경로구성원 간의 조정을 기할 수 있는 시스템이다.
　　㉢ 유통경로가 전문적으로 관리되고 규모의 경제를 실행할 수 있는 프랜차이즈 시스템이 대표
　　　적이다.
② 이론적 근거
　　㉠ 구매자와 공급자 간의 거래가 일회성에서 그치는 것이 아니라 반복적일 경우 수직적 통합
　　　을 선호하게 된다.
　　㉡ 불확실한 상황하에서 수직적 통합은 거래 상대방에 대해 높은 수준의 통제력을 발휘할 수

있고 기회주의적인 행동을 방지할 수 있다.

ⓒ 가격과 같은 시장정보가 자유롭게 노출되기보다는 소수의 집단에게만 공유되어 있는 경우, 정보의 비대칭성이 발생하므로 이를 해소하기 위해 수직적 통합을 시도하게 된다.

③ 수직적 마케팅 시스템의 도입배경

　　㉠ 유통비용의 절감(생산과 유통활동을 조정함으로써 유통경로의 효율성 제고)

　　㉡ 목표이익의 확보

　　ⓒ 기업의 상품 이미지 제고(제조업자가 제품의 품질 및 고객유지 등을 통제할 수 있어 일관된 서비스 제공 가능)

　　㉣ 가격안정 또는 유지의 필요성

　　㉤ 유통경로 내에서의 지배력 획득

　　㉥ 경쟁자에 대한 효과적인 대응

　　㉦ 대량 생산에 의한 대량 판매의 요청

　　㉧ 상품을 적기에 공급하거나 적량 확보 가능

> **경영전략 관점에서의 수직적 마케팅 시스템의 세분화**
> 수직적 통합을 유통경로 의사결정이 아닌 경영전략 관점에서 볼 때, 다각화의 범주로 포함할 수 있다. 다각화는 비관련다각화와 관련다각화로 구분되며, 관련다각화는 다시 유통경로 이전 단계의 상향가치 사슬(upstream)을 획득하는 후방 통합과 유통경로 다음 단계의 하향가치사슬(downstream)을 획득하는 전방 통합으로 구분된다.

수직적 마케팅 시스템의 형태

① 기업형 수직적 마케팅 시스템(Corporate VMS) : 유통경로상의 한 구성원이 다음 단계의 경로 구성원을 소유해서 지배하는 형태이다.

　　㉠ 전방 통합 형태 : 제조회사가 자사 소유의 판매점이나 소매상을 통하여 판매하는 형태

　　㉡ 후방 통합 형태 : 소매상이나 도매상이 제조회사를 소유하는 형태

② 계약형 수직적 마케팅 시스템(Contractual VMS) : 수직적 마케팅 시스템 중 가장 일반적인 형태로, 유통경로상 서로 다른 단계에 있는 독립적인 유통기관들이 상호 경제적인 이익을 달성하기 위하여 계약을 기초로 통합하는 형태이다.

　　㉠ 도매기관 후원 자유 연쇄점 : 도매상이 후원하고 다수의 소매상들이 계약으로 연합하여 수직 통합하는 형태

　　㉡ 소매상 협동조합 : 독립된 소매상들이 연합하여 소매 협동조합 같은 임의 조직을 결성하여 공동으로 구매 · 광고 · 판촉활동 등을 하다가 최종적으로 도매활동이나 소매활동을 하는 기구로 수직 통합하는 형태

ⓒ 프랜차이즈 시스템 : 모회사나 본부가 가맹점에게 특정 지역에서 일정 기간 동안 영업할 수 있는 권리나 특권을 부여하고 그 대가로 로열티를 받는 시스템

③ 관리형 수직적 마케팅 시스템(Administrative VMS) : 경로 리더에 의해 생산 및 유통단계가 통합되는 형태로, 일반적으로 경로구성원들이 서로 다른 목표를 가지고 있으므로 이를 조정·통제하는 일이 어렵다.

> 경로 리더(Channel Leader) : 유통계열화에 참여하는 유통기관들 가운데 규모나 명성 또는 경제력 등이 지도적 위치에 있는 기업

④ 동맹형 수직적 마케팅 시스템(Alliances VMS) : 둘 이상의 경로구성원들이 대등한 관계에서 상호의존성을 인식하고 긴밀한 관계를 자발적으로 형성하여 통합하는 형태이다. 제휴시스템이라고도 하며, 계약이나 소유에 의해 통합하는 것이 아니라 서로 대등한 입장에서 상호의존의 필요에 의해 통합하는 것이다.

수직적 마케팅 시스템의 장·단점

장점	단점
• 총유통비용의 절감이 가능하다. • 자원 및 원재료 등을 안정적으로 확보할 수 있다. • 혁신적인 기술을 보유할 수 있다. • 새로 진입하려는 기업에게 높은 진입 장벽으로 작용한다.	• 초기에 막대한 자금이 소요된다. • 시장이나 기술의 변화에 대하여 기민한 대응이 곤란하다. • 각 유통단계에서의 전문화가 상실된다.

수직적 마케팅 시스템의 비교

영향요인	기업형	계약형	관리형	동맹형
	소유	계약	경로 리더 의존	상호의존
독립성	소유	독립	독립	독립
상호의존성	매우 높음	높음	낮음	높음
수직적 통합의 정도	비독립	높음	낮음	매우 낮음(대등관계)
공식화·연관성·정보공유도	매우 높음	높음	낮음	높음

수평적 마케팅 시스템(HMS : Horizontal Marketing System)

① 의의

㉠ 기업이 가지고 있는 자본, 노하우, 마케팅, 자원 등을 수평적으로 결합하여 시너지 효과를

얻기 위해 통합하는 형태의 유통경로이다.

ⓛ 동일한 유통경로단계에 있는 두 개 이상의 기업이 대등한 입장에서 자원과 프로그램을 결합하여 일종의 연맹체를 구성하고 공생·공영하는 공생적 마케팅(Symbiotic Marketing)이다.

ⓒ 새로운 마케팅 기회를 개발하기 위해 무관한 개별 기업들이 재원이나 프로그램을 결합하여 합작투자하는 형태이다.

② 기업 간 얻을 수 있는 시너지 효과

ⓛ 마케팅 시너지 : 여러 제품에 대해서 공동으로 유통경로, 판매, 관리, 조직, 광고 및 판매촉진, 시장판매를 하고 창고를 공동으로 이용함으로써 얻게 되는 효과이다.

ⓛ 투자 시너지 : 공장의 공동사용, 원재료의 공동조달, 공동연구개발, 기계 및 공구의 공동사용으로 얻는 효과이다.

ⓒ 경영관리 시너지 : 경영자 경험의 결합 및 기업결합 등에서 얻는 효과이다.

🔖 수평적 마케팅 시스템의 형태

분야		생산	
생산		• 공동생산협정 • 기술제휴	• 생산시설의 공동이용 • 공동연구개발
마케팅	제품	공동제품의 개발	상표권의 공동취득
	유통	• 유통시설의 공동이용 • 프랜차이즈	공동판매기구의 설립
	촉진	• 공동광고 • 대고객 공동서비스	• 공동판매촉진 • 마케팅 협정

🔖 복수경로 마케팅 시스템(MMS : Multichannel Marketing System)

① 기업이 하나 이상의 고객 세분시장에 도달하기 위해 두 개 또는 그 이상의 마케팅 경로를 사용하여 시장에 대응하는 것으로 세분시장에 대한 효과적 대응을 목표로 한다.

② 단일시장이라도 차별화된 욕구가 존재할 수 있다.

> **복수 유통경로의 채택 사유**
> • 소비자의 수량적 요구가 서로 다른 경우
> • 생산된 제품의 재고가 많이 남아 있는 경우
> • 판매촉진에 대한 소비자의 반응이 다른 경우
> • 고객집중도가 매우 다른 지역시장들을 대상으로 하는 경우
> • 동일한 지역 대상 내에서도 가격에 대한 고객의 반응이 다른 경우

> • 한 기업이 생산하는 제품들이 전혀 다른 형태와 용도를 갖는 경우
> – 장점 : 판매범위가 넓으므로 판매량이 크게 증가된다.
> – 단점 : 각 유통경로 간 갈등이 심화되고, 시장의 특성에 따라 이중가격이 형성될 수 있다.

온라인-오프라인 리테일 연계전략

① 오프라인에 투입된 인력을 부가가치가 높은 업무에 집중시키고 주문접수와 같이 비교적 단순한 업무는 인터넷을 적극 활용한다.

② 전통적인 시장세분화에 활용되는 세분시장별 차별화원칙을 인터넷에 적용할 수 있다.

③ 온라인과 오프라인 유통채널에 따라 고객가치에 있어 차별화된 제품을 제공한다.

④ 유통채널 간의 갈등을 최소화하기 위해 때로는 주문 가능지역을 제한한다.

2절   유통경영전략의 수립과 실행 및 평가

소매업의 경영전략

① 경영전략이란 변동하는 기업환경 속에서 기업이 유지 · 성장하기 위해서 외부환경의 변화에 대해 기업 전체가 적응 또는 대응하기 위한 방향의 설정과 그 수단의 선택에 관한 의사결정이다.

② 제품의 수명주기가 단축되고 기술수준이 높아지고 있는 환경 속에서 경쟁우위를 위해서는 경영전략의 수립이 필요하다.

소매기업의 목표

① **시장성과 목표** : 매출액과 시장점유율의 향상

② **재무성과 목표** : 금전적 · 경제적 향상

③ **사회적 목표** : 사회적 욕구 충족

④ **개인적 목표** : 개인 및 종업원의 욕구 충족

소매업의 전략적 계획의 종류

① **연간 계획(Annual Plan)** : 1년을 기준으로 한 수집, 집행, 마케팅 상황, 기록표, 예산, 통제, 당해 연도의 마케팅 전략 등의 계획을 말한다.

② **장기 계획(Long Range Plan)** : 장기 목표를 달성하기 위한 마케팅 전략 및 필요한 자원 등의 계획을 말한다.

③ **전략적 계획** : 기업의 목표와 역량을 변화하는 마케팅 기회와 조화를 이룰 수 있도록 개발하고 유지하는 계획을 말한다.

🛡 소매업 경영전략의 집행(시장대응전략)

① 시장침투전략

    ㉠ 고객 수 증가방안   ㉡ 고객 구매량 증대방안

    ㉢ 구매빈도의 증가방안   ㉣ 기존고객의 관리철저

② 시장개발전략

    ㉠ 새로운 세분시장 개척 : 기존시장에서 새로운 세분시장을 유인하는 전략이다.

    ㉡ 운영혁신 : 새로운 목표시장을 겨냥해서 점진적으로 경쟁전략을 바꾸어 가는 전략이다.

③ 생산성 향상전략

    ㉠ 가격과 마진의 증가에 초점을 맞추는 전략이다.

    ㉡ 비용절감을 통해 수익성을 제고하는 전략이다.

    ㉢ 상품믹스의 개선을 통해 상품회전율을 제고하는 전략이다.

    ㉣ 성숙기나 쇠퇴기 국면에 접어든 소매업에 적당한 전략이다.

3절   유통경영전략의 평가 및 통제

🛡 유통시스템 성과평가기준

① **효과성** : 고객만족도, 클레임건수, 수요예측 정확성, 시장별 차별적 서비스, 신시장 개척건수 및 비율, 중간상 거래전환건수, 신규대리점 수와 비율 등

② **효율성(생산성)** : 단위당 총 유통비용, 단위당 총 물류비용, 단위당 수송비, 단위당 창고비, 적정재고 유지비, 투자수익률, 유동성 등

🛡 소매업 경영전략의 평가

① 머천다이징 계획   ② 가격 계획

③ 광고 및 판촉 계획   ④ 유통 및 판매지원 계획

⑤ 재무 계획   ⑥ 시설 계획

⑦ 인적 자원 계획   ⑧ 소매정보시스템

🎁 전략적 이익모형(strategic profit model)

① 자본관리와 이윤관리, 재무관리와 고수익관리의 범주에서 기업의 이익을 달성하자는 수익성 분석모형 및 계획화 도구이다.

② 기업이 이용 가능한 세 가지 수익경로(자산회전율, 순매출이익률, 영업레버리지)를 바탕으로 수익을 관리할 수 있으며 기업의 재무전략 평가에 있어 유용한 지침을 제공한다.

🎁 전략적 이익모형에서 주요 재무지표

① 순매출이익율(Net Profits/Net Sales) : 당기순이익을 순매출로 나눈 비율

② 총 자산회전율(net sales/total assets : asset turnover) : 순매출을 총 자산으로 나눈 비율

③ 총 자산이익율(net profits/total assets : return on assets or earning power) : 당기순이익을 총 자산으로 나눈 비율

④ 순가치 대비 총 자산비율(total assets/net worth : leverage ratio) : 총 자산을 순가치로 나눈 비율

⑤ 순가치 대비 순이익 비율(return on investment or return on net worth)

🎁 재무비율

① 유동비율 : 기업의 자금상환능력을 가늠하기 위해 사용하는 지표로, 이 비율이 클수록 지불 능력이 높다.

② 수익성 비율 : 기업이 얼마나 효율적으로 관리되고 있는지를 나타내는 종합적 지표로, 매출총이익률, 영업이익률, 총자산이익률 등이 있다.

③ 레버리지 비율 : 기업이 어느 정도 타인자본에 의존하고 있는지를 측정하기 위한 비율로, 부채성 비율이라고도 한다.

④ 활동성 비율 : 기업이 소유하고 있는 자산들이 얼마나 효율적으로 이용되고 있는가를 추정하는 비율로, 일정기간의 매출액을 각종 주요 자산으로 나누어 산출한다.

3 유통경로 구성원

1절 도매업

🍂 도매업의 개념

① 재판매 또는 사업을 목적으로 구입하는 자에게 상품이나 서비스를 판매하는 데 관련된 모든 활동을 하는 상인이다.

② 도매상은 최종 판매상이 아니므로 소매상처럼 입지 · 판촉 · 점포분위기 등과 관련한 마케팅에 상대적으로 주의를 덜 기울인다.

③ 도매업자들은 일반적으로 넓은 상권을 대상으로 대규모 거래를 하며, 소매업자와는 다른 법적 규제와 세제의 적용을 받는다.

🍂 우리나라 도매업의 특징

① **소매업체의 체인화** : 체인소매업체의 체인본부가 도매상의 기능인 중개와 분산기능을 자체적으로 수행하므로 도매상의 역할을 축소시키고 있다.

② **제조업체의 유통 지배력** : 제조업체의 광범위한 재판매가격 유지행위로 말미암아 유통산업 내의 실질적인 경쟁이 일어나지 않아 도매업의 효율성은 향상되지 못하였다.

③ **소매업자의 도매업 기능의 수행** : 우리나라의 경우 국토가 협소하여 제조업체와 소매상이 직접 접촉하기 쉬운 여건이므로 소매업자나 대형 소매업자가 도매업자의 기능을 대신하는 경우가 빈번하다.

④ **제조업체의 수직적 계열화** : 대리점 · 직판점 · 특약점 등 제조업체의 수직적 계열화가 계속 심화되었고, 도 · 소매 기능의 혼재 속에서 도매업은 발전하지 못하였다.

⑤ **불공정거래행위** : 소매상의 무자료 거래관행과 제조업체의 납품거부 등 도매상의 발전을 가로막는 또 다른 장애요인이 되어 왔다.

🍂 도매업의 기능

① 제조업자를 위해 수행하는 기능
  ㉠ 시장확대기능
  ㉡ 재고유지기능

ⓒ 주문처리기능
       ⓔ 시장정보 제공기능
       ⓜ 고객서비스 대행기능
   ② 소매업자를 위해 수행하는 기능
       ㉠ 구색갖춤기능
       ⓛ 소단위 판매기능
       ⓒ 신용 및 금융기능
       ⓔ 소매상 서비스기능
       ⓜ 기술지원기능

🎁 도매업태의 분류

① 성격상 분류 : 제조업자 도매상, 상인 도매상, 대리점, 브로커
② 기능상 분류 : 도매상, 잡화업자, 중개업자, 분산업자, 중앙도매시장, 기능중간상 등
③ 특정기능에 따른 분류 : 현금무배달 도매상, 직송 도매상, 통신판매 도매상, 트럭배달 도매상, 선반진열 도매상
④ 경영주체에 따른 분류 : 독립 도매상, 제조 도매상, 공동 도매상, 도 · 소매상, 연쇄 도매상
⑤ 유통상 위치에 따른 분류 : 대규모 도매상, 중규모 도매상, 소규모 도매상
⑥ 서비스의 범위에 따른 분류 : 완전기능 도매상, 한정기능 도매상
⑦ 취급상품의 전문성에 따른 분류 : 일반 도매상, 일반계열 도매상, 전문품 도매상
⑧ 제품에 대한 소유권 유무에 따른 분류 : 소유권이 있는 도매상, 소유권이 없는 도매상

🎁 상인 도매상

자신이 취급하는 상품에 대한 소유권을 보유하며, 제조업자나 소매상과는 별도로 독립하여 운영하는 사업체이다.
① 완전기능 도매상 : 유통단계에서 도매상의 모든 기능과 광범위한 서비스를 제공하는 도매상이다.
   ㉠ 일반상품 도매상 : 소비자가 요구하는 거의 모든 상품을 유통하는 도매상이다.
   ⓛ 한정상품 도매상 : 철물이나 가구처럼 어느 정도 연관성이 있는 상위의 제품 몇 가지를 동시에 취급하는 도매상이다.
   ⓒ 전문품 도매상 : 불과 몇 가지의 전문품 라인만을 취급하는 도매상이다.
② 한정기능 도매상 : 도매상의 기능 중 한정된 일부 기능만을 수행하는 도매상이다.
   ㉠ 트럭 도매상 : 신속한 배달을 필요로 하는 빵 · 우유 · 야채 · 과일 등의 상품을 트럭으로 슈퍼마켓 · 병원 · 호텔 · 레스토랑 등에 제공하는 도매상으로, 판매와 배달기능을 모두 수행한다.

ⓛ **직송 도매상** : 제품의 이동이나 보관이 어려운 목재 · 석탄 등과 같은 제품을 도매상은 주문만 받고 제조업자가 직접 운송까지 책임지는 형태로, 도매상은 재고를 보유하거나 배달기능을 수행하지 않는다.

ⓒ **선반중개 도매상** : 소매점의 진열선반 위에 위탁으로 상품을 공급하는 진열 도매상으로, 선반에 전시된 상품에 대한 소유권은 도매상이 가지고 최종 소비자에게 판매된 상품에 한해서 소매상에게 대금을 청구한다.

ⓔ **현금거래 도매상** : 소규모 소매상에게 한정된 제품만을 신용판매가 아닌 현금지불을 조건으로 판매하는 도매상으로, 배달을 하지 않는 대신 싼 가격으로 소매상에 상품을 공급한다.

📦 대리 도매상

대리 중간상 또는 기능 중간상이라고도 하는데, 이들은 취급하는 상품에 대한 소유권을 보유하지 않고 단지 상품거래를 촉진시켜준 뒤 판매가격의 일정비율을 수수료로 받는다.

① **제조업자 대리인(Manufacturers Agent)** : 가격 · 배달 · 보증 · 커미션 · 판매지역 등과 관련하여 제조업자와 공식적인 계약을 체결한 대리인으로, 주로 가전제품 · 가구 · 의류 등을 취급한다.

② **판매 대리인(Selling Agent)** : 제조업자를 대신하여 제조업자의 전체 생산량을 판매해 주는 대리인으로, 주로 석탄 · 화학 · 금속 · 산업기계 및 장비 등을 취급한다.

③ **구매 대리인(Purchasing Agent)** : 구매자를 대신하여 제품의 인수 · 검사 · 수송 · 보관 등의 기능을 수행하는 대리인이다.

④ **수수료 상인(Commission Merchant)** : 제품의 소유권을 보유하지 않으며 제조업자의 판매협상을 대리하고 수수료와 비용만을 취득하는 대리인으로, 농산물 유통 및 수산물 유통에서 활동한다.

⑤ **중개인(Broker)** : 구매자와 판매자의 거래협상을 중개하는 기능을 갖는 대리인으로, 주로 부동산업자 · 증권업자 · 보험업자 등이 이에 해당된다.

📦 제조업자 도매상

제조업자에 의해 운영되는 도매상으로 주로 재고통제와 판매 및 촉진관리를 향상할 목적으로 활용된다.

① 제조업자가 자기 소유로 설치한 판매점으로 재고통제 및 판매촉진의 관리가 수월하다.

② 독립적인 도매상이 아닌 판매지점 또는 판매사무소의 형태를 띤다.

🎁 도매상의 형태와 특징

구분	제조업자 도매상	상인 도매상	대리 도매상
소유권	제조업자가 제품을 소유	도매상이 제품을 소유	제조업자가 제품을 소유
통제 및 기능	제조업자가 모든 기능을 통제하고 수행	도매상이 도매기능을 통제하고 일부 또는 전부의 기능을 수행	제조업자와 도매상이 각각 약간의 통제와 기능을 수행
현금흐름	제조업자가 판매하고 대금을 회수	도매상은 제조업자에게 대금을 지불하고 제품을 구입하면 다시 그 제품을 고객에게 판매	제품이 판매되면 도매상은 대금을 제조업자에게 지불하고 커미션이나 수수료를 받음
최적 이용	고객의 수가 적을 때, 지역적으로 집중되어 있을 때 적당함	제조업자가 많은 제품계열을 보유하고 있거나 지역적으로 분산된 고객에게 판매할 때 적당함	제조업자가 소규모 마케팅이 부족할 때, 상대적으로 고객의 지명도가 약할 때 적당함

2절 소매업

🎁 소매업의 개념

① 소비재를 타인으로부터 조달하거나 스스로 제조하여 소비자에게 최종적으로 판매하는 일을 주 업무로 하는 유통업이다.

② 경제재의 분류에 있어 소비재를 취급하는 판매 경영체이다.

③ 재화 생산에서 소비에 이르는 유통과정에서 소비자에게 직결되는 사업체로 최후의 유통단계에 위치한다.

🎁 소매업의 사회적 · 경제적 역할

① 소비자에 대한 역할

　㉠ 올바른 상품을 제공하는 역할

　㉡ 적절한 상품의 구색을 갖추는 역할

　㉢ 필요한 상품의 재고를 유지하는 역할

　㉣ 상품정보 · 유행정보 · 생활정보를 제공하는 역할

　㉤ 쇼핑의 장소를 제공하는 역할

　㉥ 쇼핑의 즐거움을 제공하는 역할

┬ 쇼핑의 편의를 제공하는 역할
 ② **생산 및 공급업자에 대한 역할**
    、 판매활동을 대신하는 역할
    」 올바른 소비자정보를 전달하는 역할
    》 물적유통기능을 수행하는 역할
    《 금융기능을 수행하는 역할
    〃 촉진기능을 수행하는 역할
    『 생산노력을 지원하는 역할

소매업태의 분류

① **가격대별 분류** : 저가격 할인점, 고가격 백화점, 고급 편의점, 하이퍼마켓, 중가격 슈퍼마켓, 콤비네이션 스토어
② **경영규모별 분류** : 편의점, 전문점, 잡화점, 백화점, 창고점, 양판점, 쇼핑센터
③ **점포밀집에 따른 분류** : 주거지역, 인근 쇼핑센터, 중심상가지역, 아웃렛 몰, 지역 쇼핑센터
④ **점포의 통제에 따른 분류** : 프랜차이즈, 거상(브로커), 기업연쇄점, 소매상협동조합, 소비자협동조합
⑤ **점포의 유무에 따른 분류** : 점포형, 무점포형

백화점

① **의의**
    、 선매품을 중심으로 생활필수품, 전문품에 이르기까지 다양한 상품계열을 취급하며, 대면판매, 현금정찰판매, 풍부한 인적·물적 서비스로서 판매활동을 전개하는 대규모 소매기관이다.
    」 백화점은 여러 가지 다양한 상품계열을 폭넓게 취급하는 상점으로, 각각의 상품계열은 전문 구매자 또는 상품화 담당자가 따로 있어서 독립적으로 관리한다.
② **백화점의 영업특성**
    、 단일소유, 단일경영의 대형소매점 형태를 취한다.
    」 명성을 배경으로 고객을 유치한다.
    》 강력한 재정능력을 보유하고 있다.
    《 기능별 전문화에 의한 합리적 경영을 추구하고 실시한다.
    〃 현대적인 건물과 시설, 대량매입의 경제성 등을 추구한다.
    『 균형 있는 상품구성과 다양한 서비스, 엄격한 정찰제를 실시한다.
    ┬ 선매품 또는 전문점 중심의 다양한 상품을 부문별 조직에 의해 판매한다.

🎁 회원제 도매클럽(MWC : Membership Wholesale Club)

① 의의
- ㉠ 회원제로 운영되고 있는 창고형 가격할인 업태로, 회원으로 가입한 고객만을 대상으로 판매한다.
- ㉡ 매장은 거대한 창고형으로 꾸며지고 실내장식은 보잘 것 없으며, 진열대에 상자 채로 진열하여 고객이 직접 박스단위로 구매함으로써 할인점보다 20~30% 정도 더 싸게 판매하는 업태이다.

② 회원제 도매클럽의 특징
- ㉠ 매장규모가 큰 창고형태의 점포로 운영된다.
- ㉡ 할인점보다 가격이 20~30% 정도 저렴하다.
- ㉢ 대표적인 품종 2,800~4,000개 정도의 한정된 품목만을 취급한다.
- ㉣ 주로 일용품이 중심이 되고 식품의 비중이 높다.
- ㉤ 안정된 매출확보를 위해 상품을 박스나 묶음 단위로 진열, 판매한다.
- ㉥ 회원제가 원칙이므로 장기적이고 안정적인 고객의 확보가 가능하다.
- ㉦ 회원들의 회비를 자금운영에 활용하여 저가공급이 가능하다.

🎁 할인점(DS : Discount Store)

① 의의
- ㉠ 표준적인 상품을 저가격에 대량판매하는 상점으로, 특정 제품의 가격을 일시적으로 인하하여 판매하는 것이 아니라 모든 제품에 대하여 상시적으로 싼 가격(EDLP : Every Day Low Price)에 판매하는 소매점을 말한다.
- ㉡ 식품과 일용잡화 등 소비재를 중심으로 한 중저가 브랜드 중 유통회전이 빠른 상품을 취급한다.
- ㉢ 묶음(Bundle)이나 박스 단위로 판매하며, 철저한 셀프서비스를 통해 저가격으로 대량판매한다.

② 할인점의 특징
- ㉠ 저가격으로 판매한다.
- ㉡ 저가격의 저품질 상품을 판매하는 것이 아니라 전국적 상표품에 중점을 둔다.
- ㉢ 셀프서비스와 최소시설로 운영한다.
- ㉣ 저가지역에 입지하여 아주 먼 거리의 고객을 흡수한다.
- ㉤ 견고하고 기능적인 점포구조를 가진다.

하이퍼마켓(Hypermarket)

① 의의

    ㉠ 식품 · 비식품을 풍부하게 취급하며, 대규모의 주차장을 보유한 매장면적 $2,500m^2$ 이상의 소매점포를 말한다.

    ㉡ 대형화된 슈퍼마켓에 할인점을 접목시켜 저가로 판매하는 초대형 소매점이다.

    ㉢ 영국 · 프랑스 · 네덜란드 등 유럽 지역에서 급속하게 발달한 슈퍼마켓을 초대형화한 소매업태로, 1960년 프랑스의 까르푸 사에 의해 개발되어 점차 유럽에서 남아메리카, 아시아 등으로 확산되고 있다.

② 하이퍼마켓의 특징

    ㉠ 주요고객

- 자가 승용차를 소유하고 있는 중간 소득계층
- 소득수준이 낮은 가격 반응형 구매자
- 생활리듬과 새로운 쇼핑 분위기를 원하는 다수의 질적인 구매자

    ㉡ 상품구색

- 주로 슈퍼마켓에서 취급하는 식품과 생활필수품 등이며, 식품과 비식품 간의 구성비는 대략 60 : 40 정도이다.
- 상품은 주로 구매빈도가 높고 널리 알려진 국내외 유명제품이며, 유통업자 상표(Private Brand) 상품도 많다.
- 제품의 종류에 있어서 기본품은 중저가의 편의품이 중심이 되며, 이에는 선택품도 큰 비중을 차지한다.

    ㉢ 상품조달

- 대개 개별점포가 독자적으로 농장 · 공장 등 공급자와 계약을 체결함으로써 직거래 방식으로 이루어지고, 경우에 따라서는 일부 품목을 그룹의 집중구매센터로부터 조달받기도 한다.
- 점포 내에서의 거래단위인 소매포장은 산지 또는 공장에서 만든 원래의 중간포장 그대로이며, 일부 신선식품은 날 것 또는 자연상태 그대로인 것도 있다.

    ㉣ 가격조건

- 철저한 저마진 · 저가격 정책을 채택하고 있어 구매가격이 전품목에 걸쳐서 정상적인 소매가격에 비해 10~15% 정도 저렴하다.
- 하이퍼마켓의 저마진 · 저가격은 대량거래, 구매기능과 판매기능의 구매 거래선과 고객에로의 이전, 철저한 셀프서비스, 시설 · 저장 · 이동 · 진열 · 가격표시 등 방법의 효율화, 유통업자 브랜드의 활용 등 다양한 소매경영전략을 통해 실현된다.

    ㉤ 입지 및 상권

- 일반적으로 지가가 높은 도심 또는 주거지역은 피하고 지가가 저렴한 지역인 대도시 근

교에 독자적으로 입지를 선택한다.

- 지역 쇼핑센터의 대체역할을 수행하기 위해 출점하는 경우도 있으며, 자가용을 소유한 고객의 접근 가능성을 높이기 위해 대개 고속도로, 주요 간선도로, 교차로 등을 끼고 있다.
- 상권은 매우 넓어서 소요시간 30분 이내에 위치한 근접도시 및 그 위성지역을 포괄한다.

🍱 슈퍼마켓

① 의의 : 편의품을 중심으로 구색을 갖추고 셀프서비스 방식과 할인정책 등을 채택함으로써 박리다매(薄利多賣)를 도모하며 전체의 관리기능을 중앙에 집중시키는 한편, 효율적인 다점포화 정책에 따라 체인확대를 기본으로 하는 대규모 소매기관이다. 우리나라의 경우 식료품 및 일용 잡화를 위주로 소비자의 자기 서비스 방식에 의하여 판매되는 영업장으로서, 연쇄사업자와 가맹계약을 체결한 점포이다.

② 슈퍼마켓의 특징
- ㉠ 넓은 구색과 다양한 상품
- ㉡ 상품의 초저가 판매
- ㉢ 셀프서비스와 자기 선택적 진열
- ㉣ 대규모의 시설
- ㉤ 보통 체크아웃 카운터(Checkout Counter)로 고객 서비스의 집중화

③ 기본원리(Cash & Carry 시스템)
- ㉠ 고객이 직접 진열된 상품을 스스로 선택한다.
- ㉡ 외상이 아니라 현금으로 구입하고, 다점포화(Chain Operation)를 추구한다.
- ㉢ 고객 스스로 운반해 가는 대신에 상품 가격을 타점포보다 낮게 함으로써 더 많은 고객을 확보한다.

④ 슈퍼체인 : 슈퍼마켓 단위점포의 대형화 · 표준화를 실현하는 효과적인 방편으로서의 체인화 전략이다.
- ㉠ 슈퍼체인의 형태
  - 회사형 체인 : 연쇄화 사업자(체인본부)의 자금으로 10개 이상의 직영 슈퍼마켓을 운영하는 형태이다.
  - 가맹점형 체인 : 체인본부와 가맹점포가 별개의 기업으로 있으면서 상품을 공급 · 지도하는 형태로서 30개 이상의 가맹 슈퍼마켓을 필요로 한다.
- ㉡ 슈퍼체인의 경영목적
  - 대형화 · 표준화 방편으로서의 체인화
  - 박리다매(薄利多賣)와 집중구매
  - 합리적 구매체제의 확립

🏵 독립소매점

① 일반적으로 볼 때 가족 노동력을 위주로 하기 때문에 조직력이 없고 비전문적인 소규모 점포이다.

② 식료품 · 잡화 · 의류 등의 편의품을 취급하는 상점이 많으며, 우리나라 소매점의 대부분이 이에 해당된다.

③ 소비자와 매우 가까이 있어 대면판매 및 신용판매를 할 수 있으므로 현실적으로 매우 경쟁력이 있다.

④ 우리나라의 독립소매점은 유통기능의 전문화가 어렵고 대량 상품화에 따른 이익을 기대하기 어렵기 때문에, 최종 소비자가격이 높고 상품구색의 질은 저하되어 영세상점의 규모를 탈피하지 못한다.

🏵 연쇄점(체인점, Chain Store)

① 의의

　㉠ 같은 유형의 상품을 판매하는 여러 개의 점포가 중앙본부로부터 하달되는 통제 · 관리를 통해 고도의 획일화 · 표준화를 이룩하면서, 전체 판매력 및 시장점유율을 강화해 나가는 소매조직이라고 할 수 있다.

　㉡ 연쇄점은 표준화 · 단순화 · 집중화라는 원칙을 상품화, 점포정책, 점포관리, 업무관리, 평가방식 및 교육훈련 등에 일관되게 적용하여 수행하는 경영체제이다.

② 연쇄점의 특징

　㉠ 중앙본부의 관리체제를 전제로 하기 때문에 각 점포는 중앙본부의 통일적 방침 아래 관리 · 운영되고, 판매기능만 가진다.

　㉡ 상품화의 동질성이 그 전제가 되므로 각 점포에서 제공되는 상품만이 아니라 제시방법도 표준화된다.

③ 경영원리

　㉠ 제품을 대량 구입함으로써 구입비용을 인하하여 원가를 절감한다.

　㉡ 전국적으로 분산되어 있는 다수의 단위점포를 통한 총판매량의 극대화를 가능하게 한다.

　㉢ 대량판매에서 이루어지는 총매출액과 매출이익의 증대를 동시에 취하는 영업방식을 채택하고 있다.

　㉣ 백화점처럼 단독점포의 경영조직인 상품별 분업과는 전혀 다른 기능별 분업을 조직원리로 삼고 있다.

🏵 회사형 연쇄점(Corporate Chain Store)

① 체인본부가 주로 소매점포를 직영하되, 가맹계약을 체결한 일부 소매점포에 대하여 상품의

공급 및 경영지도를 계속하는 형태의 체인이다.

② 체인본부의 표준화된 경영방식을 따르며, 단일자본 및 기업에 의하여 조직된 다수의 점포로 구성된다.

③ 각 지점은 체인본부의 강력한 관리와 통제 아래 운영되며, 지점에서 임의대로 할 수 있는 재량은 거의 없다.

④ 체인본부가 규모의 이익을 실현하기 위하여 여러 곳에 분산되어 있는 개별적인 소비자의 특성에 대응하여 자기 자본과 자기 책임 하에서 점포를 여러 곳에 전개하는 형태이다.

⑤ 백화점과 달리 지역특성에 따라 수많은 점포를 운영하되 중앙 집중적 대량구매의 이점을 살리며, 개별점포가 모두 동일한 건축양식, 가격, 상품들을 취급하므로 소비자들에게 소구력을 높이는 장점이 있다.

❧ 편의점(Convenience Store)

① 의의

ㄱ 식료품 위주로 대면판매 방식 또는 셀프서비스 방식에 의하여 판매하는 소매점포로서, 연쇄화 사업자가 직영하거나 연쇄화 사업자와 가맹계약을 체결한 소규모 점포이다.

ㄴ 대규모 소매업이 제공할 수 없는 편의성을 고객에게 제공하는 가족적인 경영방식의 점포이다.

② 편의점의 특징

ㄱ 편의점은 슈퍼마켓에 비해 다소 높은 가격을 유지한다.

ㄴ 보통 편리한 위치에 입지하여 장시간 영업을 하며, 재고회전이 빠른 식료품과 편의품 등의 한정된 제품계열을 취급한다.

③ 편의점의 기본조건

ㄱ **입지의 편의성** : 주택 근처에 위치함으로써 고객이 일상적 구매를 손쉽게 할 수 있다.

ㄴ **시간상의 편의성** : 영업시간이 길기 때문에 언제든지 필요에 따라 구매할 수 있고, 가깝기 때문에 구매 소요시간도 적게 든다.

ㄷ **상품구색상의 편의성** : 식료품 및 일용잡화 등의 상품구색에 의해 일상생활이나 식생활의 편의성을 제공한다.

ㄹ **우호적인 서비스** : 슈퍼마켓에서는 맛볼 수 없는 대인적인 친절한 서비스를 제공한다.

ㅁ **소인원 관리** : 소수의 가족 노동력으로 관리하기 때문에 인건비가 절약된다.

❧ 가맹점형 연쇄점

① 임의형 연쇄점(Voluntary Chain Store)

ㄱ 도매점이 주체가 되어 소매점을 가맹점으로 모집하여 조직화한 것으로, 가맹점형 연쇄점의 가장 대표적인 형태이다.

ⓛ 다수의 소매점이 기업으로서 독립성을 유지하면서 공동의 이익을 달성하기 위해 체인본부를 중심으로 분업과 협업의 원리에 따라 구성되는 체인조직이다.

ⓒ 체인본부의 계속적인 경영지도 및 체인본부와 가맹점 간 협업에 의하여 가맹점의 취급품목 · 영업방식 등의 표준화사업과 공동구매 · 공동판매 · 공동시설 활용 등 공동사업을 수행하는 형태의 체인사업이다.

ⓓ 도매점이 자신의 판매확대의 한 방안으로서 소매점의 확보가 필요함에 따라 생겨난 제도이다.

ⓟ 프랜차이즈형 가맹점과 달리 본사와 가맹점 간에 수평적 구조를 이룬다.

ⓗ 편의점이나 슈퍼마켓 등의 강력한 구매력을 필요로 하는 곳에 효과적이다.

② 협동형 연쇄점(Cooperative Chain Store)

ⓐ 소매점 자체가 주체가 되는 연쇄점으로 동일업종의 소매점들이 중소기업협동조합을 설립하여 공동구매 · 공동판매 · 공동시설활용 등의 사업을 수행하는 형태의 체인사업이다.

ⓑ 규모가 비슷한 소매업의 동업자끼리 공동으로 본부를 설치하는 경우와, 대규모 소매점이 본부를 설치하고 작은 규모의 소매점이 이에 참여하는 경우가 있다.

③ 프랜차이즈 가맹점(Franchise Chain Store)

ⓐ 본부가 가맹점과의 계약에 따라 가맹점에게 자기의 상호 · 상표 등을 사용할 수 있게 할 뿐만 아니라 동일한 사업을 실행하는 권리를 주는 동시에, 경영에 관한 지도를 하고 상품과 노하우를 제공하며 그 대가로 가맹점으로부터 가입금 · 보증금 · 정기적인 납입금을 징수하는 제도이다.

ⓑ 프랜차이즈 본부는 직영점과 가맹점의 경영활동을 철저하게 분석함으로써 인간의 두뇌와 같은 역할을 수행한다.

ⓒ 가맹점은 일정한 지역에서 독점적인 영업권이 보장되는 동시에 경험이 없어도 완비된 프로그램에 의해 어느 정도의 이익을 올릴 수가 있으며, 대규모 조직에 참가하는 데서 오는 규모의 이익을 확보할 수 있다.

대중양판점(GMS : General Merchandise Store)

① 의의

ⓐ 의류 및 생활용품을 다품종 대량판매하는 대형 소매점이다.

ⓑ 슈퍼마켓과 백화점의 중간정도이며, 상품구색과 서비스는 백화점에 가깝다.

ⓒ 다점포화를 통해서 중앙구매를 하여 원가를 절감시킬 수 있기 때문에 백화점보다 가격적인 면에서 유리하다.

② 대중양판점의 특징

ⓐ 중저가의 일상 생활용품을 주로 취급하며, 초고가 상품은 취급하지 않는다.

ⓑ 백화점보다 낮은 가격대로 자체상표를 가지며, 체인에 의해 다점포화를 추구한다.

ⓒ 매장면적은 3,000평(2,000~5,000평) 정도이며, 전체적으로 지방 백화점과 비슷하다.

ㄹ 다품종의 대량판매가 목적이므로 백화점보다는 상품 수가 적으나 더 실용적인 상품을 취급한다.

❖ 전문점(Specialty Store)
① 의의
   ㉠ 특정범위 안의 상품들을 집중적이고 전문적으로 취급하는 소매점을 말한다.
   ㉡ 선매품 · 전문품을 취급하는 소매점이지만, 그 취급하는 분야의 상품에 대해 풍부한 구색을 갖춤으로써 그 분야의 어떤 수요나 소비자의 요구에도 깊이 있는 만족을 줄 수 있는 점포를 말한다.
   ㉢ 취급상품, 판매기술, 판매원은 물론 점포의 전체적인 이미지나 감각에 있어서 고도의 전문성을 구비하고 이로 말미암아 전문적 효용을 고객에게 제공하는 소매업이다.
② 전문점의 특징
   ㉠ 제한된 상품 · 업종에 대해서 다양한 품목을 골고루 깊이 있게 취급한다.
   ㉡ 고객에 대한 고도의 상담과 서비스를 제공한다.
   ㉢ 우수한 머천다이징 능력을 바탕으로 하여 소비자의 욕구에 보다 부응할 수 있는 개성 있는 상품, 차별화된 상품을 취급한다.

❖ 전문점의 경영전략
① **고객의 세분화** : 생활 스타일에 입각한 시장 세분화를 통해 목표고객을 명확히 한다.
② **목표고객대응 상품화** : 고객의 유형별 세분화에 따라 목표고객을 위한 전문점을 표방한다.
③ **점포식별의 확인** : 자기점포의 개성이 명확히 식별될 수 있도록 기업식별화(CI : Corporate Identification)를 적극 전개해 나간다.

❖ 전문점의 장 · 단점
① 장점
   ㉠ 취급상품의 종류가 다양해지며 최신상품이나 유행상품을 보다 많이 구비함으로써 상품회전율의 고도화를 기할 수 있다.
   ㉡ 어느 특정상품에 한정된 경영을 할 수 있기 때문에 대량구매를 통한 해당 상품의 비용절감을 기할 수 있다.
   ㉢ 구매와 판매의 노력을 특정상품에 집중시킬 수 있기 때문에, 여타의 소규모 소매점의 경우와는 달리 그 방면의 전문가로서 보다 전문적인 경영을 할 수 있다.
② 단점
   ㉠ 취급상품의 종류가 한정되어 있기 때문에 수요의 변화 등에 따른 위험을 분산하기가 비교

적 곤란하다.

ⓛ 취급상품의 한정성 때문에 일반 소비자의 흡인력이 약하고 고객이 한정되기 쉽다.

🔻 전문 할인점

① 카테고리 킬러(Category Killer)

　㉠ 특정한 상품계열에서 전문점과 같은 상품구색을 갖추고 저렴하게 판매하는 할인형 전문점이다.

　ⓛ 대량판매와 낮은 비용으로 저렴한 상품가격을 제시한다.

　ⓒ 다른 유통업자들이 카테고리 킬러의 상품과 차별화시키기 어려울 정도로 높은 브랜드 이미지를 갖춘 상품들을 취급한다.

　ⓔ 주로 완구, 스포츠용품, 가전용품, 자동차용품, 레코드, 사무용품 등을 취급한다.

② 홈센터(Home Center)

　㉠ 주택의 개·보수, 리모델링에 사용되는 건자재, 가구 등을 파는 유통업체로, 주거생활과 관련된 전 상품을 취급한다.

　ⓛ 주택 하나를 꾸미기 위한 기본 건축자재부터 가정용품에 이르기까지 모든 품목을 구비하여 원스톱 쇼핑의 개념으로 운영한다.

　ⓒ 소득수준의 향상과 근로시간의 감소에 따른 레저활동의 관심 고조, 주택보급률의 증가에 따른 주택구입 붐과 주거개선의 관심 증가로 발전된 신업태이다.

🔻 아웃렛(Outlet)

① 자사 직영 메이커의 비인기 상품, 재고품, 하자상품 및 이월상품 등을 특별할인 가격으로 판매하는 일종의 재고처리 업태이다.

② 당초에 메이커의 직영점으로 출발해 공장 근처에서 과잉 생산품을 염가에 판매하는 소매점이었으나, 최근에는 타 메이커의 상품이나 타소매점에서 팔고 남은 물건도 할인 판매한다.

③ 주로 팔다 남은 재고품, 다소 흠이 있거나 치수가 맞지 않는 상품을 판매하는 것이므로 상품의 구색이 잘 갖춰져 있지 않다.

④ 가격이 시중가에 비해 30~40% 정도 저렴하여 고객확보에 유리하다.

🔻 무점포 소매업

무점포 소매업은 거리와 시간, 장소, 상품에 구애를 받지 않는 것은 물론 상품에 관한 정보에서부터 대금결제까지 한 번에 처리할 수 있으므로 고객의 편리함과 시간 절약, 판매자의 유통단계 축소와 거래자의 거래비용 등이 절감된다. 특히 우리나라의 경우는 무점포 구매의 역사가 짧지만 가장 시장성이 높은 마케팅의 한 분야로서 그 성장 가능성으로 말미암아 다른 어떤 분야보다 발전이 기대된다.

❖ 무점포 소매점의 종류

① 통신판매업
② 방문판매업
③ 자동판매기 소매업

❖ 통신판매점

① **카탈로그판매점(Catalog Store)** : 소매점이 구매가능 상품과 주문방식을 수록한 카탈로그를 소비자에게 제공하고, 전화나 사람을 통해 주문을 받는 소매 유형이다.
② **텔레마케팅(Telemarketing)** : 전화로 소비자에게 상품정보를 제공하여 구매를 유도하거나 다른 매체를 통해 광고를 접한 소비자가 수신자부담 전화번호를 이용하여 주문을 하는 소매 유형이다. 통신판매가 수동적인데 반해 텔레마케팅은 적극적으로 고객반응을 창출하고, 입수된 고객자료를 통해 잠재고객을 계속적으로 공략할 수 있다.
③ **TV 홈쇼핑** : TV를 통해 소비자에게 직접 제품과 서비스를 판매하는 것으로 홈쇼핑 채널을 통해 제품을 판매한다. TV 화면을 통해 제품의 특징이나 사용설명 등의 정보를 쉽게 알 수 있으며, 중소기업들이 개발한 아이디어 상품이 인기를 끌고 있다. 그러나 상품의 과대광고 및 장점만을 부각시킨 광고로 말미암아 정보의 신뢰성 확보가 미흡하고, 배송 후 반품률이 높다는 단점이 있다.
④ **전자상거래** : 전자상거래가 구축된 인터넷 쇼핑몰을 통해 제품과 서비스를 판매한다. 장소 및 시간적 제약을 받지 않아 국내는 물론 외국의 소매점에서도 구매가 가능하며, 소비자는 저렴한 가격으로 제품을 구매하고, 판매자는 여러 단계에 걸친 부대비용을 절감할 수 있다.

❖ 텔레마케팅

많은 기업에서 일반화되어 있는 전화를 통한 소매 기법으로 무점포 소매 방법 중의 하나이다.
① 텔레마케팅은 소비자들이 자신의 집에서 광고나 카탈로그에 반응하게끔 한다는 점에서 통신판매와 상당히 밀접하게 관련을 맺고 있다.
② 일반적으로 소비자들은 전화를 이용하여 제품을 구입하며, 정보의 취득, 금융업무의 처리, 서비스 예약 등에 이르기까지 전화를 이용한 다양한 편익이 소비자에게 제공되고 있다.

❖ TV 홈쇼핑

TV 홈쇼핑은 TV를 통해 상품의 특성과 용도를 소개, 설명하고 시청자로부터 구매의욕을 불러일으켜 고객들이 무료전화로 상품을 주문하는 유통산업이다. 철저한 품질관리와 가격경쟁력, 고객감동 서비스, 고급정보를 기반으로 주문 시 상품을 고객이 요구하는 장소까지 배송해 주는 등 24시간 열려 있는 첨단 무점포 판매시스템이다.

① TV 홈쇼핑의 장점

  ㉠ 제품구색과 이용에 있어 시간상의 제약이 없다.

  ㉡ 정해진 기일에 따라 반품 및 교환할 수 있다.

  ㉢ 중간 유통업체의 단축으로 소비자 가격이 저렴하다.

  ㉣ 자세한 상품설명으로 착오로 말미암은 구매의 위험을 줄인다.

② TV 홈쇼핑의 단점

  ㉠ 상품을 직접 볼 수 없으므로 배송 뒤 반품의 우려가 높다.

  ㉡ 허위나 과장된 상품설명 및 광고로 소비자가 피해를 입을 수 있다.

  ㉢ 전산오류나 특정상품의 주문과다로 배송이 늦어질 수 있다.

  ㉣ 환불 및 교환절차가 까다로우며 늦다.

③ TV 홈쇼핑의 개선방안

  ㉠ 소비자가 직접 볼 수 없으므로 눈앞의 상품같이 상품정보를 제시해야 한다.

  ㉡ 상품 카테고리별로 일정한 시간대를 정해서 방영한다.

  ㉢ 기획상품으로 소비자의 주의를 끌어야 한다.

  ㉣ 마일리지, 적립금, 할인쿠폰과 같은 부대서비스를 제공한다.

  ㉤ 단골회원에게는 별도의 혜택을 제공한다.

❖ 인터넷 소매업

인터넷이나 PC 통신 등의 전자매체를 이용하여 홈페이지에 신설된 상점을 통해 실시간으로 상품을 거래하고 신용카드 또는 전자결제수단 등으로 유·무형의 재화와 용역을 거래하는 것을 말한다. 소비자와의 거래뿐만 아니라 금융기관, 정부기관, 운송기관 등과 같이 거래에 관련되는 모든 기관과 관련한다.

① 유형제품 : 인터넷 소매업을 통해 소비자들이 선택할 수 있는 제품의 구색을 보다 많이 갖추고, 제품에 대한 정보와 편리함을 보다 많이 제공함으로써 제품에 대한 가치를 부가시킨다. **예** 서적, 의류, 전자제품 등

② 무형제품 : 가장 규모가 큰 부문으로 네트워크를 통해 소비자의 컴퓨터로 직접 배달할 수 있는 무형제품은 물리적으로 확인하거나 검토할 수 없으므로 전통적인 상거래는 전자상거래가 제공하는 편리성을 능가할 만한 장점이 없다. **예** 소프트웨어, 영화, 음악 등

  ㉠ 무형제품의 분류

    • 성인오락, 온라인 게임, 음악 및 영화

    • 전자우편

    • 금융서비스

    • 여행서비스(항공권 예약 서비스)

    • 전자신문, 전자도서 및 잡지

🎁 방문판매업

제조업자가 직접 소비자에게 자사의 세일즈맨을 통해 상품을 판매하는 방식으로 서적 · 화장품 · 보험 등이 대표적인 품목이다.

① 유통업자의 마진을 지불하지 않게 되어 이익을 얻게 된다.

② 제조업자의 이미지가 판매원을 통해 올바르게 소비자에게 전해진다.

③ 유통단계에서의 불필요한 재고나 반품이 없게 되어 생산계획을 세우기 쉽다.

🎁 방문판매업의 성공요건

① 상품의 단가이익률이 비교적 높아야 한다.

② 강한 설득력이 있는 상품이어야 한다.

③ 브랜드 로열티가 있으며 메이커의 지명도가 높아야 한다.

④ 세일즈맨의 육성 · 관리 등이 필요하다.

🎁 자동판매기 소매업

① 자동판매기로 불리는 기계를 통해 판매되는 소매방식이다.

② 점포가 없는 장소나 점포가 문을 닫은 후에도 구매할 수 있어 24시간 무인판매가 가능하다.

③ 값싸고 표준화되어 크기나 무게가 대체로 균일한 편의품의 성격을 가진, 잘 알려진 사전판매 상표품(Presold Brands)의 판매에 주로 적용된다.

④ 인건비가 절약되는 반면 기계의 투자액이 크기 때문에 소비자 부담가격이 높다.

⑤ 커피, 청량음료, 담배 등 몇 가지 제한된 품목에서 인스턴트 식품을 비롯하여 그 영역이 점차 확대되고 있다.

🎁 카탈로그 · DM 소매업

오늘날 박람회, 전시회, 견본시장, 직매장, 요리교실 등의 이벤트가 많아짐에 따라 각 기업의 판매전략을 위한 도구로 카탈로그의 매체 가치가 새롭게 인식되고 있다. 주요업체로는 각 신용카드 회사와 전국에 수없이 산재해 있는 중소규모의 전문 우편업체들이 있으며, 그 밖에 유명백화점 또한 제조업체, 농산물 생산단체 및 일반 유통업체들의 기존 판매체제를 보완하는 수단이다.

① 카탈로그 소매업

　㉠ 상품을 구매할 것으로 예상되는 손님에게 실물 견본 대신 상품의 구체적인 설명 및 실물 사진, 가격 구입상 참고가 될 만한 사항 등을 명시해 놓은 카탈로그를 발송하여 우편이나 전화 또는 인터넷 등으로 주문받아 판매하는 것이다.

　㉡ 상품이나 기업의 소개를 위해 만든 인쇄물로서, 용도별로 목록, 요람, 편람, 안내서 등과 같은 영업안내 소책자를 가리킨다.

ⓒ 카탈로그 배포의 경우 소비자 입장에서는 쇼핑시간을 절약할 수 있고, 판매자 입장에서는 세일즈맨 파견에 비해 경비가 절감된다는 장점이 있다.

② DM 소매업 : 광고물을 우편물 등의 형태로 선정된 특정 소비자에게 전달하는 수단으로, 고객의 기대감을 유발하고 동시에 예측가능한 행동으로 유도하는 방법이다.

　ⓒ DM 소매업의 특징

　　• 대상을 자유롭게 선택·압축(성별, 연령, 직업, 지위, 취미 등)하는 등 대상을 정확하게 통제할 수 있다.

　　• 원하는 날짜나 시간에 발송이 가능하다.

　　• 크기, 형태, 내용 등의 표현이 자유롭다.

　　• 우편을 받음으로써 선택의 우월감과 개봉의 기대감으로 반응이 빠르다.

　　• 상품의 샘플이나 상품 사용 후기 등 다른 내용물을 함께 우송할 수 있다.

　ⓒ DM 소매업의 단점

　　• 우송하는 우편보다 고객의 반응이 저조하다.

　　• 고가의 우편비용과 인쇄비용이 부담된다.

　　• 유행과 소비자 취향 변화에 대한 대응이 뒤떨어진다.

　ⓒ DM 소매업의 전략사항

　　• 리스트는 신선하고 압축되어 있을수록 가치가 높다.

　　• 추첨 등 이벤트를 시행하거나 상품샘플을 동봉하여 개봉률을 높인다.

　　• DM의 외부는 첫 이미지를 고려하여 디자인을 중시한다.

　　• 내부의 내용은 소비자 입장의 이익에 관해 설명한다.

　　• 생일, 연하장 및 계절인사를 적극 활용한다.

📦 직접판매

직접판매란 전화로 주문을 하거나 방문 세일즈맨을 이용해 가정이나 직장을 직접 방문하여 판매하는 방식을 말한다. 직접판매는 가정에서 이루어지기도 하고, 직장에서 이루어지기도 하며 일부는 전화를 통해서 이루어지기도 한다.

① 방문판매

　ⓒ 재화 또는 용역의 판매(위탁 및 중개)를 업으로 하는 판매업자가 방문의 방법으로 그의 영업소, 대리점, 기타 영업장소 외의 장소에서 소비자에게 권유하여 계약의 청약을 받거나 계약을 체결하여 재화 또는 용역을 판매하는 것을 말한다.

　ⓒ 진열·견본판매 등과 같이 물품판매의 한 형태이며, 행상(行商)도 방문판매의 일종이다.

　ⓒ 근래에 와서는 소득증대에 따른 구매력의 향상으로 방문판매가 손님과 직접 대면(對面)하는 판매법으로 주목을 받게 되었으며, 화장품·약품·서적·자동차·보험·증권 등의 상품이 방문판매의 품목에 포함된다.

② 방문판매의 특징

ㄱ 판매원이 고객과 맨투맨 접촉을 하므로 광고에 비해 고객 1인당 소요비용이 많이 들지만 반품의 확률이 적다.

ㄴ 손님이 원하는 상품을 실제로 보여주고 설명함으로써 손님이 상품구매 시 충분한 정보를 얻을 수 있다.

ㄷ 교통체증으로 말미암은 방문시간의 증가로 활동에 어려움이 따른다.

ㄹ 판매자들의 허위 또는 과장된 제품설명으로 충동구매가 잦다.

ㅁ 판매자들의 강제적인 판매로 물품을 구입하기도 한다.

🎁 다단계판매

① 다단계판매란 제조업자 → 도매업자 → 소매업자 → 소비자와 같은 일반적인 유통경로를 거치지 않고 다단계 판매업자(회사)가 판매하는 상품을 사용해 본 소비자가 다단계 판매조직의 판매원이 되어 상품을 구입, 다른 소비자에게 판매하는 과정이 순차 · 단계적으로 이루어지는 판매형식이다.

② 다단계판매의 특징

ㄱ **직접판매방식** : 기업에서 생산된 상품이 소비자에게 판매되기까지 중간상인이 개입되지 않고 생산자 혹은 대규모 유통업자가 소비자에게 직접 상품을 판매하는 방식이다.

ㄴ **무점포 방문판매** : 판매원들은 재택근무를 하는 계약 영업사원과 같이 회사에 출근하지 않고 직접 소비자를 만나 상품을 소개하고 판매한다.

ㄷ **자기판매 및 대리판매** : 판매회사가 직접 자사의 판매원들을 통해 각 가정으로 상품을 보내 판매하며, 또한 자신들의 판매원을 통해 소비자를 소개받아 그들에게 판매하는 형태를 취한다.

ㄹ **방문판매 및 지참판매, 배달판매** : 방문판매와 인적판매의 속성을 모두 가지고 있기 때문에 판매원들이 직접 제품을 가지고 가서 판매하거나 주문받은 상품을 소비자에게 직접 배달한다.

4 유통경영관리

🐚 조직의 정의

① 조직은 인간의 집합체로 특정한 목표의 추구를 위해 의식적으로 구성된 사회적 체제를 말한다.
② 조직은 어느 정도 공식화된 분화와 통합의 구조 및 과정, 그리고 규범을 내포하고 있으며 상당히 지속적인 성격을 가진다.

🐚 조직화의 원칙

① **목적성의 원칙** : 조직의 각 부문은 목표가 있어야 하며, 이는 전체 조직의 목적에 부합되고 조화되어야 한다.
② **명령의 일원화 원칙** : 조직의 구성원은 한 사람의 상사 또는 특정 단수의 직근 상사로부터 명령과 지시를 받아야 한다.
③ **전문화의 원칙** : 조직의 형성 시 먼저 각 직무의 존재 이유와 그 기능의 내용을 명확히 한 후 그 직무에 적합한 인력을 배치해야 한다.
④ **책임 · 권한의 원칙** : 권한과 책임은 상호 적절히 대응해야 하며, 권한은 공정하게 배분되어야 한다.
⑤ **권한위임의 원칙** : 조직 내의 하위자가 자신의 독자적인 판단으로 직무를 수행할 수 있도록 상위자가 지니는 직무수행의 권한을 일부 하위자에게 위임한다.
⑥ **통제한계의 원칙** : 한 사람의 상사가 지위나 감독 등 관리할 수 있는 부하의 수에는 한계가 있다.

🐚 조직화 원칙의 변화방향

① 명령단계의 축소
② 명령일원화 원칙의 퇴조
③ 통제범위의 확대
④ 스태프(staff) 부문의 축소
⑤ 분산화와 집중화의 동시 진행

조직의 유형

① **직계 조직** : 기업조직 내의 명령 계통이 경영자로부터 각급 관리자를 거쳐 조직 말단에 이르기까지 직선적으로 연결되는 조직형태

② **기능별 조직** : 마케팅 활동을 관련 업무나 수행기능별로 분류한 조직형태

③ **직계참모 조직** : 명령일원화의 원리와 전문화의 원리를 조화시켜 경영의 대규모화, 복잡화에 대응할 수 있도록 만들어진 조직구조

④ **제품관리 조직** : 특정 제품이나 제품 라인을 전담하는 제품 관리자를 두고 각 관리자들이 담당 제품에 관련된 모든 마케팅 활동을 수행하는 조직구조

⑤ **지역별 조직** : 제품시장이 광범위하거나 지역별 수요의 특성이 상이할 때 이용되는 조직

⑥ **프로젝트별 조직** : 일시적으로 조직 내의 인적, 물적 자원을 결합하는 조직형태

⑦ **매트릭스 조직** : 기능별 조직과 프로젝트 조직의 장점을 합한 형태

⑧ **네트워크 조직** : 각기 높은 독자성을 지닌 조직단위나 조직들 사이의 협력적 연계장치로 구성된 조직

물류조직의 변천

① **분산형** : 각 공장 및 영업분야, 운송분야, 총무분야 등에 분산되어 있는 물류조직

② **집중형** : 대개의 기업이 판매분야와 생산분야가 지역적으로 떨어져 있는데, 이를 구분해서 관리하는 물류조직

③ **독립부문형** : 판매분야와 생산분야를 공동으로 관리하는 하나의 독립된 전사적(全社的)인 물류조직

④ **독립채산형** : 기업 내에 존재하는 물류사업부 형태의 부서형 물류조직

⑤ **자회사형** : 이윤을 추구하는 물류 전문회사 형태의 기업형 물류조직

물류조직의 형태

① 직능형 조직

　㉠ 라인 부문과 스태프 부문의 물류활동이 미분화된 조직이다.

　㉡ 물류부를 총무부와 경리부에, 영업과 및 창고과를 판매부에, 발송과를 제조공장에 두는 조직형태이다.

　㉢ 전사적인 물류정책 · 전략 · 계획 등을 도모할 수 없다.

　㉣ 직능형 조직 자체가 조직적으로 미숙하여 물류 전문집단의 육성이 곤란하다.

　㉤ 물류활동이 타부문 활동 속으로 매몰된다.

② 라인 & 스태프형 조직

　㉠ 직능형 조직의 결점을 보완하고 라인과 스태프의 기능을 분화하여 작업부문과 지원부문을

분리한 조직이다.

ⓒ 라인과 스태프를 분리함으로써 실시기능과 지원기능을 명확히 한다.

ⓒ 스태프는 라인을 지원하며, 전문 영역의 관점에서 라인을 지원하는 서비스 스태프와 경영 계획 등 기업 전반의 업무를 담당하는 제너럴 스태프로 구성된다.

라인 & 스태프형 조직의 장·단점

장점	단점
• 영업과 물류활동의 일체화가 가능하다. • 유통 전체 시스템의 정합성을 유지할 수 있다. • 경영자의 영업정책을 물류에 신속하게 반영할 수 있다. • 영업을 대표하여 생산이나 구입부문과의 조정이 쉽다. • 물류부문의 생각, 의견, 제안 등이 영업부문에 반영되기 쉽다.	• 물류의 일원적 관리가 어렵다. • 책임과 관련하여 권한이 없다. • 실행력이 결핍되기 쉽다. • 물류에 관한 최종 책임이 없다. • 물류부문과 영업부문이 혼재되어 있을 경우 물류부문이 이것을 직접 관리하기가 어렵다.

③ **사업부형 조직**

㉠ 기업의 규모가 커지고 경영자가 모든 것을 세밀하게 관리하기가 어려워졌기 때문에 등장한 조직으로, 상품을 중심으로 한 상품별 사업부 조직과 지역을 중심으로 한 지역별 사업부 조직이 있다.

㉡ 라인 & 스태프에 의한 분권적 집권조직이라 할 수 있다.

㉢ 기본적으로 각 사업부가 이익책임 부서이며, 마치 하나의 회사와 같이 운영이 이루어진다.

㉣ 사업부형 조직하에서는 서비스 스태프나 제너럴 스태프가 존재한다.

㉤ 물류부문의 스태프 조직이 존재하면 원칙으로는 본부와 사업부 쌍방에 물류부문의 스태프가 존재한다.

④ **그리드형 조직**

㉠ 다국적 기업에서 많이 볼 수 있는 물류조직의 형태이다.

㉡ 모회사와 자회사 간의 권한이양의 형태로 이루어진다.

㉢ 모회사의 스태프 부문이 복수 자회사의 해당 부문을 횡적으로 관리·지원한다.

㉣ 각국의 자회사는 제너럴 스태프와 서비스 스태프를 두고 영업활동의 결과에 대한 책임을 진다.

㉤ 국제적으로 전개되는 물류권을 일원화하고 관리 수준을 일정 수준으로 끌어올리는 것을 목적으로 한다.

⑤ **매트릭스 조직**

㉠ 계층적인 기능식 구조에 수평적 사업부제 조직을 결합한 부문화의 형태로 상호 연관된 구조이다.

ⓛ 장점 : 자원의 효율적인 활용, 직원들의 높은 수준의 주인의식, 몰입도 및 높은 작업의욕을 체험할 수 있다.

    ⓒ 단점 : 팀 구성원들 사이의 혼란, 보고관계와 직무에 대한 책임의 불명확성이 있을 수 있다.

❖ 조직 동기부여

① 매슬로우(A. Maslow)의 욕구계층 5단계 이론

    ㉠ 생리적 욕구 : 인간생활에 가장 기본이 되는 의 · 식 · 주에 관한 욕구이다.

    ⓛ 안전 욕구 : 외부환경으로부터의 보호와 장래에 대한 보장과 관련된 욕구이다.

    ⓒ 사회적 욕구 : 집단에 귀속하고 싶은 욕구와 사람을 사귀고자 하는 욕구이다.

    ㉣ 자아존중 욕구 : 남으로부터 존경을 받고 싶은 욕구와 자신에 대한 믿음, 즉 자신감을 포함하는 욕구이다.

    ㉤ 자아실현 욕구 : 자신의 잠재적 능력을 최대한 개발하여 이를 구현해 보고자 하는 욕구이다.

② 앨더퍼(Alderfer)의 ERG 이론 : 앨더퍼는 인간욕구 5단계설을 수정하여 3단계 욕구이론으로 전개하였으며, 이는 욕구가 하급 단계에서 상급의 단계로만 진행하는 것이 아니라 반대의 방향으로도 이행한다는 이론이다.

③ 맥그리거(D. McGregor)의 X, Y 이론 : 맥그리거는 「기업의 인간적 측면」에서 인간에 대한 가정을 전통적 인간관인 X이론과 현대적 인간관인 Y이론으로 제시하였다.

인간관

X이론	• 본성적으로 일을 싫어하며 되도록 일을 회피 • 일을 하게 하려면 강제 · 명령 · 별칙 등을 가함 • 변화를 싫어하며, 수동적이고 소극적인 경향
Y이론	• 반드시 일을 싫어하지는 않으며, 상황이나 조건에 따라 일을 즐김 • 조직의 목표달성을 위해 수동적인 명령도 따르지만 능동적인 활동도 중시 • 책임의식과 자아존중 욕구를 가지고 충실히 일하는 존재

④ 허즈버그(Herzberg)의 욕구충족요인

    ㉠ 위생요인(불만요인) : 회사의 정책과 행정, 감독유형, 보수, 대인관계, 작업조건

    ⓛ 동기요인(만족요인) : 직무상의 성취감, 직무성취에 대한 인정, 수행에 보람을 느끼는 직무, 책임의 부여, 자신의 성장과 발전

⑤ McCelland의 성취동기이론

    ㉠ 성취욕구는 개인의 성과를 말하는 것이나 권력욕구와 친교욕구는 다른 사람들과의 관계와 관련되어 있다.

    ⓛ 강한 성취욕구는 개개인들이 작업을 수행하는 데 얼마나 동기 부여되어 있느냐와 관련이 있으며 두 번째 성취욕구는 훈련에 의해 강화될 수 있다는 것이다.

ⓒ 사람들은 높은 성취 지향형, 권력 지향형, 친교 지향형으로 나누어질 수 있다.

🍀 리더십

조직 구성원들이 그 조직 목적 달성에 자발적으로 협력하도록 유도하는 작용과 기능을 말하며, 조직목표 달성을 위해 동기를 부여하고 영향력을 미치는 쇄신적, 창의적인 능력이나 기술이다.

① 리더십의 기능
   ㉠ 목표설정과 대표성 있는 목표수립에 기여한다.
   ㉡ 목표달성을 위한 인적, 물적 자원을 동원한다.
   ㉢ 조직의 일체성과 적응성을 확보한다.
   ㉣ 조직활동의 통합 및 조정을 통제한다.

② 리더십의 특징
   ㉠ 지도자와 추종자 및 환경적 변수 간의 함수관계를 갖는다.
   ㉡ 조직의 목표달성을 위한 목표지향적이다.
   ㉢ 리더십의 효율성이 상황에 따라 달라지는 동태적, 신축적 성격을 갖는다.
   ㉣ 지도자의 권위를 통해야만 발휘되는 기능이다.

③ 리더십의 종류
   ㉠ **자립심이 강할 경우** : 자립심이 강할 경우에는 중요한 지시만 하고, 그 외에는 본인에게 맡긴다는 방임적 리더십을 취하는 것이 바람직하다.
   ㉡ **의타심이 강할 경우** : 의타심이 강할 경우에는 일의 상세한 점까지 지시를 하는 권위적 리더십이 바람직하다.
   ㉢ **자립심과 의타심이 병존하는 경우** : 부하인 경우에는 그 부하의 의견을 듣거나 적절한 조언을 해서 부하와의 대화를 진행해 가며 일의 목표와 추진방법을 정하는 이른바 민주적 리더십이 가장 적합하다.

2절 인적자원관리

🍀 인사관리의 특성

① 관리의 대상이 인간이며, 아울러 관리의 주체도 인간이다.
② 인사관리는 주체와 대상이 모두 인간이라는 점에서 볼 때 인간 상호작용의 관계로 볼 수 있으며, 이 때 이들이 공통적으로 영향을 받고 있는 사회 · 문화적 환경과 전통의 영향을 배경으로 하고 있음을 벗어날 수 없다.

③ 인사관리는 사람이 가지고 있는 능력이나 성향을 활용하는 데 그치지 않고, 그 능력이나 성향을 바꾸는 것이 더 중요시될 때도 있다.

📦 직무분석

① 특정 직무의 성질을 결정하는 과정으로 합리적 채용기준 마련 및 직무평가를 위한 자료를 얻기 위해 실시한다.
② 직무분석을 실시하기 위해서는 직무분석 방법, 직무분석 담당자 및 직무에 관한 사실 또는 자료 정리 등에 관해 충분한 사전연구와 조사가 선행되어야 한다.
③ 직무분석 방법
　　㉠ 직무개별 조사법 : 모든 직무를 개별로 분석
　　㉡ 직무분석 비교법 : 모든 직무 중 기준이 되는 직무만을 상세히 분석하고 그것을 기준으로 유사한 직무의 차이 부분만을 분석
④ 직무분석 정보수집 방법 : 실제 수행법, 관찰법, 면접법, 설문지법, 중요사건법, 작업기록법
⑤ 분석에 필요한 자료수집 방법 : 질문표 방식, 면접 방식, 관찰 방식

📦 직무평가

① 기업 내의 각 직무가 차지하는 상대적 가치를 결정하는 일로 합리적 임금구조를 유지하기 위해 실시하며, 종업원의 선택 · 배치 · 훈련 등에도 이용된다.
② 직무평가 방법
　　㉠ 서열법 : 각 직무의 난이도 및 책임성 등을 평가하여 서열을 매기는 방법
　　㉡ 분류법 : 직무의 가치를 단계적으로 구분하는 등급표를 만들고 직무평가를 그에 맞는 등급으로 분류하는 방법
　　㉢ 점수법 : 직무를 각 구성요소로 분해한 뒤 평가한 점수의 합으로 직무의 가치를 평가하는 방법
　　㉣ 요소 비교법 : 객관적으로 가장 타당하다고 인정되는 기준직무를 설정하고, 이를 기준으로 평가직무를 그것에 비교함으로써 평가하는 방법

📦 직무설계

조직의 목표를 달성하고 직무를 맡고 있는 개인의 욕구를 만족시키기 위한 직무의 내용, 기능, 관계를 결정하는 것으로 직무의 내용, 요건, 요구되는 대인관계, 성과 등이 직무설계의 핵심요인이다.

1과목
유통경영관리

🔰 근대적인 직무설계 기법

① **직무순환** : 조직 구성원에게 돌아가면서 여러 가지 직무를 수행하게 하는 것을 말한다.

② **유연시간 근무제** : 종업원 자신이 근무시간을 스스로 선택할 수 있도록 허용하는 직무일정계획 시스템을 말한다.

③ **직무 확대** : 직무의 다양성을 증대시키기 위해 직무를 수평적으로 확대시키는 방안을 말한다.

④ **직무 충실화** : 직무 성과가 직무 수행에 따른 경제적 보상보다도 개개인의 심리적 만족에 달려 있다는 전제하에 직무 수행 내용과 환경을 재설계하려는 방법이다.

⑤ **직무특성 모형** : 직무특성 이론은 핵심직무차원, 중요심리상태, 개인의 직무성과는 중요심리상태에서 얻어지며, 중요심리상태는 핵심직무차원에서 만들어진다는 것이다.

🔰 인사고과

① 종업원의 능력과 업적을 평가하여 그가 보유하고 있는 현재적 또는 잠재적 유용성을 조직적으로 파악하는 방법이다.

② **인사고과의 구성요소** : 타당성, 신뢰성, 수용성, 실용성

③ **인사고과 평정상의 오류**

　㉠ **현혹효과** : 고과자가 피고과자의 어떠한 면을 기준으로 다른 측면까지 함께 평가하는 경향

　㉡ **관대화 경향** : 피고과자를 실제의 능력이나 실적보다 더 높게 평가하는 경향

　㉢ **중심화 경향** : 평가의 결과가 평가상의 중간으로 나타나기 쉬운 경향

　㉣ **규칙적 오류** : 가치 판단상의 규칙적인 심리적 오류에 의한 것으로 이를 항상오류라고도 한다.

　㉤ **시간적 오류** : 고과자가 피고과자를 평가함에 있어 쉽게 기억할 수 있는 최근의 실적이나 능력을 중심으로 평가하려는 데서 오는 오류

　㉥ **대비오류** : 고과자가 자신이 지닌 특성과 비교하여 피고과자를 평가하는 경향

　㉦ **논리적 오류** : 서로 상관관계가 있는 요소 간에 어느 한 쪽이 우수하면 다른 요소도 당연히 그럴 것이라고 판단하는 경향

　㉧ **주관의 객관화** : 자기 자신의 특성이나 관점을 타인에게 전가하는 경향

　㉨ **상동적 태도** : 사람에 대한 경직된 편견을 가진 지각을 뜻하는 것으로 타인에 대한 평가가 그가 속한 사회적 집단에 대한 지각을 기초로 해서 이루어지는 경향

🔰 채용관리

최적 상태의 인적요소를 특정 직무에 일치되도록 결정하는 과정을 말한다.

① **공개채용** : 공개상태에서 쌍방의 합의하에 결정하는 경우

② **비공개채용** : 공개되지 않은 상태에서 일방적으로 결정행위가 이루어지는 경우

🎁 채용도구

① **정형적 면접** : 구조적 면접 또는 지시적 면접이라고도 하며, 직무명세서를 기초로 하여 미리 질문의 내용목록을 준비해 두고, 이에 따라 면접자가 차례대로 질문해 나가며 이것에 벗어나는 질문은 하지 않는 방법

② **비지시적 면접** : 피면접자인 응모자에게 최대한 의사표시의 자유를 주고, 그 가운데서 응모자에 관한 정보를 얻는 방법

③ **스트레스 면접** : 면접자가 돌연 매우 공격적이고 피면접자를 무시하는 태도를 취해 피면접자를 방어적이고 좌절하게 만들어, 피면접자의 스트레스 상태에서의 감정의 안정성과 조절에 대한 인내도 등을 관찰하는 방법

④ **패널 면접** : 다수의 면접자가 하나의 피면접자를 면접 · 평가하는 방법

⑤ **집단 면접** : 각 집단 단위별로 특정문제에 따라 자유토론을 할 수 있는 기회를 부여하고, 토론과정에서 개별적으로 적격 여부를 심사 · 판정하는 방법

🎁 교육 · 훈련

① 기능, 지식의 습득을 통한 종업원의 전문적 능력향상 이외에 태도의 변화를 통한 종업원의 성취동기를 형성시켜 근로의욕을 증진시키며, 조직의 활성화를 촉구시키는 요소가 된다.

② **교육 · 훈련 개발의 방법**

  ㉠ 비관리자를 위한 교육훈련

    • 직무 교육훈련(job instruction training) : 업무를 수행하면서 직접 교육을 받으며, 주로 구성원들에게 현재의 업무 수행방법을 숙지시키기 위한 목적으로 사용된다.

    • 직장 내 교육훈련(OJT : On-the-job training) : 직접 자기에게 주어진 업무와 책임을 수행하는 과정에서 받는 교육훈련이다.

    • 직장 외 훈련(OFF JT : Off-the-job training) : 연수원이나 교육원 등과 같은 곳에서 받는 집합 교육이다.

  ㉡ 관리자를 위한 교육훈련

    • 청년 중역회의   • 사례연구

    • 행동모형화   • 실험실 훈련

    • 대역법   • 역할 연기

    • 직무 순환

🎁 승진관리

종업원의 입장에서는 자기발전의 욕구충족과 희망의 계기가 되므로 동기유발을 촉진시키는 반면 경영자의 입장에서는 종업원이 담당직무에 대한 타성에 빠져 문제의식이 결여되거나 부당하고

부정한 직무처리를 할 수 있는 문제점 등을 방지한다.

승진관리의 종류

① **직계승진제도** : 직무주의적 능력주의에 입각하여 직무의 분석 · 평가 · 등급 조절 등이 끝나 직위관리 체제가 확립되면, 그 직무의 자격요건에 비추어 적격자를 선정하고 승진시키는 방법

② **연공승진제도** : 근무연수, 학력, 경력, 연령 등 종업원의 개인적인 연공과 신분에 따라 자동적으로 승진시키는 연공주의에 의한 승진유형

③ **자격승진제도** : 연공과 능력, 즉 직무주의와 인도주의를 절충시킨 제도

④ **대용승진제도** : 자격승진제도와 같이 경영 내의 공식적인 자격을 인정하고 그에 따라 승진시키는 것이 아니라, 승진은 시켜야 하나 담당 직책이 없을 경우 인사체증과 사기 저하를 방지하기 위해 직무내용상 실질적인 승진은 없이 직위심볼상의 형식적인 승진을 시키는 방법

⑤ **조직변화 승진제도** : 승진 대상은 많으나 승진의 기회가 주어지지 않으면 사기 저하, 이직 등으로 유능한 인재를 놓칠 가능성이 있을 경우, 경영조직을 변화시켜 승진의 기회를 마련해주는 방법

임금관리

① 임금은 근로자가 기업에 기여한 근로의 대가로 지급되는 화폐적 보수로, 사용자가 근로의 대상으로 근로자에게 임금, 봉급, 기타 명칭으로 지급하는 일체의 금품을 말한다.

② 임금체계의 결정요인

 ㉠ **필요기준** : 수령자의 필요를 중시한 임금결정 기준

 ㉡ **직무기준** : 직무담당자의 임금은 그가 담당하는 직무의 내용에 따라 결정

 ㉢ **능력기준** : 종업원의 능력에 따른 임금결정

 ㉣ **성과기준** : 종업원의 조직에 대한 기여도, 즉 업적에 따라 결정

성과급제

근로자의 작업에 대한 노력 및 능률의 정도를 고려하여 높은 능률의 근로자에게는 높은 임금을 지급함으로써 그들의 생활을 보장하는 동시에 노동생산성을 향상하고자 하는 임금형태의 하나이다.

① 개인성과급 제도

 ㉠ **단순성과급제(single piece-rate plan)** : 제품단위당 임률을 정하고 여기에 실제 작업성과를 곱하여 산출한 임금이다.

 ㉡ **복률성과급제(multiple piece-rate plan)** : 작업성과의 고저 또는 다과에 따라 적용임률을 달리 산정하는 방식이다.

② 집단성과급 제도

    ⊙ 스캔런플랜(Scanlon Plan) : 종업원의 참여의식을 높이기 위해 수시로 노사위원회제도를 통한 성과활동과 관련된 상호작용적인 배분방법이다.

    ⓛ 러커플랜(Rucker Plan) : 경영성과 분배의 커다란 지침이 되며 생산가치, 부가가치를 산출하고 이에 의해서 임금상수를 산출하여 개인임금을 결정하나, 모든 결정은 노사 협력관계를 유지하기 위해 위원회를 통해 이루어진다.

    ⓒ 프렌치시스템(French System) : 공장의 목표를 달성하는 데 있어 모든 노동자들의 중요성을 강조하고 최적의 결과를 얻기 위해 노동자들의 노력에 대해 자극을 부여하려는 제도이다.

3절   구매 및 조달관리

🎁 매입관리의 중요성

① 매입을 잘해야 이윤을 올릴 수 있다.

② 제3의 이익원으로 매입관리의 역할은 중요하다.

③ 기업은 산출관리에 치중하고 투입관리에는 소홀하다.

④ 경영시스템은 구매 → 생산 → 판매의 순환에서 보듯 구매에서 시작되고 경쟁력 제고, 품질향상은 매입관리에서 시작된다.

⑤ 매입업무는 비용창출 기능보다는 이익창출 기능이 있다.

⑥ 매입업무는 비용절감의 역할보다는 조직목표 달성에 도움될 수 있는 전략적 관점으로 인식되어야 한다.

⑦ 매입기능의 전문화가 요구된다.

⑧ 무재고 원칙이나 자재소요 계획 등 자재매입의 신기법의 개발, 활용이 필요하다.

🎁 매입의 5원칙

① 매입의 1원칙 : 적정한 거래처의 선정과 확보

② 매입의 2원칙 : 적정한 품질의 확인과 확보

③ 매입의 3원칙 : 적정한 수량의 파악과 확보

④ 매입의 4원칙 : 적정한 납기의 설정과 확보

⑤ 매입의 5원칙 : 적정한 가격의 결정과 확보

🎁 매입의 목표

① 부품, 원재료, 기구, 공급품 및 서비스를 구매하는 과정에서 공급자의 위치, 선정, 개발, 관리, 동기부여를 위한 최적의 의사결정을 한다.
② 기술, 영업, 재무적인 목표를 달성한다.
③ 가치의 균형화, 이윤에의 공헌, 창의적 사업 리더십을 추구한다.

🎁 매입방식

① **정기매입** : 일정 기일에 정기적으로 매입하는 방식이다.
② **정량매입** : 적정재고를 유지하기 위해 일정량을 구입하는 방식이다.
③ **위탁매입** : 타인에게 수수료를 받고 타인의 상품을 대신 판매해 주는 방식이다.
④ **사전매입** : 물품이 시중에 출시되기 전에 미리 매입하는 방식이다.

🎁 매입전략

① 매입 전에 매입자 회사의 상사와 상의한다.
② 잠재공급자에 관한 2차 정보를 수집한다.
③ 보다 나은 가격조건을 위해 잠재공급자와 상의한다.
④ 널리 알려진 공급자를 선정한다.
⑤ 타 회사의 매입자와 잠재공급자에 관해 상의한다.
⑥ 잠재공급자의 회사를 방문한다.
⑦ 계약위반에 따른 엄격한 처벌규정을 정한다.
⑧ 개인적으로 선임하는 공급자를 선정한다.
⑨ 매입전문가와 상의하고 주문량을 여러 공급자에게 나누어 주문한다.
⑩ 생산계획의 차질을 우려하여 생산부서와 사전에 협의한다.

🎁 재발주 시 유의사항

① 매입조건의 검토
② 수익성의 체크
③ 매입처의 절충
④ 발주 후의 플로업
⑤ 매입처와의 우호관계 유지

🎁 리드타임

① 발주에서 납품까지의 기간을 말한다.
② 발주를 한다고 해서 곧 입하되는 것이 아니므로 리드타임의 배려가 중요하다.

바이어의 역할과 평가기준

① 바이어의 역할

 ㉠ 매입처의 결정 : 목표 설정, 매입처에 관한 정보 수집, 매입처의 구체적 선정

 ㉡ 거래조건의 결정 : 직매입, 판매분매입, 위탁매입

② 매입의 평가기준

 ㉠ 제품관련 기준 : 품질, 효능, 안정성, 가격 등

 ㉡ 공급업자 관련 기준 : 공급자의 업계 평판, 마케팅능력, 광고활동, 정보제공활동, 납기 내 납품능력, 연구개발 자세, 기술적 능력, 재무능력 등

 ㉢ 공급자와 매입자의 상호관련 기준 : 매입자와 공급자의 친숙도, 상호의존도, 갈등 정도 등

재고관리의 필요성

① 적정재고 유지 : 고객이 원하는 상품의 구색을 충분히 갖추고 적정 수준의 재고를 유지하기 위함이다.

② 고객의 수요와의 합치 : 고객의 수요에 대해 항상 대응할 수 있는 상품구성을 유지하는 데 도움이 된다.

③ 이익의 증대 : 균형잡힌 재고는 판매를 증가시키고 가격인하, 에누리를 감소시켜 보다 큰 이익의 실현을 약속해 준다.

④ 상품투입에 대한 자본의 절약 : 재고통제의 결과 판매액에 대한 재고상품의 금액은 상대적으로 감소된다. 즉 상품회전율이 향상되기 때문에 투입되는 자본이 절감된다.

재고관련 비용

① 품목비용 : 재고품목 그 자체의 구매비용 또는 생산비용, 단위당 가격이 주문량, 생산량의 크기에 관계없이 일정한 경우에는 재고의사결정에 영향을 미치지 않으며, 수량할인 또는 생산량의 증가에 따라 단가가 감소하는 경우에는 재고의사결정에 영향을 미친다.

② 주문비용 : 재고품목을 외부에서 구입할 때 소요되는 여러 가지 경비와 관리를 말하며, 주문량이나 생산량의 크기에 관계없이 일정액으로 발생하는 고정비를 말한다.

③ 재고유지비용 : 재고에 묶인 자본의 기회비용, 저장시설에 대한 비용, 취급 비용, 보험료, 도난, 파손, 진부화, 세금 등 재고유지와 관련된 모든 비용을 말하며, 재고품목 1단위를 일정기간 동안 유지하는 데 드는 비용으로 표시하거나 재고품목 1단위의 가격에 대한 백분율로 표시한다.

④ 재고부족비용

 ㉠ 추후납품비용 : 재고가 보충될 때까지 기다려서 수요가 충족될 때, 제품인도의 지연에 따른 벌과금, 생산독촉비용, 신용상실 등의 비용을 말한다.

    ⓛ **품절비용** : 재고가 없어 수요가 취소될 때, 현재 및 미래 이익의 상실로 말미암은 기회비용을 말한다.

🏵 재고관리 모형

① **EOQ 모형** : 경제적 주문비용과 재고유지비용을 합한 총비용이 최소가 되도록 하는 주문량이다. 즉, 재고품의 단위원가가 최소가 되는 1회의 주문량을 말한다.

    ㉠ **가정**
- 해당 제품에 대한 고객 수요는 일정하고 알려져 있다.
- 연간 단위재고유지비는 물량에 관계없이 일정하다.
- 단위구입가는 물량에 관계없이 일정하다.
- 1회 주문비용은 일정하다.
- 재고부족은 허용되지 않는다.
- 주문인도기간은 일정하다.

② **ROP 모형** : 주문기간을 일정하게 하고 주문량을 변동시키는 모형이다.

    ㉠ **수요가 확실한 경우** : 이때는 안전재고가 불필요하므로 ROP는 조달기간에 1일 수요량을 곱해 구할 수 있다.

    ㉡ **수요가 불확실한 경우** : 이때는 품절 가능성이 있으므로 안전재고를 보유해야 하며, 이때 ROP는 주문기간 동안의 평균수요량에 안전재고를 더한 값이다.

③ **ABC 관리방식**

    ㉠ 관리하고자 하는 대상의 수가 너무 많아서 모든 아이템을 동일하게 관리하기가 곤란한 경우에는 중점관리를 하여 그 중점을 계수적으로 파악한다.

    ㉡ 어떤 특정기준에 의해서 그룹핑하여 특정그룹에 있는 것에 대해 집중관리한다.

④ **JIT 모형**

    ㉠ 생산과정에서 필요한 양의 부품이 즉시 도착하기 때문에 재고의 유지가 필요 없거나 극소량의 재고만을 유지함으로써 재고관리비용을 최소화하는 방법이다.

    ㉡ 필요한 시기와 장소, 필요한 양만큼 부품조달을 강조하여 재고유지비용의 최소화는 물론 낭비요인을 제거하는 데 목표를 두고 있다.

🏵 재고관리기법

① **발주점법** : 안전재고량과 조달기간 중 판매량의 합이 발주점이고 안전재고량은 조달기간 중 매출량의 변동을 고려한다.

② **정기발주방식** : 정기발주방식의 경우에는 조달기간과 발주 사이클기간의 양자를 생각해야 하므로 안전재고량은 상대적으로 증가한다.

③ **정량유지방식** : 예비품방식이라고도 하며 출고가 불규칙하고 수요가 불안정하며, 불출빈도가 적은 특수품이나 보전용 예비품 등에 적용된다.

④ **인당발주점방식** : 사전에 출고예정이 되어 있는 경우 출고예정분은 인당계산하고, 인당수량에 대해서만 발주점방식을 적용하는 방식이다.

⑤ **2중발주점방식** : 개개의 품목이 발주점에 도달한 경우에 자동적으로 발주하기 때문에 동일품목을 일정기간에 연속적으로 조금씩 발주하는 경우가 종종 있다.

🎁 재고통제의 종류

① **금액통제** : 금액통제는 달러 컨트롤이라고도 하는데, 이는 금액에 의한 재고통제를 의미한다.

　㉠ **부문통제** : 소매업이 둘 이상의 부문으로 분리되어 있는 경우 각 부문별로 판매액, 매출환입액, 매입액, 매입환출액, 가격결정, 가격인하, 상품회전율에 대하여 기록 · 관리 · 통제하고 부문 간의 우열을 비교 · 대조해서 개선을 도모해 가는 재고통제방법이다.

　㉡ **품종통제** : 부문 내의 동일 계통에 속하는 상품 그룹으로서의 품종별 통제방법이다.

　㉢ **적정가통제** : 적정가 또는 가격선으로 상품을 판매하는 것이 유리하다.

② **단위통제** : 몇 개, 몇 그램, 몇 미터 등 단위 또는 수량에 의해 통제하는 재고통제이다.

　㉠ **재고실사법** : 정기적으로 현품에 대해서 재고조사를 하고 이에 따라 재고통제를 실시하며, 재고실사법에 의한 재고조사의 기간은 주, 월, 4분기, 반년 등으로 나누어서 한다. 재고통제의 목적을 위해서는 되도록 단기의 일정기간에 하는 것이 바람직하다.

　㉡ **계속기록법** : 매출전표에 의한 2편식 매출카드에 의한 통제, 출고청구에 의한 통제, 컴퓨터에 의한 통제를 말한다.

🎁 재고통제(상품회전율)에 있어서의 표준재고결정

① **상품회전율의 산정** : 상품회전율이란 평균 상품재고액이 일정기간 회전하여 판매액을 형성하는 회전도수를 말하며, 연간 순매출액을 평균 상품재고액으로 나누어 산정한다.

$$㉠ \ 상품회전율 = \frac{연간 \ 순매출액(원가)}{평균 \ 상품재고액(원가)} \qquad ㉡ \ 상품회전율 = \frac{연간 \ 순매출액(매가)}{평균 \ 상품재고액(매가)}$$

$$㉢ \ 상품회전율 = \frac{연간 \ 순매출액(매가)}{평균 \ 상품재고액(원가)} \qquad ㉣ \ 상품회전율 = \frac{연간 \ 순매출액(수량)}{평균 \ 상품재고액(수량)}$$

② **상품회전율에 의한 표준재고액의 결정법**

$$㉠ \ 평균 \ 상품재고액 = \frac{연간 \ 순매출액}{상품회전율} \qquad ㉡ \ 표준재고액 = \frac{차기 \ 매출목표액}{상품회전율}$$

③ 재고판매비율에 의한 표준재고결정법

> ⊙ 재고판매비율 = $\dfrac{\text{월초의 재고액(매가)}}{\text{그 달의 매출액}}$
>
> ⓛ 월초의 재고액(매가) = 그 달의 매출액×재고판매비율
>
> ⓒ 표준재고액 = 익월 매출목표액×재고판매비율

🔻 재고관리 시 유의사항

① 재고과다 시

⊙ 자금이 이유 없이 묶여 있음으로 자금계획에 나쁜 영향을 끼친다.

ⓛ 보관비용이 증가한다.

ⓒ 데드 스톡이 생기기 쉽다.

ⓒ 상품종류에 따라서 부패, 변질할 우려가 있다.

ⓜ 상품에 따라 구형화나 유행에 뒤쳐질 위험이 있다.

② 재고과소 시

⊙ 고객의 요구에 즉시 응하기가 어렵다.

ⓛ 고객에게 상품구성 및 구색 갖춤의 빈약감을 주게 된다.

ⓒ 인기상품이 절품되기 쉬우므로 그만큼 판매기회를 상실해 매출에 악영향을 준다.

ⓒ 빈번한 매입으로 매입비용이 증가하게 된다.

ⓜ 매입처로부터 경원시되기 쉽다.

5 물류경영관리

1절 물류와 로지스틱스

물류의 개념
① **협의의 물류** : 재화를 생산지점에서 소비지점 또는 이용지점까지 이동시키는 과정이다.
② **광의의 물류** : 원자재의 조달, 제품의 생산, 제품의 배송까지의 일련의 과정에서 제품 및 관련 정보가 효율적이고 효과적으로 연결되도록 계획ㆍ실시 및 통제하는 전체 과정이다.

> **물류의 구성요소** : 운송, 보관, 하역, 포장, 정보

물류의 목적
① **기업적 관점** : 최소 비용으로 고객 서비스의 극대화
② **국민 경제적 관점** : 원가절감을 통한 물류비용의 절감
③ **물적 유통의 관점** : 노동력을 배제하여 인간의 생활수준 향상

상류와 물류의 분리
① **상물분리의 의의**
ㄱ 물류합리화 관점에서 상류 경로와 물류 경로를 분리하여 운영하는 것이다.
ㄴ 상류와 물류를 분리하더라도 양자 간의 횡적인 연계성은 물류정보시스템의 구축을 통해 의사소통이 가능하다.
ㄷ 상류와 물류는 표리일체(表裏一體)의 관계에 있으므로 종래에는 동일 경로로 흐르는 경우가 많았으나, 로트(lot)화 화물을 최단 경로로 수송하는 일이 유리한 물류는 복잡한 상류 경로가 합리화를 방해하는 요인이 되는 경우도 많다.
② **상물분리의 필요성**
ㄱ **기업활동의 활성화 방안** : 상류와 물류의 흐름을 분리시켜 지점이나 영업소 등에서 처리하고 있던 물류활동은 배송센터나 공장의 직ㆍ배송 등을 통하여 수행하는 것이 효과적이다.
ㄴ **물류의 합리화 방안** : 상품 판매력의 강화와 물류관리의 효율화를 위하여 상물분리가 중요시되고 있으며, 이는 대량수송 및 수ㆍ배송시간의 단축화, 재고의 집약화를 통한 최소 재

고화의 달성으로 고객서비스를 향상시키고, 총 물류비를 절감시킨다.

🎁 물류의 중요성

① 물적 유통망은 산업전반에 커다란 비중을 차지하며 지역경제가 발전할 수 있는 원동력이다. 물류산업을 활성화하기 위한 도로건설 등의 사회적 자본확충과 같은 활동은 복리후생적으로 국민에게 긍정적인 영향을 미친다. 이것은 국가 균형발전에 이바지하여 인구의 대도시 집중 현상을 막을 수 있다.

② 효율적 물류활동의 이점
  ㉠ 자원의 효율적인 이용과 생활환경의 개선을 이끈다. 증가하는 에너지비용, 부존자원과 재료의 부족, 생산성감소 등으로 특징지어지는 현 시대의 환경문제를 해결·개선하는 데 도움을 준다.
  ㉡ 유통업체의 대형화와 소비자 욕구 다변화와 같은 시장변화에 능동적으로 대응할 수 있다.
  ㉢ 기업은 물류비를 절감할 수 있다. 이것은 제조원가 및 유통원가 하락으로 이어져 최종제품의 가격을 낮추고 기업의 사업 경쟁력을 강화시킨다. 제조원가는 어떤 한계점 이상의 절감이 어렵지만 물류분야는 관리의 혁신을 통하여 비용 절감이 가능하다.
  ㉣ 물류원가 하락으로 인한 제조원가 하락은 장기적으로 소비자물가와 도매물가의 상승을 억제하는 기능을 수행한다.

🎁 물류의 영역

① **조달물류** : 원·부자재를 조달해서 제조업자의 자재창고에 입하시킬 때까지의 물류과정
② **생산물류** : 자재창고의 출고작업에서부터 생산공정으로의 운반과 생산공정에서의 하역, 그리고 제품창고의 입고작업까지 원자재를 가지고 제품을 만들어가는 물류과정
③ **판매물류** : 물류의 최종단계로 제품을 소비자에게 전달하는 일체의 수·배송 활동과 이에 수반되는 물류과정

🎁 물류의 기능

① **장소적 기능** : 생산과 소비의 장소적 거리를 조정하는 기능이다.
② **시간적 기능** : 생산과 소비시기의 시간적 거리를 조정하는 기능이다.
③ **수량적 기능** : 생산과 소비의 수량적 거리를 조정하는 기능이다.
④ **품질적 기능** : 생산자가 제공하는 재화와 소비자가 소비하는 재화의 품질적 거리를 조정하는 기능이다.
⑤ **가격적 기능** : 생산과 소비의 가격적 거리를 조정하는 기능이다.
⑥ **인적 기능** : 생산자와 소비자 사이의 인격적 거리를 조정하는 기능이다.

> **물류의 생산 – 소비 연결 기능**
> 상적유통의 효용을 충족시키는 물적유통기능(물류기능)이 존재해야만 거래를 통한 효용이 발휘된다. 물류는 경제활동을 촉진하고 실질적으로 그 행위를 성립시키는 역할을 한다.

물류의 구성

① 물자유통활동
  ㉠ 수송기초시설활동   ㉡ 수송활동
  ㉢ 보관활동   ㉣ 하역활동
  ㉤ 포장활동   ㉥ 유통가공활동

② 정보유통활동
  ㉠ 통신기초시설활동   ㉡ 전달활동

물류관리의 개념

물류관리(PDM : Physical Distribution Management)란 경제재의 효용을 극대화시키기 위한 재화의 흐름에 있어서 운송 · 보관 · 하역 · 포장 · 가공 등의 제 활동을 유기적으로 조성하여 하나의 독립된 시스템으로 관리하는 것이다.

물류관리의 목적

① 고객 서비스 수준의 향상
② 물류생산성의 효율화
③ 물류이익의 추구

물류관리의 필요성

① 생산비 절감의 한계에 따른 제3의 이윤원으로서의 물류비 절감의 관심도 증가
② 다품종화, 다양화, 다빈도화되어 가는 고객욕구의 변화
③ 3D 현상과 고임금 시대의 도래에 따른 무인화, 생력화(省力化)
④ 경쟁전략의 한 수단으로 고객서비스의 비교우위 확보
⑤ 변동하는 시장상황에 즉각 대응할 수 있는 적정재고 수준의 유지

물류관리의 원칙

① 집중지원의 원칙   ② 신뢰성의 원칙
③ 추진지원의 원칙   ④ 균형성의 원칙

⑤ 간편성(단순성)의 원칙   ⑥ 적시성의 원칙

⑦ 경제성의 원칙   ⑧ 권한의 원칙

⑨ 보호의 원칙

💌 로지스틱스(Logistics)

① 의의 : 재화의 기점에서부터 소비자에 이르기까지 원재료, 구입품 및 완성품의 효율적인 흐름을 계획·실시·관리하기 위하여 하나 또는 그 이상의 활동을 통합하는 개념이다.

② 로지스틱스의 특징

    ㉠ 물류기능은 운송·배송·보관·하역·포장 기능으로 이루어지나 로지스틱스는 물류활동의 효율화와 관련된 제품설계, 공장입지를 포함한 생산계획, 사전 또는 사후 서비스 방법까지도 포함한다.

    ㉡ 판매분야에서 상품이나 보수자재 등 물자의 흐름에만 국한되지 않고 원재료 및 부품의 조달, 구입상품의 납입까지도 포함한다.

    ㉢ 기업활동에서 소유권을 이전한 후의 화물의 유통·소비·폐기·환원·회수까지의 광범위한 분야를 총괄한다.

    ㉣ 운송·배송·보관·하역·포장 등 제 기능을 종합한 시스템으로 분석 및 설계가 필요하다.

💌 로지스틱스의 범위

활동범위	활동사항	결정사항
주요 활동	운송	경로, 수단, 기술, 빈도, 속력
	재고관리	재고, 기록, 공급계획
	마케팅	고객수요, 경쟁자의 능력
	유통관리	생산데이터, 창고관리, 고객수요, 물류체제조건, 재고, 물류수요반영, 자금의 흐름, 데이터 분석
지원 활동	보관	보관능력, 배치
	물자관리	이동요구, 장비선택, 보관순서
	포장	하역, 보관, 보호를 위한 포장의 요구
	입지 및 규모	위치, 수, 규모, 수용의 할당
	계획과 분류	순서, 집합, 적기

💌 3S 1L 원칙

① 신속하게(Speedy)   ② 확실하게(Surely)

③ 안전하게(Safely)   ④ 저렴하게(Low)

🎁 7R 원칙

① 적절한 상품(Right Commodity)　　② 적절한 품질(Right Quality)

③ 적절한 양(Right Quantity)　　　　④ 적절한 시기(Right Time)

⑤ 적절한 장소(Right Place)　　　　⑥ 적절한 가격(Right Price)

⑦ 좋은 인상(Right Impression)

2절　물류시스템과 물류서비스

🎁 물류시스템

① 의의 : 여러 환경하에서 물류의 목적을 달성하려는 개별적인 요소들의 체계적인 집합체이다.

② 물류시스템의 목적

> 시간과 공간 및 일부 형질 변경의 효용창출을 극대화할 수 있는 물류서비스의 제공과 물류비의 최소화 및 최적 물류시스템을 구성함으로써 이익을 도모하는 데 있다.

㉠ 신뢰성 높은 운송 기능　　　　㉡ 신뢰성 높은 보관 기능

㉢ 포장 기능　　　　　　　　　　㉣ 하역 기능

㉤ 신속한 배송 기능　　　　　　㉥ 재고서비스 기능

㉦ 유통가공 기능　　　　　　　　㉧ 정보 기능

㉨ 피드백 기능

🎁 물류시스템의 설계목표

① 서비스성　　　　　　　　　　② 신속성

③ 공간의 효율적 이용　　　　　④ 규모의 적정화

⑤ 재고관리의 적정화

🎁 물류효율분석

① 현상 파악 : 현재 수행하고 있는 물류의 형태와 총물류비의 소요액을 파악한다.

② 개선안 작성 : 현 물류의 여러 개선방안을 수립한다.

③ 물류비 견적서 작성 : 각 개선안 수행에 대한 물류비 견적서를 작성한다.

④ 물류비의 비교 : 각 개선안의 물류비를 비교하여 최선안을 선택한다.

⑤ **절감액의 계산** : 현재 수행하고 있는 물류를 최선의 개선안으로 대체할 경우 절감할 수 있는 금액을 계산한다.

⑥ **종합 평가** : 위의 최적안이 비용측면 이외의 요소들을 고려하여도 가장 효율적인 방안인지를 점검하기 위하여 종합적인 평가를 실시한다.

🍃 전체 물류시스템 분석

물류목표와 제약점 설정 → 물류 분석팀의 구성 → 내부 및 외부 자료수집 → 시뮬레이션을 이용한 자료분석 → 도출된 해를 중심으로 집행

🍃 부분 물류시스템 분석

① 고객 수익성 분석(경로분석)

② 창고 생산성 분석(보관 · 포장 · 선적업무)

③ 운송비용 분석(전체 운송비 절감)

④ 제품 수익성 분석(식료품 산업에 이용)

⑤ 산업기준 분석(산업 차원에서 이루어지는 분석)

🍃 물류시스템의 설계 시 고려사항

① 대고객 서비스 수준

> 대고객 서비스 수준은 물류시스템의 설계에 있어서 고려되어야 할 가장 중요한 요소다.

② 설비입지

③ 재고정책

④ 운송수단과 경로

🍃 물류시스템 설계에 영향을 미치는 요소

① 기존의 물류활동

② 산업 · 제품별 인식

③ 물류시스템과 관련된 기능조직

④ 경쟁적 우위의 확보

🍃 물류 서비스

제품에 대한 시간 및 장소효용을 창출하는 데 있어서 물류시스템의 유효성을 측정하는 수단으로, 납품 서비스, 시간 서비스, 품질 서비스, 재고 서비스, 애프터 서비스, 고충 서비스, 시스템

서비스 등으로 구성된다.

🎁 물류 서비스의 중요성

① 물류 전체의 목표결정에 중요한 요소이다.
② 고객 서비스의 정도를 측정하는 관리지표이다.
③ 고객의 신용을 얻는 중요한 요소이다.
④ 매출액과 이익을 증가 및 촉진시키는 요소이다.
⑤ 경합을 극복하는 요소이다.

🎁 물류 서비스의 접근사고

① **총 비용 관점** : 특정 수준의 고객 서비스 수준을 달성하려면 물적 유통의 각 요소의 비용을 가시적인 것과 숨겨진 부분을 모두 동시에 고려하는 것이 필요하다고 인식하는 관점
② **비용상쇄 개념** : 총 비용 접근법과 일맥상통한 것으로 서로 다른 활동의 비용 패턴이 경우에 따라서는 서로 간에 상충하는 경우가 발생한다고 인식하는 관점
③ **부분최적화의 제거** : 한 부분의 유통 기능이 최적화되어 그 결과가 다른 유통 기능의 성과에 손실을 주게 된다면 이는 부분최적화일 뿐이므로 유통망의 목표는 전체 경로의 목표를 달성할 수 있는 구조가 만든다는 인식
④ **전체 시스템 관점** : 물적유통 개념을 확장한 것으로 물적유통 기능 관리의 핵심. 전체 유통경로를 통해 서로 다른 기능을 수행하는 비용을 상쇄시키는 데까지 유통의 개념을 확장하는 관점

🎁 헤스켓(Heskett)의 서비스 결정요인

① 주문의 최소량
② 주문 시 재고부족 정도
③ 고객주문에 대한 충족도
④ 일정기간 내의 주문배달량
⑤ 주문과 배달 사이의 경과시간
⑥ 주문의 편의성과 융통성 정도
⑦ 주문과 발주 사이의 경과시간
⑧ 주문 즉시 충족시켜 줄 수 있는 고객의 주문비율
⑨ 고객에게 즉시 판매 가능한 상태로의 배달 정도

🎁 물류 서비스 영향요인

① **거래 전 요소** : 물류와 직접 관련되지는 않지만, 고객 서비스 전체에 영향을 주는 활동

거래정책관련 문서, 고객관련 문서, 조직구조, 시스템 유연성, 기술적 서비스 등

② **거래 중 요소** : 제품을 고객에게 이동시키는 과업과 직접 관련된 활동

재고부족 수준, 반품처리능력, 주문 사이클 요소, 적시성, 이동적재, 시스템의 정확성, 주문의 편리성, 제품 대체 가능성 등

③ **거래 후 요소** : 제품이 판매된 후에 영향을 발휘하게 되는 활동

설치, 보증, 수리, 부품, 제품추적, 고객의 항의 및 불평, 제품포장, 수리기간 중 대체품 제공 등

3절   물류비 관리

🔰 물류비의 개념
① 물류활동을 수행하는 데 소비되는 경제 가치이다.
② 원재료의 조달에서부터 완제품이 생산되어 거래처에 납품 또는 반품, 회수, 폐기 등에 이르기까지 제반 물류활동에 소요되는 모든 경비를 말한다.

🔰 물류비의 산정
① 물류활동에 수반되는 원가자료를 제공하고 물류합리화에 의한 원가절감이나 서비스 개선에 대한 관리지표를 제공한다.
② 물류활동의 관리와 물류 합리화의 추진을 효과적으로 수행하기 위하여 물류비의 실체를 명확히 포착하고 관리체계를 확립하는 데 필수적이다.

🔰 물류비 산정의 목적
① 생산과 판매부문의 불합리한 물류활동 발견
② 물류비의 크기를 표시하여 사내에서 물류의 중요성 인식
③ 물류활동의 계획, 관리, 실적 평가
④ 물류활동의 문제점 파악

물류비의 기능별 분류

비용이 어떠한 물류기능을 위하여 발생하였는가를 기준으로 분류하는 방법이다.

① 물자유통비 : 유형의 제품을 물리적으로 유통시키기 위하여 소비되는 비용
  ㉠ 포장비 : 제품을 운송·보관하는 데 필요한 운송포장비(판매포장비 제외)
  ㉡ 수송비 : 장소적 효용창출을 위해 제품을 한 장소에서 다른 장소로 이동시키는 데 사용된 비용
  ㉢ 보관비 : 시간의 효용창출을 위해 제품을 일정 기간 보관하기 위한 비용
  ㉣ 하역비 : 제품을 포장·운송 및 유통가공 업무에 수반하여 동일 시설 내에서 이동시키는 데 발생하는 비용
  ㉤ 유통가공비 : 물자유통 과정에서 물류의 효율을 향상시키기 위하여 가공에 사용되는 비용 (생산가공비 제외)
② 물류정보비 : 무형정보의 전달비용을 말하며 생산정보 유통비, 거래정보 유통비 등의 비물류 정보 유통비는 제외
  ㉠ 재고관리비 : 재고에 관련된 정보를 전달하는 데 드는 비용
  ㉡ 주문처리비 : 발주·수주 등 주문처리에 관련된 정보를 처리하는 데 드는 비용
  ㉢ 고객 서비스비 : 출하문에 대한 응답 및 출하촉진 등의 업무와 관련된 정보를 전달하는 데 드는 비용
③ 물류관리비 : 물류계획, 조정, 통제에 소요되는 비용

물류비의 영역별 분류

기업에서 물류는 원재료의 조달에서부터 제품 배송에 이르기까지 범위가 광범위하므로 그 성격에 따라 구분하는 방법이다.

① 왕로(往路)물류비
  ㉠ 조달물류비   ㉡ 생산물류비
  ㉢ 사내물류비   ㉣ 판매물류비
② 귀로(歸路)물류비
  ㉠ 반품물류비
  ㉡ 회수물류비
  ㉢ 폐기물류비

물류비의 원가계산

① 원가계산의 목적
  ㉠ 재무제표 작성에 필요한 원가를 집계한다.

ⓛ 가격계산 또는 원가관리에 필요한 정보를 제공한다.

ⓒ 이익계획의 수립 및 예산관리의 집행에 필요한 원가정보를 제공한다.

ⓓ 경영비교 및 분석에 필요한 원가자료를 제공한다.

② 원가계산의 절차

ⓐ 제1단계 : 물류원가계산 목표의 명시

ⓑ 제2단계 : 물류비 자료의 식별과 입수

ⓒ 제3단계 : 물류비 배부기준의 설정

ⓓ 제4단계 : 물류비의 배부와 집계

ⓔ 제5단계 : 물류원가계산의 보고

🔹 물류비 원가계산의 방식

① 관리회계방식(일반기준) : 원가계산 제도에 의하여 물류활동에 대한 비용을 측정하는 방식이다.

ⓐ 비교적 정확한 물류비 계산이 가능하며, 산출된 물류비 정보를 활용한 원가절감 목표의 수행에 유용하다.

ⓑ 정확한 물류비를 계산하기 위해서는 물류비의 정의와 분류, 물류비 계산단위의 결정, 물류비 자료의 입수와 집계방법, 물류간접비 배부방법과 기준 설정, 물류비 보고서 작성방법 등 물류관리의 목적에 부합하는 원가계산 제도의 개발이 필요하다.

② 재무회계방식(간이기준) : 손익계산서에 나타난 계정과목 중에서 지불해야 할 운송료나 지불해야 할 보관료 등의 물류관련 비용항목을 중심으로 계산하는 방식이다.

ⓐ 계산된 물류비가 총매출액 대비 물류비의 약 $\frac{1}{3}$ 정도 밖에 되지 않아 실질적인 물류비 계산에는 실효성에 문제가 있다.

ⓑ 초기 물류관리단계, 물류비 계산에 비용이 많이 소요되는 경우나 물류원가계산 시스템의 미확립으로 개략적인 정보에 만족하는 기업 등에 참고자료로 이용된다.

🔹 물류비의 원가분석

원가변동의 원인을 명백히 하고 관리자별로 파악함으로써 원가관리를 합리적으로 추진하는 데 그 목적이 있다. 원가를 분석하려면 먼저 비용을 변동비와 고정비로 구분하여야 한다.

🔹 물류비의 원가분석 단계

① 부분별 분석 : 재무회계 내에서는 물류원가가 전사적으로 포함되어 있기 때문에 물류부문의 형태적 과목마다의 비용을 집계하여 그 총액을 파악한다.

② 기능별 분석 : 형태적 과목에서 파악된 물류부문의 원가를 물류기능 면에서 분석하고 파악한다.

③ 적용별 분석 : 부분별·기능별 분석을 기초로 하여 제품별·지역별·경로별 원가분석을 행하

고 실태를 명확하게 한다.

④ **대체 가능성 분석** : 원가분석의 제 정보를 기초로 하여 현재의 물류수단과 방법을 대체 가능한 것으로 개선하는 경우의 원가비교를 실시하고, 개선의 가부에 대한 의사를 결정한다.

🎲 원가분석 방법

① **변동비에 의한 분석** : 수량에 의한 차와 단가에 의한 차로 나누어서 분석한다.

② **고정비에 의한 분석** : 금액에 의한 차를 분석하는 방법과 조업도에 의한 차를 분석하는 방법이 있다.

　㉠ **금액 차이** : 실적고정비 − 예산고정비

　㉡ **금액 차이에 의한 단위당 비용 차** : (실적고정비 − 예산고정비) ÷ 예산매출량

　㉢ **조업도 차이에 의한 단위당 비용 차** : (예산고정비 ÷ 실적수량) − (예산고정비 ÷ 예산수량)

③ **구성 차이에 의한 분석** : 변동비의 단가 차가 품종구성, 지역구성 등에 의해 변화되기 때문에 이러한 요인들에 대해 그 차이를 분석하는 방법이다.

🎲 물류비 예산관리

① **물류예산** : 물류활동에 대한 계획을 수량화한 것을 의미하며, 예산의 주요 기능은 계획 · 조정 · 통제이다.

② **물류예산관리** : 기업의 물류활동을 위해서 설정된 물류부문 방침에 의거하여 물류관리자가 물류요원의 의견을 수렴하여 과학적으로 예산을 편성하고, 예산의 실시에서는 관련 지출을 조정하는 것과 함께 지출을 통제하는 것을 의미한다.

③ **물류예산의 통제방법** : 사전통제방법, 기중통제방법, 사후통제방법

🎲 물류예산의 종류

① **발생형태별 예산** : 물류재료비 예산, 물류노무비 예산, 물류경비 예산

② **물류영역별 예산** : 조달물류비 예산, 사내물류비 예산, 판매물류비 예산

③ **물류기능별 예산** : 포장비 예산, 운송비 예산, 보관비 예산, 하역비 예산, 유통가공비 예산, 물류경비비 예산, 물류관리비 예산

④ **관리목적별 예산** : 제품별 물류비 예산, 지역별 물류비 예산, 고객별 물류비 예산

🎲 물류예산의 편성

> 물류예산 = 물류계획 × (실적수준 + 물류물가의 상승 가능성) − 합리화 계획

① **자가물류비 예산액** : 물류량 1단위당 물류비 표준을 설정하고 여기에 물류량 예산액을 곱한다.

② **지불물류비 예산액** : 지불대금인 인가요금과 운임을 근거로, 물류량 1단위당 물류비 요금·운임 표준을 설정하고 여기에 물류량 예산액을 곱한다.

③ **정보유통비·물류관리비 예산액** : 물류량과는 직접적인 관계가 없기 때문에 일정 기간(원칙적으로 1개월) 예산총액을 전기의 실적과 차기의 예측을 고려하여 계산한다.

🎁 물류예산의 차이 분석

물류예산의 집행 후 물류활동에 관한 예산목표의 달성 여부와 예산운영의 효율성을 파악하기 위해 예산과 실적의 차이를 명확하게 하는 과정이다.

🎁 물류예산 차이 분석의 방법

① **물류비 예산·실적 차이의 합계** : (실제물류량 × 실제가격) − (예산물류량 × 예산가격)

② **물류비 가격 차이** : (예산가격 − 실제가격) × 실제물류량

③ **물류비 능률 차이** : 예산가격 × (실제물류량에 대한 예산물류량 − 실제물류량)

④ **물류비 조업도 차이** : 예산가격 × (예산물류량 − 실제물류량에 대한 예산물류량)

🎁 물류예산 차이 분석의 효과

① 물류활동에 대한 문제점 발견과 명확성

② 물류종사자에 대한 동기 부여

③ 물류활동의 개선조치 강구

④ 물류활동에 대한 업적평가

⑤ 당기의 예산보고서에 관한 기본적인 자료제공

⑥ 차기의 물류계획과 예산편성에 관한 정보제공

4절 물류합리화

🎁 물류표준화

포장·하역·보관·수송·정보 등 각각의 물류기능 및 단계에서 사용되는 물동량의 취급단위를 표준화 또는 규격화하고, 여기에 이용되는 기기·용기·설비 등의 강도나 재질 등을 통일하는 것을 말한다.

🎁 물류표준화의 필요성

① 물동량의 이동과 흐름이 증대함에 따라 물류의 일관성과 경제성을 확보해야 한다.

② 물류비의 과다부담을 덜어 준다.

③ 새로운 기술, 새로운 소재, 공장자동화, 하역·보관의 기계화 및 자동화 등 수·배송의 합리화를 위해서는 물류의 표준화가 전제되어야 한다.

④ 국제화 시대에 있어 국제환경에 대응하기 위해 국제표준화에 연계될 물류표준화는 긴요한 과제이다.

⑤ 국가에 의한 표준화 규격의 설정으로 기업 규격의 선도적인 역할을 해야 한다.

⑥ 물류활동의 효율성을 제고하는 데는 물류의 표준화가 선행되어야만 한다.

🎁 물류표준화의 목적

① 물류활동의 효율화 　　　　② 화물유통의 원활화

③ 수급의 합리화 　　　　　　④ 물류비의 저렴화

물류표준화의 방안

소프트웨어 분야	하드웨어 분야
• 물류용어 통일 • 거래 단위 표준화 • 전표 표준화 • 바코드 등의 표준코드 활용 • 포장치수 표준화	• 팔레트의 표준화 • 내수용 컨테이너 보급 • 지게차 표준화 • 트럭 적재함 표준화 • 보관시설 표준화 • 기타 물류기기 표준화

🎁 물류표준화의 기초 조건

① 수량(Quantity) 　　　　　② 크기와 길이(Large & Length)

③ 품질(Quality) 　　　　　　④ 서비스(Service)

🎁 물류공동화

수·배송의 효율화를 높이고 비용을 절감하기 위해 동일 지역 또는 동일 업종을 중심으로 노동력, 수송수단, 보관설비, 정보시스템 등 물류시설을 2인 이상이 공동으로 설치하고 이용·관리하는 것을 말한다.

① 물류공동화의 도입과 활용은 물류비 절감과 고객 서비스 향상을 추구하는 물류합리화의 기본이 된다.

② 동종업체나 이종 연관기업들이 전국적, 지역적으로 물류시설을 설치·운용하는 것보다 최소

1과목
유통물류일반

의 비용으로 최대의 이익을 올릴 수 있다.

❤ 물류공동화의 목적

① 사람 · 물자 · 자금 · 시간 등 물류자원을 최대한 활용함으로써 비용절감을 도모한다.

② 고객에 대한 서비스 향상을 도모한다.

③ 대기오염 · 소음 · 교통체증 등 외부불경제에 대한 문제의 최소화를 도모한다.

❤ 물류공동화의 효과

① 자금조달 능력의 향상

② 수송 단위의 대량화

③ 정보의 네트워크화

④ 차량유동성 향상

⑤ 다빈도 소량배송에 의한 서비스 확대

⑥ 수 · 배송 효율의 향상

❤ 물류공동화의 방안

① 공동 수 · 배송 체제의 도입

② 물류자회사와 물류공동회사의 설립

③ 공동 집 · 배송단지의 건립(물류센터와 물류단지)

❤ 물류공동화의 전제조건

① 자사의 물류시스템을 완전히 개방해야 한다.

② 표준물류심벌(ITF) 및 업체 통일전표와 외부와 교환이 가능한 팔레트를 사용해야 한다.

③ 서비스의 내용을 명확하게 하고 표준화해야 한다.

④ 통일된 회계기준에 근거하여 물류비를 명확하게 산정하고 체계화해야 한다.

물류공동화의 장 · 단점

장점	단점
• 물류비용의 절감 • 수 · 배송의 효율성 향상 • 정보망 구축에 대한 효율성 향상 • 물류 서비스의 안정적 공급 및 서비스 수준의 향상	• 중복 투자의 감소에 따른 물류의 생산성 향상 • 당사자 간의 이해 불일치 발생 • 기밀유지가 곤란 • 운임요금 결정의 어려움 • 수송 수요의 세분화 · 개성화에 따른 대처에 미흡 • 리더 또는 조정자의 확보 및 물류업자 선택의 어려움

🎁 공동 집 · 배송단지의 건립(물류센터와 물류단지)

① **물류센터** : 복수의 공급자와 수요자가 존재하는 물품의 유통과정에서 이를 통합하여 계획화하고, 효율화를 도모하기 위하여 공급자와 수요자의 중간에 설치하여 배송의 효율화를 도모하는 물류시설을 말한다.

② **물류단지** : 화물터미널, 창고단지, 유통단지, 도매시장, 개별 기업의 집 · 배송센터, 유통가공센터 등 각종 물류시설을 집약하는 종합적인 물류거점을 말한다.

🎁 공동 집 · 배송단지

① **의의** : 동종 및 이종 업체 간 또는 유통업체들이 대규모 유통업무단지를 조성하여 도매거래기능, 유통가공기능, 공동 수 · 배송기능, 공동 재고관리기능을 수행하는 대규모 물류단지이다.

② **공동 집 · 배송단지의 종류**

  ㉠ **공동건물식** : 하나의 건물에 다수업체의 집 · 배송단지를 단지화하는 방식이다.

  ㉡ **연간식** : 각 기업체의 집 · 배송센터를 연립식 건물에 집단화하여 설치하는 방식이다.

  ㉢ **가구식** : 거대한 단지에 질서 있게 구획을 설정하여 원활한 단지 내 지도를 만들어 다수의 구획단위로 구분하는 방식이다.

🎁 공동 수 · 배송 체제의 도입

공동 수 · 배송 체제의 구축은 기업들의 물류공동화 방법 가운데 물류비 절감을 위한 첫 번째 물류합리화 방안이다.

🎁 공동 수 · 배송의 유형

① **배송공동형** : 화물 거점시설까지 각 화주가 운반하는 방식으로 배송만을 공동화한다.

② **집 · 배송공동형** : 집하와 배송의 공동방식으로 특정 화주 공동형과 운송업자 공동형이 있다.

③ **납품대행형** : 각 화주의 주도로 유통가공, 분배, 납품 등의 작업을 대행하는 방식이다.

④ **노선집하공동형** : 노선의 집하부분만 공동화한 방식으로, 화주가 지정한 노선업자에게만 화물을 이송한다.

⑤ **공동수주 · 공동배송형** : 운송업자가 협동조합을 설립하여 공동수주 · 배송하는 방식이다.

🎁 소화물 일관운송

화주로부터 1건 또는 1개 이상의 소형 · 소량의 화물운송을 의뢰받아 송화주의 문전에서 수화주의 문전으로 화물의 집하 · 포장 · 운송 · 배달에 이르기까지 자기의 책임하에 화물운송 및 이에 관련된 일련의 서비스를 신속 · 정확하게 제공하는 수송서비스이다.

① 소형 · 소량 화물의 운송을 위한 운송체계이다.

② 문전에서 문전까지 운송의 일괄서비스를 제공한다.

③ 일괄서비스의 편리성, 야간운송, 소화물의 배달 및 현재 위치 등에 관한 정보를 제공한다.

④ 소형차량을 이용한 도시 내 권역별 공동 집·배송 체제의 유지로 도심 내 교통문제를 최소화한다.

⑤ 단일 운임과 요금체제를 통한 경제성 있는 운송서비스를 제공한다.

⑥ 제품의 운송 시 규격화된 포장서비스를 제공한다.

⑦ 재고비용이 감소하면 수송비용이 증가한다.

🍀 소화물 일관운송의 전략

① 수송서비스의 안전·정확성 제고

② 수송서비스의 신속성 제고

③ 수송서비스의 편리성 제고

④ 화물손상에 대한 완전한 보상서비스 제공

5절 물류센터

🍀 물류센터

① 의의

　㉠ 복수의 공급자와 수요자가 존재하는 물품의 유통과정에서 이를 통합하여 계획화하고, 효율화를 도모하기 위해 공급자와 수요자의 중간단계에 위치하여 배송의 효율화를 도모하는 물류시설이다.

　㉡ 현대의 물류시설은 보관, 환적, 집배송의 기능을 수행하게 되는데, 이 기능들이 집합적으로 수행되거나 일부 기능이 수행되는 물류시설을 통칭하여 물류센터라 한다.

> 보관센터는 물류의 효용 중 시간의 효용을 제공하고, 배송센터는 장소의 효용을 제공

② 기능에 따른 분류

　㉠ 보관센터(ST : Stock Center, 창고)

　㉡ 환적센터(TC : Transshipment Center)

　㉢ 배송센터(DC : Distribution Center)

③ 물류센터의 기능
　㉠ 고객의 다양한 요구에 부응하기 위하여 각종 유통가공 기능이나 조립업무를 수행하고 납입 물품의 품질이나 수량을 확인하는 검품기능을 갖는다.
　㉡ 시장점유율을 높이기 위해 수주 시 재고품절이 발생하지 않도록 제품의 확보기능을 수행하고 전시점으로서의 성격을 가미하여 판매확대를 위한 전진기지의 역할을 수행한다.
　㉢ 일시적 또는 장기적 물품보관을 통하여 공급과 수요의 완충 또는 조정 역할을 수행한다.
　㉣ 주문에 응하여 적기에 납품할 수 있도록 집·배송을 위한 배송기지의 역할과 운송비 절감을 도모할 수 있는 중계점 역할을 한다.

물류센터의 설치효과

① 상물분리에 의한 물류의 효율화
② 교차운송의 방지
③ 재고집약에 의한 적정재고의 유지
④ 각 업소의 품목정리활동의 간략화로 판매활동에 전념 가능
⑤ 각 업소의 구입활동 집약화로 유리한 거래체결 가능
⑥ 판매정보의 집약, 조기파악으로 구입계획에 반영
⑦ 수급조정을 위한 재고집약에 의해 수급변동의 영향을 흡수완화
⑧ 신속·정확한 배송에 의한 고객서비스의 향상

물류센터의 입지결정요인

① 물류거점의 입지규모
② 자재 및 제품의 재고관리
③ 효율적 배송경로
④ 차량의 크기
⑤ 야적장의 공간, 자재 등의 유효배분

> **물류센터 설치의 의사결정단계** : 시설의 필요성 인식 → 전략 대안의 도출 → 전략 대안의 평가 → 입지 및 규모의 결정

물류센터의 배치형태

① **집중배치형** : 백화점, 슈퍼 등의 집·배송센터로서, 자사 체인점의 다수를 배송권으로 배송센터를 집중적으로 배치하여 공동구입, 관리의 일원화 및 계획배송을 실시하는 형태이다.
② **분산배치형** : 각 생산회사에서 생산한 물품을 인근 영업창고에 보관한 후 고객이 주문할 경우 상물분리 형태에 따라 상호 간 데이터 전송 등의 방법으로 정보시스템을 결합하여 이를 배송 운영하는 형태이다.

③ **규모별 연결형** : 중앙에 대형 배송센터를 설치하여 보급거점의 역할을 수행하게 하고 주변에 소형 배송센터를 분산하여 설치한 후, 이를 고객의 배송거점으로 활용하는 형태이다.

④ **기능별 구분형** : 다품종 소량생산 제조업자 등이 주로 활용하는 집 · 배송센터로서, 총체적, 합리적 재고관리를 실시하여 ABC 분석을 통해 재고를 배치하고 AB 품목은 제1선의 물류센터에 보관, C 품목은 지역블록 담당의 전략창고에 보관하는 형태이다.

⑤ **전략창고형** : 지역블록마다 1개소에 4~5개의 배송센터를 배치하는 형태이다.

🔖 복합화물터미널

① 순수 물류기능을 담당하는 물류기지이다.

② 좁은 의미에서는 배송센터나 화물터미널 외에 운송수단 간 연계시설, 화물취급장, 화물정보센터, 내륙통관기지를 포함한다.

③ 넓은 의미에서는 유통가공시설 또는 창고단지를 포함한다.

🔖 복합화물터미널의 기능

① 터미널기능   ② 혼재기능의 강화

③ 유통보관기능   ④ 변형기능

⑤ 정보센터기능

🔖 내륙컨테이너기지(ICD : Inland Container Depot)

① 화물유통을 원활하게 하기 위해 공단과 항만 사이를 연결한 대규모 물류기지이다.

② 각 운송수단 간의 연계 및 중계기능을 제외하면 미만재(未滿載) 소량수출품을 집화하고 방면별로 분류하여 컨테이너 속에 적입한 후 항만의 컨테이너 터미널까지 수송하는 혼재업무를 담당한다.

🔖 내륙 ICD의 장점

① **시설면** : 항만지역과 비교하면 창고 · 보관시설용 토지취득이 용이하고 시설비용이 절감되어 창고보관료가 저렴하다.

② **하역면** : 노동력의 안정적 확보와 하역작업의 기계화를 통한 노동생산성이 향상된다.

③ **수송면** : 화물의 대단위화에 따른 수송효율의 향상과 항만지역의 교통혼잡을 피할 수 있어 수송비가 절감된다.

④ **포장면** : 통관검사 후 재포장이 필요한 경우 ICD 자체 보유 포장시설을 이용한다.

⑤ **통관면** : 항만에서의 통관 혼잡을 피하고 통관의 신속화에 따른 비용을 절감한다.

6절 물류활동과 아웃소싱

물류부서의 주요 임무

① 물류기획부의 주요 임무

    ㉠ 전사적인 물류전략의 수립

    ㉡ 전사적인 물류시스템의 설계 개선

    ㉢ 전사적인 물류관계 프로젝트의 추진

    ㉣ 물류예산의 편성관리

    ㉤ 물류비의 파악 및 물류비용표의 작성

② 물류담당자의 주요 임무

    ㉠ 판매관련 업무

    ㉡ 생산관련 업무

    ㉢ 물류관련 업무

물류조직의 활동

① 라인(Line) 활동

    ㉠ 제품 또는 서비스의 생산과 판매에 직결된다.

    ㉡ 주문처리, 커뮤니케이션, 재고관리, 창고보관, 선적, 운송, 차량관리 등의 업무활동을 한다.

② 스태프(Staff) 활동

    ㉠ 분석, 조사, 권고 등의 성질을 가져 생산 · 판매의 라인 업무를 돕는 서비스를 제공한다.

    ㉡ 시스템의 검토, 재고분석, 하역기술, 창고설계, 지역계획 등의 업무활동을 한다.

물류자회사

① 각 기업별로 관리되고 있는 물류조직이 하나로 통합되는 첫 번째 과정이다.

② 대기업의 경우 그룹 계열사에 흩어져 있는 사업부 단위의 물류관련 부서를 통합하여 별도의 물류관리 전문회사를 그룹 내의 새로운 법인으로 설립하는 것이다.

물류공동회사

① 동종 기업 간에 설립하여 운영되는 물류조직이다.

② 동종 경쟁사 및 이종 유사업종의 기업 간에 물류비 절감을 위하여 공동으로 설립하는 경우가 많다.

🏵 제3자 물류

① 의의 : 원료의 조달에서 완제품의 소비에 이르는 공급체의 전체 물류기능 또는 일부분을 물류업체가 화주기업으로부터 위탁받아 대행하는 물류활동을 말하며, 줄여서 3PL(3 Party Logistics) 또는 TPL(Third Party Logistics)이라고 한다.

② 제3자 물류의 효과

    ㉠ 운영비용 감소효과   ㉡ 서비스 개선효과

    ㉢ 자본비용의 감소효과   ㉣ 핵심역량에 대한 집중효과

🏵 제4자 물류

① 의의 : 물류업무 수행능력 및 정보기술, 컨설팅 능력을 보유한 업체가 공급망상의 모든 활동에 대한 계획과 관리를 전담하여, 다수의 물류업체 운영 및 관리를 최적화함으로써 생산자와 유통업체 간의 물류 효율화를 도모하는 것이다. 4PL(4 Party Logistics), FPL(Fourth Party Logistics) 또는 LLP(Lead Logistics Provider)라고 한다.

② 제4자 물류의 목적

    ㉠ 모든 영역의 물류 서비스를 제공할 수 없었던 기존 전문 물류업체(3PL)의 한계를 극복한다.

    ㉡ 공급체인에 대하여 탁월하고 지속적인 개선효과를 발휘한다.

③ 제4자 물류의 특징

    ㉠ 세계수준의 전략 · 기술 · 경영관리를 제공한다.

    ㉡ 제3자 물류업체, 컨설팅업체, IT 업체들이 가상조직을 형성하여 한 번의 계약으로 공급체인 전반에 걸친 통합 서비스를 제공한다.

    ㉢ 원재료의 조달부터 최종 고객으로의 판매에 이르기까지 공급체인상에서 발생하는 모든 물류활동을 하나의 조직이 수행한다.

6 유통기업의 윤리와 법규

1절 기업윤리의 기본개념

🎁 기업윤리

① **도덕적 측면** : 기업활동에서 직면하는 복잡한 도덕적 문제에 당면하였을 때에 이것을 해결하기 위하여 선(옳은 일)과 악(옳지 못한 일)을 구분하는 원칙을 정하고 그 원칙을 적용하는 기법을 말한다.

> 선의 기준은 개인의 가치관에 따라서 다를 수 있다.

② **기업적 측면** : 윤리에 관계되는 기업문제를 사회적 가치관과 법규의 기본 취지를 지키면서 기업에 가장 유리한 방향으로 처리되도록 하는 기업의 의사결정방법을 말한다.

> • 기업이익을 단기적으로 생각한다.
> • 결과만 옳으면 과정은 중요시하지 않는다.
> • 합법적이지만 비윤리적일 수도 있다.

③ **개인적 측면** : 기업활동에 관련된 의사결정을 할 때에 개인의 가치관을 기준으로 의사결정을 하는 방법을 말한다.

> • 조직 내의 개인은 진공 속의 개인이 될 수 없다.
> • 개개인의 가치관에 따라서 경영문제를 자의대로 결정해서는 안 된다.

④ **종합적 측면** : 개인의 도덕적 가치관을 윤리에 관련된 기업활동과 목표에 적용시키는 원리 또는 기술을 말한다.

> • 자기이익모델에 의한 판단이 부적합하다.
> • 사회이익모델에 입각한 의사결정을 한다.

🎖 기업윤리의 필요성

① 기업윤리는 경쟁력을 강화한다.

② 비윤리적 행위는 기업에 손해가 된다.

③ 회사를 위해서 결정을 해도 책임은 개인이 진다.

④ 기업활동의 결과는 사회에 막대한 영향을 끼친다.

⑤ 자유시장 경제체제를 유지하려면 기업윤리가 필요하다.

⑥ 기업윤리문제를 잘못 다루면 기업활동에 큰 영향을 미친다.

2절 기업윤리의 기본원칙

🎖 유통의 윤리

① **소매상의 윤리문제** : 소매점의 규모가 커감에 따라서 상품유통에서 차지하는 영향력이 커지고 대규모 소매점(백화점, 할인점 등)이 경로주장이 되는 경우가 많으며 의류나 중소기업 제품일 경우에는 더욱 그런 경향이 있다.

> **경로주장(Channel Captain)** : 생산자 → 도매상 → 소매상 → 소비자로 흐르는 유통과정에서 가장 힘이 크고 지배적인 역할을 하는 기관을 말한다.

② **도매상의 윤리문제** : 최근 각종 체인(연쇄점)이나 프랜차이징(franchising)의 발달에 따라서 이러한 체인본부와 가맹 소매점 또는 단위 편의점과의 관계에서 윤리적 문제가 발생한다.

③ **유통경로의 윤리문제**

㉠ 유통경로의 비윤리적 행위는 유통질서를 문란하게 한다.

㉡ 비윤리적인 유통경로는 유통업에 대한 불신을 초래하여 결국은 유통업계나 제조업자 모두에게 불리한 결과를 가져온다.

🎖 판매원의 윤리

① **판매원의 윤리성 문제**

㉠ 일반적으로 판매원은 현지에서 혼자 판매활동을 하고, 문제가 생기면 상사와 상의 없이 현장에서 즉시 해결해야 한다.

㉡ 판매목표의 달성 여하가 판매원의 수입과 승진에 직결되므로 판매 할당량이 문제될 수 있다.

㉢ 장기간 현지에서 판매여행을 하므로 자칫하면 공적 비용과 사적 비용이 혼돈되기 쉽다.

② 판매원의 윤리성 향상 방법

 ㉠ 상세한 판매원 행동준칙 또는 영업사원 행동강령을 제정하여 알려주고 그것을 준수하도록 해야 한다.

 ㉡ 판매량 할당은 정상적인 판매활동으로 가능한 범위 내에서 정해야 하며 무리하게 그 목표 량을 달성하도록 요구해서는 안 된다.

 ㉢ 영업사원이 현지에서 윤리적 문제에 직면하면 즉시 본사에 연락하여 상의하고 지시받도록 해야 한다.

 ㉣ 영업활동 속에 비윤리적 문제가 계속하여 발견될 때에는 더 큰 문제가 생기기 전에 적절하 고 적극적인 조치를 취하여야 한다.

3절   유통기업의 윤리경영

🎁 유통경로의 갈등 유형

① **수평적 경로 갈등** : 소매상과 소매상 또는 도매상과 도매상 등 동일 단계에 있는 경로구성원들 간에 발생하는 갈등으로, 주로 서비스 경쟁, 판촉 경쟁, 가격 경쟁 때문에 발생한다. 동일한 상품을 취급하며 서로 간의 영역 침범이나 한 가맹점이 전체 가맹점의 이미지를 손상시키는 행태 등이 해당된다.

② **수직적 경로 갈등** : 제조업자와 중간상, 본부와 가맹점 또는 도매상과 소매상 등 서로 다른 단 계에 있는 경로구성원들 간에 발생하는 갈등으로, 주로 계약 위반, 가격 및 서비스 수준의 미 달 때문에 발생한다. 상호 목표의 차이, 이해의 부족, 소통의 결여 등에 원인이 있다.

③ **복수 경로 갈등** : 대리점과 할인점처럼 서로 다른 유통경로에 속해 있는 주체들 간의 갈등이다.

🎁 유통경로 갈등의 원인

① 경로구성원들 간의 목표가 불일치한 경우

② 경로구성원들이 수행해야 할 영역이 불일치한 경우

③ 현실 인식의 차이가 발생하는 경우

🎁 유통경로 갈등의 해소

① 경로 리더(Channel Leader)의 지도력을 강화한다.

② 공동 목표를 제시하여 경로 구성원들 간의 협력을 증대한다.

③ 경로구성원들 간의 커뮤니케이션을 강화한다.

④ 중재와 조정 절차를 수행하는 상설기구를 설립한다.

🎁 성희롱의 이해

① **의의** : 성에 관계된 말과 행동으로 상대방에게 불쾌감, 굴욕감 등을 주거나 고용상에서 불이익을 주는 등의 피해를 입히는 행위

② **성희롱의 유형**

　㉠ **신체적** : 상대의 특정 신체부위를 만져 불쾌감을 주는 행위

　㉡ **언어적** : 음담패설, 외모에 대한 성적 비유나 평가, 성적인 정보를 유포하는 행위

　㉢ **시각적** : 외설적인 시각자료를 보여주거나 성과 관련된 특정 신체부위를 노출하거나 만지는 행위

③ **성희롱 방지를 위한 조항을 규정하는 법률** : 남녀고용평등과 일·가정 양립 지원에 관한 법률, 성발전기본법, 국가인권위원회법

4절　유통관련 법규

유통산업발전법

🎁 유통산업발전법의 목적

① 유통산업이라 함은 농산물, 임산물, 축산물, 수산물(가공 및 조리물을 포함한다) 및 공산품의 도매, 소매 및 이를 경영하기 위한 보관, 배송, 포장과 이와 관련된 정보, 용역의 제공 등을 목적으로 하는 산업이다.

② 유통산업의 효율적인 진흥과 균형있는 발전을 꾀하고, 건전한 상거래질서를 세움으로써 소비자를 보호하고 국민경제의 발전에 이바지함을 목적으로 한다.

🎁 매장

매장이란 상품의 판매와 이를 지원하는 용역의 제공에 직접 사용되는 장소를 말한다.

① **매장에 포함되는 용역의 제공장소의 범위**

　㉠ 「건축법 시행령」 [별표 1]의 제3호 규정에 따른 제1종 근린생활시설

　　• 휴게음식점 또는 제과점으로서 같은 건축물에 해당 용도로 쓰는 바닥면적의 합계가 300

제곱미터 미만인 것
　　　• 이용원, 미용원, 목욕장 및 세탁소
　　　• 의원, 치과의원, 한의원, 침술원, 접골원, 조산원, 산후조리원 및 안마원
　　　• 탁구장 및 체육도장으로서 같은 건축물에 해당 용도로 쓰는 바닥면적의 합계가 500제곱
　　　미터 미만인 것 등
　　ⓛ 같은 표 제4호에 따른 제2종 근린생활시설
　　ⓒ 같은 표 제5호에 따른 문화 및 집회시설
　　ⓔ 같은 표 제13호에 따른 운동시설
　　ⓜ 같은 표 제14호 나목에 따른 일반업무시설(오피스텔 제외)

🔷 대규모점포

① 대규모점포란 하나 또는 대통령령이 정하는 둘 이상의 연접되어 있는 건물 안에 하나 또는 여러 개로 나누어 설치되는 매장을 말한다.
② 대규모점포의 규정
　　㉠ 건물 간의 가장 가까운 거리가 50미터 이내이고 소비자가 통행할 수 있는 지하도 또는 지상통로가 설치되어 있어 하나의 대규모점포로 기능할 수 있는 것
　　ⓛ 상시 운영되는 매장일 것
　　ⓒ 매장면적의 합계가 3천 제곱미터 이상일 것

🔷 대규모점포로서 대통령령이 정하는 것(대규모점포의 종류)

① **대형마트** : 용역의 제공장소를 제외한 매장면적의 합계가 3천 제곱미터 이상인 점포의 집단으로서 식품 · 가전 및 생활용품을 중심으로 점원의 도움 없이 소비자에게 소매하는 점포의 집단
② **전문점** : 용역의 제공장소를 제외한 매장면적의 합계가 3천 제곱미터 이상인 점포의 집단으로서 의류 · 가전 또는 가정용품 등 특정 품목에 특화한 점포의 집단
③ **백화점** : 용역의 제공장소를 제외한 매장면적의 합계가 3천 제곱미터 이상인 점포의 집단으로서 다양한 상품을 구매할 수 있도록 현대적 판매시설과 소비자 편익시설이 설치된 점포로서 직영의 비율이 30퍼센트 이상인 점포의 집단
④ **쇼핑센터** : 용역의 제공장소를 제외한 매장면적의 합계가 3천 제곱미터 이상인 점포의 집단으로서 다수의 대규모점포 또는 소매점포와 각종 편의시설이 일체적으로 설치된 점포로서 직영 또는 임대의 형태로 운영되는 점포의 집단
⑤ **복합쇼핑몰** : 용역의 제공장소를 제외한 매장면적의 합계가 3천 제곱미터 이상인 점포의 집단으로서 쇼핑, 오락 및 업무기능 등이 한 곳에 집적되고, 문화 · 관광시설로서의 역할을 하며, 1개의 업체가 개발 · 관리 및 운영하는 점포의 집단

임시시장

임시시장이라 함은 다수의 수요자와 공급자가 일정한 기간 동안 상품을 매매하거나 용역을 제공하는 일정한 장소를 말한다.

체인사업

① 체인사업이라 함은 같은 업종의 여러 소매점포를 직영하거나 같은 업종의 여러 소매점포에 대하여 계속적으로 경영을 지도하고 상품, 원재료 또는 용역을 공급하는 사업을 말한다.

② 대통령령상의 체인사업

㉠ 직영점형 체인사업 : 체인본부가 주로 소매점포를 직영하되, 가맹계약을 체결한 일부 소매점포(가맹점)에 대하여 상품의 공급 및 경영지도를 계속하는 형태의 체인사업

㉡ 프랜차이즈형 체인사업 : 독자적인 상품 또는 판매, 경영 기법을 개발한 체인본부가 상호, 판매방법, 매장운영 및 광고방법 등을 결정하고, 가맹점으로 하여금 그 결정과 지도에 따라 운영하도록 하는 형태의 체인사업

㉢ 임의가맹점형 체인사업 : 체인본부의 계속적인 경영지도 및 체인본부와 가맹점 간의 협업에 의하여 가맹점의 취급품목, 영업방식 등의 표준화사업과 공동구매, 공동판매, 공동시설활용 등 공동사업을 수행하는 형태의 체인사업

㉣ 조합형 체인사업 : 같은 업종의 소매점들이 「중소기업협동조합법」 제3조에 따른 중소기업협동조합을 설립하여 공동구매, 공동판매, 공동시설활용 등 사업을 수행하는 형태의 체인사업

상점가

일정 범위 안의 가로 또는 지하도에 대통령령이 정하는 수 이상의 도매점포, 소매점포 또는 용역점포가 밀집하여 있는 지구를 말한다.

전문상가단지

같은 업종을 영위하는 여러 도매업자 또는 소매업자가 일정 지역에 점포 및 부대시설 등을 집단으로 설치하여 만든 상가단지를 말한다.

대규모점포 등의 개설 및 등록

① 개설 : 대규모점포를 개설하고자 하거나 전통상업보존구역에 준대규모점포를 개설하고자 하는 자는 영업을 개시하기 전에 산업통상자원부령으로 정하는 바에 따라 상권영향평가서 및 지역협력계획서를 첨부하여 시장, 군수, 구청장에게 등록하여야 한다. 등록한 내용을 변경하고자 하는 경우에도 또한 같다.

② 대규모점포 등을 등록함에 있어서 신고·지정·등록 또는 허가에 관하여 시장·군수·구청장이 규정에 의하여 다른 행정기관의 장과 협의를 한 사항에 대하여는 당해 허가 등을 받은 것으로 본다.

소비자기본법

🎁 소비자의 기본적 권리

① 물품 및 용역으로 말미암은 생명·신체 및 재산상의 위해로부터 보호받을 권리
② 물품 및 용역을 선택함에 있어서 필요한 지식 및 정보를 제공받을 권리
③ 물품 및 용역을 사용함에 있어서 거래의 상대방·구입장소·가격·거래조건 등을 자유로이 선택할 권리
④ 소비생활에 영향을 주는 국가 및 지방자치단체의 정책과 사업자의 사업활동 등에 대하여 의견을 반영시킬 권리
⑤ 물품등의 사용으로 입은 피해에 대하여 신속·공정한 절차에 따라 적절한 보상을 받을 권리
⑥ 합리적인 소비생활을 영위하기 위하여 필요한 교육을 받을 권리
⑦ 소비자 스스로의 권익을 증진하기 위하여 단체를 조직하고 이를 통하여 활동할 수 있는 권리
⑧ 안전하고 쾌적한 소비생활 환경에서 소비할 권리

> **표시의 기준**
> ① 국가는 소비자가 사업자와의 거래에 있어서 표시나 포장 등으로 인하여 물품 등을 잘못 선택하거나 사용하지 아니하도록 물품 등에 대하여 다음 각 호의 사항에 관한 표시기준을 정하여야 한다.
> ㉠ 상품명·용도·성분·재질·성능·규격·가격·용량·허가번호 및 용역의 내용
> ㉡ 물품 등을 제조·수입 또는 판매하거나 제공한 사업자의 명칭(주소 및 전화번호 포함) 및 물품의 원산지
> ㉢ 사용방법, 사용·보관할 때의 주의사항 및 경고사항
> ㉣ 제조연월일, 품질보증기간 또는 식품이나 의약품 등 유통과정에서 변질되기 쉬운 물품은 그 유효기간
> ㉤ 표시의 크기·위치 및 방법
> ㉥ 물품 등에 따른 불만이나 소비자피해가 있는 경우의 처리기구(주소 및 전화번호를 포함한다) 및 처리방법
> ㉦ 「장애인차별금지 및 권리구제 등에 관한 법률」 제20조에 따른 시각장애인을 위한 표시방법
> ② 국가는 소비자가 사업자와의 거래에 있어서 표시나 포장 등으로 인하여 물품 등을 잘못 선택하거나 사용하지 아니하도록 사업자가 사항을 변경하는 경우 그 변경 전후 사항을 표시하도록 기준을 정할 수 있다.

🎁 사업자의 책무

① 물품 등으로 인하여 소비자에게 생명·신체 또는 재산에 대한 위해가 발생하지 아니하도록 해

야 한다.

② 물품 등을 공급함에 있어서 소비자의 합리적인 선택이나 이익을 침해할 우려가 있는 거래조건이나 거래방법을 사용하여서는 아니 된다.

③ 소비자에게 물품 등에 대한 정보를 성실하고 정확하게 제공하여야 한다.

④ 소비자의 개인정보가 분실·도난·누출·변조 또는 훼손되지 아니하도록 개인정보를 성실히 취급하여야 한다.

⑤ 사업자는 물품 등의 하자로 인한 소비자의 불만이나 피해를 해결하거나 보상하여야 하며, 채무불이행 등으로 인한 소비자의 손해를 배상하여야 한다.

🎁 한국소비자원

① 소비자권익 증진시책의 효과적인 추진을 위하여 한국소비자원을 설립한다.

② 업무내용

　㉠ 소비자의 불만처리 및 피해구제

　㉡ 소비자의 권익증진을 위하여 필요한 경우 물품등의 규격·품질·안전성·환경성에 대한 시험·검사 및 가격 등을 포함한 거래조건이나 거래방법에 대한 조사·분석의 실시

　㉢ 소비자의 권익과 관련된 제도와 정책의 연구 및 건의

　㉣ 소비자의 권익증진·안전 및 소비생활의 향상을 위한 정보의 수집·제공 및 국제협력

　㉤ 소비자의 권익증진·안전 및 능력개발과 관련된 교육·홍보 및 방송사업

　㉥ 소비자의 권익증진 및 소비생활의 합리화를 위한 종합적인 조사·연구

　㉦ 국가 또는 지방자치단체가 소비자의 권익증진과 관련하여 의뢰한 조사 등의 업무

　㉧ 기타 소비자의 권익증진 및 안전에 관한 업무

🎁 소비자분쟁조정위원회

① 소비자와 사업자 사이에 발생한 분쟁을 조정하기 위해 한국소비자원에 소비자분쟁조정위원회를 설치한다.

② 심의·의결 사항

　㉠ 소비자분쟁에 대한 조정·결정

　㉡ 소비자분쟁조정위원회의 의사에 관한 규칙의 제정 및 개폐

　㉢ 기타 조정위원회의 위원장이 토의에 부치는 사항

🎁 소비자 피해구제의 신청

① 소비자는 물품등의 사용으로 인한 피해의 구제를 한국소비자원에 신청할 수 있다.

② 국가·지방자치단체 또는 소비자단체는 소비자로부터 피해구제의 신청을 받은 경우 한국소비

자원에 그 처리를 의뢰할 수 있다.

③ 사업자는 소비자로부터 피해구제의 신청을 받은 날부터 30일이 경과하여도 합의에 이르지 못하는 경우나 한국소비자원에 피해구제 처리를 의뢰하기로 소비자와 합의한 경우, 한국소비자원에 피해구제의 처리를 의뢰할 수 있다.

④ 원장은 피해구제의 신청을 받은 경우, 그 내용이 한국소비자원에서 처리하는 것이 부적합하다고 판단되는 때에는 신청인에게 그 사유를 통보하고 그 사건의 처리를 중지할 수 있다.

식품위생법

식품위생법의 목적

식품으로 인하여 생기는 위생상의 위해를 방지하고 식품영양의 질적 향상을 도모하여 식품에 관한 올바른 정보를 제공하여 국민보건의 증진에 이바지함을 목적으로 한다.

위해식품 등의 판매 금지

① 썩거나 상하거나 설익어서 인체의 건강을 해할 우려가 있는 것

② 유독·유해물질이 들어 있거나 묻어 있는 것 또는 그 염려가 있는 것

③ 병을 일으키는 미생물에 오염되었거나 그 염려가 있어 인체의 건강을 해할 우려가 있는 것

④ 불결하거나 다른 물질이 섞이거나 첨가된 것, 기타의 사유로 인체의 건강을 해할 우려가 있는 것

⑤ 영업자가 아닌 자가 제조·가공·소분한 것

⑥ 안전성 평가의 대상에 해당하는 농·축·수산물 등 가운데 안전성 평가를 받지 아니하거나 안전성 평가결과 식용으로 부적합하다고 인정된 것

⑦ 수입이 금지된 것 또는 수입신고를 하여야 하는 경우에 신고하지 아니하고 수입한 것

병육 등의 판매 금지

총리령으로 정하는 질병에 걸렸거나 그 염려가 있는 동물 또는 그 질병에 의해 죽은 동물의 고기·뼈·젖·장기 또는 혈액을 식품으로 판매 또는 판매할 목적으로 채취·수입·가공·사용·조리·저장·소분 또는 운반하거나 진열하지 못한다.

기준·규격이 고시되지 아니한 화학적 합성품 등의 판매 금지

기준·규격이 고시되지 아니한 화학적 합성품인 첨가물과 이를 함유한 물질을 식품첨가물로 사용하거나 이를 함유한 식품을 판매 또는 판매의 목적으로 제조·수입·가공·사용·조리·저장·소분 또는 운반하거나 진열하지 못한다.

유전자변형식품 등의 표시

① 인위적으로 유전자를 재조합하거나 유전자를 구성하는 핵산을 세포 또는 세포 내 소기관으로 직접 주입하는 기술 또는 분류학에 따른 과(科)의 범위를 넘는 세포융합기술에 해당하는 생명 공학기술을 활용하여 재배 · 육성된 농산물 · 축산물 · 수산물 등을 원재료로 하여 제조 · 가공한 식품 또는 식품첨가물은 유전자변형식품임을 표시하여야 한다.

② 표시하여야 하는 유전자재조합식품 등은 표시가 없으면 판매하거나 판매할 목적으로 수입 · 진열 · 운반하거나 영업에 사용하여서는 아니 된다.

허위표시 등의 금지

식품 등의 명칭 · 제조방법, 품질 · 영양 표시, 유전자재조합식품 등 및 식품이력추적관리 표시에 관하여는 다음에 해당하는 허위 · 과대 · 비방의 표시 · 광고를 하여서는 안 되고, 포장에 있어서는 과대포장을 하지 못한다. 식품 또는 식품첨가물의 영양가 · 원재료 · 성분 · 용도에 관하여도 또한 같다.

① 질병의 예방 및 치료에 효능 · 효과가 있거나 의약품 또는 건강기능식품으로 오인 · 혼동할 우려가 있는 내용의 표시 · 광고

② 사실과 다르거나 과장된 표시 · 광고

③ 소비자를 기만하거나 오인 · 혼동시킬 우려가 있는 표시 · 광고

④ 다른 업체 또는 그 제품을 비방하는 광고

⑤ 심의를 받지 아니하거나 심의 받은 내용과 다른 내용의 표시 · 광고

영업의 시설기준

다음의 영업을 하려는 자는 총리령으로 정하는 시설기준에 맞는 시설을 갖추어야 한다.

① 식품 또는 식품첨가물의 제조업 · 가공업 · 운반업 · 판매업 및 보존업

② 기구 또는 용기 · 포장의 제조업

③ 식품접객업

영업의 허가 · 신고 · 보고 · 제한

① 영업을 하고자 하는 자는 영업의 종류별 · 영업소별로 식품의약품안전처장 또는 특별자치도지사 · 시장 · 군수 또는 구청장의 허가를 받고 경미한 사항의 변경시 그 내용을 신고하여야 한다.

② **영업의 제한** : 시 · 도지사는 영업의 질서와 선량한 풍속을 유지하기 위하여 필요하다고 인정하는 때에는 영업자 중 식품접객영업자 및 그 종업원에 대하여 영업시간 및 영업행위를 제한할 수 있다.

❦ 영업자의 준수사항

① 영업자 및 그 종업원은 영업의 위생관리 및 질서유지와 국민보건위생의 증진을 위하여 총리령이 정하는 사항을 지켜야 한다.

② 식품접객영업자는 청소년에 대하여 다음의 행위를 하여서는 아니 된다.

    ㉠ 청소년을 유흥접객원으로 고용하여 유흥행위를 하게 하는 행위

    ㉡「청소년보호법」에 따른 청소년 출입·고용금지업소에 청소년을 출입시키거나 고용하는 행위

    ㉢「청소년보호법」에 따른 청소년 고용금지업소에 청소년을 고용하는 행위

    ㉣ 청소년에게 주류를 제공하는 행위

❦ 식품이력추적관리 등록기준 및 기록·보관

① 식품을 제조·가공 또는 판매하는 자 중 식품이력추적관리를 하려는 자는 총리령으로 정하는 등록기준을 갖추어 해당 식품을 식품의약품안전처장에게 등록할 수 있다.

② 식품을 제조·가공 또는 판매하는 자는 식품이력추적관리에 필요한 기록의 작성·보관 및 관리 등에 관하여 식품의약품안전처장이 정하여 고시하는 기준을 지켜야 한다.

③ 등록사항이 변경된 경우 변경사유가 발생한 날부터 1개월 이내에 식품의약품안전처장에게 신고하여야 한다.

④ 등록한 식품에는 식품의약품안전처장이 정하여 고시하는 바에 따라 식품이력추적관리의 표시를 할 수 있다.

⑤ 식품의약품안전처장은 등록한 식품을 제조·수입·가공 또는 판매하는 자에 대하여 식품이력추적관리기준의 준수 여부 등을 3년마다 조사·평가하여야 한다. 다만, 등록한 식품을 제조·수입·가공 또는 판매하는 자에 대하여는 2년마다 조사·평가하여야 한다.

⑥ 식품이력추적관리기준에 따른 식품이력추적관리정보를 총리령으로 정하는 바에 따라 전산기록장치에 기록·보관하여야 한다.

⑦ 등록자는 식품이력추적관리정보의 기록을 해당 제품의 유통기한 등이 경과한 날부터 2년 이상 보관하여야 한다.

청소년보호법

❦ 청소년보호법

① 청소년에게 유해한 매체물과 약물 등이 청소년에게 유통되는 것과 청소년이 유해한 업소에 출입하는 것 등을 규제한다.

② 청소년을 청소년 폭력·학대 등 청소년 유해행위를 포함한 각종 유해한 환경으로부터 보호·구제함으로써 청소년이 건전한 인격체로 성장할 수 있도록 한다.

🛡 청소년 유해매체물

① 청소년보호위원회가 청소년에게 유해한 것으로 결정하거나 확인하여 여성가족부장관이 고시한 매체물
② 각 심의기관이 청소년에게 유해한 것으로 결정하거나 확인하여 여성가족부장관이 고시한 매체물

🛡 청소년 유해약물

①「주세법」의 규정에 의한 주류
②「담배사업법」의 규정에 의한 담배
③「마약류 관리에 관한 법률」의 규정에 의한 마약류
④「화학물질관리법」의 규정에 의한 환각물질
⑤ 기타 중추신경에 작용하여 습관성, 중독성, 내성 등을 유발하여 인체에 유해작용을 미칠 수 있는 약물 등 청소년의 사용을 제한하지 아니하면 청소년의 심신을 심각하게 훼손할 우려가 있는 약물로서 대통령령이 정하는 기준에 따라 관계 기관의 의견을 들어 청소년보호위원회가 결정하고 여성가족부장관이 이를 고시한 것

🛡 심야시간대의 인터넷게임 제공시간 제한 등

① 인터넷게임의 제공자는 16세 미만의 청소년에게 오전 0시부터 오전 6시까지 인터넷게임을 제공하여서는 아니 된다.
② 여성가족부장관은 문화체육관광부장관과 협의하여 심야시간대 인터넷게임의 제공시간 제한 대상 게임물의 범위가 적절한지를 대통령령으로 정하는 바에 따라 2년마다 평가하여 개선 등의 조치를 하여야 한다.

🛡 인터넷게임 중독 등의 피해 청소년 지원

여성가족부장관은 관계 중앙행정기관의 장과 협의하여 인터넷게임 중독(인터넷게임의 지나친 이용으로 인하여 인터넷게임 이용자가 일상생활에서 쉽게 회복할 수 없는 신체적 · 정신적 · 사회적 기능 손상을 입은 것을 말한다) 등 매체물의 오용 · 남용으로 신체적 · 정신적 · 사회적 피해를 입은 청소년에 대하여 예방 · 상담 및 치료 · 재활 등의 서비스를 지원할 수 있다.

소방기본법

🛡 소방기본법

화재를 예방 · 경계하거나 진압하고 화재, 재난 · 재해, 그 밖의 위급한 상황에서의 구조 · 구급활

동 등을 통하여 국민의 생명·신체 및 재산을 보호함으로써 공공의 안녕 및 질서 유지와 복리증진에 이바지함을 목적으로 한다.

> **소방대상물** : 건축물, 차량, 선박(항구에 매어둔 선박만 해당), 선박 건조 구조물, 산림 그 밖의 인공 구조물 또는 물건을 말한다.

🔖 소방활동

국민안전처장관, 소방본부장 또는 소방서장은 화재, 재난·재해 그 밖의 위급한 상황이 발생한 때에는 소방대를 현장에 신속하게 출동시켜 화재진압과 인명구조 등 소방에 필요한 활동을 하게 하여야 한다.

소방청장 또는 소방본부장은 소방시설, 소방공사 및 위험물 안전관리 등과 관련된 법령해석 등의 민원을 종합적으로 접수하여 처리할 수 있는 소방기술민원센터를 설치·운영할 수 있다. 소방기술민원센터의 설치·운영 등에 필요한 사항은 대통령령으로 정한다.

① 소방교육·훈련 ② 화재 등의 통지
③ 관계인의 소방활동 ④ 소방자동차의 우선 통행
⑤ 소방대의 긴급통행 ⑥ 소방활동구역의 설정
⑦ 소방활동 종사 명령

🔖 화재의 예방조치

① 소방본부장 또는 소방서장은 화재의 예방상 위험하다고 인정되는 행위를 하는 사람이나 소화활동에 지장이 있다고 인정되는 물건의 소유자·관리자 또는 점유자에 대하여 다음의 명령을 할 수 있다.
   ㉠ 불장난, 모닥불, 흡연, 화기취급 그 밖에 화재예방상 위험하다고 인정되는 행위의 금지 또는 제한
   ㉡ 타고 남은 불 또는 화기의 우려가 있는 재의 처리
   ㉢ 함부로 버려두거나 그냥 둔 위험물, 그 밖에 불에 탈 수 있는 물건을 옮기거나 치우게 하는 등의 조치
② 소방본부장 또는 소방서장은 그 위험물 또는 물건의 소유자·관리자 또는 점유자의 주소와 성명을 알 수 없어서 필요한 명령을 할 수 없는 때에는 소속 공무원으로 하여금 그 위험물 또는 물건을 옮기거나 치우게 할 수 있다.
③ 소방본부장 또는 소방서장은 옮기거나 치운 위험물 또는 물건을 보관하여야 한다.
④ 소방본부장 또는 소방서장은 위험물 또는 물건을 보관하는 경우에는 그날부터 14일 동안 소방본부 또는 소방서의 게시판에 이를 공고하여야 한다.

제2과목

상권분석

CHAPTER1   유통 상권조사

CHAPTER2   입지분석

CHAPTER3   개점 전략

1

유통 상권조사

1절 입지선정과 평가

🎁 입지

① 입지의 중요성

    ⊙ 소매점은 '입지산업(立地産業)'이라고 할 만큼 장소의 위치에 따라 매출과 이익에 직접적인 영향을 주는 전략요인의 역할을 한다.

    ⓒ 입지선정은 지속적인 경쟁우위를 개발하기 위해 사용될 수 있으므로 전략적인 요인이다.

    ⓒ 부적합한 입지선택은 상품기획부문의 실수보다 더 치명적이다.

    ⓔ 입지조건에 따라 유통전략 믹스상 다른 요인들에게도 영향을 준다.

    ⓜ 입지는 다른 영향으로 현재의 기대와 미래의 목적이 변질될 수 있어 정기적으로 평가돼야 한다.

② 입지구성의 기본요소

    ⊙ 유도시설　　　　　ⓒ 인지성　　　　　ⓒ 통행량 및 교통량

    ⓔ 상권의 질　　　　　ⓜ 동선　　　　　ⓗ 시계성

    ⓢ 건물과 토지　　　　　ⓞ 영업력　　　　　ⓩ 경합성(대체성)

③ 소매점에 있어서의 입지유형

    ⊙ **도심번화가(CBDs)** : 전통적인 상업 집적지로 고급전문점이나 백화점 등이 입지하고 있어 다양한 분야에 걸친 고객흡인력을 지닌다.

    ⓒ **도심터미널** : 철도환승지점을 중심으로 발달한 상업 집적지로, 역사 백화점 또는 터미널 빌딩 등이 핵점포역할을 담당한다.

    ⓒ **도심주택지** : 인구밀집지역으로 원래부터 상점가가 있어 대규모 소매점의 출점이 매우 곤란한 지역이다.

    ⓔ **교외터미널** : 외곽도시의 관문으로까지 발전한 상업 집적지로, 양판점들이나 지점격 백화점, 대규모 전문점 체인 등이 다수 위치한다.

    ⓜ **간선도로변** : 교외를 왕래하는 자동차 고객을 대상으로 하는 상업입지지역으로, 주로 쇼핑센터를 중심으로 주말이나 휴일에 특히 번성하는 지역이다.

    ⓗ **교외주택지** : 주택대부 부담이 많은 소비자나 젊은 세대가 많은 지역으로, 원래부터 상점가가 적고 저렴한 가격과 새로운 감각이 중요시되는 지역이다.

ⓐ 대규모 유통단지 : 단지 내 중심지에 위치한 상업 집저지로, 독점적 상업활동을 영위하기 위하여 저비용, 정가판매를 전개하는 지역이다.

🎁 입지선정

입지주체가 요구하는 입지조건을 갖춘 토지를 발견하고 주어진 부동산에 관한 적정 용도를 결정하는 것을 말한다.

① 입지의 선택기준

ㄱ 가시성   ㄴ 접근성   ㄷ 상권력

ㄹ 인구밀도   ㅁ 성상성   ㅂ 편의성

ㅅ 안정성   ㅇ 주차장

② 입지선정의 중요성

ㄱ 입지선정 과정은 좀 더 유리한 경쟁을 하려는 입지경쟁이 전개되며, 그 결과로 토지의 단위 면적당 노동과 자본의 투자비율을 높여 토지이용을 집약화시킨다.

ㄴ 입지선정의 잘못은 경영관리상 노력의 낭비와 사업의 실패를 초래한다.

ㄷ 대상 부동산 위치와 주위의 다른 부동산과의 균형 여부가 매우 중요하다.

ㄹ 부동산의 가치는 대상 부동산의 유용성이 최고일 때 가장 크다.

ㅁ 부동산은 일단 사용하면 그 용도를 마음대로 바꾸기 어려운 비가역성을 가지므로 입지선정의 전문성이 요구된다.

🎁 입지평가 기본원칙

① 이용가능성 : 고려 중인 장소의 실제 임대, 매입의 기대성

② 적합성 : 장소의 규모와 구조의 적합성

③ 수용가능성 : 창업 희망자가 임대, 매입할 자원이 있는지의 기대성

🎁 풍수지리적 관점의 입지고려 요소

① 경제성 : 사업장의 입지여건이 아무리 좋아 보여도 개점에 필요한 투자비용이 수익성을 능가하면 의미가 없다.

② 균형성 : 신규로 영업을 고려하고 있는 사업장의 입지여건이 그 상권 내에 위치하고 있는 유사 점포와의 경쟁에서 우위를 차지할 수 있어야 한다.

③ 조화성 : 선택한 아이템과 주변 상권과의 조화로, 유사한 점포 혹은 보완적 특성의 점포가 밀집되어 있을수록 선택의 폭이 넓어진다.

🎁 상업입지의 공간 균배의 원리에 따른 분류

① 집심성 점포 : 도시의 중심지에 입지해야 유리하다.
> **예** 백화점, 고급음식점, 보석가게, 고급의류점, 대형서점, 영화관 등

② 집재성 점포 : 동일한 업종이 서로 한곳에 모여 있어야 유리하다.
> **예** 가구점, 중고서점, 전자제품, 기계점, 관공서 등

③ 산재성 점포 : 서로 분산입지를 해야 유리하다.
> **예** 잡화점, 이발소, 세탁소, 대중목욕탕, 소매점포, 어물점 등

④ 국부적 집중성 점포 : 어떤 특정 지역에 동업종끼리 국부적 중심지에 입지해야 유리하다.
> **예** 농기구점, 석재점, 비료점, 종묘점, 어구점 등

🎁 상업입지의 패턴

① 분산적 근린형 상업입지 : 일상에서 사용되는 실용품과 생활용품 중심의 상품 구매
② 집결적 근린형 상업입지 : 근거리, 편리성, 친밀성에 의한 점포 선택
③ 광역중심형 상업입지 : 전문점, 고가품 등의 제품을 판매하는 점포가 유리함

🎁 유형별 입지

① 적응형 입지 : 거리에서 통행하는 유동인구에 의해 영업이 좌우되는 입지로, 주로 패스트푸드, 판매형 아이템 사업 등이 해당되며, 도보자가 접근하기 쉬운 출입구, 시설물, 계단 등 가시성이 좋아야 한다.
② 목적형 입지 : 고객이 특정한 목적을 가지고 이용하는 입지로, 특정 테마에 따라 고객이 유입되기 때문에 차량접근 및 주차장 이용이 편리해야 한다.
③ 생활형 입지 : 아파트, 주택 등 지역 주민들이 이용하는 입지로, 주로 식당 등이 해당되므로 도보나 차량을 모두 흡수할 수 있어야 한다.

🎁 좋은 입지선정의 특성

① 균형성 : 인근 경쟁점과의 규모, 인테리어 상태 등의 균형
② 안정성 : 점포의 투자규모와 수익성과의 관계
③ 조화성 : 주변 상권과의 조화

🎁 상업지의 입지조건

① 사회 · 경제적 조건
　㉠ 배후지의 중요성, 교통수단과 접근성
　㉡ 당해 지역의 지가수준, 임료수준, 매상고, 교통량, 입지경쟁 등

② 물리적 조건

　　㉠ 가로의 구조는 업종에 따라 달라질 수 있으나 일반적으로 동서로 된 가로는 서쪽, 커브를 이룬 가로는 내부 쪽, 역이나 정류장 등을 향한 가로는 우측, 비탈길은 하부가 유리하다.

　　㉡ 가로의 길이가 500m 이상의 직선인 경우는 상가로 유리한 위치가 되지 못하나, 100m 이내에서 끊어지는 경우도 불리하다.

　　㉢ 일일 교통인구는 5,000~6,000명 정도이며, 주거지는 가로보다 낮으면 마이너스 요인이 되고, 상업지는 가로보다 높으면 마이너스 요인이 된다.

🔖 소매업의 입지조건

① 출점을 위한 유통시설 입지 평가요소

　　㉠ 주먹구구식 방법 : 경영자의 주관적인 경험에 의존하는 방법

　　㉡ 체크리스트 방법 : 특정 입지에서의 매출, 비용에 영향을 주는 요인들을 살피는 방법

　　㉢ 판매 잠재력의 변이를 모델화하여 살피는 방법

② 입지 · 부지의 평가요소

　　㉠ 보행고객통행량 : 통행인 수, 통행인의 유형

　　㉡ 차량통행량 : 차량통행 대수, 차종, 교통밀집 정도

　　㉢ 주차시설 : 주차장 수, 점포와의 거리, 종업원 주차의 가능성

　　㉣ 교통 : 대중교통수단의 이용가능성

　　㉤ 점포구성 : 상권 내 점포 수와 규모, 인근 점포와 자사 점포의 유사성, 소매점

　　㉥ 특정의 부지 : 시각성, 입지 내에서의 위치, 대지 및 건물의 크기와 모양

　　㉦ 점유조건 : 소유 또는 임대조건, 운영 및 유지비용, 세금, 도시계획과의 관련 여부

③ 유통집적시설에 유리한 입지조건

　　㉠ 교외지역 : 인구가 충분하고 앞으로도 인구증가가 예상된다.

　　㉡ 간선도로망 : 어디에서든 자동차로 올 수 있다.

　　㉢ 핵점포의 존재 : 누구든지 찾아오므로 고객의 집객력이 높다.

　　㉣ 지역 최대의 주차장 : 자동차 시대의 편의를 제공한다.

　　㉤ 점포부족상태 : 소비자가 대형 유통시설의 출점을 기대하고 있다.

　　㉥ 독립상권으로의 성격 : 구매력이 다른 상권으로 유출되기 어려운 조건을 갖고 있다.

🔖 넬슨(R. L. Nelson)의 소매입지론 – 8가지 입지평가

① 접근 가능성 : 고객들을 자신의 점포로 유인하는 데 어떤 장애요소가 있는지 검토해야 한다.

② 성장 가능성 : 시장규모나 선택한 상권이 주변의 인구 증가와 고객들의 소득 증가로 어느 정도 성장할 수 있는지 검토가 이루어져야 한다.

③ **중간 저지성** : 상업지역으로 가는 고객을 중간에 유인하기 위해 그들의 주거지와 전에 다니던 장소의 중간에 점포를 개점하는 것이 유리하다.

④ **상권의 잠재력** : 상권에서 취급하는 상품이 수익성 확보가 가능한 것인지 검토가 이루어져야 한다.

⑤ **누적적 흡인력** : 동종의 점포가 서로 집중된 것이 업종에 따라 유익한 경우가 많다.

⑥ **양립성** : 상권에 서로 보완되는 상품을 취급하는 점포가 양립하면 유리하다.

⑦ **경쟁회피성** : 상업용지는 경합이 가장 작은 장소를 선택해야 한다.

⑧ **입지의 경제성** : 입지의 비용을 수익성 및 생산성과 관련하여 선택해야 한다.

2절 입지환경분석

❧ 인구통계

가구, 인구, 가구당 인구, 연령별 구조를 파악하기 위해서는 시·구 통계연보를 시청이나 구청 동사무소에서 구해야 하며, 도·소매업 조사보고서, 서비스업 조사보고서 등을 통해 그 지역 주민들의 생활상을 파악할 수 있다.

① **인구의 증가** : 총인구의 증가는 개인소득의 증가와 더불어 유통업 전체의 계속적인 발전 가능성을 의미하므로 특정 거래지역에서 소매점을 개설하는 경우에는 거래지역 내의 총인구 변화를 면밀히 파악해야 한다.

② **가족 구성원의 감소** : 저출산 현상과 반비례하여 고급 어린이용품의 수요는 증가하며, 독신 및 이혼의 경우도 늘어나는 추세이므로 여행용품, 인스턴트 식품류, 소형아파트, 원룸 등에 대한 수요도 늘어날 것으로 파악해야 한다.

③ **인구구조의 변화** : 과거에는 나이가 어릴수록 층이 넓은 피라미드형이었으나, 현재는 청년층이 어린이층보다 넓은 종형으로 바뀌었다. 거래지역의 인구구조는 취급상태, 구색 등을 결정하는 데 중요한 요인이 된다.

❧ 라이프스타일

시장의 분석에 있어서 인구통계학적 분류 외에 소비자의 심리적 측면을 고려할 필요가 있는 것은 제품의 새로운 의미부여, 신제품 개발 등에서도 소비자의 잠재적 요구를 파악할 필요가 있기 때문이다.

① **인구통계학적 변인** : 연령, 성별, 인종, 세대 형태, 주택소유 형태, 교육수준, 직업, 소득수준 등을 들 수 있는데, 소비자의 연령이나 소득수준의 분포가 소비자에 따라 다양하게 나타나는

것은 점포의 입지에 있어 중요한 관찰대상이 된다.

② **지리구조 변인** : 거주하는 지역에 따른 소비자의 특성구분을 통해 이루어진다.

③ **심리구조 변인** : 소비자의 가치관, 태도, 성격 등으로 소비자를 유형화하여 분류하며, 이는 심리구조적 세분화의 중요한 수단이 된다.

🔹 경쟁상황 파악

① **업종분석** : 상권 내의 업종별 점포 수, 업종비율, 업종·층별 분포를 파악한다. 업종별로 판매업종과 서비스업종으로 구분할 수 있는데, 이들의 구조를 파악하여 경쟁상황을 인지한다.

② **점포분석** : 건물의 층별 점포구성을 분석하여 건물의 1층 구성비가 높으면 상권이 나쁘고, 구성비가 고르면 상권이 좋다.

③ **브랜드분석** : 우리나라 소비자는 브랜드 선호도가 높으므로 유명 브랜드가 많이 입점되어 있으면 좋은 입지이다.

🔹 시너지효과 분석

① 동종업종이 집적되어 있으면 초기 투자비가 높다.

② 판매업종이 집중된 명동이나 백화점, 할인점에 외식업을 출점하면 시너지효과를 최대한 확보할 수 있으며, 서비스 업종이 집중된 음식점이나 유흥·위락단지, 숙박업, 학원, 극장 등 같은 업종끼리 집중되면 시너지효과가 극대화된다.

③ 특정 시설에 의존하는 입지를 선택하는 것이 좋다. 호텔이나 백화점, 시장, 대형오피스, 대형상가, 대형 복합빌딩 등의 바로 옆이나 그 영향권에서 벗어난 지역에 입점해야 한다. 하지만 소매점 판매업의 경우, 소비자들이 대형 할인점 등 대형 시설물을 좋아하고, 사이버 시장이 증가하고 있으며, 재고의 부담과 점포의 과부하 상태를 고려하여, 특정 시설에 의존하는 입지를 가급적 피해야 한다.

🔹 점포접근성

① **입지의 접근성**

㉠ **고객창출형** : 광고, 상품의 독자성 평가, 판매촉진 수단에 의해서 독자적인 고객을 흡인하는 형태로 백화점, 대형 슈퍼마켓, 특수한 전문점 등이다.

㉡ **고객의존형** : 가까운 점포에 의해 흡인된 고객이 주변의 점포로 구매하러 가는 점포의 형태이다.

㉢ **통행량 의존형** : 쇼핑을 목적으로 하지 않는 유동인구 등이 구매하는 형태이다.

② **접근성 분석**

㉠ **적응형 입지** : 도보자의 접근성을 우선 고려하여 도보자가 접근하기 쉬운 출입구라야 하고,

시설물, 계단, 가시성 등이 좋아야 한다. 출입구는 자동문이나 회전문은 피하고, 대부분의 도보객은 버스나 택시, 지하철을 이용하므로 이들 교통시설물과 근접하면 좋다.

　　　ⓒ **목적형 입지** : 특정 테마에 따라 고객이 유입되므로 차량이 주 도로에서 접근하기 쉬워야 하며, 규모가 큰 주차장이 건물 앞쪽에 있어야 이용자의 편리성이 높다.

　　　ⓒ **생활형 입지** : 지역주민이 주로 이용하는 식당 등이 해당된다. 도보나 차량을 모두 흡수할 수 있어야 하므로 주차시설을 갖추고 도보객의 접근도 유리한 지역에 출점해야 한다.

　③ **점포의 접근성**

　　　㉠ 점포 전면도로의 접근로가 고객 흡인력이 있어야 한다.

　　　ⓒ 전면도로의 특색을 잘 파악해야 매출에 영향을 미친다.

　　　ⓒ 점포의 특징에 따라 일조나 통풍을 고려하여야 한다.

♦ 접근성 구성요소

　① **거시요인** : 도로패턴, 도로상태, 자연장애, 인공장애

　② **미시요인** : 점포외관, 교통량, 도로정체, 출입문제

　③ **센터내부요인** : 임대료지가, 핵점포 여부, 점포밀집성, 누적유인성

♦ 점포 가시성

　① 고객충성도가 높거나 역사적으로 오래된 유명 점포의 경우에 있어서 가시도는 크게 중요하지 않다.

　② 고객충성도가 낮거나 유동고객에 대한 의존도가 높은 경우 가시도는 매우 중요한 요소이다.

2 입지분석

1절 상업지의 공간구성이론

🏵 동심원 이론

미국의 사회학자 버제스(E. W. Burgess)가 1925년 시카고시에 대한 실증적 연구를 통하여 제창한 이론으로, 그는 도시의 구조를 중심 비즈니스지대, 전이지대(도시발전 과정에서 특정지대의 확장으로 소멸될 가능성이 많은 지대), 자립근로자 거주지대, 중산층 거주지대, 통근자 거주지대의 5종으로 분류하고, 이들 지대는 동심원적 구조를 이루어 제각기 외측에 인접한 지대를 잠식하면서 팽창해가는 것이라고 주장하였다.

🏵 선형 이론

호이트(H. Hoyt)가 1939년 미국의 142개 도시를 대상으로 교통로의 발달과 관련지어 도시 내부 구조를 설명한 이론이다. 도심에 중심 업무 지구가 있고 도심으로부터 새로운 교통로가 발달하면 교통로를 축으로 도매·경공업 지구가 부채꼴 모양으로 확대된다. 그리고 그와 인접하여 사회 계층이 다른 주민들의 주거 지역이 저급, 중급, 고급 순으로 발달함으로써 도시 교통의 축이 거주지 분화를 유도한다고 보는 이론이다.

🏵 다핵심 이론

울만(E. Ulman)과 해리스(C. Harris)가 1945년 미국의 대도시를 조사하여, 도시의 발달은 하나의 핵을 중심으로 구조화되어 있지 않고, 다른 기능을 수행하는 몇 개의 핵을 중심으로 전개된다는 사실을 규명한 이론이다. 도시의 성장과 발달은 도심의 업무 지구 이외에도 여러 개의 교통 결절점을 중심으로 한 부심이나 신주택 단지 또는 신공업 지구 등에 의해서도 이루어진다고 보았다.

🏵 다차원 이론

시몬스(J. W. Simmons)가 1965년 「도시 토지이용의 기술적 모델」이란 논문에서 도시의 내부구조는 사회적 패턴에 따라 다수의 독립된 3차원이 구성된다고 주장한 이론이다.

💠 중심지 이론

한 지역 내의 생활거주지(취락)의 입지 및 수적분포, 취락들 간의 거리관계와 같은 공간구조를 중심지 개념에 의해 설명하려는 이론이다. 중심지 이론에 의하면 한 도시(지역)의 중심지 기능의 수행 정도는 일반적으로 그 도시(지역)의 인구규모에 비례하며, 중심도시(지역)를 둘러싼 배후상권의 규모도 도시(지역)의 규모에 비례하여 커진다.

① 가정
  ㉠ 지표공간은 균질적 표면(isotropic surface)으로 되어 있고, 한 지역 내의 교통수단은 오직 하나이며 운송비는 거리에 비례한다.
  ㉡ 인구는 공간상에 균일하게 분포되어 있고 주민의 구매력과 소비행태는 동일하다.
  ㉢ 인간은 합리적인 사고에 따라 의사결정을 하며 최소의 비용과 최대의 이익을 추구하는 경제인(economic man)이다.

2절 입지특성

💠 주거입지

① 자연적 조건
  ㉠ 지형 : 남·동쪽이 트이고 완만하게 경사지고, 북·서쪽은 계절풍을 막아주는 산과 숲이 있는 것이 좋다.
  ㉡ 지세 : 붕괴 위험성이 있는 언덕배기나 절벽 밑은 피하고, 움푹 파여 들어간 소형 분지도 주거지의 입지 조건에 맞지 않다.
  ㉢ 토지와 지반 상태 : 집터는 단단하고 강해야 하며, 지질은 점토와 사토가 약간씩 섞인 토양이 좋다.
  ㉣ 기상조건 : 강수량, 풍향, 일조시간, 기온 등은 입지에 상당한 영향을 준다.
② 사회·행정적 조건
  ㉠ 공해, 위험, 혐오시설의 유무 파악   ㉡ 도로, 교통수단 파악
  ㉢ 공공시설의 정비상태 파악   ㉣ 공법상의 규제상태 파악
  ㉤ 지역의 사회적 환경 파악

💠 공업입지

① 시장 지향형
  ㉠ 신선도 유지가 필요한 식품, 부패의 위험성이 높은 제품의 경우 적합하다.

ⓛ 교통비용을 절감해야 하는 경우에 추구하며, 중량이나 부피가 늘어나는 산업에 유리하다.

ⓒ 일반 소비자와 접촉이 많이 필요한 제품을 생산하는 경우에 적합하며, 재고 확보가 필요한 제품을 생산하는 공장에 유리하다.

② **노동 지향형** : 변동비와 고정비 중 고정비가 차지하는 비중이 최저점인 경우에 유리하며, 주로 의류 · 신발, 인쇄 · 출판업 등이 적합하다.

③ **원료 지향형** : 편재원료를 많이 사용하는 공장에 적합하며, 총 비용 중 원료의 수송비 비중이 상당한 제품을 생산하는 공장에 적합하다.

④ **운송비 지향형** : 농작물을 밭떼기하여 농공단지 내에서 가공하는 공장에 적합하며, 바다에 위치한 제철공장과 제련공장의 경우도 필요한 입지이다.

❧ 도심입지(CBDs)

대도시나 소도시의 전통적인 도시상업지역으로, 상업활동으로 많은 사람들을 유인하며, 대중교통의 중심지역이라고도 할 수 있다. 소매업에서 가장 성공적인 중심상업지역은 그 지역에 많은 주민이 거주하는 지역이다.

① **도심입지(CBDs)의 특징**

ⓐ 상업활동으로 말미암아 많은 사람들을 유인하여 지가(地價)가 최대에 이른다.

ⓒ 대중교통의 중심지이며, 도시에서 접근이 쉬운 지점이다.

ⓒ 집약적 토지이용에 따른 건물의 고층화, 과밀화로 주거의 기능은 약화된다.

ⓔ 도시의 중추관리 기능과 고급 서비스 기능 등이 집중되어 있다.

ⓜ 주 · 야간의 인구대비가 가장 뚜렷하다.

ⓗ 주거지와 도심의 업무지 간에 교통혼잡이 심각하다.

② **도심입지(CBDs)의 단점**

ⓐ 높은 범죄율과 날씨에 대한 통제가 불가능해 교외에 사는 쇼핑객들의 진입이 어렵다.

ⓒ 저녁과 주말에 이루어지는 쇼핑은 도심입지에서 대체로 저조할 수 있다.

ⓒ 무계획성으로 말미암은 문제가 발생할 수 있다.

ⓔ 주차문제의 발생으로 쇼핑객들이 불편하다.

❧ 쇼핑센터

① 도시 주민의 교외로의 이동, 즉 이른바 스프롤(Sprawl)현상과 더불어 자가용의 보급에 따라 제2차 세계대전 뒤 미국에서 발전한 집합형 소매상점가이다. 도시 근교에 광대한 토지를 확보하여, 원스톱쇼핑이 가능하도록 계획적으로 만들어진 대규모 상점가를 말한다.

② 백화점, 대형 슈퍼마켓 등을 핵점포로 하여 각종 전문점을 비롯한 위락시설, 공동시설 등이 부수적으로 입주하고 있으며, 주차장을 완비한 계획적 상점가로서 일반적으로 도시주변 또는 교외에 위치하고 있다.

③ 쇼핑센터의 특징
  ㉠ 인구가 교외로 이동해 가면서 교외 쇼핑센터가 성장하였다.
  ㉡ 도심입지를 능가하는 상품의 구색을 제공한다.
  ㉢ 한곳에 점포를 집합시킴으로써 더 많은 고객을 유인하게 된다.
④ 쇼핑센터의 유형
  ㉠ 스트립(Strip) 쇼핑센터

네이버후드센터 (neighborhood center)	소비자와 가장 가까운 지역에서 그들의 일상적 욕구를 만족시키기 위한 편리한 쇼핑장소를 제공하도록 설계된 곳을 말한다.
커뮤니티센터 (community center)	네이버후드센터보다 다양한 범위의 의류와 일반 상품을 제공한다.
파워센터 (power center)	할인백화점, 할인점, 창고형 클럽, 카테고리 킬러를 포함하는 일부 대형 점포들로 구성되어 있는 곳을 말한다.

  ㉡ 쇼핑몰

지역센터 (Regional Center)	일반 상품과 서비스를 다양하게 제공한다.
슈퍼지역센터 (Super Regional Center)	지역센터보다 큰 규모로 더 많은 고객의 유인과 보다 깊이 있는 제품구색을 갖춘다.
패션/전문센터 (Fashion/Special Center)	선별된 패션이나 우수한 품질, 고가의 제품을 판매하는 고급 의류점이나 선물점으로 구성된 곳을 말한다.
아웃렛센터 (Outlet Center)	유통업자 상표제품을 할인 판매하는 곳을 말한다.

⑤ 쇼핑센터의 구성요소
  ㉠ 중심상점 : 쇼핑센터의 중심으로 고객을 끌어들이는 기능을 가지고 있으며, 백화점이나 종합슈퍼마켓, 대형 전문점 등이 있다.
  ㉡ 몰(Mall) : 쇼핑센터 내의 주요 보행동선으로 고객을 핵상점과 각 상점으로 고르게 유도하는 쇼핑거리인 동시에 고객 휴식처의 기능을 갖는다.
  ㉢ 코트(Court) : 몰의 군데군데에 고객이 머물 수 있는 공간을 마련한 곳으로 분수, 전화박스, 식수, 벤치 등을 설치하여 고객의 휴식처를 조성함과 동시에 정보 안내를 제공하며 쇼핑센터를 상징하는 연출장의 기능을 한다.
  ㉣ 전문상가 : 전문점의 구성과 배치는 그 쇼핑센터의 특색에 따라 차이가 있지만, 쇼핑센터 내의 보행거리를 최대한 길게 하여, 고객이 쇼핑센터에 머무는 시간을 길게 유도해야 한다.
  ㉤ 사회·문화시설 : 커뮤니티에 대한 기여와 고객유치의 2차적 요소인 레저시설, 은행, 우체국 등의 사회시설, 각종 강좌 등의 문화시설은 쇼핑센터가 가져야 할 또 하나의 기능이다.

⑥ 쇼핑센터의 문제점

　㉠ 대기업을 모태로 삼은 대형 쇼핑센터들은 막강한 자본력과 유통채널 장악을 통해 이른바 향토 유통업체들을 줄도산시켰다.

　㉡ 대형할인점이나 유명 백화점이 지역사회에 진출할 때의 가장 큰 문제점은 자금의 본사집중 으로 지역자금이 역외유출 된다는 점이다.

　㉢ 지역 재래시장은 대형 쇼핑센터의 쾌적한 쇼핑환경에 못 미침으로 말미암아 지역주민들의 지역 재래시장 이용 감소로 황폐화되어 간다.

　㉣ 지역에 대형 쇼핑센터가 설립될 경우 주변상권 및 주거지역의 교통에 상당한 혼잡을 가져 올 수 있다.

🎁 쇼핑센터의 유형

① 근린형(Neighborhood) 쇼핑센터

　㉠ 식료품 · 약품 · 화장품 등 일상생활에 필요한 물품을 판매한다. 세탁소 · 이발소 · 구두수선 등의 인적 서비스를 제공하며, 슈퍼마켓을 핵점포로 한다.

　㉡ 편의품을 주로 제공하는 핵점포는 대부분 $660m^2$(200평) 내외의 슈퍼마켓이고, 총 면적 $3,300m^2$(1,000평) 내외인 최소형의 쇼핑센터이다.

② 지역형(Community) 쇼핑센터

　㉠ 근린형 쇼핑센터의 편의품과 개인적 서비스에 겸해서 일반 패션의류 · 귀금속 · 전자제품 등 선매품과 일부의 전문품도 취급하며, 근린형보다 넓은 상권을 대상으로 한다.

　㉡ 대부분의 경우 핵점포는 $990m^2$(300평) 규모의 슈퍼마켓과 버라이어티 스토어(다품종점, Variety Store) 등이다.

③ 광역형(Regional) 쇼핑센터

　㉠ 고급의류 · 가구 · 귀금속 · 장식품 · 내구소비재 등 질과 양에 있어서 풍부한 구색을 갖춘 40~150개 점포의 전문점이 모여 있고, 강력한 고객 흡인력을 가진 대형 백화점을 핵점포 로 한다.

　㉡ 아파트 단지에 건설되어 있는 쇼핑센터는 핵점포를 슈퍼마켓으로 하나, 규모는 광역형 쇼 핑센터이다.

🎁 쇼핑몰(Shopping Mall)

① 의의 : 도심지역의 재활성화를 위하여 도시재개발의 일환으로 형성된 새로운 쇼핑센터의 유 형으로 폐쇄형 쇼핑몰의 형식을 취한다.

② 도심 몰 형태의 쇼핑센터의 특징

　㉠ 황폐화되어 가는 도심으로 고객을 흡인할 수 있게 한다.

ⓒ 유류가 부족할 때에는 도심에 올 때 대중교통 수단을 이용하는 것이 효율적이다.

ⓒ 직장·오락·구매 등의 기능을 모두 제공하는 도시생활에 매력을 느끼는 맞벌이 가족들의 욕구를 충족시킨다.

🔷 상점가(Shopping Street)

① 일정한 범위 안의 도로나 지하도에 50개 이상의 도매점포·소매점포 및 용역점포가 밀집해 있는 지구를 말한다.

② 상점가를 소매기능의 집적인 소매 중심지(Retail Center) 또는 중심 구매지구(Central Shopping District)로 보는 경우 → 번화가, 지하상가 등

③ 역사적으로 보아 자연발생적으로 형성되어 온 비계획적 소매집적과 계획적인 소매집적으로 구분하여 후자는 쇼핑센터로 보고, 전자만을 상점가로 보는 경우 → 지하상가, 유명상점가, 소매시장 및 쇼핑빌딩 등

④ 분명한 조직체를 가진 집단으로서의 상점군을 상점가로 보는 경우 → 상가 진흥조직으로서 조직화된 소매집적

🔷 파워센터(Power Center)

① 가격이 저렴한 할인점이나 카테고리 킬러 등 저가를 무기로 한 염가점(廉價店)을 한 곳에 모아 놓은 초대형 소매센터를 말한다.

② 광대한 부지와 대형 주차장이 마련되어 있다.

③ 각 점포 앞에 차를 주차시킬 수 있으며, 단시간에 쇼핑을 끝낼 수 있다.

🔷 테마파크(Theme Park)

① 주제가 있는 공원이라는 뜻으로, 어떠한 테마를 설정하여 그 테마를 실현시키고자 하는 제반 시설·구경거리·음식·쇼핑 등 종합적인 위락공원을 구성하여 방문객들로 하여금 놀이에서 휴식까지 하나의 코스로 즐기도록 하는 위락시설이다.

② 독특한 주제를 가지고 이를 적절히 표현하는 소재를 이용하여 방문객들에게 일상을 탈피하는 경험을 제공하는 공원이다.

🔷 노면 독립입지

군집입지의 반대개념으로 창업자는 신설점포의 입지선정과 기존상권을 선택할 것인가, 아니면 스스로 독자적인 상권을 개발할 것인가에 대한 결정을 해야 하며, 이러한 결정에 따라 경영전략이 달라진다. 독립입지의 점포는 유사 업종의 상권 활성화 정도에 따른 수요 적응형이 아니므로 수요를 끊임없이 창출해내야 한다.

① 노면 독립입지의 특징

장점	단점
• 저렴한 임대료 • 가시성이 큼 • 넓은 주차공간 • 확장의 용이성 • 고객 위주의 편의성 • 영업시간, 간판에 대한 규제가 완화	• 다른 점포와의 시너지효과를 누리지 못함 • 고객 유치가 어려움 • 다량의 마케팅 비용이 필요함

② 독립입지의 점포유형
  ㉠ 전문품점 : 독립입지의 가장 대표적인 형태이며, 고객이 구매를 위한 노력을 아끼지 않으므로 가격수준도 높은 유명 브랜드를 갖춘 상점이다.
  ㉡ 편의품점 : 일상의 필수품을 판매하는 상점으로 구매결정이 비교적 신속하고 가격수준이 낮다.
  ㉢ 회원제 창고점 : 창고형 도 · 소매점이라고도 하며, 일정한 회비를 정기적으로 내는 회원에게만 30~50% 할인된 가격으로 판매한다.

독립입지가 선호되는 상황
① 업종 전문성 : 비교우위에 있는 확실한 기술력을 보유하고 있는 업종
② 역량 전문성 : 뛰어난 마케팅 능력을 보유하고 충분한 능력발휘가 가능한 업종
③ 대규모 자본을 투자하여 다른 업체와 확실한 비교 우위를 설정할 수 있음
④ 고객이 적극적으로 찾아올 수 있는 서비스와 시설규모를 갖출 수 있음

복합용도개발지역
Gurney Breckenfeld(1972)가 처음으로 사용한 용어로 상업, 업무, 문화, 위락 등 다양한 기능을 밀접하게 연관시켜 편리성과 쾌적성을 제고시킨 건물 또는 건물군의 개발을 이르는 말이다.
① 복합용도의 기본요건(Witherspoon, 1976)
  ㉠ 세 가지 이상의 용도 수용
  ㉡ 물리적, 기능적 규합
  ㉢ 통일성 있는 계획에 의한 개발
② 복합용도개발지역의 기능
  ㉠ 주거기능 : 도심공동화 현상을 방지하며, 투자비가 높은 반면 수익성은 낮다.
  ㉡ 업무기능 : 자금조달이 상대적으로 쉽고, 특별한 내부시설 없이도 건물 내 수용이 가능하다.
  ㉢ 상업기능 : 건물 내의 타용도 이용자에 의해 이미 상권이 형성되어 있으므로 유리하다.
  ㉣ 호텔기능 : 건물의 이미지를 창조하고 호텔 이용자들의 야간이동인구를 확보하게 되며, 경

제적 측면에서 가장 수익성이 높다.

백화점(대형점)

백화점은 동일한 경영과 동일 공간 내에서 각계각층의 많은 종류의 상품을 체계적으로 조직하고 진열, 판매하는 형태를 취하는 대규모 소매기관이다.

① 특징

㉠ 다종다양한 상품 그리고 서비스를 대형 판매하는 시스템으로 원스톱 쇼핑을 제공하고 있다.

㉡ 취급 상품수는 보통 10만 품목 이상이면서도 다품종소량판매를 위한 매입방식이 다양하다.

㉢ 주로 제조업자나 도매업자가 백화점에 상품의 판매를 위탁하고, 판매하지 못한 상품은 반품하는 방식으로 운영된다.

㉣ 개별점포의 매입방식에서 본부집중매입과 공동매입방식으로 시스템을 전환하고 있다.

② 백화점의 입지별 분류

㉠ 도심형 : 도심의 중심상업지역에 있고 대규모의 상품을 취급하는 백화점을 말한다.

㉡ 터미널형 : 대도시에서의 교외 교통망과 시내 교통망과의 접속점을 중심으로 한 상업지구에 위치하며 건축물과 결합된 경우도 있다.

㉢ 교외형 : 교외 주택지의 교통중심지구에 위치한 백화점 형식이며, 건물은 2~3층의 저층이나 대규모로 넓은 주차장을 갖추고 있다.

③ 백화점의 입지관련 고려사항

㉠ 상권 : 고객 흡수력이 미치는 범위, 상점의 현재 매상고에 기여하는 고객이 분포하는 지역, 구매력 예상, 내객이동경향의 파악

㉡ 교통기관 관련 : 내객의 유출 및 유입량, 교통기관의 종류와 수송상황, 교통기관의 변화에 의한 영향

㉢ 상업지역의 상호관계 : 도시, 상점가, 상점가 내의 입지, 상점가의 업종구성 및 성격의 구분

㉣ 고객유치 관련시설 : 주차장, 교통시간, 백화점의 유명도, 가격의 합리성, 기타 환경조건

의류패션 전문점

도시상권의 중심에 점포가 형성되어 소비를 주도하며, 어패럴 메이커나 도매시장에서 의류를 매입 또는 위탁받아 상품을 판매하거나 자신의 점포를 설계하고 상품과 서비스를 제공한다. 또한 의류패션 전문점은 고객의 요구에 부응하는 적정 상품을 적절한 시기와 양, 가격을 고려하여 판매한다. 의류패션 전문점은 백화점보다 더 좋은 입지에 위치하며, 소비자들이 물건을 비교하며 시간을 보내는 쇼핑상품을 진열하고 있다.

① SPA(제조소매업 : Speciality Store Retailer of Private Label Apparel)

㉠ SPA란 미국 청바지 회사 'GAP'이 1986년 도입한 개념으로 '전문점(Speciality Store Retailer)'과 '자사상표(Private Label)' 및 '의류(Apparel)'라는 의미를 합친 합성어이다.

ⓛ SPA는 패션 전문점이 제조업체로부터 매입하여 단순히 판매만 하는 소매기능에서 더 나아
   가 기획, 생산하는 제조기능까지 갖춘 전문점을 의미한다.

 ② SPA의 특징

  ㉠ 기획부터 판매에 이르기까지 하나로 연결되어 있다.

  ⓛ 브랜드들은 대형매장을 직영하는 방식으로 해결해 대리점이나 백화점에 30~40% 가량의
   수수료를 줄 필요가 없어 유통비용 절감을 통하여 원가인하를 할 수 있다.

  ⓒ 소비자의 패션경향을 파악해 신속한 기획과 생산, 반품과 매장관리를 할 수 있어 재고부담
   이 적다.

  ⓔ 브랜드 콘셉트가 직접 전달되고 비용절감을 통해 소비자의 부담을 더는 합리적인 패션유통
   의 한 형태이다.

  ⓜ 이미 판매에서 검증된 상품만을 만들어 판매한다.

  ⓗ 기획, 생산, 유통의 합리화와 비용절감을 통해 가격 경쟁력을 갖추고 빠르게 모두 판매하는
   것을 목표로 한다.

 ③ SPA의 운영전략

  ㉠ 시장조사를 통한 시장상황 파악

  ⓛ 매장구성 및 관리

  ⓒ 재고관리 확립

   • 인기상품을 파악한 후 매장에 적극 반영하고, 비인기상품은 바로 반품한다.

   • 반품할 수 없는 상품은 원가판매, 끼워 팔기 등으로 손해를 최소화한다.

   • 시장 상인들과의 신뢰도 확립 및 유지를 통해 반품 시 불이익을 최소화하고, 시장에 잡혀
    있는 현금의 액수를 최소화한다.

◆ 식료 · 잡화점

 ① 슈퍼마켓 : 식료품을 파는 소규모 구멍가게로부터 시작하였으며, 점차 크기, 가격, 서비스가
  고객의 입장에서 발전했다. 현재의 슈퍼마켓은 셀프서비스로 운영되며 식료품뿐만 아니라 건
  강 및 미용용품, 일반상품도 제한적이나마 판매되고 있다.

 ② 대형식료 · 잡화 소매업체 : 슈퍼마켓의 규모가 커지면서 다양한 종류의 상품을 취급하기 시작
  했고, 일반 슈퍼마켓의 식료품 매출은 대형식료 · 잡화 소매업체의 출현으로 감소되었다.

 ③ 편의점 : 현대의 식료품점으로 제한된 종류의 구색과 상품만을 취급하나, 상품을 신속하게 살
  수 있다. 그래서 편의점은 작은 규모에도 높은 판매력을 가지고 있다.

 ④ 입지선정 시 고려사항

  ㉠ 판매력 : 점포의 취급품에 대한 소비자의 구매관습, 예상고객의 시간대별 통행량, 통행인의
   속성과 분포, 경쟁점포 및 기타 상점과의 입지상 관계

ⓒ **교통의 편리성** : 거주지와 점포까지의 교통수단
ⓒ **시간** : 거주지와 점포까지의 소요시간
ⓒ **위치** : 시간대 및 요일별 변화, 주차장소, 상점가의 위치, 도로의 폭, 비탈, 상가의 좌·우측 건물 여부 등
ⓒ 투자자본의 회수 전망 및 시기

🎁 패션잡화점

① 패션수명주기
　ⓒ **프롭스(Flops)** : 거의 대부분의 소비자들이 거부하는 형태로 극히 일부 패션 혁신층이나 선도층을 위해서만 한번쯤 사용되다 버려지는 패션
　ⓒ **패즈(Fads)** : 소수집단에게 받아들여져 짧은 기간 유행하다가 사라지는 패션
　ⓒ **포즈(Fords)** : 꾸준하게 오랜 기간 동안 많은 소비자들에게 수용되는 패션
　ⓒ **클래식(Classic)** : 많은 사람들의 의복에 대한 기본적인 욕구에 부합되고 단순한 디자인으로 오래 유행이 지속되는 스타일
② 패션잡화점의 입지 및 상권분석 시 고려사항
　ⓒ 점포의 기본환경 조사
　ⓒ 점포가 위치한 상권의 분석
　ⓒ 점포주변의 유동인구 조사
　ⓒ 점포의 접근성, 가시성, 편의성을 고려

🎁 다점포 경영

각 지역의 발전성이나 상권 자체가 갖고 있는 이점 등을 자사의 이익과 연계시키기 위한 수단으로, 각 해당 지역에 자사의 지점포를 출점하게 하는 이른바 다점포화 정책에 따라 만든 각 체인점의 영업활동에 대한 경영관리를 말한다. 매입 및 판매활동의 기능을 각기 분할하여 본점이 전 지점의 매입을 통괄적으로 담당하고 지점은 오로지 판매활동을 담당하도록 한다.

다점포 경영의 장·단점

장점	단점
• 본점은 원자재를 대량 매입한 후 지점포에 공급하는 방식을 취하므로 저렴한 가격에 원자재를 공급한다. • 본점의 경험과 노하우를 이어받아 시행착오가 적으며, 실패의 위험성이 적다. • 본점의 꾸준한 상품개발과 시장조사로 시장변화에 빠르게 적응한다. • 이미 인지도를 확보한 상품과 상호를 이용하기 때문에 광고 및 홍보 효과가 크다. • 지점포를 신설할 때 자금보조를 받을 수 있다.	• 상품 및 유니폼과 관련해 본점의 방침에 따른 운영이 이루어지므로 비독립적이다. • 같은 상호와 상품을 취급하므로 한 지점포의 잘못으로 다른 지점포까지 그 영향이 미친다. • 지점포는 본점에 지속적인 로열티를 지급해야 한다. • 지점포에 대한 본점의 지원이 원활히 이루어지지 않을 수 있다. • 본점의 일관된 운영방식으로 지역적 특성이 고려되지 않을 수 있다. • 지점포의 자의적인 양도 및 매매가 제한된다.

다점포 경영의 입지

① 같은 경쟁 지역으로 상권의 일부가 중복되는 동일 상권의 연속선상에 놓여있는 경쟁점포 인근 지역에 출점하는 것이 좋다.

② 기존 점포와의 경쟁을 피해 기존 점포의 상권을 벗어나 도심의 중심부나 역전, 또는 재개발 지역에 단독으로 대형점포를 만들어 진출할 경우 기존 점포와의 상권 경쟁은 피할 수 있으나 막대한 투자비용이 예상된다.

③ 토지 비용이 낮고 주차 능력이 뛰어난 변두리 외곽 지역으로 진출할 경우 기존 점포와의 분쟁은 없겠지만, 개점 후의 매출 예측이 어렵고 성공여부의 예측 역시 불확실하다.

상권과 입지의 업종선택 차이

① 입지 의존형 업종 : 의류업, 식료품업, 음식업 등

② 상권 의존형 업종 : 택배업 등

3절   상권

상권의 정의

① 미국마케팅협회(AMA) : 상권이란 특정 마케팅 단위 또는 집단이 재화 또는 용역을 판매·인도함에 있어 비용과 규모면에서 경제적이며, 그 규모가 어떤 경계에 의해 결정되어지는 지역범위

② 스턴(L. Stern) : 상권이란 제공되는 제품이나 서비스 자체의 성질, 구매과정에 대한 소비자태도의 인지라는 두 가지 요인으로 설명될 수 있는 것이며, 구매자, 판매자, 판매량이라는 세 가지 측면으로 분리하여 상권력이 파악됨

③ 애플바움(W. Applebaum)과 코헨(Cohen) : 한 점포가 어떤 기간 동안에 거래를 획득하는 지역

④ 허프(Huff) : 지정기업이나 다수기업에서 판매하는 상품이나 서비스를 판매할 확률이 0 이상인 잠재적 고객을 포함하고 있는 지리상의 지역

⑤ 중소기업청 : 상권이란 특정소매업 또는 시장, 점포의 상품을 구매하는 고객의 대다수가 살고 있는 지역을 뜻하기 때문에 단순한 원형별 거리로만 표시되는 것만 아니라 내적 요소시간 및 내적 편의성에 그 기초를 두고 있으며 흔히 아메바 형태로 설정됨

🎁 상권의 개념

① 상권이란 상업상의 거래를 행하는 공간적 범위로, 점포가 고객을 흡인하거나 흡인할 수 있는 범위 또는 다수의 상업시설이 고객을 흡인하는 공간적 범위를 말한다.

　㉠ 판매자 측면 : 특정 마케팅 단위 또는 집단이 상품과 서비스를 판매 · 인도함에 있어 비용과 취급규모 면에서 경제적이며, 그 규모가 어떤 경계에 의해 결정되는 지역범위를 의미한다.

　㉡ 구매자 측면 : 적절한 가격의 재화 및 용역을 합리적으로 발견할 수 있을 것으로 기대되는 지역범위를 의미한다.

　㉢ 판매량 측면 : 특정 소매상이 매출액의 90% 이상을 실현하는 지역범위로, 전체 매출액의 75%가 실현되는 지역이 1차 상권이고 추가로 15%가 실현되는 지역범위가 2차 상권이다.

② 상권은 시장지역 또는 배후지라고도 부르며 점포와 고객을 상행위와 관련, 흡수할 수 있는 지리적 영역이며, 경쟁자의 출현은 상권을 차단하는 중요한 장애물이다.

③ 상권은 지역상권(General Trading Area), 지구상권(District Trading Area), 개별점포상권(Individual Trading Area) 등 계층적으로 분류될 수 있다.

④ 상권의 크기는 주택가에 입지할수록 좁아지고, 주변에 점포가 많으면 넓어지며 상권 간에도 계층성이 존재한다.

⑤ 상권이란 하나의 점포 또는 점포들의 집단이 고객을 유인할 수 있는 지역적 범위를 나타내며, 판매수량의 크기에 따라 1차, 2차, 3차 상권 및 영향권으로 구분할 수 있다.

🎁 권역별 상권의 분류

① 근린(지점)형 상권 : 주택가형이나 소형 상권으로 반경 500~1,500m이며, 인구 10,000~30,000명 이하를 상권으로 한다. 주로 생필품을 중심으로 한 식품류와 편의품 위주의 상품을 취급 · 판매하는 상가가 형성되어 있는 권역이다.

② 지구중심형 상권 : 동이나 읍 · 면의 절반 또는 전체를 상권으로 포함하며, 주로 봉제의류, 액

세서리, 내의류, 아기용품, 신발류 등 소비빈도가 높은 비식품류를 넓게 취급한다. 가격을 다소 낮게 책정하여 대량 판매를 시도하는 중형 규모의 상권이 형성되어 있는 권역이다.

③ **지역중심형 상권** : 시의 경우, 시 전부와 인접 1~2개 구·읍·면을 상권으로 하며, 지방 중소도시의 경우는 그 중소도시 전 지역을 대상으로 한다. 편의품과 선매품 이외에 고급 패션의류, 고급가구 등 전문품을 취급하는 대중양판점과 같은 대규모 상권이 형성되어 있는 권역이다.

④ **도심형 광역상권** : 시내 전역 및 전국을 대상으로 할 수 있는 상권이 형성되어 있는 권역이다.

🔰 군집형태에 따른 상권의 분류

① **복합군집형 상권** : 각양각색의 업종들이 상호 보완작용을 하며 상행위를 하는 여러 업종의 집합군

　🅰 시내 중심가, 대형 백화점 등

② **전문군집형 상권** : 동일 또는 유사한 상품이나 서비스를 제공하는 동 업종의 집합군

　　🅰 먹자골목, 가구골목, 유흥 주점가 등

🔰 배후지 특성에 따른 상권의 분류

① **도심 상권** : 종로나 명동과 같이 유동인구가 많고 인구를 유입할 수 있는 집객시설인 대형 백화점, 대형 쇼핑센터, 남대문시장, 동대문시장 등이 있는 상권을 말한다.

② **역세권** : 모든 역을 중심으로 상권이 활발하게 형성되는 권역을 말한다.

③ **아파트단지 상권** : 아파트의 평형별로 거주하는 연령층과 생활수준에 따라 소비가 결정된다.

④ **주택지 상권** : 적은 자본으로 창업하여 쉽게 접하고 이용할 수 있는 상가이다. 인구밀도가 월등히 높은 지역은 상권이 좋다.

🔰 경쟁상황 정도에 따른 상권의 분류

① 과소지역 상권은 해당 지역의 욕구를 만족시키기 위한 특정 제품이나 서비스를 판매하는 점포가 매우 부족한 지역이며, 과다지역 상권은 이와 반대로 점포가 너무 많아 일부가 도산하는 경우이다.

② 특정상품이나 서비스를 몇몇 점포가 과점하여 판매하는 과점지역 상권은 경쟁력 있는 점포의 경우 그 시장에 진입하여 이익을 볼 수 있다. 포화지역 상권의 경우는 경쟁 소매업체들이 이익을 많이 남길 수 있도록 해주기 때문에 소매업체들이 매력적으로 생각한다.

🔰 고객 흡인율별 상권의 분류

① **1차 상권** : 점포 매출 또는 고객 수의 60% 이상을 점유하며, 점포에 지리적으로 인접한 지역에 거주하는 소비자들이 주요 고객이다.

② **2차 상권** : 점포 매출 또는 고객 수의 23~30%를 포함하며, 1차 상권의 외곽에 위치해 있다. 주요 고객은 밀집되어 있는 것이 아니라 지역적으로 넓게 분산되어 있다.

③ **3차 상권** : 한계상권이라고도 하며, 점포 이용고객은 5~10%를 차지한다. 상권지역의 외곽에 위치하며, 주요 고객은 점포로부터 장거리에 위치하여 고객의 수와 이들의 구매빈도가 적어 점포 매출액에서 차지하는 비중이 낮다.

📦 상권에 영향을 미치는 요소

① **자연적 조건** : 하천이나 산, 강 등의 자연조건은 상권에 영향을 미친다.

② **교통체계** : 도로나 대중교통 수단은 상권의 접근성 확대에 영향을 미친다.

③ **점포 규모와 유통업의 형태** : 일반적으로 점포의 규모가 클수록 상권은 넓어지며, 규모가 작을수록 상권은 좁아진다. 취급하는 상품의 종류에 따라서도 상권의 범위는 달라진다.

📦 수직적 · 수평적 밀도

① **수직적 밀도** : 상권이 작고 도보 고객이 많아 구매 빈도가 높다. 예를 들어 고층 아파트 빌딩이 많은 서울 강남, 목동 및 노원구, 성남의 분당 등 신도시에서 나타난다.

② **수평적 밀도** : 수평적 밀도 입지는 상권은 넓으나 차량 고객이 많고 구매 빈도가 낮은 특징이 있다. 예를 들어 서울의 강북 및 지방도시에서 많이 나타난다.

📦 소자본 상권의 특징

① **접근의 용이성** : 소자본 상권에서 소매점의 입지는 특히 중요하다. 거리, 교통, 주차장 등 유동인구의 접근이 용이해야 한다.

② **상품의 다양성** : 고객이 폭넓게 선택할 수 있도록 다양해야 한다.

③ **가격의 저렴성** : 상품의 가격이 저렴하면 다소 먼 거리의 고객 흡인도 가능하다.

📦 소매점포 입지요건

① **입지조건과 환경**

ⓐ 신규 아파트 단지 외에 주변 지역 개발로 인구증가가 계속되며 거주 주민이 비교적 고른 생활수준을 나타낸다.

ⓑ 도로망이 정비된 곳은 자동차를 이용한 접근성이 뛰어나 광역상권을 대상으로 한 업종에 매우 유리하다.

ⓒ 고객을 흡인할 수 있는 유리함을 가지고 있으므로 핵점포와 가까운 곳이 좋다.

ⓓ 주차장이 매출에 많은 영향을 미치므로 주차장은 여유 있게 확보해야 한다.

ⓔ 독립상권 지역은 외부의 구매력이 유입되지 않으나 지역 내 구매력 유출이 적으므로 안정

석으로 점포운영을 할 수 있다.

② 조사항목

　　㉠ **지리적 요건** : 지형과 지세를 조사하며, 현장조사를 통하여 대지의 상태와 도로와의 인접성, 지대의 높고 낮음, 도로 · 지하철 · 버스노선 등 교통의 편의를 조사한다.

　　㉡ **사회 · 경제적 특성** : 사업체 구분별, 종사자 규모별, 업종별 지역 내 사업체 현황을 조사하여 지역의 산업현황과 소득수준을 가늠해 볼 수 있다.

　　㉢ **상권 내 업종조사** : 전수조사를 원칙으로 하며 상권 내에 어떠한 업종이 주로 분포되어 있고 위치별로 어떠한 특성을 지니고 있는지 조사한다.

🔰 상권결정 3요소(Rosenbloom)

① 지리적 범위

② 잠재적 · 실제적 수요

③ 제공되는 상품 및 서비스의 다양함

🔰 상권변화

상권이 변화된다는 것은 기존의 상가 및 점포 사이에 새로운 상가나 점포가 들어서거나 소비자의 위치가 변하는 것을 말한다.

🔰 상권의 변화요인

대형 할인점 · 백화점 · 지하철의 등장, 버스터미널 및 정류장의 형성 및 이전, 관공서 · 대규모 회사의 등장 및 이전 등이 있다.

🔰 시간, 비용, 상품특성에 따른 상권변화 특성

① 소비자나 판매자가 감안하게 되는 시간과 비용에 따라 상권이 바뀐다.

② 상권비용이란 고객에게 도달하는 데 소비되는 지출로, 도달에 소비되는 비용이 클수록 상권 반경은 줄어든다.

③ 소비자가 직접 이동하는 경우, 재화의 종류에 따라 소비자가 투자하는 시간과 비용이 바뀌게 되어 상권의 크기도 바뀐다.

④ 보존성이 강한 상품일수록 오랜 운송에도 견딜 수 있어 상권력이 넓다.

4절   상권분석

상권분석법의 구분체계

① **기술적 상권분석** : 체크리스트, 유추법, 비율법, 전문가 판단법
② **규범적 상권분석** : 크리스탈러, 로쉬, 레일리, 컨버스
③ **확률적 상권분석** : 루스, 허프, MCI, MNL

기술적 방법에 의한 상권분석 방법

① **체크리스트법** : 상권의 규모에 영향을 미치는 요인들을 수집·평가하여 이들에 대한 시장잠재력을 측정하는 방법으로 부지와 주변 상황에 관하여 사전에 결정된 변수 리스트에 따라 점포를 평가하는 방법이다.

체크리스트법의 변수

구분	요인
제반입지 요인	• 행정구역 상황 및 행정구역별 인구통계 특성 • 상권 내 자연경계 특성(강, 하천, 산, 구릉 등) • 상권 내 도로 및 교통특성(도로, 대중교통노선, 통행량, 주차시설, 상권으로의 접근 용이성 등) • 상권 내 도시계획 및 법·행정적 특기사항 • 상권 내 산업구조 및 소매시설 현황 및 변화패턴 • 상권 내 대형 건축물, 인구 및 교통유발시설
고객특성 분석	• 배후상권 고객 : 목표상권의 지역경계 내에 거주하는 가구 • 직장고객 : 점포 주변에 근무하는 직장인 고객 • 유동고객 : 기타의 목적으로 점포 주변을 왕래하는 유동인구 중에서 흡인되는 고객
경쟁분석	• 위계별 경쟁구조 분석 • 업태별, 업태 내 경쟁구조 분석 • 잠재 경쟁구조 분석 • 경쟁·보완관계 분석

㉠ **한계** : 체크리스트 작성에 있어 작성자의 주관 개입 가능성이 있으므로 분석 결과의 신뢰성이 떨어진다.

② **유추법**

㉠ 새로운 점포가 위치할 지역에 대한 판매예측에 많이 활용되는 방법들 중의 하나가 애플바움(Applebaum)이 개발한 유추법(Analog Method)이다.

㉡ 자사의 신규점포와 특성이 비슷한 유사점포를 선정하여 그 점포의 상권범위를 추정한 결과를 자사점포의 신규입지에서의 매출액(상권규모)을 측정하는 데 이용하는 방법으로 가능매상고 추계에 주로 사용된다.

ⓒ 한계 : 어떤 점포를 유추 점포로 결정하는지에 따라 상권 추성 및 입시가 달라진다. 또한 유사한 점포를 선정했을 때 조사자의 주관 개입 가능성이 있어 객관성의 문제가 있다.

③ 현지조사법

ㄱ 대상 부지의 정확한 평가를 위해서 실시되며 대상점포나 판매제품, 조사성격 및 연구자의 주관에 따라 내용은 달라진다.

ㄴ 조사자에 따라 주관적으로 조사될 가능성이 높다.

④ 비율법

ㄱ 여러 가지 비율을 사용하여 적절한 부지를 선정, 평가하는 방법이다.

ㄴ 간단하며 저렴하게 자료를 손쉽게 구할 수 있으나 상권 확정에 분석자의 주관성이 개입되어 가능매상고에 대한 예측력이 떨어진다.

🏷️ 규범적 방법에 의한 상권분석 방법

① 크리스탈러(W. Christaller)의 중심지 이론

ㄱ 상업중심지로부터 중심기능(또는 상업서비스 기능)을 제공받을 수 있는 가장 이상적인 배후상권의 모양은 정육각형이며, 정육각형의 형상을 가진 배후상권은 중심지 기능의 최대도달거리(Range)와 최소수요충족거리(Threshold Size)가 일치하는 공간구조이다.

ㄴ 상업중심지의 이상적 입지와 이들 간의 분포관계는 중심지 기능의 최대도달거리, 최소수요충족거리, 육각형 형태의 배후지 모양, 중심지 계층 등과 관련이 있다.

ⓒ 상업중심지의 계속적인 존립을 위해 최소한의 정상이윤이 확보되어야 하며, 이를 위해 일정 지역범위 내의 소비자들로부터 최소한의 수요가 발생되어야 한다.

ㄹ 상업중심지의 정상이윤 확보에 필요한 최소한의 수요를 발생시키는 상권범위를 최소수요충족거리(Threshold)라고 한다. 결국 최소수요충족거리는 상업중심지의 존립에 필요한 최소한의 고객이 확보된 배후지의 범위를 말한다.

ㅁ 중심지의 최대도달거리(Range)가 최소수요충족거리(Threshold)보다 커야 상업시설이 입지할 수 있다.

ㅂ 한 지역 내 거주자들이 모든 상업중심지로부터 중심기능(최적 구입가격으로 상품을 구입하는 것)을 제공받을 수 있고, 상업중심지들 간에 안정적인 시장균형을 얻을 수 있는 이상적인 상권모형은 원형 대신에 정육각형의 형상을 가질 때이다. 정육각형의 상권모형에서는 최대도달거리와 최소수요충족거리가 일치한다.

② 로쉬(A. Lösch)의 수정중심지 이론

ㄱ 중심지계층의 공간구조를 K=3, K=4, K=7의 3개의 경우에 대한 중심지 간의 포함원리에 국한하지 않고 K값을 확대함으로써 보다 융통성 있는 상권구조 이론을 전개하였다.

ㄴ 인구의 분포가 연속적 균등분포가 아니라 불연속 인구분포를 이루기 때문에 각 중심지의 상권규모(육각형의 크기)가 다르다고 가정하여 비고정 K-value 모형을 제시하였다.

크리스탈러와 로쉬의 차이점

크리스탈러	로쉬
최상위 중심지의 육각형 상권구조에 하위 중심지들이 포함되는 하향식 도시공간구조를 제시	보편적인 최하단위의 육각형 상권구조에서 출발하여 상위계층의 상업중심지로 진행하는 상향식 도시공간 구조를 전개
K=3, K=4, K=7 각각의 경우에서 상업중심지들 간의 공간구조를 설명	크리스탈러의 육각형 이론에 비고정원리를 적용함으로써 보다 현실적인 도시공간구조를 반영
고차 상업중심지는 저차 상업중심지의 유통기능을 전부 포함할 뿐 아니라 별도의 추가기능을 더 보유	고차 상업중심지가 저차 상업중심지의 모든 상업기능을 반드시 포함하지는 않음

③ 레일리(W. J. Reilly)의 소매인력법칙

$$\frac{B_a}{B_b} = \left(\frac{P_a}{P_b}\right)\left(\frac{D_b}{D_a}\right)^2$$

단, B_a : A시의 상권영역(중간도시로부터 도시 A가 흡인하는 소매흡인량)
    B_b : B시의 상권영역(중간도시로부터 도시 B가 흡인하는 소매흡인량)
    P_a : A시의 인구(거주) P_b : B시의 인구(거주)
    D_a : A시로부터 분기점까지의 거리 D_b : B시로부터 분기점까지의 거리

㉠ 소비자들의 구매 이후 행위가 점포까지의 거리보다 점포가 보유하는 흡인력에 의하여 결정된다는 이론이다.

㉡ 소비자의 쇼핑행동을 고려한 소매인력법칙은 개별점포의 상권경계보다는 이웃 도시들 간의 상권경계를 결정하는 데 주로 이용된다.

㉢ 한계 : 거리가 점포선택에 중요한 영향을 끼치지만 소비자가 항상 가까운 점포를 찾는다는 최근 거리가설은 합리적이지 못하다. 즉, 원거리에 위치한 점포의 상품가격과 교통비를 합한 총가격이 가까운 점포를 이용할 경우의 비용보다 저렴하다면 소비자는 장거리 점포에서 보다 싼 상품을 구매할 수 있다.

④ 컨버스(Converse)의 수정 소매인력법칙

㉠ 컨버스의 제1법칙 : 주로 선매품과 전문품에 적용되는 모델로 경쟁지역인 A와 B에 대하여 소비자가 둘 중 어느 지역에서 구매할지의 상권 분기점을 찾아내는 것이다. 선매품과 전문품에 한정되어 적용된다.

$$D_a = \frac{D_{ab}}{1 + \sqrt{\dfrac{P_b}{P_a}}} \ \text{or} \ D_b = \frac{D_{ab}}{1 + \sqrt{\dfrac{P_a}{P_b}}} \ \left(\text{단, } \frac{B_a}{B_b} = 1\text{일 경우 적용 가능}\right)$$

단, D_a : A시로부터 분기점까지의 거리　　　　D_b : B시로부터 분기점까지의 거리

　　D_{ab} : AB 두 도시(지역) 간의 거리　　　　P_a : A시의 인구

　　P_b : B시의 인구

🍃 확률적 방법에 의한 상권분석 방법

① 허프(D. L. Huff)의 확률모델

$$P_{ij} = \frac{S_j^a \div D_{ijk}^{\ b}}{\sum\limits_{k=1}^{J}(S_k^a \div D_{ijk}^{\ b})}$$

P_{ij} : 소비자 i가 점포 j를 선택할 확률

S_j : 점포 j의 매장크기

D_{ij} : 소비자 i가 점포 j까지 가는데 걸리는 시간 또는 거리

a : 소비자의 매장면적에 대한 민감도 계수

b : 소비자의 점포까지의 거리에 대한 민감도 계수

J : 소비자가 고려하는 전체 점포의 수

허프모형은 소비자들의 점포선택과 소매상권의 크기를 예측하는 데 가장 널리 이용되어 온 확률적 점포선택 모형이다. 1960년대 초 처음으로 점포의 상권을 추정하기 위한 확률적 모형을 소개한 이후 허프모형은 이론적이고 실제 적용력 측면에서의 이점 때문에 소매기관 연구자들과 소매업체들에 의해 상권분석에 폭넓게 활용되어 왔다.

㉠ 소비자의 점포에 대한 효용은 점포의 매장면적이 클수록 증가하고, 점포까지의 거리가 멀수록 감소한다.

㉡ 특정점포에 대한 선택확률은 상권 내에서 소비자가 방문을 고려하는 각 점포대안의 효용의 총합에 대한 해당 점포 효용 비율로 표시된다.

㉢ 적당한 거리에 고차원 중심지가 있으면 인근의 저차원 중심지를 지나칠 가능성이 커진다.

㉣ 고차원 계층일수록 수송 가능성은 더욱 확대된다.

㉤ 소비자의 구매행동은 주로 소비자의 기호나 소득에 의해 좌우되므로 소비자에게 맞는 상품을 선택, 판매해야 한다.

㉥ 허프모형의 이점

• 상권지도를 작성할 수 있다.

• 상업시설 간 경쟁구조를 파악하고 활용할 수 있다.

- 최적 상업시설 또는 매장면적에 대한 유추가 가능하다.
- 상업시설 또는 점포에 방문할 수 있는 고객 수를 산정할 수 있다.
- 가계지출 등을 파악하여 상품별 소비지출액을 정의하면 특정 지역 내 신규점포의 예상매출액을 산출할 수 있다.

② 수정 허프모델

소비자가 어느 사업지에서 구매하는 확률은 그 상업집적의 매장면적에 비례하고, 그곳에 도달하는 거리의 제곱에 반비례한다는 것을 공식화한 것이다.

$$P_{ij} = \frac{\dfrac{S_j}{D_{ij}^2}}{\sum_{j=1}^{n} \dfrac{S_j}{D_{ij}^2}}$$

단, P_{ij} : i지점의 소비자가 j상업집적에 가는 확률

S_j : j상업집적의 매장면적 $\qquad\qquad$ D_{ij} : i지점에서 j까지의 거리

③ MCI(Multiplicative Competitive Interaction) 모형

MCI모형은 허프모형이 상권추정에 유익한 것은 사실이나 점포의 규모와 거리변수만 가지고 개별 상점들의 시장점유율을 계산한다는 한계에서 착안, 점포의 규모와 거리 이외에 다양한 점포특성을 포함하여 개별점포의 방문확률을 구하는 모형이다.

④ MNL(Multi Nominal Logit) 모델

1980년대 이후 소비자의 점포선택 행위와 특정점포의 시장점유율을 예측하는 데 많이 이용되고 있는 허프모형 이외의 또 다른 확률적 선택모형이다.

㉠ 개념

- MNL 모델은 마케팅 모형에서 시장점유율을 위한 모형으로 소비자의 선택고정의 불확정성을 잘 반영하고 있다.
- 상권 내 소비자들의 각 점포에 대한 개별적인 쇼핑여행에 대한 관측자료를 이용하여 각 점포에 대한 선택확률의 예측은 물론, 각 점포의 시장점유율 및 상권의 크기를 추정할 수 있다.

㉡ 가정

- 소비자의 특정 점포에 대한 효용은 결정적 요소와 무작위 요소로 구성된다.
- 확률적 효용극대화 이론에 근거하여 소비자는 고려 중인 점포 대안들 중에서 가장 효용이 높은 점포를 선택한다.
- 무작위 요소는 서로 독립적이며 이중지수분포를 가진다.

5절 상권예측지표의 활용

❖ 점포포화지수(IRS : Index of Retail Saturation)

① 특정소매업의 지역 내 수요공급을 파악할 때 사용하는 지표이다.

② 점포의 밀집도에 따른 경쟁 정도를 측정할 수 있다.

③ IRS값이 적을수록 점포가 초과공급 되어 있다고 볼 수 있다.

$$IRS = \frac{\text{수요량}}{\text{특정업태의 총 매장면적}}$$

$$= \frac{\text{지역시장 총 가구 수} \times \text{가구당 특정업태 지출액}}{\text{특정업태의 총 매장면적}}$$

❖ 시장확장잠재력(MEP : Market Expansion Potential)

① 지역시장이 업태와 업종에 따라 미래의 사업장을 개설할 수 있는지 여부를 판단할 때 사용하는 지표이다.

② 거주자들이 지역시장 이외의 다른 지역에서 지출하는 지출액을 추정하는 데 유용하다.

③ MEP점수가 높을수록 총 수요의 증가가능성이 높다고 해석된다.

❖ 판매활동지수(SAI : Sales Activity Index)

① 다른 지역과 비교하여 특정 지역 내의 1인당 소매매출액을 나타내는 지표이다.

② SAI가 높으면 그 지역의 비거주자에 의한 구매가 많다고 해석한다.

❖ 구매력지수(BPI : Buying Power Index)

① 시장의 구매력을 측정하는 지표로 인구, 소매매출액, 유효소득을 이용하여 산출한다.

② 특정가격에 판매되는 상품의 판매잠재력을 예측하는 데 유용하다.

③ 지수가 높을수록 시장구매력이 높다고 해석한다.

3 개점 전략

1절 상권 조사

상권 조사

① 지도상에 반경 500m와 1km의 원을 그리고 나서 지형을 판단한 후 실제의 상권을 추정해서 그린다.

② 쇼핑이 끝난 고객을 면접 조사하며, 가능한 한 점포에서 떨어진 조용한 곳에서 질문을 한다.

③ 자신의 점포에서 차로 5분까지의 상권 내 주요 지리를 걸어서 자기 점포와 같은 품목을 취급하고 있는 점포를 조사한다.

④ 조사방법은 위치와 매장면적, 취급품종 가격대를 체크한다.

상권의 설정방법

① **단순원형 상권설정법** : 일반적으로 가장 많이 활용되는 방법으로 '기본 상권을 몇 km로 할 것인가' 정하는 것이다. 기본 상권을 불명확하게 하면 상권설정의 의미와 목적이 없다.

② **실사 상권설정법** : 단순원형 상권설정법과는 달리 현장에서 인간이 가진 오감을 활용해 상권을 파악하는 방법으로 점포에 찾아온 고객의 범위를 파악하는 것을 목적으로 한다.

③ **앙케이트를 이용한 상권설정법** : 점포에 찾아온 고객들을 대상으로 하여 직접 물어보고 조사한 뒤 그 결과를 집계, 분석하여 상권설정에 활용하는 방법이다.

④ **고객 리스트를 통한 상권설정법** : 특정 점포의 고객정보를 상권설정을 위한 샘플로 활용하는 방법으로, 앙케이트를 이용한 상권설정법에 비해 시간과 비용이 절감된다.

2차 자료 이용법

이미 실시된 2차 자료를 이용하여 시간적 간격을 참작해서 대략적인 상권을 파악하는 방법이다.

① **타임페어법** : 소비자가 주로 이용하는 교통수단의 편리성을 중심으로 점포에서 역까지 전철과 버스노선별 소요시간 및 요금을 조사하는 방법이다.

② **판매기록이용법** : 일정 기간 동안 판매활동을 통한 판매기록과 고객명부 등을 이용한 기록을 중심으로 상권을 추정하는 방법이다.

🔖 내점객 조사방법

① 드라이브테스트 : 조사자가 차를 타고 이동하면서 만나는 소비자들을 조사하는 방법으로, 상세하고 구체적인 조사는 곤란하나 짧은 시간에 많은 조사를 할 수 있다.

② 직접면접조사 : 조사자가 각 가정을 개별방문하여 조사하는 방법으로, 주민등록기본대장에 의거하여 부재자 거주분을 포함하는 표본을 만들어서 조사해야 한다.

③ 점두조사 : 방문하는 소비자의 주소를 파악하여 자기 점포의 상권을 조사하는 방법으로, 매시간별, 요일별(평일, 주말, 휴일, 경축일 등) 등으로 구분하여 조사한다.

🔖 내점객 조사의 변수

① 객관적 변수

   ㉠ 점포의 입지분석에 이용되는 변수들로는 점포의 매장면적과 상권 내 주민의 거주지, 거주지로부터 점포까지의 거리, 고객이 느끼는 점포 이미지 등이 있다.

   ㉡ 일반적으로 점포 이미지가 제외된 채 객관적으로 발표되는 2차 자료만을 이용하고 있다.

② 점포 이미지 변수

   ㉠ 점포 이미지는 상품의 다양성, 가격, 신선도, 서비스의 만족 등을 '매우 좋다'(5점)부터 '매우 좋지 않다'(1점)까지로 구성된 5점 리커트 척도로 측정한다.

   ㉡ 슈퍼마켓 연구의 내용과 일치하며, 차이는 선행연구에서 '상품의 질'을 예비조사 결과를 참고하여 '식품의 신선도'로 바꾼 것이다.

🔖 내점객 조사의 유의점

① 점포 내점객의 전원을 조사할 수 없으므로 일정 응답자의 조사가 통계원칙에 어긋나지 않도록 표본추출의 신중한 작성이 필요하다.

② 조사대상을 정하고 시간대별로 내점객 수를 조사하고 그에 비례하여 조사 대상자를 고른다. 샘플은 내점객이 최소 100명 이상인 경우 10~20명이 적당하다.

🔖 유추법(Analog Method, 애플바움법)

자사의 신규점포와 특성이 비슷한 기존의 유사점포를 선정하여 그 점포를 분석, 새로운 점포가 위치할 지역의 판매를 예측하는 방법이다.

① 유추법의 이점

   ㉠ 고객특성을 조사할 수 있으며, 상권 규모를 파악할 수 있다.

   ㉡ 상권측정을 위해 고객 스포팅 기법(CST)을 활용하면 자사점포의 상권과 예상 매출액을 추정할 수 있다.

② 유추법의 문제점

    ㉠ 양적 자료보다는 질적 자료를 사용함으로써 결과의 객관성이 다소 결여된다.

    ㉡ 벤치마킹 대상으로 선택한 유사점포의 내부 속성 영향력에 대한 고려가 배제된다.

    ㉢ 대상 선택에 따라 결과가 달라져 활용이 제한될 수 있다.

2절　경쟁점 조사

❖ 경쟁점 조사

① 아무리 상권이 뛰어나고 좋은 입지를 선정했다고 해도 상권에 자신이 하려는 업종이 포화상태라면 개점의 의미가 없다.

② 타 점포와의 경쟁에서의 승산여부와 서로 시장을 나누어 차지할 수 있을 만큼 규모가 큰 상권인지를 먼저 살펴보고, 내 점포와 경쟁점이 붙어 있는 것이 좋은지, 떨어져 있는 것이 좋은지 파악해야 한다.

③ 경쟁점 조사는 원인 없이 매출이 하락할 경우나 정기적인 시점(월별 · 분기별), 가격을 인상시키고자 할 때, 경쟁점이 판촉행사를 실시할 때, 지역행사가 있는 경우에 실시한다.

④ 같은 업종이 밀집된 상권에서 모든 업종이 상승효과를 보는 것은 아니고, 업종에 따라 서로에게 도움을 주는 업종이 있는가 하면 반대로 손해를 끼치는 업종도 있다. 상권 내에 있는 경쟁점포가 상호보완 업종이어서 자신의 점포에 좋은 영향을 주는 경우든 나쁜 영향을 주는 경우든 경쟁점 현황을 조사해야 한다.

❖ 경쟁점 조사의 목적

① 후보지 인근의 경쟁점 현황을 조사하는 목적은 경쟁점포의 인지도, 매장크기, 취급하는 상품의 성격, 영업시간, 하루 내점 고객 수 등을 조사하여 경쟁점보다 우월한 차별화 전략을 세우기 위함이다.

② 주변상권에 경쟁점이 많으면 영업에 부정적인 영향을 주는 것이 일반적이나 경쟁점이 있다고 해서 모두 불리한 것이 아니라 주위에 같은 업종이 많아서 오히려 이득을 보는 경우도 있다. 동종업의 점포가 많이 모여 있는 상권은 소비자 입장에서는 한 장소에 같은 업종이 밀집되어 있어 폭넓은 선택을 할 수 있으므로 상호 간 상승효과를 볼 수 있다.

③ 경쟁점 현황조사의 궁극적인 목적은 해당 상권을 찾아온 고객을 자신의 점포로 유인하기 위해 차별화 전략을 계획하는 것이다. 즉, 주변의 다른 점포와 같은 업종으로 영업을 하고 있더라도 자기 점포만의 전문성과 서비스를 갖추어 경쟁점을 이길 수 있어야 한다.

🦋 경쟁점 조사순서

단계	주제	항목
1단계	조사의 포인트 결정	• 자점의 문제점이 무엇인가? • 조사 포인트는 가급적 세분화하여 진행한다. • 막연한 조사는 시간과 인력만 낭비할 뿐이다.
2단계	조사의 목적 수립	• 새로운 판촉방법 도입 • 고객을 접객하는 방법
3단계	자점의 현상 요약	먼저 자점포의 문제점 정리
4단계	세부조사 항목 결정	계산대 접객요령, 인사방법, 판촉아이템 방법 등
5단계	현장조사 실시	사실에 근거한 조사 실시
6단계	조사결과 정리	각 항목별 기록유지 및 사진자료 첨부
7단계	자점과 대비분석	자점포와 비교 · 검토를 통해 개선점 파악
8단계	교육 후 현장에 반영	개선점을 명문화한 후 현장에 반영
9단계	시행결과 피드백	점포에 반영 후 결과에 대한 평가

🦋 경쟁점 조사대상

① 동업점포

    ㉠ 상품구성, 진열, 판매방식, 접객기술 등이 월등한 점포

    ㉡ 자기 점포와 입지규모, 경영방식 등이 유사한 점포

② 경쟁점포

    ㉠ 현재 경쟁관계에 있는 점포

    ㉡ 잠재적 경쟁점 또는 미래 경쟁관계에 놓일 가능성이 높은 점포

🦋 경쟁점 조사항목

구분	항목
고객 흡인력, 경쟁력에 관한 조사	• 매출액 • 고객 수, 수요 고객층, 상권범위 • 고객단가 • 피크타임 시간대, 요일별, 월별, 계절별 • 점포 이미지 • 경영효율

경영전략에 관한 조사	• 규모 : 매장면적, 종업원 수 • 상품구성, 가격대, 진열량, 레이아웃 • 공급처, 납품업체, 납품방법, 유대관계 • 판매방법, 셀프서비스, 신용카드, 영업시간, 휴일 등 • 부대서비스, 배달, 전화주문, 주차장, 휴게실 등
경영자원에 관한 조사	• 경영자 : 연령, 성격, 활동력, 경력 등 • 종사자 : 자질, 채용방식, 교육훈련 • 자금력 : 자기자금, 금융동원 능력 • 경영목표 : 성장성, 적극성 등

🎁 경쟁점 조사 시 유의사항

① 먼저 상권에 동일업종이 없다면 그 이유를 확인해야 한다. 만약 아이템이 해당 상권에서 어필할 수 없어 동일업종이 없다면 개점의 의미가 없다.

② 경쟁점과 자신의 점포의 차별적인 특징을 개발하기 위해 차별화를 위한 경쟁점 조사를 행해야 한다. 어림짐작과 방향이 없는 막연한 조사보다는 어떻게 차별화를 진행하고 수익으로 연결시킬 수 있는지 방법을 생각해야 한다. 즉, 차별화를 위한 경쟁점 조사는 확실한 목표의식을 지님으로써 단순히 점포의 면적, 서비스의 우수성이라는 모호한 차별성이 아닌 경쟁점포의 취약점을 찾아내기 위해 집중적으로 조사해야 한다.

🎁 경쟁점과의 차별화 방법

① 상품을 세분화시켜 동일 고객에 한하여 꾸준한 만족을 줄 수 있는 상품을 계속적으로 구비해 두어야 한다.

② 동일한 고객에 한하여 이질적인 상품을 준비해 지속적으로 구매를 유도해야 하며, 취급상품의 폭, 가격범위, 가격대비 품질성 등 동일한 고객층에 대해서 다양한 상품구성의 접근이 필요하다.

③ 경쟁점의 관찰에 따라서는 주력상품의 중복이 아니라면 그 부문에 대해서는 경쟁점이 아니다.

🎁 경쟁점 분석

① 경쟁구조 분석의 경우 상권의 계층적 구조에 입각하여 경쟁업체를 분석하는 것이 필요하고, 잠재적인 경쟁업체를 고려해야 한다.

② 1차 상권 또는 2차 상권 내의 경쟁업체를 중점적으로 분석해야 하지만, 경우에 따라서는 3차 상권에 위치한 업체도 강력한 경쟁상대로 철저히 분석해야 한다.

③ 현재는 그 상권에서 영업하고 있지 않지만, 미래에 점포개설을 준비하는 업체도 경쟁업체로 분석해야 한다.

🔷 상품정책 조사

① 부문별 매출과 담당인원 수를 조사하며, 매출을 추정한다.

② 계산대 수, 매장면적, 종업원 수를 조사하여 점포 전체의 매출을 추정한다.

③ 부문별로 주력상품을 선택해서 판매가를 조사한다.

④ 조사 중 경합점이 있다면 경합점에 대해서도 같은 항목으로 조사한다.

🔷 판매점의 구색 및 가격분석

① 상품구성의 요소분석

ㄱ 계열구성 : 상품의 폭으로 점포가 취급하는 비경합적 상품계열의 다양성이나 수를 결정하는 것이다.

ㄴ 품목구성 : 상품의 깊이로 동일한 상품계열 내에서 이용가능한 변화품이나 대체로 같은 품목의 수를 결정하는 것이다.

② 적정 가격과 품질의 비교

ㄱ 주력품종의 가격수준 속에서 적정가격을 조사하여 적정가격이 일치하지 않을 경우 이 점포를 경쟁점에서 제외시킬 수 있다.

ㄴ 적정가격이 일치하는 경우는 마지막으로 품질을 비교한다. 자기 점포의 품질이 뛰어나다면 상관없지만 같은 수준이라면 경쟁점이라고 할 수 있다.

ㄷ 상품이 국산품일 경우에는 반드시 브랜드를 비교할 필요가 있다.

🔷 경쟁점의 입지와 취급상품의 일치여부

① 소매업은 수동적인 영업형태를 취하는 경우가 대부분이다. 찾아오는 고객들을 상대해야 하는데, 입지라는 관점에서 보는 점포는 우선 점포의 크기와 입지의 집적도의 관점에서 살펴보는 것이다.

② 점포의 크기와 내방고객의 수는 비례한다. 그러나 이와 아울러 살펴야 할 것은 주로 이용 고객들이 어떤 곳에서 매장으로 오는지를 살펴보아야 한다.

③ 입지의 집적도가 높은 곳이란 가까운 곳에서 많은 고객이 찾아오는 경우이며, 단골고객의 방문 빈도수가 높은 곳이다.

④ 교통조건은 점포입지의 집적도에 상당히 많은 영향을 미치는데, 현재의 입지 집적도와 경쟁점포의 출현, 그리고 기존점포의 위치 등이 입지와 고객수준과의 일치여부를 점검하는 데 중요한 사항이 된다.

🔷 경쟁점 대책 필요사항

① **상권변화에 집중** : 소매점의 1차 상권을 중심으로 건물의 신축, 증축계획, 사무실 이전, 관공

서 신설, 병원 설립, 아파트 재건축 사업 시행 등의 사항을 평소에 조사해 두어야 한다.

② **경쟁점 출현에 대비** : 신규 경쟁점포가 출현한다는 정보는 신속히 파악해서 이에 대비해야 한다.

③ **상권 내 업종변화 파악** : 상권 내 업종 변동상황을 잘 관찰해야 하며, 현재의 영업이 과연 장기적으로 볼 때 발전 가능성이 있는가 하는 점도 잘 판단해야 한다.

④ **위기상황 파악** : 외부환경의 변화로 인한 위기상황을 빨리 파악해 소매점의 영업방향의 전환 및 체질개선으로 활용한다면 또 다른 도약을 위한 기회요인이 될 수 있다.

레이아웃 조사

① 점포 입구의 폭과 깊이, 벽면 진열장, 곤도라의 수, 계산대 수, 부문 배치와 같이 점포 전체의 상태를 기억한 뒤 나중에 점포 밖에서 스케치하도록 한다.

② 경합점에 대해서도 매장면적, 계산기의 대수, 부문별 매출을 조사한다.

벤치마킹의 개념

① 벤치마킹이란 기업이 동종 및 타 업종 기업의 우수한 상품이나 기술을 선정, 자사의 생산방식이나 판매방식 등에 합법적으로 응용하는 것을 말한다.

② 새로 출점하는 자사의 점포나 새롭게 출점하는 경쟁점과의 관계에서 경쟁변화의 흐름을 읽어내고, 그 흐름을 주도하기 위한 방법 중의 하나이다.

벤치마킹의 방법

① 벤치마킹의 적용

　㉠ 우수한 상대와 자사 간 성과에 영향을 미치는 업무 프로세스상의 차이, 제도 및 방침상의 차이, 자원 투입상의 차이점들을 파악하여 자사에 적용하는 것이다.

　㉡ 벤치마킹 결과 상대에 비해 취약한 분야의 Level-up을 위한 혁신활동을 전개하는 모든 활동까지를 의미한다.

② 체크리스트 작성

　㉠ 최고경영자의 Best-Practice에 대한 열정, 의지 및 확신을 가진 혁신활동의 주도도 중요하지만 사전에 실시단계별 명확한 체크리스트 작성이 중요하다.

　㉡ 처음은 상대적으로 쉬운 상대부터 비교하여 성공체험을 쌓아나가 단계별로 최고를 지향하도록 한다.

유통마케팅

CHAPTER1 유통마케팅 전략기획

CHAPTER2 유통점포관리

1 유통마케팅 전략기획

1절 마케팅 전략

🦋 마케팅의 의의

① 마케팅은 고객의 니즈(Needs)와 원츠(Wants)를 파악하고 이들의 욕구를 충족시켜줄 수 있는 다양한 수단을 제공하여, 거래당사자인 기업과의 긍정적 관계를 계속적으로 유지시키는 활동 전부를 통칭하는 개념이며, 간단히 정리하면 교환을 통한 가치창조와 소비자 욕구충족을 위한 모든 활동을 말한다.

② **현대적 마케팅** : 소비자 만족을 추구하고, 소비자의 욕구를 확인하며, 욕구를 충족시켜 줄 수 있는 제품을 생산하여 판매하는 형식으로 사회적 과정으로서의 마케팅 활동과 수익적 운용의 중요성을 강조한다. 이러한 현대적 마케팅은 소비자의 장기적 복지증진과 증대를 추구하며, 전사적 · 통합적 · 선행적 마케팅을 추구하기 위해 기업의 모든 활동을 마케팅 중심으로 운영한다.

🦋 풀마케팅과 푸시마케팅

① **풀마케팅 전략** : 제조업체가 광고 등의 방식으로 소비자의 욕구환기와 구매자극을 일으켜 고객이 자사의 제품을 구매하도록 유도하는 마케팅 방법이다.
  ⊙ 특성
    • 일반적으로 인지도가 높은 브랜드일 때 유효하다.
    • 유통경로가 길고 광고매체가 충분히 존재할 때 유효하다
    • 불특정다수의 소비자를 대상으로 한다.

② **푸시마케팅 전략** : 제조업자가 중개상에게 판매동기가 일어나도록 적정한 보상정책(예 가격할인, 중개상지원 등)을 통해 대량의 상품을 제공하면 중개상이 자신의 이익을 취하는 선에서 자발적으로 고객에게 판매를 진행하게 되는 제품 판매방식이다.
  ⊙ 특성
    • 일회적인 특성이 있으며 변동비적인 특성을 지닌다.
    • 특화된 경영방식을 가진 소매업체에 효용이 높다.
    • 촉진단계에서 푸시는 유통업자가 소비자에게 적극적으로 제품을 판매하도록 유도한다.
    • 푸시전략에서는 인적판매와 중간상 판촉이 중요하다.

🔖 마케팅 환경

① **거시환경** : 정치법률환경, 기술환경, 경제환경, 사회문화적 환경

② **과업환경** : 마케팅 활동에 도움을 주는 역할을 수행하는 기관 등

③ **제약환경** : 마케팅 활동에 대해 제약의 영향을 미치는 요인(⑩ 대중, 경쟁자, 정부 등)

🔖 마케팅 통제

① **연차계획 통제** : 매출차이, 시장점유율, 마케팅비용, 투자수익성

② **수익성 통제** : 제품, 고객집단, 지역, 시장세그먼트, 주문량

③ **효율성 통제** : 판촉, 광고, 유통, 판매부서

④ **전략 통제** : 마케팅 효과성, 마케팅 감사

🔖 마케팅 정보시스템

① **마케팅 정찰 시스템** : 경쟁사 정보를 수집하기 위해 외부자료를 활용시스템

② **마케팅 리서치 시스템** : 기업에 직면한 마케팅 문제의 해결을 위한 자료 시스템

③ **마케팅 분석시스템** : 기업 내부에 존재하는 정보를 통합적으로 관리하는 시스템

④ **마케팅 고객정보시스템** : 제품을 구매하는 고객정보를 체계적으로 모아 놓은 시스템

🔖 BCG매트릭스

① **개(Dog)**

㉠ 낮은 성장률, 낮은 시장 점유율

㉡ 수익성이 없으며 낮은 시장 점유율을 유지하는 데에도 상당한 현금 투자가 요구된다.

② **물음표(Question Mark)**

㉠ 높은 성장률, 낮은 시장 점유율

㉡ 현금 투자를 통해 시장 점유율을 증가시키거나 추가적 현금 투자를 중단할 것이 요구된다.

③ **별(Star)**

㉠ 높은 성장률, 높은 시장 점유율

㉡ 대규모의 현금 투자를 요구하며, 궁극적으로 현금 젖소가 된다.

④ **현금 젖소(Cash Cow)**

㉠ 낮은 성장률, 높은 시장 점유율

㉡ 현금 흐름은 별이나 물음표에 재투자된다.

🔖 GE Matrix : 산업의 강점과 산업의 매력도로 9차원으로 분류

① **유지를 위한 투자** : 외부 요인에 의한 경쟁 포지션 약화를 상쇄하는 데 필요한 만큼 SBU에 점

증적으로 투자

② **강화를 위한 투자** : SBU의 사업 강점을 증대시키기 위해 투자를 강화

③ **재건을 위한 투자** : SBU를 종전의 매력적인 포지션으로 되돌리기 위해 투자

④ **선택적 투자** : 한계 수익이 창출되는 SBU에는 투자, 그렇지 않은 SBU는 약화

⑤ **투자 축소** : 현금 회수를 위해 SBU에 대한 투자를 최소화(수확 전략)

⑥ **철수** : SBU를 축소함으로써 시장에서 철수

📦 마이클 포터(Michael E. Porter)의 산업경쟁세력분석

① **경쟁의 축** : 잠재적 진입자, 기존경쟁자, 대체품

② **협력의 축** : 공급자, 구매자

③ **중요개념** : 진입장벽, 퇴출장벽, 전환비용, 규모의 경제, 범위의 경제

📦 마이클 포터(Michael E. Porter)의 가치사슬분석

① **본원적 활동** : 물류, 생산, 마케팅, 고객서비스

② **지원적 활동** : 인사관리, 기술개발, 조달, 회계, 전략기획, 재무관리, 정보기술 등

③ **가치사슬분석의 핵심** : 가치공학(VE)과 가치분석(VA) 수행을 통한 기업부가가치 극대화

📦 시장의 매력도가 낮은 상황

① 신규기업의 진입이 용이하다.

② 경쟁기업 간 시장 내 경쟁이 치열하다.

③ 구매자의 교섭력과 공급자의 교섭력이 뛰어나다.

④ 시장이 안정적이고, 경쟁자의 능력이 뛰어나다.

⑤ 대체재가 존재한다.

⑥ 고정비가 높고 퇴출장벽이 높다.

📦 구매자의 교섭력이 높아지는 경우

① 집중적인 구매 또는 매도자의 판매량 중 상당부분을 차지할 경우

② 제품이 구매자의 코스트나 구매비의 상당부문을 차지할 경우

③ 제품이 규격화되어 있거나 차별화되어 있는 경우

④ 교체비용이 적은 경우

⑤ 구매자가 후방통합능력이 있는 경우

⑥ 구매자가 제조원가에 대해 상세한 정보를 가지고 있는 경우

🛒 공급자의 교섭력이 높아지는 경우

① 공급능력이 소수의 회사에 독점되어 있고 공급대상 산업보다 집중되어 있는 경우
② 공급자들이 공급하는 제품에 대한 대체품이 없는 경우
③ 공급자들의 판매품이 기존 산업의 생산 및 경영활동에 주요한 요소가 되는 경우
④ 공급자들의 제품이 차별화되어 있거나 교체비용이 발생할 경우
⑤ 공급자들이 전방통합능력이 있는 경우

🛒 대체품의 경쟁강도가 높아지는 경우

① 대체품과 기존제품의 효능이 유사할 경우
② 구매자의 성향이 대체품에 대해 호감을 가지고 있을 경우
③ 대체품의 가격이 기존 제품보다 낮거나 효능이 좋을 경우
④ 대체품의 가격 및 효능이 미래에 계속 낮아질 것으로 예상되는 경우
⑤ 대체품으로의 교체비용이 적을 경우

🛒 사업단위(SBU)의 전략의 방향

① 유지전략 : 기존에 영위하던 사업단위를 현재수준으로 유지, 투자수준도 유지
② 육성전략 : 적극적으로 사업단위를 성장, 대규모 투자
③ 회수전략 : 사업단위 투자 최소화, 점진적으로 시장에서 퇴거
④ 철수전략 : 즉각적으로 사업단위를 폐지, 사업단위는 매각되거나 해체

🛒 마이클 포터(Michael E. Porter)의 본원적 전략 매트릭스

환경분석을 바탕으로 기업이 택할 수 있는 전략의 범위를 구체화하는 도구이다.
① 원가우위의 전략 : 경쟁기업보다 더 낮은 원가로 재화나 서비스를 소비자에게 제공하는 것이
중요한 목표(시너지효과와 경험/학습 효과)
② 차별화전략 : 경쟁기업보다 차별화된 재화나 서비스를 소비자에게 제공하는 것이 중요한 목표
③ 집중화전략 : 경쟁시장범위가 한정적일 때 자사의 경쟁능력을 극대화하기 위해 사용

🛒 다각화 추진의 동기

① 기업들의 성장에 대한 욕구를 충족시키기 위해서 개별 사업부문의 경기순환에서 오는 위험을
분산하기 위함
② 복합기업화 되면 시장지배력 증가에 도움이 되기 때문
③ 기존의 사업을 수행하는 과정에서 발생하는 부산물을 유용하게 활용하기 위함
④ 기존사업의 성장이 둔화되거나 점차 쇠퇴해 감에 따라 새로운 사업분야로 진출할 필요성 대두

⑤ 기업이 다양한 사업분야에 진출함으로써 기업 경영상의 유연성 제고와 사업의 포트폴리오 추구

🎁 소매업 믹스 전략

① 제품구색 및 서비스 믹스 결정
  ㉠ 소매상의 제품구색 : 목표고객의 구매대기와 일치되어야 한다.
  ㉡ 고객들에게 제공할 서비스 믹스 결정 : 다른 점포와 차별화되는 비가격 경쟁의 핵심수단이다.
  ㉢ 점포 분위기 결정 : 판매하고자 하는 상품을 돋보이게 하고, 고객들이 쇼핑하기에 편안한 분위기를 연출하는 것이 중요하다.

② 기준가격의 결정
  ㉠ 원가 중심의 가격결정 : 제품의 생산 및 유통과 관련된 각종 비용을 기준으로 제품의 가격을 결정한다.
  ㉡ 수요 중심의 가격결정 : 시장수요의 강도 내지 크기에 따라 제품가격을 결정한다.
  ㉢ 경쟁 중심의 가격결정 : 경쟁제품의 가격을 기준으로 하여 가격을 결정한다.

2절 유통경쟁전략

🎁 시장세분화

서로 다른 제품 또는 마케팅 믹스를 요구하는 독특한 구매자 집단으로 분할하는 활동으로 세분화를 수행할 때 세분시장 상호 간에는 이질성이 극대화되어야 하고 세분시장 내에서는 동질성이 극대화되어야 한다. 가장 좋은 세분시장을 표적으로 삼기 위해서는 각 세분시장의 크기와 성장률, 구조적 매력도, 회사 목표 및 자원과의 적합성을 평가해야 한다.

① 시장세분화의 유형
  ㉠ 지리적 세분화 : 국가·지역·군·도시·인근 등의 단위로 분할한다.
  ㉡ 행위적 세분화 : 구매자 각각의 제품에 대한 지식·태도·용도·반응에 기초해서 집단으로 분할한다.
  ㉢ 심리묘사적 세분화 : 구매자의 라이프스타일·개성·특성 등에 기초해서 서로 다른 집단으로 분할한다.
  ㉣ 인구통계학적 세분화 : 연령·성별·가족 수·직업·소득별 집단으로 시장을 분할한다.

② 시장세분화 전략의 유형
  ㉠ 무차별 마케팅(Undifferentiated Marketing) : 소매점이 세분시장 간의 차이를 무시하고 단일

제품이나 서비스로 전체시장에 진출하려는 전략이다.

- 원가 면에서 경제적이다.
- 광고비용이 절감된다.
- 마케팅 조사 및 제품관리비가 절감된다.
- 제품계열이 축소되어 생산재고와 수송비가 절감된다.

  ⓒ 차별적 마케팅(Differentiated Marketing) : 여러 목표시장을 표적으로 하고 각각에 대해 서로 다른 제품과 서비스를 설계하는 전략이다.

- 연구개발비와 마케팅 비용이 필요하다.
- 무차별 마케팅보다 매출액은 크나 사업운영비가 높다.

  ⓒ 집중적 마케팅(Concentrated Marketing) : 대규모 시장에서 낮은 점유율을 추구하는 대신 한두 개의 세분시장에서 높은 점유율을 추구하는 전략이다. 소매점이 자원의 제약을 받을 때 유용하며, 목표시장을 잘 선정하면 고투자수익률을 실행할 수 있다.

③ 시장세분화 전략의 선택 시 고려요인

  ㉠ 기업자원 : 기업자원이 한정되어 있으면 집중적 마케팅이 효과적이다.

  ㉡ 제품의 다양성 : 제품목록 내에 상품 수가 적을 때에는 무차별 마케팅이 적합하다.

  ㉢ 제품 수명주기상의 단계 : 도입단계는 무차별·집중화 전략이 적합하고, 성숙단계는 차별적 전략이 효과적이다.

  ㉣ 시장의 가변성 : 동일한 취향과 수량의 제품을 구매한다면 무차별 전략이 효과적이다.

  ㉤ 경쟁사의 마케팅 전략 : 경쟁사가 세분화 전략을 추진하는 경우 무차별 전략은 금물이며, 무차별 전략을 추진하는 경우에는 차별화 또는 집중화 전략이 효과적이다.

📍 점포선택에 의한 세분화

① 행동세분화 : 경쟁점포에 있는 소비자와 비교하여 어떤 점포에 있는 소비자의 인구통계, 라이프스타일 혹은 쇼핑특징을 결정

② 효익세분화 : 쇼핑욕구에 의해 집단을 구분

③ 반응탄력성에 의한 세분화 : 점포 내 변수에 대한 소비자반응의 차이를 강조

📍 차별화(Differentiation)

차별화된 제품이나 서비스의 제공을 통해 기업이 산업 전반에서 독특하다고 인식될 수 있는 그 무엇을 창조함으로써 경쟁우위를 달성하고자 하는 전략이다.

① 차별화 전략의 수립

  ㉠ 경쟁기업보다 낮은 비용으로 높은 수준의 차별화 방안이 필요하다.

  ㉡ 품질 향상을 위해 각 생산활동 간의 연관관계를 파악한다.

ⓒ 차별화우위가 장기간 지속될 수 있는지 파악한다.

② **차별화의 방법**

　ㄱ **고유성의 강조** : 제품의 속성이나 품질 측면, 특수한 편익, 혁신적 디자인 측면에서 우월한 위치를 가진 경우

　ㄴ **가격 리더로 차별화** : 경쟁사가 모방할 수 없는 원가우위를 가진 경우

　ㄷ **기술적 우위 강조** : 하이테크 산업에서 보편적이다.

💠 다차원 척도법(MDS : Multi-Dimensional Scaling)

서비스 개념이 정립될 수 있는 핵심적 차원 및 기능적 속성들과 이들 차원들에 대한 구매자들의 인식을 파악하는 방법이다. 다차원 척도법은 다차원의 공간에서 구매자의 특정 욕구를 만족시킬 수 있는 서비스들에 대한 구매자의 인지 구조를 지도화하여 핵심개념들의 차원을 규명하는 데 사용한다.

💠 컨조인트 분석(Conjoint Analysis)

① 서비스 개념을 구성하고 있는 다양한 속성에 대한 상대적인 중요성을 평가하는 방법이다. 고객 개개인이 점포가 제공하는 개별 서비스속성의 수준에 대하여 얼마만큼의 선호도를 부여하는지를 추정하고자 하는 것으로 개별속성의 각 수준에 부여되는 선호도인 부분가치들을 합산함으로써 개별 고객이 여러 개의 대안들 중 어느 것을 가장 선호하게 될 지를 예측한다.

② 다차원 척도법과 유사하게 서비스에 대한 구매자의 선호도는 해당 유통서비스 개념의 특성(기능)에 의하여 묘사될 수 있다는 점을 가정하지만 관리적 관점에서 직접적으로 통제 가능한 특성만을 고려한다.

3절　마케팅 자료수집

💠 소비자의 역할

① 소비자의 최종적인 목적은 상품을 소비하는 것보다 상품에 의해 자신에게 있을 효용을 만들어 낸 다음, 가정에서의 생활 생산활동에 이용하여 그 가치를 실현하는 것이다.

② 소비자는 생활생산자이다. 소비자는 소매업체로부터 상품을 구입하고 소비·이용함으로써 자신의 생활을 만족시키기 위한 재(財)를 만들어내는 것이다.

🎖 소비자 조사의 필요성

상품, 가격, 품질, 판매조건, 판매방법 등에 대한 소비자의 불만도, 만족도, 장래에 대한 요망, 기대 등에 관한 정보는 과거의 판매기록, 상품관리자료, 판매원의 의견·요망의 형태로서 영업계획, 판매계획, 매입계획에 반영시킬 수 있다.

① 조사방법
   ㉠ 점두(店頭)에서의 앙케트 조사
   ㉡ DM에 의한 질문 조사
   ㉢ 방문에 의한 면접 조사
   ㉣ 평균적인 소비자를 몇 사람 초청해서 실시하는 패널 조사
   ㉤ 번화가나 유흥업소가 많은 지구에서의 관찰 조사

② 조사단계
   ㉠ 소비자의 일반동향에 관한 조사
   ㉡ 자점에 속하는 업계분야의 소비동향 조사
   ㉢ 자점이 위치하고 있는 지역일대의 소비동향 조사
   ㉣ 자점의 통상적인 고객의 조사

🎖 판매정보의 의의

① 판매정보의 수집과 활용은 이익증대와 직접적인 관련이 있다.
② 판매정보를 재료로 하는 의사결정의 경우 중요시해야 한다.
③ 판매정보는 이익증대뿐만 아니라 위험감소도 유의해야 한다.

🎖 판매정보의 조건

① **정확성** : 판매정보는 의사결정과정에서 나침반의 역할을 하므로 정확해야 한다.
② **객관성** : 판매정보는 자점(自店)에 불리하더라도 그 정보를 어떻게 의사결정에 반영하고, 그것을 제거하기 위한 판매활동을 어떤 식으로 전개해 가느냐를 객관적으로 판단해야 한다.
③ **계속성** : 판매정보는 계속적으로 수집되고 일정기간 동안의 경향과 동향을 반영한 것이어야 한다.
④ **표준성** : 판매정보는 형식과 체크 포인트가 표준화되어야만 의사결정을 위한 체계적인 자료로서 축적을 실현할 수 있다.
⑤ **상호보완성** : 기업환경 상호 간의 관련성을 파악하기 위한 정보도 본래 상호관련적인 성격을 가지고 있으므로 이를 수집하고 활용해야 한다.
⑥ **활용성** : 정보는 활용되는 것이 목적이며, 수집은 수단이 된다. 수집에 착수할 때는 먼저 활용목적을 설정하고, 그것을 만족시켜 주는 내용의 정보를 가장 바람직한 상태로 구비해야 한다.

3과목 유통마케팅

⑦ **경제성** : 판매정보를 수집하는 데 소요되는 비용과 노력으로 균형 있게 판매활동을 효과적으로 전개할 수 있어야 한다.

📥 판매정보의 종류

① **고객에 관한 정보**
　　㉠ 고객의 특성, 구매관습, 구매동기 등에 관한 정보
　　㉡ 구매자, 구매결정자, 소비자 및 이용자에 관한 정보
　　㉢ 시장규모 등에 관한 정보

② **경쟁사에 관한 정보**
　　㉠ 경쟁사의 분포에 관한 정보　　㉡ 경쟁사의 시장지위(점유율 등)에 관한 정보
　　㉢ 경쟁사의 전략에 관한 정보　　㉣ 경쟁사의 구매유인에 관한 정보

③ **취급상품에 관한 정보**
　　㉠ 상품의 특성에 관한 정보
　　㉡ 상품의 경력(라이프 사이클링)에 관한 정보

④ **기타에 관한 정보**
　　㉠ 활동의 결과에 관한 정보
　　㉡ 일반적인 환경조건에 관한 정보
　　㉢ 자점에 관한 정보 등

📥 판매정보수집의 기법

① **대인 면접** : 훈련을 받은 조사원이 응답자와 대면 접촉하여 데이터를 수집하는 방법이다. 질문 내용에 대한 자세한 설명과 상품, 샘플 등을 보여줄 수 있지만 비용이 많이 들고, 조사를 완료하는데 시간이 오래 걸리는 단점을 가지고 있다.

② **전화 조사** : 조사원이 전화를 통하여 응답자로부터 데이터를 수집하는 방법이다. 전화 조사는 비용이 적게 들고 조사가 빨리 완료되지만, 긴 시간 조사하기가 어려우며 복잡한 질문을 할 수 없고, 상품을 보여줄 수 없다는 단점을 가지고 있다.

③ **우편·팩스 조사** : 우편이나 팩스로 설문지를 보내고, 응답자가 작성한 설문지를 우편이나 팩스로 다시 보내도록 하는 방법이다. 인건비가 절약될 수 있으나 응답률이 낮은 편이며, 현재 우편 조사는 거의 쓰이지 않는 추세이다.

④ **인터넷 조사** : 인터넷 홈페이지에 설문지를 만들어 놓고 방문자들로 하여금 설문지에 응답하도록 하는 방법이다. 낮은 비용으로 빠른 시간 내에 조사를 마칠 수 있지만 적지 않은 비용이 들어간다.

⑤ **관찰법** : 많이 사용되는 방법으로, 신제품을 진열해 꾸며놓은 점내에서 고객들이 어떤 상품을

선택하는지를 관찰하거나 인파의 방향과 양, 쇼윈도에 대한 반응 등을 살펴보는 방법이다. 정확한 정보를 수집하려면 점포 내외를 불문하고 관찰하고 있다는 사실을 고객이나 통행인들이 알지 못하도록 해야 한다.

💿 표적집단면접법

① 소수 응답자 집단을 대상으로 특정한 주제에 대해 자유롭게 토론하는 가운데 필요한 정보를 찾아 나가는 방법이다. 추후에 계량적 방법으로 검정할 수 있는 가설의 설정, 설문지 구성 시 필요한 정보의 획득, 신상품 아이디어의 물색 등의 경우에 사용될 수 있다.

② 표적시장으로 예상되는 소비자를 일정한 자격기준에 따라 6~12명 정도 선발하여 한 장소에 모이게 한 후 면접자의 진행 아래 조사목적과 관련된 토론을 함으로써 자료를 수집하는 마케팅 조사기법이다.

💿 고객에 관한 정보

① **고객특성 파악** : 자점의 상권 안에 있는 고객을 중심으로 성별, 연령, 직업, 교육정도, 소득, 가족구성, 주거지역 등의 기준으로 파악한다.

② **구매관습 파악** : 시간대별, 날짜별, 점포유형별 등으로 매출액 동향에 관해 파악한다.

③ **구매동기 파악** : 상품가격, 판매원활동, 광고 등 어떤 요인이 구매결정에 영향을 미쳤는가 등에 대한 정보를 파악한다.

④ **소비 · 사용관습** : 사용되는 상황, 용도, 평균소비량 등 판매 후의 사용상황에 대해 정보를 수집하여 고객의 소비 · 이용욕구에 적응하며, 해당상품이 고객의 소비 · 이용관습에 부응하는가에 대한 정보도 파악한다.

⑤ **시장규모** : 상권의 크기, 자점의 고객규모를 말한다. 즉 판매자 수와 구매력, 구매량 등 총수요량을 금액, 수량 등으로 나타내는 정보이다.

💿 경쟁에 관한 정보

① **경쟁자의 분포** : 경쟁업자의 수, 대처방안 등에 대해 정확한 인식을 갖기 위해 활용한다.

② **경쟁업자의 시장지위** : 경쟁업자의 힘의 관계를 상대적으로 저울질하기 위해 활용되며, 그 활용의 목적은 단순비교가 아니라 어떻게 하면 경쟁을 유리하게 전개시켜 가는가를 고려하는 데 있다.

③ **경쟁업자의 전략 및 구매유인** : 경쟁업자의 전략을 구체적으로 인식하여 그 판매활동에 대한 대응방안을 활용해야 한다.

🎁 취급상품에 관한 정보

① **상품정보의 활용** : 소재, 구조, 디자인 등 상품의 물리적 요소를 기준으로 평가하고, 그 상품이 어떻게 욕구의 해소에 공헌하는가를 고객에게 충족시키기 위해 활용한다.

② **상품경력에 관한 정보** : 상품의 종류, 발매 시기, 라이프 사이클의 위치 등은 가격, 광고방법의 설정에 활용한다.

🎁 활동의 결과에 관한 정보

① 판매활동에 관한 정보는 활동에 있어서의 의사결정에 이용되고, 활동 후에 그 효과를 측정하여 새로운 판매활동에 대비하기 위한 정보로 활용된다.

② 활동의 결과에 대한 정보는 새로운 판매활동에 대비하기 위한 정보로 활용하는 것이 중요하다.

🎁 일반적인 환경조건에 관한 정보

① 고정·변동적인 여러 환경조건에 의해 기업은 둘러싸여 있으며, 그런 점에 있어서는 판매활동의 대상인 고객도 마찬가지다.

② 경제·법률·행정·문화적 요인은 직·간접적으로 고객과 판매활동에 영향을 주게 되는데, 그런 의미에서 볼 때 일반적 환경조건에 관한 정보도 중요하다고 할 수 있다.

🎁 자점(自店)에 관한 정보

자점의 능력, 경영이념 등 자점의 정보를 이용하여 목표하는 방향과 일치하는 판매활동의 방향을 설정하는 최종적인 판단을 내리기 위해 활용된다.

4절 상품관리 전략

🎁 인터넷 신상품 전략

① **불연속 혁신 상품** : 개발 당시 완전히 새롭게 등장한 혁신적인 상품, 위험은 크지만 성공하면 큰 수익을 얻을 수 있다.

② **신상품 라인의 확장 상품** : 기존 브랜드명을 사용하여 완전히 신규 상품 라인을 만드는 것

③ **기존 상품 라인의 확장 상품** : 새로운 풍미, 사이즈 등에 다양성을 첨부하여 기존의 상품 라인을 확장하는 전략

④ **기존 상품의 개량 상품** : 새롭고 개선된 상품이 기존의 상품을 대체하는 것

⑤ 재포지셔닝(Re-positioning) 상품 : 기존 상품에 대해 다른 시장으로 표적화하거나 새로운 사용
    방법을 촉진하는 전략
⑥ 저가격 지향 상품 : 기존 브랜드에 대한 경쟁력을 확보하기 위한 상품을 저가격으로 개발하는
    전략

제품 의사결정의 수준

① 상품믹스의 너비(Width) : 기업이 보유한 전체 제품의 개수
② 상품믹스의 깊이(Depth) : 동일 제품 라인 내 제품 품목의 수
③ 상품믹스의 길이(Length) : 특정 제품라인군의 보유 개수
④ 상품믹스의 일관성(Consistency) : 특정 기업이 제공하는 상품의 사용용도, 생산요소, 유통경
    로 등의 관점에서 연관되어 있는 정도

제품 계열의 길이 확장전략

① 하향 확장전략(Downward Stretch)
    ㉠ 초기에는 고품질, 고가의 제품을 출시했다가 제품계열의 길이를 확장하면서 저가의 신제품
        을 추가시키는 전략이다.
    ㉡ 초기에 고급 이미지를 소비자들에게 심어준 다음 저가 제품으로 확장하면서 기존의 고품질
        이미지를 저가 제품에도 확산시키는 효과를 볼 수 있다.
② 상향 확장전략(Upward Stretch)
    ㉠ 초기에는 저품질, 저가 제품을 출시했다가 제품계열의 길이를 확장하면서 고가의 신제품을
        추가시키는 전략이다.
    ㉡ 제품과 이미지의 동반상승이 가능하다.
③ 제품 확충전략(Product Filling)
    ㉠ 기존 제품계열 내에 품목의 추가를 통해 제품 확장을 도모하는 전략으로 잉여설비의 활용,
        매출의 증대, 세분시장의 침투 등의 이점이 있으나 소비자 혼돈 야기와 비용 상승으로 인
        한 수익성 약화 등의 문제점이 있다.
    ㉡ 한 계열 내에 있는 기존 품목들과 가격, 품질 등에서 큰 차이가 없는 새로운 품목을 추가한다.
④ 쌍방향전략(Two - way Stretch)
    ㉠ 제품의 품질이나 가격수준이 시장 내에서 중간 위치에 놓여 있을 경우 고가와 저가의 시장
        에 모두 신제품을 출시하는 전략이다.
    ㉡ 고소득 소비자들과 저소득 소비자들 모두에게 소구하여 매출증대와 시장점유율의 증가를
        목적으로 한다.

☰ 제품 퇴진전략

① 수확전략(Harvesting)

㉠ 기업의 지원을 더 이상 투입하지 않고 발생하는 이익을 회수하는 전략으로 다음과 같은 상황에서 적용한다.

- 특정 제품의 매출성장이 안정적이거나 쇠퇴단계에 있다.
- 기업이 유휴자원을 저렴하게 활용할 수 있다.
- 매출액 감소와 시장점유율 하락을 회복하기 위해 지출하는 비용이 증가한다.

② 제품계열 단순화 전략(Line Simplification)

㉠ 기업이 제공하는 제품이나 서비스의 수를 관리하기 용이한 수준으로 감소시키는 전략이다.

㉡ 투입원가가 높아지거나, 가용자원이 부족한 시점에 적절하다.

㉢ 재고감소와 생산원가 절감을 위해 사용할 수 있다.

③ 철수전략(Total Line Divestment)

㉠ 제품계열 전체를 제거하는 전략으로 제품계열이 마이너스 성장을 하거나 제품이 전략적으로 부적절할 경우 사용한다.

㉡ 기업 활동에 큰 영향을 미칠 수 있으므로 신중하게 고려해야 한다.

☰ 유통기업 상품믹스 관리전략

① 편의지향 고객 : 반복적으로 구매하는 제품(낮은 다양성)

② 관리의 용이성 : 소수의 제품(낮은 다양성)

③ 적은 투자비용 : 낮은 제품 구색(낮은 다양성)

④ 제한된 시장에서 점포운영 : 특정 고객에게 제품 서비스(높은 전문성)

⑤ 낮은 내점빈도 : 상품의 판매패턴이 저회전/고마진(높은 전문성)

☰ 브랜드 자산

브랜드 마케팅 분야의 최고 권위자로 알려져 있는 데이비드 아커(David A. Aaker) 교수는 브랜드 경영, 브랜드 포트폴리오전략, 브랜드 리더십 등의 저서를 통해 브랜드 자산을 평가하는 4가지 기준을 제시하였다. 그가 제시한 브랜드 자산의 구성요소 4가지는 브랜드 로열티, 브랜드 인지도, 지각된 품질, 브랜드 연상이다.

☰ 브랜드 전략

① 개별상표명전략(Individual Brand Name Strategy) : 제조업체나 유통업체가 생산된 제품에 각각 별도의 상표명을 부착시키는 전략으로 한 상표가 실패하더라도 다른 상표에 영향을 주지 않으며, 세분화된 시장을 겨냥하여 시장점유율을 높일 수 있지만 각 상표마다 광고와 판매촉

진을 별도로 해야 하므로 마케팅 비용이 많이 소요된다.

② **공동상표명전략(Blanket Family Name Strategy)** : 같은 생산자가 생산하는 모든 상품에 같은 상표명을 사용하는 전략으로 적은 마케팅 비용으로 모든 개별 상품을 소비자에게 인식시킬 수 있으나, 한 품목에 대한 소비자의 인식이 부정적이면 그 효과가 모든 품목으로 파급될 우려가 있다.

③ **복수상표전략** : 동일 제품군 내에서 두 개 이상의 개별상표명을 사용하는 전략

④ **혼합상표명전략(Separate Family Brand Strategy)** : 한 기업의 제품을 몇 개의 제품군으로 분류한 뒤 각 군별로 상표명을 붙이는 전략으로 공동상표명이 개별상표명의 후원역할을 하며, 개별상표명이 주력브랜드가 된다.

⑤ **수평적 상표확장전략** : 특정 제품의 범주 내에서 맛, 성분, 사이즈가 다른 추가품목을 도입할 때, 기존의 동일한 브랜드를 부착하는 전략

⑥ **수직적 상표확장전략** : 기존 브랜드를 다른 시장에 적용하는 전략(상향확대, 하향확대)

⑦ **제품계열별 공동상표명전략** : 여러 제품계열들을 생산하는 기업이 각 제품계열에 대해서는 상이한 상표명을 부착하고, 각 제품계열 내의 모든 제품은 공동상표명을 이용하는 전략

⑧ **개별상표명 – 공동상표명 혼용전략** : 소비자에게 이미 친숙한 기업명을 개별상표명들과 결합시키는 상표명 전략(제품의 독특성을 반영한 상품명과 소비자 인지도가 높은 기업명을 연계)

⑨ **유사브랜드 전략(Parallel Branding)** : 상호나 상품특성을 매우 흡사하게 모방하고(선도 제조업체 브랜드의 상호 자체에 대한 모방이 아님에 유의) 제조업체 브랜드가 아니라는 것을 명확히 하는 유통업체의 브랜드 전략

🗃️ PB(유통업자 상표) vs NB(제조업자 상표)

자기상표브랜드(PB)는 유통업체가 직접 제조하거나 제조업체에 직접 생산을 요구해 자사의 브랜드를 부착, 판매하는 제품을 말한다. 기능적인 품질대비 가격을 중시하는 합리적 성향의 소비자는 NB와 동일가격에 유사하거나 더 높은 효용을 제공하는 PB를 선택하게 되므로, PB 자체가 고객그룹을 확보하는 유인수단이 될 수 있다. 이것은 NB 제품 판매를 약화시키는 대체재의 역할을 수행하게 되므로 자사에 제품을 공급하는 NB와의 교섭에 유리한 요소로 작용할 수 있다.

🗃️ NB와 PB 비교

NB(national brand)	PB(private brand)
제조업자 상표	유통업자 상표
소비자 선호	유통업자 선호
상표 소유자 분류에 의한 메이커 제품	백화점 등 대형소매상이 독자적으로 개발한 브랜드 상품

❧ PNB(유통업자-제조업자 연합상표)

PB와 NB의 중간형태로, 제조업체가 유통채널의 특성과 소비자들의 구매성향에 맞게 생산하고, 이를 특정 유통업체에서만 독점 판매하는 제품을 말한다.

❧ 20 : 80 원칙

① 선매품의 경우 일정 기간 영업을 하면서 상위 20%의 품목이 매출액의 80%를 차지하는 일이 발생하므로, 미리 계획하고 그 선에 따라 품목마다 구성 내에서의 위치 부여와 그에 알맞은 품목별 보유량의 책정을 실시하는 것이 합리적이다.

② 20 : 80 원칙에 의한 위치부여

   ㉠ 메인그룹 : 20품목을 보유하고 품목별 평균 보유량을 대량 책정하여 시즌 중에는 절대로 품절되지 않도록 한다.

   ㉡ 서브그룹 : 80품목을 보유하고 품목별 평균 보유량은 수 개로 억제하여 매진되면 다른 대체품목을 배치시킨다.

③ 상품 구성 계획 시 고려 요소

   ㉠ 대체재 : 대체재는 소비자가 소비함에 따라 얻어지는 효용의 차이가 없는 것으로 상품 구성에 있어 완벽한 대체 관계에 있는 상품은 가급적 취급하지 않는 것이 좋다.

   ㉡ 보완재 : 한 제품의 수요가 증대될 때 다른 제품의 수요가 수반되어 증가하면 두 제품은 보완 관계에 있다고 한다. 완벽한 보완재는 특정 제품과 반드시 함께 사용되기 때문에 동시성을 가지고 있다.

   ㉢ 중립재 : 대표적인 충동상품이 중립재인데, 소비자들에게 추가적인 매출량의 증가를 가져올 수 있기 때문에 상품 구성에 있어 충분한 고려 요소가 된다.

❧ 상품포장

① 정의 : 물품의 수송·보관 등에 있어 가치 및 상태를 보호하기 위해 적절한 재료, 용기 등을 물품에 덧붙이는 기술 및 덧붙인 상태를 말하며, 이것은 개장·내장·외장의 3종으로 나누어진다.

② 상품포장의 종류

   ㉠ 낱포장 : 물품 개개의 포장을 말하며, 물품의 상품가치를 높이거나 물품 개개를 보호하기 위해 적합한 재료와 용기 등으로 물품을 포장하는 방법 및 포장한 상태를 말한다.

   ㉡ 속포장 : 포장된 화물 내부의 포장을 말하며, 물품에 대한 수분, 습기, 광열 및 충격 등을 방지하기 위해 적합한 재료와 용기 등으로 물품을 포장하는 방법 및 포장한 상태를 말한다.

   ㉢ 겉포장 : 화물의 외부 포장을 말하며, 물품을 상자나 나무통 및 금속 등의 용기에 넣거나 용기를 사용하지 않고 그대로 묶어서 기호 또는 화물을 표시하는 방법 및 포장한 상태를 말한다.

🎁 포장의 기능

① 제품 관점 : 제품보호, 사용편의, 보관용이

② 의사전달 관점 : 식별, 인상형성, 정보제시, 태도변화

③ 가격 관점 : 대형구매유도, 가격표시

🎁 소매업 포장의 목적

① 상품의 보호
② 취급상의 편리
③ 판매의 촉진
④ 선물의 가치 상승
⑤ 상품의 관리 용이

🎁 선물포장

① 구겨지거나 때가 묻은 포장지는 사용하지 말아야 한다.

② 가격표는 반드시 제거해야 한다.

③ 글씨는 되도록 고객의 친필로 해야 한다.

④ 글씨가 완전히 건조된 후에 포장한다.

⑤ 선물 받을 사람의 연령, 고객과의 관계 등을 고려하여 포장한다.

⑥ 상품에 오손이나 파손된 점이 없는지를 충분히 확인해야 한다.

🎁 포장방법의 종류

① **방수포장기법** : 수송, 보관, 하역과정에서 방수접착, 봉함재 등을 사용하여 포장 내부에 물이 침투하는 것을 방지하기 위한 것이 방수포장이다. 방수포장에서 방습포장을 병용할 경우 방습포장은 내면에, 방수포장은 외면에 하는 것이 원칙이다.

② **방습포장기법** : 습기가 물류과정에서 제품을 손상시키지 않도록 습기를 방지하는 포장을 말한다.

③ **완충포장기법** : 물류과정에서의 제품파손을 방지하기 위해 외부로부터의 힘을 완화하는 포장을 말한다.

④ **방청포장기법** : 기계류 등 금속제품은 물류과정에서 녹이 생기는 경우가 있는데, 모든 금속의 부식을 방지하기 위한 포장기술 내지 수단 또는 금속포장 시에 있어서 부식을 방지하기 위한 포장을 말한다.

⑤ **집합포장기법** : 집합포장은 수송포장을 취급함에 있어 기계하역의 대상이 되는 비교적 대형화물의 집합체로 이루어지며, 복수의 물품 또는 수송포장을 한데 모아 적재함으로써 하나의 단위화물을 형성하는 것을 말한다.

⑥ **식품포장기법** : 식품포장의 목적은 품질과 안전성의 보존, 작업 · 간편성의 부여, 내용식품의 표시, 유통수송의 합리화와 계획화, 상품가치의 향상 등이다. 특히 식품의 부패방지와 품질보

존은 포장의 중요한 역할이다.

5절 상품 머천다이징

🎁 상품

① **상품의 의의**

ㄱ 상품이란 매매의 대상이 되는 유·무형의 재화이다.

ㄴ 상품이란 욕망의 대상인 노동 생산물이 교환관계에 놓일 때 비로소 나타나는 형태이다.

ㄷ 분업이 이루어지는 사회에서 생산물의 교환을 통해 자신의 욕구를 충족시키며, 그 유용성 과 함께 교환가치를 갖는다.

② **상품의 분류**

ㄱ **물리·화학적 성질에 의한 분류** : 부패 손상성의 유무에 의한 내구성 상품·신선상품, 가 치집중의 정도에 의한 종량품·종가품, 단위형태에 의한 액체·기체·고체·분말상품 등 으로 분류한다.

ㄴ **생산양식·출처에 의한 분류** : 생산장소에 따라 농산품·임산품·수산품·광산품·공산 품, 생산동력에 따라 천연생산품·수공생산품·기계생산품, 가공도에 따라 자연품·반제 품·완제품 등으로 분류한다.

ㄷ **소비양식·용도에 의한 분류** : 상품은 최종적으로 소비재와 생산재로 구분한다. 소비재는 필수품과 편의품, 일용품과 임시품, 소비품과 설비품, 식료품, 의료품, 주거용품 등으로 분 류되며 생산재는 원료품, 재료품, 부분품, 보조품, 설비품 등으로 분류한다.

ㄹ **유통양식에 의한 분류** : 편의품, 선매품, 전문품, 규격품, 특별의장품, 일반품, 계절품, 상표 품, 무상표품 등으로 분류한다.

• 편의품 : 손쉽게 구매할 수 있는 상품으로 생필품, 기호품, 충동품 등이 있다.

• 선매품 : 소비자가 어느 정도의 지식을 가지고 있는 상품으로 주로 패션의류, 가구류 등 이 있다.

• 전문품 : 소비자가 깊은 지식을 가지고 있는 상품으로 자동차, 음향전문품 등이 있다.

③ **표준상품분류**

ㄱ 상품의 표준을 정하고 그에 따라 분류하는 것을 규격분류라고도 한다.

ㄴ 상품의 종류별로 형상, 치수, 구조, 품질, 등급, 성분, 성능 등에 대한 표준을 정한 뒤 분류 한다.

🔶 제품의 5가지 차원(P. Kotler)

① 핵심제품 : 고객이 실제로 구입하는 근본적인 이점이나 서비스
② 일반제품 : 핵심이점을 유형제품으로 형상화시킨 제품
③ 기대제품 : 제품을 구입할 때 구매자들이 정상적으로 기대하고 또 합의하는 일체의 속성과 조건
④ 확장제품 : 기업이 제공하는 것을 경쟁자가 제공하는 것과 구별되게 하는 추가적인 서비스와 이점을 포함하는 제품
⑤ 잠재적 제품 : 미래에 겪을 수 있는 변환과 확장으로서 혁신적으로 진보화된 전환과 변모를 갖춘 제품

🔶 계열구성 확대

① 계열구성 확대는 그 상점에 가면 여러 가지 다른 상품이 횡적으로 조화를 이루어 구입할 수 있는 편리함과 관계한다.
② 핸드백, 구두를 디자인이나 격조 면에서 관련시켜 선택할 수 있는 매력이 있다.

🔶 품목구성 확대

① 품목구성 확대는 그 상점에 가면 특정 상품계열에 대해 자기의 기호, 사용목적, 구입예산에 알맞은 품목을 많은 후보품목군 중에서 선택할 수 있는 편리함과 관계한다.
② 화장품 계열이 대표적이다.

🔶 상품구성의 단위

① 업종 : 상업매매의 종류로 통상적으로 주력 상품의 단일 카테고리 이름으로 표현한다.
② 업태 : 업태유형으로 소비자가 매입하거나 사용하는 입장에서 사업매매의 형태를 의미한다.
③ 카테고리 : 상품을 묶는 큰 틀로, 예를 들면 제조자 입장에서는 부인 의류를 가정복, 외출복, 작업복 등과 같이 분류한다.
④ 상품라인 : 품종을 여러 종류의 가격대로 나눴을 경우에 하나의 가격대에 속하는 상품군이다.
⑤ 품목 : 상품관리상 더 이상 세분류가 필요치 않은 상품의 분류단위를 말한다.

🔶 상품의 구성요소

① 디자인   ② 컬러
③ 상표   ④ 포장

🔶 상품구성에 따른 종합화와 전문화

① 완전 종합형 : 상품구성의 폭이 넓고 깊이도 깊다. 예 백화점

② 불완전 종합형 : 상품구성의 폭은 넓으나 깊이는 얕다. **예** 편의점

③ 완전 한정형 : 상품구성의 폭은 좁으나 깊이는 깊다. **예** 전문점, 카테고리킬러 등

④ 불완전 한정형 : 상품구성의 폭이 좁고 깊이도 얕다. **예** 구내매점

💎 상품구성계획

① **품목구성의 개요**

㉠ 주요 품목과 2차 품목을 구분하고, 상황에 따라 상품구색을 달리하여 품목별 비율을 따져 본다.

㉡ 회전이 늦거나 필요 없는 품목은 과감히 정리한다.

㉢ 소비자의 취향에 맞게 상품을 개선해야 한다.

㉣ 다양한 품목으로도 불충분할 경우에는 대상 고객층의 범위를 좁힌다.

㉤ 세그먼테이션(Segmentation, 대상의 세분화)에 입각한 베리에이션(Variation, 품목의 다양화)을 관철하는 것이 상품구성을 계획하는 데 중요하다.

💎 머천다이징 상품전략(PRODUCTS)

① **감도설정** : 고감도, 중감도, 저감도

② **패션이미지** : feminine, classic, modern, casual, sporty, soft, hard, mannish

③ **상품구성** : Item조성, 토털코디네이트, 단품코디네이트, 중점상품, 보완상품, 전략상품, 트랜드 상품, 뉴베이직 상품, 베이직 상품의 비율조정

④ **생산선택** : 다품종소량생산, 중품종중량생산, 소품종다량생산

💎 머천다이징 가격전략(PRICE)

① **가격설정** : 원가플러스법, 시가법, 수요공급기준법

② **가격수준** : 고가격, 중가격, 저가격

③ **매상목표** : 연간, 계절별, 월별, 일별

④ **이익설정** : 고이익, 중이익, 저이익

💎 머천다이징 판매전략(PLACE)

① **영업형태설정** : 직영점, 대리점, 전시회, 주문회의, 위탁판매

② **판로선택** : 전문점, 백화점, 양판점, 양품점, 재래시장

③ **지역선택** : 대도시, 교외, 지방도시

④ **점포선택** : 점포한정, 점포적극확대

🟣 머천다이징 판매촉진전략(PROMOTION)

① 인적판매 : 대인판매, 신용판매, 통신판매, 전화판매, 방문판매

② 광고선택 : TV, DM, 라디오, 신문, 잡지, 옥외광고, 교통광고

③ VMD : 매장입지조건, 매장외관, 전시(점두, 점내), 진열

④ 홍보선택 : 사보, 신문, 잡지 등

⑤ 촉진선택 : 패션쇼, 캠페인, 선물, 콘테스트, 할인판매 등

6절 촉진관리 전략

🟣 판매촉진

① 특정제품에 대한 고객 및 중간상의 인지도와 관심을 증대시켜 짧은 기간 내에 제품구매를 유도하기 위한 마케팅 활동을 의미한다.

② 진열, 전시, 시범이나 통상적인 방법이 아니라 비반복적인 여러 가지 판매 노력과 같이 소비자 구매를 자극하고 거래점의 유효도를 자극하는 마케팅 활동 중 광고, 인적판매, 홍보를 제외한 모든 마케팅 활동을 말한다.

🟣 판매촉진의 목적

① 고객이 신제품에 대해 구매충동을 느끼게 함으로써 시험구매하도록 한다.

② 상품의 애용도를 증대시키는 목적을 가지고 있다. 애용도는 충성도와 비슷한 개념으로 고객이 특정한 제품만을 구매하도록 유도하는 것이다.

③ 경쟁사의 제품을 구매하던 고객을 본 기업의 고객으로 유인하는 것이다.

④ 일시적인 판매촉진 활동으로 인지도를 단시간에 증대시킬 수 있다.

⑤ 시장에서 경쟁기업을 누르고 시장점유율의 확대를 노리기 위함이다.

🟣 판매촉진의 형태

① 광의적 판매촉진 : 인적판매, 광고, 진열, 견본배포, 콘테스트, 프리미엄, 전시회, 선전, 팸플릿, 특매 등

② 협의적 판매촉진 : 판매액의 증가를 위해 중간판매업자에 대해 하는 활동, 소비자의 관심을 높이고 수요를 환기·증진하기 위한 촉진활동, 판매·광고·상품정책부문 등 기업 내의 제 부문에 협력하여 그 업무능률을 증진하기 위한 촉진활동

🗳 제조업체의 중간상촉진

① **중간상광고(Trade Advertising)** : 제조업체가 중간상에게 자사제품을 소개하고 그 취급방법과 판매방법, 그리고 자사의 제품을 취급함으로써 얻는 이점에 대해서 설명, 소비자광고보다 제품관련정보를 자세히 제공하고, 감성적인 소구방법보다는 이성적인 소구방법을 사용한다.

② **협력광고(Cooperative Advertising)**
　　㉠ 제조업체가 푸시전략을 채택하여 중간상에게 많이 의존하고 있는 경우 중요한 촉진수단이다.
　　㉡ 자사브랜드가 어느 점포에서 취급되며 얼마의 가격에 판매되고 있는지에 대한 정보를 제공하는 보조적인 역할을 수행한다.

③ **중간상촉진(Trade Promotion)** : 도매상이나 소매상으로 하여금 어떤 특별한 제품을 구매, 촉진, 전시하게끔 하는 제조업체의 노력으로 소매상들을 유인하기 위한 여러 형태의 가격할인 수단이 사용된다.
　　예 구매 시 할인(off invoice deduction), 할인기간 중 구입한 금액의 환불(rebate) 등

④ **인적판매(Personal Selling)**
　　㉠ 산업재의 유통에 있어서 매우 중요하며 중간상의 지원을 얻기 위해 푸시전략을 사용하는 제조업체에게도 인적판매가 매우 중요하다.
　　㉡ 교육훈련 프로그램과 보조판매(missionary selling)를 활용한다.

🗳 중간상의 촉진활동

① **광고(Advertising)**
　　㉠ 도매광고 : 도매상의 판매활동을 도와주고 소매상에게 신제품에 관한 정보를 제공하는 기능을 수행한다.
　　㉡ 소매광고 : 점포이미지를 제고시키거나 촉진활동에 대한 정보를 제공한다.

② **인적판매(Personal Selling)** : 도매상의 판매원은 소매상의 적정재고수준과 상품진열방법에 대한 조언, 광고자료, 카탈로그 및 기타 촉진지원책을 제공하며, 소매상의 불평사항의 처리, 계절상품에 대한 제안과 기술적인 부분들에 대한 조언을 제공한다.

③ **샘플(Sample)과 디스플레이(Display)**
　　㉠ 샘플 : 제품속성에 대한 객관적인 평가가 어렵고 제품의 품질이 중요한 경우에 효과적이다.
　　㉡ 점포디스플레이 : 취급상품을 효과적으로 전시하여 고객의 구매를 유발한다.

🗳 광고의 개념

① 광고(Advertising)란 글자 그대로 '널리 알린다'는 의미를 내포하고 있다. 즉, 광고는 누군가에게 무엇인가를 알리는 행위로 이해할 수 있다.

② 명시된 광고주가 광고대상으로 선택한 사람들을 광고주의 의도에 따라 행동하도록 하기 위해

행하는 상품, 기업, 서비스, 아이디어 등에 관한 유료의 비인적 정보전달기술이다.

③ 본래 advertising의 어원은 라틴어의 'ad vertere'에서 유래한 것인데, 이는 '마음을 어디로 향하게 한다'라는 의미를 갖고 있다. 따라서 제품에 대한 마음을 소비자한테 기울도록 하는 일련의 과정인 셈이다.

🎁 광고의 특성

① 광고는 대가를 지불하는 의사소통방법이다.

② 광고는 표적집단을 대상으로 한다.

③ 광고는 비인적 의사소통방법이다.

🎁 광고의 역할

① 긍정적인 역할

 ㉠ 소비자와의 의사소통   ㉡ 설득

 ㉢ 경제발전에 공헌   ㉣ 변화의 촉매제

② 부정적인 역할

 ㉠ 재화나 서비스의 불필요한 가격상승을 유발한다.

 ㉡ 사회적으로 바람직하지 못한 내용의 광고를 통해 부정적 사회분위기를 조장할 수 있다.

 ㉢ 대광고주에게 부정적인 힘을 발휘하게 함으로써 시장의 독점을 조장할 수 있다.

🎁 광고의 특징

① 점포 홍보   ② 관련상품 판매

③ 소구대상 파악   ④ 단기간에 높은 효과

🎁 광고에 따른 특징

① TV광고

 ㉠ 전국 체인망 TV보다 제한적 지역망의 매체가 유리하다.

 ㉡ 광고물 제작기간이 타 매체보다 길다.

 ㉢ 커버할 수 있는 범위가 넓다.

 ㉣ 반복소구에 따른 반복효과가 크다.

 ㉤ 시각, 청각을 동시에 소구하므로 자극이 강하다.

 ㉥ 광고 노출기회의 시간이 제약되고 받는 측의 의도에 의한 조정이 불가능하다.

 ㉦ 소구가 순간적이며 기록성이 없다.

 ㉧ 컬러 사용이 가능하다.

ⓩ 가내 시청이 많으므로 수용성이 높다.

       ⓒ 광고비가 많이 든다.

       ⓚ 움직임, 흐름 등 생동하는 표현이 가능하다.

       ⓔ 특정 계층만을 위한 선택소구에는 부적당하다.

② **라디오광고**

       ㉠ 광고비가 비교적 저렴하다.

       ㉡ 내용의 변경이 용이하며, 융통성이 있다.

       ㉢ 받는 측은 일을 하는 중에도 광고내용의 수용이 가능하다.

       ㉣ 메시지의 생명은 순간적이며, 기록성이 없다.

       ㉤ 시간적 제한이 있으므로 받는 측의 자의에 의한 메시지에의 접촉은 어렵다.

       ㉥ 이동성이 있으므로 청취의 기회가 많다.

       ㉦ 매스 미디어로서는 개인 소구력이 강한 편이다.

       ㉧ 청각에만 소구하므로 긍정적인 이미지를 부각시킬 수 있다.

③ **신문광고**

       ㉠ 지역별 선택소구가 가능하다.

       ㉡ 관심 · 주목의 농도가 기사에 따라 크게 영향을 받는다.

       ㉢ 매체의 신용을 이용할 수 있다.

       ㉣ 유아시장에의 접근과 독자 세분화가 어렵다.

       ㉤ 신문구독자를 그대로 이용할 수 있다.

       ㉥ 장문의 설득력 있는 메시지가 가능하다.

       ㉦ 차분하게 읽을 수 있다.

       ㉧ 유료구독이므로 전파보다 안정도가 높다.

       ⓩ 통용기간이 짧다.

       ⓒ 색상표현에 한계가 있다.

④ **잡지광고**

       ㉠ 전국적으로 판매되므로 지역성, 특화성이 적다.

       ㉡ 표적 고객으로의 효율적 접근이 불가능하다.

       ㉢ TV보다는 저렴한 비용으로 광고가 가능하다.

       ㉣ 선택소구에 적합하며, 광고수명이 장기간이다.

       ㉤ 신문광고와 같이 기록성이 뛰어나다.

       ㉥ 여러 지면에 걸쳐 설득력 있는 광고가 가능하다.

       ㉦ 지역적인 조정이 불가능하며, 시간적 융통성이 결여된다.

       ㉧ 고도의 인쇄술 구사가 가능하다.

⑤ DM광고

　　㉠ 소매광고 중에서 가장 높은 고객선별성의 이점을 지닌다.

　　㉡ 백화점에서 명절 등 특별기획을 알리거나 주문판매에 이용된다.

　　㉢ 반응이 빨라 효과측정이 쉽다.

　　㉣ 광고주의 의도, 형태대로 광고할 수 있다.

　　㉤ 1 : 1의 관계로 소구할 수 있으며, 구매와 직결시킬 수 있다.

　　㉥ 우송만 가능하다면 사이즈, 컬러에 제한이 없다.

　　㉦ 타 광고와 중복되지 않아 시선을 독점할 수 있다.

　　㉧ 특정 대상에게 자의적 소구대상 집약이 가능하다.

　　㉨ 경쟁업자에게 비밀을 유지하면서 광고할 수 있다.

⑥ 전단광고

　　㉠ 특정지역에 대한 선택 소구가 가능하다.

　　㉡ 모양, 크기에 대한 융통성이 있다.

　　㉢ 즉각적인 높은 효과와 비용이 저렴하다.

　　㉣ 광고주의 규모 여하에 상관없이 손쉽게 이용할 수 있다.

　　㉤ 일상생활의 정보원으로 주목률, 이용률이 높다.

　　㉥ 경쟁률이 높다.

⑦ 옥외광고

　　㉠ 특정지역에 대한 소구가 가능하다.

　　㉡ 광고 설치장소의 고정으로 장기간 소구가 가능하다.

　　㉢ 표현의 변화를 갖게 할 수 있다.

　　㉣ 장기간 동안 동일한 내용의 광고노출로 신선한 인상이 없다.

⑧ 점포 내 광고

　　㉠ 가장 보편적, 효과적 광고로는 구매시점에서의 진열이다.

　　㉡ 특별기획 진열, 슈퍼에서의 쇼핑카드에 부착하는 광고물은 점포 내 광고의 예이다.

　　㉢ 점포 내 광고는 점포 밖에서도 볼 수 있는 쇼윈도로 잠재고객 유치에도 기여한다.

🎁 광고의 유형

① **네거티브 광고** : 금기시되는 소재나 부정적인 이미지를 활용하는 광고기법으로 강한 시각적 충격을 던지나 너무 부정적이면 오히려 역효과를 가져올 수 있으므로 광고 전 소비자의 반응을 충분히 검토해야 한다.

② **서브리미널 광고** : 잠재의식에 호소하는 광고기법으로 TV, 라디오, 또는 극장의 스크린 등에 인지 불가능한 속도 또는 음량으로 메시지를 내보내서 구매행동에 충분한 자극을 준다.

③ 인포머셜 광고 : 상품이나 점포에 관한 상세한 정보를 제공해 시청자 및 소비자의 이해를 돕는 광고기법이다.

④ 티저 광고 : 무엇을 광고하는지 밝히지 않는 방법을 통해 소비자들의 호기심을 유발하는 광고 기법으로 중요한 내용을 감춰 소비자들의 궁금증을 유발한 뒤 점차 본 모습을 드러냄으로써 대중의 관심을 집중시키고 구매의욕을 불러일으키는 효과가 있다.

📦 인포머셜(Informercial)

① 인포메이션(Information)과 커머셜(Commercial)의 합성어이다.

② 상대적으로 정보량이 많은 상업광고를 의미하며, 구체적으로는 뉴미디어를 통해 상표나 상품 관련정보를 제공하여 소비자의 구매욕구를 유발하는 광고 형태로서, 소비자의 이성적 반응에 초점을 맞춘 광고 수단이다.

📦 인터넷 광고의 형태별 분류

① 배너 광고(banner advertising) : 인터넷에 접속된 최초의 화면이나 정보 검색 소프트의 화면 한구석에 나와 있는 띠 모양의 광고, 기본적으로는 불특정 사용자의 눈길이 머무는 곳에 정보를 뿌리는 매스 광고의 구조이다.

② 스폰서십(Sponsorship) : 콘텐츠에 스폰서 로고를 표시하거나 광고 콘텐츠를 제공하는 것이다.

③ 온라인 이벤트 : 단기적인 이벤트를 실시함으로써 이용자에게 사이트에 대한 관심을 불러일으키고 그 안에 광고주의 로고나 배너를 노출하는 방법이다.

④ 틈새 광고 : 웹 사이트의 콘텐츠 페이지와 콘텐츠 페이지 사이의 화면 이동 시 전체 화면으로 삽입되어 광고 메시지를 보여주는 광고이다.

📦 홍보

① 기업, 단체 또는 관공서 등의 조직체가 커뮤니케이션 활동을 통해 스스로의 생각이나 계획·활동·업적 등을 널리 알리는 활동을 말한다.

② 선전과 유사하나 선전은 주로 위에서 아래로의 정보전달 활동이며, 그 정보가 때때로 과장·왜곡되어 일방적인 이미지를 형성한다는 점에서 구분 지을 수 있다.

📦 홍보의 유형

① 기자회견 : 뉴스가치가 있는 정보를 뉴스매체에 배포하여 사람이나 제품 또는 서비스에 대한 관심을 유발한다.

② 제품홍보 : 제품홍보에는 특정제품을 고지시키기 위한 제반노력이 포함된다.

③ 기업홍보 : 기업 자체에 대한 이해도를 촉진하는 내·외부적 의사소통을 말한다.

④ **로비활동** : 국회의원 및 정부관리들과 관계를 맺음으로써 자사에 유리한 법률제정과 규제조치를 촉진하고, 불리한 것을 회피하기 위한 활동을 말한다.

⑤ **카운셀링** : 경영자들에게 공공적 문제와 기업의 위치 및 이미지 등에 대해 조언하는 것을 말한다.

🔰 인적판매

① 판매원이 직접 고객과 대면하여 자사의 제품이나 서비스를 구입하도록 권유하는 커뮤니케이션 활동이다.

② 소비자와 판매원 간의 대면 의사소통으로 상황에 따라 적절한 대응의 변화가 가능하다는 융통성이 있다.

③ 정보전달의 범위에 한계성이 있다는 점에서 가장 비싼 커뮤니케이션 수단이다.

🔰 인적판매자의 역할

① 정보전달자의 역할   ② 수요창출자의 역할

③ 상담자의 역할   ④ 서비스 제공자의 역할

🔰 판매원의 종류

① **배달원** : 단순히 상품배달만 한다.

② **주문수령자** : 수동적인 주문만 받는 역할을 한다.

③ **섭외사원** : 고객과 좋은 관계를 유지하고 고객의 자문에 응하고 고객을 교육한다.

④ **수요창출 판매원** : 창의력을 발휘하여 적극적으로 수요를 창출한다.

🔰 판매원의 활동과정

① **준비단계** : 고객탐색과 사전준비로 구성되는데, 고객탐색은 잠재고객의 경제적 능력, 구매의도, 구매결정 권한의 소유 여부 등을 살피게 되며, 사전준비는 판매원이 제품을 소개하는 데 필요한 추가적인 정보를 수집하는 것을 말한다.

② **설득단계** : 접근, 제품소개, 의견조정, 구매권유의 4단계로 나뉜다.

③ **고객관리단계** : 판매원은 제품의 전달, 설치에서부터 대금지불과 제품사용 전 교육 및 제품사용 중 발생할 수 있는 문제점의 해결 등 고객에게 철저한 사후관리를 해야 한다.

🔰 판매촉진

① **가격판촉의 도구** : 직접 가격할인, 쿠폰 가격할인, 리펀드, 리베이트

② **비가격판촉의 도구** : 프리미엄, 견본품, 콘테스트, 시연회

💠 **프리미엄**

① 어떤 상품을 구입하는 고객에게 어떤 경품을 제공한다거나, 쿠폰을 제공하고 그것을 경품과 교환하거나, 여행·영화관람 등에 초대하는 방법의 판매촉진수단을 말한다.

② 상품첨부방식, 쿠폰방식, 추첨방식, 용기회수방식 등의 제공 방법이 있다.

💠 **견본배포**

① 상품의 현물이나 견본품을 무료 제공하여 수요를 창조해 가는 것으로, 거래점에서 직접 공급하여 나누어 주거나 가정방문, 우편, 광고로 지망자 모집을 하는 등의 방법으로 제공한다.

② 그 상품을 실제로 사용하게 함으로써 상품에 대한 이해를 도울 수 있으며, 상품차별화가 곤란한 시장에서는 사용을 습관화시키거나 브랜드 스위치를 일으키거나 상품 이미지의 전환을 꾀하는 데에 특히 유효한 수단이다.

③ 견본배포는 경쟁이 치열한 생활필수품 중 값이 저렴한 상품에 많으며, 수요증대를 꾀하는 것이 목적이지만 때로는 그 상품에 대한 소비자 반응을 조사할 때도 있다.

7절 가격관리 전략

💠 **가격설정의 전략**

① **원가기준 설정**
   ㉠ 원가에 이익마진을 더한 후 가격을 산정
   ㉡ 공공서비스, 하청, 도매, 광고 등

② **수요기준 설정**
   ㉠ 제품에 대한 수요를 기준으로 가격을 결정
   ㉡ 수요추정이 가능할 때, 대체재가 적거나 없을 때

③ **경쟁자기준 설정**
   ㉠ 경쟁자의 가격을 고려하여 사용
   ㉡ 탄력성예측이 어려울 때, 시장이 과점상태일 때

④ **가치기반 가격 설정**
   ㉠ 가치기반 가격 설정은 비용이나 시세를 기준으로 가격을 결정하던 전통적인 방식이 아니라, 고객에 대한 가치를 기준으로 가격을 결정하는 일이다.
   ㉡ 제값받기, 효용성 준거 약가제도, 기술 난이도에 기초한 가격 설정으로도 불림

❦ 유통관리관점의 가격개념

① **가격존(Price Zone)** : 매장 내 제품군 가격의 상한(최고가격)과 하한(최저가격)의 갭을 말한다.
② **가격폭(Price Range)** : 가격존을 중심으로 판매 수가 특히 많은 가격대를 말한다.
③ **가격점(Price Point)** : 고객들 과반이 구매하고자 하는 가격을 말한다.

❦ 가격결정전략

① **신제품의 가격결정전략**
　㉠ **스키밍 가격전략(초기 고가전략, Skimming Pricing Strategy)** : 연구 · 개발비용을 조기에 회수하고자 하는 고가격전략으로, 단기간 내의 수익극대화를 목표로 하는 상층 흡수 가격전략이다.
　㉡ **침투가격전략(초기 저가전략, Penetration Pricing Strategy)** : 낮은 가격으로 제품을 시장에 진출시켜 짧은 시간 내에 시장점유율을 확보하려는 전략으로, 경험곡선을 이용해 시장에 침투하여 장기적인 이익을 올리는 것을 목적으로 한다.
② **할인과 공제전략**
　㉠ **할인전략** : 수량할인, 거래할인, 현금할인, 계절할인 등
　㉡ **공제전략** : 중고교환공제, 촉진공제 등
③ **지역적 가격전략** : 공장인도가격, 지대가격, 기점가격, 균일운송가격, 운임흡수가격 등
④ **심리적 가격전략** : 준거가격, 명성가격, 단수가격, 관습가격 등
⑤ **촉진가격전략** : 미끼가격, 특별행사가격, 장기 지급조건, 현금반환 등(일시적 또는 짧은 기간 동안 소비자들에게 가격인하의 혜택을 제공함으로써 판매를 촉진하는 전략)

스키밍 가격전략과 침투가격전략의 비교

구분	스키밍 가격전략(선고 – 후저 가격정책)	침투가격전략(선저 – 후고 가격정책)
목적	품질 선도로 단기간의 수익극대화	단기간의 시장점유율 확보를 통한 장기적인 이익창출
필요한 상황	• 수요의 가격탄력성이 작은 경우 • 소수의 소비자들이 열망하는 명백한 특성을 갖추고 있는 경우 • 당분간 경쟁사의 시장진출 가능성이 적어서 시장점유율의 확보가 가능한 경우 • 소량생산으로도 대량생산에 비해 생산단가가 높지 않은 경우	• 수요의 가격탄력성이 큰 경우 • 상품에 대한 대량수요가 존재하고 있는 경우 • 상품에 대한 기업 간 경쟁이 치열하거나 치열한 경쟁이 예상되는 경우 • 규모의 경제에 의해 상당한 비용절감 효과를 얻을 수 있는 경우나 대량판매를 통해 높은 이익이 예상되는 경우
예	소니, IBM 등	반도체, 자동차 등

🎁 소비자의 가격심리

① 유보가격(Reservation Price) : 어떤 상품에 대하여 지불할 용의가 있는 한계가격, 즉 구매자에게는 최대지불, 판매자에게는 최대할인(최저가)을 하는 것을 말한다.

② 손실혐오(Loss Aversion) : 동일한 금액이라도 이익보다 손실을 보는 데 민감한 경향, 구매에 있어 가격인하보다 가격인상에 더 민감하게 반응하는 현상을 말한다.

③ 베버법칙(Weber's Law) : 초기 자극이 강할수록 자극의 강도가 높아지는 인간의 특성을 말하는 이론이다. 이에 따라 가격에 있어 가격변화에 대한 지각이 가격수준에 따라 달라지는 것으로 어떤 혜택을 초기에 제공하면 그것이 당연하다고 느끼는 현상을 일컫는다.

④ 차등적 문턱(Differential Threshold) : 어떤 자극의 차이를 인지하기 위한 최소한의 자극량을 말한다.

🎁 특별가격전략의 종류

① 단일가격전략 : 판매자가 동일한 수량을 구매하는 소비자에 대해서 같은 가격을 매기는 전략으로, 판매자에 대한 신뢰를 구축할 수 있다.

② 단수가격전략 : 가격단위를 990원, 9,900원 등으로 매겨 가격수준을 낮게 느끼도록 하는 전략으로, 주로 소매점에서 이용하는 심리적 가격전략이다.

③ EDLP전략 : Every Day Low Price, 즉, 상시 저가격을 유지하는 가격전략으로, 규모의 경제, 효율적 물류 시스템, 경영 개선의 결과물이다. 주로 대형마트에서 이용한다.

④ 변동가격전략 : 대량구입하는 고객의 협상력에 따라 최종가격이 결정되는 전략으로, 소비자의 구매수량에 따라 가격을 달리 책정한다.

⑤ 유인가격전략 : 고객을 유인하기 위해 몇몇 품목의 가격을 일시적으로 낮추는 전략이다.

⑥ High-Low 가격전략 : 일부 제품에는 상대적으로 낮은 가격을, 다른 제품에는 높은 가격을 제시하는 전략이다.

⑦ 재판매가격유지전략 : 일부 제조업자들이 중간상의 제품판매가격을 통제하기 위한 전략으로, 자사제품의 이미지 제고 및 수요와 원가를 모두 고려한 고이익 창출방법이다. 주로 상이한 가격목표를 가진 기업이 다른 방법에 의해 결정된 가격과 비교하기 위해 사용하는 전략이다.

> **마케팅 목표에 따른 특별가격전략**
> - 고이익의 저매출전략(전문점)
> - 저이익의 고매출전략(할인점, 양판점)
> - 인기상품의 저가전략(고객유인)
> - 회전이 느린 상품에 대해서는 저이익전략
> - 가격파괴전략

❖ 저가정책의 적용 이유

① 박리다매정책을 취하는 경우
② 자금을 신속하게 회수하기 원하는 경우
③ 판로를 확장하고자 할 경우
④ 시장점유율을 확대하고자 할 경우
⑤ 경영합리화에 의한 원가절감을 실현한 경우

❖ 가격인하전략의 위험성

① 다른 경쟁업자들이 뒤따라 인하정책을 구사하게 된다.
② 더 큰 폭의 가격인하를 자행하는 경쟁업자가 출현한다.
③ 지나친 가격하락으로 더 큰 하락을 기대한 고객들이 구매 시기를 연기하는 경우가 발생한다.
④ 자본력이 큰 기업만이 생존할 수밖에 없는 결과를 초래하게 된다.
⑤ 과당경쟁으로 상품 전체의 품질 및 서비스 저하를 초래하여 소비자에게 부정적인 효과를 준다.

❖ 상품의 수명주기

① 도입기
　㉠ 상품을 개발하고 도입하여 판매를 시작하는 단계로, 수요량과 가격탄력성이 적다.
　㉡ 경기변동에 대해 민감하지 않으며 조업도가 낮아 적자를 내는 일이 많은 단계이다.
　㉢ 소비자들에게 상품을 알려서 인지도를 높이는 것이 우선이다.
② 성장기
　㉠ 도입기를 무사히 넘기고 나면 그 상품의 매출액은 증가하게 되고 시장도 커지게 된다.
　㉡ 수요량이 증가하고 가격탄력성도 커진다.
　㉢ 성장기에 가장 조심해야 할 점은 장사가 잘되면 그만큼 경쟁자의 참여도 늘어나게 된다는 것이다.
③ 성숙기
　㉠ 대량생산이 본 궤도에 오르고 원가가 크게 내림에 따라 상품단위별 이익은 정상에 달하지만, 경쟁자나 모방상품이 출현하기 시작한다.
　㉡ 대다수의 잠재적 구매자에 의해 상품이 수용됨으로써 판매성장이 둔화되는 기간이다.
④ 쇠퇴기
　㉠ 수요가 경기변동에 관계없이 감퇴하며, 광고 및 판매촉진도 거의 효과가 없다.
　㉡ 시장점유율은 급속히 하강하여 손해를 보는 일이 많아진다.

3과목
유통마케팅

2 유통점포관리

1절 점포구성과 점포환경 관리

🎁 소매점포의 역할

① 공급된 상품의 판매와 수익을 실현하는 장소
② 고객에게 가치를 제공하고 가치의 만족을 제공하는 장소
③ 고객에 대한 정보수집을 가장 현실적이고 빠르게 입수하는 장소

🎁 소매점포 관리의 필요성

① 점포이미지를 전달하고 시각화할 수 있다.
② 점포 내 고객 쇼핑활동의 편리성을 증가시킬 수 있다.
③ 고객에게 경쟁점포와의 차별성을 부여하고 강화할 수 있다.
④ 매장직원들의 업무효율성을 높이는 데 기여할 수 있다.

🎁 점포이미지 구성요소

① 취급상품
② 가격
③ 서비스
④ 점포 시설물의 특성
⑤ 편의성
⑥ 광고 및 판촉
⑦ 점포분위기
⑧ 고객의 특성 및 점원

🎁 점포 레이아웃

보다 효율적인 매장 구성이나 상품진열, 고객동선, 작업동작 등을 위한 일련의 배치작업을 말한다.
① **격자형** : 점포의 공간 효율성을 높이려는 레이아웃으로 상품들은 직선형으로 병렬배열되며, 상품의 배열과 배열 사이에 고객들이 움직일 수 있는 복도가 만들어진다. 이같은 격자형 배치

는 기둥이 많고 기둥간격이 좁은 상황에서도 설비비용을 질감할 수 있으며, 통로 폭이 동일하므로 건물 전체 필요면적이 최소화된다는 장점이 있다. 대체로 식료품점에서 주로 구현하는 방식으로 고객들이 지나는 통로에 반복적으로 상품을 배치하는 방법이며 비용면에서 효율적이다.

② 경주로형 : 고객이 여러 매장들을 손쉽게 둘러볼 수 있도록 통로를 중심으로 여러 매장입구를 연결하여 배치한다. 경주로형은 전체 점포에 걸쳐 고객이동이 용이하기 때문에 쇼핑을 증대시킨다.

③ 자유형 : 고객의 편의성을 중시하는 레이아웃으로, 상품과 시설물들은 고객의 움직임을 최대한 자유롭게 하면서 일정한 패턴으로 군집되어 있다. 고객들이 여러 매장들을 손쉽게 둘러볼 수 있도록 통로를 중심으로 여러 매장 입구를 연결하여 배치하는 방법으로, 직선통로를 없애고 고객이 우회하여 움직일 수 있도록 함으로써 레이아웃 변경이 자유롭고 상품이 고객들에게 많이 노출되며, 매장규모와 형태가 서로서로 구별된다는 장점이 있다.

④ 부티크형 : 특정 쇼핑테마별로 하나의 독립적인 공간처럼 배치하는 형식으로, 자유형과 마찬가지로 구매를 촉진시키고 좋은 점포분위기를 형성시키는 장점이 있다.

🏠 점포 레이아웃의 목적

① 고객밀집을 막고 부문 간 이동을 쉽게 하며 매장으로 이동되는 상품 운반이 용이하게 한다.
② 매장을 아무런 방해 없이 바라볼 수 있게 한다.
③ 관련품목의 구매를 촉진하기 위하여 관련되는 상품을 한곳으로 모은다.
④ 부문배치를 합리화하여 구매저항을 줄인다.
⑤ 고객이 적절하지 않다고 생각하는 부문을 신속히 지나갈 수 있는 수단을 제공한다.

🏠 점포의 공간 및 환경관리

① 범위 : 개업에 앞서 매장 시설공사와 실내 인테리어 및 내부 장식은 투자계획에 따라 예상투자비가 초과하지 않는 범위 내에서 추진한다.
② 매장시설 : 전문업체와의 일괄계약이 유리하며, 체인점이나 대리점인 경우는 본사에 직접 의뢰하거나 본사에서 제공하는 설계에 따라야 한다.
③ 외부 디자인 : 고객흡인형은 고객이 외부에서 점포 내의 분위기를 느낄 수 있도록 설계하고, 고객선별형은 목표고객만이 점포 내로 들어오도록 점포 성격을 알릴 수 있는 외관설계가 중요하다.
④ 내부 디자인 : 고객의 구매욕구를 높이기 위해 상품을 보다 매력적으로 설계하며, 내부면적의 배분은 매장과 비매장면적으로 나누고 매장면적을 상품구색별로 구분하여 가장 효율적인 비율로 구성하는 것이 중요하다.

⑤ **점포 조명** : 점포의 바깥조명은 고객흡인력과 관계있으므로 영업시간 외에도 점포의 존재를 기억시키는 역할을 할 수 있다. 점포 안의 조명은 상품을 돋보이게 하는 색채 배합과 상품의 분위기에 맞는 상점 색채를 선정해서 고객의 구매욕구를 유발시키는 것이 중요하다.

2절 상품연출과 상품진열

상품의 진열

① 진열이란 매장에서 상품을 점포의 이미지와 일관되게 가지런히 놓는 것을 말한다.
② 판매대의 설비 및 배치, 조명의 배려에 따라 상품을 배열하여 고객의 구매의욕을 자극시키기 위한 판매술이다.
③ 타당성 있는 진열은 청결한 매장에서 상품을 고르고 보기 쉬우며, 만지기 쉽게 정리·정돈해 놓은 것이다.

디스플레이

① **의의** : 디스플레이는 일반적으로 선전을 목적으로 실시하는 전시, 진열, 장식을 의미한다. 디스플레이는 판매대의 설비 및 배치, 조명의 배려에 따라 상품을 배열하여 고객의 구매의욕을 자극하기 위한 판매술이다.
② **디스플레이의 목적**
　　㉠ 고객 수의 증가　　　　　　　　㉢ 적정이익의 증가
　　㉡ 계속거래　　　　　　　　　　　㉣ 적정이익의 확보
　　㉤ 종업원의 판매의욕 증진
③ **디스플레이의 종류**
　　㉠ **구색 진열** : 고객이 제품을 보고, 느낄 수 있도록 진열해 두는 것을 말하며, 개방된 구색 진열로는 책, 의류, 과일 등이 있고, 폐쇄된 구색 진열로는 컴퓨터나 CD 등을 들 수 있다.
　　㉡ **테마별 진열** : 제품을 테마별로 특정 분위기에 맞춰 진열하는 방법이다. 크리스마스 또는 명절, 바캉스 시즌 등에 특별한 매장 진열을 하는 경우를 들 수 있다.
　　㉢ **패키지 진열** : 개별로 제품을 진열하는 것보다 하나의 전체적인 효과를 노리고 세팅되어 번들(Bundle)로 진열되는 방법을 말한다.
　　㉣ **옷걸이 진열** : 걸어서 보여주는 제품을 위한 방법으로 주로 의류 소매업자에게 이용되는 방법이다.

ⓜ 케이스 진열 : 무겁거나 쌓일 수많은 제품을 진열하기 위해 이용되는 방식이다. 주로 레코드, 책 등에서 이용되는 방법이다.
ⓑ 컷 케이스 진열 : 매우 저렴한 진열방식으로 제품을 원래의 배달된 상자 속에 그대로 넣어둔 채 판매하는 것이다. 주로 할인점에서 이용되는 방법이다.

🔹 기획력

판매할 상품계획을 적극적으로 진행하여 호소력을 높인다.
① 판매목표를 달성하기 위한 판매계획의 작성은 그 점포의 진로를 결정하는 주요한 역할을 함과 동시에 차후의 판촉을 계획하는 참고자료가 된다.
② 막연하고 보편적인 것보다 고객의 주의와 충동구매를 기대해야 한다.

🔹 배치력

시선집중 포인트, 즉 팔기 쉬운 장소를 설정한다.
① **집시포인트** : 고객의 눈을 끌고 발을 멈추게 하여 충동적인 구매와 연결하기 위한 매장의 포인트가 되는 부분으로 고객의 시선을 모으는 포인트가 된다.
② **골든라인** : 상품을 진열해서 그 부분이 유효하게 되는 부분, 즉 팔릴 수 있는 진열의 높이라는 뜻으로, 보기 쉽고 사기 쉬운 위치라는 의미를 내포한다.

> **골든라인**
> • 매출기여도가 가장 높을 것으로 예상되는 위치
> • NB(National Brand)제품이 집중적으로 진열된 장소
> • 유효진열범위 내에서 가장 고객의 눈에 띄기 쉽고 한 손이 닿기 쉬운 높이의 범위
> • 눈높이에서 20도 내려간 곳을 중심으로 위 10도 그 아래 20도 사이에 위치
> • 판매수량, 매출액, 수익성 측면에서 기여도가 높은 상품을 황금구역에 디스플레이
> • 디스플레이해야 하는 상품 : 중점판매상품, 계절상품, 캠페인상품, 광고상품

🔹 상품력

팔 수 있는 상품 적량을 준비하여 상품구색과 넓은 공간으로 흥미와 욕망을 느끼게 한다.
① **집중적인 디스플레이** : 단품종목의 상품을 대량으로 진열하는 형태로 일정기간, 특히 1주일 정도의 단기간에 목표수량을 팔고자 할 경우 특정상품의 집중적인 디스플레이에 의해서 양감디스플레이의 힘을 발휘한다.
② **관련적인 디스플레이** : 중점 상품에 관계가 있는 용도별, 부속별, 가격, 연령, 색채, 계절 등을 잘 조합해 그 조합에 의한 상승효과로 판매력을 높이고자 한다.

③ 감각적인 디스플레이 : 고객의 상품을 취급하는 점포의 집시포인트는 상품의 가치를 높여줄 수 있는 감각적인 무드가 필요하다.

🎁 연출력

진열하는 방법을 창출하여 실감 있는 연상을 느끼게 한다.
① 주목효과 : 상품의 상식적인 디스플레이와는 다른 전시를 행함으로써 사람의 주목을 끄는 방법이다.
② 색채효과 : 색채를 보다 잘 이용함으로써 매장을 클로즈업시키고 활기나 쾌감을 연상시켜 연출력을 높이는 방법으로, 상품과 배경에 어울리는 색배합의 구상에 대한 지식이 필요하다.
③ 조명효과 : 전체적인 조명과 특정 상품을 집중 조명하는 부분 조명이 있으며 상품에 따라, 점포의 조건에 따라 색채 등에 의해 결정되어 연출된다.

🎁 설득력

상품설명, 가격의 명료한 표시 등 POP광고를 전개하여 고객이 망설이지 않고 충동구매를 하도록 유도한다.
① 유효디스플레이의 범위를 이해하고 이를 활용해서 상품을 진열하는 것은 당연하지만 판매원이 없어도 고객은 자유스럽고 기분 좋으며, 여유 있게 비교 선택할 수 있도록 하는 것이 중요하다.
② 가격의 명확한 표시와 그 상품의 목적에 합당한 적절한 소개를 설명해 주어야 한다.
③ 점포 측에서 고객에게 알리고 싶은 내용을 어필하는 서비스 사인이 필요하다.

🎁 브랜드 파워를 높이는 디스플레이

① 해당 그룹의 상품배치를 자사 브랜드의 상품만으로 가능하도록 풀라인 머천다이징 실현
② 브랜드파워 강화를 위해 전혀 다른 종류의 제품을 디스플레이해놓고 고객들의 새로운 욕구를 자극하는 크로스셀링을 수행
③ 제품을 위한 단독코너를 만들고 한곳에서 집중적으로 전시
④ 자사브랜드와 경쟁브랜드의 경계를 명확하게 해 주도록 POP 사용

🎁 AIDCA 원칙

① A(Attention) : 주의를 환기시킨다.
② I(Interesting) : 흥미를 유발시킨다.
③ D(Desire) : 소유하고 싶은 욕망을 느끼게 한다.
④ C(Confidence) : 확신을 갖게 한다.

⑤ A(Action) : 구매행동을 한다.

🔹 진열의 원칙

① 잘 팔리는 주력상품은 고객의 눈에 잘 보이는 곳에 진열한다.
② 너무 높거나 낮은 곳에 상품을 진열하지 않는다.
③ 관련 상품들은 함께 진열해서 시너지효과를 기대한다.
④ 고객의 이동공간을 넓혀 상품이 눈에 잘 보이도록 한다.
⑤ 상품의 브랜드와 가격이 잘 보이도록 한다.
⑥ 다양한 상품과 수량으로 진열해서 선택의 범위를 넓게 한다.
⑦ 고가상품은 최소한의 양만 진열한다.

🔹 진열의 방법

① 윈도 진열 : 점포에 대한 고객의 흡인력을 창조하고 점포 품격을 향상시킨다.
② 점두 진열 : 보통 보행객뿐만 아니라 아이 쇼핑 고객에 대하여 그 점포의 판매 상품과 제공 서비스가 훌륭하다는 신뢰감을 갖게 하고 구매하려는 분위기를 조성하는 기능을 한다.
③ 점내 진열 : 상품을 판매하기 위해 구체적으로 상품 구역별로 진열대에 진열한 것을 말한다. 상품 가격과 타 상품과의 비교를 통해 구매 결정을 할 수 있도록 진열해야 한다.
④ 수직적 진열 : 벽 또는 곤돌라를 이용하여 상품을 진열한 것을 말한다.

🔹 중점 상품의 디스플레이

① 광고적 효과 : 광고의 원칙인 AIDMA의 순서에 따라 중점으로 하는 상품을 고객에게 주목시키고 흥미를 주어 욕망을 일으키게 하며, 확신을 갖고 구매결정에 이르도록 디스플레이 원칙인 AIDCA가 그 판단기준의 지침이 된다.
② 심리적 효과 : 인간이 갖고 있는 시각, 촉각, 청각, 후각, 미각에 대해 얼마만큼 구체적으로 소구하고 있는가에 관한 것이다.

🔹 플래노그램(Planogram)

진열 공간의 생산성 평가의 수단으로 사용되며, 고객이 계산하면서 쉽게 집어들 수 있도록 편의점과 할인점의 계산대 옆에 소액 상품들을 진열하여 고객으로 하여금 의도하지 않았던 구매를 유도함으로써 매출 증대에 기여하는 것을 말한다.

🔹 효과적인 진열법

① 색채효과 : 색채에 의해 매장을 클로즈업시키고, 활기나 쾌감을 연상시키는 연출력이 중요하

다. 따라서 진열 목적에 맞는 상품 및 배경의 색배합과 관련된 지식을 갖추는 것이 바람직하다.

② **조명효과** : 점포의 입지조건, 업종, 경쟁점, 품질 등과 같은 여러 조건을 염두에 두고 그 점포에 알맞은 밝기를 정확히 구해야 한다.

③ **POP광고** : 점내에서 판매촉진을 위해 게시되는 광고와 디스플레이류 광고의 총칭이다.

조닝 · 페이스 · 페이싱

① **조닝(zoning)** : 레이아웃이 완성되면 각 코너별로 상품 구성을 계획하고 진열 면적을 배분하는 것을 말한다.

② **페이스(face)** : 상품의 정면을 의미한다. 이는 상품의 내용을 상세하게 알고 싶어 하는 고객의 욕구를 충족시켜 줄 수 있다.

③ **페이싱(facing)** : 상품의 측면을 의미한다. 상품 재고량에 대한 풍족감을 주기 위해 같은 종류의 상품을 측면으로 여러 개씩 연속적으로 진열하는 것을 말한다.

엔드매대(End Cap)의 역할

① 상품 제안 연출의 역할

② 고객 회유성 강화

③ 판촉강조

엔드매대의 응용

① 신학기, 명절, 계절행사, 행사 테마 등을 제안하는 공간으로 활용

② 관심 상품을 곤돌라에 진열하여 주 판매대인 곤돌라로 고객을 유인

③ 전단, 광고상품, 행사상품 등을 진열하여 판매촉진 수단으로의 활용

④ 인지도가 높은 상품을 진열하여 고객이 점내를 회유하게 유도

비주얼 머천다이징(VMD)

① 상품판매를 촉진하기 위해 자사의 제품을 시각적으로 호소하는 효과적 상품연출 활동 전부를 의미하며 기존 매장의 판매장소 내에서 고객의 구매를 자극하고 판매를 촉진하는 역할을 한다.

② 실질적 개념의 VMD는 무엇인가를 돋보이도록 창조하는 활동 모두를 의미한다.

VMD의 방법

① **수평구성과 수직구성** : 질서강조, 안정감, 균형감 표현

   예 건물 내부 및 외부에 사인이나 배너로 활용

② **사선구성과 곡선구성** : 속도감 강조, 시선 자극, 생동감 부여

@ 의류나 완구에서 사선구성 활용, 여성제품에 곡선구성 사용

③ **삼각구성** : 상품이 통합되어 보이기 쉬운 형태로 조화와 안정감을 줌. 홀수로 배열

④ **부채꼴구성** : 고가상품의 진열로서 쇼케이스 내부에 이용하면 좋고 벽면 연출에 많이 사용

⑤ **원형구성** : 상하가 대칭이 되어 종합감을 연출하는 것으로 반복 배열함으로써 중앙에 시각적인 초점을 강조

⑥ **직선구성** : 평면으로 상품을 붙여 진열하거나 공간에 배치하여 표현할 때 주로 이용되는 구성법, 패턴 자체가 단조로워 리드미컬하게 표현 가능, 주된 상품과 관련 상품의 토털 코디네이트에 이용할 경우 효과적

🎁 POP광고

POP는 소매상의 점두나 점내를 활용하여 판촉활동을 수행하는 점내 광고로, 셀프 서비스 판매를 중심으로 한 판매방식 증대에 따라 제조업자나 도매상이 자신의 광고를 판매시점에 접목시킬 목적으로 사용되고 있다.

🎁 POP 역할

① 상품특징 전달

② 상품정보 전달

③ 상품사용법 전달

④ 점포의 격, 상품의 격 연출

🎁 POP 종류

① **점두POP** : 쇼윈도, 행사포스터, 현수막 등

② **점내POP** : 매장 내 사인, 모빌, 행거, 현수막 등

③ **진열POP** : 가격표, 제품안내카드

🎁 조명관리

조명은 진열한 상품을 부각시켜 상품의 인상도를 높이는 동시에 고객을 유인함으로써 효과적으로 매출액을 증대하는 역할을 한다.

① 매장조명의 형태

  ㉠ **기본조명** : 매장 전체를 균일하고 적정하게 밝혀주는 것

  ㉡ **연출조명** : 벽면이나 상단에 연출된 제품을 부각시키기 위한 조명

  ㉢ **장식조명** : 샹들리에처럼 장식의 효과를 위한 조명

판매원과 상품지식

① 판매원의 역할

   ⊙ 자신에게 상품을 구입하게 되면 다른 판매원에게서 구입하는 것보다 더 이익이라는 정보를 고객에게 알린다.

   ⊙ 일상생활용품의 판매원은 고객의 생활양식을 지도하는 생활컨설턴트이며, 업무용품의 판매원은 사용자의 경영 합리화와 생산성 향상을 지도하는 경영컨설턴트가 되어야 한다.

   ⊙ 상품의 판매에만 급급하여 자신의 존재가치를 잃어버리고 사라지는 판매원이 아닌 컨설턴트로서의 역할을 다해야 한다.

② 판매원과 상품지식

   ⊙ 판매원은 고객을 지도할 수 있는 충분한 상품지식을 습득하여 활용해야 한다.

   ⊙ 판매원은 고객에게 상품을 파는 것이 아니라 고객의 생활 향상에 협력함으로써 고객이 감사히 여기고 상품을 사도록 해야 한다.

   ⊙ 고객은 상품을 구하고 있는 것이 아니며, 그것을 구입함으로써 얻는 이익을 목표로 하고 있으므로 그 이익이 더욱 커지도록 원조해 나가야 한다.

   ⊙ 판매원은 상품에 대한 물리·화학적 지식, 효용 그리고 생활시스템 내에서의 위치 부여 등에 관해 폭넓은 지식을 가져야 한다.

   ⊙ 매입과 상품관리를 하는 데 있어서도 상품지식은 필요하다.

3절 판매관리와 고객관리

점포선택과 관여도

① 구매효과계층모형

> 인지 → 지식 → 호감 → 선호 → 확신 → 구매

② 합리적인 점포선택과정

> 욕구인식 → 점포관련 정보탐색 → 점포평가 → 점포선택 → 점포방문

③ 저관여 구매의 과정

> 습관적 의사결정 → 문제인식(선택적) → 정보탐색(한정된 내부탐색) → 구매 → 구매 후(부조화 없음)

④ 고관여 구매의 과정 : 광범위한 의사결정

> 문제인식 → 정보탐색(내부탐색 및 외부탐색) → 대안의 평가(많은 속성, 복잡한 의사결정규칙, 많은 대안)
> → 구매 → 구매 후 부조화(복잡한 평가)

🏵 저관여 상품의 마케팅 전략

① 제품을 어떤 관련 이슈와 연관시킨다.
② 제품을 개인이 관여하고 있는 상황과 연관시킨다.
③ 제품편익의 중요성을 변화시킨다.
④ 제품을 관련광고에 연관시킨다.
⑤ 제품의 중요한 특성을 소개시킨다.

🏵 고관여 상품의 마케팅 전략

① 행동의 결과에 대한 기존의 신념을 변화시킨다.
② 특별한 행동결과에 대한 소비자평가를 변화시킨다.
③ 새로운 신념과 평가의 결합을 도입한다.
④ 기존의 규범적 신념을 변화시킨다.
⑤ 주관적 규범에 순응하도록 동기를 변화시킨다.
⑥ 새로운 규범적 요소를 도입한다.

🏵 소비자의 상품 품질 판단기준

① **신뢰성** : 어떤 상품의 기능이 소비자의 예상과 일치할 확률에 대한 문제
② **지속성 및 수선 용이성** : 상품을 수리해서 정상적으로 작동시킬 수 있는가에 대한 문제
③ **사용기간** : 상품이 소비자가 예상한 대로 기능을 효과적으로 발휘하는 기간
④ **공정성** : 어떤 상품이 제공하는 가치가 자신이 제공한 급부에 대해 동등한 혹은 그 이상의 효용을 제공하는가에 관한 문제

🏵 비계획적 구매의 4유형(H. Stern)

① 다양성이나 새로움에 대한 단순한 충동구매(pure impulse buying)
② 상기효과에 의한 구매(reminder impulse buying)

③ 암시효과에 의한 구매(suggesting effect buying)

④ 계획적 충동구매(planned impulse buying)

🎁 구매 인지부조화

인지부조화란 소비자가 자신들이 이미 선택, 구매한 브랜드에 유리하도록 자신들의 태도를 변화시킴으로써 그들이 내린 의사결정에 대한 정당성을 강화하려는 경향을 말한다.

① **구매 후 인지부조화** : 구매 전 상황에서 기대하였던 것과 구매 후의 실제 성과 간에 다른 만족을 느끼는 것을 의미한다.

② **기대불일치** : 인지부조화의 전 단계로서, 자신의 기대와 실제 결과가 부합되지 않는 상황을 말한다.

🎁 고객생애가치(CLV : Customer Lifetime Value)

① 고객생애가치는 고객들로부터 미래의 일정 기간 동안 얻게 될 이익(= 수입 · 비용)을 할인율에 의거해 현재가치로 환산한 재무적 가치로, 한 고객이 평균적으로 기업에게 기여하는 미래 수익이 현재가치로 환산되는 가치이며 고객과 기업 간에 존재하는 관계의 전체가 가지는 가치이다.

② 고객생애가치 개념에서는 매출액보다 이익을 중시한다. 또한 고객들의 이탈률이 낮을수록 고객생애가치는 증가한다.

🎁 고객자산(Customer Equity)

고객을 기업의 중요한 자본 혹은 순자산으로 관리하겠다는 의미를 지닌 것이다.

① **가치자산(value equity)** : 상품 및 서비스의 객관적 품질이나 가격, 편의성에 기초하여 형성된 순자산

② **브랜드자산(brand equity)** : 상품 및 서비스의 브랜드 인지도에 기초하여 형성된 순자산

③ **관계자산(relationship equity)** : 제직원과의 친밀성, 고객커뮤니티 등의 요소들을 기반으로 형성된 순자산

🎁 고객관리(Customer Management)

고객정보를 수집, 분류, 정리, 가공하여 고객욕구충족에 활용함으로써 자사와의 긍정적인 이미지를 형성시키고 계속적인 판매로 연결되도록 하는 활동 전부를 말한다. 과거에는 모든 고객을 대상으로 관계를 형성하기 위한 대량마케팅을 실시했으나, 최근에는 수익성이 높은 소수의 고객들을 대상으로 관계를 구축하려고 노력하고 있다. 이것은 고객생애가치와 고객충성도의 개념을 바탕으로 신규고객을 획득하는 것보다 기존고객, 혹은 우수고객을 선별적으로 관리하여 재구매

를 유도하는 것이 수익성이 높다는 다양한 연구결과에 의한다.

🎁 고객관계관리(CRM : Customer Relationship Management)

고객의 획득, 유지, 수익성 향상을 위해 기업내부에 축적된 고객정보를 효과적으로 활용하여 고객과의 관계를 유지·확대·개선함으로써 고객의 만족과 충성도를 제고하고, 기업 및 조직의 지속적인 운영·확장·발전을 추구하는 고객관련 제반 프로세스 및 활동을 말한다.

① **목표** : 한 번의 고객을 기업의 평생고객으로 전환시켜 궁극적으로 기업의 장기적인 수익을 극대화하고자 하는 것이다. 즉 고객과의 관계를 바탕으로 고객의 평생가치를 극대화한다는 것을 의미한다. 이를 위해 고객과의 첫 만남에서 헤어짐에 이르는 전 과정을 관리한다.

② **구성** : 기본적으로 관계획득, 관계유지, 관계강화로 구성되며, 신규고객획득 및 목표고객선정, 고객생애가치의 극대화, 고객이탈방지 및 유지, 유치된 고객의 지속적인 관리 등을 수행하여 기업 경쟁자보다 탁월한 고객가치와 고객만족을 제공할 것이 요구된다.

🎁 CRM기반 마케팅 전략

① 고객 개개인의 욕구를 충족시키고 고객과 더 강한 관계를 구축할 수 있도록 고객과 교류(interaction)
② 개별 고객을 대상으로 제품, 서비스, 메시지를 맞춤화(customize)
③ 고객의 이탈(defection) 감소
④ 고객관계를 장기적으로 유지(longevity)
⑤ 크로스 셀링과 업 셀링을 통해 개별 고객의 성장 잠재성(SOW, 지갑점유율) 증진(enhancing)
⑥ 수익성이 낮은 고객을 수익성이 높은 고객으로 변화(making) 혹은 고객포기(terminating)
⑦ 가치 있는 고객들의 불균형(disproportionate)에 집중(focusing)

🎁 커뮤니케이션

① **커뮤니케이션의 개요**
　㉠ **명시적** : 사람과 사람 사이에서 사고의 공통성을 형성하기 위해 언어나 문자를 사용하는 방식이다.
　㉡ **묵시적** : 의상, 규격, 색채, 표현 등의 비언어적 상징을 사용하는 방식이다.
② **고객커뮤니케이션의 역할** : 소매상이 고객에게 제공하는 상품진열, 점내표식, 광고 및 점원 등의 중요 활동을 통합하여 이를 고객에게 전달한다.
③ **고객의 유형**
　㉠ **결단형 고객**
　　• 특성 : 정의심이 매우 강하며, 자기에게 필요한 상품이 무엇인지 분명히 알고 있다.
　　• 응대방법 : 판매원은 목적이 판매를 위한 것이지 논쟁을 위한 것이 아니라는 점을 명심해

야 한다. 판매원은 고객으로 하여금 셀프서비스하도록 하거나 판매제시를 하는 동안 고객의 욕구나 의견을 기술적으로 주입시켜 상품을 제시해야 한다.

ⓛ **의구형 고객**
- **특성** : 매사에 의구심이 많아 남에게 이용당한다는 생각을 가지며, 성격상 고분고분해지는 것을 매우 싫어하고, 구매의사결정을 할 때 판매원의 말을 신뢰하지 않는다.
- **응대방법** : 판매원은 가능한 한 상품의 사용방법은 물론 제조업체의 태그도 설명하면서 상품의 특징을 지적해 주어야 한다.

ⓒ **다혈질적 고객**
- **특성** : 심성이 고약하고 아주 사소하고 조그마한 일에도 화를 잘 내며, 마치 일부러 사람을 괴롭히는 듯한 성향을 가지고 있다.
- **응대방법** : 판매원은 응대를 함에 있어 논쟁을 피하고 명백한 사실에 관해서만 언급하며, 여러 가지 상품을 기분 좋게 제시해야 한다.

ⓔ **논쟁적 고객**
- **특성** : 구매결정에 조심성이 있으며 시간이 다소 많이 걸린다. 또한 논쟁하기를 좋아하며, 판매원의 설명 한마디 한마디에 이의를 제기하거나 판매원의 설명 중에서 약점을 찾으려고 한다.
- **응대방법** : 판매원은 응대를 함에 있어서 제품이나 서비스에 대한 충분한 지식을 가져야 하며, 이런 고객에 대한 접근은 간접적인 부인접근법이 효과적이다.

ⓜ **사실추구형 고객**
- **특성** : 대체로 상세하고 정확한 사실에 흥미를 가지며, 판매원의 상품설명 가운데 틀린 것이나 실수를 놓치지 않고 관찰하거나 제품이나 서비스에 대한 상세한 설명을 듣고자 한다.
- **응대방법** : 판매원은 사실에 입각한 제시를 하며, 제조업자의 라벨, 태그 혹은 제품번호에 대한 정보를 제공하는 것이 효과적이다.

ⓗ **내성적인 고객**
- **특성** : 감수성이 예민하며 자제력이 강하다. 자신의 판단에 확신을 가지지 못하며, 간혹 보통가격보다 비싼 가격의 품목을 구매한다.
- **응대방법** : 판매원은 고객이 스스로 구매결정에 따른 만족감을 갖도록 친절과 존경으로 접객해야 한다.

ⓢ **충동적 고객**
- **특성** : 결정이나 선택을 재빨리 하는 성향이나, 인내심이 없으며 갑작스럽게 거래에 대한 취소를 하기도 한다.
- **응대방법** : 판매원은 과다판매를 하거나 판매를 지연시키지 말고, 판매를 빠르게 종결지어야 한다.

◎ 주저형 고객

- 특성 : 자신이 결정할 능력이 결여되어 있거나 잘못된 결정에 대한 근심과 두려움을 가지며, 판매원의 조언이나 협조를 바란다.
- 응대방법 : 판매원은 고객의 필요를 분석하여 이에 부응하는 제품의 장점을 지적해 줌으로써 고객이 표현한 필요나 의혹에 하자가 없음을 인식시킨다.

ⓩ 연기형 고객

- 특성 : 대체로 구매결정을 뒤로 미루거나 자신의 판단에 확신이 부족하며, 자신감이 결여되어 있다.
- 응대방법 : 판매원은 긍정적인 제의를 하여 고객의 판단이 옳다는 것을 인식시켜 의사결정에 도움을 준다.

ⓩ 전가형 고객

- 특성 : 점포 내의 판매원 이외의 가족구성원이나 다른 사람의 조언을 중요시 여기며, 사실의 불확실성을 인정하지 않는다.
- 응대방법 : 판매원은 사실에 동의하고, 고객으로 하여금 의견을 진술하도록 유도하여 판매를 종결한다.

㉠ 침묵형 고객

- 특성 : 주로 말은 없어도 생각을 많이 하며, 관찰력이 뛰어난 성향이다. 판매원의 의견에 귀를 잘 기울이나 대체로 무관심한 것처럼 보인다.
- 응대방법 : 판매원은 직접 질문을 시도하거나, 제품이나 서비스의 특징을 지적하여 판매하도록 한다.

㉣ 오락 • 여가형 고객

- 특성 : 매우 충동적이고 여가시간을 가지기를 좋아하며, 단순히 쇼핑이나 점포에 진열된 상품에 관한 정보를 얻고자 한다.
- 응대방법 : 판매원은 고객을 환영해 주며 진지하게 제품의 특징을 설명해 주고, 고객이 표출한 특별한 관심사에 신경을 쓰는 것이 효과적이다.

🏆 고객충성도 프로그램

① 개념

㉠ 고객충성은 On-Line, Off-Line 할 것 없이 기업이 포기해서는 안 되는 가장 중요한 자산이며, 웹상에서의 고객충성은 제품가치 이외의 많은 변인의 영향을 받는다.

㉡ 기업이 자사의 제품 혹은 서비스에 대한 매출을 올리기 위한 목적으로 운영하는 일종의 마케팅 방법으로 마일리지 제도와 같이 수익성 있는 인센티브 제공을 통해 고객충성도를 구축하기 위한 마케팅 프로그램이다.

② 충성 고객 형성의 단계

ㄱ 1단계(구매용의자) : 자사의 제품이나 용역을 구매할 능력이 있는 모든 사람을 포함한다.

ㄴ 2단계(구매가능자) : 자사의 제품이나 용역을 필요로 할 수 있고, 구매능력이 있는 모든 이들을 가리킨다. 이들은 이미 자사의 제품에 대한 정보를 갖고 있다.

ㄷ 3단계(잠재고객) : 구매가능자 중에서 제품에 대한 필요를 느끼지 않거나 구매할 능력이 없다고 확실하게 판단이 되는 고객으로 목표고객에서 제외시킬 수 있다.

ㄹ 4단계(최초구매고객) : 자사의 제품을 1회 구매한 고객을 의미한다. 이들은 자사의 고객이 될 수도 있고, 경쟁사의 고객이 될 수도 있다.

ㅁ 5단계(반복구매고객) : 자사의 제품을 적어도 2회 이상 구매한 고객이며, 같은 제품을 2번 구매한 고객일 수도 있다. 또한 다른 제품이나 용역을 번갈아 구매하는 고객일 수도 있다.

ㅂ 6단계(단골고객) : 자사가 판매하는 제품 중 사용할 수 있는 모든 제품을 자사로부터 구매하는 고객이다. 이들은 자사와 지속적이고 강한 유대관계를 가지고 있어 경쟁사의 유인전략에도 동요되지 않을 고객들이다.

ㅅ 7단계(지지고객) : 단골고객 중에서 다른 사람들에게도 자사 제품을 사서 쓰도록 권유하는 고객들이다.

🏆 고객충성도 관리를 위해 실무적으로 사용되는 방법

① 최초구매자의 재구매 유도
② 자사의 제공서비스를 계속적으로 고객에게 제공
③ 재구매활동을 서비스상품화
④ 품질보증제도를 시행
⑤ 부가가치적 상품의 개발
⑥ 고객정보 데이터베이스를 활용
⑦ 초기 고객반응 파악과 신속대응
⑧ 정기적인 행사의 개최
⑨ 고객카드관리(멤버십제도)
⑩ 마일리지제도(보너스카드, 쿠폰 등)

🏆 데이터베이스 마케팅(DBM)

① 개념

ㄱ 시장에서 수집된 각종 소비자 데이터를 바탕으로 실시하는 마케팅을 말한다. 즉, 각종 자료에서 통계적으로 의미 있는 자료를 뽑아내고 이것의 시사점을 분석해 보는 것이다.

ㄴ 고객정보를 단순하게 관리하는 것이 아니라 고객의 속성, 구매 등에 관한 데이터를 시스템

적으로 처리하는 것이다.

  ⓒ 고객, 단골고객, 데이터, 정보, 시스템 등을 기본으로 하여 고객의 데이터와 새로운 데이터를 검색·분석하며, 새로운 반응 데이터를 데이터베이스로 갱신하여 확장하는 실무적이고도 비즈니스적인 성격이 강한 마케팅이다.

② **고객유지전략** : 고객별 분석을 통해 고객의 현재가치와 미래가치를 측정하여 분류하고 지속적으로 유지하는 것을 목적으로 고객의 욕구를 세분화하여 이에 적절히 대응하게 되는 전략으로 업체에 대한 로열티를 높일 수 있을 뿐만 아니라 관련제품도 연계하여 판매할 수 있다.

  ㉠ 1단계 : 기존 데이터베이스 분석을 통해 고객을 세분화한다.

  ㉡ 2단계 : 데이터베이스를 활용하여 고객에게 접근한다.

  ㉢ 3단계 : 데이터베이스 마케팅의 효과단계이다.

🔹 고객 서비스의 전략적 우위성

① 직접판매는 생산자와 소비자가 직접 거래하는 방법으로 소매점 또는 대리점을 이용하지 않는 유통방식이며, 고객 세분화에 따른 판매 기술을 도입하여 고객 서비스 면에서 만족도를 높일 수 있다.

② **서비스의 특징** : 고객에 있어 충분한 상품구성과 상품선택에 필요한 시·공간, 적절한 매너에 의한 정보제공이 이루어져야 한다.

  ㉠ 서비스의 기본은 업태의 여하를 불문하고 소비자 주권에 기초를 둔 발상에 의해 설계되어야 한다.

  ㉡ 접객기술에 있어서 스페이스와 기획 및 시스템은 상품, 점격(店格)에 알맞은 매뉴얼에 의해 선정될 필요가 있다.

🔹 고객대기

① **의의** : 언제, 어떠한 경우에도 고객을 맞이할 수 있는 준비와 마음가짐이 되어 있는 상태를 말하며, 체크 매뉴얼의 강력한 시행은 물론 매장 내에서의 각 판매원이 고객의 접근 공간을 보전하면서 기다리는 마음가짐의 상태가 요망된다.

② **판매담당자의 대기요령**

  ㉠ 가장 바람직한 대기자세란 고객이 판매담당자에게 다가가고 싶은 마음이 생길 수 있도록 하는 것이다.

  ㉡ 판매담당자로서는 강력한 리더십을 발휘하여 매장 및 물·인적 요소를 장악하여 고객대기의 체제를 항상 유지하도록 지도, 관리해야 한다.

  ㉢ 판매담당자는 피크 타임 때에 판매원 배치에 있어 어떠한 타입과 패턴이 가장 이상적인 형태인가를 판매관리전술로서 전개해 가는 것이 중요하다.

❖ 접근요령

① **의의** : 접근(approach)이란 판매를 시도하기 위해 고객에게 다가가는 것으로, 즉 판매를 위한 본론에 진입하는 단계를 말한다. 접근은 실질적인 판매의 출발점으로 이 접근에서 고객이 판매담당자에 대해 짧은 순간에 느끼는 감정이 판매활동의 진행에 큰 영향을 미친다.

② **접근기술** : 접근에 성공하여 판매단계로 진입하기 위해서는 우선 성실하게 미소 띤 얼굴로 부드러운 분위기를 조성하여 예의바르고 세련된 화술 등의 기능이 발휘되도록 해야 한다.

③ **접근방법**

- ㉠ 상품접근법
- ㉡ 서비스 접근법
- ㉢ 상품혜택 접근법
- ㉣ 환기접근법
- ㉤ 프리미엄 접근법
- ㉥ 칭찬접근법
- ㉦ 공식적 접근법
- ㉧ 친지소개 접근법
- ㉨ 금전제공 접근법

❖ 고객본위의 응대 원칙

① **의의** : 고객본위의 응대란 그 우위성을 보증하면서 고객의 목적을 즉각 파악하여 고객의 가치관에 알맞은 상품제시와 정보제공을 고객 레벨에서 행하는 것을 말한다.

- ㉠ **1대1 응대** : 많은 손님이 내점하더라도 반드시 1인 1객의 자세로 응대해야 한다.
- ㉡ **선객우선 응대** : 먼저 온 손님 순으로 응대한다.
- ㉢ **고객별 응대** : 고객의 타입, 연령에 따라서 적절한 응대를 한다.

② **고객 응대의 유의사항**

- ㉠ 전문용어를 남용하지 말고, 사용 시에는 반드시 해석을 덧붙여 고객이 이해하도록 해야 한다.
- ㉡ 고객이 원하는 상품특성을 알고 그 부류에 속한 몇 가지 상품을 갖추어 제시해야 한다.
- ㉢ 접객 중에는 다른 업무나 잡무로 고객을 기다리게 해서는 안 된다.
- ㉣ 친숙한 사이라도 무례한 행동을 해서는 안 된다.

❖ 상품의 제시

① 고객본위로 제시하는 태도가 고객의 우위성을 보증하는 동시에 상품의 제시행위 그 자체는 고객에 의해 상품의 특성확인이 가능한 형태를 취하는 것이다.

② 매너가 고객에게 주는 영향은 언어 이상으로 크게 작용한다. 고객은 언어보다도 상품제시의 매너로 그 상점을 평가하는 경향이 있다.

③ 상품·매장관리가 적정하게 행해져야 하며, 판매업무가 오로지 이 접객을 통해 성립된다고 생각하여 접객 이외의 업무를 소홀히 해서도 안 된다.

🎏 판매동선을 잡는 방법

① 성과를 높이기 위해서는 판매동선을 짧게 하는 것이 효율적이다.

② 판매동선을 짧게 하려면 고객본위의 매장 레이아웃 계획이 수립되어 있어야 하지만, 아무리 훌륭한 동선 설계가 되어 있더라도 행동하는 판매원의 자질 여하에 따라 그 효과는 다양한 형태로 표출된다.

③ 판매원의 자질

　㉠ 매장 안의 어디에 어떤 상품이 진열되고 보관되어 있는가를 기억하고 있어야 한다.

　㉡ 신제품이 반입된 경우에는 반드시 그 진열된 곳과 보관장소를 확인 및 기억하고 있어야 한다.

　㉢ 접객업무가 끝난 후에는 제시된 상품을 반드시 원위치에 원상태로 되돌려 놓는다.

　㉣ 포장대 위의 용구, 혹은 포장재료 등은 접객업무가 완료된 뒤에 반드시 원위치에 되돌려 놓는다.

　㉤ 활달하며 민첩한 태도를 취한다.

🎏 클로징(Closing)의 원칙

① 상품대금을 확인하고 받은 돈을 확인하며, 또 거스름돈을 확인해서 금전수수상에 착오가 없도록 행동하는 것이다.

② 금액수수에 오해가 발생하면 고객에게 불쾌감을 줄 뿐 아니라, 기업에 피해와 손실을 주며 상점의 신뢰성도 떨어뜨리는 결과를 초래한다.

③ 상품대금, 즉 판매가는 명료하게 고객에게 알리며 클로징이 시작됐을 때는 정중하게 포장을 해서 상품을 건네주고, 대금을 받으면 상품대금과 받은 돈을 고객에게 확인케 하는 과정이 중요하다.

🎏 컴플레인 관리

① 상품에 대한 고객의 만족도 및 불만족의 표시는 매장관리에 있어서 귀중한 정보이다.

② 입지, 점포구조, 판매지식, 레이아웃, 머천다이징, 상품, 조명, 진열, 기구, 사인보드, POP, 프라이스 카드 등 고객의 불평은 경영의 전 분야에 걸쳐 영향을 미친다.

③ 판매원은 고객의 불평을 듣고 고객이 즉시 납득할 수 있도록 설명을 하고 양해를 구해야 한다.

④ 판매원은 자기의 권한 밖의 사항에 대해 상사와 의논하여 그 지시에 따라 양해를 하도록 고객에게 설명하고 적당한 조치를 취해야 한다.

🎏 고객 컴플레인의 대응

고객이 상품을 구매하는 과정에서, 또는 구매한 상품에 관해 품질·서비스 불량 등을 이유로 불만을 제기하는 것으로 매장 내에서 종종 발생하는 사항이다. 고객의 불만·오해·편견 등을 풀

어주는 일을 컴플레인 처리라고 하며, 이것은 판매담당자의 중요한 임무 중의 하나이다.

① 고객 컴플레인 처리단계

　㉠ 제1단계 : 고객의 불만이나 불평을 듣고, 고객의 불평내용과 원인에 대한 정보를 수집한다.

　㉡ 제2단계 : 불만의 원인을 분석하며, 고객의 불평이나 불만에 대한 사실확인과 원인을 확인한다.

　㉢ 제3단계 : 해결책을 검토하며, 문제해결을 위한 고객 요구사항에 대한 파악과 만족할 만한 해결방안을 모색한다.

　㉣ 제4단계 : 만족스런 해결방안을 결정하고 고객에게 해결책을 제안한다.

　㉤ 제5단계 : 처리결과를 검토한다.

② 고객 컴플레인 대응 시 유의사항

　㉠ 고객의 말에 동조하면서 끝까지 충분히 듣는다.

　㉡ 고객과 논쟁이나 변명은 피한다.

　㉢ 고객의 입장에서 성의 있는 자세로 임한다.

　㉣ 솔직하게 잘못을 인정하며 사과한다.

　㉤ 설명은 사실을 바탕으로 명확하게 한다.

　㉥ 신속하게 처리한다.

❤ 컴플레인 처리 방법

① 사람(Man)을 바꿈 : 판매담당자를 판매관리자로

② 시간(Time)을 바꿈 : 즉각처리에서 충분한 시간을 두고 처리

③ 장소(Place)를 바꿈 : 판매장소를 사무실, 소비자 상담실로

❤ 반품처리

① 고객이 특히 상품선택을 소홀히했거나 고객 자신의 가족에 대한 일방적인 선택이 원인이 되는 경우가 많은데, 이 점에 대해서는 반품 응대를 할 때 상대방의 실수를 책한다든가 하는 행위는 피해야 한다.

② 반품된 상품을 다시 매장에 진열할 경우 상품이 판매될지에 대한 가능성과 상품가치에 대해 확인해야 한다.

❤ 좋은 고객평가를 위한 노력

① 서비스 회복에 대한 가이드라인을 정립하여 공정성과 고객만족의 목표를 동시에 달성할 수 있도록 지속적으로 노력해야 한다.

② 효과적인 서비스 회복을 위해서는 불만이나 문제를 가진 고객이 회사에 쉽게 접근해서 즉각적

인 응답을 받을 수 있는 통로를 마련해야 한다. 가장 일반적인 고객 불만제기의 통로로 콜센 터를 들 수 있다.

③ 콜센터, 인터넷 웹사이트와 연계된 고객 데이터베이스를 구축하고 활용하는 것 또한 성공적 인 서비스 회복을 위한 실행과제이다.

④ 고객 불만의 65% 가량은 현장의 직원들에게 접수된다. 그러므로 서비스 회복 시스템을 설계 할 때는 고객 접점에 있는 종업원들이 고객불만을 효과적으로 처리할 수 있도록 권한을 부여 하고 교육하는 것이 가장 중요하다.

🎁 고객의 서비스 지각차이

① **인식차이** : 고객의 서비스 기대치와 소매업체의 고객 기대치에 대한 지각 사이에 존재하는 인 식의 차이

② **표준차이** : 소매업체의 소비자 기대치 인식과 고객 서비스 표준 간에 존재하는 차이

③ **인도차이** : 소매업체의 서비스 표준과 실제 고객에게 수행된 서비스 간에 존재하는 차이

④ **커뮤니케이션 차이** : 실제 고객에게 수행된 서비스와 소매업체의 홍보 프로그램에 약속된 서 비스 간에 존재하는 차이

🎁 서비스 품질격차 모형

① **격차 1** : 서비스에 대한 고객 기대와 경영자 인식의 차이

> 고객의 기대가 형성되는 과정에 대한 경영자의 이해 부족으로 발생하며 고객 기대는 광고, 기업에 대한 과 거 경험, 개인적 욕구, 친구와의 커뮤니케이션 등에 의해 형성된다.

② **격차 2** : 경영자 인식과 서비스 품질 표준의 차이

> 고객에게 전달해 줄 수 있는 서비스 품질 표준이 개발되어 있지 않을 때, 경영자의 참여가 부족할 때, 고객 의 기대를 충족시키는 것이 불가능하다고 인식할 때, 서비스 품질의 목표가 설정되어 있지 않을 때, 업무의 표준화가 잘 되어 있지 않을 때 발생한다.

③ **격차 3** : 서비스 품질 표준과 서비스 전달 수준의 차이

> 실제 서비스의 전달 수준이 설정된 품질 표준에 미달될 때 종업원과 고객 간의 접점에서 발생한다.

④ **격차 4** : 서비스 전달과 외부 의사소통의 차이

기업이 광고 등 고객과의 외부 의사소통을 통하여 실제보다 많은 것을 제공하겠다고 약속한 경우에 발생한다.

⑤ **격차 5** : 서비스에 대한 고객기대와 서비스 인식의 차이

고객이 서비스에 대해 기대하는 정도와 서비스를 제공받은 후 그 서비스에 대해 인식한 정도의 차이에서 발생한다.

◈ 서비스품질의 측정(SERVQUAL : SERVICE + QUALITY)

① **의의** : 서비스 품질에 대한 소비자의 판단기준을 대표하는 세부속성들을 파악하고 이에 대한 기대와 인식수준을 측정하는 척도를 말한다.

② **서비스 품질의 10개 차원**

ㄱ **유형성** : 물리적 시설, 장비, 직원, 자료의 외양

ㄴ **신뢰성** : 약속한 서비스를 믿을 수 있고 정확하게 수행하는 능력

ㄷ **대응성** : 고객을 기꺼이 돕고 신속한 서비스를 제공하려 하는 것

ㄹ **능력** : 필요한 기술소유 여부와 서비스를 수행할 지식소유의 여부

ㅁ **예절** : 일선 근무자의 정중함, 존경, 배려, 친근함

ㅂ **신빙성** : 서비스 제공자의 신뢰성, 정직성

ㅅ **안전성** : 위험, 의심의 가능성이 없는 것

ㅇ **가용성** : 접촉 가능성과 접촉 용이성

ㅈ **커뮤니케이션** : 고객들이 이해하기 쉬운 고객언어로 이야기하는 것, 고객의 말에 귀 기울이는 것

ㅊ **고객이해** : 고객의 욕구를 알기 위해 노력하는 것

③ **SERVQUAL의 5개 차원**

ㄱ **신뢰성** : 약속된 서비스를 정확하게 수행하는 능력

ㄴ **대응성** : 고객의 요구에 신속하게 대응하는 능력

ㄷ **확신성** : 직원들의 서비스 지식과 예절 등이 고객에게 믿음과 확신을 주는 정도

ㄹ **공감성** : 고객을 이해하는 자세와 고객과의 의사소통의 정도

ㅁ **유형성** : 물리적 시설, 장비, 직원들의 외모 등 물적 요소

4절 경영성과 평가

🎁 기업회계의 종류

① **재무회계** : 투자자, 채권자 등 기업의 불특정 다수인의 광범위한 이해관계자인 외부 정보이용자의 경제적 의사결정에 유용한 재무정보를 측정·보고할 목적으로 이루어지는 외부보고 목적의 회계이다.

② **관리회계** : 기업실체의 내부 정보이용자인 경영자에게 경영의사결정을 하는 데 필요한 회계정보를 제공하는 내부보고 목적의 회계이다.

🎁 매출액의 계산

① 일정 회계기간의 매출금액을 합한 금액이다.

② 점두에서 현금판매를 하는 것이 일반적이므로 금전등록기에 기록하면 그날의 정확한 매출액을 알 수 있다.

③ 기업회계의 매출액

　㉠ 재무회계 : 손익계산서에 표시하는 것을 구한다.

　㉡ 관리회계 : 경영정보로서 매출내용의 분석에 중점을 둔다.

④ 손익계산서의 매출액

　㉠ 총매출액에서 매출에누리 또는 환입액을 공제하는 형식으로 표시한다.

　㉡ 총매출액에서 매출에누리 또는 환입액을 공제한 순매출액만을 표시하는 것은 허용되지 않는다.

🎁 매출원가의 계산

① 일정 회계기간 동안에 매출된 매출액에 대응하는 원가를 말한다.

② 일정 회계기간의 순매입액과 상품재고액에 의해 매출원가를 계산하기 때문에 순매입액과 상품재고액의 파악이 중요하다.

🎁 재고자산의 수량계산

① 재고자산의 수량을 파악한 다음 그 수량잔고를 파악하여 단가를 어느 정도로 정할 것인지, 재고자산의 평가를 결정하고 가액계산을 한다.

② 계속기록법, 재고실사계산법 등을 이용한다.

🎁 재고자산의 가액계산

① 원가법

⊙ **개별법** : 종류, 품질, 규격이 같은 재고자산이라 하더라도 그 취득가액이 각각 다를 경우에는 개개의 재고자산의 실제 원가에 의해서 평가하는 방법이다.

ⓒ **매입환원법** : 매입상품의 값이 정해지면, 그 이후의 상품에 관한 기록계산은 모두 매가로 이루어지기 때문에 기말재고자산의 매가합계액에 원가율을 곱해서 평가액을 산출하는 방법이다.

ⓒ **선입선출법** : 재고자산이 먼저 입고된 것부터 순차로 출고된 것으로 가정하고, 기말재고자산은 가장 최근에 취득한 것으로 이루어져 있다고 간주하여 평가하는 방법이다.

ⓔ **후입선출법** : 선입선출법과는 반대로 가장 최근에 취득한 것부터 순차로 출고된 것으로 가정하고, 기말재고자산은 가장 오래 전부터 취득된 것으로 이루어져 있다고 가정하여 평가하는 방법이다.

ⓜ **총평균법** : 재고자산의 기초이월액도 포함하여 취득원가합계를 수납수량합계로 나누어서 총평균을 낸 단위가격을 가지고 평가하는 방법이다.

ⓑ **단순평균법** : 수량을 고려하지 않고 단지 취득단가만을 평균해서 기말재고자산의 평가를 하는 방법이다.

② **저가법** : 재고자산의 가액은 취득원가를 원칙으로 하고 있으나, 재고자산의 시가가 취득원가보다 하락했을 때는 시가에 의해서 평가하는 방법이 인정되는 것을 말한다.

③ **시가법** : 재고자산의 소재장소에서 같은 재고자산에 대해 통상적 거래방법으로 거래량을 매입할 경우 매입대가에 해당하는 금액을 말한다.

🎁 상품로스(Loss)의 계산

① **상품로스** : 회계상의 제 비용 등의 손실과는 다른 의미이며, 보통 경리에서는 포착할 수 없을 뿐 아니라 그 내용은 물론 원인도 명확하지 않은 손실을 말한다.

② 상품로스의 원인

⊙ 도난으로 말미암은 로스

ⓒ 금전등록기의 과소입금에 따른 로스

ⓒ 금전등록기의 거스름돈 과대지불에 따른 로스

ⓔ 단위환산 실수에 따른 로스

ⓜ 에누리 기록 누락에 따른 로스

ⓑ 상품의 분량 자연감소에 따른 로스

ⓢ 상품의 계량 착오에 따른 로스

ⓞ 상품패키지에 따른 로스

ⓩ 상품의 파손, 폐기에 따른 로스

ⓩ 상품을 싣는 등의 작업에 따른 로스

ⓚ 상품취급 시의 잘못에 따른 로스

ⓔ 상품보관 및 진열 중의 로스

> 상품로스율의 계산 : 기초재고 + 당기재고 − 매출실적 − 기말재고

고정비와 변동비의 특성

① **고정비** : 수익의 증감에 관계없이 드는 비용이지만, 전혀 무관한 것은 아니며 그 자체에 가변적인 성격이 있다. 수익과는 관계없이 종업원을 증원하거나 승급시키면 고정비는 자율적으로 늘어난다.

② **변동비** : 수익의 증감에 정비례해서 증감되는 비용이 있으면 반비례하는 비용도 있다. 체증되는 비용이나 체감되는 비용도 있다.

손익분기점

총수익과 총원가가 같게 되어 이익도 손실도 없는, 즉 이익이 '0'인 상태의 판매량이나 매출액을 말한다. 매출액이 손익분기점 이하로 감소하면 손실이 나며, 그 이상으로 증가하면 이익을 가져온다.

> **손익분기점의 계산식**
>
> $$P = \frac{F}{1 - \dfrac{V}{S}}$$
>
> P : 손익분기점 S : 매출액 V : 변동비(수익의 증감에 수반하여 증감되는 비용)
> F : 고정비(수익의 증감이 있어도 이에 거의 관계없이 지출되는 비용)

매출액 대 총이익률

① 매출액에 대한 매출총이익의 비율을 나타낸 것이다.

② 비율이 높을수록 수익성이 좋아진다.

③ 소매업에서는 이 비율을 흔히 사용하고 있는데 총이익률, 차익률 등으로 불리고 있다.

④ 비율은 경영활동의 수익성 원천을 나타낸 것이므로 중요하다.

🎁 매출액 대 영업이익률

① 매출액과 영업이익과의 비율을 나타낸 것인데, 이 비율이 높을수록 수익성이 좋아진다.
② 매출액에 비해 매출원가나 영업비용이 적을 경우, 매출원가와 영업비에 비해 매출이 많을 경우에 이 비율은 높아진다.

🎁 매출액 대 인건비 비율

① 매출액에 대한 인건비의 비율을 나타낸 것이다.
② 이 비율이 낮을수록 수익성은 높아지고 활동성이 좋다는 것을 나타낸다.
③ 인건비가 급증하고 있을 때에는 특히 중요한 의미가 있을 뿐만 아니라 간접적으로는 노동생산성이 높다는 것을 나타낸다.

🎁 경로구성원 총자산수익률(CMRA)

① 매출 총 이익에서 판매비, 촉진비, 제품개발비, 직접 창고비, 운임, 우편 요금 등을 차감한 금액을 외상매출금과 재고의 합계인 직접자산비용으로 나눈 값을 말한다.
② 공급자는 각각의 경로 구성원이 어느 정도의 수익성을 올리고 있는가를 파악할 수 있으며 경로 구성원 간의 수익성에서의 차이가 어떠한 원인에 의해 발생하는가를 판단할 수 있다.

🎁 직접제품이익(DPP : Direct Product Profit)

① 의의 : 구매자의 입장에서 특정 공급자의 개별품목 혹은 재고관리단위(SKU : Stock Keeping Units) 각각에 대한 평가에 활용
② 장점 : 개별 취급제품에 대한 손익계산 가능
③ 단점
  ㉠ 거래비용분석에 기초하고 있으며, 상세하고 방대한 자료를 필요로 함
  ㉡ 제품별 영업활동이나 상품 머천다이징 활동에 의해 발생하는 직접비용만을 분석

🎁 재고자산 총이익률(GMROI : Gross Margin Return On Inventory Investment)

① 매출 총이익을 재고자산으로 나눈 값으로 이익관리와 재고관리를 결합한 성과측정치이다.
② 재고자산 총이익율의 분모인 재고자산의 규모를 감소시켜 설령 매출 총이익이 변화하지 않더라도 재고자산 총이익율을 증가시키는 효과가 있다.
③ 매출 총 이익율이 상이한 제품에 대해서는 재고자산 대비 매출비율을 조정함으로써 동일한 수준의 재고자산 총이익률을 유지할 수 있다.

판매 · 관리비 비율

① 매출액에 대한 판매 · 관리비의 비율을 나타낸 것이다. 이 비율이 낮을수록 수익성이 좋아진다.

② 매출액에 비해 판매 · 관리비가 적으면 이 비율이 낮고, 판매 · 관리비에 비해 매출액이 높아
도 비율은 낮아진다.

③ 경비율 및 영업경비율이라고도 한다.

유동비율

① 유동자산에 대한 유동부채의 비율을 나타낸 것이다.

② 비율이 높을수록 기업의 지불능력이 있고 자금운영의 안전성이 높다.

　⊙ 유동자산 : 1년 이내에 현금으로 회수할 수 있는 자산을 의미한다.

　⊙ 유동부채 : 1년 이내에 지불해야 할 부채를 의미한다.

상품회전율

① 상품의 평균재고액의 회전속도를 나타낸 것이다.

② 회전율이 높을수록 활동성이 높고 수익성을 높이는 요인이 된다.

③ 소매업에 있어 대단히 중요한 비율이다.

경영자본 회전율

① 경영자본의 회전속도를 나타낸 것이다.

② 회전율이 높을수록 활동성도 높다.

③ 경영자본에 비해 매출액이 크면 회전율이 좋은 것이고, 매출액에 비해 경영자본이 적어도 회
전율은 좋아진다.

경영자본 대 영업이익률

① 경영자본이 어느 정도의 이익을 향상시켰는지의 비율을 나타낸 것이다.

② 비율이 높을수록 종합적인 수익성이 좋고 활동성도 좋다.

3과목
유통마케팅

제4과목

유통정보

CHAPTER1 유통정보의 이해

CHAPTER2 주요 유통정보화기술 및 시스템

CHAPTER3 유통정보의 활용

CHAPTER4 전자상거래

1 유통정보의 이해

1절 정보의 이해

❧ 자료(Data)

어떤 현상이 일어난 사건이나 사상을 기록한 것으로 숫자 · 기호 · 문자 · 음성 · 그림 · 비디오 등으로 표현된다.

❧ 자료의 유형

① 음성자료(Audio) : 전화서비스와 같이 말로 표현되는 자료이다.
② 문자자료(Text) : 서적, 신문, 문서, 전자우편과 같이 문자로 표현되는 자료이다.
③ 이미지자료(Image) : 사진과 같이 정지된 화상으로 표현되는 자료이다.
④ 동화상자료(Video) : TV나 화상회의 같이 움직이는 화상으로 표현되는 자료로 표현력이 가장 우수하다.

❧ 1차 자료와 2차 자료

① 1차 자료
  ㉠ 현재 당면하고 있는 특정상황에 맞게 수집되는 자료를 말한다.
  ㉡ 특정한 문제해결이나 마케팅 활동에 실제적으로 활용될 수 있는 자료이다.
  ㉢ 실제상황과 연계해서 수집되는 만큼 실용성과 실행가능성이 높다.
② 2차 자료
  ㉠ 기업 내부에서 다른 목적으로 활용하기 위해 수집한 정보나 타 기관에서 다른 목적으로 수집한 자료이다.
  ㉡ 2차 자료의 수집은 비용과 시간을 절약할 수 있으며, 일반적으로 1차 자료의 수집에 선행하여 이루어진다.

❧ 정보의 개념

① 어떤 사물이나 상태 등 관련된 모든 것들에 대해 수신자에게 의미 있는 형태로 전달되어 불확실성을 감소시켜 수신자가 의식적인 행위를 취하기 위한 의사결정, 선택의 목적에 유용하게

사용될 수 있는 데이터의 집합이다.

② 미래의 불확실성을 감축시키는 모든 것을 의미하며, 이를 위해 방대한 자료들을 객관적 · 체계적으로 수집, 분리, 보관, 전달, 보고하기 위한 시스템을 전제로 하는 것이다.

③ 각각의 사실들이 지니고 있는 본래의 가치를 초월하여 새로운 부가가치를 지니는 방식으로 조직화된 사실들의 집합체이다.

④ 인간이 판단하고 의사결정을 내리고 행동을 수행할 때, 그 방향을 정하도록 도와주는 역할을 하는 것이다.

⑤ 개인이나 조직이 의사결정을 하는 데 사용되도록 의미 있고 유용한 형태로 처리된 자료들이다.

◈ 정보의 유형

① 내용정보 : 과거 일어난 일에 관한 역사적 내용을 기록하고 있는 정보이다.

② 형식정보 : 모양, 즉 대상물의 형태와 구성을 묘사하는 정보이다.

③ 형태정보 : 컴퓨터를 이용하여 3차원적 공간에서 여러 단계를 거쳐 대상물의 동작을 모의실험(Simulation)함으로써 얻어지는 정보이다.

④ 동작정보 : 정교한 동작으로 즉각 변형되는 정보이다.

◈ 정보의 속성

① 정확성(Accuracy) : 정보에 실수나 오류가 없어야 한다.

② 완전성(Completion) : 중요성이 높은 자료가 충분히 내포되어 있어야 한다.

③ 경제성(Economical) : 필요한 정보를 산출하기 위한 비용이 경제적이어야 한다.

④ 신뢰성(Reliability) : 원천자료와 수집방법에 따라 정보의 신뢰성 정도가 결정된다.

⑤ 단순성(Simplicity) : 정보는 단순해야 하고 지나치게 복잡해서는 안 된다.

⑥ 통합성(Combination) : 개별적인 정보는 관련 정보들의 통합으로 더 가치 있는 정보로 재생산된다.

⑦ 관련성(Relevancy) : 의사결정자가 양질의 정보를 취사선택할 수 있도록 하는 최적의 기준이다.

⑧ 적시성(Timeliness) : 정보이용자가 필요로 하는 시간대에 전달되어야 한다.

⑨ 적절성(Felicity) : 적절하게 사용된 정보가 유용한 정보로서의 가치를 갖는다.

⑩ 입증가능성(Verifiability) : 정보는 입증이 가능해야 한다.

◈ 지식(Knowledge)

정보가 축적되어 체계화되고, 한층 더 농축된 상태로 원리 · 통일적으로 조직되어 객관적 타당성을 요구할 수 있는 판단의 체계이다.

🎁 암묵지와 형식지

① **암묵지(Tacit Knowledge)** : 학습과 경험을 통해 개인에게 습득돼 있지만 사람의 머릿속에만 존재하고 특정한 형태로 드러나지 않은 상태의 지식이다.

② **형식지(Explicit Knowledge)** : 언어로 표현 가능한 객관적 지식으로, 문서화한 형태로 표출된 지식이다.

🎁 자료와 정보의 비교

자료(Data)	정보(Information)
• 가공되지 않은 자료 • 관찰이나 측정을 통해 얻은 사실이나 값으로 정보의 원재료 • 현실 세계로부터 단순한 관찰이나 측정을 통해 수집된 사실이나 값	• 가공된 자료 • 어떤 목적을 위해 평가되고 가공된 자료 • 데이터의 유효한 해석

🎁 유통정보

① **의의**

㉠ 상품의 유통에 있어서 신속 · 정확을 기한다.

㉡ 유통활동의 효율화와 합리화를 도모하여 비용의 낭비를 막고 유통활동을 촉진한다.

㉢ 유통정보시스템을 유지하는 데 필수적인 역할을 한다.

② **유통정보의 종류**

㉠ **수주정보** : 거래활동의 출발점이며, 유통활동의 기초가 된다.

㉡ **재고정보** : 적정 재고수준을 유지하고 판매기회의 손실을 최소화하며, 운송비를 절감한다.

㉢ **창고정보** : 상품별 보관위치, 상품의 입고 및 출고내용 등을 정보화하여 최적의 창고상태를 유지한다.

㉣ **출하정보** : 고객의 주문 상황에 대해 적기 배송체제의 확립과 최적 운송계획을 수립함으로써 운송비를 절감한다.

㉤ **유통관리정보** : 최소비용으로 목적을 달성할 수 있도록 시스템의 설계도를 개량하며, 유통시스템의 모니터링과 실적을 평가한다.

🎁 물류정보

① **물류정보의 특징**

㉠ 정보의 절대량이 많고 다양하다.

㉡ 폭주 시와 평상시 사이에 정보량의 차이가 크다.

ⓒ 정보의 발생원, 처리부문, 전달 대상이 넓게 분산되어 있다.

ⓔ 화물의 흐름과 정보의 흐름에 동시성이 요구된다.

ⓜ 기업 내 영업, 생산 등 다른 부문과의 연관성이 크다.

② 물류정보의 기능

　ⓖ 전달기능 : 상거래에 의한 운송·보관·하역·포장·유통가공 등의 제 기능을 현실적으로 실행할 경우, 그 내용을 신속·정확하게 전달하는 기능이다.

　ⓛ 효율화 구축기능 : 상거래에 의한 운송·보관·하역·포장·유통가공 등의 제 기능을 통합된 시스템으로 구성하여 전체적인 효율화를 구축하는 기능이다.

> 기업 물류정보의 활동순서 : 수주정보 → 재고정보 → 생산정보 → 출하정보 → 물류관리정보

③ 물류정보의 분류

　ⓖ 수주정보 : 기업의 물류활동은 고객으로부터 주문을 받아 처리하는 일에서부터 시작된다.

　ⓛ 재고정보 : 물류담당자는 수주정보를 기본으로 현재 파악된 상품의 재고정보를 배당한다.

　ⓒ 생산정보 : 배당된 재고정보를 바탕으로 물류의 재고가 부족할 경우에는 생산정보로 매입대상 상품을 수배한다.

　ⓔ 출하정보 : 물류담당자에 의해 배당된 재고는 출하준비를 위해 출하정보에 따라 반출장소로 이동되어 출하된다.

　ⓜ 물류관리정보 : 물품의 출하 시 물류관리팀은 물류활동을 관리하고 통제할 수 있도록 납품완료통지, 창고·차량 등의 물류시설, 물류비, 용기의 가동률 등을 물류관리정보로 수집하게 된다.

🏷 고객데이터의 수집

① 수집방법 : 기업은 고객데이터를 수집하기 위해 신규회원·고객 모집활동을 전개하거나 멤버십을 부여함으로써 고정고객으로 유도하기 위해 노력한다.

② 수집내용 : 회원등록 정보, 신용카드 정보, 제품구매 정보, 외부 데이터베이스, 각종 시장조사 결과, 제휴회사의 고객정보, 전자우편 및 텔레마케팅(TM)센터 접수정보 등

③ 수집 시 고려사항 : 기업의 현재 상황, 기업의 미래 상황, 고객관리 방법의 개선방향이나 동향, 정부 및 단체의 제도변경 등

2절 정보와 의사결정

🎁 의사결정의 의의

① 일정한 목적을 효과적으로 달성하기 위한 몇 가지 대체안 중에서 가장 유리하고 실행 가능한 최적 대안을 선택하는 인간행동이다.

② 기업에서는 기업목표의 설정과 목표를 달성하기 위해 선택 가능한 여러 대안 가운데 하나를 합리적으로 선택하고 결정하는 제반활동과 행동을 나타낸다.

🎁 의사결정의 상황

① **확실한 상황하의 의사결정** : 문제의 본질이 알려져 있을 때 여러 대안 중의 하나를 선택하는 것이다.

② **위험한 상황하의 의사결정** : 기업 간 위험도와 기업 내 위험도에 대한 경험적 확률을 근거로 한 의사결정이다.

③ **불확실한 상황하의 의사결정** : 생길 수 있는 결과의 확률을 알지 못하고 있을 경우 주관적 확률에 따르는 의사결정이다.

④ **상중하의 의사결정** : 두 사람 또는 그 이상의 의사결정자가 경쟁적인 이해관계 상태에 있을 경우의 의사결정이다.

🎁 의사결정의 기준

① 규범적 의사결정

    ㉠ 기업의 의사결정에 대해 실천적인 선택원리를 추구한다.

    ㉡ 이윤의 극대화를 위해 가장 유리한 대체안을 어떻게 선택할 것인가라는 규범을 제공한다.

    ㉢ 과거지향적이 아니라 결과지향적이고, 최적해를 도출하기 위한 일정한 계산절차를 가지고 있으며 수학적 수법을 적용한다.

    ㉣ 미래사회의 필요, 목표, 가치 등 규범적인 것을 밝히는 것에서 출발하여 미래의 가능성을 분석한다.

    ㉤ 선형계획(Linear) 모형, 네트워크(Network) 모형, 정수계획(Integer Programming) 모형, CPM(Critical Path Method), 목표계획 모형, 경제적 주문량(EOQ : Economic Order Quantity), 비선형 계획(Nonlinear) 등을 경영과학기법으로 사용한다.

② 기술적 의사결정

    ㉠ 조직에 있어서의 의사결정과정을 분석하여 기술하고, 이를 이론화하여 의사결정을 하는 것이다.

ⓛ 기업조직 내에서 인간이 의사결정을 어떻게 하는가 하는 사실을 기술하고 분석하는 것을 임무로 한다.

ⓒ 조직에 있어서 의사결정과정을 분석하고 기술한다는 점에서 과정지향적인 연구이다.

ⓔ 시뮬레이션, 대기행렬모형, 재고모형, PERT(Program Evaluation and Review Technique) 등을 경영과학기법으로 사용한다.

🎁 의사결정의 모형

① 합리모형

  ⓐ 인간과 조직의 합리성, 완전한 지식과 정보의 가용성을 전제로 하는 고전적 의사결정모형이다.

  ⓑ 개인적 의사결정과 조직상의 의사결정을 동일시하며, 의사결정자의 전지전능성을 전제로 한다.

  ⓒ 의사결정자는 문제의 복잡성, 미래상황의 불투명성, 적절한 정보부족 등으로 많은 장애요인을 가지고 있다.

② 만족모형

  ⓐ 인간의 제한된 합리성에 주의를 환기시키면서 합리적 모형을 수정한 의사결정모형이다.

  ⓑ 현실세계를 단순화한 모형으로 가치관 같은 주관적 합리성을 중시한다.

  ⓒ 만족스런 대안 발견을 추구하며 만족수준에 따른 대안선택의 최저기준을 설정한다.

③ 타협모형

  ⓐ 의사결정의 기준을 제시할 수 있는 조직적 목적은 조직이라는 연합체를 구성하는 구성원들이 협상과 타협을 통해 형성한다.

  ⓑ 의사결정자들의 욕구수준은 관련된 여러 목적에 비추어 받아들일 수 있는 기대수준에 따라 결정된다.

  ⓒ 조직적 목적은 단일한 것이 아니고 복수여야 하며, 대안의 모색은 단순하고 편견적인 것이 보통이다.

④ 점증모형

  ⓐ 기존의 정책이나 결정을 점진적으로 수정해 나가는 방법에 의해 의사결정을 하는 모형이다.

  ⓑ 의사결정은 부분적, 순차적으로 진행된다.

  ⓒ 의사결정에 관련된 문제를 단순화하기 위해 과거의 해결방법과 차이가 적게 나는 대안을 고르거나, 대안의 실행결과의 일부와 그에 결부된 가치를 고려하지 않고 무시한다.

⑤ 중복탐색모형

  ⓐ 특정한 의사결정에 관련 가능성이 넓은 영역을 개괄적으로 탐색한다.

  ⓑ 그 가운데서 특별한 주의를 기울여야 할 좁은 영역을 선택하여 다시 면밀하게 탐색한다.

⑥ 최적화모형
  ㉠ 계량적인 측면과 질적인 측면을 구분하여 검토하고 이를 결합하는 질적인 모형이다.
  ㉡ 합리적인 요인과 초합리적인 요인을 함께 고려하는 모형이다.
  ㉢ 여러 대안에 의해 기대되는 효과를 예비적으로 검토하고, 점진적 전략을 채택할 것인지 쇄신적 전략을 채택할 것인지를 결정한다.

의사결정의 종류

① 의사결정 주체에 따른 분류
  ㉠ 개인적 의사결정 : 개인의 목적이나 동기를 충족하기 위한 의사결정으로 집단적, 조직적 의사결정보다 덜 질서정연하고 시스템적이다.
  ㉡ 조직적 의사결정 : 조직의 일원으로서 조직의 목적을 위해 합리적으로 하는 의사결정이다. 조직체의 중요한 의사결정은 경영자 개인보다는 각종 위원회, 연구팀, 태스크포스(Task Force) 및 심사회 등의 집단에 의해 이루어진다.

② 조직계층에 따른 분류
  ㉠ 전략적 의사결정 : 주로 최고경영자에 의해 이루어지며 조직의 목표, 정책 및 장기적인 계획은 수년에 걸쳐 조직에 영향을 끼친다. 미래의 조직과 환경의 변화를 예측하여 미래의 환경에 적합한 조직을 구축하기 위한 의사결정으로 주로 기업의 외부문제, 즉 외부환경과의 관계에 관한 비정형적인 문제를 다룬다.
  ㉡ 관리적 의사결정 : 주로 중간관리자에 의해 이루어지며 전략적 의사결정을 구체화하기 위해 기업의 제 자원을 활용함에 있어서 그 성과가 극대화될 수 있는 방향으로 조직화하는 전술적 의사결정이다.
  ㉢ 업무적 의사결정 : 주로 실무자에 의해 이루어지며 생산, 판매, 인사, 재무 등과 관련된 하위부문에서 이루어지는 각종 의사결정이다. 자원배분, 업무일정계획 수립, 업무의 감독 및 통제활동, 가격결정, 재고수준 결정, 연구개발, 비용지출수준 결정 등이 이에 속한다.

③ 정형화 정도에 따른 분류
  ㉠ 정형적(구조적) 의사결정 : 문제와 목표가 명확해서 관련된 정보를 이용해 자명하거나 잘 알려져 있는 방안을 선택하는 유형의 의사결정이다. 일상적이고 반복적으로 일어나며, 의사결정을 해야 할 때마다 새로운 절차를 거치지 않도록 의사결정과정이 구조화되어 있거나 프로그램화되어 있다. 최근에 정형적 의사결정은 OR(Operations Research) 기법과 컴퓨터를 이용해 매우 능률적으로 이루어지고 있다.
  ㉡ 비정형적(비구조적) 의사결정 : 선택관련 정보가 애매모호하거나 새롭고 이례적이기 때문에 체계적으로 조직되어 있지 않은 문제를 대상으로 이루어지는 의사결정이다. 정형적 의사결정과는 달리 비반복적이고 일회적이며 구조화되지 않은 예외적 의사결정으로, 의사결정자가 문제 정의에 대해 나름대로의 판단, 평가, 통찰을 해야 한다. 최근에는 비정형적 상황

에서도 의사결정자의 문제해결 능력을 제고하거나 문제해결자를 지원하는 탐색적 컴퓨터 프로그램을 활용하는 방법을 추구하기도 한다.

🔳 정형적 의사결정과 비정형적 의사결정의 비교

정형적 의사결정	비정형적 의사결정
• 반복적 • 잘 정의된 목표 • 명확한 정보와 선택 대안들 • 확실함 • 운영적인 의사결정	• 신선함, 새로움 • 잘 정의되지 않은 목표 • 모호한 정보와 선택 대안들 • 불확실함 • 전략적인 의사결정

🔳 의사결정의 단계

① 경영자의 의사결정단계
  ㉠ **문제인식** : 특정한 목적이나 목표를 결정하고 모든 제약조건을 정의하여 선택대안을 제시한다.
  ㉡ **분석** : 선택대안을 평가하고 문제의 해결책이나 최선의 대안을 선택한다.
  ㉢ **요약 · 평가** : 분석단계의 결과를 종합하고 평가한다.
  ㉣ **결정** : 평가 결과를 의사결정에 반영하여 실행에 옮긴다.

② 소비자의 의사결정단계
  ㉠ **욕구인식** : 소비자가 구매에 관련된 문제를 인식하고 구매과정을 일으키는 단계이다.
  ㉡ **정보탐색** : 소비자의 욕구를 충족시키기 위해 제품에 관한 정보와 구매업체의 정보 등을 얻으려고 하는 단계이다.
  ㉢ **대안평가** : 도출된 여러 대안을 평가하는 단계이다.
  ㉣ **구매결정** : 각 대안을 종합적으로 평가하여 최선의 대안을 선택하는 단계이다.
  ㉤ **구매 후 평가** : 구매만족도를 평가하게 되며, 만족하지 못했을 경우에는 다시 정보탐색 단계로 가서 새로운 대안을 탐색한다.

🔳 사이먼(H. A. Simon)의 의사결정단계 모형

① **인지 및 탐색단계** : 문제의 본질을 인식하고 자료를 수집하는 단계이다.
② **대안설계단계** : 문제해결을 위해 여러 가지 대안을 계획하는 단계로 의사결정 대안을 개발하고 평가하는 것까지 포함한다.
③ **선택단계** : 효과적인 의사결정을 내리기 위해 정보시스템을 활용하여 여러 대안 중에서 적절한 대안을 선택하는 단계이다.

④ **실행 및 통제단계** : 선택된 여러 가지 대안 중에서 최적의 대안을 실행하고, 의사결정의 성공 여부도 추적하게 되는 단계이다.

3절 정보화와 정보화 사회

❤ 정보화

정보가 중요한 자원으로 인식되고 사회경제 활동의 중심이 되어, 정보의 생산 · 가공 · 처리 · 전달 및 이용에 의한 가치의 생산을 중심으로 발전하며, 정보통신기기의 사회를 구성하는 정치 · 경제 · 문화 등 모든 분야에 걸쳐 활용하는 것을 의미한다.

❤ 정보화 사회

① 정보가 경쟁력의 원천이 되는 사회이다.
② 컴퓨터기술과 전자기술 및 정보 · 통신기술 등을 통해 가치 있는 정보가 창출 · 활용되고, 이러한 정보가 모든 생활영역에서 핵심이 된다.
③ 사회구성원의 욕구를 충족시키는 데 정보가 중추적인 역할을 수행하는 사회이다.

❤ 정보화 사회의 배경

① 산업 사회가 성숙해짐에 따라 발생하는 개인 · 사회적 욕구의 변화를 능동적으로 대처하기 위해 정보화 사회의 필요성이 증대되고, 이를 위한 정보통신기술의 발달은 정보화 사회의 진전을 더욱 촉진하게 되었다.
② 컴퓨터 공학이나 광섬유, 반도체 등 기술의 발달로 과거에는 매우 높은 가격이었던 컴퓨터 관련 기기들의 가격이 저렴해지고 개별기업과 일반인들의 사용 및 접근이 용이하게 되어 정보화가 급속히 진전되었다.
③ 근거리통신망(LAN), 부가가치통신망(VAN), 유선방송 등의 발달과 특히 인터넷 기술의 발달은 정보를 실시간에 광역적으로 전달할 수 있게 하여, 정보의 전달에 있어서 시간과 위치의 한계를 극복할 수 있게 하였다.
④ 우리나라에서도 정보화를 촉진하기 위해 국가 초고속망을 초기에 완성하고 벤처기업을 포함한 정보산업의 육성, 행정정보화, 지역정보화, 전자상거래, 가상교육제도의 확충 등 정책적인 배려를 아끼지 않고 있다.
⑤ 정보화 사회는 필요적인 측면과 기술적인 측면 및 정책적인 측면이 서로 통합 혹은 상승작용

을 하면서 정치·경제·사회·교육 등 사회 전 분야에서 근본적인 변화를 일으키고 있으며, 발전의 속도가 일반적인 예상을 초월하여 빠른 속도로 일어나고 있다.

🎀 정보화 사회의 특성

① 사회적 측면에서의 특성
　　㉠ 정보의 가치가 증대되고, 자유로이 이동함에 따라 정보시스템이 일반화된다.
　　㉡ 다양화 및 분권화로 대표되는 사회는 더욱 복잡하게 변모된다.

② 경제적 측면에서의 특성
　　㉠ 에너지 및 자원 집약적인 하드웨어 중심의 경제구조에서 지식 및 정보 중심의 자원절약형 소프트웨어 중심의 경제구조로 전환된다.
　　㉡ 기존의 소품종 대량생산방식에서 다품종 소량생산방식으로 전환된다.
　　㉢ 제품의 생산보다는 정보의 가공, 처리, 분석 등이 고부가가치를 창출한다.

③ 소비자 측면에서의 특성
　　㉠ 경제성장으로 말미암은 가처분소득의 증대 및 정보통신매체의 발달에 따른 제품 접촉기회의 확대 등에 따라 소비패턴은 더욱 다각화, 개성화된다.
　　㉡ 소비주기를 더욱 단축하여 소비자 중심의 시장구조로 전환된다.

④ 산업적 측면에서의 특성 : 제조업 중심의 산업체제에서 지적 기술 및 정보를 통한 가치창출 중심의 산업체제로 전환된다.

⑤ 기술적 측면에서의 특성 : 지식을 바탕으로 하는 고도의 정보·통신기술의 진전이 가속화됨으로써 자료의 이용가치가 높아진다. 또 유통되는 정보량이 증대되며 사회구성원들의 정보 접근성이 용이하게 된다.

⑥ 국제적 측면에서의 특성 : 생산요소의 자유로운 이동과 정보기술 및 네트워크 기술의 발전으로 글로벌화, 개방화가 가속화된다. 또한 국가 간 갈등, 경쟁, 상호의존이 더욱 심화된다.

🎀 정보화 사회에서 기업환경의 변화

① 글로벌 시장체제의 가속
② 소비패턴의 다양화·고급화
③ 제품수명주기의 단축

🎀 유통혁명시대의 특징

① 시장지배 구조와 경쟁력 핵심 요소의 변화
② 신유통업의 기술적 우위의 유통 구조
③ 고객 중심의 시장 변화

④ 조직의 유연성 강화

⑤ 기업 유통 경영 시스템의 변화

⑥ 소비자의 시장 참여 확대

유통혁명 이전시대와 유통혁명시대의 특징

구분	유통혁명 이전시대	유통혁명시대
관리핵심	개별기업관리	공급체인관리
경쟁우위 요소	비용, 품질	정보, 시간
기술우위 요소	신제품 개발	정보, 네트워크
고객 · 시장	불특정 다수	특화고객
조직체계	독립적 · 폐쇄적 조직	유연하고 개방적인 팀조직
이익원천	수익제고	가치방출

🔰 유통혁명시대의 발전전략

① **기본개념의 전환** : 물품유통에서 정보유통 위주의 전략으로 전환

② **경영체제의 전환** : 개별기업 중심의 경영체제에서 통합공급체인 경영체제로 전환

③ **운영전략의 전환** : 비용 중심의 운영전략에서 시간 중심의 운영전략으로 전환

④ **고객전략의 전환** : 불특정 다수의 고객전략에서 특화된 고객전략으로 전환

🔰 유통업체의 발전과정

① **1970년대(슈퍼마켓)** : 슈퍼마켓은 아파트 단지에 집중적으로 출점하는 방식으로 오늘에 이르기까지 지속적인 성장을 해 왔으나 생식품 공급에 있어 재래시장과 소규모 영세 상점의 벽을 넘지 못하고 있다.

② **1980년대(백화점)** : 백화점은 1980년대부터 양적인 성장을 거듭해 왔으나, 상품개발 능력의 부족으로 소비자들의 다양한 욕구를 충족하지 못해 새로운 변신을 요구받고 있다.

③ **1990년대(할인점)** : 할인점은 거의 모든 유통업체가 예외 없이 참여하고 있거나 계획을 가지고 있는 가장 각광받는 업태이다.

④ **2000년대(전자상거래)** : 인터넷의 확산에 따라 전자상거래 등과 같은 무점포 판매방식은 또 다른 업태로 발전하고 있으며, 특유의 개방성을 무기로 기존 유통업계의 기본 틀을 붕괴시켰다.

🔰 유통업체의 당면과제

① 급속히 증가한 거래량과 정보량의 소화를 위한 정보시스템의 구축이 필요하다.

② 환경변화를 신속히 인지하고 수용할 전문적인 인적자원의 양성이 필요하다.

③ 소비구조의 변화에 민감한 유통업으로서의 전환이 필요하다.

🏦 유통업체의 변화원인

① **정보중심적 전략** : 기업들은 정보통신기술의 진전에 따라 고도의 정보시스템을 구축 · 운영함으로써 다양한 소비자의 욕구를 충족할 수 있게 되었다.

② **소비패턴의 변화** : 소비자는 인터넷의 확산에 따라 다양한 상품정보를 손쉽게 수집, 비교할 수 있게 되어 소비패턴은 소비자의 특성에 따라 상이하게 변화하였고, 특히 시간의 개념을 중시하는 경향으로 변화했다.

🏦 인터넷(Internet)

① Inter와 Network의 합성어로 운영체제에 관계없이 전 세계적으로 연결되어 있으며, 다른 네트워크의 임의의 사용자들과 통신할 수 있도록 TCP/IP 방식에 의해 여러 가지 서비스를 제공하는 모든 네트워크의 집합체이다.

② 군사적인 활용 목적에서 개발되었던 미국의 ARPANET이 그 시초이며, 전 세계에 퍼져 있는 컴퓨터 간의 정보를 공유하기 위해 컴퓨터와 정보망을 연결해 놓은 컴퓨터 네트워크이다.

③ 서로 다른 기종의 컴퓨터가 자료를 상호 교환할 수 있다는 점에서 인터넷은 개방형이며, 하나의 호스트 컴퓨터에 집중되어 있는 PC 통신망과 달리 전 세계의 여러 컴퓨터가 상호 연결되어 있다는 점에서 분산형 통신망이다.

> **인터넷의 특성**
> - 개방성
> - 쌍방향성
> - 국제성
> - 직접성
> - 경제성

🏦 인터넷의 특징

① 개방성
  ㉠ 개방된 네트워크의 운영으로 자유로운 정보교환과 풍부한 데이터 및 이용자가 확대되었다.
  ㉡ 개방된 기술표준의 채택으로 사이버 공간상에서의 다양한 신기술의 실험과 완성이 이루어지고 인터넷 서비스가 확장되었다.
  ㉢ 인터넷의 개방성으로 인터넷 사용자들이 급속히 증가하였고, 새로운 시장으로서의 사이버 마켓이 출현했다.

② 직접성
  ㉠ 불특정 다수에 대한 정보의 방신(放信)과 수신(受信)이 가능하고, 허가받지 않은 개인도 알

지 못하는 상대방에게 직접 정보를 발송할 수 있다.

ⓛ 인터넷에서 영업을 하려는 기업들의 불특정 다수에 대한 쇼핑정보의 제공이 용이하고, 소비자들에 대한 직접적인 홍보가 가능하다.

③ 쌍방향성

㉠ TV나 비디오 같은 단방향 서비스와 달리 상호대화식 쌍방향 서비스로 이용자의 의사에 따른 정보를 검색, 이용할 수 있다.

ⓛ 쌍방향성으로 주문형 비디오(VOD : Video On Demand)나 주문형 오디오(AOD : Audio On Demand) 등 이용자 위주의 주문형 서비스가 가능하다.

④ 경제성

㉠ 인터넷을 통한 각종 정보를 무료로 제공한다.

ⓛ 전자우편, 인터넷폰, 인터넷팩스 등 인터넷 부가서비스를 이용한 통신비용이 대폭 절감되었다.

ⓒ 기업에서 상품판촉이나 정보제공의 매체로 인쇄물이나 우편물을 이용하는 대신 전자우편 또는 홈페이지를 활용함으로써 광고, 홍보, 판촉비용이 대폭 절감되었다.

⑤ 국제성

㉠ 전 세계의 네트워크를 실시간으로 연결하여 국가 간의 경계 및 지리적 제약이 해소되었다.

ⓛ 전 세계의 무한대 고객을 상대로 영업하는 글로벌 마켓이 형성되었다.

🎁 인터넷의 기능

① 전자우편(E-mail) : 컴퓨터 통신망을 이용하여 컴퓨터 사용자 간에 편지나 여러 정보를 주고받는 통신 서비스이다.

② FTP(File Transfer Protocol) : 인터넷상에서 필요한 자료나 정보를 컴퓨터로 송·수신하는 서비스이다.

③ 텔넷(Telnet) : 원격지에 있는 컴퓨터에 접속해서 그 컴퓨터 자원을 사용하는 서비스이다.

④ 웨이즈(WAIS : Wide Area Information Service) : 인터넷 서비스의 하나로, 핵심어를 사용해서 인터넷에 흩어져 있는 복수의 데이터베이스로부터 데이터를 찾아주는 검색도구이다.

⑤ DNS : IP Address를 도메인으로 변환시키거나 도메인을 IP Address로 변환시키는 시스템을 말한다.

⑥ IP Address : 인터넷 상에서 호스트를 식별하기 위한 주소코드이다.

🎁 인터넷의 활용

① 인트라넷(Intranet)

㉠ 인터넷 기반의 기술을 활용하여 구현된 내부 정보망이다.

ⓛ 기관이나 기업이 내부업무의 효율성을 높이고 정보의 활용도를 높이기 위해 소속원에 한하여 사용될 목적으로 구현된다.

ⓒ 인트라넷의 외부에서는 내부로 들어올 수 없지만, 내부에서는 외부로 나갈 수 있도록 인터넷망이 구축되어 있다.

② 엑스트라넷(Extranet)

ㄱ 엑스트라넷은 관련 기업들 간에 보안문제를 걱정하지 않고 전용망처럼 활용할 수 있는 시스템이다.

ㄴ 엑스트라넷은 인트라넷의 발전된 형태로, 내부 사용자나 외부 사용자에게 사용환경의 차이만 있을 뿐 데이터의 공유는 같이 할 수 있도록 되어 있다.

ㄷ 인터넷 데이터와 인트라넷 데이터를 DB로 공유하면서 업무의 효율성을 높일 수 있다.

❤ Web(웹) 2.0

① 누구나 자료(Data)를 생산하고 공유할 수 있도록 한 사용자 참여 중심의 새로운 인터넷 환경으로 자료의 소유자나 독점자가 없다.

② 웹 1.0이 인터넷상에서 정보를 모아 보여주기만 했다면 웹 2.0은 데이터를 제공하는 플랫폼이 정보를 간편하게 공유할 수 있도록 하여 사용자가 직접 자료를 다룰 수 있도록 만들어졌다.

4절 유통정보시스템

❤ 시스템의 개념

① 전체적으로 통일된 하나의 개체를 형성하면서 상호작용을 하는 구성요소들의 집합체이다.

② 예정된 기능을 협동으로 수행하기 위해 설계된 상호작용을 가진 요소의 유기적인 집합체이다.

③ 특정한 여러 가지 기능을 완수하기 위해 필요한 인간·기계·방법의 조직적인 집합체이다.

④ 하나 혹은 그 이상의 공동목표를 달성하기 위해 투입물을 산출물로 전환하는 체계적인 처리과정 내에서 상호작용하는 구성요소들의 유기적인 결합체이다.

⑤ 외부환경으로부터 제공받은 투입물을 시스템 내부 구성요소들의 상호작용을 통해 산출물을 외부환경으로 다시 내보내는 기능을 수행한다.

❤ 시스템의 유형

① 시스템 환경과 상호작용에 의한 분류

㉠ 개방형 시스템(Open System) : 다른 시스템과 연계되어 있으며, 정보 · 자원 등을 상호 교환하는 시스템이다.

　　　㉡ 폐쇄형 시스템(Closed System) : 모든 작용이 시스템 내에서만 이루어지는 시스템이다.

　② 시스템의 물리적 형태 유무에 의한 분류

　　　㉠ 추상적 시스템 : 물리적인 형태가 존재하지 않는 이념을 체계적으로 조직화한 시스템이다.

　　　㉡ 물리적 시스템 : 물리적인 형태가 존재하는 시스템이다.

　③ 시스템의 활동 예측에 의한 분류

　　　㉠ 확정적 시스템 : 출력의 결과를 예측할 수 있고, 불확실성이 없는 시스템이다.

　　　㉡ 확률적 시스템 : 시스템의 형태를 확률적으로만 예측할 수 있는 시스템이다.

　④ 시스템 구성요소의 특성에 의한 분류

　　　㉠ 인간시스템 : 시스템의 구성요소인 하위시스템들이 사람으로 구성되어 있는 시스템이다.

　　　㉡ 기계시스템 : 인간의 간섭 없이 운영될 수 있는 순수하게 기계화된 시스템이다.

　　　㉢ 인간 − 기계시스템 : 인간과 기계의 상호협력에 의해 운영되는 시스템이다.

🎁 시스템의 구성

　① 환경(Environment) : 시스템의 운용에 영향을 미치지만, 경계 외부에 존재하기 때문에 통제할 수 없는 변수들을 의미한다.

　② 경계(Boundary) : 시스템 외부와 시스템 내부를 구분하는 영역이지만, 물리적인 경계선이 존재하는 것이 아니라 투입물과 산출물이 통과하는 개념적인 영역을 의미한다.

　③ 투입물(Input) : 시스템을 가동시키기 위해 시스템 내부로 들어오는 모든 에너지를 의미한다.

　④ 산출물(Output) : 시스템 내부에서 처리되어 외부로 보내지는 모든 결과물을 의미한다.

　⑤ 시스템 내부의 구성요소(Component) : 투입물을 목적에 맞는 산출물로 처리 · 전환하기 위해 기능하는 단위요소들을 의미한다.

　⑥ 접속(Interface) : 한 시스템으로부터 나온 산출물을 다른 시스템의 투입물로 연결해 주는 것으로 시스템 간의 경계영역을 의미한다.

🎁 정보시스템의 개념

　① 특정 응용분야의 활동과 관련된 자료를 수집 · 분석 · 처리하여 의사결정자가 의사결정을 하는 데 필요로 하는 정보를 제공해줄 수 있는 인간과 컴퓨터 시스템의 구성요소들로 이루어진 시스템이다.

　② 데이터와 데이터를 처리하는 절차를 입력받아 주어진 절차에 따라 데이터를 처리하며, 처리 결과를 출력하는 입력 · 처리 · 출력의 과정을 가진 시스템이다.

　③ 인적 요소, 절차 및 여러 가지 유 · 무형 자원을 결합하여 조직에서 필요로 하는 정보를 수집

하고 활용 목적에 맞게 변환하여, 정보를 원하는 부서나 적합한 사용자에게 적시에 분배하는 역할을 수행하는 인간과 기계의 통합적 시스템이다.

정보시스템의 특성

① 정보시스템은 인간과 컴퓨터 간의 시스템이다.
② 정보시스템은 다양한 하위시스템으로 구성된 통합시스템이다.
③ 정보시스템의 목표는 조직 전체의 목표에 부합해야 한다.
④ 정보시스템은 의사결정을 지원하는 포괄적인 개념이다.

정보시스템의 기능 및 역할

① 기업경영활동의 중요한 성공요소 중 하나이며, 경영의 필수기능으로서의 역할을 한다.
② 기업자원의 중요한 영역이면서 상당한 비용을 발생시키므로 집중적인 자원관리의 대상이 된다.
③ 업무 효율성, 종업원 생산성 및 사기, 고객서비스 및 만족에 영향을 미치는 주요 요인이다.
④ 효율적 의사결정에 필요한 정보원천을 제공하는 등 적절한 지원기능을 한다.
⑤ 시장에서 경쟁우위를 가지는 제품과 서비스의 개발 및 제공 능력을 뒷받침하는 중요한 요소이다.
⑥ 계획 · 실행 · 관리업무에 있어서 일관성을 유지할 수 있도록 지원한다.

정보시스템의 구성

① 하드웨어(Hardware) : 물리적인 컴퓨터장비로 입력장치, 처리장치, 출력장치로 구성된다.
② 소프트웨어(Software) : 컴퓨터 작업을 통제하는 프로그램들로 컴퓨터 운영을 통제하는 시스템 소프트웨어와 특정 업무를 지원하는 응용 소프트웨어가 있다.
③ 데이터베이스(Database) : 체계화된 정보들의 집합체로 고객 · 시장 · 제품 등의 경영활동에 필수적인 기초 정보들이 수록되어 있다.
④ 네트워크(Network) : 시스템과 시스템, 고객과 기업을 연결해줌으로써 다양한 정보수집, 신속한 의사결정 및 전 세계 시장으로의 진출을 가능하게 한다.
⑤ 절차(Procedure) : 정보시스템을 활용하기 위한 정책과 규칙으로 언제, 무슨 일을, 어떻게 수행해야 하는지를 결정한다.
⑥ 인적 자원(People) : 시스템의 성패를 결정하는 주체로 시스템을 관리 · 운영 · 유지하는 모든 사람들을 포함한다.

정보시스템의 분류

① 관리수준에 따른 분류
　㉠ 전략계획시스템 : 최고경영층이 수행하는 전략계획 및 통제업무를 지원하는 정보시스템이다.

ⓛ 관리통제시스템 : 주로 중간경영층이 수행하는 경영통제 및 관리통제를 지원하는 정보시스템이다.

ⓒ 운영통제시스템 : 하위경영층이 수행하는 세부적인 조직의 기본업무 또는 활동들이 효율적으로 수행되도록 도와주는 정보시스템이다.

ⓔ 거래처리시스템 : 조직의 일상적인 운영활동을 지원하는 시스템이다.

② 경영지원 기능에 따른 분류

ㄱ 운영정보시스템(OIS) : 기업의 운영지원을 위해 사용되는 정보시스템이다.

ⓒ 경영정보시스템(MIS) : 효율적인 의사결정에 필요한 정보제공 및 지원시스템이다.

ⓒ 전략정보시스템(SIS) : 전략적 활용을 지원하는 시스템이다.

전략정보시스템(SIS : Strategic Information System)

전략정보시스템(SIS)은 기업의 전략을 추진하는 정보시스템으로 기업의 생존 유지와 경영전략을 지원하는 데 있어서 컴퓨터와 통신의 신기술을 활용한다. 또한 SIS 기업 간의 통신 네트워크를 통해 기업전략의 전개를 능동적으로 지원한다.

기업 내 정보시스템의 구성

① 재무정보시스템 : 자금조달과 재무자원의 운용 및 평가에 관한 정보를 제공함으로써 의사결정을 지원하기 위한 정보시스템이다.

② 생산정보시스템 : 생산기능을 구성하는 생산기획, 작업관리, 공정의 운영과 통제, 생산실적 등과 관련된 활동을 지원하는 정보시스템이다.

③ 인사정보시스템 : 인적 자원의 모집, 고용, 평가, 복지 등과 같은 종합적인 관리를 지원하는 정보시스템이다.

④ 마케팅정보시스템 : 마케팅의 기획 · 관리 및 거래와 관련한 자료, 경쟁기업정보 등을 처리하며, 마케팅과 관련한 의사결정에 필요한 정보를 제공하는 정보시스템이다.

⑤ 회계정보시스템 : 외상매출금시스템, 외상매입금시스템, 급여시스템 등으로 구성되는 기업의 회계정보를 관리하는 정보시스템이다.

의사결정지원시스템

① 컴퓨터를 이용해서 반구조적 또는 비구조적 의사결정을 지원하는 시스템이다.

② 경영자의 비구조적 또는 반구조적인 의사결정을 지원하기 위해 의사결정 모형과 자료에 보다 쉽게 접근할 수 있게 해주는 대화식 시스템이다.

③ 기업경영에서 당면하는 여러 가지 의사결정 문제를 해결하기 위해 복수의 대안을 개발하고, 비교 · 평가하며, 최적안을 선택하는 의사결정과정을 지원하는 정보시스템이다.

🔹 의사결정지원시스템의 특성

① 다양한 데이터의 원천
② 대화식 정보처리와 그래픽 디스플레이
③ 의사결정환경의 변화를 반영할 수 있는 유연성

🔹 의사결정지원시스템의 구성

① **데이터베이스 시스템** : 의사결정에 필요한 데이터를 저장·관리하고 이를 제공한다. 데이터베이스에는 조직의 내부 데이터베이스, 외부 데이터베이스, 경영관리자의 개인 데이터베이스 등이 포함되어 있다.
② **모델베이스 시스템** : 모형베이스라고도 하며, 의사결정에 필요한 다양한 모델들을 저장하고 있는 모델베이스와 이들을 관리하는 모델베이스 관리시스템으로 구성되어 있다.
③ **사용자 인터페이스 기관** : 대화시스템이라고도 하며, 데이터의 입력과 출력, 다양한 분석과정에서 일어나는 사용자와 시스템 간의 인터페이스 환경을 제공하는 시스템 모듈이다.
④ **사용자** : 의사결정지원시스템의 사용자는 주로 기업경영의 주요 의사결정을 담당하는 경영관리자들이다.

🔹 의사결정지원시스템의 분석기법

① What-If 분석
② 민감도 분석
③ 목표추구 분석
④ 최적화 분석

🔹 의사결정지원시스템의 활용

① **보고·조회시스템** : 유통경영관리자가 기업 내부의 사안에 대해 조사·조회할 수 있는 기능을 제공한다.
② **분석적 모델** : 유통활동에서 발생하는 특정사안에 대한 발생원인의 규명, 미래의 예측, 대응책 모색 등에 관한 의사결정을 가능하게 한다.
③ **임원정보시스템** : 의사결정지원시스템의 특별한 형태로, 사용자 환경을 쉽게 한 보고·조회시스템과 분석형 모델의 결합 형태를 가진다.
④ **그룹의사결정 지원시스템** : 컴퓨터의 활용에 기초한 집단적 문제해결방식의 시스템이다.
⑤ **인공지능시스템** : 인간의 과거 경험에서 도출된 정보, 과거의 사안에 관한 자료, 시스템에 축적된 정보를 총망라하여 목표지향적인 의사결정을 수행하는 컴퓨터 시스템이다.

🔹 유통정보시스템

유통경로의 단축과 유통계획, 관리, 거래처리 등에 필요한 데이터 처리를 통해 조직 내의 운용과 경영 및 관리자의 의사결정 기능을 지원하는 종합적인 정보시스템이다.

① 기업의 유통활동 수행에 필요한 정보의 흐름을 통합하는 기능을 통해 전사적 유통 또는 통합 유통을 가능하게 한다.

② 영업관리, 제품관리, 광고, 판촉, 수요예측, 시장조사, 유통관리, 영업활동 지원의 자동화 등에 활용된다.

> 유통정보시스템의 기반기술 : 바코드, POS, EDI, VAN, 데이터베이스, 인터넷

🎁 유통정보시스템의 필요성

① 시장확대

　㉠ 유통시장이 전면 개방됨에 따라 우리나라의 유통산업은 대형화, 다점포화 등의 양적 팽창이 이루어지고 있다.

　㉡ 확대된 시장을 효율적으로 관리하기 위해 유통정보시스템이 더욱 필요하게 되었다.

　㉢ 양적 팽창은 선진 유통기업들과의 경쟁을 가능하게 하여 해외시장으로 진출할 터전을 마련한다.

② 수익성 향상

　㉠ 대량생산과 대량매매에 따른 비용과 인건비의 상승, 교통체증의 증가와 복잡한 상품유통제도 때문에 유통비용이 증가하게 된다.

　㉡ 유통정보시스템을 통해 운송수단, 판매장, 물류시설 등의 활용도를 높여 기업의 수익성을 향상시켜야 한다.

③ 유통환경의 변화에 따른 능동적 적응

　㉠ 유통환경 변화란 다양해지고 있는 소비자들의 수요, 대량의 판매정보를 신속하고 정확하게 처리해야 하는 환경을 말한다.

　㉡ 유통업체는 각종 정보를 신속하고 정확하게 수집해서 환경변화에 능동적으로 적응해야 한다.

　㉢ 능동적 적응이란 소비성향을 신속하게 수집·분석해서 소비자의 변화에 즉각 대응하는 것이다.

🎁 유통정보시스템의 설계과정

① 1단계

　㉠ 경로시스템에서의 주요 의사결정영역을 확인한다.

　㉡ 전체 유통경로시스템상에서 각 경로 구성원들이 수행해야 할 주요 기능을 재정립한다.

　㉢ 상품구색, 상품가격, 가격할인 등

② 2단계

㉠ 의사결정영역을 수행해야 할 경로 구성원(제조업자, 도매상, 소매상)을 규명한다.

　　㉡ 유통기능의 각 기능을 경로 구성원들 중 누가 수행할 것인가 결정한다.

　　㉢ 상품구색, 가격, 재고부담기능 등을 누가 수행할 것인가 결정한다.

③ 3단계

　　㉠ 각 유통경로 의사결정에 필요한 구체적인 마케팅 정보를 결정한다.

　　㉡ 정보의 과부하 현상을 방지해야 하며 유통기능을 수행하기 위해 필요한 마케팅 정보의 유형을 확정해야 한다.

④ 4단계

　　㉠ 유통정보제공자, 정보사용자, 제공방법을 결정한다.

　　㉡ 3단계에서 확정된 마케팅 정보를 누가 수집하며, 이를 누구에게 어떤 방식으로 전달할 것인가를 결정한다.

　　　• 소매상 : 유통정보시스템에서 시장정보 수집 **예** 판매, 소비자 정보

　　　• 제조업체 및 도매상 : 제품 및 전략적 의사결정에 필요한 정보 수집 **예** 가격구조, 상표의 시장점유율, 광고판촉의 효과 등

⑤ 5단계

　　㉠ 잡음 요소의 규명 및 이의 제기방안을 결정한다.

　　㉡ 정보활동의 효율성을 저해하는 잡음이 있으므로 정보기술을 이용한 정보의 입력 및 전달 자동화가 잡음 개입의 가능성을 낮출 것이 요구된다.

　　㉢ 자동화된 시스템이라 하더라도 경로 구성원의 이해관계로 인해 그 효율성이 떨어질 수도 있다.

📦 유통정보시스템의 구축과정

① 기획단계

　　㉠ 기존 기업정책의 기조유지

　　㉡ 현업의 분석을 통한 문제점 도출 및 목적의 명확화

　　㉢ 목적에 부합하는 개발전략의 수립

② 개발단계

　　㉠ **시스템 기본설계** : 출력물 및 업무효율 중심의 설계

　　㉡ **시스템 상세설계** : 기본설계에 따른 사양의 설계

　　㉢ **프로그램의 개발** : 프로그램 사양서에 따른 개발

③ 적용단계

　　㉠ 조직 구성원들의 적극적 참여를 유도하기 위한 단계적 적용

　　㉡ 사용자를 위한 사용지침서의 개발

ⓒ 문제점 도출 및 보완을 위한 개방적 의사전달 채널의 확보
ⓓ 구성원들을 위한 교육, 훈련프로그램의 개발 및 실시

유통정보시스템의 활용

① **영업관리** : 영업사원 실적관리, 제품 및 서비스의 판매계획, 지원 및 통제
② **영업활동 지원의 자동화** : 판매사원의 매출실적 및 활동, 영업관리자의 의사소통 및 지원 등의 자동화
③ **제품관리** : 제품, 제품계열 또는 브랜드의 계획 · 통제 · 지원
④ **광고 및 판촉** : 매체, 판촉방법 선정과 광고, 판촉결과에 대한 평가 및 통제
⑤ **수요예측** : 매출에 관한 장 · 단기 예측
⑥ **시장조사** : 시장변수, 개발, 경향 등에 관한 내 · 외부 데이터 수집 및 분석
⑦ **유통관리** : 기업목표, 시장조사, 매출활동 자료에 근거한 유통전략 및 계획수립, 유통활동 지원 및 통제

유통정보시스템의 범위

① **구매관리시스템** : 원자재의 구매정보 및 구매선에 관련된 정보를 제공한다.
② **주문처리시스템** : 고객의 조회, 주문입력, 재고확인, 여신체크 등 주문확정 시까지의 정보를 제공한다.
③ **출하 · 재고관리시스템** : 주문을 분류하여 출하지시서를 발급하고, 출하작업을 관리하는 정보와 갱신된 재고정보를 제공한다.
④ **실적관리시스템** : 판매실적과 광고 및 판촉실적 등 영업전략의 핵심정보를 제공한다.
⑤ **수요예측시스템** : 수요를 예측하여 장 · 단기 판매전략에 필요한 정보를 제공한다.
⑥ **수 · 배송관리시스템** : 주문품의 수 · 배송계획과 관련한 핵심정보를 제공한다.
⑦ **대금관리시스템** : 고객이 지불할 대금과 거래실적에 따른 여신한도 정보를 제공한다.
⑧ **연계시스템** : 효율성 제고를 위해 하위시스템 간의 연계를 돕는다.

중소 유통업형 유통정보시스템

① 대부분 연쇄화 사업방식의 협업에 의해 통신망이 구성된다.
② 업종별로는 거의 소매업 또는 연쇄화 사업을 주로 하는 도매업에서 활용되고 있다.
③ 소매점이나 도매업체들은 임의연쇄점 본부나 임의연쇄점 사업용으로 활용할 수 있는 소프트웨어를 업계와 단체가 공동으로 개발하기도 한다.
④ 업종별 결합은 주로 같은 업종별로 이루어지지만 다른 업종과 결합되는 경우도 있다.
⑤ 중소 유통업형에서는 정보전문 기업과 물류업체를 활용하여 유통정보통신망을 구축하면 유통

비용을 절감할 수 있다.

🏛 대기업형 유통정보시스템

① 소매업 주도형

ㄱ 대기업이 많은 자본과 인적 자원을 바탕으로 적극적인 규모의 유통정보시스템을 구성하는 것이다.

ㄴ 제조업체에서 주로 연쇄화 사업본부를 통해 소매점에 배송하거나 도매점을 두고 배송센터를 통해 배송이 이루어진다.

ㄷ 연쇄화 사업본부, 즉 체인점 본부는 VAN 기능을 수행하는데 VAN은 주로 대기업형의 소매업체가 이용자로 참여한다.

ㄹ 백화점은 VAN을 이용하여 제조업자와의 수 · 발주 정보교환을 효율적으로 처리할 수 있다.

② 도매업 주도형 : 제조업체와 소매점 사이에 도매업체가 개입하여 제조업체로부터 제품을 받아 소매점별로 분배하고 배송하는 형태이다.

③ 물류업 주도형

ㄱ 물류업체가 중심이 되도록 유통정보통신망을 구성해서 제조업체와 소매점을 연결하는 형태이다.

ㄴ 물류업체는 화물의 운송, 보관, 포장, 하역에 관련된 각종 설비를 갖추고 있어 유통비용을 절감하고 신속하게 배송한다.

🏛 대기업형 유통정보시스템의 효과

① 통합된 분업체제의 효과

ㄱ 대기업의 유통정보시스템으로 이루어지는 정보화는 통합된 분업체제를 구축한다.

ㄴ 통합된 유통정보시스템은 전문적인 분업을 연결해서 통합해 나간다.

ㄷ 국내 유통시장이 전면 개방된 후 선진국의 초일류기업들과 경쟁하면서 통합된 유통정보시스템의 구축이 더욱 활발해졌다.

② 유통계열화의 개편

ㄱ 정보에 의한 유통계열화는 제조업체가 아니라 도매업체, 소매업체 또는 물류업체에 의해 수직적으로 주도되는 계열화를 의미한다.

ㄴ 대기업형 유통정보시스템에서는 풍부한 자본과 전문인력을 바탕으로 정보에 의한 유통계열화를 광범위하게 확산할 수 있다.

ㄷ 결제기능을 겸비한 유통정보시스템은 유통계열화를 유통시장까지 확대할 수 있다.

💠 중소기업형 유통정보시스템의 효과

① 협업화와 연쇄화

　㉠ 중소 유통형의 유통정보시스템은 개방적 시스템으로 독립적인 중소 규모의 도매업체와 소매업체들이 자발적으로 참여하는 특징이 있고, 이러한 시스템은 수평적 유통계열화로 인해 협업화와 연쇄화의 방향으로 변화되고 있다.

　㉡ 중소 규모의 업체들은 유통경로에서 서로 협력하고 각종 유통시설들을 공동으로 활용하며, 제품의 구매 · 판매 · 광고 등의 업무를 공동으로 수행함으로써 유통비용을 줄이기도 한다.

② 기업형과 생계형의 비용절감

　㉠ 비용절감을 위해서는 제조업체와 도매업체의 점포규모 및 관리체계가 유통정보시스템을 구축하기에 적합하도록 정비되어야 한다.

　㉡ 생계형 중소 유통업체들은 정보분석과 이용능력이 약하고, 발주량이 적어서 유통정보시스템의 이용에 있어 경제성이 문제가 되는 경우가 있다.

　㉢ 중소 유통업체들의 유통정보시스템은 기업형과 생계형으로 유형을 구분하고 지역의 특성을 활용하는 것이 좋다.

💠 물류정보시스템

① 의의

　㉠ 물류를 단순히 물리적인 흐름이 아니라 수주에서 납품에 이르기까지 정보의 흐름으로 인식하고, 이를 효율적으로 운영하기 위해 정보의 시스템화가 이루어져야 한다.

　㉡ 다양해지는 소비자 욕구와 폭주하는 물동량에 적절히 대응하기 위해서는 물류활동에서 발생하는 제반정보를 컴퓨터와 각종 통신시설을 이용해 신속 · 정확하게 처리할 수 있도록 시스템화 해야 한다.

　㉢ 제반정보를 활용하여 기업의 원가절감과 경쟁력 강화를 통해 물류기능의 효율화를 도모해야 한다.

　㉣ 물류정보시스템의 구축은 우선순위가 높은 하부시스템부터 단계적으로 실시한다.

② 물류정보시스템의 특징

　㉠ 격지자 간의 시스템

　㉡ 다수 기업 간의 시스템

　㉢ 대량의 정보처리가 필요한 시스템

　㉣ 현장 밀착형 시스템

　㉤ 서비스 수준형 시스템

　㉥ 지능형 시스템

　㉦ 사전처리형 시스템

ⓞ 시간 · 계절별 정보처리량의 변동이 큼
③ 물류정보시스템의 필요성
  ㉠ 물동량 증가에 대비
  ㉡ 하역작업의 신속화
  ㉢ 보관작업의 효율화
  ㉣ 포장작업의 표준화
  ㉤ 수송활동의 경제화

물류정보시스템의 기능

① 기획 · 통제기능 : 물류정보시스템에 보관된 제품의 주문상황과 조달에 필요한 리드타임 정보 및 예측정보는 기업이 재고수량을 기획하고, 재고 입지를 결정하는 데 활용된다.
② 조정기능 : 물류정보시스템을 통해 정보의 공유가 가능해짐으로써 생산계획과 조달계획을 조정할 수 있다.
③ 고객 서비스 · 커뮤니케이션 기능 : 정보시스템은 비정기적이고 비계획적인 고객의 주문에 신축적으로 반응함으로써 고객에 대한 서비스를 향상할 수 있다.

물류정보시스템의 유형

① 수주 · 출하처리시스템
  ㉠ 유통센터나 창고 등의 재고량, 발주점, 배송능력이나 거래선의 주소 등을 컴퓨터에 입력한다.
  ㉡ 거래선에서 전화나 팩스 또는 판매량의 순회 등에 의해 발주하면 수주 정보를 영업소나 지점의 단말기에서 입력하여 본사 컴퓨터센터의 호스트 컴퓨터에 전송한다.
  ㉢ 본사 컴퓨터센터의 호스트 컴퓨터는 각종 수주를 처리하여 인근의 출하창고를 선정하여 창고에 설치되어 있는 단말기에 출하지시서를 전송한다.
  ㉣ 적재효율을 계산하여 적합률을 선정, 또는 수송효율을 계산하여 배송지시를 내린다.
  ㉤ 출하하면 출하정보를 입력하고 배송이 완료되면 배달완료 보고를 입력하여 배송을 관리하는 동시에 매상고에 계정한다.
  ㉥ 수주 정보와 출하 정보에서 수주 잔고를 계산하고 수주관리나 판매관리 등을 한다.
  ㉦ 수주 정보에서 재고관리를 하고 출하 정보에서 실재고의 관리를 한다.
  ㉧ 수주 정보나 재고 정보의 문의에 대응하고 영업활동을 지원한다.
② 수 · 배송관리시스템 : 주문상황에 대해 적기 수 · 배송체제의 확립과 최적의 수 · 배송계획을 수립함으로써 수송비용의 절감을 꾀하는 체제이다.
  ㉠ 터미널 정보시스템 : 화물이 터미널을 경유하여 운송될 때 수반되는 자료 및 정보를 신속하게 수집하여 이를 효율적으로 관리하는 동시에 화주에게 적기에 필요한 정보를 제공하는

시스템이다.

    ⓛ **기능 · 지역별 정보시스템** : 센터의 위치나 역할에 따라 중앙운송정보센터와 지역운송정보센터로 구분된다.

③ **창고(보관)관리시스템** : 최소의 비용으로 창고의 면적, 작업자 및 하역설비 등 경영자원을 유효하게 활용하고 고객에 대한 서비스 수준을 제고하는 것이 주 목적이며, 보관시설이나 재고상황을 적절하게 유지하는 주요한 기능을 갖는다.

④ **재고관리시스템** : 주문량에 따라 적정재고를 유지하면서 불필요한 재고를 통제하기 위해 보관시설과 통신망을 통해 비용절감과 제품의 진부화를 예방하는 시스템이다.

⑤ **물류관리시스템** : 수주에서 시작하여 배송에 이르기까지의 전 과정을 계획 · 실시 · 평가 또는 통제하는 시스템이다.

물류정보시스템의 설계

① **목표의 명확화** : 정보시스템의 설계 시 고객 서비스에 중점을 둘 것인지, 비용절감에 중점을 둘 것인지 그 목표를 명확히 한다.

② **범위의 설정** : 정보시스템을 적용하는 경우, 업무별, 지역별, 기구별, 물류 종류별 등으로 그 범위를 설정한다.

③ **현상의 분석** : 물류정보시스템의 대상이 되는 업무현상을 분석 · 심사하고 문제점을 파악하여 시스템이 구비해야 할 요건을 명확히 한다.

④ **시스템의 평가** : 정보시스템의 수명을 미리 정해 시스템화에 필요한 비용과 그 효과를 검토 · 평가한다.

⑤ **예정표의 작성** : 시스템의 가동시기에 맞추어 제 설비의 정비가 완료될 수 있도록 예정표를 작성한다.

> **물류정보시스템의 설계순서** : 목표의 명확화 → 범위의 설정 → 현상의 분석 → 시스템의 평가 → 예정표의 작성

물류정보 네트워크의 개념

물류정보의 부가가치를 극대화하기 위한 방안으로 각 기업이 보유하고 있는 장비에 새로운 통신매체를 이용하여 기업 간, 제조업체 간, 판매점 간, 판매점과 소비자 간 등을 상호 연결하여 주는 수단을 일컫는다.

물류정보시스템의 요소

① **LBS(Location Based Service)** : GPS칩을 내장한 휴대폰이나 PDA단말기 이동체의 위치를 무

선통신으로 위치확인서버에 제공하면 모든 이동체의 현황을 실시간으로 검색하는 데 사용될 수 있다.

② ITS(Intelligent Transport System) : 도로와 차량 등 기존 교통의 구성요소에 첨단의 전자, 정보, 통신기술을 적용시켜 교통시설을 효율적으로 운영하고 통행자에 유용한 정보를 제공한다.

③ TRS(Trunked Radio System) : 주파수 공용통신이라고 하며 중계국에 할당된 여러 채널을 공동으로 사용하는 것으로, 이동 차량이나 선박 등 운송수단에 탑재하여 정보를 리얼 타임으로 송수신할 수 있는 통신 서비스를 말한다.

④ EOS(Electronic Ordering System, **자동발주시스템**) : 각 점포에서 POS시스템에 의해 얻어진 정보를 통해서 발주를 PC에 입력하거나, 또는 모뎀이 부착된 전화를 통해 온라인으로 본부에 전송함으로써 수 · 발주의 효율화와 리드타임의 단축을 통해 단품구매 정보를 수집하도록 하는 시스템을 말한다.

⑤ CALS(Commerce At Light Speed, **광속상거래**)
  ㉠ 상품의 라이프사이클 정보를 디지털화하여 경영에 활용하는 기업 간 정보시스템이다.
  ㉡ 업무표준화를 통해 업무처리의 절차를 간소화시킨다.
  ㉢ 표준화된 부품을 공용화할 수 있으며, 정보를 신속하게 공유하여 시간과 비용을 절감하고 생산성을 높일 수 있다.

⑥ GPS(Global Positioning System)
  ㉠ 선박이나 차량 위치 추적을 통한 전천후 항해를 지원하고 물류관리에 이용되는 통신망으로, 미국 국방부에서 개발한 위성항법 시스템이다.
  ㉡ GPS를 도입하면 자연재해로부터 사전 대비를 통해 재해를 피할 수 있고, 토지 조성공사에도 작업자가 건설용지를 돌면서 지반 침하와 침하량 등을 측정하여 신속하게 대응할 수 있다.

⑦ CAE · CAD · CAM
  ㉠ CAE(Computer Aided Engineering) : 컴퓨터 이용에 관한 전반적인 기술을 말하는 것으로 CAD, CAM이 속하며, 제조 및 설계 지원 시스템이라고 한다.
  ㉡ CAD(Computer Aided Design) : 워크스테이션을 사용하여 설계자가 부분적인 도면 등을 만들고, 동작을 실험하고, 약간의 명세로 완벽한 설계를 추론하여 설계 도면을 그릴 수 있도록 한다.
  ㉢ CAM(Computer Aided Manufacturing) : 수치 통계, 로봇 공학, 자재관리, 공정관리 등의 제조 기능을 촉진시키기 위해 설계된 광범위한 시스템이다.

⑧ CAO(Computer Assisted Ordering) : POS 데이터와 EOS를 연계하여 활용이 가능하고, 소비자의 수요에 신속한 대응이 가능하다. 주문내용은 EDI를 통해 물류센터로 전송이 가능하다.

⑨ CIM(Computer Integrated Manufacturing) : 컴퓨터 통합 생산시스템을 말하는 것으로, 구매와 회계로부터 일정 계획을 수립, 생산, 유통에 이르기까지 제조과정을 혁신, 개선하기 위해 정보 기술을 사용하는 것을 말한다.

지리정보시스템(GIS : Geographic Information System)

GIS는 지형, 지질, 표고 등 자연요소들은 물론, 주요 건축물과 교통망, 전기, 통신, 상하수도 등 각종 시설물을 3차원적 컴퓨터 지도를 사용하여 과학적으로 관리할 수 있도록 한다. 또한 지리적인 정보를 최단시간에 통합·분리·처리하여 국가정책, 기업경영 및 일상생활 등에 활용한다.

2 주요 유통정보화기술 및 시스템

1절 바코드

🎁 바코드(Bar Code)

① 다양한 폭을 가진 바(Bar, 검은 막대)와 스페이스(Space, 흰 막대)의 배열패턴으로 정보를 표현하는 부호 또는 부호체계이다.

② 상표와 같이 자기 기업의 상품을 타기업의 상품과 구별하기 위해 사용하는 막대기호이다.

③ 문자나 숫자를 나타내는 검은 막대와 흰 공간의 연속을 바와 스페이스를 특정하게 배열하여 이진수 0과 1의 비트로 바꾸고 이들을 조합해 정보로 이용하게 된다.

🎁 바코드의 특징

① 데이터 입력의 간소화
② 데이터 입력 시 에러율 감소
③ 자료처리 시스템의 구성 가능
④ 비용의 감소

🎁 바코드의 구성단위

① **모듈(Module)** : 바코드 심벌을 구성하는 최소 기본단위로 보통 좁은 엘리먼트 폭의 평균값으로 계산되며 비트(Bit)로 나타낸다.

② **엘리먼트(Element)** : 비트의 집합으로 하나의 모듈 또는 여러 개의 모듈들이 모여 바와 스페이스를 만드는 것을 말하며, 흑백의 색깔로 표현되기 때문에 눈으로 구분할 수 있는 기본요소가 된다.

③ **심벌문자(Symbol Character)** : 엘리먼트들이 모여서 구성되는 바이트(Byte), 디지트(Digit)를 말하며, 이는 1개의 아스키(ASCII) 문자에 상응한다.

④ **심벌(Symbol)** : 심벌문자가 모여 구성되는 데이터 또는 레코드를 말한다.

🎁 바코드 심벌

① 바코드 심벌은 직사각형의 연속된 하양고 검은 수직평행 바로 구성되며, 사방에서 여백으로 둘러싸여 있다.

② 흰 바(모듈)는 흰색 바와 밝은 색 바를, 검은 바는 검은 색 바와 어두운 색 바를 의미한다.

③ 7개의 모듈이 조합되어 2개의 검은 바와 2개의 흰 바를 만들며, 총 4개의 바가 1개의 데이터 캐릭터를 나타낸다.

④ 심벌은 고정식 스캐너가 어느 방향에서나 판독할 수 있도록 디자인되어 있고, 핸드 스캐너나 펜 스캐너는 양방향이나 한 방향으로 판독할 수 있다.

> 바코드 심벌은 표준크기 대비 80%~200% 범위로 축소, 확대가 가능하다.

🎁 바코드의 장점

① 오독률이 낮아 높은 신뢰성을 확보할 수 있다.

② 바코드에 수록된 데이터는 비접촉 판독이 가능하고 한 번의 주사로 판독이 가능하다.

③ 컨베이어상에서 직접 판독이 가능하여 신속한 데이터 수집이 가능하다.

④ 도입비용이 저렴하고 응용범위가 다양하다.

🎁 바코드의 구조

① Quiet Zone

   ㉠ 바코드 시작문자의 앞과 멈춤문자의 뒤에 있는 공백부분을 가리킨다.

   ㉡ 바코드의 시작과 끝을 명확하게 구현하기 위한 필수적인 요소이다.

   ㉢ 심벌 좌측의 여백을 전방 여백, 우측의 여백을 후방 여백이라 한다.

② Start/Stop Character

   ㉠ 시작문자(Start Character) : 심벌의 맨 앞부분에 기록된 문자로, 데이터의 입력방향과 바코드의 종류를 바코드 스캐너에 알려주는 역할을 한다.

   ㉡ 멈춤문자(Stop Character) : 바코드의 심벌이 끝났다는 것을 알려주어 바코드 스캐너가 양쪽 어느 방향에서든지 데이터를 읽을 수 있도록 해 준다.

③ Check Digit : 검사문자는 메시지가 정확하게 읽혔는지 검사하는 것으로, 정보의 정확성이 요구되는 분야에 이용되고 있다.

④ Interpretation Line : 사람의 육안으로 구별 가능한 정보(숫자 · 문자 · 기호)가 있는 바코드의 윗부분 또는 아랫부분을 말한다.

⑤ Bar/Space : 바코드는 간단하게 넓은 바, 좁은 바, 스페이스로 구성되어 있으며 이들 중 가장 좁은 바와 스페이스를 X디멘전이라 부른다.

⑥ Inter-Character Gaps : 문자들 간의 스페이스, 즉 X디멘전의 크기를 말한다.

⑦ Symbology : 독립된 바와 스페이스의 조합 패턴을 하나의 심벌이라 하며, 동일 Data라 할지라도 Symbology에 따라 조합 패턴이 다르게 된다. 심벌 구조는 코드의 종류에 따라 상이하다.

[바코드의 구조]

심벌로지

데이터의 표현방식에 의한 바코드 종류

[불연속형 바코드]

[연속형 바코드]

① 불연속형

㉠ 각 문자가 바(Bar)로 시작해서 바(Bar)로 끝나는 바코드이다.

㉡ 각 문자들이 독립적으로 분리되어 있다.

㉢ 문자들 사이에는 갭(Gap)이 존재한다.

② 연속형

㉠ 각 문자가 바(Bar)로 시작해 스페이스(Space)로 끝나는 바코드이다.

㉡ 다음 문자의 시작문자에 의해 문자의 끝이 구별된다.

㉢ 문자 사이에 갭(Gap)이 존재하지 않는다.

1차원 바코드

① UPC(Universal Product Code)

㉠ 미국 슈퍼마켓특별위원회가 세계상품코드(UPC)를 식료품업계 표준으로 제정하면서 일반화되기 시작했다.

ⓛ 12개의 캐릭터로 구성되어 숫자(0~9)만 표시가 가능하며, 3종류가 있다.

- 표준형(UPC-A, Version A) : 12자리를 표현한다.
- 단축형(UPC-E, Version E) : 6자리를 표현한다.
- 확대형(UPC-D, Version D) : 표준형보다 많은 데이터를 표현한다.

② EAN(European Article Number)

ⓐ 미국의 UPC에 자극을 받아 유럽의 12개국이 모여 제정한 유럽형 공통상품코드이다.

ⓛ 코드의 각 캐릭터는 2개의 바와 2개의 여백으로 형성된 7개의 모듈로 이루어져 있으며, '0' 은 밝은 모듈, '1'은 검은 모듈을 나타낸다.

ⓒ 13개의 문자를 포함할 수 있는데 바코드로 표현하는 것은 12자리이고, 맨 좌측의 문자는 수 치로 표현된다.

- 표준형(EAN-13) : 13개의 문자를 포함한다.
- 단축형(EAN-8) : 8개의 문자를 포함한다.

③ Code 39(3 of 9)

ⓐ 43개의 문자(0~9, A~Z, 7개의 특수문자)와 하나의 시작과 끝문자로 구성되어 있다.

ⓛ 각 문자는 9개의 요소로 이루어지고, 그 중 세 개는 논리값 1을 의미한다.

ⓒ 보통 바 5개가 한 문자에 해당되며, 시작과 끝문자는 반드시 '＊'여야 한다.

ⓔ 문자와 문자 사이의 갭은 코드값을 포함하지 않는다.

ⓜ 현재 공업용을 비롯해 가장 널리 사용되고 있다.

④ Codabar(NW7, 2 of 7)

ⓐ 각 캐릭터는 7개의 요소로 구성되어 있으며, 4개의 바와 3개의 여백으로 이루어진다.

ⓛ Codabar로 표현 가능한 캐릭터는 10개의 숫자(0~9), 6개의 특수문자($, -, :, /, ., +), 4 개의 시작과 끝문자(a/t, b/m, c/＊, d/e)이다.

ⓒ 시작과 끝문자는 다른 종류의 데이터베이스에 대한 키로 사용할 수 있다.

⑤ Interleaved 2 of 5

ⓐ 1개의 숫자가 5개의 바와 5개의 스페이스를 교대로 조합시킨 것으로 이루어져 있다.

ⓛ 문자 사이의 갭을 없애 Industrial 코드에 비해 약 40%, Matrix 코드에 비해 약 10% 이상 길이를 줄일 수 있다.

ⓒ 문자의 수가 짝수여야 하므로 홀수 개의 문자가 들어왔을 경우 '0'이 맨 앞에 붙여지나 바코 드 중 가장 짧다.

ⓔ 자체 감사기능이 뛰어나고 숫자 데이터 표현 시 많은 데이터를 짧게 코드화할 수 있어 산업 용 및 소매용으로 가장 많이 사용된다.

⑥ Code 93

ⓐ 작은 심벌이 요구되는 곳에서 Code 39와 호환이 가능하도록 고안된 것이다.

ⓛ 코드의 길이는 자유롭게 변동 가능하다.

ⓒ 코드의 최대 허용길이는 바코드 리더인 스캐너의 특성에 의해 좌우된다.

⑦ Code 128

ⓐ 전체 ASCII 128문자를 모두 표현할 수 있는 연속형 바코드로, 수치데이터는 심벌문자당 2자리로 표현된다.

ⓑ 시작과 끝문자, 변동 가능한 길이의 데이터, 바와 스페이스 2개 모두에 대한 캐릭터 패리티, 체크문자, 함수문자 등으로 구성되어 있다.

ⓒ 문자집합인 선택문자, 전이문자, 기능문자가 모두 특수문자로 존재하며, 1개의 심벌 안에서 또는 1개의 코드 부분집합에서 다른 코드의 부분집합으로 변화가 가능하다.

2차원 바코드

X, Y 방향의 양축으로 데이터를 배열하여 평면화한 2차원적(2D) 점자형 바코드로, 기존의 1차원 바코드가 가지는 문제점인 데이터 표현의 제한성을 보완하기 위해 등장했다.

① 2차원 바코드의 특징

ⓐ 하나의 심벌에 대용량의 데이터를 포함할 수 있다.

ⓑ 좁은 영역에 많은 데이터를 고밀도로 표현할 수 있다.

ⓒ 공간이용률이 매우 높다.

ⓓ 심벌이 오염되거나 훼손되어 데이터가 손상되더라도 오류를 검출하여 복원하는 능력이 탁월하다.

ⓔ 흑백 엘리먼트가 변에 구속되어 있지 않아 심벌인쇄 및 판독이 쉽다.

ⓕ 심벌의 판독을 360° 다방향으로 할 수 있다.

ⓖ 한국어를 비롯한 모든 외국어 및 그래픽 정보까지도 표현할 수 있다.

② 2차원 바코드의 종류

ⓐ 다층형 코드(Stacked Bar Code) : 1차원 바코드와 같이 개별적으로 인식될 수 있는 몇 개의 문자가 모여 수평방향으로 열(row)을 구성하며, 열 안에는 1개 이상의 데이터 문자를 포함하고, 하나의 심벌 안에는 최소 2개 이상의 열을 포함하고 있다.

예 Code 16K, PDF-417, Code 49

ⓑ 매트릭스형 코드(Matrix Code) : 정방형의 동일한 폭의 흑백요소를 모자이크식으로 배열하여 데이터를 구성하기 때문에 체크무늬 심벌형태를 가진다. 이 심벌을 판독하는 스캐너는 각 정방형의 요소가 검은 것인지 흰 것인지를 구별해내고, 이 흑백요소를 데이터의 비트(Bit)로 삼아서 문자를 구성한다.

예 Data Matrix Code, QR Code, Maxi Code, Codeone Code

🎁 GS1(Global Standards #1)

GS1(국제표준 상품코드관리 기관)은 EAN International의 새로운 명칭으로, 대한민국 공통상품 코드이며, 상품을 다른 상품과 구별해주는 식별기호이다. 우리나라의 경우 '국제표준 상품코드관리 기관'으로부터 국가번호 코드로 '880'을 부여받았으며, 한국유통물류진흥원에서 이 코드를 관리한다(국내에서는 EAN을 명칭상 KAN으로 사용하기도 하지만 본질적으로는 EAN코드를 일컫는다. EAN코드는 GS1로 명명된 이래로 EAN-13이라면 GS1-13코드와 동격으로 사용되고 있다. 현재 대한상공회의소 유통물류진흥원에서는 EAN코드를 GS1로 명칭을 변경하여 사용하고 있다).

🎁 GS1 식별코드

① **국제거래식별단품코드(GTIN : Global Trade Item Number)** : 거래단품이란 공급체인상에서 가격이 매겨지거나 주문 단위가 되는 상품을 말하며, 소비자에게 판매되는 모든 낱개 상품뿐만 아니라 묶음 상품, 기업 간 주문 단위로 이용되는 골판지 상자 단위도 거래단품의 범주에 포함된다. GTIN의 종류에는 GS1-8, GS1-13, GS1-14가 있다.

② **국가식별코드(3자리)** : 첫 3자리 숫자는 국가를 식별하는 코드로 대한민국은 항상 '880'으로 시작된다.

③ **제조업체코드(6자리)** : 6자리 제조업체코드는 한국유통물류진흥원에서 제품을 제조하거나 판매하는 업체에 부여하며 업체별로 고유코드가 부여된다.

④ **상품품목코드(3자리)** : 제조업체코드 다음의 3자리는 제조업체코드를 부여받은 업체가 자사에서 취급하는 상품에 임의적으로 부여하는 코드이며, 000~999까지 총 1,000품목의 상품에 코드를 부여할 수 있다.

⑤ **체크 디지트(1자리)** : 스캐너에 의한 판독 오류를 방지하기 위해 만들어진 코드이다.

🎁 KAN(Korea Article Number) 바코드

① 대한민국의 공통상품코드로 소매상품에 가장 일반적으로 사용되는 바코드이다(GTIN-13이 입력됨).

② KAN 코드는 EAN 코드체계를 따르며 제품분류의 수단이 아니라 제품식별의 수단으로 사용된다.

③ KAN 코드는 백화점, 슈퍼마켓, 편의점 등 유통업체에서 최종소비자에게 판매되는 상품에 사용되는 코드로, 상품제조단계에서 제조업체가 상품포장에 직접 인쇄하게 된다.

🎁 KAN 바코드의 체계

① KAN-13코드

    ㉠ 가장 일반적으로 사용되는 KAN 코드이다.

ⓒ 국가식별코드 3자리, 제조업체코드 4자리, 상품품목코드 5자리, 체크 디지트 1자리 등 총 13자리로 구성된 표준코드이다.

② KAN-8코드

㉠ 국가식별코드 3자리, 단축형 제조업체코드 3자리, 단축형 상품품목코드 1자리, 체크 디지트 1자리 등 총 8자리로 구성된 코드이다.

ⓒ 단축형은 KAN-13 심벌을 인쇄하기에 충분하지 않은 포장면적을 갖는 작은 상품의 경우에만 사용된다.

🔶 KAN-13 바코드의 구성

① **국가식별코드(3자리)** : 국제표준코드관리기관(EAN)에서 우리나라에 부여한 코드로 880번이다.

② **제조업체코드(4자리)** : 한국유통물류진흥원에서 국내 제조업체에 부여한 코드로 상품을 제조하는 제조원이나 판권을 소유한 판매원을 식별한다.

③ **상품품목코드(5자리)** : 제조업체를 부여받은 업체가 개별상품에 부여하는 코드로, '00000-99999'까지 10만 가지 단품에 부여할 수 있다.

④ **체크 디지트(1자리)** : 바코드의 판독 오류를 검증하기 위한 코드로, 한 단에 표시된 숫자가 막대모양의 바코드로 올바르게 변환되었는지를 검증한다.

🔶 ITF-14코드

① ITF(Interleaved Two of Five)는 표준물류 바코드를 박스에 인쇄하기 위해 사용되는 바코드 심벌로, 여러 가지 2 of 5 코드 중에서 가장 높은 밀도를 갖고 있다.

② 단품은 색상, 사이즈, 크기 단위로 세분화된 형태를 말하며 표준 바코드는 시스템이 식별할 수 있도록 ITF-14란 바코드 심벌이 사용된다.

③ ITF는 인쇄면적이 넓어지는 결점이 있으나 넓은 바와 좁은 바 2가지 밖에 없어 조잡한 인쇄환경에서도 비교적 인쇄상 큰 문제가 없다.

🔶 표준물류바코드(EAN-14)

① **의의**

㉠ KAN 코드가 POS 시스템에 의한 단품관리를 목적으로 하기 때문에 물류용 바코드로는 적합하지 않아 KAN 코드를 기본으로 하여 낱개 포장의 개수 등과 같은 포장 내의 내용정보를 부가하여 고안된 것이다.

ⓒ 주로 골판지 박스에 사용되는 국제표준물류 바코드이기 때문에 생산공장, 물류센터, 유통센터 등의 입·출하 시에 판독용으로 이용되며, 제품에 대한 구별의 비유의성이 특징이다.

② 표준물류바코드의 구조

㉠ 표준물류바코드는 EAN-14라고 불리며 14자리로 구성되어 있다.

㉡ 물류식별코드 1자리, 국가식별코드 3자리, 제조업체코드 4자리, 상품품목코드 5자리, 체크 디지트 1자리 등으로 구성된다.

㉢ EAN-14를 바코드로 표시하기 위한 심벌의 명칭은 ITF-14로 불린다.

③ 표준물류바코드의 장점

㉠ 물류센터 내에서의 검품, 거래처 · 제품별 분류

㉡ 로케이션 관리의 자동화

㉢ 물류센터 내의 실시간 재고파악을 통한 재고관리의 효율화

㉣ 생산에서 배송까지 제품이동의 신속 · 정확화

㉤ 수주에서 납품까지 리드타임 단축 등 물류단위 중심의 EDI 거래촉진

❖ EAN-128

① 의의

㉠ 박스, 팔레트, 컨테이너 등 물류단위에 다양한 정보를 표시하기 위해 기업 간, 산업 간에 상호호환이 가능한 표준정보를 담을 수 있는 코드에 대한 욕구가 발생함에 따라 EAN International, UCC, AIM에 의해서 공동 설계된 코드이다.

㉡ 바코드로 표시되는 여러 가지 정보의 형식과 내용을 지정해 주는 코드이다.

② EAN-128의 장점

㉠ **개방화된 표준** : 코드를 인쇄한 기업에 관계없이 어느 국가, 어느 장소, 어떤 기업에서도 사용이 가능하다.

㉡ **안정적인 표준** : 기업들이 필요로 하는 새로운 정보가 발생할 경우 AI를 새로 정의하여 사용할 수 있고, 이때 기존의 시스템에 대한 변경이 전혀 불필요하다.

❖ 로케이션 코드(Location Code)

① 의의

㉠ 전 세계에서 통일된 EDI 전자문서상의 거래당사자를 식별하기 위해 제정된 거래업체 식별코드이다.

㉡ 기업 간 거래에 따른 관련업체 또는 조직 · 기관 등을 성격이나 물리적 위치에 관계없이 명확하게 식별하기 위해 EAN International이 국제표준으로 제정 · 보급하고 있다.

② 로케이션 코드의 구조

㉠ EAN 상품식별코드와 동일한 13자리의 숫자로 구성되어 있다.

㉡ EAN International이 부여한 국가식별코드로 시작한다.

ⓒ 국가식별코드를 제외한 나머지 숫자체계는 각국 코드관리기관의 자유재량에 따라 정할 수 있다.

ⓔ 마지막 1자리의 체크 디지트는 상품식별코드 체크 디지트와 동일한 알고리즘에 의해 결정된다.

③ 로케이션 코드의 식별기능
  ㉠ **법률적 실체** : 기업이나 자회사 또는 관련기관
  ㉡ **기능적 실체** : 법률적 실체의 특정 기능부서
  ㉢ **물리적 실체** : 건물 또는 특정건물의 특정위치

❖ ISBN(International Standard Book Number)

① 의의
  ㉠ 개개의 출판물마다 국제적으로 조정된 유일의 개별번호를 표시하여 국제·국내적인 유통이나 문헌의 정리, 검색 등에 이용하도록 한 국제표준도서번호이다.
  ㉡ 전 세계에서 간행되는 각종 도서에 고유번호를 주어 개별화함으로써 문헌정보와 서지유통의 효율화를 기하는 제도이다.
  ㉢ 우리나라는 국립중앙도서관이 한국문헌번호센터로 지정되어 1991년 납본과 내에 한국문헌번호센터를 설치·운영하고 있으며, 우리나라의 ISBN과 ISSN을 관리한다.
  ㉣ 개정판인 경우 표지와 판권지에 그것이 개정판임을 표시해야 하며, 이것은 새로운 책이 되므로 ISBN을 새로 부여받아야 한다.
  ㉤ 바코드는 서점의 POS 시스템에서 필요로 하는 것이기 때문에 비매품이거나 유통 시 꼭 필요하지 않은 경우에는 바코드 없이 ISBN만 책에 표시할 수 있다.

② ISBN의 구조
  ㉠ 2007년 출판량의 급증으로 10자리에서 13자리로 추가번호가 확장되었으며 이에 따라 ISBN은 접두부, 국가, 발행자, 서명식별번호, 체크 디지트로 구분된다.
  ㉡ 출판환경의 변화에 따라 도서뿐만 아니라 전자출판물 및 POD(Print On Demand : 주문형 출판물), 점자자료, 컴퓨터 소프트웨어 등에도 적용된다.
  ㉢ ISBN은 출판물의 뒷표지와 판권지에 인쇄한다.
  ㉣ ISBN 13자리 숫자는 ISBN 10자리를 바코드로 변환한 EAN-13 바코드 번호와 같다. EAN-13 바코드를 표시할 때에는 바코드 형식으로 EAN과 부가기호를 표시하고, 그 하단에 도서번호를 표시한다. 가격은 바코드 우측 상단에 표시한다.

> ISBN 한국 식별번호는 978, 979가 있다.

③ ISBN의 장점

㉠ 13자리로 구성된 ISBN 코드는 서지적이며 기술적인 복잡하고 긴 기록들을 대신하므로 시간과 인력이 절감되고 오류를 방지할 수 있다.

㉡ ISBN으로 판매용 도서목록 또는 편람을 편집하고 갱신할 수 있으며, 이를 통하여 입수 가능한 출판물 정보를 쉽게 찾을 수 있다.

㉢ 출판물을 주문하거나 판매하여 유통시키는 데 ISBN은 가장 신속하고 효율적인 방법이다.

㉣ 13자리 EAN 바코드 형식으로 되어 있어 기계가 읽을 수 있으며, 기계적인 처리가 가능하기 때문에 오류를 방지하여 유통과정을 효율화할 수 있다.

ISSN(International Standard Serial Number)

① 의의

㉠ 모든 연속간행물에 국제적으로 표준화된 방법에 따라 부여하는 국제표준연속간행물번호이다.

㉡ 전 세계에서 발행되고 있는 신문, 잡지, 연감 등 연속간행물에 대해 하나의 고유번호를 부여하고, 관련된 정보를 저장 · 활용하기 위해 마련된 제도이다.

② ISSN의 구조

㉠ 8자리로 구성되며, ISSN이라는 문자를 앞세워 표기한다.

㉡ 8자리의 ISSN 맨 앞에 977(연속간행물을 표시하는 숫자)과 예비부호 2자리를 넣어 EAN과 호환한다.

③ ISSN의 장점

㉠ ISSN은 연속간행물에 대한 고유번호이므로, 연속간행물에 ISSN이 부여되면 발행국, 발행처, 언어, 내용에 관계없이 쉽게 구별할 수 있다.

㉡ 도서관에 있어서 연속간행물의 입수작업, 상호대차, 서지정보 복사, 종합목록 편성 작업을 실행하는 데 유용하다.

㉢ 출판사, 서점 등의 유통기관에 있어서는 주문, 판매, 반품, 재고관리 등 경영관리를 신속하고 효율적으로 실행하는 데 유용하다.

RFID(Radio Frequency Identification)

자동인식 기술의 한 종류로서 마이크로칩을 내장한 태그(tag)에 저장된 데이터를 무선 주파수를 이용하여 비접촉 방식으로 판독 · 해독하는 기술을 말한다. 궁극적으로 여러 개의 정보를 동시에 판독하거나 수정, 갱신할 수 있는 장점을 가지고 있으며 물류, 보안 분야 등 여러 분야에서 각광받고 있다.

2절 POS

🍀 POS(Point Of Sales) 시스템

① 판매장의 판매시점에서 발생하는 판매정보를 컴퓨터로 자동처리하는 판매시점 정보관리시스템이다.

② 구매, 판매, 배송, 재고활동에서 발생하는 각종 정보를 컴퓨터로 보내 각 부문을 효과적으로 이용할 수 있는 정보로 가공하여 전달하는 정보관리시스템이다.

③ 종전의 금전등록기 기능에 컴퓨터의 단말기 기능을 추가하고 매장의 판매시점에서 발생하는 정보를 입력, 최종적으로 컴퓨터로 처리하는 매장정보 시스템이다.

🍀 POS 시스템의 목적

① 고객이 원하는 상품을, 원하는 시기에, 원하는 양만큼 구매할 수 있도록 하여 고객의 상품구매 만족도를 높이는 것이다.

② 기업은 팔릴 수 있는 상품을 그 양만큼 공급할 수 있도록 하여, 매출과 이익을 극대화하는 데 목적이 있다.

🍀 POS 시스템의 역할

① 상품의 매출동향을 파악하여 유통기업은 물론, 제조업체의 재고부담의 경감에 기여한다.

② 계획생산, 계획배송 등을 통해 물류업무를 효율화하고 연관업무를 경감한다.

🍀 POS 시스템의 기능

① **단품관리**

㉠ 상점에 진열되어 있는 각 상품의 판매 및 재고동향을 파악하는 체제로, 상품을 구별하기 위해 정보를 일정한 약속에 따라 코드화한다.

㉡ 동일규격으로 대량생산되어 판매되는 가공식품이나 잡화 등에 사용되는 바코드와, 의류품과 같이 각 상품을 단순히 규정하여 코딩하기 어려운 상품속성을 갖는 상품에 사용되는 OCR 코드가 있다.

② **자동판독**

㉠ 상품의 포장용기에 표시되어 있는 심벌표시를 스캐너가 광학적인 장치에 의해 자동적으로 판독하는 형식을 취한다.

㉡ POS 터미널에서 상품에 표시된 심벌이나 문자를 스캐너로 판독시키면 고객에게는 영수증이 즉시 발행되고, 점포에는 여러 가지 정보와 자료가 축적된다.

③ 판매시점에서의 정보입력
   ㉠ POS 정보는 일괄처리방식으로 상품이 판독되어 금전등록기를 통과함과 동시에 판매시점에서 입력된다.
   ㉡ 종래의 금전등록기에서는 상품정보가 수작업의 사후처리방식으로 작성되었으나, POS 시스템에서는 상품정보가 판매시점에서 즉시처리방식에 의해 작성된다.

④ 정보의 집중관리
   ㉠ POS 터미널로부터 수집된 단품별 정보, 고객정보, 매출정보, 그 밖의 판매와 관련된 정보를 수집하여 집중적으로 관리할 수 있다.
   ㉡ 수집된 정보는 필요에 따라 처리 또는 가공되어 필요한 부문에 활용되는 것은 물론, 경영상의 의사결정을 하는 데에도 활용된다.

⑤ 인력관리 : 크레디트 카드나 종업원 카드 등 각종 카드의 자동 판독장치나 출퇴근 기록기 등을 접속시킴으로써 고객관리나 종업원 관리에 넓게 이용할 수 있다.

🔖 POS 시스템의 효과

① 계산원의 오타방지 및 생산성 향상   ② 점포 사무작업의 단순화
③ 가격표 부착작업의 감소   ④ 고객 및 계산원의 부정방지
⑤ 상품명이 기재된 영수증 발행   ⑥ 품절방지 및 상품의 신속한 회전
⑦ 고수익 상품의 조기 파악   ⑧ 잘 안 팔리는 상품의 신속한 퇴출과 배제
⑨ 적정한 매가관리   ⑩ 신상품 및 판촉에 대한 평가

🔖 POS 시스템의 구성

① POS 시스템의 구성
   ㉠ 스캐너 : 스캐너는 바코드, OCR 등을 자동으로 판독하는 장치로, POS 터미널에 접속되어 있는 스캐너는 상품포장이나 라벨에 인쇄되어 있는 바코드를 읽어서 숫자로 풀이하는 기능을 수행한다.
   ㉡ POS 터미널 : 소매점포의 단말기를 말하는 것이며, 이것은 주로 고성능의 레지스터기능, 통신기능, 스캐너에 의한 자동판독기능을 갖는다. 즉 종래의 금전등록기가 갖고 있는 기능은 물론이고, 바코드, OCR, 신용카드를 판독하며, 기록·통신이 가능한 기기(機器)이다.
   ㉢ 스토어 콘트롤러 : 스토어 콘트롤러는 매장에 설치된 여러 대의 POS 터미널을 통제하며 각종 경영정보의 수집과 함께 여러 보고서를 발행한다.

② POS 시스템의 특징
   ㉠ 단품관리   ㉡ 자동판독
   ㉢ 판매시점에서의 정보입력   ㉣ 정보의 집중관리

🐚 POS 시스템의 운영

① 소비자가 판매장에서 상품을 구입하고 정산할 때, 계산대에 있는 직원은 스캐너를 이용하여 상품 또는 상품의 포장이나 포장용기에 인쇄되어 있는 바코드를 판독한다.

② 판매 관련 정보는 스캐너에서 POS 터미널로 전송되고 다시 스토어 컨트롤러에 전송된다.

③ 스토어 컨트롤러에는 상품명, 가격, 재고 등의 각종 파일이 있어서 송신된 자료를 처리·가공한다.

④ POS 터미널로부터 스토어 컨트롤러에 수집된 판매정보는 단품별 정보, 고객정보, 가격정보, 매출정보 등이 있는데 이를 다시 POS 터미널로 보낸다.

⑤ POS 터미널에서는 고객에게 영수증을 발급해주고 판매상황을 감사테이프에 기록하며, 고객용 장치에는 상품의 구입가격이 표시된다.

⑥ 하루의 영업이 끝나면 스토어 컨트롤러는 그날의 상품별 목록, 발주상품별 목록 등의 각종 표를 작성한다.

🐚 POS 데이터의 특성

① 정보가 매우 상세하고 정확하며 실시간 처리로 데이터를 작성할 수 있기 때문에 신속히 정보를 활용할 수 있다.

② 시간의 흐름에 따라 계속 발생하는 정보를 지속적으로 수집·활용할 수 있어 정보량이 매우 크다.

🐚 POS 데이터의 분석

① **매출 분석** : 부문별, 단품별, 시간대별, 계산원별 등

② **고객정보 분석** : 고객 수, 고객단가, 부문별 고객 수, 부문별 고객단가 등

③ **시계열 분석** : 전년 동기대비, 전월대비, 목표대비 등

④ **상관관계 분석** : 상품요인 분석, 관리요인 분석, 영업요인 분석 등

🐚 POS 데이터 분석을 통해 얻는 정보

① **상품정보**

ⓐ **금액정보** : 관심을 가지는 기간 동안 또는 대상에 대해 금액으로 환산하여 얼마를 판매했는지를 나타내는 정보이다.

ⓑ **단품정보** : 구체적으로 어떤 상품이 얼마나 팔렸는지를 나타내는 정보이다.

② **고객정보**

ⓐ **객층정보(점포데이터)** : 유통기업을 이용하는 고객이 어떤 사람들인지를 나타내는 정보이다.

ⓑ **개인정보(패널데이터)** : 고객 개인의 구매실적, 구매성향 등에 관한 사항을 나타내는 정보이다.

♣ POS 데이터의 활용

① POS 데이터의 활용단계

　　㉠ 제1단계(단순 상품관리단계) : 기본적인 보고서만을 활용하는 단계로서 부문 · 시간대별 보고서, 매출액의 속보, 품목 · 단품별 판매량 조회 등이 이에 속한다.

　　㉡ 제2단계(상품기획 및 판매장의 효율성 향상단계) : 날씨, 기온, 시간대, 촉진활동, 선반진열의 효율성, 손실, 재고회전율 등의 정보와 연계하여 판매량 분석을 통해 상품을 관리한다.

　　㉢ 제3단계(재고관리단계) : 내부의 재고관리를 말하며, 수 · 발주시스템과 연계해서 판매정보를 분석하고 재고관리를 하며 발주량을 자동적으로 산출한다.

　　㉣ 제4단계(마케팅단계) : 상품정보와 고객정보를 결합해서 판매증진을 위한 마케팅을 실시한다.

　　㉤ 제5단계(전략적 경쟁단계) : POS 정보를 경영정보와 결합해 전략적 경쟁수단으로 활용한다.

② ABC 분석 : 재고자산의 품목이 다양할 경우 이를 효율적으로 관리하기 위해 재고의 가치나 중요도에 따라 재고자산의 품목을 분류하고 차별적으로 관리하는 방법이다. 각각의 상품이 현재의 유통경영성과에 기여하는 정도를 평가하는 가장 일반적인 방법으로, 분류기준은 파레토 분석에 의한다.

♣ POS 관련 물류시스템

① VMI(Vendor Managed Inventory) : 점포의 POS 시스템 데이터를 거래선(벤더)과 직접 연결하고, 거래선이 직접 각 점포에 맞는 CAO를 이용하여 재발주량을 결정하는 일종의 자동발주기법이다.

② CRS(Continuous Replenishment Service) : 데이터양은 많지만 그 내용 자체가 비교적 단순한 정보를 관리하기 위해 IBM이 미국과 일본에 제공하고 있는 서비스이다.

③ CD(Cross Docking) : POS 데이터에 의한 CAO나 VMI를 통해 출고와 입고지시가 내려지면 유통센터에서 중간 보관단계를 생략하고, 사전 작성계획에 따라 입고지점에서 출고지점까지 상품을 이동시키는 통합적 수 · 배송 시스템이다.

3절　전자적 자료교환

♣ 전자문서교환(EDI : Electronic Data Interchange)

① 문서의 형식과 데이터의 내용을 규정하는 문서표준으로 구매, 주문, 송장발부, 선적통지 등과 같은 상거래를 위한 컴퓨터 간의 문서교환방식이다.

② EDI는 메모와 같은 자유로운 포맷으로 된 문서가 아니라 구매요청서, 송장, 납품지시서 등과 같은 구조화된 형식을 갖는다.

③ EDI의 목적

 ㉠ **기업경영 측면** : 주문내용에 대한 지연과 오차감소, 비용절감, 대고객서비스의 질적 향상을 가져오기 위해서이다.

 ㉡ **기업관리 측면** : 주문주기의 단축으로 JIT(Just In Time) 구매에 따른 재고관리 효율성 증대와 사무처리 인원의 감축에 따른 인력활용을 극대화하기 위해서이다.

④ EDI 구성요소

 ㉠ **EDI 표준** : 문서표준, 통신표준, 산업표준 등

 ㉡ **사용자 시스템** : 응용 프로그램, 네트워크 소프트웨어, 변환 소프트웨어

 ㉢ **EDI 네트워크** : 일괄처리식, 즉시응답식, 대화식

 ㉣ **거래약정**(Interchange Agreement)

❤ EDI의 주체

① **EDI 사업자** : 부가가치통신망(VAN) 사업자와 같이 EDI 서비스 및 통신환경을 제공하는 사업자

② **EDI 이용자** : EDI 사업자가 제공하는 EDI 서비스를 이용하는 소비자

❤ EDI의 도입효과

① **직접적인 효과**

 ㉠ 거래시간의 단축

 ㉡ 업무처리의 오류감소

 ㉢ 자료의 재입력, 복사, 수작업 등 관련비용의 감소

② **간접적인 효과**

 ㉠ 인력절감, 재고감소

 ㉡ 관리의 효율성 증대

 ㉢ 효율적인 인력 및 자금관리

③ **전략적인 효과**

 ㉠ 거래 상대방과의 관계개선

 ㉡ 경쟁우위 확보

 ㉢ 전략적 정보시스템 구축

✪ EDI의 장·단점

① 장점
- ㉠ 노력절감
- ㉡ 시간절약
- ㉢ 비용절감
- ㉣ 오류감소
- ㉤ 비즈니스 기회 확장
- ㉥ 고객서비스 및 생산성 향상

② 단점
- ㉠ 최초로 문서를 표준화하는 데 시간과 비용이 많이 든다.
- ㉡ 비표준화된 정보를 사용하거나 교환하는 것이 불가능하다.
- ㉢ 거래대상의 시스템 수가 많은 경우에는 회선유지비용이 증가하고 송수신 시간이 늦어지며, 전자문서의 보안유지가 어렵다.

✪ EDI의 수행단계

① 제1단계(전략적 단계)
- ㉠ EDI 전략의 결정
- ㉡ 최고 경영층의 지원획득

② 제2단계(EDI 실행준비단계)
- ㉠ EDI 프로젝트팀의 형성
- ㉡ 교육프로그램의 수행
- ㉢ EDI 감사 실시
- ㉣ 예비적인 비용과 이익분석의 개발
- ㉤ EDI 거래참가자 선택과 상세한 배치계획 및 계약수립

③ 제3단계(EDI 실행 및 확산단계)
- ㉠ 예비테스트 실시 및 결과의 검토와 수정
- ㉡ 사용의 확대 및 공표

✪ VAN(Value Added Network)

① 의의
- ㉠ 컴퓨터와 통신이 결합되어 통신회선의 부가가치를 향상시킨 것으로, 다른 업종 간의 데이터 교환에 있어 기존의 상위 통신제어 순서의 차이 등을 조절하여 데이터의 교환을 가능하게 하는 통신망이다.
- ㉡ 물류업무와 정보업무를 결합한 시스템을 제공한다.

② VAN의 구성
- ㉠ VAN 센터의 호스트 컴퓨터를 중심으로 보면 네트워크 설비, 네트워크 어플리케이션, 시스

템 운용으로 구성된다.

ⓛ VAN을 통해 수행할 수 있는 구성영역은 금융기관시스템, 물류시스템, 도매시스템, POS 터미널, EOS 터미널, 스토어 터미널, 체인본부 터미널 등이다.

③ VAN의 유형

㉠ **직접 연결형** : 체인점의 연결 데이터 교환시스템, 도매업이나 제조업이 각각 고정 고객선과 연결된 네트워크 시스템

ⓛ **공동 이동형 네트워크** : 지역유통 네트워크 및 업계 유통 네트워크

ⓒ **업계형** : 기업 간 수평공동형 VAN

④ VAN의 기능

㉠ **교환기능** : 접속을 담당하는 단말기나 호스트 컴퓨터와 상호통신이 가능하도록 해주는 기능으로 여기에 VAN의 가장 기본적인 부가가치가 있다.

ⓛ **통신처리기능** : 데이터의 통신 중 통신에 장애가 되는 제반문제를 컴퓨터가 자동처리하여 통신이 원만하게 이루어질 수 있도록 하는 기능을 말한다.

ⓒ **정보처리기능** : 응용소프트웨어를 이용한 제반 컴퓨터 처리를 말한다.

ⓔ **전송기능** : 물리적 회선을 의미하며, 정보를 아무런 부가처리 없이 단순히 전송하기만 하는 기능을 말한다.

⑤ VAN의 장점

㉠ VAN으로 상업통신 제어절차운용에 관한 표준화가 가능해짐에 따라 불특정 다수의 기업 간에 효율적인 자료교환시스템을 구축할 수 있다.

ⓛ 공동이용부문의 시스템 개발에 있어 비용을 대폭 절감할 수 있다.

ⓒ 시스템을 스스로 만들 수 없는 기업도 자사의 설비, 운용체제를 정비함으로써 VAN을 구축하기가 쉬워진다.

ⓔ 공동상품코드는 정보데이터서비스 또는 POS 데이터분석 공통프로그램 등을 공동으로 이용함으로써 개별기업의 POS 등 상품관리시스템의 운용이 용이해진다.

🛡️ CALS(Computer Aided Logistics Support)

① 의의

㉠ 기업의 활동으로부터 생성된 정보나 자료를 디지털화하여 표준화된 형태로 저장, 조회하고 전송하는 방식을 통해 총체적인 관점에서 합리화와 효율화를 이루고자 하는 구상이나 개념 및 전략이다.

ⓛ 정보시스템을 이용한 종이 없는 전자적 통합물류이며 생산·유통시스템이다.

ⓒ 인터넷 및 초고속 정보통신망과 연계되어 광속의 전자상거래가 가능해짐에 따라 그 개념이 광속상거래(Commerce At Light Speed)로 발전하였다.

ⓔ 지급결제시스템이 강조됨으로써 전자상거래와 연계하여 EC/CALS라는 통합된 개념으로 사용된다.

② CALS의 목적

ⓐ CALS는 글로벌 전략의 추진을 목적으로 한다.

ⓑ 설계, 제조, 보급 등 물류 지원 과정을 비즈니스 리엔지니어링을 통해 조정하고, 동시공학적 업무처리 과정으로 연계하며 다양한 정보를 통합 DB에 저장하고 활용하는 것을 목적으로 한다.

ⓒ 업무의 과학적 · 효율적 수행과 신속한 정보 공유 및 종합적 품질관리 제고가 가능하게 되었다.

③ CALS의 기대효과

ⓐ 비용절감 효과 : 제품의 설계, 생산, 판매 및 유지보수 등 전체 수명주기에 대한 효율적인 관리가 가능해지며, 통합 데이터베이스의 구축으로 한번 입력된 자료의 재입력 작업을 없애고 입력오류를 최소화시키는 등 업무생산성 향상 및 경영혁신을 통해 제품의 생산 및 거래에 소요되는 전체 비용을 절감할 수 있다.

ⓑ 조직 간의 정보공유 및 신속한 정보전달 : 컴퓨터 통신망을 통해 원하는 정보를 신속하게 전달함으로써 정보교환에 소요되는 시간을 대폭 줄일 수 있으며, 기업활동에 필요한 정보를 통합 데이터베이스에 저장함으로써 지역적으로 분산되어 있는 자료를 서로 공유하여 기업 간 정보교환에 소요되는 비용을 최소화할 수 있다.

ⓒ 제품생산 소요시간 단축 : 제품을 기획하고 설계하여 생산하는 전 과정에 걸친 기업의 모든 관련 부문이 정보의 상호교류를 통해 동시에 진행되는 동시공학의 도입으로 제품생산에 투입되는 기간이 단축되고 전체 개발기간을 앞당길 수 있으며 생산되는 제품의 품질을 개선할 수 있다.

ⓓ 산업정보화에 의한 국제경쟁력 강화 : 기업들의 업무절차 개선을 통해 업무의 효율성을 높이고 생산성을 향상하여 제품의 수명주기를 단축하며, 이에 따라 생산에 투입되는 각종 비용을 감축하여 국내 제조업의 경쟁력 강화 및 산업의 효율적인 발전 등 산업정보화를 통한 국제경쟁력 향상에 기여할 수 있다.

ⓔ 21세기 정보화 사회로의 조기진입 : 세계화, 정보화의 진전과 생산 및 소비형태가 빠르게 변화함에 따라 소비자 중심의 제품, 서비스 생산을 추구함으로써 소비자의 욕구를 충족하고 삶의 질을 향상할 수 있다.

④ EC, EDI, CALS의 관계

ⓐ EC와 CALS의 핵심은 제품의 설계, 조달, 생산, 판매, 결제, 사후관리 등과 관련한 각종 정보를 표준화 · 디지털화 · 통합화하여 컴퓨터로 업무를 처리한다.

ⓑ EC와 CALS는 그 발전과정이나 접근방법이 상이하지만, 궁극적으로 모든 상거래를 전자적으로 처리하고자 한다는 점에서 동일한 개념으로 이해된다.

ⓒ EC는 경영적인 측면에서, CALS는 기술적인 측면에서 보는 것이라고 말할 수 있다.

ⓔ EC와 CALS의 중심부분에서 근간을 이루는 핵심기술이 EDI이다.

ⓜ EDI는 국제 간 또는 국내 기업 간에 상거래와 관련된 각종 문서 및 데이터를 표준화된 형태로 컴퓨터끼리 주고받는 정보기술로, 1980년대 중반 군의 후방지원 및 조달업무에 도입되면서 CALS를 탄생시켰으며, EC는 EDI를 근간으로 다른 정보기술을 통합적으로 활용하고자 하는 것이다.

4절   e-SCM

❤ 채찍효과(Bullwhip Effect)

제품에 대한 최종소비자의 수요는 그 변동폭이 크지 않으나, 소매상·도매상·완제품 제조업자, 부품 제조업자 등 공급사슬을 거슬러 올라갈수록 변동폭이 크게 확대되는데, 이처럼 공급사슬에서 최종소비자로부터 멀어질수록 수요와 재고의 불안정성이 확대되는 현상을 말한다.

① 채찍효과의 원인

   ㉠ 각각의 단계에서 주문이 별도로 처리되기 때문이다.

   ㉡ 각각의 주체가 독립적으로 수요예측을 행하기 때문이다.

   ㉢ 프로모션 등의 가격정책의 영향 때문이다.

   ㉣ 수요에 대한 불확실성 때문에 가능한 많은 재고를 확보하기 위해 실제 양보다 많은 수량을 주문하기 때문이다.

② 채찍효과의 방지책

   ㉠ 정보의 공유

   ㉡ 가격정책의 안정화

   ㉢ 판매예측에 의한 공급대비

   ㉣ 공급 리드타임 단축

   ㉤ 정확하고 신속한 수요·주문 정보 확보를 위한 전략적 제휴

❤ SCM(Supply Chain Management)

① 정의

   ㉠ 공급자로부터 최종소비자에게 상품이 도달되는 모든 과정을 의미하며 정보, 자재, 지불, 서비스 등의 흐름을 통합하고 관리하는 것을 말한다.

ⓛ 최종적으로 소비자의 수요를 효과적으로 충족하기 위한 제품 출시, 판촉, 머천다이징, 원자재 공급 등 상 · 하위 흐름을 총체적으로 관리하기 위함이며, 시스템을 이해하고 분석하여 기업의 효율을 극대화하였다.

② SCM의 등장배경

　㉠ 고객 서비스 요구 증가
　　• 여러 경쟁 기업들 간의 품질적인 큰 차이가 없어졌다.
　　• 원재료의 조달에서 판매까지, 판매 후에는 사후 서비스를 높여 고객을 효율적으로 관리해야 한다.

　㉡ 시간 경쟁
　　• 제품의 수명주기가 단축되고 있다.
　　• 신제품의 개발 속도가 빨라져 적기에 원재료와 제품의 공급이 필요하게 되었다.

　㉢ 세계 경영 : 해외지점이나 자회사의 판매망을 이용하여 원재료나 완제품을 공급하는 효율적인 관리가 필요하다.

③ SCM의 목적

　㉠ 운영과 재고통제력의 효율적인 관리
　㉡ 사업 가치의 높은 부가가치 창출
　㉢ 고객 만족의 극대화
　㉣ 신상품 출시와 제조 사이클의 최소화
　㉤ 불확실한 낭비요소 제거
　㉥ 기업 간 프로세스의 유기적 통합
　㉦ 공급사슬의 전체의 이익 창출

④ SCM의 효과

　㉠ 고객 만족도의 증가
　㉡ 업무 절차의 간소화
　㉢ 생산 계획의 합리화 증가
　㉣ 재고의 감소와 생산성 향상
　㉤ 조달의 불확실성 감소
　㉥ 정보의 적시 제공과 공유

⑤ SCM의 유형

　㉠ 첨단 전자기술의 활용 : 전자문서의 교환, 전자자금 결제, 전자카탈로그, 전자게시판 등이 있다.

　㉡ 공급자 주도의 재고관리 유형
　　• QR(Quick Response) : 주로 의류부문에서 소매업자와 공급업자가 상품 판매를 공유하여 소비자의 구매패턴에 맞게 상품 공급주기를 개선하는 것이다.

- JIT(Just-in-Time) : 생산계획에 따라 생산에 필요한 원재료나 부품을 시간, 공정, 수량만큼 공급하여 생산 공정상의 재고를 최소화하는 방식이다.
  ⓒ 중앙집중관리 유형 : 중앙물류센터를 설치하여 구매와 배송 절차를 단순화하고 구매단가나 운송단가를 최소화하여, 각 점포의 상품 배송주기를 단축하는 방식이다.

🎁 SCM을 위한 정보기술

① EDI(Electronic Data Interchange) : 거래업체 간에 서로 합의된 전자문서표준을 이용하여 인간의 조정을 최소화하고 컴퓨터 간에 구조화된 데이터 전송을 의미한다. 즉, 업체 간의 종이서류가 없는 문서전달을 위해 개발된 시스템으로서 업체 사이를 컴퓨터 통신망으로 연결하여 컴퓨터상의 양식을 사용해 거래업무를 온라인으로 처리하는 방식을 말한다.
  ㉠ EDI의 도입효과
  - 종이가 필요 없으므로 오류가 감소되고 비용이 절감된다.
  - 사무처리 비용과 인건비가 감소된다.
  - 주문 사이클을 단축하여 재고관리 비용이 감소한다.
  - 업무시간이 단축된다.
  - 기업의 제반비용 감소로 자금 흐름이 개선된다.
  - 빠른 의사결정을 할 수 있다.
  - 거래 상대방과 정보의 공유로 협력관계가 증진된다.
② 데이터 웨어하우스(Data Warehouse) : 기업 내의 의사결정지원 애플리케이션(Application)들을 위한 정보기반을 제공하는 하나의 통합된 데이터 저장공간 또는 읽기전용 데이터베이스를 말한다.
  ㉠ 데이터 웨어하우스의 효과
  - 정보분석 속도와 다각적인 정보분석을 위한 유연성이 향상되어 의사결정을 도와준다.
  - 데이터 통합 및 접근을 가능하게 한다.
  - 신비즈니스의 접근을 용이하게 하고 비즈니스 프로세스를 개선한다.
  - 신속한 정보를 통해 고객의 욕구 및 성향에 대한 정확한 판단을 할 수 있다.
  - 규격화되고 정형화된 장표를 빠르고 쉽게 볼 수 있다.
  - 데이터를 분석하여 미래의 작업이 예측 가능하다.
  - 전사적인 기업데이터의 통합으로 일관된 정보를 제공받는다.
  ㉡ 데이터 웨어하우스의 특징
  - 주제지향성 : 데이터 웨어하우스는 고객, 거래처, 공급자, 상품 등과 같이 주제별로 구성된다.
  - 통합성 : 데이터 웨어하우스의 데이터는 속성의 이름, 코드의 구조, 도량형 단위 등의 일관성을 유지한다.

4과목
유통정보

- 시계열성 : 데이터 웨어하우스는 일정 기간 동안 수집된 데이터를 갱신없이 보관하는 일, 월, 분기 년 등과 같은 기간 관련 정보를 함께 저장한다.
- 비휘발성 : 데이터 웨어하우스 내의 데이터는 일단 적재가 완료되면 읽기 전용으로만 존재한다.

③ 데이터마트(Data Mart) : 전사적인 데이터의 분야별 모음으로서 특정인이나 작업에 필요한 데이터들을 포함하는 작은 데이터 웨어하우스, 즉 한두 개의 특별한 영역에 중점을 둔 데이터 웨어하우스이다.

데이터 웨어하우스와 데이터마트의 차이

구분	데이터 웨어하우스	데이터마트
목표	잠재적인 모든 유형의 질의에 대처	특화된 분석지원
특성	데이터 저장고	모델링 도구, 연산 엔진
질의유형	읽기	읽기 / 쓰기
응답속도	질의 유형에 따라 가변적	일관성, 신속성
내용	과거, 현재	과거, 현재, 미래
자료구조	비정규화, 평면적	다차원적, 계층적
데이터량	초대용량, 매우 상세	대용량, 상세
구축기간	수개월 ~ 수년	수주일 ~ 수개월

④ 데이터 웨어하우징(Data Warehousing) : 데이터의 수집 · 처리에서 도출되는 정보의 활용에 이르는 일련의 프로세스로 단순히 데이터가 보관되어 있는 거대한 저장고를 의미하는 데이터 웨어하우스와는 다른 개념이다.

⑤ 데이터마이닝(Data Mining)
  ㉠ 대량의 실제 데이터로부터 잠재되어 드러나지 않은 유용한 정보를 찾아내는 것을 말한다.
  ㉡ 대량의 데이터 사이에 서로 연관 있는 것을 찾아내 연관 관계를 바탕으로 미래를 예측하는 방법이다.

🔶 SCM을 위한 정보시스템

① 조직 간 정보시스템(IOIS : Inter Organizational Information System) : 네트워크 기반의 정보시스템으로 정보기술에 의해 조직의 범위를 뛰어 넘어 별개의 조직 간에 정보를 교환, 활용하는 통합된 데이터처리 및 교환 정보시스템이다.

② 전사적 자원관리(ERP : Enterprise Resource Planning) : 기업활동에 필요한 모든 인 · 물적 자원을 효율적으로 관리하여 기업의 경쟁력을 강화하는 통합정보시스템이다. ERP를 실현하기 위한 소프트웨어로 ERP 패키지(Package)가 있다.

㉠ ERP의 특징
- 전자문서교환과 전자거래 대응이 가능하다.
- 파라미터 지정에 의해 개발되었다.
- 최종 사용자 컴퓨팅(EUC)이 가능하다.
- 객체 지향 기술을 사용한다.
- Web Application 기술을 활용한다.

㉡ ERP의 도입효과
- 표준시스템화로 신속한 업무처리와 생산성을 향상시킨다.
- 고객 서비스와 만족도를 증가시킨다.
- 필요로 하는 자료 및 정보에 신속히 대응하고 비용을 절감한다.
- 위기상황에 신속하고 탄력적으로 대처할 수 있다.
- 신속한 의사결정으로 기업의 경쟁력을 강화한다.

③ CAO(Computer Assisted Ordering) : 물류관련 정보를 컴퓨터를 이용해 통합·분석하여 발주하는 시스템이다. CAO에서 이용하는 물류관련 정보는 POS를 통한 상품흐름 정보, 실제상품수령, 재고, 안전재고에 대한 정보, 고객에게 영향을 주는 외부정보 등이 있다.

㉠ CAO의 효과
- 소비자의 성향과 선호도 파악이 쉽다.
- 적절한 재고관리로 할인판매가 감소한다.
- 제품의 결함이 감소하여 매출액이 증가한다.
- 원활한 상품의 배송이 가능해진다.
- 주문서 작성이 쉽고 발송비용이 줄어든다.

㉡ CAO의 활용
- 데이터를 수집하여 주문수요를 확인한다.
- 업체 고유의 특성에 적합한 주문서를 확인 및 수정할 수 있다.
- 최종 주문서를 작성하고 발송한다.

④ CRP(Continuous Replenishment Planning) : 상품을 수요에 기초하여 유통업체에 공급하고, 재고·판매정보를 기초로 상품 보충량을 공급업체가 결정할 수 있는 새로운 시스템이다.

㉠ CRP의 유형
- 상품을 보충받는 방법에 의한 분류 : 물류센터를 통해 받는 방법과 제조업체에서 직접 받는 방법이 있다.
- 재고운영 방법에 의한 분류 : 공급자재고관리(VMI)와 공동재고관리(CMI)가 있다.

㉡ CRP의 효과
- 상품의 보충주기가 단축되고 재고수준이 감축한다.
- 정확한 정보를 통해 정밀한 수요가 예측된다.

- 공급 속도가 향상되고 정확성이 증대된다.
- 상품흐름이 균일화되어 공급이 쉬워진다.

⑤ 크로스도킹(Cross Docking) : 창고나 물류센터에서 수령한 제품을 재고로 보관하는 중간단계가 거의 없이 즉시 배송하는 물류시스템을 말한다. 주된 목적은 유통업체나 물류센터에서 발생하는 비생산적인 재고를 제거하기 위함이다.

㉠ 크로스도킹의 유형
- 기포장 크로스도킹 : 유통업체가 점포의 주문에 따라 제조업체가 미리 선택한 패키지를 다른 제조업체의 유사한 패키지와 함께 배송도크로 이동시키는 것을 말한다. 배송상품의 이동이 늦은 제품에 적용하기 쉽다(화장품, 위생용품, 잡화, 의류 등).
- 중간처리 크로스도킹 : 패키지를 수령하여 물류센터에서 소분한 후, 라벨을 붙여 새로운 패키지로 만들어 점포로 배송하는 것을 말한다.

> **형태에 따른 도킹의 유형**
> - **팔레트 크로스도킹** : 한 종류의 상품으로 적재된 팔레트별로 입고되고, 소매 점포로 직접 배송되는 형태로 가장 단순한 형태이다.
> - **케이스 크로스도킹** : 한 종류의 상품으로 적재된 팔레트 단위로 소매업체의 물류센터에 입고되며, 이렇게 입고된 상품은 각각의 소매 점포별로 주문 수량에 따라 피킹을 한다. 보다 보편화된 크로스도킹의 형태이다.

㉡ 크로스도킹의 효과
- 물류센터의 물리적 공간 감소로 회전율이 증가한다.
- 상품공급의 용이성이 증가하고 재고수준이 감소한다.
- 공급사슬 내의 전체적인 저장 공간이 감소한다.
- 물류센터의 회전율이 증가한다.

🔻 SCM의 산업별 용어구분

① 의류부문 : QR(Quick Response)
② 식품부문 : ECR(Efficient Consumer Response)
③ 의약품부문 : EHCR(Efficient Healthcare Consumer Response)
④ 신선식품부문 : EFR(Efficient Foodservice Response)

🔻 ECR(Efficient Consumer Response)

① 소비자에게 보다 나은 가치를 제공하기 위해 유통업체와 공급업체들이 밀접하게 협력하는 식료품 산업의 SCM전략이다.

② 최종 소비자의 만족도를 증대시키기 위해 공급자와 소매업자가 공동으로 협력하는 전략으로 공급자와 소매업자는 서로 적대적이 아닌 협동의 자세로서 공급망에 상존해 있는 비효율적인 요소들을 제거함으로써 생산성을 높임과 동시에 소비자에게는 양질의 제품과 서비스를 제공하는 것이 목적이다.

③ 소비자의 만족에 초점을 두고 공급사슬의 효율을 극대화하기 위한 새로운 모델이다.

④ 제품의 제조단계부터 도매와 소매에 이르는 전 과정에 관련 기업들이 참여하여 경영효율을 제고하는 기법이다.

⑤ 관련된 기업들의 표준화 및 최적화를 포함하며 다른 산업부문에도 적용이 가능하다는 특징을 지닌다.

ECR의 실현도구

① CAO(컴퓨터기반 주문)
② EDI(전자적 자료교환)
③ 크로스도킹(Cross Docking)
④ VCA(가치사슬분석)
⑤ ABC(활동기준원가)
⑥ 카테고리관리
⑦ CRP(협업적 보충계획)
⑧ 배송상품 순서선정

CMI(Co–Managed Inventory)

전반적인 업무처리의 구조는 VMI와 같은 프로세스이나, CMI의 경우에는 제조업체와 유통업체 상호 간 제품정보를 공유하고 공동으로 재고관리를 한다.

VMI(Vender Managed Inventory)

① 유통업체가 제조업체에 판매 · 재고정보를 전자문서교환으로 제공하면 제조업체는 이를 토대로 과거 데이터를 분석하고 수요를 예측하여, 상품의 적정 납품량을 결정하는 시스템 환경이다.

② 유통업체는 재고관리에 소모되는 인력, 시간 등의 비용절감 효과를 기대할 수 있고, 제조업체는 적정생산 및 납품을 통해 경쟁력을 유지할 수 있다.

QR(Quick Response, 신속대응시스템)

① 의의 : QR의 개념은 생산과 유통관계의 당사자가 서로 협력하여 소비자에게 적절한 상품을, 적절한 시기에, 적절한 공급량을, 적절한 가격에 제공하는 것이 목표이다. 고객의 취향과 가

격에 대해 관련업체의 거래선과 공동으로 실시하는 리엔지니어링 개념이다.

② QR의 **활용분야**

　㉠ QR은 주로 패션 및 섬유관련 제조 · 유통업체가 유통과정에서 상호 밀접하게 협력하는 시스템이다.

　㉡ 생산에서 판매까지 전체과정의 효율성을 높여 소비자에게 더 나은 서비스를 제공한다.

　㉢ 생산 및 유통업체는 비용과 재고의 감축을 통해 효율성을 높인다.

🎁 QR의 도입효과

① 소매업자는 매출과 수익이 증대하고, 낮은 유지비용과 고객서비스의 개선 및 상품회전율 증대의 효과가 있다.

② 제조업자는 주문량에 따른 적절한 생산, 공급인력의 감축, 높은 자산회전율을 가진다.

③ 품질의 개선, 낮은 가격, 상품의 다양화, 소비패턴의 변화 등으로 소비자의 만족도가 커진다.

④ 불합리성과 낭비의 제거, 효율성 증대, 신속성 증대로 시스템의 운영 효과가 커진다.

🎁 QR의 목표

① 신기술 접목을 통한 상품의 기획 · 구매 · 생산 · 유통 과정상의 재고수준 절감 및 소요기간 단축

② 제조업자와 소매업자 간의 보다 향상된 협조체제 구축

③ 소비자의 욕구에 적절히 대응할 수 있는 상품준비

🎁 QR의 필요성

① **생산 · 유통의 정보기술화** : 정보기술을 이용한 생산 · 유통의 관리체계가 필요하다.

② **정보화의 구조** : 기존의 생산 · 유통방식에서 벗어나 소비자 수요에 신속히 대응할 수 있는 정보화 구조로의 전환이 필요하다.

③ **시장정보의 활용** : 급변하는 새로운 시장구조에 맞게 적절한 생산, 유통체계를 갖추기 위해서는 QR 구축을 통한 시장정보의 활용이 필요하다.

④ **국제경쟁력 약화** : 선진국에서는 기술 및 품질경쟁력이 뒤지고, 개발도상국에서는 가격경쟁력에서 뒤지므로 국제경쟁력이 약화되어 새로운 시스템 도입이 필요하다.

⑤ **산업구조의 조정** : 산업공동화가 심화됨으로써 산업구조의 조정이 필요하다.

🎁 QR의 특성

① **파트너십 형성** : 생산과 유통 관계의 거래 당사자들이 협력한다.

② **고객만족도 향상** : 소비자에 대하여 적절한 상품을 적절한 장소에, 적시에, 적량을 적정한 가격으로 제공하는 것을 목표로 한다.

③ **테크놀로지의 이용** : 공동상품 코드에 의한 소스마킹, 전자문서교환, 이를 지원하는 KAN 코드와 정보 DB 등의 정보처리기술을 활용한다.

④ **낭비의 제거** : 생산 · 유통기간의 단축, 재고의 삭감, 투매, 반품, 손실의 감소 등 생산유통이 각 단계에서 합리화를 실현한다.

⑤ **공동이익** : 생산자, 유통관계자, 소비자가 성과를 나누어 가질 수 있다.

❦ QR의 효과

제조업자 측면	소매업자 측면	소비자 측면	시스템 측면
• 높은 자산회전율의 확보 • 주문량에 따른 유연생산 체제 구축 • 공급자의 수 감소	• 유지비용의 감소 • 고객 서비스의 개선 • 매출과 수익의 증대 • 상품회전율의 증가	• 품질개선과 저가 확보 • 소비패턴의 변화 • 상품의 다양화	• 낭비의 제거 • 효율성과 신속성의 확보

❦ QR의 발전단계

① 제1단계 : 기본적 QR 정보기술의 사용단계
② 제2단계 : 자동보충 발주단계
③ 제3단계 : 파트너십 보충단계
④ 제4단계 : 공동상품 개발단계
⑤ 제5단계 : 소매지원단계

❦ QR시스템 관리방식

① 먼저 계산대에서 상품의 바코드를 판독하고, 컴퓨터는 상품명과 가격 등을 자동인식해서 계산기간을 단축한다.

② 발주점에 이르면 재주문이 자동적으로 이루어진다.

③ 공급자는 주문을 받으면 공급업자, 주문번호, 목적지, 주문처 등의 정보를 상품에 표시해서 발송한다.

④ 결제는 POS 시스템을 통한 신용카드, 선불카드, 은행카드 등의 전자대금 결제방식으로 신속히 이루어진다.

❦ QR의 성공요소

① 인적 요소
　㉠ 유통채널과 업체 간 상호협력 파트너십 구축
　㉡ 경영자의 고객중심 사고로의 전환

ⓒ 소량 다품종 생산을 위한 종업원의 다기능화
  ② 기술적 요소
    ㉠ 업체 간의 표준코드 사용 및 시스템 간의 호환성
    ㉡ 기업내부의 정보관리를 위한 표준화
    ㉢ 부서 간 또는 업체 간의 정보공유 체제

❖ EHCR(Efficient Healthcare Consumer Response, 효율적 의료 공급체인)

① 최종 소비자의 만족을 증진하기 위해 소비자가 원하는 제품을 원하는 장소와 시기에 가장 저렴한 비용으로 제공하는 것이다.
② 의료 관련 제품 공급체인을 효과적으로 관리하는 방법으로 공급체인 내에서 발생하는 모든 비효율적인 요소들을 제거하여 관련 비용을 최소화하려는 것이다.
③ 공급의 신속화 · 개방화 · 중립화 · 유연화 · 모듈화를 추구한다.
④ 참여업체들의 프로세스의 표준화와 환자중심의 운영에서 조직중심의 운영으로 관리초점의 이동에 근간을 두고 전략이 진행되어야 한다.
⑤ EHCR의 전략 : 효율적인 제품이동, 주문관리, 정보공유

❖ EHCR의 도입효과

① 반품의 감소로 재고수준이 감소한다.
② 최종 소비자 만족이 향상된다.
③ 문서작업이 감소되고 데이터의 정확성이 향상된다.
④ 작업 생산성이 향상되고 회전주기가 단축된다.
⑤ 효과적 커뮤니케이션이 촉진된다.
⑥ 작업 오류가 줄어들어 노동력이 감축된다.

❖ CRP(Continuous Replenishment Planning, 자동재고보충)

① 유통업체가 제조업체와 전자상거래를 통해 상품에 대한 주문정보를 공유하여 재고를 자동으로 보충 · 관리하는 프로그램이다.
② 상품을 소비자 수요에 기초하여 유통소매점에 공급하는 풀(pull) 방식으로, 유통소매점에 재고가 있음에도 불구하고 상품을 공급하는 푸시(push) 방식과 반대된다.
③ 전자문서교환시스템(EDI)에 근간을 두고 있으며, 공급자재관리(VMI)가 가장 보편적인 형태로 사용된다.

🦠 CPFR(Collaborative Planning, Forecasting and Replenishment)

① 기업이 거래처와의 협력을 통해 상품계획과 예측을 하고, 상품을 보충하는 것으로 수요 예측 과 재고 보충을 위한 공동사업을 말한다.

② 수익 증대와 운영비용 감소, 주기 감소 등을 가능하게 해준다.

③ 통합된 계획, 시행시스템과 더불어 수송과 창고관리 능력을 향상하여 생산에서 고객전달까지 전 흐름을 최적화한다.

🦠 카테고리 매니지먼트

① 개념

 ㉠ 제품 카테고리를 하나의 사업체로 경영하면서 각 카테고리의 제품믹스, 머천다이징 및 판 촉행사 등의 프로그램 개발 및 실행을 소비자의 선호도에 따라 각 매장 기준으로 제조업체 와 유통업체가 공동으로 관리하여 상호 사업목표를 달성해 가는 과정이다.

 ㉡ 유사 아이템 집단을 카테고리로 분류한 뒤 이를 중심으로 각종 마케팅과 영업활동을 하는 새로운 경영기법을 뜻한다.

 ㉢ 매장이 가지고 있는 매장 고객정보와 제조업체가 보유하고 있는 고객정보를 서로 공유함으 로써 고객필요에 맞는 상품구색, 진열, 가격, 행사 등에 대한 전략을 세우는 것이다.

② 카테고리 매니지먼트의 효과

 ㉠ 유통업체 측면

 • 고객충성도 개선, 점포 이미지 개선

 • 고객 수요 충족 및 품질 개선

 • 재고·점포 운영비용 절감, 투자자산에 대한 수익 극대화

 • 본부와 점포와의 의사소통, 카테고리 동향 정보 습득

 ㉡ 제조업체 측면

 • 정보를 활용한 제품 개선 및 개발로 고객만족의 증대

 • 카테고리 크기의 증대로 매출 증대

 • 비용절감

 • 고객지향의 조직 강화

 • 고객마케팅 강화, 새로운 아이디어 창출

🦠 ATP(Available To Promise)

① 재고를 보유하는 품목에 대해 주문량만큼의 물량이 어느 창고에 있는지, 또는 이미 확정된 생 산 스케줄에 따라 언제 생산될 예정인지를 신속하게 검토하여 고객에게 가능한 납기일을 제 공하여 영업을 지원하는 것을 말한다.

② ATP는 일반적으로 고객주문에 있어 고객의 주문접수 시 납기를 고객에게 확정해줄 수 있는 약속가용량으로 기준생산계획 수립 시 계산된다.

🎁 APS(Advanced Planning and Scheduling)

① MRP의 비효율성 및 한계를 극복하기 위한 것으로 새로운 이론, 접근방식의 개발과 함께 컴퓨터 기술과 알고리즘이 발전함에 따라 기업이 새로운 경영전략을 달성하기 위한 글로벌 생산계획의 효율적인 수립방안이다.
② APS 시스템의 핵심은 즉시납기 산정, 정시 납품이다.

🎁 TOC(Theory Of Constraints)

① 제약이론이라고도 하며, 시스템의 목적을 달성하고자 할 때 발생하는 여러 가지 제약 중에서 가장 많은 영향을 미치는 제약 조건을 개선함으로써 전체 시스템의 산출물을 향상하는 것이다.
② TOC는 생산 · 물류분야, 재무분야, 그리고 문제해결에 의한 정책수립을 중심으로 시스템 개선에 활용된다.
③ 성과를 향상하기 위한 방법을 찾아내는 것으로, 기업은 제약 자원들을 파악하고 개선해야만 기업의 성과를 향상시킬 수 있다.

🎁 유통정보화 기반기술

① RFID : 극소형 칩에 상품정보를 저장하고 안테나를 달아 무선으로 데이터를 송신하는 장치
② IoT : 생활 속 사물들을 유무선 네트워크로 연결해 정보를 공유하는 환경
③ Sensor : 여러 종류의 물리량을 검출하고 계측하는 기능을 갖춘 소자
④ 5G : 최대속도가 20Ghps에 달하며 LTE보다 처리속도와 용량이 큰 이동통신 기술
⑤ AI : 인간의 두뇌와 같이 컴퓨터 스스로 추론, 학습, 판단하며 작업하는 시스템
⑥ RPA : 비즈니스 과정 중 반복적이고 단순한 업무 프로세스에 소프트웨어를 적용 후 자동화하는 것

3 유통정보의 활용

1절 데이터 웨어하우스

🟦 데이터베이스(DB : Data Base)

① 의의
- ㉠ 특정 작업에 필요한 다수의 데이터를 모아서 정리해 놓은 형태 또는 자료제공 서비스이다.
- ㉡ 데이터를 한곳에 모아 놓고 관리함으로써 효율성을 높이고 여러 사람에게 필요한 정보를 제공할 수 있도록 체계적으로 구성된 데이터의 집합체이다.

② 데이터베이스의 특성
- ㉠ 실시간 접근가능
- ㉡ 데이터의 내용에 의한 참조
- ㉢ 지속적인 변화와 업데이트
- ㉣ 동시에 데이터베이스 공유가능

🟦 DB의 유형

① 통합 데이터(Integrated Data)
- ㉠ 동일 데이터를 중복 저장하지 않는다.
- ㉡ 기존의 파일 시스템과는 달리 프로그램마다 데이터를 독립적으로 소유하지 않는다.
- ㉢ 데이터의 보안성과 일관성을 유지할 수 있다.

② 저장 데이터(Stored Data)
- ㉠ 컴퓨터가 접근 가능한 저장장치에 저장되어 있다.
- ㉡ 다른 컴퓨터나 장치에서 사용할 수 있도록 일정한 이식성을 갖추고 있다.
- ㉢ 정보화 사회에서 필요한 각종 정보를 일관성 있는 형식에 의해 저장하고 있다.

③ 운영 데이터(Operational Data)
- ㉠ 입출력 과정에서 발생하는 단순 정보나 임시 데이터는 데이터베이스가 아니다.
- ㉡ 특정 기능을 실행하거나 결과를 추출하는 데 반드시 필수적인 데이터를 의미한다.
- ㉢ 존재목적이 뚜렷하고 일관성 있게 정리되어 있어서 유용성을 유지해야 한다.

④ 공용 데이터(Shared Data)

　㉠ 특정인 한 사람이나 특정 시스템만을 위한 데이터가 아닌 범용적으로 사용된다.

　㉡ 데이터를 보유하고 있는 조직의 모든 사람이 유지하고 이용하는 특징이 있다.

　㉢ 사용자의 취향이나 사용목적에 따라 동일한 데이터라도 다르게 활용될 수 있다.

　㉣ 실제 활용가능한 데이터베이스는 점차 대형화되는 것이 일반적인 현상이다.

　㉤ 구성원이 사용하는 전화번호부 등은 데이터베이스의 범주에 포함되지 않는다.

데이터베이스 관리시스템(DBMS : Data Base Management System)

① 컴퓨터에 수록한 수많은 자료들을 쉽고 빠르게 추가 · 수정 · 삭제할 수 있도록 해주는 소프트웨어이다.

② 다수의 컴퓨터 사용자들이 데이터베이스 안에 데이터를 기록하거나 접근할 수 있게 해주는 프로그램이다.

③ DBMS가 추구하는 궁극적인 목적은 응용프로그램이 데이터에 종속되지 않도록 데이터의 독립성을 제공하는 것이다.

DBMS의 기능

① 정의기능 : 데이터 구조와 이를 사용할 응용프로그램의 이용방식을 정의하는 기능으로, 레코드 구조와 데이터 모형, 물리적 구조의 정의 등을 포함하고 있다.

② 조작기능 : 사용자에게 필요한 기능으로, 사용자가 데이터베이스에 저장된 데이터들 중에서 원하는 것을 검색 · 삭제 · 수정 · 삽입할 수 있도록 하는 기능이다.

③ 제어기능 : 데이터베이스에 접근하는 것을 관리하며, 데이터베이스의 데이터들이 일관성을 유지하고 중복되지 않도록 제어하는 기능을 담당한다.

DBMS의 장 · 단점

① 장점

　㉠ 데이터를 통합 구성하여 관리하므로 데이터의 중복성을 최소화할 수 있다.

　㉡ 데이터를 다른 응용프로그램이나 사용자에게 공유할 수 있다.

　㉢ 데이터의 일관성과 무결성을 유지할 수 있게 한다.

　㉣ 데이터의 중복성을 최소화시키므로 데이터의 보안수준을 동일하게 유지할 수 있다.

　㉤ DBMS는 집중 제어기능을 지원하며, 데이터의 형식과 처리방법을 표준화할 수 있다.

　㉥ 조직 내에서 데이터를 사용하는 현황을 파악하여 상호 관련성을 고려한 부서 간의 효율적인 데이터 조정이 가능하다.

② 단점

　　㉠ DBMS에 해킹이나 프로그램상의 오류가 발생하면 전체 시스템의 작업에 심각한 영향을 미칠 뿐만 아니라 백업이나 복구과정도 용이하지 않게 된다.

　　㉡ 데이터베이스 안에 있는 각종 데이터들의 상호관계와 처리방법이 점차 복잡해짐에 따라 전문 관리인력이 필요해진다.

　　㉢ DBMS는 점차 대용량화되므로 고속의 CPU 등 시스템 장치나 자원이 필요하고 이 때문에 비용이 상승한다.

데이터 웨어하우스(Data Warehouse)

① 개념

　　㉠ 기간 시스템의 데이터베이스(DB)에 축적된 데이터를 공통의 형식으로 변환하여 일원적으로 관리하는 데이터베이스이다.

　　㉡ 기업 내의 의사결정을 지원하는 응용프로그램들을 위한 정보기반을 제공하기 위하여 다양한 운영시스템으로부터 추출·변환·통합되고 요약된 읽기 전용 데이터베이스이다.

　　㉢ 기업의 각 부문에 산재되어 있는 개별시스템의 데이터들을 활용목적별로 통합하여 유연한 분석이 가능하도록 만들어 놓은 방대한 양의 데이터 저장창고이다.

② 데이터 웨어하우징

　　㉠ 데이터 웨어하우스를 구축·유지·운영하는 일련의 과정 및 절차를 의미한다.

　　㉡ 데이터 웨어하우스를 이용하는 사용자의 요구사항에 부응하는 시스템 구축과정이다.

　　㉢ 경영자의 경영의사결정을 지원하고 경영자정보시스템(EIS)이나 의사결정지원시스템(DSS)의 구축을 위해 기존의 데이터베이스에서 요약·분석된 정보를 추출하여 데이터 웨어하우스를 구축·활용하는 절차나 과정이다.

데이터 웨어하우스의 특징

① **주제지향성(Subject Oriented)** : 특정 주제를 중심으로 조직이 가지고 있는 정보를 통합적으로 구성한다.

② **통합성(Integrated)** : 서로 다른 부서나 부문에 이질적 형태로 저장된 정보를 공용으로 사용할 수 있도록 단일화한다.

③ **비휘발성(Non-volatile)** : 갱신이나 삭제 등 데이터가 수시로 변하는 휘발성을 가지고 있지 않다.

④ **시계열성(Time variant)** : 데이터 웨어하우스의 데이터는 일정한 시간 동안의 데이터를 대변하는 것으로, 시간에 따라 변화되는 값을 유지한다.

데이터 웨어하우스의 활용

① 의사결정자들의 임시적 정보요구에 따른 관련 데이터를 임시적으로 조회 및 보고한다.

② 온라인분석처리(OLAP)를 수행한다.

③ 데이터마이닝(Data Mining)을 수행한다.

④ 경영자정보시스템(EIS)이나 의사결정 지원시스템(DSS)에 활용한다.

데이터 웨어하우스의 구축효과

① 사용자에게 직접 데이터를 제공한다.

② 생산성의 증대 및 기업의 경쟁력을 강화한다.

③ 하나의 일관된 데이터 및 양질의 정보를 제공한다.

④ 새로운 시장을 발견하고 고객기반을 이해한다.

⑤ 전산부서에 대한 의존도를 감소시킨다.

⑥ 사용하기 편리하고 다양한 분석을 수행한다.

⑦ 원하는 정보에 신속하게 접근한다.

⑧ 업무 프로세스를 개선한다.

⑨ 환경변화에 신속하게 대응한다.

데이터 웨어하우스의 구성요소

① 데이터의 추출 · 정제 및 적재도구

② 메타데이터 저장소(Metadata Repository)

③ 데이터 웨어하우스 데이터베이스

④ 데이터마트(Data Mart)

⑤ 응용도구

⑥ 데이터 웨어하우스 관리도구

⑦ 정보배달시스템

데이터 웨어하우스의 구축절차

① 1단계(데이터의 추출 · 변환 · 정제 · 통합)

② 2단계(정보도출)

③ 3단계(정보활용)

④ 4단계(데이터의 추가 · 갱신 · 삭제)

🍃 데이터 웨어하우스의 구축요건

① **업무영역별 사용자 관점의 데이터** : 고객·영업·상품 등 업무영역별 사용자의 관심요건에 따라 분류되어 구축됨으로써 업무 목적에 따라 적절한 정보를 제공할 수 있어야 한다.

② **업무별 관련사항을 통합한 데이터** : 데이터 웨어하우스는 조직 내의 각종 업무처리 단위별로 구축된 데이터를 전사적 차원에서 서로 연계되는 부분을 통합한 내용으로 구성하여 하나의 독립된 데이터로 표현되어야 한다.

③ **경영활동 기간별 데이터** : 조직의 의사결정지원을 위해서는 특정한 시점만의 자료가 아닌 관심대상 기간의 데이터 변동, 즉 경영활동에 대한 추이 분석을 할 수 있는 형태의 정보로 제공되어야 한다.

🍃 데이터 웨어하우스 스키마(Schema) 타입

① **스타 스키마(star schema)** : 사실테이블과 다차원테이블을 통해 분석처리를 지원한다.
  ⊙ 장점 : 간단한 모델, 사용자 중심, 테이블 조인을 감소하여 성능 향상
  ⊙ 단점 : 융통성 부족, 중복된 데이터 보유, 다수의 요약 테이블 필요, 사실테이블 간의 조인이 어려움

② **눈송이 스키마(Snowflake Schema)** : 스타 스키마의 변형으로 사실테이블의 구조는 그대로 유지하면서 모든 차원 정보를 3차 정규형으로 저장한다. 스타 스키마모델의 변형으로 몇몇 테이블을 정규화 하여 데이터를 추가 테이블로 분할하며 다차원데이터의 정규화가 구현된다.
  ⊙ 장점 : 많은 저장공간이 필요 없음, 많은 개발 툴 지원, 데이터 중복의 최소화
  ⊙ 단점 : 복잡하여 사용자의 이해가 요구됨

③ **은하수 스키마** : 스타 스키마의 차원테이블을 공유하는 형태이다.

🍃 데이터마이닝(Data Mining)

① 대량의 데이터베이스에 내재되어 있는 패턴을 발견하고 규칙을 추론함으로써 유용한 정보를 추출해내는 과정이다.

② 데이터베이스로부터 과거에는 알지 못했지만 데이터 속에서 유도된 새로운 데이터 모델을 발견하여 미래에 실행 가능한 정보를 추출해내고 의사결정에 이용하는 과정이다.

🍃 데이터마이닝의 기능

① **분류(Classification)** : 개체의 새로운 특성을 관찰하고 이것을 미리 정의된 집단에 소속되게 한다.

② **추정(Estimation)** : 데이터가 주어지면 수입, 키, 신용잔고 등과 같은 알려지지 않은 연속적인 값을 찾는다.

③ **예측(Prediction)** : 미래의 행위나 가치를 다룬다.

④ 유사집단화(Affinity Grouping) : 어떤 것들이 함께 움직이는가를 결정하는 작업으로, 시장에서 어떤 상품들이 함께 구매되는지를 결정한다.

⑤ 군집화(Clustering) : 이질적인 집단을 몇 개의 동질적인 소집단으로 세분화한다.

⑥ 기술(Description) : 복잡한 데이터베이스를 통해 사람 · 제품 · 공정 등에 대한 이해를 돕기 위한 서술을 목적으로 한다.

🎁 데이터마이닝의 활용분야

① DB 마케팅(Database Marketing) : 고객유치, 고객유지, 고객세분화, 목표마케팅, 고객 성향변동분석, 수요 및 판매 예측, Cross Selling/Up Selling, 시장바구니 분석, 텔레마케팅 등에 활용된다.

② 신용평가(Credit Scoring) : 고객의 향후 행동양상을 예측할 수 있는 모델을 만들어 활용하는 것으로 신용점수, 우수고객점수, 고객이탈 및 연체점수, 구매 가능점수 등에 활용된다.

③ 품질개선(Quality Improving) : 불량품을 찾고 그 원인을 밝혀서 궁극적으로 불량을 예방하는 데 활용한다.

④ 부정행위 적발(Fraud Detection) : 신용카드 부정사용자 적발과 같이 고도의 사기행위를 발견할 수 있는 패턴을 발견하여 예방을 위해 활용한다.

⑤ 이미지 분석(Image Analysis) : 디지털화된 사진으로부터 패턴을 추출하는 기법으로 주로 천문학, 문자인식, 의료진단, 방위산업 등에서 활용되고 있다.

⑥ 기타 : 수요 및 판매예측, 위험관리, 고객불만관리 등에 활용된다.

🎁 데이터마이닝의 효과

① 고객유지율 향상

② 고객과의 지속적인 관계유지

③ 마케팅활동 결과의 효과분석

④ 세밀한 고객분석을 통한 마케팅 효율 증대

🎁 데이터마이닝의 주요기법

① 의사결정나무(Decision Tree)

② 신경망(Neural Network)

③ 연관규칙(Association Rule)

④ 클러스터링(Clustering)

⑤ 판별분석(Discriminant Analysis)

⑥ 회귀분석(Regression Analysis)

⑦ 로지스틱 회귀분석(Logistic Regression Analysis)
⑧ 사례기반추론(CBR : Case-Based Reasoning)
⑨ 동시발생 매트릭스(Co-occurrence Matrix)
⑩ 온라인 분석처리(OLAP : On Line Analytical Processing)

데이터마이닝의 응용

① **R-F-M 기법** : 고객이 어떤 상품이나 서비스를 구입했을 때 마지막으로 구입한 날은 언제이고, 총 구매금액은 얼마인지를 토대로 고객정보를 분석하여 이를 고객관리에 활용하는 기법이다.

② **고객속성 정보파일 기법**(MCIF : Marketing Consumer Information File) : 기존 고객의 구매형태와 고객관리에서 발생한 다양한 데이터(구매기간, 구매횟수, 금액, 장소, 품목, 구매방법)를 비교 분석하고, 정보를 서로 교차시켜 마케팅 활동에 활용되는 고객관리 및 분석기법을 말한다.

③ **고객생애 가치이익 평가기법** : 고객이 자사의 제품을 최초로 구매한 시점부터 최종 거래에 이른 기간 동안에 구입하고 제공받은 서비스의 총 이용 금액에서 고객획득비용, DM 제작 및 발송비용, 매출액, 상품원가, 텔레마케팅 경비 등을 제한 후 영업수익을 산출하여 나타난 생산성을 기초로 고객 1인당 누적가치를 평가한 것이다.

2절 CRM과 e-CRM

고객관계관리(CRM : Customer Relationship Management)

① 고객관계관리 의의

ㄱ 기업의 내부에 존재하는 고객과 관련한 모든 자료를 데이터베이스에 구축하고, 이를 바탕으로 기존고객에 대한 정보를 종합적으로 분석해 고객이 원하는 제품과 서비스를 지속적으로 제공함으로써 고객을 오래 유지시키고 이를 통해 고객의 평생가치를 극대화하여 수익성을 높이는 통합된 고객관계관리 과정이다.

ㄴ 기업의 고객과 관련된 내·외부 자료를 이용한다는 측면에서 CRM은 데이터베이스 마케팅과 성격이 같다. 그러나 CRM은 데이터베이스 마케팅에 비해 훨씬 더 다양하고, 다양한 정보의 취득을 전사적으로 수행하는 것을 목표로 한다.

ㄷ CRM에서는 고객 데이터의 세분화를 실시하여 신규고객 획득, 우수고객 유지, 고객가치 증진, 잠재고객 활성화, 평생 고객화와 같은 사이클을 통해 고객을 적극적으로 관리하고 유

도하며 고객의 가치를 극대화할 수 있는 전략적 마케팅을 실시한다.

② CRM의 목적

　㉠ 신규고객의 유치

　㉡ 기존고객의 유지

　㉢ 관계의 제고

　㉣ 무리한 가격 경쟁 회피

　㉤ 다양해지는 고객의 욕구에 대응

❧ CRM의 중요성

① 시장점유율보다는 고객점유율에 비중을 둔다.

② 고객획득보다는 고객유지에 중점을 둔다.

③ 제품의 판매보다는 고객관계에 중점을 둔다.

❧ CRM의 장점

① 마케팅 비용이 절감된다.

② 마케팅 생산성이 증대된다.

③ 기존고객의 평균구매율 증가에 따라 매출이 증대된다.

④ 고객만족도 증대로 고객이탈률이 감소한다.

❧ CRM의 유형

① 운영적(Operational) CRM : 각종 고객에 대한 정보를 종합하고 고객의 취향과 거래형태를 끊임없이 축적해가는 데이터 웨어하우스나 데이터마트에 해당되는 부문이다.

② 분석적(Analytical) CRM : 데이터 웨어하우스나 데이터마트에서 나온 유용한 CRM 자료를 토대로 고객정보를 추출하고 이를 통해 고객들의 움직임이나 향후 동향을 모델링하고 분석하는 부문이다.

③ 협업적(Collaborative) CRM : 운영적 CRM과 분석적 CRM의 통합을 의미하며 고객과 기업 간의 상호작용을 촉진시키기 위해 고안된 메일링, 전자커뮤니티, 개인화된 인쇄 등 협업적 서비스 부문이다.

❧ CRM의 구축

① 전제조건

　㉠ 고객 통합 데이터베이스의 구축

　㉡ 고객의 특성을 분석하기 위한 마이닝 도구

ⓒ 마케팅 활동을 대비하기 위한 캠페인 관리용 도구

② **구축과정**

ㄱ 데이터 수집　　　　　　　　　　　ㄴ 데이터 정제

ㄷ 데이터 웨어하우스 구축　　　　　ㄹ 고객분석과 데이터마이닝

ㅁ 마케팅 채널과의 연계　　　　　　ㅂ 피드백 정보활용

🎁 e-CRM

① e-CRM은 상품과 서비스, 컨텐츠를 온라인상의 고객접촉 수단(인터넷, E-MAIL, 이동통신, PDA, 전자카탈로그 등)과 원리를 활용하여 수시 또는 즉시로 쌓이는 기업 내ㆍ외부의 고객 관련 정보를 통합하고 가공ㆍ재정리ㆍ분류하여 이것을 전략적으로 분석하는 것이다.

② 궁극적으로 e-CRM은 수익구조를 개선하는 경영 관리활동 내지는 솔루션 운용활동이라고 할 수 있다.

> 고객과의 관계 개선을 통해 고객만족도를 향상시키고 고정고객화를 통해 고객로열티 증진

🎁 e-CRM의 영역

① e-Marketing : 인터넷을 활용하여 전통적인 마케팅 기능 및 새로운 마케팅 개념을 구현하는 것이다.

② e-Sales : 고객의 전 구매과정을 인터넷상에서 처리하는 것이다.

③ e-Service : 고객서비스 및 지원을 위한 새로운 접속수단을 제공하는 것이다.

4 전자상거래

1절 전자상거래모델

전자상거래의 개념

① 인터넷 쇼핑몰을 통해 상품 및 서비스를 판매 또는 구매하는 행위이다.

② 사이버 공간에서 수행되는 모든 상거래 행위와 이를 지원하는 활동들을 포함하는 일련의 행위이다.

③ 기업, 개인, 정부 간의 상품 및 서비스 거래에 필요한 모든 정보를 컴퓨터 통신망을 이용하여 교환하고 거래하는 방식이다.

전자상거래의 특성

① 유통채널의 단순화   ② 영업시간의 무제한

③ 고객 정보의 수시 획득   ④ 정보에 의한 판매

⑤ 실시간 쌍방향 마케팅   ⑥ 경제성

전자상거래와 전통상거래의 비교

구분	전자상거래	전통상거래
유통채널	기업 → 인터넷 → 소비자	기업 → 도매 → 소매 → 소비자
거래대상지역	전 세계가 판매대상	일부 지역판매에 한정
거래시간	24시간 영업	제약된 영업시간
판매거점, 방법	Market space(네트워크) 정보에 의한 판매	Market place(시장, 상점) 전시에 의한 판매
고객정보 획득	• 온라인으로 수시 획득 • 재입력이 필요 없는 디지털 데이터	• 시장조사 및 영업사원을 통해 획득 • 정보 재입력이 필요
마케팅 활동	쌍방향 통신을 통한 1 대 1, 상호작용적 마케팅	구매자의 의사에 상관없는 일방적인 마케팅
고객대응	• 고객 불만족에 즉시 대응 • 고객 요구를 신속히 포착	• 고객 불만에 대응 지연 • 고객 요구 포착이 느림
소요자본	인터넷 서버 구입, 홈페이지 구축 등에 상대적으로 적은 비용 소요	토지 · 건물 등의 구입에 거액의 자금 필요

🔖 전자상거래의 발달배경

① 개인용 컴퓨터의 보급
② 통신망의 발달
③ 인터넷 관련기술의 발전

🔖 전자상거래의 활용

① 상품과 서비스의 광고 및 판촉
② 거래자 간의 계약 촉진
③ 시장정보의 제공
④ 사전, 사후의 판매지원
⑤ 전자적 조달과 공유된 기업과정을 위한 지원

🔖 전자상거래의 일반적 기대효과

① 구매자의 비용절감
② 공급자의 비용절감
③ 신규시장 개척의 용이성
④ 시장 진입의 용이성
⑤ 상거래의 신속화
⑥ 제품의 다양화
⑦ 재고관리비용 및 불량재고에 대한 위험경감
⑧ 간접비의 절감
⑨ 환경적 유익성

🔖 전자상거래의 장점

① 구매자 측면
   ㉠ 시간적, 공간적 제약의 해결 : 사이버 공간 자체가 갖는 장점 중의 하나로 상품을 구매하는 데 시간적, 공간적 제약을 받지 않는다.
   ㉡ 다양한 상품정보 : 상품구매에 대한 의사결정 시 해당 상품에 대한 다양한 판매자들의 가격정보와 유사상품에 대한 정보까지도 손쉽게 확보하여 최선의 구매결정을 내릴 수 있다.
   ㉢ 장바구니 기능의 활용 : 사이버 쇼핑몰에서 여러 가지 물건을 구매한 경우, 어떤 물건을 얼마만큼 구매했는지를 손쉽게 파악하여 계획적인 구매를 할 수 있다.
   ㉣ 신뢰성 있는 물건 구매 : 상품을 직접 눈으로 확인하지 않고 신뢰성 있게 물건을 구매할 수 있다.
② 판매자 측면
   ㉠ 전시비용의 절감 : 값비싼 물리적 공간 없이 물건을 전시할 수 있기 때문에 상대적으로 비용이 절감된다.
   ㉡ 광고비용의 절감 : 신문이나 TV보다 상대적으로 저렴한 비용으로 광고가 가능하다.
   ㉢ 판매의 용이성 : 교통이 마비되거나, 눈·비가 내리거나, 설·추석연휴에 관계없이 언제 어떤 상황에서도 판매가 가능하다.

㉣ **적절한 판매전략의 수립** : 고객의 구매형태를 자동적으로 분석할 수 있어 적절한 판매전략의 수립이 가능하다.

🎁 전자상거래의 단점
① 쇼핑몰 관리자의 경영마인드 부족
② 상품정보 탐색의 어려움
③ 상품 규격의 비표준화
④ 전자적 대금 지불방식의 기술 부족
⑤ 물류 및 배달체계의 미비

🎁 전자상거래의 문제점
① 고객이 원하는 상품을 구매하기 위해 쇼핑몰을 돌아다녀야 하므로 시간적인 낭비가 있으며, 새로운 상품에 대한 정보를 얻기가 어렵다.
② 쇼핑몰의 주체가 인터넷 서버를 관리하는 자이기 때문에 경영이나 관리에 관한 경험 및 지식이 부족하고 고객에게 상품을 충분히 홍보할 수 없다.
③ 다양한 제품과 고객의 요구를 표현할 수 있는 표준이 마련되어야 한다.
④ 보안과 인증, 전자화폐, IC 카드 등 전자적인 대금지불방식을 사용하기 위한 기술적인 문제가 해결되어야 한다.
⑤ 최소비용으로 최적의 물류 및 배달체계가 구축되어야 한다.

🎁 전자상거래 문제해결을 위한 대책방안
① 구매자와 판매자 간의 신뢰성을 구축해야 한다.
② 여러 가지 지불수단과 기술적 방법 및 보안시스템을 동원하여 고객의 불안감을 해소시킨다.
③ 다양한 배송망을 고려하여 정확한 때와 장소에 배송이 이루어지도록 한다.
④ 전문직 세일즈맨을 대신하는 고객 도우미를 두어 고객이 유사상품 중 가장 적합한 상품을 선택할 수 있도록 돕는다.

🎁 전자상거래의 성공요소
① 풍성한 상품과 정보
② 상품의 품질보증
③ 효과적인 물류체계의 제공
④ 참여기업의 자유경쟁 환경 제공
⑤ 필요한 제도와 법률의 공동개선

⑥ 채택한 표준이 세계의 표준과 부합되게 선도

전자상거래의 절차

① 1단계 : 전자적 커뮤니케이션(E-communication)
　㉠ 웹사이트 등을 통해 공급자와 구매자 간에 정보를 교류하는 단계이다.
　㉡ 전자적 커뮤니케이션의 방법
　　• 전자카탈로그　　　　　　　　　• 전자우편
　　• 대화방　　　　　　　　　　　　• 전자게시판(BBS)
　　• 뉴스그룹
② 2단계 : 주문(Ordering)
　㉠ 전자양식을 통해 구매자가 전자적인 방법으로 제품 또는 서비스를 주문하는 단계이다.
　㉡ 전자적인 주문 처리를 위해 설계된 서버를 전자상거래 시스템 또는 전자상거래 솔루션이라
　　한다.
③ 3단계 : 전자결제(E-payment)
　㉠ 제품 또는 서비스에 대한 대가를 전자적으로 지불하는 단계이다.
　㉡ 결제수단
　　• 신용카드　　　　　　　　　　　• 전자수표
　　• 전자화폐　　　　　　　　　　　• 인터넷 뱅킹을 통한 자금이체
④ 4단계 : 실행(Fulfillment)
　㉠ 주문한 제품 또는 서비스를 구매자에게 제공하는 단계이다.
　㉡ 주문처리
　　• 디지털 상품 : 네트워크를 통한 온라인 주문처리
　　• 물리적 상품 : 물류업체를 통한 물품의 제공
⑤ 5단계 : 서비스 및 지원(Service and Support)
　㉠ 고객 데이터베이스에 입각한 고객 서비스 및 지원의 단계이다.
　㉡ E-fax, E-mail, web 등을 이용해 고객의 기호를 파악한다.
　㉢ FAQ(Frequently Asked Questions) 등을 이용해 고객의 요구사항을 수렴한다.

전자상거래의 유형

① 기업 대 기업 거래(B to B : Business to Business) : 재화나 용역을 생산하는 데 필요한 제품
　개발, 원자재 조달, 재정, 회계 등 금융업무의 처리, 제품의 운송 등 기업 간의 업무처리를 사
　람의 이동과 종이서류가 아닌 디지털 매체로 수행하는 제반과정을 말한다.
② 기업 대 소비자 거래(B to C : Business to Consumer) : 웹의 출현에 따른 인터넷 사용의 급격

한 증가로 점차 확산되고 있는 가상 상점에서의 소규모 거래, 즉 전자소매를 의미한다.

③ 기업 대 정부 거래(B to G : Business to Government) : 기업과 정부조직 간의 모든 거래를 포함한다.

④ 정부 대 소비자 거래(G to C : Government to Consumer) : 정부 또는 행정기관과 개인 간의 전자적 수단을 통한 거래를 의미한다.

⑤ 개인 대 개인 거래(C to C : Consumer to Consumer) : 소비자 간에 1 대 1 거래가 이루어지는 것을 말하며, 이 경우 소비자는 상품의 구매 및 소비의 주체인 동시에 공급의 주체가 된다.

🎁 티머스(Timmers)의 e-비지니스 모델 분류

① 전자 상점(e-Shop) : 가장 기본적인 전자상거래 비즈니스 모델로 기업이나 점포의 웹 사이트를 이용하여 기업 홍보, 제품 PR, 제품의 주문 및 대금 지급의 기능을 제공한다.

② 전자 구매(e-Procurement) : 기업 간 전자상거래(B2B)의 형태로 인터넷을 이용해 입찰공고와 협상을 하고, 이를 통하여 재화나 용역 구매의 기능을 제공한다.

③ 전자 경매(e-Auction) : 경매되는 제품이나 서비스 관련 계약, 멀티미디어 정보를 제공하고 계약, 대금 결제, 배달 기능을 포함하는 사업 모델이다.

④ 전자 쇼핑몰(e-Mall) : 전자 상점을 한곳에 모은 형태의 비지니스 모델이다.

⑤ 제3자 시장(Third Party Marketplace) : 오프라인 기업의 제품 카탈로그를 수요자의 이용자 인터페이스를 통해 제공하는 모델이다.

⑥ 가상 공동체(Virtual Communities) : 회원 가입자의 사이트 충성도를 이끌어내기 위해 특정 영역에 대한 정보나 오락을 제공하면서 회원들의 회비나 광고수입을 통해 이익을 얻는 형태의 모델이다.

⑦ 가치 사슬 서비스 제공(Value Chain Service Provider) : 전자지불 기능, 물류 및 배송 등과 같이 산업의 가치 사슬의 특정한 기능을 특화하여 온라인으로 서비스를 제공하는 모델이다.

⑧ 가치 사슬 통합(Value Chain Integrators) : 특정 기업이나 산업의 가치 사슬상의 단계에서 발생하는 거래와 협력을 통합적으로 제공하는 모델이다.

⑨ 협력 작업 플랫폼(Collaboration Platforms) : 기업 간 공동으로 작업할 수 있도록 필요한 도구, 소프트웨어 등을 제공하고 동일한 인터페이스를 기업에 제공하는 모델이다.

⑩ 정보 중개(Information Brokerage) : 인터넷에서 구할 수 있는 수많은 정보를 수집, 가공해서 고객에게 제공하는 모델이다.

⑪ 신용 서비스(Trust and Other Services) : 인터넷으로 공증 서비스, 인증 서비스를 제공하는 모델이다.

2절 전자상거래 시스템과 전자상거래 기술

전자상거래 기반기술의 구분

① 항상 사용되는 필수적 기술 : EDI, 전자우편, 통합제조 등
② 통상적으로 사용되는 기술 : 전자자금이체, 디렉터리 서비스, 전자양식 등
③ 경우에 따라 사용되는 기술 : 파일전송, 전자게시판, 방화벽 시스템 등

전자상거래 기반기술의 종류

① **전자자료교환(EDI : Electronic Data Interchange)** : 독립된 조직 간의 거래에 필요한 정형화된 자료를 규격화된 포맷으로 전자적인 매체를 이용하여 컴퓨터 간 혹은 어플리케이션 간에 교환하는 것으로, 전자상거래를 구현하는 가장 기본적이고 핵심적인 수단이다.
② **전자우편(E-mail : Electronic Mail)** : 비정형화된 정보를 전자적으로 전달하는 도구이다. 전자자료 교환과 달리 비교적 중요도가 낮은 정보의 교환에 사용되므로 안전성이 절대적인 선택 기준으로 작용하지는 않는다.
③ **전자양식(E-form : Electronic Forms)** : 기업 내 자료의 출력이나 디스플레이, 사용자로부터의 자료수집 및 자료처리 등에 사용되는 전자적 양식이다. 조직 내에서 종이양식의 보관, 배포, 관리에 소요되는 비용을 절감할 수 있다.
④ **전자게시판(BBS : Bulletin Board System)** : 네트워크를 통한 정보의 검색 및 등록을 지원하는 시스템을 말한다. 소속원들 간의 정보교환, 또는 소속원들에게 공지사항을 전달할 목적으로 운용된다.
⑤ **전자카탈로그(E-Catalog : Electronic Catalog)** : 구매자가 원하는 제품에 대한 정보를 쉽고 빠르게 찾을 수 있도록 제품에 관련된 정보 등을 전자적으로 구성하여 저장하는 것이다.
⑥ **전자지불(E-Payment : Electronic Payment)** : 전자상거래에서 교환 가능한 경제적 가치를 제공하는 것을 말한다. 방법으로는 전자현금, 신용카드, 전자수표, 전자적 자금이체 등이 있다.
⑦ **디렉터리 서비스(Directory Service)** : MHS 등과 같은 분산 메시징 시스템에서 사용자의 주소 및 관련정보 등을 효율적으로 검색할 수 있도록 서비스를 제공한다.
⑧ **방화벽(Firewall)** : 내부 시스템이 외부 시스템과 연결될 경우, 외부로부터의 불법침입에 대해 내부 시스템을 보호하고 내부 시스템의 정보가 불법적으로 누출되는 것을 막기 위해 네트워크 경로에 설치하는 시스템이다.
⑨ **워크플로우(Workflow)** : 업무수행 중에 발생하는 문서를 표준양식에 의해 데이터베이스에 저장, 등록하여 문서처리의 진행과정을 한눈에 볼 수 있도록 하여 다양한 업무 흐름 관리 및 통제기능을 제공하는 시스템이다.

⑩ 팩스변환 E-mail/EDI(FAX Conversion E-mail/EDI) : EDI 데이터를 FAX 문서로 변환하는 경우가 널리 활용된다.

전자결제시스템

① 정의 : 인터넷 상거래를 이용해 물품을 구입한 후, 쇼핑몰과 계약된 은행이나 카드회사의 온라인 결제를 통해서 대금이 지불되는 시스템을 말한다.

② 전자결제시스템의 전제 조건

　　㉠ 익명성 : 적절한 감사 추적을 가지면서 개인의 프라이버시와 익명성을 보장하는 시스템이 이상적이다.

　　㉡ 암호 키 방식 : 암호 키를 수시로 변경하거나 거래 당사자 간에 신뢰성을 제공하는 등의 다양한 다단계 보안 능력이 제공되어야 한다.

　　㉢ 처리 비용 : 소액 거래를 지원하기 위해서는 결제처리 비용이 낮아야만 한다.

전자결제시스템의 유형

① 신용카드 결제시스템

　　㉠ 신용카드 전자결제시스템은 SET의 전송표준과 신용카드를 결제의 기반으로 하는 우수한 암호 보완기술이 개발됨에 따라 현재 전자결제수단으로 가장 선호되고 있다.

　　㉡ 신용카드 결제시스템은 전통적인 신용카드 결제과정과 유사하지만, 네트워크상에서 결제정보가 이동한다는 점에서 차이가 있다.

　　㉢ 신용카드의 결제 형태

　　　　• 신용카드 명세에 의한 결제 : 전화 또는 인터넷을 통하여 암호화되지 않은 신용카드 거래

　　　　• 암호화된 신용카드 명세에 의한 결제 : 암호화는 신용카드 정보를 웹브라우저나 전자상거래 장비에 입력 시 초기화되고 암호화된 메시지로 네트워크를 통해 구매자에서 판매자로 안전하게 송부된다.

　　　　• 제3자를 통한 결제 : 퍼스트 버추얼(first virtual)

② 전자화폐 결제시스템

　　㉠ 전자화폐는 은행 및 기타 전자화폐 발행자가 카드 또는 컴퓨터 시스템을 통하여 일정한 화폐가치를 전자기호로 저장하고 그 지급을 보장하는 것으로, 정보통신회선을 통하여 자금결제가 이루어지는 화폐이다.

　　㉡ 전자화폐시스템의 경우 금전적인 가치는 사용자가 전자화폐를 사용하기 전에 미리 소비자의 IC 카드에 저장되며, 소비자는 이것으로 대금을 지불하게 된다(전자자금이체는 사용자가 보유하고 있는 컴퓨터 및 기타 장치에 금전적 가치가 이전되어 있는 것이 아니라, 시스템 자체가 사용자의 예금계좌와 판매자, 기타 제3자의 예금계좌 사이에서 가치를 이전한다).

ⓒ 전자화폐는 IC 카드를 이용한 시스템과 네트워크를 이용한 시스템으로 구분되며, 정보전송
방법에 따라 온라인형 전자화폐와 오프라인형 전자화폐로 나누어진다. 그리고 거래기록의
유지·관리 차원에 따라 계좌형 전자화폐와 비계좌형 전자화폐, 소지자 간 가치 이전성의
허용 여부에 따라 개방형 전자화폐와 폐쇄형 전자화폐로 구분할 수 있다.

ⓓ IC 카드를 이용한 전자화폐시스템으로는 Visa Cash Card, Mondex Card 및 국내의 전자
현금 등이 있고, 네트워크를 이용한 전자화폐시스템에는 Digi Cash(E-Cash)가 있다.

💎 전자결제시스템의 장점

① **물리적, 시간적 편의성** : 연 365일 24시간 거래가 형성되고, 판매자 입장에서는 사업장을 늘리
거나 증축할 필요가 없으며, 시간적·공간적 제한을 받지 않으므로 사업장 관리에 편리하다.

② **안전성** : 기존 결제방식의 경우 상품 구매에 대한 대금결제를 전화나 통신망을 이용해 고객에
게 제공함으로써 개인의 정보가 유출되는 경우가 있었으나, 전자결제시스템은 국제적인 보안
표준인 SET(Secure Electronic Transaction)를 적용하고 있다.

③ **편리성** : 기존의 결제시스템이 전화나 직접지불방식을 이용하고 있는 반면, 전자결제시스템은
네트워크상에서 지불하거나 신용카드를 이용해서 손쉽게 처리할 수 있으며, 거래가 신속하게
이루어지므로 편리하다.

💎 전자결제시스템의 단점

① **적용범위의 제한성** : 현재 인터넷 상거래에서 이용되는 보편적인 대금결제방식은 신용카드를
이용하는 방식인데, 이것은 카드 소지자만이 이용할 수 있으므로 신용카드를 사용할 수 없는
계층(청소년이나 실업자 등)은 이용할 수 없다.

② **간접비용의 증대** : 판매자 입장에서는 시스템의 유지 및 관리, 지불처리비용 등 결제에 따른
간접비용이 증가하며, 시스템 구축에 소요되는 비용이 증대될 수 있다.

③ **사용자의 무지** : 전자상거래에 대한 사용자의 이해가 필요하며, 기존의 상거래에 익숙한 사용
자는 전자상거래에 따른 여러 가지 절차에 불편함을 느낄 수 있다.

💎 결제방식에 따른 전자화폐의 구분

① **가치 저장형** : IC칩을 내장한 플라스틱 카드에 화폐 가치를 저장한 다음, 필요할 때 인출하여
사용

　예 IC 카드, 몬덱스 카드

② **지불 지시형** : 신용카드 번호 등을 입력한 후 암호화한 카드정보를 발행사의 중개로 네트워크
에서 결제

　예 사이버 캐시, 퍼스트 버추얼

③ **네트워크형** : 화폐의 가치를 인터넷 등과 같은 네트워크를 통해 주고 받는 것

　　예 e-코인, I-캐쉬

💠 전자수표 결제

① 전자수표는 기존 수표거래 시의 특성을 그대로 유지하며 종이수표에 표시되는 모든 정보를 포함한다. 즉, 전자상거래를 통하여 물품구입 후 대금청구서를 수령한 물품구매자가 자신의 컴퓨터를 이용하여 자신의 은행에 지급 제시하면, 전자적 추심과정을 거쳐 판매자가 판매대금을 회수하는 시스템이다.

② 전자수표의 사용자는 은행에 신용계좌를 보유하고 있어야 하며, 시스템 고유의 특성상 발행자와 수취자의 신원에 대한 인증이 보안기법을 통해 수반되어야 하므로 이체에 따른 비용이 부가되는 문제가 있다.

③ 큰 액수의 거래 또는 기업 간 상거래의 지불수단으로 적합하다.

④ 전자수표는 발행 및 지급 시 암호화 기법을 도입하므로 거래의 안정성이 보장되며, 공개 키를 이용한 전자서명 방식을 채택하고 있기 때문에 수취인이나 수취인의 거래은행에서도 확인이 가능하여 신속하고 다양한 거래를 할 수 있다는 점이 특징이다.

⑤ 전자수표의 유형으로는 미국 서비스기술컨소시엄 FSTC(Financial Service Technology Consortium)의 E-Check를 비롯하여 Net Check, Net Bill 등이 있다.

💠 전자자금이체

① 전자자금이체시스템(EFT : Electronic Fund Transfer)이란 금융기관에 대한 계좌이체나 자동이체 지시를 컴퓨터 네트워크를 통해 전자적 수단으로 하는 자동 이동을 말한다.

② 현재 홈뱅킹이나 ATM으로도 사용되고 있지만, 가상은행을 통한 전자자금이체가 다양한 서비스를 시간과 공간의 구애됨이 없이 제공받을 수 있다는 점에서 홈뱅킹이나 ATM보다도 편리하다.

💠 전자결제의 보안

① **SET(Secure Electronic Transation)** : 모든 종류의 네트워크에서 안전하게 금융결제를 할 수 있도록 해주는 공개적인 보안체제이다.

② **SSL(Secure Socket Layer)** : 최종 사용자와 가맹점 간의 지불 정보 보안에 관한 프로토콜이다.

💠 카탈로그의 유형

① **제작방법에 의한 분류** : 종이카탈로그, 전자카탈로그

② **사용목적에 의한 분류** : 기업과 소비자 간 카탈로그, 기업과 기업 간 카탈로그

종이카탈로그와 전자카탈로그

구분	종이카탈로그	전자카탈로그
장점	• 카탈로그 작성이 용이하다. • 전자카탈로그보다 이동이 간편하다. • 컴퓨터 시스템 없이 카탈로그를 이용할 수 있다.	• 상품의 정보변경을 신속하게 처리할 수 있다. • 강력한 검색능력을 갖고 있다. • 움직이는 사진도 함께 표시할 수 있다. • 배달비용 없이 넓은 지역에 걸쳐 상품정보를 배포할 수 있다. • 개별화된 카탈로그의 실현이 가능하다. • 보다 좋은 비교쇼핑이 지원된다. • 구매와 판매 프로세스가 연결될 수 있다.
단점	• 배포과정이 필요하며, 신속성이 없다. • 주문 시 전화나 팩스 등의 다른 수단을 이용해야 한다. • 인쇄 후 상품정보의 변경이 어렵고, 즉시 처리가 곤란하다. • 지면의 한계로 적은 수의 상품만 광고할 수 있다. • 사진과 글에 의한 한정된 정보제시만 가능하다.	• 전자카탈로그를 개발하기 어렵다. • 전자카탈로그 사용자들이 컴퓨터와 인터넷에 접근해야 하고, 이것을 다루는 기술도 필요하다.

❀ 전자카탈로그(e-Catalog)

① 의의

  ㉠ 전자상거래에 적용되는 기법으로 종이카탈로그를 대체하여 각종 상품의 사진이나 사양 등을 전자적으로 기록해 데이터베이스화하여 제공하는 것이다.

  ㉡ 전자상거래 환경에서 상품의 제반정보를 주고받을 수 있도록 표준규격으로 집적한 디지털 정보이다.

  ㉢ 상품 및 서비스의 거래조건, 가격, 거래처 등의 표준화된 단일장소를 제공함으로써 다양한 전자상거래를 지원한다.

② 전자카탈로그의 목적

  ㉠ 구매자와 판매자 상호 간에 상품 및 서비스에 대한 정보를 교환한다.

  ㉡ 판매자 입장에서 상품과 서비스에 대한 광고와 촉진의 목적을 갖는다.

  ㉢ 구매자 입장에서 구매의사결정을 위한 상품과 서비스에 대한 정보를 검색한다.

❀ 전자카탈로그의 특징

① 종이 등의 인쇄물 형태의 카탈로그보다 제작비용이 저렴하다.

② 판매자가 직접 수정·편집이 가능하다.

③ 시·공간적 제약을 받지 않는다.

④ 상품정보변경의 신속처리가 가능하다.

🎁 전자카탈로그의 구성요소

① 식별요소 : 브랜드명, 제품명, 모델명

② 기본적 속성 : 카테고리, 단위속성, 가격정보

③ 부가적 정보 : 제품설명, 광고적 요소

④ 디스플레이 요소 : 제품사진, 동영상 등 구매결정에 필요한 시각정보

🎁 전자카탈로그의 표준

① 내용적 표준

   ㉠ 상품분류 및 식별표준 : 상품분류 및 식별체계를 구축하기 위한 표준

   ㉡ 속성표준 : 상품분류 및 식별체계에 따른 상품의 속성정보를 정의하는 표준

② 기술적 표준

   ㉠ 전송표준 : 통신망으로 교환하기 위한 프로토콜 표준

   ㉡ 포맷표준 : 상품정보를 담고 있는 문서형태에 관한 표준

   ㉢ 표현기술 : 상품정보를 화면에 출력하기 위한 표준

   ㉣ 디렉토리 서비스 표준 : 상품·가격 등에 대한 카탈로그 및 목록 등에 사용되는 디렉토리 표준

2023년

유통관리사 2급 2개년 기출문제

제1회 기출문제 (2023년 5월 13일 시행)

제2회 기출문제 (2023년 8월 26일 시행)

제3회 기출문제 (2023년 11월 25일 시행)

01~25 **1과목 | 유통물류일반**

01 수요의 가격탄력성 크기를 결정하는 요인과 관련된 설명으로 가장 옳지 않은 것은?

① 대체재가 있는 경우의 가격탄력성은 크고, 대체재가 없으면 가격탄력성은 작다.
② 소득에서 재화의 가격이 차지하는 비중과 가격탄력성은 반비례한다.
③ 평균적으로 생활필수품인 경우 가격탄력성은 작다.
④ 평균적으로 사치품인 경우 가격탄력성은 크다.
⑤ 재화의 용도가 다양할수록 가격탄력성은 크다.

02 유통비용을 최소화시킬 수 있는 유통시스템 설계를 위한 유통경로의 길이 결정 시 파악해야 할 요소 중 상품요인과 관련된 것만으로 옳게 나열된 것은?

① 부피, 부패성, 기술적 특성, 총마진
② 고객에 대한 지식, 통제의 욕구, 재무적 능력
③ 비용, 품질, 이용가능성
④ 지리적 분산, 고객밀집도, 고객의 수준, 평균 주문량
⑤ 단위가치, 상품표준화, 비용, 품질

03 조직 내에서 일반적으로 발생할 수 있는 갈등의 순기능적 역할에 대한 설명으로 가장 옳지 않은 것은?

① 향후 발생가능한 갈등을 해결할 수 있는 표준화된 방법을 개발할 수 있다.
② 갈등해결 과정에서 동맹체가 결성되는 경우 어느 정도 경로구성원 간의 힘의 균형을 이룰 수 있다.
③ 경로구성원 간의 의사소통의 기회를 늘림으로써 정보 교환을 활발하게 해준다.
④ 고충처리와 갈등 해결의 공식창구와 표준절차를 마련하는데 도움을 준다.
⑤ 유통시스템 내의 자원을 권력 순서대로 재분배하게 해준다.

04 유통산업발전법(법률 제18310호, 2021. 7. 20., 타법개정)에 의거하여 아래 글상자 괄호 안에 공통적으로 들어갈 단어로 옳은 것은?

> - 무점포판매란 상시 운영되는 매장을 가진 점포를 두지 아니하고 상품을 판매하는 것으로서 ( )으로 정하는 것을 말한다.
> - 유통표준코드란 상품·상품포장·포장용기 또는 운반용기의 표면에 표준화된 체계에 따라 표기된 숫자와 바코드 등으로서 ( )으로 정하는 것을 말한다.

① 대통령령

② 중소벤처기업부령

③ 과학기술정보통신부장관령

④ 산업통상자원부령

⑤ 국무총리령

05 아래 글상자의 6시그마 실행 단계를 순서대로 바르게 나열한 것은?

> ㉠ 개선된 상태가 유지될 수 있도록 관리한다.
> ㉡ 핵심품질특성(CTQ)과 그에 영향을 주는 요인의 인과관계를 파악한다.
> ㉢ 현재 CTQ 충족정도를 측정한다.
> ㉣ CTQ를 파악하고 개선 프로젝트를 선정한다.
> ㉤ CTQ의 충족 정도를 높이기 위한 방법과 조건을 찾는다.

① ㉣ - ㉡ - ㉢ - ㉤ - ㉠

② ㉤ - ㉣ - ㉢ - ㉡ - ㉠

③ ㉢ - ㉠ - ㉡ - ㉣ - ㉤

④ ㉣ - ㉢ - ㉡ - ㉤ - ㉠

⑤ ㉢ - ㉡ - ㉠ - ㉣ - ㉤

06 동기부여와 관련된 여러 가지 학설에 대한 설명으로 옳지 않은 것은?

① 매슬로우는 인간의 욕구를 생리적 욕구부터 자아실현의 욕구까지 총 5단계로 구분하여 설명하였다.

② 맥클리란드는 성장, 관계, 생존의 3단계로 구분하여 설명하였다.

③ 알더퍼의 경우 한 차원 이상의 욕구가 동시에 동기부여 요인으로 사용될 수 있다고 주장하였다.

④ 허쯔버그의 동기요인에는 승진가능성과 성장가능성이 포함된다.

⑤ 허쯔버그의 위생요인에는 급여와 작업조건이 포함된다.

07 화인 표시의 종류와 설명의 연결이 옳지 않은 것은?

① 품질 표시(quality mark)는 내용품의 품질이나 등급을 표시한다.

② 주의 표시(care mark)는 내용물의 취급상 주의 사항을 표시한다.

③ 목적항 표시(destination mark)는 선적·양륙 작업을 용이하게 하고 화물이 잘못 배송되는 일이 없도록 목적항을 표시한다.

④ 수량 표시(case mark)는 포장 화물 안의 내용물의 총 수량을 표시한다.

⑤ 원산지 표시(origin mark)는 관세법규에 따라 표시하는 수출물품의 원산지를 표시한다.

08 물류합리화 방안의 하나인 포장 표준화에 관한 내용으로 옳지 않은 것은?

① 재료표준화 - 환경대응형 포장 재료의 개발

② 강도표준화 - 품목별 적정 강도 설정

③ 치수표준화 - 표준 팰릿(pallet)의 선정

④ 관리표준화 - 포장재 구매 기준 및 사후 관리 기준 제정

⑤ 가격표준화 - 물류여건에 대응하는 원가 절감형 포장법 개발

09 물류비를 분류하는 다양한 기준 중에서 지급형태별 물류비로만 옳게 나열된 것은?

① 조달물류비, 사내물류비, 역물류비

② 수송비, 보관비, 포장비

③ 자가 물류비, 위탁 물류비

④ 재료비, 노무비, 경비

⑤ 조업도별 물류비, 기타 물류비

10 제품수명주기 단계 중 성숙기에 사용할 수 있는 마케팅 믹스 전략으로 옳지 않은 것은?

① 브랜드와 모델의 다양화

② 경쟁사에 대응할 수 있는 가격

③ 브랜드 차별화와 편익을 강조한 광고

④ 기본 형태의 제품 제공

⑤ 집중적 유통의 강화

11 제품이 고객에게 인도되기 전에 품질요건이 충족되지 못함으로써 발생하는 품질관리 비용으로 옳은 것은?

① 생산준비비용　　② 평가비용

③ 예방비용　　　　④ 내부실패비용

⑤ 외부실패비용

12 소매점에서 발생할 수 있는 각종 비윤리적 행동에 대한 대처방안으로 옳지 않은 것은?

① 소매점의 경우 공적비용과 사적비용의 구분이 모호할 수 있기에 공금의 사적 이용을 방지하기 위해 엄격한 규정이 필요하다.

② 과다 재고, 재고로스 발생을 허위로 보고하지 않도록 철저하게 확인해야 한다.

③ 협력업체와의 관계에서 우월적 지위 남용을 하지 않아야 한다.

④ 회사명의의 카드를 개인적으로 사용하는 행위를 사전에 방지해야 한다.

⑤ 큰 피해가 없다면 근무 시간은 개인적으로 조정하여 활용한다.

13 아래 글상자 내용 중 글로벌 유통산업 환경 변화의 설명으로 옳은 것을 모두 고르면?

> ㉠ 유통시장 개방의 가속화
> ㉡ 주요 소매업체들의 해외 신규출점 증대 및 M&A를 통한 초대형화 추진
> ㉢ 선진국 시장이 포화되어감에 따라 시장 잠재성이 높은 신규시장 발굴에 노력
> ㉣ 대형유통업체들은 해외시장 진출확대를 통해 성장을 도모

① ㉠, ㉡
② ㉠, ㉢
③ ㉠, ㉣
④ ㉡, ㉢, ㉣
⑤ ㉠, ㉡, ㉢, ㉣

14 테일러의 기능식 조직(functional organization)에 대한 단점으로 옳지 않은 것은?

① 명령이 통일되지 않아 전체의 질서적 관리가 문란해지는 경우가 있다.
② 각 관리자가 담당하는 전문적 기능에 대한 합리적 분할이 실제상 용이하지 않다.
③ 일의 성과에 따른 보수를 산정하기 어렵다.
④ 상위자들의 마찰이 일어나기 쉽다.
⑤ 각 직원이 차지하는 직능이 지나치게 전문화되어 그 수가 많아지면 간접적 관리자가 증가된다.

15 유통기업에 종사하는 종업원의 권리로 옳지 않은 것은?

① 일할 권리
② 근무 시간 중에도 사생활을 보호받을 권리
③ 근무시간 이외의 시간은 자유의사에 따라 정치활동을 제외한 외부활동을 자유롭게 할 수 있는 권리
④ 안전한 작업장에서 근무할 수 있도록 요구할 권리
⑤ 노동조합을 결성하고 파업과 같은 단체행동을 할 수 있는 권리

16 도매상의 혁신전략과 내용 설명이 옳지 않은 것은?

구분	혁신전략	내용
㉠	도매상의 합병과 매수	기존시장에서의 지위확보, 다각화를 위한 전후방 통합
㉡	자산의 재배치	회사의 핵심사업 강화 목적, 조직의 재설계
㉢	회사의 다각화	유동다각화를 통한 유통라인 개선
㉣	전방과 후방통합	이윤과 시장에서의 지위 강화를 위한 통합
㉤	자산가치가 높은 브랜드의 보유	창고 자동화, 향상된 재고관리

① ㉠   ② ㉡
③ ㉢   ④ ㉣
⑤ ㉤

17 유통경로 기능에 관한 설명으로 옳지 않은 것은?

① 교환과정의 촉진
② 소비자와 제조업체의 연결
③ 제품구색 불일치의 완화
④ 고객서비스 제공
⑤ 경로를 통한 유통기능의 제거

18 아래 글상자에서 설명하는 유통경영조직의 원칙으로 옳은 것은?

> 조직의 공통목적을 달성하기 위하여 각 부문이나 각 구성원의 충돌을 해소하고 조직 제 활동의 내적 균형을 꾀하고, 조직의 느슨한 부분을 조절하려는 원칙

① 기능화의 원칙   ② 권한위양의 원칙
③ 명령통일의 원칙   ④ 관리한계의 원칙
⑤ 조정의 원칙

19 최상위 경영전략인 기업 수준의 경영전략으로 옳지 않은 것은?

① 새로운 시장에 기존의 제품으로 진입하여 시장을 확장하는 시장개발전략
② 기존 시장에 새로운 제품으로 진입하기 위한 제품개발전략
③ 경쟁사에 비해 우수한 품질의 제품을 제공하려는 차별화전략
④ 기존 제품의 품질 향상을 통해 시장점유율을 높이려는 시장침투전략
⑤ 기존 사업과 연관된 다른 사업을 인수하여 고객을 확보하려는 다각화전략

20 마이클 포터의 5가지 세력 모델과 관련한 설명으로 옳지 않은 것은?

① 과업 환경을 분석하는 것으로 이해관계자 분석이라 할 수 있다.
② 산업 내 기업의 경쟁강도를 파악해야 한다.
③ 신규 진입자의 위험은 잠재적 경쟁업자의 진입 가능성으로 진입장벽의 높이와 관련이 있다.
④ 구매자의 교섭력과 판매자의 교섭력이 주요 요소로 작용한다.
⑤ 상호보완재의 유무가 중요한 경쟁요소로 작용한다.

21 아래 글상자 괄호 안에 들어갈 보관 원칙 정의가 순서대로 바르게 나열된 것은?

> - 출입구가 동일한 경우 입출하 빈도가 높은 상품을 출입구에서 가까운 장소에 보관하는 것은 (㉠)의 원칙이다.
> - 표준품은 랙에 보관하고 비표준품은 특수한 보관기기 및 설비를 사용하여 보관하는 것은 (㉡)의 원칙이다.

① ㉠ 유사성, ㉡ 명료성

② ㉠ 위치표시, ㉡ 네트워크 보관

③ ㉠ 회전대응 보관, ㉡ 형상 특성

④ ㉠ 명료성, ㉡ 중량 특성

⑤ ㉠ 동일성, ㉡ 유사성

22 도소매 물류서비스에서 고객서비스에 영향을 주는 요인에 대한 설명으로 옳지 않은 것은?

① 일반적으로 품목의 가용성은 발주량, 생산량, 재고비용 등을 측정하여 파악할 수 있다.

② 예상치 못한 특별주문에 대한 대처 능력은 비상조치능력으로 파악할 수 있다.

③ 사전 주문 수량과 일치하는 재고 보유를 통해 결품을 방지하고 서비스 수준을 높일 수 있다.

④ 신뢰성은 리드타임과 안전한 인도, 정확한 주문이행 등에 의해 결정된다.

⑤ 고객과의 커뮤니케이션을 통해 고객 서비스 수준을 파악할 수 있다.

23 유통경영환경 분석을 위한 SWOT 분석 방법의 활용에 관한 설명으로 옳지 않은 것은?

① 기회를 최대화하고 위협을 최소화한 기업 자원의 효율적 사용이 목표이다.

② SO 상황에서는 강점을 적극적으로 활용한 시장기회선점 전략을 구사한다.

③ WT 상황에서는 약점을 보완하기 위해 투자를 대폭 강화한 공격적 전략을 구사한다.

④ WO 상황에서는 약점을 보완하여 시장의 기회를 활용할 수 있는 전략적 제휴를 실시한다.

⑤ ST 상황에서는 시장의 위협을 회피하기 위해 제품 확장 전략을 사용한다.

24 증권이나 상품과 같은 기업의 자산을 미리 정해 놓은 기간에 정해 놓은 가격으로 사거나 파는 권리인 옵션과 관련된 설명으로 옳지 않은 것은?

① 행사 가격은 미래에 옵션을 행사할 때 주식을 구입하는 대가로 지불하는 금액이다.

② 매도자는 권리만 가지고 매입자는 의무만을 가지는 전형적인 비대칭적인 계약이다.

③ 일반적으로 무위험이자율이 커질수록 행사가격의 현재 가치는 작아진다.

④ 옵션의 종류로는 콜옵션과 풋옵션이 있다.

⑤ 배당금이 클수록 콜옵션의 가격은 낮아진다.

25 모바일 쇼핑의 주요한 특성으로 옳지 않은 것은?

① 스마트폰이 상용화되면서 모바일 쇼핑이 증가하게 되었다.

② 기존의 유통업체들도 진출하는 추세로 경쟁이 치열해졌다.

③ 가격과 함께 쉽고 편리한 구매환경에 대한 중요성도 높아졌다.

④ 스마트폰을 통해 가격을 검색하고 오프라인 매장에서 실물을 보고 구매하는 쇼루밍(showrooming)이 증가하고 있다.

⑤ 정기적인 구매가 이루어지는 생필품은 모바일 쇼핑의 대표적인 판매 품목 중 하나이다.

26~45 2과목 | 상권분석

26 경쟁점포가 상권에 미치는 일반적 영향에 관한 설명으로 가장 옳은 것은?

① 인접한 경쟁점포는 편의품점의 상권을 확장시킨다.

② 인접한 경쟁점포는 편의품점의 매출을 증가시킨다.

③ 인접한 경쟁점포는 선매품점의 상권을 확장시킨다.

④ 산재성입지에 적합한 업종일 때 인접한 경쟁점포는 매출증가에 유리하다.

⑤ 집재성입지에 적합한 업종은 인접한 동일업종 점포가 없어야 유리하다.

27 상권을 규정하는 요인에 대한 설명으로 옳지 않은 것은?

① 상권이란 시장지역이라고도 할 수 있으며, 상권을 규정하는 요인에는 시간요인과 비용요인이 있다.

② 시간요인 측면에서 봤을 때, 상품가치를 좌우하는 보존성이 강한 재화일수록 오랜 운송에 견딜 수 있으므로 상권이 확대된다.

③ 재화의 이동에서 사람을 매개로 하는 소매상권은 재화의 종류에 따라 비용이나 시간사용이 달라지므로 상권의 크기가 달라진다.

④ 비용요인에는 생산비, 운송비, 판매비용 등이 포함되며 비용이 상대적으로 저렴할수록 상권은 축소된다.

⑤ 고가의 제품일수록 소비자는 많은 시간과 비용을 투입하므로 상권의 범위가 넓어진다.

28 상권에 대한 일반적인 설명으로 가장 옳지 않은 것은?

① 업종이나 취급하는 상품의 종류는 상권의 범위에 영향을 준다.

② 사회적, 행정적 요인 등의 기준에 의한 확정적 개념이기에 초기 설정이 중요하다.

③ 가격이 비교적 낮고 구매 빈도가 높은 편의품의 경우 상권이 좁은 편이다.

④ 가격이 비교적 높고 수요 빈도가 낮은 전 문품의 경우 상권이 넓은 편이다.

⑤ 소자본 상권의 경우 유동인구가 많고 접 근성이 높은 곳이 유리하다.

29 크기나 정도가 증가할수록 소매점포 상권을 확장시키는 요인으로서 가장 옳은 것은?

① 자연적 장애물

② 인근점포의 보완성

③ 배후지의 소득수준

④ 배후지의 인구밀도

⑤ 취급상품의 구매빈도

30 신규로 소매점포를 개점하기 위한 준비과정 의 논리적 순서로서 가장 옳은 것은?

① 소매믹스설계 – 점포계획 – 상권분석 – 입지선정

② 소매믹스설계 – 상권분석 – 입지선정 – 점포계획

③ 점포계획 – 소매믹스설계 – 상권분석 – 입지선정

④ 상권분석 – 입지선정 – 소매믹스설계 – 점포계획

⑤ 상권분석 – 입지선정 – 점포계획 – 소 매믹스설계

31 소매점포의 입지는 도로조건 즉, 해당 부지 가 접하는 도로의 성격과 구조에 따라 영향 을 받는다. 도로조건에 대한 일반적 평가로 서 가장 옳지 않은 것은?

① 도로와의 접면 – 가로의 접면이 넓을수 록 유리함

② 곡선형 도로 – 곡선형 도로의 커브 안쪽 보다는 바깥쪽이 유리함

③ 도로의 경사 – 경사진 도로에서는 상부 보다 하부가 유리함

④ 일방통행 도로 – 가시성과 접근성 면에 서 유리함

⑤ 중앙분리대 – 중앙분리대가 있는 도로 는 건너편 고객의 접근성이 떨어지기 때 문에 불리함

32 점포를 이용하는 소비자나 점포 주변 거주 자들로부터 자료를 수집하여 현재 영업 중 인 점포의 상권범위를 파악하려는 조사기법 으로 보기에 가장 적합하지 않은 것은?

① 점두조사

② 내점객조사

③ 체크리스트(checklist)법

④ 지역표본추출조사

⑤ CST(customer spotting techniques)

33 점포입지의 매력성에 영향을 미치는 요인들을 상권요인과 입지요인으로 구분할 수 있다. 입지요인으로 가장 옳은 것은?

① 가구 특성   ② 경쟁 강도

③ 소득 수준   ④ 인구 특성

⑤ 점포 면적

34 소매입지 유형과 아래 글상자 속의 입지특성의 올바르고 빠짐없는 연결로서 가장 옳은 것은?

> ㉠ 고객흡인력이 강함
> ㉡ 점포인근에 거주인구 및 사무실 근무자가 많음
> ㉢ 점포주변 유동인구가 많음
> ㉣ 대형 개발업체의 개발계획으로 조성됨

① 백화점 – ㉠, ㉢, ㉣

② 독립입지 – ㉠, ㉡, ㉣

③ 도심입지 – ㉠, ㉢, ㉣

④ 교외 대형쇼핑몰 – ㉡, ㉢, ㉣

⑤ 근린쇼핑센터 – ㉠, ㉡, ㉣

35 "유통산업발전법"(법률 제18310호, 2021. 7. 20., 타법개정)이 정한 "전통상업보존구역"에 "준대규모점포"를 개설하려고 할 때 개설등록 기한으로서 옳은 것은?

① 영업 개시 전까지

② 영업 개시 30일 전까지

③ 영업 개시 60일 전까지

④ 대지나 건축물의 소유권 또는 사용권 확보 전까지

⑤ 대지나 건축물의 소유권 또는 사용권 확보 후 30일 전까지

36 소비자가 상권 내의 세 점포 중에서 하나를 골라 어떤 상품을 구매하려고 한다. 세 점포의 크기와 점포까지의 거리는 아래의 표와 같다. Huff모형을 이용할 때, 세점포에 대해 이 소비자가 느끼는 매력도의 크기가 큰 것부터 제대로 나열된 것은? (단, 소비자의 점포크기에 대한 민감도 = 1, 거리에 대한 민감도 모수 = 2로 계산)

점포	거리(Km)	점포크기(제곱미터)
A	4	50,000
B	6	70,000
C	3	40,000

① A>C>B   ② B>A>C

③ B>C>A   ④ C>A>B

⑤ C>B>A

37 대형마트, 대형병원, 대형공연장 등 대규모 서비스업종의 입지 특성에 대한 아래의 내용 중에서 옳지 않은 것은?

① 대규모 서비스업은 나홀로 독자적인 입지선택이 가능하다.
② 상권 및 입지적 특성을 반영한 매력도와 함께 서비스나 마케팅력이 매우 중요하다.
③ 주로 차량을 이용하는 고객이 많고, 상권 범위는 반경 2~3km 이상이라고 볼 수 있다.
④ 경쟁점이 몰려있으면 상호보완효과가 높아지므로 경쟁력은 입지에 의해 주로 정해진다.
⑤ 대규모 서비스업은 유동인구에 의존하는 적응형 입지보다는 목적형 입지유형에 해당한다.

38 지리학자인 크리스탈러(W. Christaller)의 중심지이론의 기본적 가정과 개념에 대한 설명으로 옳지 않은 것은?

① 중심지 활동이란 중심지에서 재화와 서비스가 제공되는 활동을 의미한다.
② 중심지에서 먼 곳은 재화와 서비스를 제공받지 못하게 된다고 가정한다.
③ 조사대상 지역은 구매력이 균등하게 분포하고 끝이 없는 등방성의 평지라고 가정한다.
④ 최소요구범위는 생산자가 정상이윤을 얻을 만큼 충분한 소비자들을 포함하는 경계까지의 거리이다.
⑤ 중심지이론은 인간의 각종 활동공간이 어떤 핵을 중심으로 배열되어 있다는 인식에서 비롯되었다.

39 대형 쇼핑센터의 주요 공간구성요소에 대한 설명으로서 가장 옳은 것은?

① 지표(landmark) – 경계선이며 건물에서 꺾이는 부분에 해당
② 선큰(sunken) – 길찾기를 위한 방향성 제공
③ 결절점(node) – 교차하는 통로의 접합점
④ 구역(district) – 지하공간의 쾌적성과 접근성을 높임
⑤ 에지(edge) – 공간과 공간을 분리하여 영역성을 부여

40 소매점의 상권분석은 점포를 신규로 개점하는 경우에도 필요하지만 기존 점포의 경영을 효율화 하려는 목적으로도 다양하게 활용될 수 있다. 상권분석의 주요 목적으로 보기에 가장 연관성이 떨어지는 것은?

① 소매점의 경영성과를 반영한 점포의 위치이동, 면적확대, 면적축소 등으로 인한 매출변화를 예측할 수 있다.
② 다점포를 운영하는 체인업체가 특정 상권 내에서 운영할 수 있는 적정 점포수를 파악할 수 있다.
③ 소매점을 이용하는 소비자들의 인구통계적 특성들을 파악하여 보다 성공적인 소매전략을 수립하는데 도움을 준다.
④ 소매점을 둘러싸고 있는 상권내외부의 소비자를 상대로 하는 촉진활동의 초점이 명확해질 수 있다.
⑤ 상품제조업체와의 공급체인관리(SCM)를 개선하여 물류비용을 절감할 수 있는 정보를 얻을 수 있다.

41 점포의 매매나 임대차시 필요한 점포 권리분석을 위해서 공부서류를 이용할 수 있다. 이들 공부서류와 확인 가능한 내용의 연결이 옳지 않은 것은?

① 지적도 – 토지의 모양과 경계, 도로 등을 확인할 수 있음

② 등기사항전부증명서 – 소유권 및 권리관계 등을 알 수 있음

③ 건축물대장 – 건물의 면적, 층수, 용도, 구조 등을 확인할 수 있음

④ 토지초본 – 토지의 소재, 지번, 지목, 면적 등을 확인할 수 있음

⑤ 토지이용계획확인서 – 토지를 규제하는 도시계획 상황을 확인할 수 있음

42 상권분석 과정에 활용도가 큰 지리정보시스템(GIS)에 관한 설명으로서 가장 옳지 않은 것은?

① 지도작성체계와 데이터베이스관리체계의 결합으로 상권분석의 유용한 도구가 되고 있다.

② 데이터베이스와 함께 활용하기 위해 수치지도보다는 디지털지도가 필요하다.

③ 지도상에 지리적인 형상을 표현하고 데이터의 값과 범위를 지리적인 형상에 할당하고 지도를 확대·축소하는 기능을 위상이라 한다.

④ 빅데이터를 활용하는 지리정보시스템(GIS)과 고객관계관리(CRM)의 합성어인 "gCRM"을 활용하기도 한다.

⑤ 속성정보를 요약하여 표현한 지도를 작성하며, 점, 선, 면의 형상으로 주제도를 작성하기도 한다.

43 상권분석 과정에서 점포의 위치와 해당 점포를 이용하는 소비자의 분포를 공간적으로 표현할 때 보편적으로 관찰되는 거리감소효과(distance decay effect)에 대한 설명으로 옳지 않은 것은?

① 고객점표(CST) 지도를 이용하면 쉽게 관찰할 수 있다.

② 거리조락현상 또는 거리체증효과라고도 한다.

③ 거리 마찰에 따른 비용과 시간의 증가 때문에 나타난다.

④ 유사점포법, 회귀분석법을 이용하여 확인할 수 있다.

⑤ 점포로부터 멀어질수록 고객의 밀도가 낮아지는 경향을 말한다.

44 아래 글상자의 내용에서 말하는 장단점은 어떤 형태의 소매점포 출점에 대한 내용인가?

장점	단점
- 직접 소유로 인한 장기간 영업 - 영업상의 신축성 확보 - 새로운 시설 확보 - 구조 및 설계 유연성	- 초기 고정투자부담이 큼 - 건설 및 인허가기간 소요 - 적당한 부지 확보 어려움 - 점포 이동 등의 입지변경 어려움

① 기존건물에 속한 점포임대
② 기존건물 매입
③ 부지매입 건물신축
④ 기존건물의 점포매입
⑤ 신축건물 임대

45 확률적으로 매출액이나 상권의 범위를 예측하는 상권분석 기법들에서 이론적 근거로 이용하고 있는 Luce의 선택공리와 관련이 없는 것은?

① 공간상호작용모델(SIM)은 소매점의 상권분석과 입지의사결정에 이용하는 근거가 된다.
② 특정 선택대안의 효용이 다른 대안보다 높을수록 선택될 확률이 높다고 가정한다.
③ 어떤 대안이 선택될 확률은 그 대안이 갖는 효용을 전체 선택대안들이 가지는 효용의 총합으로 나눈 값과 같다고 본다.
④ 소비자가 어느 점포에 대해 느끼는 효용이 가장 크더라도 항상 그 점포를 선택하지 않을 수 있다고 인식한다.
⑤ Reilly의 소매중력모형, Huff모형, MNL모형은 Luce의 선택공리를 근거로 하는 대표적 상권분석 기법들이다.

46~70 3과목 | 유통마케팅

46 광고 매체를 선정할 때 고려해야 할 여러 가지 요인에 대한 설명으로 옳지 않은 것은?

① 도달범위(reach)란 일정기간 동안 특정 광고에 적어도 한 번 이상 노출된 청중의 수 또는 비율을 말한다.

② GRP(gross rating points)란 광고효과를 계량화하여 측정하기 위한 기준으로 보통 시청자들의 광고인지도를 중심으로 측정한다.

③ 광고스케줄링이란 일정기간 동안 광고예산을 어떻게 배분하여 집행할 것인가에 대한 결정이다.

④ 도달빈도(frequency)란 일정기간 동안 특정광고가 한 사람에게 노출된 평균 횟수를 말한다.

⑤ CPRP(cost per rating points)란 매체비용을 시청률로 나눈 비용이라 할 수 있다.

47 매장 레이아웃(layout)에 대한 설명으로 가장 옳지 않은 것은?

① 격자형 배치는 고객이 매장 전체를 둘러보고 자신이 원하는 상품을 쉽게 찾을 수 있게 한다.

② 격자형 배치는 다른 진열방식에 비해 공간효율성이 높고 비용면에서 효과적이다.

③ 경주로형 배치는 고객들이 다양한 매장의 상품을 볼 수 있게 하여 충동구매를 유발할 수 있다.

④ 자유형 배치는 규모가 작은 전문매장이나 여러 개의 소규모 전문매장이 있는 대형점포의 배치 방식이다.

⑤ 자유형 배치는 고객들이 주 통로를 지나다니면서 다양한 각도의 시선으로 상품을 살펴볼 수 있다.

48 전략적 CRM(customer relationship management)의 적용과정으로서 가장 옳지 않은 것은?

① 정보관리과정
② 전략 개발과정
③ 투자 타당성 평가 과정
④ 가치창출 과정
⑤ 다채널 통합과정

49 도매상의 마케팅믹스전략에 관한 설명으로 가장 옳지 않은 것은?

① 소매상이나 제조업자와 마찬가지로 거래 규모나 시기에 따른 가격할인 또는 매출 증대를 위한 가격인하 등의 가격변화를 시도하기도 한다.

② 제조업자가 제공하는 촉진물과 촉진프로그램을 적극 활용할 뿐만 아니라 자체적인 촉진프로그램의 개발을 통해 고객인 소매상을 유인하여야 한다.

③ 도매상은 소매상에게 제공해야 할 제품구색과 서비스 수준을 결정해야 한다.

④ 도매상은 최종소비자를 대상으로 영업활동을 하는 것이기 때문에 점포와 같은 물리적인 시설에 비용투자를 해야 한다.

⑤ 일반적으로 도매상은 소요비용을 충당하기 위해 원가에 일정비율을 마진으로 가산하는 원가중심가격결정법을 사용한다.

50 소매업체들의 서비스 마케팅 관리를 위한 서비스마케팅믹스(7P)로 옳지 않은 것은?

① 장소(place)
② 가능 시간(possible time)
③ 사람(people)
④ 물리적 환경(physical evidence)
⑤ 과정(process)

51 머천다이징의 개념에 관한 설명 중 가장 옳지 않은 것은?

① 소매점포가 소비자들의 특성에 적합한 제품들을 잘 선정해서 매입하고 진열하는 것이다.

② 소매업체가 좋은 제품을 찾아서 좋은 조건에 매입해서 진열하는 것과 관련된 모든 것을 말한다.

③ 고객의 니즈를 만족시킬 뿐만 아니라 수요를 적극적으로 창출하기 위한 상품화 계획을 의미한다.

④ 제품계획 혹은 상품화활동은 상품의 시장성을 향상시킬 수 있는 계획활동이다.

⑤ 제품 및 제품성과에 대한 소비자들의 지각과 느낌을 상징한다.

52 구매자들을 라이프 스타일 또는 개성과 관련된 특징들을 근거로 서로 다른 시장으로 세분화하는 것을 지칭하는 개념으로 옳은 것은?

① 지리적 세분화
② 인구통계적 세분화
③ 행동적 세분화
④ 심리묘사적 세분화
⑤ 시장형태의 세분화

53 제품믹스(product mix) 또는 제품포트폴리오(product portfolio)의 특성 중에서 "제품라인 내 제품품목(product item)의 수"를 일컫는 말로 옳은 것은?

① 제품믹스의 깊이(product mix depth)

② 제품믹스의 폭(product mix width)

③ 제품믹스의 일관성
　　(product mix consistency)

④ 제품믹스의 길이(product mix length)

⑤ 제품믹스의 구성
　　(product mix composition)

54 아래 글상자의 (㉠)과 (㉡)에 들어갈 용어로 가장 옳은 것은?

> 유통경로에서의 수직적 통합에는 두 가지 유형이 있다. (㉠)은(는) 제조회사가 도·소매업체를 소유하거나, 도매상이 소매업체를 소유하는 것과 같이 공급망의 상류 기업이 하류의 기능을 통합하는 것이다. 반면 (㉡)은 도·소매업체가 제조기능을 수행하거나 소매업체가 도매기능을 수행하는 것과 같이 공급망의 하류에 위치한 기업이 상류의 기능까지 통합하는 것이다.

① ㉠ 후방통합, ㉡ 전방통합

② ㉠ 전방통합, ㉡ 후방통합

③ ㉠ 경로통합, ㉡ 전방통합

④ ㉠ 전략적 제휴, ㉡ 후방통합

⑤ ㉠ 전략적 제휴, ㉡ 경로통합

55 아래 글상자의 내용과 관련하여 가장 옳지 않은 것은?

> ㉠ 기존 자사 제품을 통해 기존 시장에서 매출액이나 시장점유율을 높이기 위한 전략이다.
> ㉡ 두 개 이상의 소매업체 간의 자원을 공동으로 이용하여 소유권, 통제권, 이익이 공유되는 새로운 회사를 설립할 때 활용하는 전략이다.
> ㉢ 기존의 제품으로 새로운 유통경로를 개척하여 시장을 확장하는 전략이다.

① ㉠은 소매업체의 성장전략 중 시장침투전략에 대한 설명이다.

② ㉠은 자사 점포에서 쇼핑하지 않은 고객을 유인하거나 기존 고객들이 더 많은 상품을 구매하도록 유인하는 전략이다.

③ ㉡은 위험이 낮고 투자가 적게 요구되는 전략이지만, 가맹계약 해지를 통해 경쟁자가 되는 위험을 가지고 있다.

④ ㉡은 소매업체가 해외시장에 진출할 때 활용되는 진입전략 중 하나이다.

⑤ ㉢은 새로운 시장에서 기존 소매업태를 이용하는 성장전략이다.

56 로열티 프로그램으로 가장 옳지 않은 것은?

① 구매액에 따라 보너스 점수를 부여하거나 방문수에 따라 스탬프를 모으게 하는 스탬프 제도
② 상품구매자를 대상으로 여러 혜택을 얻을 수 있는 프로그램에 가입하게 하는 회원제도
③ 20%의 우량고객에 집중해 핵심고객에게 많은 혜택이 부여되는 마케팅 프로그램 기획 및 운영
④ 동일 기업 내 다수의 브랜드의 통합 또는 이종기업간의 제휴를 통한 통합 포인트 적립 프로그램
⑤ 기업의 자선활동 및 공익프로그램과의 연계를 통한 사회문제해결 및 공유가치 창출 프로그램

57 시각적 머천다이징에 대한 아래의 설명 중에서 가장 옳지 않은 것은?

① 점포 내외부 디자인도 포함하는 개념이지만 핵심개념은 매장 내 전시(display)를 중심으로 한다.
② 상품과 판매환경을 시각적으로 연출하고 관리하는 일련의 활동을 말한다.
③ 상품과 점포 이미지가 일관성을 유지할 수 있게 진열하는 것이 중요하다.
④ 시각적 머천다이징의 요소로는 색채, 재질, 선, 형태, 공간 등을 들 수 있다.
⑤ 상품의 잠재적 이윤보다는 인테리어 컨셉 및 전체적 조화 등을 고려하여 이루어진다.

58 아래 글상자의 괄호 안에 들어갈 소매업 발전이론으로 옳은 것은?

> ( )은 소매시스템에서 우세한 소매업태가 취급하는 상품계열수의 측면에서 현대 상업시스템의 진화를 설명하는 이론으로 소매상은 제품구색이 넓은 소매업태에서 전문화된 좁은 제품구색의 소매업태로 변화되었다가 다시 넓은 제품 구색의 소매업태로 변화되는 과정을 설명하고 있다.

① 소매아코디언이론(retail accordion theory)
② 소매수명주기이론(retail life cycle theory)
③ 소매차륜이론(the wheel of retailing theory)
④ 변증법적이론(dialectic theory)
⑤ 진공지대이론(vacuum zone theory)

59 제품에 맞는 판매기법으로 가장 옳지 않은 것은?

① 편의품은 입지 조건에 따라 판매가 크게 좌우되므로 접근이 더 용이하도록 배달 서비스 제공을 고려할 필요가 있다.
② 편의품은 보다 풍요로운 생활과 즐거움을 제공하는 제품으로 스타일과 디자인을 강조한다.
③ 선매품의 경우 고객의 질문에 충분히 답할 수 있는 판매원의 교육 훈련이 필요하다.

④ 선매품은 패션성이 강하기 때문에 재고
가 누적되지 않도록 시의적절한 판촉을
수행한다.

⑤ 전문품은 전문적이고 충분한 설명을 통
해 소비자의 구매의욕을 충분히 자극시
켜야 한다.

60 옴니채널(omni-channel)의 특징으로 옳지
않은 것은?

① 독립적으로 운영되던 채널들이 유기적으
로 통합되어 서로의 부족한 부분을 메워
주는 보완적 관계를 갖는다.

② 채널 간의 불필요한 경쟁은 온·오프라
인의 판매실적을 통합함으로써 해결한
다.

③ 동일한 제품을 온라인이나 오프라인에
상관없이 동일한 가격과 프로모션으로
구매할 수 있다.

④ 온·오프라인의 재고관리 시스템을 일원
화할 수 있다.

⑤ 동일한 기업으로부터 공급받은 제품을
매장별로 독특한 마케팅 프로그램을 활
용하여 판매한다.

61 고객의 개인정보보호에 관한 내용으로 가장
옳지 않은 것은?

① 고객정보를 제3자에게 제공하거나 제공받
은 목적 외의 용도로 이용해서는 안 된다.

② 고객은 개인정보수집, 이용, 제공 등에 대
해 동의 철회 및 정정을 요구할 수 있다.

③ SMS 광고 전송 시 전송자의 명칭을 표
시하고, 수신거부 의사를 표현할 수 있게
해야 한다.

④ 경품응모권을 통해 수집한 개인정보는
보유 및 이용기간의 제한이 없기 때문에
영구적인 이용이 가능하다.

⑤ 오후 9시부터 아침 8시까지는 별도의 동
의 없이 광고를 전송해서는 안 된다.

62 CRM과 eCRM을 비교하여 설명한 내용으로
가장 옳은 것은?

① CRM과 달리 eCRM은 원투원마케팅
(one-to-one marketing)과 데이터베
이스마케팅 활용을 중시한다.

② CRM과 달리 eCRM은 고객 개개인에 대
한 차별적 서비스를 실시간으로 제공한
다.

③ eCRM과 달리 CRM은 고객접점과 커뮤
니케이션 경로의 활용을 중시한다.

④ eCRM과 달리 CRM은 고객서비스 개선
및 거래활성화를 위한 고정고객 관리에
중점을 둔다.

⑤ CRM과 eCRM 모두 데이터마이닝 등 고
객행동분석의 전사적 활용을 추구한다.

63 아래 글상자의 조사 내용 중에서 비율척도로 측정해야 하는 요소만을 나열한 것으로 옳은 것은?

> ⊙ 구매자의 성별 및 직업
> ⓛ 상품 인기 순위
> ⓒ 타겟고객의 소득구간
> ⓔ 소비자의 구매확률
> ⓜ 충성고객의 구매액
> ⓗ 매장의 시장점유율

① ⊙, ⓛ, ⓒ ② ⓒ, ⓔ, ⓜ
③ ⓔ, ⓜ, ⓗ ④ ⓛ, ⓔ, ⓗ
⑤ ⓒ, ⓜ, ⓗ

64 다단계 판매에 대한 설명으로 옳지 않은 것은?

① 고객과 대면접촉을 통해 상품을 판매하는 인적판매의 일종이다.
② 유통마진을 절감시킬 수 있다.
③ 고정 인건비가 발생하지 않는다.
④ 매출 증가에 따라 조직이 비대해지는 단점이 있다.
⑤ 점포 판매에 비해 훨씬 더 적극적으로 시장을 개척해 나갈 수 있다.

65 소매업체 입장에서 특정 공급자의 개별품목 또는 재고관리 단위를 평가하는 방법으로 가장 옳은 것은?

① 직접제품이익
② 경로 구성원 성과평가
③ 평당 총이익
④ 상시 종업원 당 총이익
⑤ 경로 구성원 총자산 수익률

66 아래 글상자에서 설명하는 경로 구성원들 간의 갈등이 발생하는 원인으로 가장 옳은 것은?

> 소비자 가격을 책정할 때 대규모 제조업체는 신속한 시장침투를 위해 저가격을 원하지만, 소규모 소매업자들은 수익성 증대를 위해 고가격을 원함으로써 갈등이 발생할 수 있다.

① 경로 구성원의 목표들 간의 양립불가능성
② 마케팅 과업과 과업수행 방법에 대한 경로 구성원들간의 의견 불일치
③ 경로 구성원들 간의 현실을 지각하는 차이
④ 경로 구성원들 간의 파워 불일치
⑤ 경로 구성원들 간의 품질 요구 불일치

67 원가가산법(cost plus pricing)에 의한 가격 책정에 관한 설명으로 가장 옳지 않은 것은?

① 제품의 원가에 일정률의 판매수익률(또는 마진)을 가산하여 판매가격을 결정하는 방법을 말한다.

② 단위당 변동비, 고정비, 예상판매량, 판매수익률을 바탕으로 산출할 수 있다.

③ 예상판매량이 예측 가능한 경우 주로 사용하는 방법이다.

④ 생산자 입장에서 결정되는 가격이므로 소비자에게 최종적으로 전달되는 가격과는 차이가 있다.

⑤ 가격변화가 판매량에 큰 영향을 미치지 않거나 기업이 가격을 통제할 수 있는 경우에 효과적이다.

68 아래 글상자의 내용에 해당되는 마케팅조사 기법으로 가장 옳은 것은?

> 제품, 서비스 등의 대안들에 대한 소비자의 선호 정도로부터 소비자가 각 속성에 부여하는 상대적 중요도와 속성 수준의 효용을 추정하는 분석 방법

① t-검증 　　② 분산 분석
③ 회귀 분석 　　④ 컨조인트 분석
⑤ 군집 분석

69 매장의 내부 환경요소로 가장 옳지 않은 것은?

① 매장의 입출구와 주차시설
② 매장의 색채와 조명
③ 매장의 평면배치
④ 매장의 상품진열
⑤ 매장의 배경음악 및 분위기

70 종적인 공간효율을 개선시키고 진열선반의 높이가 낮을 때는 위에서 아래로 시선을 유도하는 페이싱 방법으로 가장 옳은 것은?

① 페이스 아웃(face out)
② 슬리브 아웃(sleeve out)
③ 쉘빙(shelving)
④ 행깅(hanging)
⑤ 폴디드 아웃(folded out)

71~90 4과목 | 유통정보

71 QR 코드에 대한 설명으로 가장 옳지 않은 것은?

① 1994년에 일본 덴소웨이브사가 개발했다.

② 숫자와 알파벳 등의 데이터를 담을 수 있다.

③ 오염이나 손상된 데이터를 복원하는 기능이 있다.

④ 국제표준이 정립되지 않아 다양한 국가에서 자체적으로 활용될 수 있다.

⑤ 모바일 쿠폰, 광고, 마케팅 등 다양한 분야에 활용되고 있다.

72 최근 유통분야에서 인공지능 기술의 활용이 증대되면서 유통업무 혁신을 위한 다양한 가능성을 보여주고 있다. 이에 대한 설명으로 가장 옳지 않은 것은?

① 인공지능 기술을 활용하여 유통업체에서 고객의 일상적인 문의사항에 대해 다양한 정보를 다양한 경로로 제공할 수 있다.

② 인공지능 기술은 주문이행 관련 배송경로, 재고파악 등 고객의 주문에 대한 업무와 관련된 최적의 대안을 신속하게 제공해주어 의사결정에 도움을 줄 수 있다.

③ 인공지능 기술을 활용하면 주문 데이터 패턴을 분석해서 정상적이지 않은 거래를 파악하는 등 이상 현상 및 이상 패턴을 추출하는 데 활용될 수 있다.

④ 인공지능 기술은 알고리즘을 이용해 학습 수준이 강화되기 때문에 이용자의 질의에 대한 응답 수준은 갈수록 정교해질 것이다.

⑤ 챗지피티는 사전에 구축된 방대한 양의 학습데이터에서 질의에 적절한 해답을 찾아 질의자에게 빠르게 제시해 주는 인공지능 기술 기반 서비스로 마이크로소프트사가 개발하였다.

73 데이터 유형 분류와 그 특성에 대한 설명으로 가장 옳지 않은 것은?

① 정형 데이터 – 관계형 데이터베이스 관리 시스템(RDBMS)의 고정된 필드에 저장되는 데이터들이 포함됨

② 정형 데이터 – 데이터의 길이와 형식이 정해져 있어 그에 맞추어 데이터를 저장하게 됨

③ 반정형 데이터 – 문서, 웹문서, HTML 등이 대표적이며, 데이터 속성인 메타데이터를 가지고 있음

④ 반정형 데이터 – JSON, 웹로그 등 데이터가 해당되며, XML 형태의 데이터로 값과 형식이 다소 일관성이 없음

⑤ 비정형 데이터 – 형태와 구조가 복잡한 이미지, 동영상 같은 멀티미디어 데이터가 이에 해당됨

74 CRM을 통해 성공적으로 고객을 관리하고 있음을 추적하기 위해 사용할 수 있는 지표로 가장 옳지 않은 것은?

① 신규 고객 유치율
② 마케팅 캠페인 당 구매 건수
③ 마케팅 캠페인 당 반응 건수
④ 제품 당 신규 판매 기회 건수
⑤ 시스템 다운타임

75 최근 개인정보보호 문제가 중요한 이슈로 대두되고 있다. 아래 글상자는 하버드 대학교 버크만 센터에서 제시한 개인정보보호 AI윤리원칙이다. ㉠과 ㉡에 해당하는 각각의 권리로 가장 옳은 것은?

> ㉠ 데이터 컨트롤러(data controller)가 보유한 정보가 부정확하거나 불완전한 경우, 사람들이 이를 수정할 권리가 있어야 함
> ㉡ 자신의 개인정보를 삭제할 수 있는 법적 강제력이 있는 권리가 있어야 함

① ㉠ 자기 결정권, ㉡ 정보 열람권
② ㉠ 자기 결정권, ㉡ 정보 정정권
③ ㉠ 정보 삭제권, ㉡ 자기 결정권
④ ㉠ 정보 정정권, ㉡ 정보 삭제권
⑤ ㉠ 정보 열람권, ㉡ 자기 결정권

76 산업혁명에 따른 기업의 비즈니스 환경 변화에 대한 설명으로 가장 옳은 것은?

① 1차 산업혁명 시기에는 컴퓨터와 같은 전자기기 활용을 통해 업무 프로세스 개선을 달성하였다.
② 2차 산업혁명 시기에는 업무 프로세스에 대한 부분자동화가 이루어졌고, 네트워킹 기능이 프로세스 혁신을 위해 활성화되기 시작하였다.
③ 3차 산업혁명 시기에는 노동에서 분업이 이루어지기 시작하였고, 전문성이 강조되기 시작하였다.
④ 4차 산업혁명 시기에는 전화, TV, 인터넷 등과 같은 의사소통 방식이 기업에서 활성화되었다.
⑤ 4차 산업혁명 시기에는 인공지능과 사물인터넷 등 신기술 이용을 통해 비즈니스 프로세스에 혁신이 이루어졌다.

77 아래 글상자의 괄호 안에 공통적으로 들어갈 용어로 가장 옳은 것은?

> – (　　)은(는) 디지털 기술을 사회전반에 적용하여 전통적인 사회구조를 혁신시키는 것이다. 일반적으로 기업에서 사물 인터넷, 클라우드 컴퓨팅, 인공지능, 빅데이터 솔루션 등 정보통신기술을 플랫폼으로 구축·활용하여 기존의 전통적인 운영방식과 서비스 등을 혁신하는 것이다.
> – (　　)은(는) 산업과 사회의 각 부문이 디지털화되는 현상으로 인터넷, 정보화 등을 뛰어넘는 초연결(hyperconnectivity) 지능화가 경제·사회 전반에 이를 촉발시키고 있다.

① 디지타이제이션(digitization)
② 초지능화(hyper-intellectualization)
③ 디지털 컨버전스(digital convergence)
④ 디지털 전환(digital transformation)
⑤ 하이퍼인텐션(hyper-intention)

78 조직에서 의사결정을 할 때 활용되는 정보와 조직 수준과의 관계에 대한 설명 중 가장 옳지 않은 것은?

① 전략적 수준 – 주로 비구조화된 의사결정이 이루어지며, 내부 정보 외에도 외부 환경과 관련된 정보 등 외부에서 수집된 정보도 다수 활용
② 관리적 수준 – 구조화된 의사결정이 이루어지며, 새로운 공장입지 선정 및 신기술 도입 등과 같은 사항과 관련된 내외부 정보를 주로 다룸
③ 전략적 수준 – 의사결정 시 활용되는 정보의 특성은 미래지향적이며 상대적으로 추상적이고 포괄적인 정보를 주로 다룸
④ 운영적 수준 – 구조화된 의사결정이 이루어지며, 일일거래 처리와 같이 구체적이고 상세하며 시간에 민감한 정보를 주로 다룸
⑤ 운영적 수준 – 반복적이고 재발성의 특성이 높은 의사결정들이 주로 이루어지며, 효율성에 초점을 두고 활동이 이루어짐

79 아래 글상자의 괄호 안에 공통적으로 들어갈 용어로 가장 옳은 것은?

> – (　　)은(는) 조직의 성과목표 달성을 위해 재무, 고객, 내부프로세스, 학습 및 성장 관점에서 균형 잡힌 성과지표를 설정하고 그 성과를 측정하는 성과관리 기법을 말한다. 매우 논리적이며, 지표와 재무적 성과와의 분명한 상관관계를 보이고 있다. 다만, 외부 다른 기관의 평가와 비교하는 것은 곤란하다.
> – (　　)기반 성과관리시스템은 기관의 미션과 비전을 달성할 수 있도록 전략목표, 성과목표, 관리과제 등을 연계하고, 성과지표를 근거로 목표달성의 수준을 측정해서 관리할 수 있는 IT기반의 성과관리 및 평가시스템을 말한다.

① 경제적 부가가치(economic value added)
② 인적자원회계(human resource accounting)
③ 총자산이익률(return on assets)
④ 균형성과표(balanced score card)
⑤ 투자수익률(return on investment)

80 아래 글상자의 괄호 안에 들어갈 용어로 가장 옳은 것은?

> 거래처리시스템으로부터 운영데이터를 모아 주제 영역으로 구축한 데이터웨어하우스는 조직 전체의 정보를 저장하고 있어 방대하다. (　　)은(는) 특정한 조직이 사용하기 위해 몇몇 정보를 도출하여 사용할 수 있도록 한 사용자 맞춤데이터 서비스를 지칭한다.

① 데이터윈도우　② 데이터마트
③ 데이터스키마　④ 데이터모델
⑤ 그룹데이터모델

81 아래 글상자의 기사 내용과 관련성이 높은 정보기술용어로 가장 옳은 것은?

> B**리테일이 'C*제*토한강점'을 선보였다.
> C*제*토한강점은 제*토월드에서 한강공원을 검색한 뒤 C*편의점에 입장하면 자체 브랜드(PB)상품뿐만 아니라 C*제**당과 협업을 통한 일반 제조사 브랜드(NB)상품을 둘러볼 수 있다.
> 또한 제품 위에 떠 있는 화살표를 선택하면 해당 제품을 손에 쥐는 것도 가능하다. 아바타들은 원두커피 기기에서 커피를 내리거나 한강공원의 편의점 인기 메뉴인 즉석조리라면도 먹을 수 있다.

① 가상 에이전트　② O2O
③ BICON　④ 아바타 에이전트
⑤ 메타버스

82 산업별 표준화가 반영된 바코드에 대한 설명으로 가장 옳지 않은 것은?

① 보건복지부는 의약품 포장 단위마다 고유번호를 부여하는 '의약품 일련번호 제도'를 시행하고 있다.

② 의약품의 바코드 내에 있는 상품코드(품목코드, 포장단위)는 건강보험심사평가원의 의약품관리종합정보센터에서 부여하는 상품식별번호이다.

③ UDI란 의료기기를 고유하게 식별할 수 있는 체계로 우리나라는 2019년 7월부터 적용되어 현재는 모든 등급의 의료기기에 UDI가 적용되고 있다.

④ 의료기기에 부여되는 UDI 코드는 기본 포장(base package)을 대상으로 모두 개별적으로 부여하므로 혼선을 방지하기 위해 상위 포장(higher levels of packages)인 묶음 포장단위에는 별도로 부여하지 않는다.

⑤ GS1 DataBar(데이터바)란 상품식별 기능만 갖는 기존 바코드와 달리 상품식별코드(GTIN) 외 유통기한, 이력코드, 중량 등 다양한 부가정보를 넣을 수 있는 바코드를 지칭한다.

83 아래 글상자의 괄호 안에 공통적으로 들어갈 용어로 가장 옳은 것은?

> – ( )은 중앙 서버없이 노드(node)들이 자율적으로 연결되는 P2P(peer-to-peer)방식을 기반으로 각 노드에 데이터를 분산 저장하는 데이터분산처리기술이다.
> – 중앙시스템이 존재하지 않는 완전한 탈중앙 시스템이며, 장부에 해당되는 ( )은 누구에게나 공유·공개되어 투명성을 보장하고, 독특한 구조적 특징에 기인하며 데이터의 무결성을 보장하며, 분산된 장부는 네트워크에 참여한 각 노드들의 검증과 합의 과정을 거쳐 데이터 일치에 도달하게 된다.

① 비트코인　　　② 비콘

③ 분산블록　　　④ 블록체인

⑤ 딥러닝

84 웹 3.0과 관련된 설명으로 가장 옳지 않은 것은?

① 시맨틱 웹(Semantic Web) - 의미론적인 웹을 뜻하며 기계가 인간들이 사용하는 자연어를 이해하고 상황과 맥락에 맞는 개인 맞춤형 정보를 제공하는 웹

② 온톨로지(Ontology) - 메타데이터들의 집합, 예를 들어 사과를 떠올리면 사과의 색상, 종류 등 관련된 여러가지 정보를 컴퓨터가 이해하고 처리할 수 있는 정형화된 수단으로 표현한 것

③ 중앙집중화(centralization) - 웹 3.0에서 사용자 간 연결은 플랫폼을 중심으로 연결하여 자유롭게 소통할 수 있도록 지원, 결과적으로 플랫폼이 강력한 권한을 가지게 됨

④ 웹 3.0을 실현하기 위해서는 블록체인, 인공지능, AR·VR, 분산 스토리지, 네트워크 등의 기반 기술이 필요, 사용성을 높여야 실효성이 있을 것으로 봄

⑤ 온라인 검색과 요청들을 각 사용자들의 선호와 필요에 따라 맞춰 재단하는 것이 웹 3.0의 목표

85 아래 글상자의 괄호 안에 들어갈 용어로 가장 옳은 것은?

> ( )은(는) 전자상거래 이용 고객이 기업에서 발송하는 광고성 메일에 대해 수신거부 의사를 전달하여 더 이상 광고성 메일을 받지 않을 수 있는 것을 말한다.

① 옵트 온(opt on)
② 옵트 오프(opt off)
③ 옵트 오버(opt over)
④ 옵트 인(opt in)
⑤ 옵트 아웃(opt out)

86 빅데이터의 핵심 특성 3가지를 바르게 나열한 것은?

① 가치, 생성 속도, 유연성
② 가치, 생성 속도, 가변성
③ 데이터 규모, 가치, 복잡성
④ 데이터 규모, 속도, 다양성
⑤ 데이터 규모, 가치, 가변성

87 아래 글상자에서 설명하는 서비스와 관련된 용어로 가장 옳은 것은?

> – 유통데이터를 활용한 다양한 비즈니스 모델을 수행할 수 있도록 지원하기 위해 온라인에서 생산과 소비, 유통이 한 곳에서 이루어지는 '양면시장(two-sided market)' 개념의 장(場)을 지칭하는 용어이다.
> – 비즈니스에서 여러 사용자 또는 조직 간의 관계를 형성하고 비즈니스적인 거래를 형성할 수 있는 정보 시스템 환경으로 자신의 시스템을 개방하여 개인은 물론 기업 모두가 참여하여 원하는 일을 자유롭게 할 수 있도록 환경을 구축하여 참여자들 모두에게 새로운 가치와 혜택을 제공해줄 수 있는 시스템을 의미한다.

① 데이터베이스　　② 옴니채널
③ 플랫폼　　　　　④ 클라우드 컴퓨팅
⑤ m-커머스

88 아래 글상자는 인증방식 분류에 대한 설명이다. ㉠, ㉡에 해당하는 용어로 가장 옳은 것은?

> ㉠ 전자적 형태의 문서로 어떤 사람을 특정할 수 있는 정보와 공개 키(public key), 전자서명으로 구성된다. 이 인증방식은 일단 증명서를 발급받기만 하면 주기적으로 그것을 갱신하는 것 외에는 특별히 조치할 사항이 없으므로 사용하기 편리하다는 장점이 있다.
> ㉡ 분산원장을 바탕으로 인증 대상이 스스로 신원을 확인하고 본인과 관련된 정보의 제출 범위와 대상 등을 정할 수 있도록 하는 인증방식이다. 인증대상이 자신의 신원정보(credentials)에 대한 권리를 보다 적극적으로 행사할 수 있는 것이 특징이다.

① ㉠ 비밀번호, ㉡ 분산ID
② ㉠ 디지털문서, ㉡ 분산ID
③ ㉠ 비밀번호, ㉡ 디지털문서
④ ㉠ 생체정보, ㉡ 디지털문서
⑤ ㉠ 생체정보, ㉡ 분산ID

89 아래 글상자의 괄호 안에 공통적으로 들어갈 용어로 가장 옳은 것은?

> – (   )은(는) 마이론 크루거(Myron Krueger) 박사에 의해 제시된 개념으로 인조 두뇌 공간이라고도 한다.
> – (   )에서는 3차원의 가상공간에서 사용자가 원하는 방향대로 조작하거나 실행할 수 있다.
> – (   )의 특성은 영상물의 실시간 렌더링이 가능하므로 원하는 위치에 원하는 모습을 즉시 생산해낼 수 있다.

① 가상 현실
② 증강 현실
③ UI/UX
④ 사이버 물리 시스템
⑤ 브레인 컴퓨터 인터페이스

90 아래 글상자의 ㉠과 ㉡에 해당되는 용어로 가장 옳은 것은?

> – (㉠)은(는) 종종 잘못된 제품 수요정보가 공급사슬을 통해 한 파트너에서 다른 참여자들에게로 퍼져나가면서 왜곡되고 증폭되는 것을 말한다. 예를 들면, 고객과의 최접점에서 어떤 제품의 수요가 약간 증가할 것이라는 정보가 공급사슬의 다음 단계마다 부풀려 전달되어 과도한 잉여재고가 발생하게 되는 현상이다.
> – e-SCM을 구축함으로서 공급사슬의 (㉡)을 확보하여 이러한 현상으 감소시키거나 제거할 수 있게 된다.

① ㉠ 풀현상, ㉡ 가시성
② ㉠ 푸시현상, ㉡ 가시성
③ ㉠ 채찍효과, ㉡ 완전성
④ ㉠ 채찍효과, ㉡ 가시성
⑤ ㉠ 채찍효과, ㉡ 확장성

2023년 제2회 기출문제

ⓐ 정답 및 해설 445p

`01~25` **1과목 | 유통물류일반**

01 기업윤리의 중요성을 강조하기 위해 취할 수 있는 방법으로 가장 옳지 않은 것은?

① 기업윤리와 관련된 헌장이나 강령을 만들어 발표한다.

② 기업윤리가 기업의 모든 의사결정 프로세스에 반영될 수 있게 모니터링한다.

③ 윤리경영의 지표로는 정성적인 지표가 아닌 계량적인 지표를 활용한다.

④ 조직 내의 문제점을 제기할 수 있는 제도를 활성화한다.

⑤ 윤리기준을 적용한 감사 결과를 조직원과 공유한다.

02 유통경로와 중간상이 필요한 이유에 대한 설명으로 가장 옳지 않은 것은?

① 거래의 일상화를 통해 제반 비용의 감소와 비효율을 개선할 수 있기 때문이다.

② 중간상의 개입으로 공간적, 시간적 불일치를 해소할 수 있기 때문이다.

③ 생산자의 다품종 소량생산과 소비자의 소품종 대량구매니즈로 인한 구색 및 수량 불일치를 해소할 수 있기 때문이다.

④ 생산자와 소비자 상호간의 정보의 불일치에 따른 불편을 해소해 줄 수 있기 때문이다.

⑤ 중간상을 통해 탐색과정의 효율성을 높일 수 있기 때문이다.

03 아래 글상자에서 설명하는 기업이 글로벌 시장에서 경쟁하기 위한 전략을 괄호 안에 들어갈 순서대로 옳게 나열한 것은?

> – (㉠)는 둘 또는 그 이상의 기업들이 맺은 파트너십으로 기술과 위험을 공유한다. 자국에서 생산된 상품만을 허용하는 국가로 진출하기 위한 전략으로 활용할 수 있다.
> – (㉡)은(는) 자사의 독자적인 브랜드 이름이나 상표를 부착하여 판매하는 방식으로 제품의 생산은 다른 기업에게 의뢰한다.

① ㉠ 전략적 제휴, ㉡ 위탁제조

② ㉠ 합작투자, ㉡ 위탁제조

③ ㉠ 전략적 제휴, ㉡ 라이선싱(licensing)

④ ㉠ 합작투자, ㉡ 라이선싱(licensing)

⑤ ㉠ 해외직접투자, ㉡ 프랜차이징 (franchising)

04 경제활동의 윤리적 환경과 조건을 세계 각 국 공통으로 표준화하려는 것으로 비윤리적 인 기업의 제품이나 서비스를 국제거래에서 제한하는 움직임을 뜻하는 것은?

① 우루과이라운드　② 부패라운드

③ 블루라운드　④ 그린라운드

⑤ 윤리라운드

05 조직에서 경영자가 목표를 설정할 때 고려 해야 할 요소들에 대한 설명으로 가장 옳지 않은 것은?

① 조직의 미션과 종업원의 핵심 직무를 검 토한다.

② 목표를 개별적으로 결정하거나 외부의 투입을 고려해서 정한다.

③ 목표 진척사항을 평가하기 위한 피드백 메커니즘을 구축한다.

④ 목표 달성과 보상은 철저하게 분리하여 독립적으로 실행한다.

⑤ 가용한 자원을 평가한다.

06 리더의 행동을 생산에 대한 관심과 사람에 대한 관심을 기준으로 구분하여 연구한 블 레이크(Blake)와 무톤(Mouton)의 관리격자 연구에 따른 리더십 유형에 대한 설명으로 가장 옳지 않은 것은?

① 중도형(5–5) – 절충에 신경을 쓰기 때문 에 때로는 우유부단하게 비칠 수 있다.

② 팀형(9–9) – 팀의 업적에만 관심을 갖는 리더로 부하를 하나의 수단으로 취급할 수 있다.

③ 컨츄리클럽형(1–9) – 부하의 욕구나 동 기를 충족시키면 그들이 알아서 수행할 것이라는 전제하에 나타나는 리더십이다.

④ 무관심형(1–1) – 리더는 업무에 대한 지 시만 하고 어려운 문제가 생기면 회피한 다.

⑤ 과업형(9–1) – 리더 혼자서 의사결정을 하고 관리의 초점도 생산성 제고에 맞춰 진다.

07 기업이 자금을 조달하는 각종 원천에 대한 설명으로 옳지 않은 것은?

① 단기자금 조달을 위해 신용대출을 활용 하기도 한다.

② 채권발행의 경우 기업 경영진의 지배력 은 유지되는 장점이 있다.

③ 주식 매각의 장점은 주주들에게 주식배 당을 할 법적의무가 없어진다는 것이다.

④ 팩토링은 대표적인 담보대출의 한 형태 이다.

⑤ 채권발행은 부채의 증가로 인해 기업에 대한 인식에 악영향을 끼칠 수 있다.

08 에머슨(Emerson, H.)의 직계 · 참모식 조직 (line and staff organization)의 단점에 대한 설명으로 옳지 않은 것은?

① 명령체계와 조언, 권고적 참여가 혼동되기 쉽다.

② 집행부문이 스태프(staff) 부문에 자료를 신속 · 충분하게 제공하지 않으면 참모 부문의 기능은 잘 발휘되지 못한다.

③ 집행부문의 종업원과 스태프(staff) 부문의 직원 간에 불화를 가져올 우려가 있다.

④ 라인(line)의 창의성을 결여하기 쉽다.

⑤ 명령이 통일되지 않아 전체의 질서적 관리가 혼란스러워지는 경우가 발생할 수 있다.

09 유통경로의 유형 중 가맹본부로 불리는 경로 구성원이 계약을 통해 생산-유통과정의 여러 단계를 연결시키는 형태의 수직적 마케팅 시스템(vertical marketing system)으로 가장 옳은 것은?

① 기업형 VMS

② 위탁판매 마케팅 시스템

③ 복수유통 VMS

④ 프랜차이즈 시스템

⑤ 관리형 VMS

10 유통경로 구조를 결정하는데 있어서 유통경로 커버리지(channel coverage)에 대한 설명으로 옳은 것은?

① 유통경로에서 제조업자로부터 몇 단계를 거쳐 최종소비자에게 제품이 전달되는가와 관련이 있다.

② 제품의 부피가 크고 무거울수록, 부패 속도가 빠를수록 짧은 경로를 선택하는 것이 바람직하다.

③ 특정한 지역에서 하나의 중간상을 전속해 활용하는 전략을 집약적 유통(intensive distribution)이라고 한다.

④ 유통경로 커버리지란 특정지역에서 자사 제품을 취급하는 점포를 얼마나 많이 활용할 것인가를 결정하는 것이다.

⑤ 유통경로를 통제하고자 하는 통제욕구가 강할수록 유통경로는 짧아진다.

11 유통산업의 경제적 의의에 대한 설명으로 가장 옳지 않은 것은?

① 유통산업은 국민 경제적 측면에서 생산과 소비를 연결해주는 기능을 수행한다.

② 유통산업은 국민들로 하여금 상품이나 서비스 소비를 가능하게 함으로써 생활 수준을 유지·향상시켜 준다.

③ 유통산업은 국가경제를 순환시키는데 중요한 역할을 담당하고 있다.

④ 우리나라 유통산업은 2010년대 후반 유통시장 개방과 자유화 정책 이후 급속히 발전하여 제조업에 이은 국가 기간산업으로 성장하였다.

⑤ 유통산업은 생산과 소비의 중개를 통해 제조업의 경쟁력을 높이고 소비자 후생의 증진에 큰 기여를 하고 있다.

12 물류의 기본적 기능과 관련한 활동에 대한 설명으로 가장 옳지 않은 것은?

① 서로 다른 두 지점 간의 물자를 이동시키는 활동은 수송활동이다.

② 보관활동은 시간적 수급조절기능, 가격 조정기능을 수행한다.

③ 상품의 가치 및 상태를 보호하기 위해 적절한 재료와 용기를 사용하는 것은 유통 가공활동이다.

④ 수송과 보관 사이에서 이루어지는 물품의 취급활동은 하역활동이다.

⑤ 유통을 촉진시키기 위한 무형의 물자인 정보를 유통시키는 활동은 정보유통활동이다.

13 조직의 구성원들에게 학습되고 공유되는 가치, 아이디어, 태도 및 행동규칙을 의미하는 용어로 옳은 것은?

① 조직문화(organizational culture)

② 핵심가치(core value)

③ 사명(mission)

④ 비젼(vision)

⑤ 조직목표(organizational goals)

14 아래 글상자에서 전통적인 유통채널 구조가 점진적으로 변화하는 과정이 순서대로 옳게 나열된 것은?

> ㉠ 전통시장단계
> ㉡ 제조업체 우위단계
> ㉢ 소매업체 성장단계와 제조업체 국제화 단계
> ㉣ 소매업체 대형화단계
> ㉤ 소매업체 국제화단계

① ㉢ - ㉣ - ㉤ - ㉠ - ㉡

② ㉡ - ㉢ - ㉣ - ㉤ - ㉠

③ ㉠ - ㉡ - ㉢ - ㉣ - ㉤

④ ㉤ - ㉠ - ㉡ - ㉢ - ㉣

⑤ ㉣ - ㉤ - ㉠ - ㉡ - ㉢

15 유통경로 상 여러 경로 기관들의 유통 흐름 유형에 대한 설명으로 옳은 것은?

구분	유형	내용
㉠	물적 흐름	유통 기관으로부터 다른 기관으로서 소유권의 이전
㉡	소유권 흐름	생산자로부터 최종 소비자에게 이르기까지의 제품의 이동
㉢	지급 흐름	고객이 대금을 지급하거나, 판매점이 생산자에게 송금
㉣	정보 흐름	광고, 판촉원 등 판매촉진 활동의 흐름
㉤	촉진 흐름	유통 기관 사이의 정보의 흐름

① ㉠   ② ㉡

③ ㉢   ④ ㉣

⑤ ㉤

16 유통기업들이 물류에 대한 높은 관심을 가지고 이에 대한 합리화를 적극적으로 검토·실행하고 있는 원인으로 옳지 않은 것은?

① 물류비가 증가하는 경향이 있기 때문이다.

② 생산 부문의 합리화 즉 생산비의 절감에는 한계가 있기 때문이다.

③ 기업 간 경쟁에서 승리하기 위해 물류면에서 우위를 확보하여야 하기 때문이다.

④ 고객의 요구는 다양화, 전문화, 고도화되어 고객서비스 향상이 특히 중요시되기 때문이다.

⑤ 기술혁신에 의하여 운송, 보관, 하역, 포장기술이 발전되었고 정보면에서는 그 발전 속도가 현저하게 낮아졌기 때문이다.

17 아래 글상자에서 설명하는 소매상 유형으로 옳은 것은?

> 일반의약품은 물론 건강기능식품과 화장품, 생활용품, 음료, 다과류까지 함께 판매하는 복합형 전문점

① 상설할인매장   ② 재래시장

③ 드럭스토어   ④ 대중양판점

⑤ 구멍가게

18 소매수명주기이론(retail life cycle theory)에서 소매기관의 상대적 취약성이 명백해지면서 시장점유율이 떨어지고 수익이 감소하여 경쟁에서 뒤처지게 되는 단계는?

① 도입기   ② 성장기

③ 성숙기   ④ 쇠퇴기

⑤ 진입기

19 유통산업발전법(법률 제19117호, 2022. 12. 27., 타법개정)의 제2조 정의에서 기술하는 용어 설명이 옳지 않은 것은?

① 매장이란 상품의 판매와 이를 지원하는 용역의 제공에 직접 사용되는 장소를 말한다. 이 경우 매장에 포함되는 용역의 제공 장소의 범위는 대통령령으로 정한다.

② 임시시장이란 다수(多數)의 수요자와 공급자가 일정한 기간 동안 상품을 매매하거나 용역을 제공하는 일정한 장소를 말한다.

③ 상점가란 일정 범위의 가로(街路) 또는 지하도에 대통령령으로 정하는 수 이상의 도매점포·소매점포 또는 용역점포가 밀집하여 있는 지구를 말한다.

④ 전문상가단지란 같은 업종을 경영하는 여러 도매업자 또는 소매업자가 일정 지역에 점포 및 부대시설 등을 집단으로 설치하여 만든 상가단지를 말한다.

⑤ 공동집배송센터란 여러 유통사업자 또는 물류업자가 공동으로 사용할 수 있도록 집배송시설 및 부대업무시설이 설치되어 있는 지역 및 시설물을 말한다.

20 조직의 품질경영시스템과 관련한 ISO9000 시리즈에 대한 설명으로 가장 옳지 않은 것은?

① 제품 자체에 대한 품질을 보증하는 것이 아니라 제품생산과정의 품질시스템에 대한 신뢰성 여부를 판단하는 기준이다.

② 품질경영시스템의 국제화 추세에 능동적으로 대처할 수 있다.

③ 고객만족을 위한 품질경영시스템을 구축할 수 있다.

④ 품질관련부서의 직원을 중심으로 챔피언, 마스터블랙벨트, 블랙벨트, 그린벨트의 자격이 주어진다.

⑤ 의사결정은 자료 및 정보의 분석에 근거한다.

21 단순 이동평균법을 이용하여 아래 표의 (   ) 안에 들어갈 판매예측치를 계산한 것으로 옳은 것은? (단, 이동평균기간은 2개월로 함)

구분	1월	2월	3월	4월
판매량	17	19	21	( )

① 17　　　　　　② 18
③ 19　　　　　　④ 20
⑤ 23

22 아래 글상자의 괄호 안에 들어갈 경로구성원 간 갈등 관련용어를 순서대로 나열한 것으로 옳은 것은?

> – (㉠)은(는) 상대방에 대해 적대감이나 긴장을 감정적으로 느끼는 것이다.
> – (㉡)은(는) 상대방의 목표달성을 방해할 정도의 갈등으로, 이 단계에서는 상대를 견제하고 해를 끼치기 위해 법적인 수단을 이용하며 경로를 떠나거나 상대를 좇아내기 위해 힘을 행사하는 것이다.

① ㉠ 잠재적 갈등, ㉡ 지각된 갈등
② ㉠ 지각된 갈등, ㉡ 갈등의 결과
③ ㉠ 감정적 갈등, ㉡ 표출된 갈등
④ ㉠ 표출된 갈등, ㉡ 감정적 갈등
⑤ ㉠ 갈등의 결과, ㉡ 지각된 갈등

23 유통 경로상에 가능하면 많은 수의 도매상을 개입시킴으로써 각 경로 구성원에 의해 보관되는 제품의 수량이 감소될 수 있다는 원칙으로 가장 옳은 것은?

① 분업의 원칙
② 변동비 우위의 원칙
③ 총거래수 최소의 원칙
④ 집중준비의 원칙
⑤ 규모의 경제 원칙

24 가맹점이 프랜차이즈에 가입할 때 고려해야 할 점으로 가장 옳지 않은 것은?

① 프랜차이즈가 갖는 투자리스크를 사전에 검토한다.
② 기존의 점포와 겹치지 않는 입지인지 검토한다.
③ 자신의 가맹점만이 개선할 수 있는 부분을 활용한 차별점을 검토한다.
④ 본사에 지불해야 할 수수료를 고려해야 한다.
⑤ 본부의 사업역량이 충분한지 검토해야 한다.

25 물류관리의 3S 1L원칙에 해당되는 용어로 옳지 않은 것은?

① Speedy   ② Surely
③ Low   ④ Safely
⑤ Smart

26~45   2과목 | 상권분석

26 아래 글상자에서 설명하는 입지대안의 평가 원칙으로 가장 옳은 것은?

> 점포를 방문하는 고객의 심리적, 물리적 특성과 관련된 원칙이다. 지리적으로 인접해 있거나, 교통이 편리하거나, 점포이용이 시간적으로 편리하면 입지의 매력도를 높게 평가한다고 주장한다.

① 고객차단의 원칙
② 동반유인의 원칙
③ 점포밀집의 원칙
④ 접근가능성의 원칙
⑤ 보충가능성의 원칙

27 중심상업지역(CBD: central business district)의 입지특성에 대한 설명 중 가장 옳지 않은 것은?

① 상업활동으로도 많은 사람을 유인하지만 출퇴근을 위해서도 이곳을 통과하는 사람이 많다.
② 백화점, 전문점, 은행 등이 밀집되어 있다.
③ 주차문제, 교통혼잡 등이 교외 쇼핑객들의 진입을 방해하기도 한다.
④ 소도시나 대도시의 전통적인 도심지역을 말한다.
⑤ 대중교통의 중심이며, 도보통행량이 매우 적다.

28 소비자 C가 이사를 하였다. 글상자의 조건을 수정허프(Huff)모델에 적용하였을 때, 이사 이전과 이후의 소비자 C의 소매지출에 대한 소매단지 A의 점유율 변화로 가장 옳은 것은?

> ㉠ 소비자 C는 오직 2개의 소매단지(A와 B)만을 이용하며, 1회 소매지출은 일정하다.
> ㉡ A와 B의 규모는 동일하다.
> ㉢ 이사 이전에는 C의 거주지와 B 사이 거리가 C의 거주지와 A 사이 거리의 2배였다.
> ㉣ 이사 이후에는 C의 거주지와 A 사이 거리가 C의 거주지와 B 사이 거리의 2배가 되었다.

① 4배로 증가   ② 5배로 증가
③ 4분의 1로 감소   ④ 5분의 1로 감소
⑤ 변화 없음

29 둥지내몰림 또는 젠트리피케이션(gentrification)에 관한 내용으로 가장 옳지 않은 것은?

① 낙후된 도심 지역의 재건축 · 재개발 · 도시재생 등 대규모 도시개발에 연관된 현상
② 도시개발로 인해 지역의 부동산 가격이 급격하게 상승할 때 주로 발생하는 현상
③ 도시개발 후 지역사회의 원주민들의 재정착비율이 매우 낮은 현상을 포함
④ 상업지역의 활성화나 관광명소화로 인한 기존 유통업체의 폐점 증가 현상을 포함

⑤ 임대료 상승으로 인해 대형점포 대신 다양한 소규모 근린상점들이 입점하는 현상

30 아래 글상자에서 설명하고 있는 상권분석 기법으로서 가장 옳은 것은?

> 분석과정이 비교적 쉽고 비용이나 시간을 아낄 수 있다. 특정 점포의 상대적 매력도는 파악할 수 있지만, 상권의 공간적 경계를 추정하는 데는 도움을 주지 못한다.

① CST map
② 컨버스(P.D.Converse)의 분기점 분석
③ 티센다각형(thiessen polygon)
④ 체크리스트법
⑤ 허프(Huff)모델

31 신규점포에 대한 상권분석 기법이나 이론들은 기술적, 확률적, 규범적 분석방법으로 구분하기도 한다. 다음 중 규범적 분석에 해당되는 것만을 나열한 것은?

① 체크리스트법, 유추법
② 중심지 이론, 소매인력법칙
③ 허프(Huff)모델, MNL모형
④ 유추법, 중심지 이론
⑤ 소매인력법칙, 허프(Huff)모델

32 상권범위의 결정 요인에 대한 설명으로 가장 옳지 않은 것은?

① 상권을 결정하는 요인에는 시간요인과 비용요인이 포함된다.
② 공급측면에서 비용요인 중 교통비가 저렴할수록 상권은 축소된다.
③ 수요측면에서 고가품, 고급품일수록 상권범위가 확대된다.
④ 재화의 이동에서 사람을 매개로 하는 소매상권은 재화의 종류에 따라 비용 지출이나 시간 사용이 달라지므로 상권의 크기도 달라진다.
⑤ 시간요인은 상품가치를 좌우하는 보존성이 강한 재화일수록 상권범위가 확대된다.

33 소매점포의 다른 입지유형과 비교할 때 상대적으로 노면독립입지가 갖는 일반적인 특징으로 가장 옳지 않은 것은?

① 가시성이 좋다.
② 다른 점포와의 시너지 효과를 기대하기 어렵다.
③ 임대료가 낮다.
④ 주차공간이 넓다.
⑤ 마케팅 비용이 적게 든다.

34 점포의 상권을 설정하기 위한 단계에서의 지역특성 및 입지조건 관련 조사의 내용으로 가장 옳지 않은 것은?

① 유사점포의 경쟁상황
② 지역의 경제상황
③ 자연적 장애물
④ 점포의 접근성
⑤ 점포의 예상수요

35 아래 글상자에 제시된 신규점포의 개점 절차의 논리적 진행순서로 가장 옳은 것은?

> ㉠ 상권분석 및 입지선정
> ㉡ 홍보계획 작성
> ㉢ 가용 자금, 적성 등 창업자 특성 분석
> ㉣ 실내 인테리어, 점포꾸미기
> ㉤ 창업 아이템 선정

① ㉠ - ㉤ - ㉢ - ㉡ - ㉣
② ㉤ - ㉠ - ㉢ - ㉡ - ㉣
③ ㉤ - ㉢ - ㉠ - ㉡ - ㉣
④ ㉢ - ㉠ - ㉤ - ㉡ - ㉣
⑤ ㉢ - ㉤ - ㉠ - ㉣ - ㉡

36 공간균배의 원리나 소비자의 이용목적에 따라 소매점의 입지유형을 분류하기도 한다. 이들 입지유형과 특성의 연결로서 가장 옳은 것은?

① 적응형입지 - 지역 주민들이 주로 이용함
② 산재성입지 - 거리에서 통행하는 유동인구에 의해 영업이 좌우됨
③ 집재성입지 - 동일 업종끼리 모여 있으면 불리함
④ 생활형입지 - 동일 업종끼리 한곳에 집단적으로 입지하는 것이 유리함
⑤ 집심성입지 - 배후지나 도시의 중심지에 모여 입지하는 것이 유리함

37 대지면적에 대한 건축물의 연면적의 비율인 용적률을 계산할 때 연면적 산정에 포함되는 항목으로 가장 옳은 것은?

① 지하층의 면적
② 주민공동시설면적
③ 건축물의 부속용도가 아닌 지상층의 주차용 면적
④ 건축물의 경사지붕 아래에 설치하는 대피공간의 면적
⑤ 초고층 건축물과 준초고층 건축물에 설치하는 피난안전구역의 면적

38 소매업의 공간적 분포를 설명하는 중심성지수와 관련된 설명으로서 가장 옳지 않은 것은?

① 상업인구는 어떤 지역의 소매판매액을 1인당 평균구매액으로 나눈 값이다.

② 중심성지수는 상업인구를 그 지역의 거주인구로 나눈 값이다.

③ 중심성지수가 1이라는 것은 소매판매액과 그 지역 내 거주자의 소매구매액이 동일하다는 뜻이다.

④ 중심성지수가 1이라는 것은 해당 지역의 구매력 유출과 유입이 동일하다는 뜻이다.

⑤ 소매 판매액의 변화가 없어도 해당 지역의 인구가 감소하면 중심성지수는 낮아지게 된다.

39 허프(Huff)모델보다 분석과정이 단순해서 상권분석에서 실무적으로 많이 활용되는 수정허프(Huff)모델의 특성에 관한 설명으로 가장 옳지 않은 것은?

① 분석을 위해 상권 내에 거주하는 소비자의 개인별 구매행동 데이터를 수집할 필요가 없다.

② 허프(Huff)모델과 같이 점포면적과 점포까지의 거리를 통해 소비자의 점포 선택 확률을 계산할 수 있다.

③ 상권분석 상황에서 실무적 편의를 위해 점포면적과 거리에 대한 민감도를 따로 추정하지 않는다.

④ 허프(Huff)모델과 달리 수정허프(Huff)모델은 상권을 세부지역(zone)으로 구분하는 절차를 거치지 않는다.

⑤ 허프(Huff)모델에서 추정해야하는 점포면적과 이동거리변수에 대한 소비자의 민감도계수를 '1'과 '-2'로 고정하여 인식한다.

40 복수의 입지후보지가 있을 때는 상세하고 정밀하게 입지조건을 평가하는 과정을 거치게 된다. 가장 유리한 점포입지를 선택하기 위해 참고할 만한 일반적 기준으로 가장 옳은 것은?

① 건축선 후퇴(setback)는 상가건물의 가시성을 높이는 긍정적인 효과를 가진다.

② 점포 출입구 부근에 단차가 있으면 사람과 물품의 출입이 용이하여 좋다.

③ 점포 부지와 점포의 형태는 정사각형에 가까울수록 소비자 흡인에 좋다.

④ 점포규모가 커지면 매출도 증가하는 경향이 있으므로 점포면적이 클수록 좋다.

⑤ 평면도로 볼 때 점포가 도로에 접한 정면너비가 깊이 보다 큰 장방형 형태가 유리하다.

41 상가건물 임대차보호법(법률 제18675호, 2022.1.4., 일부개정)은 임대인은 임차인이 임대차기간이 만료되기 6개월 전부터 1개월 전까지 사이에 계약갱신을 요구할 경우 정당한 사유 없이 거절하지 못한다고 규정하면서, 예외적으로 그러하지 아니한 경우를 명시하고 있다. 이 예외적으로 그러하지 아니한 경우로서 가장 옳지 않은 것은?

① 임차인이 2기의 차임액에 해당하는 금액에 이르도록 차임을 연체한 사실이 있는 경우

② 서로 합의하여 임대인이 임차인에게 상당한 보상을 제공한 경우

③ 임차인이 임대인의 동의 없이 목적 건물의 전부 또는 일부를 전대(轉貸)한 경우

④ 임차인이 임차한 건물의 전부 또는 일부를 고의나 중대한 과실로 파손한 경우

⑤ 임차인이 거짓이나 그 밖의 부정한 방법으로 임차한 경우

42 상대적으로 광역상권인 시, 구, 동 등 특정 지역의 총량적 수요를 추정할 때 사용되는 구매력지수(BPI: buying power index)를 계산하는 수식에서 가장 가중치가 큰 변수로서 옳은 것은?

① 전체 지역 대비 특정 지역의 인구비율

② 전체 지역 대비 특정 지역의 가처분소득 비율

③ 전체 지역 대비 특정 지역의 소매업 종사자 비율

④ 전체 지역 대비 특정 지역의 소매매출액 비율

⑤ 전체 지역 대비 특정 지역의 소매점면적 비율

43 소매점포의 예상매출을 추정하는 분석방법이나 이론으로 볼 수 있는 것들이다. 가장 연관성이 떨어지는 것은?

① 유추법

② 회귀분석법

③ 허프(Huff)모델

④ 컨버스(P.D. Converse)의 분기점분석

⑤ MNL모형

44 소매포화지수(IRS)는 지역시장의 공급대비 수요수준을 총체적으로 측정하기 위해 많이 사용되는 지표의 하나이다. 소매포화지수를 구하는 공식의 분모(分母)에 포함되는 요소로 가장 적합한 것은?

① 관련 점포의 총매출액

② 관련 점포의 총매장면적

③ 관련 점포의 고객수

④ 관련 점포의 총영업이익

⑤ 관련 점포의 종업원수

45 지리정보시스템(GIS)을 이용한 상권정보시스템 구축과 관련된 내용으로 가장 옳지 않은 것은?

① 개별 상점의 위치정보는 점 데이터로, 토지이용 등의 정보는 면(面) 데이터로 지도에 수록한다.

② 지하철노선, 도로 등은 선(線) 데이터로 지도에 수록하고 데이터베이스(DB)를 구축한다.

③ 고객의 인구통계정보 등은 DB로 구축하여, 표적고객집단을 파악하고 상권경계선을 추정할 수 있게 한다.

④ 주제도 작성, 공간 조회, 버퍼링을 통해 효과적인 상권분석이 가능하다.

⑤ 지리정보시스템에 기반한 상권분석정보는 현실적으로 주로 대규모점포에 한정하여 상권분석, 입지선정, 잠재수요 예측, 매출액 추정에 활용되고 있다.

46~70 3과목 | 유통마케팅

46 다음 중 효과적인 시장세분화를 위한 조건으로 옳은 것을 모두 고른 것은?

> ㉠ 측정가능성 ㉡ 접근가능성
> ㉢ 실행가능성 ㉣ 규모의 적정성
> ㉤ 차별화 가능성

① ㉠, ㉡, ㉢, ㉣, ㉤

② ㉠, ㉢, ㉣

③ ㉡, ㉢, ㉤

④ ㉡, ㉣, ㉤

⑤ ㉢, ㉤

47 소매경영에서 공급업체에 대한 평가 시 사용하는 ABC분석에 대한 다음 내용 중에서 옳지 않은 것은?

① 개별 단품에 대해 안전재고 수준과 상품 가용성 정도를 결정하는데 사용한다.

② 매출비중이 높더라도 수익성이 떨어지는 상품은 중요시 하지 않는 것이 바람직하다.

③ 소매업체들이 기여도가 높은 상품 관리에 집중해야 한다는 관점하에 활용된다.

④ 소매업체 매출의 80%는 대략 상위 20%의 상품에 의해 창출된다고 본다.

⑤ 상품성과의 척도로는 공헌이익, GMROI(마진수익률), 판매량 등이 많이 활용된다.

48 아래 글상자가 공통적으로 설명하는 소매상의 변천과정가설 및 이론으로 가장 옳은 것은?

> – 소매업채가 환경변화에 따라 일정한 주기를 두고 순환적으로 변화한다는 가설
> – 저가격, 저비용, 저서비스의 점포 운영방식으로 시장에 진입
> – 성공적인 시장진입 이후 동일 유형의 소매점 간에 경쟁이 격화됨에 따라 경쟁우위 확보를 위해 점점 고비용, 고가격, 고서비스의 소매점으로 전환
> – 모든 유형의 소매업태 등장과 발전과정을 설명할 수 없다는 한계를 지님

① 자연도태설
② 소매수명주기 이론
③ 소매아코디언 이론
④ 변증법적 이론
⑤ 소매업 수레바퀴가설

49 다음 중 소매업체가 점포를 디자인할 때 고려해야 하는 요소로 가장 옳지 않은 것은?

① 표적시장의 니즈를 만족시키기 위한 소매업체의 전략 실행
② 효율적으로 제품을 찾고 구입할 수 있도록 쾌락적 편익제공
③ 잠재고객 방문 유도 및 방문 고객의 구매율 증가
④ 용이한 점포의 관리 및 유지 비용을 절감할 수 있도록 설계

⑤ 점포설계에 있어서 법적·사회적 요건 충족

50 다음 중 매장의 생산성을 증대시키기 위한 유통계량조사의 내용으로 가장 옳지 않은 것은?

① 매장 1평당 어느 정도의 매출액이 일어나고 있는가를 파악하기 위한 매장생산성 조사
② 투입된 종업원당 어느 정도의 매출액이 창출되는지를 업계 평균과 상호 비교
③ 현재의 재고가 어느 정도의 상품이익을 실현하는지 알기 위한 교차비율 산출
④ 고객수 및 객단가 산출 및 이전 분기 대비 객단가 증가율 비교
⑤ 채산성을 위한 목표 매출 및 달성 가능성을 분석하기 위한 손익분기 매출액 산출

51 상시저가전략(EDLP: everyday low price)과 비교한 고저 가격전략(high-low pricing)의 장점으로 가장 옳지 않은 것은?

① 고객의 가격민감도 차이에 기반한 가격 차별화를 통해 수익증대가 가능하다.
② 할인행사에 대한 고객 기대를 높이는 효과가 있다.

③ 광고 및 운영비를 절감하는 효과가 있다.

④ 동일 상품을 다양한 고객층에게 판매할 수 있다.

⑤ 제품수명주기의 변화에 따른 가격설정이 용이하다.

52 다음 중 경로구성원 평가 및 관리와 관련하여 옳지 않은 것은?

① 기업은 좋은 성과를 내고 고객에게 훌륭한 가치를 제공하는 중간상을 파악하여 보상해야 한다.

② 판매 할당액의 달성 정도, 제품 배달시간, 파손품과 손실품 처리 등과 같은 기준에 관해 정기적으로 경로 구성원의 성과를 평가해야 한다.

③ 경로 구성원과의 장기적인 협력관계를 맺기 위해 성과가 좋지 못한 중간상이라도 바꾸지 말아야 한다.

④ 파트너를 소홀히 다루는 제조업자는 딜러의 지원을 잃을 뿐만 아니라 법적인 문제를 초래할 위험이 있다.

⑤ 기업은 경로 구성원이 최선을 다할 수 있도록 지속적으로 관리하고 동기를 부여해야 한다.

53 아래 글상자가 설명하는 서비스품질을 평가하는 요소로 가장 옳은 것은?

> N사는 고객의 개별적 욕구를 충족시키고자 노력하는 기업으로 포지셔닝하며 고객의 개별 선호에 맞춘 고객 응대를 실천하고 있다. 예를 들어, 양쪽 발 사이즈가 다른 고객에게 사이즈가 각각 다른 두 켤레를 나누어 팔았다. 비록 나머지 짝이 맞지 않는 두 신발을 팔 수 없더라도 고객에게 잊지 못할 감동을 주고 있다.

① 신뢰성(reliability)

② 확신성(assurance)

③ 유형성(tangibility)

④ 공감성(empathy)

⑤ 응답성(responsiveness)

54 서비스기업의 고객관계관리 과정은 "관계구축 – 관계강화 – 관계활용 – 이탈방지 또는 관계해지"의 단계로 나누어 볼 수 있다. 관계구축 단계의 활동으로서 가장 옳지 않은 것은?

① 교차판매, 묶음판매를 통한 관계의 확대

② 고객의 요구를 파악할 수 있는 시장의 세분화

③ 시장의 요구 수준을 충족시키는 양질의 서비스 개발

④ 기업의 핵심가치제안에 부합하는 표적고객 선정

⑤ 고객 니즈를 충족시키는 차별화된 마케팅 전략 수립

55 아래 글상자의 괄호 안에 들어갈 용어로 가장 옳은 것은?

> 제조업체가 최종소비자들을 상대로 촉진활동을 하여 이 소지자들로 하여금 중간상(특히 소매상)에게 자사제품을 요구하도록 하는 전략을 (㉠)이라고 한다. 반면에 어떤 제조업체들은 중간상들을 대상으로 판매촉진활동을 하고 그들이 최종소비자에게 적극적인 판매를 하도록 유도하는 유통전략을 사용하는데, 이를 (㉡) 전략이라고 한다.

① ㉠ 풀전략, ㉡ 푸시전략
② ㉠ 푸시전략, ㉡ 풀전략
③ ㉠ 집중적 마케팅전략, ㉡ 차별적 마케팅전략
④ ㉠ 풀전략, ㉡ 차별적 마케팅전략
⑤ ㉠ 푸시전략, ㉡ 집중적 마케팅전략

56 다음은 산업 구조분석 방법인 마이클 포터의 5 force model과 시장매력도 간의 관계에 해당하는 내용이다. 가장 옳지 않은 것은?

① 기업들은 새로운 경쟁자들이 시장에 쉽게 들어오지 못하도록 높은 수준의 진입장벽을 구축하기 위해 노력한다.
② 구매자의 교섭력이 높아질수록 그 시장의 매력도는 낮아진다.
③ 산업 구조분석에서 다루어지는 시장매력도는 산업전체의 평균 수익성을 의미한다.
④ 5 force model은 누가 경쟁자이고 누가 공급자이며 누가 구매자인지 분명하게 구분된다는 것을 가정하고 있다.
⑤ 대체제가 많을수록 시장의 매력도는 높아진다.

57 마케팅투자수익률(MROI)에 대한 설명으로서 가장 옳지 않은 것은?

① 마케팅투자수익을 마케팅투자비용으로 나눈 값이다.
② 마케팅투자비용의 측정보다 마케팅투자수익의 측정이 더 어렵다.
③ 측정과 비교가 용이한 단일 마케팅성과 척도를 사용하는 것이 바람직하다.
④ 고객생애가치, 고객자산 등의 평가를 통해 마케팅투자수익을 측정할 수 있다.
⑤ 브랜드인지도, 매출, 시장점유율 등을 근거로 마케팅투자수익을 측정할 수 있다.

58 다음 중 판매촉진에 대한 설명으로 가장 옳지 않은 것은?

① 판매촉진은 고객들로 하여금 즉각적인 반응을 일으킬 수 있고 반응을 쉽게 알아낼 수 있다.

② 판매촉진은 단기적으로 고객에게 대량 또는 즉시 구매를 유도하기 때문에 다른 촉진활동보다 매출증대를 기대할 수 있다.

③ 판매촉진 예산을 결정할 때 활용하는 가용예산법(affordable method)은 과거의 매출액이나 예측된 미래의 매출액을 근거로 예산을 결정하는 방법을 말한다.

④ 소비자를 대상으로 하는 판매촉진의 유형 중 쿠폰(coupon)은 가격할인을 보장하는 일종의 증서로 지면에 표시된 가격만큼 제품가격에서 할인해 주는 방법이다.

⑤ 중간상의 판매촉진의 유형으로 협동광고는 제조업자가 협동하여 지역의 소매상들이 공동으로 시행하는 광고를 말한다.

59 고객관계관리(CRM)와 관련한 채널관리 이슈에 대한 설명으로 가장 옳지 않은 것은?

① 채널은 고객접점으로서 관리되어야 한다.

② 채널의 정보교환 기능을 활성화시켜야 한다.

③ 채널 파트너와의 협업을 관리해야 한다.

④ 채널을 차별화함으로써 발생할 수 있는 채널 간 갈등을 최소화해야한다.

⑤ CRM을 성공적으로 수행하기 위해서 다양한 채널을 독립적으로 운영해야 한다.

60 다음 중 소매업이 상품 판매를 효과적으로 전개하기 위해 제공하는 물적·기능적 서비스에 해당하지 않는 것은?

① 포장지, 선물상자의 제공 등과 같은 상품 부대물품의 제공 서비스

② 할부판매, 외상 판매 등과 같은 금융적 서비스

③ 전달 카탈로그, 광고 선전 등과 같은 정보 제공 서비스

④ 고객의 선택 편의 및 구매 효율을 높이는 셀프서비스와 같은 시스템적 서비스

⑤ 상품 설명, 쇼핑 상담, 배달 등과 같은 노역 기술 제공 서비스

61 다음 중 제품별 영업조직(product sales force structure)의 장점으로 가장 옳지 않은 것은?

① 제품에 대한 지식과 전문성이 강화된다.

② 특히 다양한 제품계열을 가지고 있는 기업의 경우에 적합하다.

③ 제한된 지역을 순방하므로 상대적으로 영업비용을 줄일 수 있다.

④ 제품별 직접판매이익공헌을 평가하기가 용이하다.

⑤ 소비재 기업보다는 산업재를 취급하는 기업일수록 이런 형태의 조직이 유리하다.

62 아래 글상자의 내용이 공통적으로 설명하고 있는 CRM 분석 도구로 가장 옳은 것은?

> – 사용자가 고객DB에 담겨 있는 다차원 정보에 직접 접근하여 대화식으로 정보를 분석할 수 있도록 지원하는 분석 도구
> – 분석을 위해 활용되는 정보는 다차원적으로 최종사용자가 기업의 전반적인 상황을 이해할 수 있게 하여 의사결정을 지원
> – 예를 들어 사용자가 자사의 매출액을 지역별/상품별/연도별로 알고 싶을 경우 활용할 수 있는 분석 도구

① 데이터 마이닝(data mining)
② 데이터웨어하우징(data warehousing)
③ OLTP(online transaction processing)
④ OLAP(online analytical processing)
⑤ EDI(electronic data interchange)

63 아래 글상자의 내용 중 격자형 레이아웃의 장점만을 나열한 것으로 옳은 것은?

> ㉠ 원하는 상품을 쉽게 찾을 수 있다.
> ㉡ 느긋하게 자신이 원하는 상품을 둘러보기에 용이하다.
> ㉢ 충동구매를 촉진시킬 수 있다.
> ㉣ 고객이 쇼핑에 걸리는 시간을 최소화할 수 있다.
> ㉤ 쇼핑의 쾌락적 요소를 배가시킬 수 있다.
> ㉥ 통로 등의 공간이 비교적 동일한 넓이로 설계되어 공간적 효율성을 높일 수 있다.

① ㉠, ㉣, ㉤
② ㉠, ㉣, ㉥
③ ㉡, ㉣, ㉤
④ ㉢, ㉤, ㉥
⑤ ㉣, ㉤, ㉥

64 고객생애가치 이론에 관한 설명으로 가장 옳은 것은?

① 고객생애가치는 특정 고객으로부터 얻게 되는 이익흐름의 미래가치를 의미한다.
② 고객 애호도가 높다는 것은 곧 고객생애가치가 높다는 것을 가리킨다.
③ 기업은 고객생애가치를 높이기 위하여 경쟁자보다 더 높은 가치를 제공해 주어야 한다.
④ 올바른 고객생애가치를 산출하기 위해서는 기업의 수입흐름만 고려하면 된다.
⑤ 고객생애가치는 고객과의 한번의 거래에서 나오는 이익을 의미한다.

65 비주얼 머천다이징(VMD, visual merchandising)에 대한 설명으로 가장 옳지 않은 것은?

① 비주얼머천다이징은 상업공간에 적합한 특정의 상품이나 서비스를 조합하고 판매증진을 위한 시각적 연출계획으로 기획하고 상품·선전·판촉 기능을 수행한다.

② 비주얼머천다이징은 기업의 독자성을 표현하고 타 경쟁점과의 차별화를 위해 상품 진열에 관해 시각적 요소를 반영하여 연출하고 관리하는 전략적인 활동이다.

③ 비주얼머천다이징의 구성요소인 PP(point of sale presentation)는 고객의 시선이 머무르는 곳에 볼거리를 제공하여 상품에 관심을 갖도록 유도하기 위해 활용된다.

④ 비주얼머천다이징의 구성요소인 IP(interior presentation)는 실제 판매가 이루어지는 장소에서 상품구역별로 진열대에 진열하는 방식으로 주로 충동구매 상품을 배치하여 매출을 극대화하기 위해 활용된다.

⑤ 비주얼머천다이징의 구성요소인 VP(visual presentation)는 상점의 컨셉을 부각시키기 위해 쇼윈도 또는 테마 공간연출을 통해 브랜드 이미지를 표현하기 위해 활용된다.

66 아래 글상자에서 말하는 여러 효과를 모두 보유하고 있는 마케팅 활동은?

> ㉠ 가격인하 효과   ㉡ 구매유발 효과
> ㉢ 미래수요 조기화 효과
> ㉣ 판매촉진 효과

① 쿠폰
② 프리미엄
③ 컨테스트
④ 인적 판매
⑤ 리베이트

67 아래 글상자의 설명으로 가장 옳은 것은?

> 동일한 고객층을 대상으로 하되 경쟁업체와 다르게 그들 고객이 가장 원하는 제품과 서비스에 중점을 두거나 고객에게 제시되는 가격대에 대응하는 상품이나 품질을 차별화하는 방향을 전개하는 머천다이징 유형의 하나이다.

① 혼합식 머천다이징
(scrambled merchandising)
② 선별적 머천다이징
(selective merchandising)
③ 세그먼트 머천다이징
(segment merchandising)
④ 계획적 머천다이징
(programed merchandising)
⑤ 상징적 머천다이징
(symbol merchandising)

68 아래 글상자의 괄호 안에 들어갈 용어로 가장 옳은 것은?

> (㉠)은 상품흐름이나 판매를 증진시키기 위해 정상가 보다 낮은 가격으로 결정하는 것을 말하며, (㉡)은 특정제품의 가격에 대해 천단위, 백단위로 끝나는 것보다 특정의 홀수로 끝나는 가격을 책정함으로서 소비자로 하여금 더 저렴하다는 느낌을 주기 위한 가격전략이다.

① ㉠ 선도가격(leader pricing),
  ㉡ 수량가격(quantity based pricing)
② ㉠ 단수가격(odd pricing),
  ㉡ 변동가격(dynamic pricing)
③ ㉠ 선도가격(leader pricing),
  ㉡ 단수가격(odd pricing)
④ ㉠ 변동가격(dynamic pricing),
  ㉡ 묶음가격(price bundling)
⑤ ㉠ 묶음가격(price bundling),
  ㉡ 단수가격(odd pricing)

69 소매점의 POS(point of sales)시스템에 대한 설명으로 가장 옳지 않은 것은?

① POS시스템을 통해 소매점별로 수집된 판매 제품의 품목명, 수량, 가격, 판촉 등에 관한 정보를 수집할 수 있다.
② POS시스템은 POS 단말기, 바코드 스캐너, 스토어 콘트롤러(store controller)로 구성되어 있다.
③ POS시스템을 통해 확보한 정보는 고객관계관리(CRM)를 위한 기반 데이터로 활용된다.
④ 전년도 목표 대비 판매량 분석 또는 전월 대비 매출액 변화분석과 같은 시계열 정보를 수집하고 분석하는데 한계가 있다.
⑤ POS시스템을 통해 신제품에 대한 마케팅효과, 판촉효과 등을 분석할 수 있다.

70 제품수명주기(PLC) 단계 중 성숙기에 이루어지는 판매촉진 전략으로 옳은 것은?

① 상표 전환을 유도하기 위한 판촉을 증대한다.
② 수요확대에 따라 점차적으로 판촉을 감소한다.
③ 매출증대를 위한 판매촉진 활동은 최저 수준으로 감소시킨다.
④ 제품의 인지도 향상을 위한 강력한 판촉을 전개한다.
⑤ 제품 가격을 높이는 대신 짧은 기간에 모든 판촉수단을 활용하는 전략을 실행한다.

71~90 4과목 | 유통정보

71 쇼핑몰의 시스템 구성에서 프론트 오피스(front office) 요소로 가장 옳지 않은 것은?

① 상품검색　　② 상품등록
③ 상품리뷰　　④ 상품진열
⑤ 회원로그인

72 라이브 커머스(live commerce)에 대한 설명으로 가장 옳지 않은 것은?

① 라이브 스트리밍(live streaming)과 커머스(commerce)의 합성어이다.
② 온라인 상에서 실시간으로 쇼호스트가 상품을 설명하고 판매하는 비즈니스 프로세스이다.
③ 온라인 상에서 소비자와 쇼호스트는 실시간으로 소통이 가능하지만 소비자간의 대화는 불가능하다.
④ 기존 이커머스(e-commerce)보다 소통과 재미를 더한 진화된 커머스 형태이다.
⑤ 최근 소비자들에게 인기를 얻으면서 급성장하고 있다.

73 오늘날을 제4차 산업혁명 시기로 구분한다. 제4차 산업혁명에 대한 설명으로 가장 옳지 않은 것은?

① 2016 세계경제포럼에서 4차 산업혁명을 3차 산업혁명을 기반으로 디지털, 바이오와 물리학 사이의 모든 경계를 허무는 융합 기술 혁명으로 정의함
② ICT를 기반으로 하는 사물인터넷 및 만물인터넷의 진화를 통해 인간-인간, 인간-사물, 사물-사물을 대상으로 한 초연결성이 기하급수적으로 확대되는 초연결적 특성이 있음
③ 인공지능과 빅데이터의 결합과 연계를 통해 기술과 산업구조의 초지능화가 강화됨
④ 초연결성, 초지능화에 기반하여 기술간, 산업간, 사물-인간 간의 경계가 사라지는 대융합의 시대라고 볼 수 있음
⑤ 4차 산업혁명 시대의 생산요소 토지, 노동, 자본 중 노동의 가치가 토지와 자본에 비해 중요도가 커지는 특징이 있음

74 물류의 효율적 회전을 가능하게 하는 QR 물류시스템의 긍정적 효과로 가장 옳지 않은 것은?

① 신속한 대응
② 리드타임 증가
③ 안전재고 감소
④ 예측오류 감소
⑤ 파이프라인재고 감소

75 디지털 공급망을 구현하는데 활용되는 블록체인 스마트 계약(blockchain smart contract) 기술에 대한 설명으로 가장 옳지 않은 것은?

① 특정 요구사항이 충족되면 네트워크를 통해 실시간으로 계약이 실행된다.

② 거래 내역이 블록체인 상에 기록되기 때문에 높은 신뢰도를 형성한다.

③ 블록체인 스마트 계약은 중개자 없이 실행될 수 있기 때문에 상대적으로 거래 비용이 낮다.

④ 블록체인 기록을 뒷받침하는 높은 수준의 암호화와 분산원장 특성으로 네트워크에서 높은 보안성을 확보하고 있다.

⑤ 블록체인을 활용하기 때문에 거래 기록에 대하여 가시성을 확보할 수 없다.

76 경쟁력있는 수익창출 방안을 개발하는데 활용되는 비즈니스 모델 캔버스를 구성하는 9가지 요인 중에 ㉠ 가장 먼저 작성해야 하는 요인과 ㉡ 마지막으로 작성해야 하는 요인이 있다. 여기서 ㉠과 ㉡에 해당하는 내용으로 가장 옳은 것은?

① ㉠ 가치제안, ㉡ 수익원

② ㉠ 고객관계, ㉡ 고객 세분화

③ ㉠ 수익원, ㉡ 고객 세분화

④ ㉠ 고객 세분화, ㉡ 가치제안

⑤ ㉠ 고객 세분화, ㉡ 비용구조

77 데이터마이닝 기법과 CRM에서의 활용용도를 연결한 것으로 가장 옳지 않은 것은?

① 분류 규칙 – 고객이탈 수준 등급

② 군집화 규칙 – 제품 카테고리

③ 순차 패턴 – 로열티 강화 프로그램

④ 연관 규칙 – 상품 패키지 구성 정보

⑤ 일반화 규칙 – 연속 판매 프로그램

78 최근 정부에서 추진하고 있는 다양한 친환경 제품 관련 인증 제도 관련 설명으로 가장 옳지 않은 것은?

① 환경부·한국환경산업기술원에서는 같은 용도의 다른 제품에 비해 제품의 환경성을 개선한 경우 환경표지인증을 해주고 있다.

② 농림축산식품부·국립농산물품질관리원에서는 유기농산물과 유기가공식품에 대한 친환경농축산물인증제도를 운영하고 있다.

③ 국토교통부와 환경부에서는 한국건설기술연구원을 통해 건축이 환경에 영향을 미치는 요소에 대한 평가를 통해 건축물의 환경성능을 인증하는 녹색건축인증제도를 운영하고 있다.

④ 한국산업기술진흥원에서는 저탄소 녹색성장 기본법에 의거하여 유망한 녹색기술 또는 사업에 대한 녹색인증제도를 운영하고 있다.

⑤ 환경부 · 소비자보호원에서는 소비자들의 알 권리를 위해 친환경 제품에 대한 정보를 제공하는 그린워싱(green washing) 제도를 운영하고 있다.

79 스튜어트(Stewart)의 지식 자산 특성에 대한 설명으로 가장 옳지 않은 것은?

① 지식 자산의 유형으로 고객 자산, 구조적 자산, 인적 자산 등이 있다.

② 대표적인 고객 자산에는 고객브랜드 가치, 기업이미지 등이 있다.

③ 대표적인 인적 자산에는 구성원의 지식, 경험 등이 있다.

④ 대표적인 구조적 자산에는 조직의 경영 시스템, 프로세스 등이 있다.

⑤ 구조적 자산으로 외재적 존재 형태를 갖고 있는 암묵적 지식이 있다.

80 유통업체에서 고객의 데이터를 활용하여 마케팅에 활용하는 사례로 아래 글상자의 괄호 안에 공통적으로 들어갈 용어로 가장 옳은 것은?

> – ( )은(는) 국민이 자신의 데이터에 대한 통제권을 갖고 원하는 곳으로 데이터를 전송할 수 있는 서비스이다.
> – ( )이(가) 구현되면, 국민은 데이터를 적극적으로 관리 · 통제할 수 있게 되고, 스타트업 등 기업은 혁신적인 서비스를 창출해 새로운 데이터 산업 생태계가 조성된다.

① 데이터베이스   ② 빅데이터 분석

③ 데이터 댐   ④ 데이터마이닝

⑤ 마이데이터

81 아래 글상자에서 설명하는 개념으로 가장 옳은 것은?

> – 걷기에는 멀고 택시나 자가용을 이용하기에는 마땅치 않은 애매한 거리를 지칭한다.
> – 이 개념은 유통업체의 상품이 고객의 목적지에 도착하는 마지막 단계를 의미한다.
> – 유통업체는 고객 만족을 위한 배송품질 향상이나 배송서비스 차별화 측면에서 이 개념을 전략적으로 활용하고 있다.

① 엔드 투 엔드 공급사슬

② 고객만족경영

③ 배송 리드타임

④ 스마트 로지스틱

⑤ 라스트 마일

82 아래 글상자에서 설명하는 플랫폼 비즈니스의 두 가지 핵심 특성과 관련한 현상을 순서대로 바르게 나열한 것은?

> ㉠ 플랫폼에 참여하는 이용자들이 증가할수록 그 가치가 더욱 커지는 현상이 나타나고, ㉡ 일정 수준 이상의 플랫폼에 참여하는 이용자를 확보하게 될 경우, 막강한 경쟁력을 확보해서 승자독식의 비즈니스가 가능하게 되는 현상이 나타난다.

① ㉠ 메트칼프의 법칙, ㉡ 티핑 포인트
② ㉠ 팔레토의 법칙, ㉡ 롱테일의 법칙
③ ㉠ 네트워크 효과, ㉡ 무어의 법칙
④ ㉠ 규모의 경제, ㉡ 범위의 경제
⑤ ㉠ 학습효과, ㉡ 공정가치선

83 고객 수요에 기반한 데이터의 수집과 분석을 통해 고객에게 상황에 따른 다양한 가격을 제시하는 전략을 지칭하는 용어로 가장 옳은 것은?

① 시장침투가격 전략(penetration pricing strategy)
② 초기고가 전략(skimming pricing strategy)
③ 낚시가격 전략(bait and hook pricing strategy)
④ 다이나믹 프라이싱 전략(dynamic pricing strategy)
⑤ 명성가격 전략(prestige pricing strategy)

84 아래 글상자의 OECD 개인정보 보호 8원칙 중 옳은 것 만을 바르게 나열한 것은?

> ㉠ 정보 정확성의 원칙 – 개인정보는 적법하고 공정한 방법을 통해 수집되어야 한다.
> ㉡ 수집 제한의 법칙 – 이용 목적상 필요한 범위 내에서 개인정보의 정확성, 완전성, 최신성이 확보되어야 한다.
> ㉢ 목적 명시의 원칙 – 개인정보는 수집 과정에서 수집 목적을 명시하고, 명시된 목적에 적합하게 이용되어야 한다.
> ㉣ 안전성 확보의 원칙 – 정보 주체의 동의가 있거나, 법규정이 있는 경우를 제외하고 목적 외 잉용되거나 공개될 수 없다.
> ㉤ 이용 제한의 원칙 – 개인정보의 침해, 누설, 도용 등을 방지하기 위한 물리적, 조직적, 기술적 안전 조치를 확보해야 한다.
> ㉥ 공개의 원칙 – 개인정보의 처리 및 보호를 위한 정책 및 관리자에 대한 정보는 공개되어야 한다.
> ㉦ 책임의 원칙 – 정보 주체의 개인정보 열람/정정/삭제 청구권은 보장되어야 한다.
> ㉧ 개인 참가의 원칙 – 개인정보 관리자에게 원칙 준수 의무 및 책임을 부과해야 한다.

① ㉠, ㉡　　　　　② ㉠, ㉧
③ ㉡, ㉣　　　　　④ ㉢, ㉥
⑤ ㉤, ㉦

85 아래 글상자의 비즈니스 애널리틱스에 대한 분석과 설명 중 옳은 것만을 고른 것은?

> ⊙ 기술분석(descriptive analytics): 과거에 발생한 일에 대한 소급 분석함
> ⊙ 예측분석(predictive analytics): 특정한 일이 발생한 이유를 이해하는 데 도움을 제공
> ⓒ 진단분석(diagnostic analytics): 애널리틱스를 이용해 미래에 발생할 가능성이 있는 일을 예측함
> ⓔ 처방분석(prescriptive analytics): 성능개선 조치에 대한 대응 방안을 제시함

① ⊙, ⊙
② ⊙, ⓒ
③ ⊙, ⓔ
④ ⊙, ⓒ
⑤ ⊙, ⓔ

86 유통업체에서 활용하는 블록체인 기술 중 하나인 대체불가능토큰(NFT)의 장점으로 가장 옳지 않은 것은?

① 블록체인 고유의 특성을 기반으로 하기 때문에 희소성을 보장할 수 있고, 위조가 어렵다.
② 블록체인 고유의 특성으로 투명성이 보장되며, 추적 가능하다.
③ 부분에 대한 소유권이 인정되어 각각 나누어 거래가 가능하다.
④ 정부에서 가치를 보증해서 안전하게 거래할 수 있다.
⑤ NFT 시장에서 자유롭게 거래할 수 있다.

87 각국 GS1 코드관리기관의 회원업체정보 데이터베이스를 인터넷을 통해 연결하여 자국 및 타 회원국의 업체 정보를 실시간으로 검색할 수 있게 해주는 서비스로 가장 옳은 것은?

① 덴소 웨이브(DENSO WAVE)
② 코리안넷
③ 글로벌 바코드 조회서비스
　　(Global Bar-code Party Information Registry)
④ 글로벌 기업정보 조회서비스
　　(Global Electronic Party Information Registry)
⑤ GS1(Global Standard No.1)

88 아래 글상자의 괄호 안에 들어갈 용어를 순서대로 바르게 나열한 것은?

> – (⊙)은(는) 데이터의 정확성과 일관성을 유지하고 전달과정에서 위변조가 없는 것이다.
> – (⊙)은 정보를 암호화하며 인가된 사용자만이 접근할 수 있게 하는 것이다.

① ⊙ 부인방지, ⊙ 인증
② ⊙ 무결성, ⊙ 기밀성
③ ⊙ 프라이버시, ⊙ 인증
④ ⊙ 무결성, ⊙ 가용성
⑤ ⊙ 기밀성, ⊙ 무결성

89 아래 글상자의 구매-지불 프로세스를 바르게 나열한 것은?

> ㉠ 재화 및 용역에 대한 구매요청서 발송
> ㉡ 조달 확정
> ㉢ 구매주문서 발송
> ㉣ 공급업체 송장 확인
> ㉤ 대금 지불
> ㉥ 재화 및 용역 수령증 수취

① ㉥ - ㉤ - ㉣ - ㉢ - ㉡ - ㉠
② ㉠ - ㉤ - ㉣ - ㉢ - ㉥ - ㉡
③ ㉠ - ㉡ - ㉢ - ㉣ - ㉤ - ㉥
④ ㉠ - ㉡ - ㉢ - ㉥ - ㉣ - ㉤
⑤ ㉥ - ㉤ - ㉠ - ㉢ - ㉣ - ㉡

90 기업활동과 관련된 내·외부자료를 영역별로 각기 수집·저장관리하는 경우 자료의 활용을 위해, 목적에 맞게 적당한 형태로 변환하거나 통합하는 과정을 거쳐야 한다. 수집된 자료를 표준화시키거나 변환하여 목표 저장소에 저장할 수 있도록 도와주는 기술로 가장 옳은 것은?

① OLTP(online transaction processing)
② OLAP(online analytical processing)
③ ETL(extract, transform, load)
④ 정규화(normalization)
⑤ 플레이크(flake)

01~25 1과목 | 유통물류일반

01 특정 업무를 수행하는 데 소요되는 비용이 가장 낮은 유통경로기관이 해당 업무를 수행하는 방향으로 유통경로의 구조가 결정된다고 설명하는 유통경로구조이론으로 가장 옳은 것은?

① 대리인(agency)이론
② 게임(game)이론
③ 거래비용(transaction cost)이론
④ 기능위양(functional spinoff)이론
⑤ 연기-투기(postponement-speculation)이론

02 아래 글상자의 자료를 토대로 계산한 경제적주문량(EOQ)이 200이라면 연간 단위당 재고유지 비용으로 옳은 것은?

- 연간제품수요량 : 10,000개
- 1회당 주문비용 : 200원

① 100 ② 200
③ 300 ④ 400
⑤ 500

03 운송과 관련한 설명 중 가장 옳지 않은 것은?

① 해상운송의 경우 최종목적지까지의 운송에는 한계가 있기에 피시백(fishy back) 복합운송서비스를 제공한다.
② 트럭운송은 혼적화물운송(LTL: less than truckload) 상태의 화물도 긴급 수송이 가능하고 단거리 운송에도 경제적이다.
③ 다른 수송형태에 비해 철도운송은 상대적으로 도착시간을 보증할 수 있다.
④ 항공운송은 고객이 원하는 지점까지의 운송을 위해 피기백(piggy back) 복합운송서비스를 활용한다.
⑤ COFC는 철도의 무개화차 위에 컨테이너를 싣고 수송하는 방식이다.

04 자본잉여금의 종류로 옳지 않은 것은?

① 국고보조금
② 공사부담금
③ 보험차익
④ 예수금
⑤ 자기주식처분이익

05 기업이 e—공급망 관리(e-SCM)를 통해 얻을 수 있는 효과로 가장 옳지 않은 것은?

① 고객의 욕구변화에 더욱 신속하게 대응하게 되고 고객만족도가 증가한다.

② 공급자와 구매자 간의 정보 공유로 필요한 물량을 자동으로 보충해서 재고 감축이 가능하다.

③ 거래 및 투자비용을 절감할 수 있다.

④ 공급망 자동화를 통해 전체 주문 이행 사이클 타임의 단축이 가능하다.

⑤ 구매자의 데이터를 분석하여 그들의 개별니즈를 충족시킬 수 있는 표준화된 서비스 제공이 가능해졌다.

06 서비스 유통의 형태인 플랫폼 비즈니스(platform business)에 대한 설명으로 가장 옳지 않은 것은?

① 플랫폼을 통해 사람과 사람, 사람과 사물을 연결함으로써 새로운 유형의 서비스가 창출된다.

② 정보통신기술의 발달은 사람 간의 교류를 더 빠르고 효율적으로 실현시키면서 플랫폼 비즈니스 성장에 긍정적인 영향을 미치고 있다.

③ 플랫폼 비즈니스의 구성원은 크게 플랫폼 구축자와 플랫폼 사용자로 나뉜다.

④ 플랫폼은 정보, 제품, 서비스 등 다양한 유형의 거래를 가능하게 해주는 일종의 장터이다.

⑤ 플랫폼 비즈니스 사업자는 플랫폼을 제공해주는 대가를 직접적으로 취할 수 없으므로, 광고 등을 통해 간접적으로 수익을 올리는 비즈니스 모델이다.

07 아래 글상자에서 설명하는 개념으로 옳은 것은?

> 제품에 대한 최종소비자의 수요 변동 폭은 크지 않지만, 소매상, 도매상, 제조업자, 원재료 공급업자 등 공급사슬을 거슬러 올라갈수록 변동 폭이 크게 확대되어 수요예측치와 실제 판매량 사이의 차이가 커지게 된다.

① 블랙 스완 효과(black swan effect)

② 밴드 왜건 효과(band wagon effect)

③ 채찍 효과(bullwhip effect)

④ 베블렌 효과(Veblen effect)

⑤ 디드로 효과(Diderot effect)

08 제품/시장 확장그리드(product/market expansion grid)에서 기존제품을 가지고 새로운 세분시장을 파악해서 진출하는 방식의 기업성장전략으로 가장 옳은 것은?

① 시장침투전략(market penetration strategy)

② 시장개발전략(market development strategy)

③ 제품개발전략(product development strategy)

④ 다각화전략(diversification strategy)

⑤ 수평적 다각화전략(horizontal diversification strategy)

09 유통경로에서 발생하는 각종 힘(power)에 관한 설명으로 가장 옳지 않은 것은?

① 합법력은 법률이나 계약과 같이 정당한 권리에 의해 발생하거나 조직 내의 공식적인 지위에서 발생한다.

② 강제력의 강도는 처벌이 지닌 부정적 효과의 크기에 반비례한다.

③ 정보력은 공급업자가 중요한 정보를 가지고 있다는 인식을 할 경우 발생한다.

④ 준거력은 공급업자에 대해 일체감을 갖는 경우에 발생한다.

⑤ 보상력은 재판매업자가 자신의 보상을 조정할 수 있는 능력을 가지고 있다고 인식할수록 증가한다.

10 윤리경영에서 이해관계자가 추구하는 가치 이념과 취급해야 할 문제들이 옳게 나열되지 않은 것은?

구분	이해관계자	추구하는 가치이념	윤리경영에서 취급해야 할 문제들
㉠	지역사회	기업시민	산업재해, 산업공해, 산업폐기물 불법처리 등
㉡	종업원	인간의 존엄성	고용차별, 성차별, 프라이버시 침해, 작업장의 안전성 등
㉢	투자자	공평, 형평	내부자 거래, 인위적 시장조작, 시세조작, 분식결산 등
㉣	고객	성실, 신의	유해상품, 결합상품, 허위 과대 광고, 정보은폐, 가짜 상표 등
㉤	경쟁자	기업가치	환경오염, 자연파괴, 산업폐기물 수출입, 지구환경관련 규정 위반 등

① ㉠

② ㉡

③ ㉢

④ ㉣

⑤ ㉤

11 아래 글상자에서 설명하는 유통의 형태로 가장 옳은 것은?

> – 각 판매지역별로 하나 또는 극소수의 중간상에게 자사제품의 유통에 대한 독점권을 부여하는 것이다.
> – 소비자가 제품 구매를 위해 적극적인 탐색을 하고 쇼핑을 위해 기꺼이 시간과 노력을 아끼지 않는 경우에 적합하다.

① 집중적 유통 ② 개방적 유통
③ 선택적 유통 ④ 전속적 유통
⑤ 중간적 유통

12 유통산업이 합리화되는 경우에 나타나는 현상으로 가장 옳지 않은 것은?

① 업무 효율화를 통해 유통업체의 규모가 작아진다.
② 유통 경로상 제조업의 협상력이 축소된다.
③ 법률이나 정부의 규제가 늘어난다.
④ 생산지의 가격과 소비자의 구매가격의 차이가 줄어든다.
⑤ 유통경로가 단축되어 유통비용이 절감된다.

13 직무기술서와 직무명세서를 비교할 때 직무기술서에 해당되는 내용으로 가장 옳은 것은?

① 작업자의 특성을 평가하여 조직 전략을 효율적으로 달성하기 위한 것이다.
② 속직적 기준으로 직무의 내용을 요약하고 수행에 필요한 정보를 포함한다.
③ 직무명칭, 직무개요, 직무내용 등의 인적 요건을 포함한다.
④ 직무내용보다는 인적요건을 중심으로 정리한다.
⑤ 작업자의 지식, 기능, 능력 등의 요소를 포함한다.

14 유통경영전략의 수립단계를 순서대로 나열한 것으로 가장 옳은 것은?

① 사업포트폴리오분석 – 기업의 사명 정의 – 기업의 목표설정 – 성장전략의 수립
② 기업의 목표 설정 – 사업포트폴리오분석 – 성장전략의 수립 – 기업의 사명 정의
③ 사업포트폴리오분석 – 기업의 목표 설정 – 기업의 사명 정의 – 성장전략의 수립
④ 기업의 사명 정의 – 기업의 목표 설정 – 사업포트폴리오분석 – 성장전략의 수립
⑤ 성장전략의 수립 – 기업의 목표 설정 – 사업포트폴리오분석 – 기업의 사명 정의

15 보관을 위한 각종 창고의 유형에 대한 설명으로 가장 옳지 않은 것은?

① 자가 창고의 경우 기업이 자신의 목적에 맞게 맞춤형 창고 설계가 가능하다.

② 영업 창고 요금은 창고 이용에 따른 보관료를 기본으로 하며 하역료를 제외한다.

③ 임대 창고는 영업창고업자가 아닌 개인이나 법인 등이 소유하고 있는 창고를 임대료를 받고 제공하는 것이다.

④ 공공 창고는 공익을 목적으로 건설한 창고로 공립창고가 한 예이다.

⑤ 관설상옥은 정부나 지방자치단체가 해상과 육상 연결용 화물 판매용도로 제공하는 창고이다.

16 아웃소싱을 실시하는 기업이 얻을 수 있는 장점으로 가장 옳지 않은 것은?

① 다른 채널의 파트너로부터 규모의 경제 효과를 얻을 수 있다.

② 분업의 원리를 통해 이익을 얻을 수 있다.

③ 고정비용은 늘어나지만 변동비용을 줄여서 비용 절감효과를 얻을 수 있다.

④ 아웃소싱 파트너의 혁신적인 혜택을 누릴 수 있다.

⑤ 자사의 기술보다 우월한 기술을 누릴 수 있다.

17 아래 글상자가 설명하는 합작투자 유형으로 옳은 것은?

> 공여기업이 자사의 제조공정, 등록상표, 특허권 등을 수여기업에게 제공하고 로열티 혹은 수수료를 받는 형태이다. 이를 통해, 수여기업은 생산의 전문성 혹은 브랜드를 자체 개발 없이 사용할 수 있다는 이점이 있고, 공여기업은 낮은 위험부담으로 해외시장에 진출할 수 있다는 장점이 있다.

① 계약생산(contract manufacturing)

② 관리계약(management contracting)

③ 라이센싱(licensing)

④ 공동소유(joint ownership)

⑤ 간접수출(indirect exporting)

18 아래 글상자가 설명하는 리더십의 유형으로 가장 옳은 것은?

> 대인관계와 활동을 통하여 규범적으로 적합한 리더의 행동이 구성원들에게 모범으로 작용하며, 상호 간 명확한 도덕적 기준과 의사소통, 공정한 평가 등을 통해 부하들로 하여금 규범에 적합한 행동을 지속하도록 촉진하는 것이다.

① 변혁적 리더십
(transformational leadership)

② 참여적 리더십
(participative leadership)

③ 지원적 리더십(supportive leadership)

④ 지시적 리더십(directive leadership)

⑤ 윤리적 리더십(ethical leadership)

19 제품에 대한 소유권을 갖고 제조업자로부터 제품을 취득하여 소매상에게 바로 운송하는 한정기능도매상으로 옳은 것은?

① 우편주문도매상(mail-order wholesaler)

② 진열도매상(rack jobber)

③ 트럭도매상(truck wholesaler)

④ 직송도매상(drop shipper)

⑤ 현금무배달도매상(cash-and-carry wholesaler)

20 대리도매상 중 판매대리인(selling agent)과 제조업자의 대리인(manufacture's agent)의 차이로 옳지 않은 것은?

① 판매대리인은 모든 제품을 취급하지만 제조업자의 대리인은 일부 제품만을 취급한다.

② 판매대리인은 제조업자의 대리인보다 활동범위가 넓고 비교적 자율적인 의사결정이 가능하다.

③ 판매대리인은 제조업자의 시장지배력이 약한 지역에서만 활동하지만 제조업자의 대리인은 모든 지역에서 판매를 한다.

④ 판매대리인은 신용을 제공하지만 제조업자의 대리인은 신용을 제공하지 못한다.

⑤ 판매대리인은 기업의 마케팅 부서와 같은 기능을 수행하는 도매상인 반면 제조업자의 대리인은 장기적인 계약을 통해 제조업자의 제품을 특정 지역에서 판매 대행을 하는 도매상을 말한다.

21 불공정 거래행위에 해당되지 않는 것은?

① 기존재고상품을 다른 상품으로 교환하면서 기존의 재고상품을 특정매입상품으로 취급하여 반품하는 행위

② 직매입을 특정매입계약으로 전환하면서 기존 재고상품을 특정매입상품으로 취급하여 반품하는 행위

③ 대규모 유통업자가 부당하게 납품업자 등에게 배타적 거래를 하도록 강요하는 경우

④ 정상가격으로 매입한 주문제조상품을 할 인행사를 이유로 서류상의 매입가를 낮춰 재매입하고 낮춘 매입원가로 납품대금을 주는 경우

⑤ 직매입 납품업체의 납품과정에서 상품에 훼손이나 하자가 발생한 경우 상품대금을 감액하는 경우

22 샤인(Schein)이 제시한 조직 문화의 세 가지 수준에서 인식적 수준에 해당되는 것으로 가장 옳은 것은?

① 인지가치와 행위가치로 구분할 수 있는 가치관

② 개개인의 행동이나 관습

③ 인간성

④ 인간관계

⑤ 창작물

23 공급업자 평가방법 중 각 평가 기준의 중요성을 정확하게 판단할 수 없는 경우에 유용한 평가방법은?

① 가중치 평가방법
② 단일기준 평가방법
③ 최소기준 평가방법
④ 주요기준 평가방법
⑤ 평균지수 평가방법

24 소비자기본법(법률 제17799호, 2020. 12. 29., 타법개정)에 따라 국가가 광고의 내용이나 방법에 대한 기준을 제한할 수 있는 항목으로 옳지 않은 것은?

① 용도, 성분, 성능
② 소비자가 오해할 우려가 있는 특정용어나 특정 표현
③ 광고의 매체
④ 광고 시간대
⑤ 광고 비용

25 상품을 품질수준에 따라 분류하거나 규격화함으로써 거래 및 물류를 원활하게 하는 유통의 기능으로 가장 옳은 것은?

① 보관기능   ② 운송기능
③ 정보제공기능   ④ 표준화기능
⑤ 위험부담기능

`26~45` **2과목 | 상권분석**

26 지리정보시스템(GIS)을 이용한 상권분석과 관련한 내용으로 옳지 않은 것은?

① 각 동(洞)별 인구, 토지 용도, 평균지가 등을 겹쳐서 상권의 중첩을 표현할 수 있다.
② 주제도란 GIS소프트웨어를 사용하여 데이터베이스 조회 후 속성정보를 요약해 표현한 지도이다.
③ 버퍼는 점이나 선 또는 면으로부터 특정 거리 이내에 포함되는 영역을 의미한다.
④ 교차는 동일한 경계선을 가진 두 지도레이어를 겹쳐서 형상과 속성을 비교하는 기능이다.
⑤ 위상이란 지리적인 형상을 표현한 지도상의 상대적 위치를 알 수 있는 기능을 부여하는 역할을 한다.

27 구조적 특성에 의해 상권을 분류할 때 포켓상권에 해당하는 것으로 옳은 것은?

① 상가의 입구를 중심으로 형성된 상권
② 고속도로나 간선도로에 인접한 상권
③ 대형소매점과 인접한 상권
④ 소형소매점들로 구성된 상권
⑤ 도로나 산, 강 등에 둘러싸인 상권

28 중심지체계나 주변환경 등에 의해 분류할 수 있는 상권의 유형에 대한 설명으로 가장 옳지 않은 것은?

① 도심상권은 중심업무지구(CBD)를 포함하며 상권의 범위가 넓고 소비자들의 평균 체류시간이 길다.

② 근린상권은 점포인근 거주자들이 주요 소비자로 생활밀착형 업종의 점포들이 입지하는 경향이 있다.

③ 부도심상권은 간선도로의 결절점이나 역세권을 중심으로 형성되는 경우가 많으며 도시 전체의 소비자를 유인한다.

④ 역세권상권은 지하철이나 철도역을 중심으로 형성되며 지상과 지하의 입체적 상권으로 고밀도 개발이 이루어지는 경우가 많다.

⑤ 아파트상권은 고정고객의 비중이 높아 안정적인 수요확보가 가능하지만 외부와 단절되는 경우가 많아 외부고객을 유치하는 상권확대가능성이 낮은 편이다.

29 소매점포의 상권범위나 상권형태는 소매점포를 이용하는 소비자의 공간적 분포를 나타낸다. 이에 대한 설명으로 가장 옳지 않은 것은?

① 소매점포의 면적이 비슷하더라도 업종이나 업태에 따라 개별점포의 상권범위는 차이가 날 수 있다.

② 동일 점포라도 소매전략에 따른 판촉활동 등의 차이에 따라 시기별로 점포의 상권범위는 변화한다.

③ 상권의 형태는 점포를 중심으로 일정한 거리 간격의 동심원 형태로 나타난다.

④ 동일한 지역에 인접하여 입지한 경우에도 점포 규모에 따라 개별점포의 상권범위는 차이가 날 수 있다.

⑤ 동일한 위치에서 입지조건의 변화가 없고 점포의 전략적 변화가 없어도 상권의 범위는 유동적으로 변화하기 마련이다.

30 상권 내의 경쟁점포 분석에 대한 설명으로 가장 옳지 않은 것은?

① 초점이 되는 조사문제를 중심으로 실시한다.

② 조사목적에 맞는 세부조사항목을 구체적으로 정해서 실시한다.

③ 상품구성분석은 상품구성기본정책, 상품계열구성, 품목구성을 포함한다.

④ 가격은 조사당시 주력상품 특매상황이라도 실제 판매가격을 분석한다.

⑤ 자사점포의 현황과 비교하여 조사결과를 분석한다.

31 크리스탈러(Christaller, W.)의 중심지이론에서 말하는 중심지 기능의 최대 도달거리(the range of goods and services)가 의미하는 것으로 가장 옳은 것은?

① 중심지의 유통서비스 기능이 지역거주자에게 제공될 수 있는 한계거리

② 소비자가 도보로 접근할 수 있는 중심지까지의 최대도달거리

③ 전문품 상권과 편의품 상권의 지리적 최대 차이

④ 상위 중심지와 하위 중심지 사이의 거리

⑤ 상업중심지의 정상이윤 확보에 필요한 수요를 충족시키는 상권범위

32 상권 내 소비자의 소비패턴이나 공간이용실태 등을 조사하기 위해 표본조사를 실시할 때 사용할 수 있는 비확률표본추출 방법에 해당하는 것으로 가장 옳은 것은?

① 층화표본추출법(stratified random sampling)

② 체계적표본추출법(systematic sampling)

③ 단순무작위표본추출법(simple random sampling)

④ 할당표본추출법(quota sampling)

⑤ 군집표본추출법(cluster sampling)

33 상권의 질(質)에 대한 설명으로 가장 옳지 않은 것은?

① 소매포화지수(IRS: index of retail saturation)와 시장확장잠재력(MEP: market expansion potentials)이 모두 높은 상권은 좋은 상권이다.

② 상권의 질을 평가하는 정량적 요소로는 통행량, 야간 인구, 연령별 인구, 남녀 비율 등이 있다.

③ 상권의 질을 평가하는 정성적 요소로는 통행객의 복장, 소지 물건, 보행 속도, 거리 분위기 등이 있다.

④ 일반적으로 특정 지역에 유사한 단일 목적으로 방문하는 통행객보다는 서로 다른 목적으로 방문하는 통행객이 많을수록 상권의 질은 낮아진다.

⑤ 오피스형 상권은 목적성이 너무 강하므로 통행량이 많더라도 상권의 매력도가 높지 않을 수 있다.

34 도심으로부터 새로운 교통로가 발달하면 교통로를 축으로 도매, 경공업 지구가 부채꼴 모양으로 확대된다는 공간구조이론으로 가장 옳은 것은?

① 버제스(E.W. Burgess)의 동심원지대이론(concentric zone theory)
② 해리스(C.D. Harris)의 다핵심이론(multiple nuclei theory)
③ 호이트(H. Hoyt)의 선형이론(sector theory)
④ 리카도(D. Ricardo)의 차액지대설(differential rent theory)
⑤ 마르크스(K.H. Marx)의 절대지대설(absolute rent theory)

35 인구 9만명인 도시 A와 인구 1만명인 도시 B 사이의 거리는 20Km이다. 컨버스의 공식을 적용할 때 도시 B로부터 두 도시(A, B)간 상권분기점까지의 거리로 옳은 것은?

① 5Km　　　② 10Km
③ 15Km　　　④ 20Km
⑤ 25km

36 신규점포의 입지를 결정하는 과정에서 후보입지의 매력도 평가에 활용할 수 있는 회귀분석모형에 관한 설명으로 가장 옳지 않은 것은?

① 종속변수는 독립변수의 영향을 받는 관계이므로 종속변수와 상관관계가 있는 독립변수를 포함시켜야 한다.
② 회귀분석모형에 포함되는 독립변수들은 서로 상관관계가 높지 않고 독립적이어야 한다.
③ 성과에 영향을 미치는 독립변수로는 점포 자체의 입지적 특성과 상권 내 경쟁수준 등을 포함시킬 수 있다.
④ 인구수, 소득수준, 성별, 연령 등 상권 내 소비자들의 특성을 독립변수로 포함시킬 수 있다.
⑤ 2~3개의 표본점포를 사용하면 실무적으로 설명력 있는 회귀모형을 도출하는데 충분하다.

37 상품 키오스크(merchandise kiosks)에 대한 설명으로서 가장 옳지 않은 것은?

① 쇼핑몰의 공용구역에 설치되는 판매공간이다.
② 쇼핑몰 내 일반점포보다 단위면적당 임대료가 낮다.
③ 쇼핑몰 내 일반점포에 비해 임대차 계약 기간이 길다.
④ 디스플레이 공간이 넓어 점포 면적에 비해 충분한 창의성을 발휘할 수 있다.
⑤ 쇼핑몰 내 다른 키오스크들과 경쟁이 심화될 가능성이 높다.

38 유통산업발전법(법률 제19117호, 2022.12.27., 타법개정)에서는 필요하다고 인정하는 경우 대형마트에 대한 영업시간 제한이나 의무휴업일 지정을 규정하고 있다. 그 내용으로 가장 옳은 것은?

① 의무휴업일은 공휴일이 아닌 날 중에서 지정하되, 이해당사자와 합의를 거쳐 공휴일을 의무휴업일로 지정할 수 있다.

② 특별자치시장 · 시장 · 군수 · 구청장 등은 매월 하루 이상을 의무휴업일로 지정하여야 한다.

③ 영업시간 제한 및 의무휴업일 지정에 필요한 사항은 해당 지방자치단체장의 명령으로 정한다.

④ 특별자치시장 · 시장 · 군수 · 구청장 등은 오후 11시부터 오전 10시까지의 범위에서 영업시간을 제한할 수 있다.

⑤ 영업시간 제한이나 의무휴업일 지정은 건전한 유통질서확립, 근로자의 건강권 및 대형점포 등과 중소유통업의 상생발전을 위한 것이다.

39 입지분석은 지역분석, 상권분석, 부지분석 등의 세 가지 수준에서 실시한다. 경쟁분석을 실시하는 분석수준으로서 가장 옳은 것은?

① 지역분석(regional analysis)

② 부지분석(site analysis)

③ 상권분석(trade area analysis)

④ 지역 및 상권분석(regional and trade area analysis)

⑤ 상권 및 부지분석(trade area and site analysis)

40 업태에 따른 소매점포의 적절한 입지유형을 설명한 페터(R. M. Fetter)의 공간균배원리를 적용한 것으로 가장 옳지 않은 것은?

① 편의품점 – 산재성 입지

② 선매품점 – 집재성 입지

③ 부피가 큰 선매품의 소매점 – 국부적집중성 입지

④ 전문품점 – 집재성 입지

⑤ 고급고가품점 – 집심성 입지

41 소비자가 원하는 시간과 장소에서 상품을 구입할 수 있게 해야 한다는 의미에서의 상품에 대한 소비자들의 물류요구와 취급하는 소매점 숫자의 관계에 대한 기술로 가장 옳은 것은?

① 물류요구가 높을수록 선택적 유통이 이루어진다.
② 물류요구가 낮을수록 집중적 유통이 이루어진다.
③ 물류요구에 상관없이 전속적 유통이 효율적이다.
④ 물류요구의 크기만으로는 취급하는 소매점 숫자를 알 수 없다.
⑤ 물류요구의 크기는 취급하는 소매점 숫자에 영향을 미치지 않는다.

42 점포개점을 위한 투자계획의 내용으로서 가장 옳지 않은 것은?

① 자금조달계획　② 자금운용계획
③ 수익계획　　　④ 비용계획
⑤ 상품계획

43 도시상권의 매력도에 직접적으로 영향을 미치는 특성으로서 가장 옳지 않은 것은?

① 인구　　　　　② 교통망
③ 소득수준　　　④ 소매단지 분포
⑤ 행정구역 구분

44 상권분석의 주요한 목적으로 가장 옳지 않은 것은?

① 상권범위 설정　② 경쟁점포 파악
③ 빅데이터 축적　④ 예상매출 추정
⑤ 적정임차료 추정

45 상가건물 임대차보호법(법률 제18675호, 2022. 1. 4., 일부 개정) 등의 관련 법규에서는 아래 글상자와 같이 상가임대료의 인상률 상한을 규정하고 있다. 괄호 안에 들어갈 내용으로 옳은 것은?

> 차임 또는 보증금의 증액청구는 청구 당시의 차임 또는 보증금의 100분의 (　　)의 금액을 초과하지 못한다.

① 3　　　　　　② 4
③ 5　　　　　　④ 8
⑤ 10

46~70   3과목 | 유통마케팅

46 통합적 마케팅커뮤니케이션(IMC: integrated marketing communication)에 대한 설명으로 가장 옳지 않은 것은?

① 광고, 판매촉진, PR, 인적판매, 다이렉트 마케팅 등 다양한 촉진믹스들을 활용한다.

② 명확하고 설득력 있는 메시지를 일관되게 전달하는 것이 목적이다.

③ 동일한 표적고객에 대한 커뮤니케이션은 서로 동일한 메시지를 전달한다.

④ 서로 다른 촉진믹스들이 수행하는 차별적 커뮤니케이션 역할들을 신중하게 조정한다.

⑤ 모든 마케팅 커뮤니케이션 캠페인들이 동일한 촉진 목표를 달성하도록 관리한다.

47 점포공간을 구성할 경우, 점포에서의 역할을 고려한 각각의 공간에 대한 설명으로 가장 옳지 않은 것은?

① 서비스 공간은 휴게실, 탈의실 등과 같이 소비자의 편의와 편익을 위해 설치하는 곳이다.

② 진열 판매 공간은 상품을 진열하여 주로 셀프 판매를 유도하는 곳이다.

③ 판매 예비 공간은 소비자에게 상품에 대한 정보를 전달하거나 결제를 도와주는 곳이다.

④ 판촉 공간은 판촉상품을 전시하는 곳이다.

⑤ 인적 판매 공간은 판매원이 소비자에게 상품을 보여주고 상담을 하는 곳이다.

48 마케팅믹스 요소인 4P 중 유통(place)을 구매자 관점인 4C로 표현한 것으로 가장 옳은 것은?

① 고객맞춤화(customization)

② 커뮤니케이션(communication)

③ 고객문제해결(customer solution)

④ 편의성(convenience)

⑤ 고객비용(customer cost)

49 온라인광고의 유형에 대한 설명으로 가장 옳지 않은 것은?

① 배너광고(banner advertising)는 웹페이지의 상하좌우 또는 중간에서도 볼 수 있다.

② 삽입광고(insertional advertising)는 웹사이트 화면이 바뀌고 있는 동안에 출현하는 온라인 전시광고이다.

③ 검색관련광고(search-based advertising)는 포털사이트에 검색엔진 결과와 함께 나타나는 링크와 텍스트를 기반으로 하는 광고이다.

④ 리치미디어광고(rich media advertising)는 현재 보고 있는 창 앞에 나타나는 새로운 창에 구현되는 온라인 광고이다.

⑤ 바이럴광고(viral advertising)는 인터넷상에서 소비자가 직접 입소문을 퍼트리도록 유도하는 광고이다.

50 브랜드 관리와 관련된 설명으로 가장 옳지 않은 것은?

① 브랜드 자산(brand equity)이란 해당 브랜드를 가졌기 때문에 발생하는 차별적 브랜드 가치를 말한다.

② 브랜드 재인(brand recognition)은 브랜드가 과거에 본인에게 노출된 적이 있음을 알아차리는 것이다.

③ 브랜드 회상(brand recall)이란 브랜드 정보를 기억으로부터 인출하는 것을 말한다.

④ 브랜드 인지도(brand awareness)는 브랜드 이미지의 풍부함을 의미한다.

⑤ 브랜드 로열티(brand loyalty)가 높을수록 브랜드 자산(brand equity)이 증가한다고 볼 수 있다.

51 상품판매에 대한 설명으로 옳지 않은 것은?

① 인적판매는 개별적이고 심도 있는 쌍방향 커뮤니케이션이 가능한 것이 장점이다.

② 판매는 회사의 궁극적 목적인 수익창출을 실제로 구현하는 기능이다.

③ 전략적 관점에서 고객과의 관계를 형성하는 영업을 중요시하던 과거 방식에 비해 판매기술이 고도화되는 요즘은 판매를 빠르게 달성하는 전술적, 기술적 관점이 더욱 부각되고 있다.

④ 판매는 고객과의 커뮤니케이션을 통해 상품을 판매하고, 고객과의 관계를 구축하고자 하는 활동이다.

⑤ 판매활동은 크게 신규고객을 확보하기 위한 활동과 기존고객을 관리하는 활동으로 나눌 수 있다.

52 아래 글상자가 설명하는 머천다이징의 종류로 가장 옳은 것은?

> 소매업, 2차상품 제조업자, 가공업자 및 소재메이커가 수직적으로 연합하여 상품계획을 수립하는 머천다이징 방식이다. 이는 시장을 세분화하여 파악한 한정된 세분시장을 타겟고객으로 하며 이들에 알맞은 상품화 전략을 전개하는 것이다.

① 혼합식 머천다이징

② 세그먼트 머천다이징

③ 선별적 머천다이징

④ 계획적 머천다이징

⑤ 상징적 머천다이징

53 판매서비스는 거래계약의 체결 또는 완결을 지원하는 거래지원서비스 및 구매 과정에서 고객이 지각하는 가치를 향상시키는 가치증진서비스로 구분할 수 있다. 가치증진서비스에 해당되는 것으로 가장 옳은 것은?

① 상품의 구매와 사용 방법에 관한 정보제공

② 충분한 재고 보유와 안전한 배달을 보장하는 주문처리

③ 명료하고 정확하며 이해하기 쉬운 청구서를 발행하는 대금청구

④ 친절한 접객서비스와 쾌적한 점포분위기 제공

⑤ 고객이 단순하고 편리한 방식으로 대금을 납부하게 하는 대금지불

54 전략과 연계하여 성과를 평가하기 위해 유통기업은 균형점수표(BSC: balanced score card)를 활용하기도 한다. 균형점수표의 균형(balanced)의 의미에 대한 설명으로서 가장 옳지 않은 것은?

① 단기적 성과지표와 장기적 성과지표의 균형

② 과거 성과지표와 현재 성과지표 사이의 균형

③ 선행 성과지표와 후행 성과지표 사이의 균형

④ 내부적 성과지표와 외부적 성과지표 사이의 균형

⑤ 재무적 성과지표와 비재무적 성과지표 사이의 균형

55 사람들은 신제품이나 혁신을 수용하고 구매하는 성향에서 큰 차이를 갖는다. 자신의 커뮤니티에서 여론주도자이며 신제품이나 혁신을 조기에 수용하지만 매우 신중하게 구매하는 집단으로 가장 옳은 것은?

① 혁신자(innovator)

② 조기 수용자(early adopter)

③ 조기 다수자(early majority)

④ 후기 다수자(late majority)

⑤ 최후 수용자(laggard)

56 표적시장을 수정하거나 제품을 수정하거나 마케팅믹스를 수정하는 마케팅전략을 수행해야 하는 제품수명주기 상의 단계로서 가장 옳은 것은?

① 신제품 출시 이전(以前)

② 도입기

③ 성장기

④ 성숙기

⑤ 쇠퇴기

57 중고품을 반납하고 신제품을 구매한 고객에게 가격을 할인해 주거나 판매촉진행사에 참여한 거래처에게 구매대금의 일부를 깎아주는 형식의 할인으로 가장 옳은 것은?

① 기능 할인(functional discount)
② 중간상 할인(trade discount)
③ 공제(allowances)
④ 수량 할인(quantity discount)
⑤ 계절 할인(seasonal discount)

58 카테고리 매니지먼트에 대한 설명으로 가장 옳지 않은 것은?

① 특정 제품 카테고리의 매출과 이익을 최대화하기 위한 원료공급부터 유통까지의 공급망에 대한 통합적 관리
② 제조업체와 협력을 통해 특정 제품 카테고리를 공동경영하는 과정
③ 제품 카테고리의 효율 극대화를 위한 전반적인 머천다이징 전략과 계획
④ 소매업체와 벤더, 제조업체를 포함하는 유통경로 구성원들 간에 제품 카테고리에 대한 사전 합의 필요
⑤ 고객니즈 변화에 대한 신속한 대응뿐만 아니라 재고와 점포운영비용의 절감 효과 가능

59 아래 글상자의 성과측정 지표들 중 머천다이징에서 상품관리 성과를 측정하기 위한 지표들만을 나열한 것으로 옳은 것은?

> ㉠ 총자산수익률(return on asset)
> ㉡ 총재고투자마진수익률(gross margin return on investment)
> ㉢ 재고회전율(inventory turnover)
> ㉣ ABC분석(ABC analysis)
> ㉤ 판매추세분석(sell-through analysis)

① ㉠, ㉡
② ㉠, ㉡, ㉢
③ ㉡, ㉢, ㉣
④ ㉢, ㉣, ㉤
⑤ ㉣, ㉤

60 유통경로에 대한 촉진 전략 중 푸시 전략에 해당하는 것으로 가장 옳지 않은 것은?

① 소매상과의 협력 광고
② 신제품의 입점 및 진열비 지원
③ 진열과 판매 보조물 제공
④ 매장 내 콘테스트와 경품추첨
⑤ 판매경연대회와 인센티브 제공

61 아래 글상자에서 제품수명주기에 따른 광고 목표 중 도입기의 광고 목표와 관련된 광고만을 나열한 것으로 가장 옳은 것은?

> ㉠ 제품 성능 및 이점에 대한 인지도를 높이는 정보제공형 광고
> ㉡ 우선적으로 자사 브랜드를 시장에 알리기 위한 인지도 형성 광고
> ㉢ 제품 선호도를 증가시키고 선택적 수요를 증가시키는 설득형 광고
> ㉣ 여러 제품 또는 브랜드 중 자사 제품을 선택해야 하는 이유를 제공하는 비교광고
> ㉤ 브랜드를 차별화하고 충성도를 높이는 강화 광고
> ㉥ 자사의 브랜드와 특정 모델, 또는 특정 색이나 사물들과의 독특한 연상을 만드는 이미지 광고
> ㉦ 소비자의 기억 속에 제품에 대한 기억이 남아있을 수 있도록 하는 회상 광고

① ㉠, ㉡　　　　② ㉠, ㉡, ㉤
③ ㉡, ㉢　　　　④ ㉡, ㉢, ㉣
⑤ ㉤, ㉥, ㉦

62 기업과의 관계 진화과정에 따라 분류한 고객의 유형으로 가장 옳지 않은 것은?

① 잠재고객　　　　② 신규고객
③ 기존고객　　　　④ 이탈고객
⑤ 불량고객

63 '주스 한 잔에 OO원' 등과 같이 오랫동안 소비자에게 정착되어 있는 가격을 지칭하는 용어로 가장 옳은 것은?

① 균일가격　　　　② 단수가격
③ 명성가격　　　　④ 관습가격
⑤ 단계가격

64 CRM 전략을 위한 데이터웨어하우스에 대한 설명으로 가장 옳은 것은?

① 조직 내의 모든 사람이 다양하게 이용할 수 있도록 데이터들을 통합적으로 보관·저장하는 시스템이다.
② 의사결정에 필요한 정보를 생산할 수 있도록 다양한 소스로부터 모아서 임시로 정리한 데이터이다.
③ 의사결정에 필요한 데이터를 분석 가능한 형태로 변환하고 가공하여 저장한 요약형 기록 데이터이다.
④ 데이터의 신속한 입력, 지속적인 갱신, 추적 데이터의 무결성이 중시되는 실시간 상세 데이터이다.
⑤ 일정한 포맷과 형식이 없어 사용자가 원하는 작업을 수행할 수 있는 데이터들의 집합이다.

65 매장의 상품배치에 관한 제안으로 가장 옳지 않은 것은?

① 가격 저항이 낮은 상품은 고객의 출입이 잦은 곳에 배치한다.

② 충동구매 성격이 높은 상품은 고객을 유인하기 위해 매장의 안쪽에 배치한다.

③ 고객이 꼭 구매하려고 계획한 상품의 경우 위치와 상관없이 움직이는 경향이 있다.

④ 일반적으로 선매품의 경우 매장 안쪽에 배치한다.

⑤ 매장 입구에서 안쪽으로 들어갈수록 가격이 높은 상품을 배치하면 가격저항감을 줄일 수 있다.

66 고객 편리성을 높이기 위한 점포구성 방안으로서 가장 옳지 않은 것은?

① 고객 이동의 정체와 밀집을 막아 이동을 원활하게 하는 레이아웃 구성

② 자유로운 고객 흐름을 방해하지 않게 양방통행 원칙을 준수하여 통로 설계

③ 원스톱 쇼핑을 위해 다종다양의 상품을 제공하기 위한 스크램블드(scrambled) 머천다이징

④ 상품을 빨리 찾을 수 있게 연관성이 높은 상품군별로 모아 놓는 크로스(cross) 진열

⑤ 면적이 넓은 점포의 경우 휴식을 취할 수 있는 휴식시설 설치

67 CRM(customer relationship management) 실행 순서를 나열한 것으로 가장 옳은 것은?

① 고객니즈분석 – 대상고객선정 – 가치창조 – 가치제안 – 성과평가

② 가치제안 – 가치창조 – 고객니즈분석 – 대상고객선정 – 성과평가

③ 고객니즈분석 – 가치제안 – 대상고객선정 – 가치창조 – 성과평가

④ 가치창조 – 고객니즈분석 – 대상고객선정 – 가치제안 – 성과평가

⑤ 대상고객선정 – 고객니즈분석 – 가치창조 – 가치제안 – 성과평가

68 마케팅 조사에 대한 설명으로 가장 옳지 않은 것은?

① 기술조사는 표적모집단이나 시장의 특성에 관한 자료를 수집·분석하고 결과를 기술하는 조사이다.

② 2차 자료는 당면한 조사목적이 아닌 다른 목적을 위해 과거에 수집되어 이미 존재하는 자료이다.

③ 1차 자료는 당면한 조사목적을 달성하기 위하여 조사자가 직접 수집한 자료이다.

④ 마케팅조사에는 정성조사와 정량조사 모두 필수적으로 제시되어야 한다.

⑤ 탐색조사는 조사문제가 불명확할 때 기본적인 통찰과 아이디어를 얻기 위해 실시하는 조사이다.

69 점포의 비주얼 머천다이징 요소로서 가장 옳지 않은 것은?

① 점두, 출입구, 건물 외벽 등의 점포 외장

② 매장 및 후방, 고객 동선, 상품배치 등의 레이아웃

③ 매장 인테리어, 조명, 현수막 등의 점포 내부

④ 진열 집기, 트레이, 카운터 등 각종 집기

⑤ 종업원의 복장, 머리카락, 청결 상태 등의 위생

70 상품진열에 대한 설명으로 가장 옳지 않은 것은?

① 고객의 오감을 즐겁게 하면서도 찾기 쉽고 선택을 용이하게 하는 진열을 한다.

② 매장 입구에는 구매빈도가 높은 상품위주로 진열한다.

③ 오픈진열을 할 경우 경품 및 행사상품, 고회전상품, 저회전상품 순으로 진열한다.

④ 셀프서비스 판매방식 소매점에서는 소비자가 직접 상품을 선택할 수 있도록 곤돌라 또는 쇼케이스를 이용한 진열방식의 활용이 일반적이다.

⑤ 엔드진열은 신상품, 행사상품의 효율적 소구를 위해 매장의 빈 공간에 독립적으로 진열하는 방식이다.

71 아래 글상자의 괄호 안에 들어갈 용어를 순서대로 바르게 나열한 것으로 가장 옳은 것은?

> 알파고 리(기존 버전 알파고)는 프로 바둑 기사들의 기보데이터를 대량으로 입력받아 학습하는 (㉠)이 필요했다. 반면 알파고 제로는 바둑 규칙 이외에 아무런 사전 지식이 없는 상태에서 인공신경망 기술을 활용하여 스스로 대국하며 바둑 이치를 터득해서 이기기 위한 수를 스스로 생성해낸다. 이렇듯 수많은 시행착오를 통해 최적의 행동을 찾아내는 방식을 (㉡)이라 한다.

① ㉠ 지도학습, ㉡ 비지도학습

② ㉠ 지도학습, ㉡ 준지도학습

③ ㉠ 지도학습, ㉡ 강화학습

④ ㉠ 강화학습, ㉡ 지도학습

⑤ ㉠ 강화학습, ㉡ 준지도학습

72 드론의 구성요인에 대한 설명으로 가장 옳지 않은 것은?

① 드론의 항법센서로는 전자광학센서, 초분광센서, 적외선센서 등이 있다.

② 드론 탑재 컴퓨터는 드론을 운영하는 브레인 역할을 하며 드론의 위치, 모터, 배터리 상태 등을 확인할 수 있게 한다.

③ 드론 모터는 드론의 움직임이 가능하도록 지원하고, 배터리는 모터에 에너지를 제공한다.

④ 드론 임무장비는 드론이 비행을 하면서 특정한 임무를 하도록 장착된 관련 장비를 의미한다.

⑤ 드론 프로펠러 및 프레임은 드론이 비행하도록 프레임워크를 제공한다.

73 아래 글상자에서 설명하는 용어로 가장 옳은 것은?

> 모든 디바이스가 정보의 뜻을 이해하고 논리적인 추론까지 할 수 있는 지능형 기술로 사람의 머릿속에 있는 언어에 대한 이해를 컴퓨터 언어로 표현하고 이것을 컴퓨터가 사용할 수 있게 만드는 것이다. 이 기술은 웹페이지에 담긴 내용을 이해하고 개인 맞춤형 서비스를 제공받아 지능화된 서비스를 제공하는 웹 3.0의 기반이 된다.

① 고퍼(gopher)
② 냅스터(napster)
③ 시맨틱웹(semantic-web)
④ 오페라(opera)
⑤ 웹클리퍼(web-clipper)

74 공급사슬의 성과지표들 중 고객서비스의 신뢰성 지표로 가장 옳은 것은?

① 평균 재고 회전율
② 약속 기일 충족률
③ 신제품 및 신서비스 출시 숫자
④ 특별 및 긴급 주문을 처리하는데 걸리는 시간
⑤ 납기를 맞추기 위해 요구되는 긴급주문의 횟수

75 지식경영에 대한 설명으로 가장 옳지 않은 것은?

① 피터 드러커(Peter Drucker, 1954)는 재무 지식 뿐만 아니라 비재무 지식을 활용해 경영성과를 측정하는 균형성과표를 제시하였다.

② 위그(Wigg, 1986)는 지식경영을 지식 및 지식관련수익을 극대화시키는 경영활동이라고 정의하였다.

③ 노나카(Nonaka, 1991)는 지식경영을 형식지와 암묵지의 순환과정을 통해 경쟁력을 확보하는 경영활동이라고 정의하였다.

④ 베크만(Bechman, 1997)은 지식경영을 조직의 역량, 업무성과 및 고객가치를 제고하는 경영활동이라고 정의하였다.

⑤ 스베이비(Sveiby, 1998)는 지식경영을 무형자산을 통해 가치를 창출하는 경영활동이라고 정의하였다.

76 웹 2.0을 가능하게 하고 지원하는 기술에 대한 설명으로 가장 옳지 않은 것은?

① 폭소노미(folksonomy)란 자유롭게 선택된 일종의 태그인키워드를 사용해 구성원들이 함께 정보를 체계화하는 방식이다.

② UCC(user created contents)는 사용자들이 웹 콘텐츠의 생산자인 동시에 소비자로서의 역할을 가능하게 하여 참여와 공유를 지원한다.

③ 매시업(mashup)은 웹 콘텐츠를 소프트웨어가 자동적으로 이해하고 처리할 수 있도록 지원하여 정보와 지식의 공유 및 협력을 촉진한다.

④ API(application programming interface)는 응용 프로그램에서 사용할 수 있도록 컴퓨터 운영체제나 프로그래밍 언어가 제공하는 기능을 제어할 수 있도록 만든 인터페이스이다.

⑤ RSS(rich site summary)란 웹 공간에서 콘텐츠 공유를 촉진하며, 특정 사이트에서 새로운 정보가 있을 때 자동적으로 받아볼 수 있는 콘텐츠 배급방식이다.

77 스튜워트(W. M. Stewart)가 주장하는 물류의 중요성이 강조되는 이유로 가장 옳지 않은 것은?

① 재고비용절감을 위해서는 증가된 주문횟수를 처리할 새로운 시스템의 도입이 필요하다.

② 소비자의 제품가격 인하 요구는 능률적이며 간접적인 제품 분배경로를 필요로 하게 되었다.

③ 기업은 물류 서비스 개선 및 물류비 절감을 통해 고객에 대한 서비스 수준을 높일 수 있으며, 이는 기업에게 새로운 수요창출의 기회가 된다.

④ 소비자의 제품에 대한 다양한 요구는 재고 저장단위수의 증대를 필요로 하며, 이는 다목적 창고 재고유지, 재고 불균형 등의 문제를 발생시킨다.

⑤ 가격결정에 있어 신축성을 부여하기 위해서는 개별시장으로의 운송에 소요되는 실제 분배비용에 의존하기 보다는 전국적인 평균비용의 산출이 필요하게 되었다.

78 POS(point of sale)시스템 도입에 따른 장점으로 가장 옳지 않은 것은?

① 매상등록시간이 단축되어 고객 대기시간이 줄며 계산대의 수를 줄일 수 있다.

② 단품관리에 의해 잘 팔리는 상품과 잘 팔리지 않는 상품을 즉각 찾아낼 수 있다.

③ 적정 재고수준의 유지, 물류관리의 합리화, 판촉전략의 과학화 등의 효과를 가져올 수 있다.

④ POS터미널의 도입에 의해 판매원 교육 및 훈련시간이 짧아지고 입력오류를 방지할 수 있다.

⑤ CPFR(collaborative planning, forecasting and replenishment)과 연계하여 신속하고 적절한 구매를 할 수 있다.

79 빅데이터 분석 기술들 중 아래 글상자에서 설명하는 용어로 가장 옳은 것은?

> 관찰된 연속형 변수들에 대해 두 변수 사이의 모형을 구한 뒤 적합도를 측정해내는 방법으로, 시간에 따라 변화하는 데이터나 변수들의 어떤 영향 및 가설적 실험, 인과관계 모델링 등의 통계적 예측에 이용될 수 있다.

① 감성분석

② 기계학습

③ 회귀분석

④ 텍스트 마이닝(text mining)

⑤ 오피니언 마이닝(opinion mining)

80 EDI(electronic data interchange)에 대한 설명으로 가장 옳지 않은 것은?

① EDI는 기업 간에 교환되는 거래서식을 컴퓨터로 작성하고 통신망을 이용하여 직접 전송하는 정보교환방식을 의미한다.

② EDI가 이루어지기 위해서는 거래업체들 간에 서로 교환할 데이터의 형태와 그 데이터를 어떻게 표현할 것인가에 대한 상호합의가 필요하다.

③ EDI를 이용하면 지금까지 종이형태의 문서에 기록하고 서명한 다음, 우편을 통해 전달되던 각종 주문서, 송장, 지불명세서 등이 데이터통신망을 통해 전자적으로 전송되고 처리된다.

④ EDI는 교환되는 거래문서에 대해 통용될 수 있는 표준양식이 정해져야 하며, 이를 통해 전달되는 데이터의 형식이 통일된 후, 이러한 데이터가 일정한 통신표준에 입각해서 상호 간에 교환될 수 있어야 한다.

⑤ 전자문서의 사설표준은 특정 산업분야에서 채택되어 사용되는 표준을 말하며, 사설표준의 대표적인 것에는 국제상품 코드관리기관인 EAN(국내의 경우: KAN)이 개발·보급하고 있는 유통부문의 전자문서 국제표준인 EANCOM이 있다.

81 유통정보혁명의 시대에서 유통업체의 경쟁 우위 확보 방안으로 가장 옳지 않은 것은?

① 마케팅 개념측면에서 유통업체는 제품 및 판매자 중심에서 고객 중심으로 변화해야 한다.

② 마케팅 개념측면에서 유통업체는 매스(mass) 마케팅에서 일대일 마케팅으로 변화해야 한다.

③ 마케팅 개념측면에서 유통업체는 기존의 다이렉트(direct) 마케팅에서 푸시(push) 마케팅으로 변화해야 한다.

④ 비즈니스 환경측면에서 유통업체는 전략적 제휴와 글로벌화(globalization)를 추진해야 한다.

⑤ 비즈니스 환경측면에서 유통업체는 제품 및 공정 기술의 보편화로 인해 도래하는 물류 경쟁 시대의 급격한 변화에 대비해야 한다.

82 유통정보시스템의 개념에 대한 설명으로 가장 옳지 않은 것은?

① 물류비용과 재고비용을 감축하여 채널단계에 참여하는 모두가 이익을 얻을 수 있게 한다.

② 유통정보와 프로세스의 흐름을 확보해 시간차로 발생하는 가시성 문제를 최소화하여 시장수요와 공급을 조절해 주고 각 개인이 원하는 제품과 서비스 공급이 원활하도록 지원한다.

③ 유통정보시스템은 경영자가 유통과 관련된 기업의 목표를 달성하기 위한 효율적이고 효과적인 의사결정을 하는데 필요한 정보제공을 위해 설계되어야 한다.

④ 유통거래를 지원하는 정보시스템으로 관련된 기존 시스템의 정보를 추출, 변환, 저장하는 과정을 거쳐 업무담당자 목적에 맞는 정보만을 모아 관리할 수 있도록 지원해 준다.

⑤ 유통정보시스템은 기업의 유통활동 수행에 필요한 정보의 흐름을 통합하여 전사적 유통을 가능하게 하고 유통계획, 관리, 거래처리 등에 필요한 데이터를 처리하여 유통관련 의사결정에 필요한 정보를 적시에 제공하기 위한 절차, 설비, 인력을 뜻한다.

83 지식관리시스템에 대한 설명으로 가장 옳지 않은 것은?

① 기업은 고객에게 지속적이고 일관성 있는 정보를 제공하기 위해서 지식관리시스템을 활용한다.

② 기업은 지식네트워킹을 통해서 새로운 제품을 출시할 수 있고 고객에게 양질의 서비스를 제공할 수 있다.

③ 지식을 보유·활용함으로써 제품 및 서비스 가치를 향상시키고 기업의 지속적인 성장에 기여할 수 있다.

④ 기업들은 동종 산업에 있는 조직들의 우수사례(best practice)를 그들 조직에 활용하여 많은 시간을 절약할 수 있다.

⑤ 지식관리시스템은 지식관리 플랫폼으로 고객지원센터 등 기업 내부 지원을 위해 활용되고 있으며, 챗봇, 디지털 어시스트 등 고객서비스와는 거리가 멀다.

84 아래 글상자의 괄호 안에 들어갈 용어가 순서대로 바르게 나열된 것은?

> 오픈AI는 대화형 인공지능 챗봇 서비스인 ChatGPT를 개발하였다. ChatGPT의 등장은 (㉠) 서비스의 대중화를 알리는 첫 시작이라는데 가장 큰 의의가 있다. 기존에는 (㉡) 서비스가 주를 이뤘으나 ChatGPT의 등장으로 이같은 방식의 서비스가 각광받을 것으로 예상된다.

① ㉠ 식별 AI(discriminative AI), ㉡ 생성 AI(generative AI)

② ㉠ 강한 AI(strong AI), ㉡ 약한 AI(weak AI)

③ ㉠ 생성 AI(generative AI), ㉡ 식별 AI(discriminative AI)

④ ㉠ 약한 AI(weak AI), ㉡ 강한 AI(strong AI)

⑤ ㉠ 논리적 AI(logical AI), ㉡ 물리적 AI(physical AI)

85 바코드와 관련된 용어에 대한 설명으로 가장 옳지 않은 것은?

① ITF-14 바코드는 GS1이 개발한 국제표준바코드로, 물류 단위에 부여된 식별코드를 기계가 읽을 수 있도록 막대 모양으로 표현한 것이다.

② GS1 DataMatrix는 우리나라 의약품 및 의료기기에 사용되는 유일한 의약품표준바코드로, 다양한 추가정보를 입력하면서도 작은 크기로 인쇄가 가능하다.

③ GS1 응용식별자는 바코드에 입력되는 특수 식별자로 바로 다음에 나오는 데이터의 종류, 예를 들어 GTIN, 일련번호, 유통기한 등을 나타내는 지시자를 의미한다.

④ 내부관리자코드는 GS1 식별코드 중 하나로 특정 목적을 위해 내부(국가, 기업, 산업)용으로 사용되는 코드로 주로 가변규격상품이나 쿠폰의 식별을 위해 사용

된다.

⑤ 국제거래단품식별코드는 국제적으로 거래되는 단품을 식별하기 위해 GS1이 만든 코드로 여기서 거래단품(trade item)이란 공급망 상에서 가격이 매겨지거나 주문 단위가 되는 상품을 지칭한다.

86 IoT(Internet of Things)에 대한 설명으로 가장 옳지 않은 것은?

① 오늘날 5G 및 기타 유형의 네트워크 플랫폼이 거의 모든 곳에서 빠르고 안정적으로 대량의 데이터 세트를 처리해 주어 IoT 연결성을 높여 주고 있다.

② 연결상태는 24시간 always-on 방식이다.

③ IoT는 보안 및 개인정보보호 위험, 기술 간 상호운영성, 데이터 과부하, 비용 및 복잡성 등의 이슈가 관리되어야 한다.

④ 서비스 방식은 빠르고 쉽게 찾는 Pull 방식이다.

⑤ ICT 기반으로 주위의 모든 사물에 유무선 네트워크로 연결하여 사람과 사물, 사물과 사물 간에 정보를 교류하고 상호 소통하는 지능적 환경으로 진화하고 있다.

87 아래 글상자에서 설명하는 용어로 가장 옳은 것은?

> 이 개념은 의류산업에서 도입되기 시작하였으며, 소비자 위주의 시장환경에 재고 부담을 줄이고 신제품 개발에 도움을 준다. 이것의 기본 개념은 시간 기반 경쟁의 장점을 성취하기 위해 빠르게 대응하는 시스템을 개발하는 것이다. 즉, 이것은 생산에서 유통까지 표준화된 전자거래 체제를 구축하고, 기업 간의 정보공유를 통한 신속 정확한 납품, 생산/유통기간의 단축, 재고감축, 반품손실 감소 등을 실현하는 정보시스템이다.

① 풀필먼트(fulfillment)
② 신속대응(quick response)
③ 풀서비스(full service)
④ 푸시서비스(push service)
⑤ 최적화(optimization)

88 스미스, 밀버그, 버크(Smith, Milberg, Burke)는 '개인정보 활용에 따른 프라이버시 침해 우려에 대한 연구'를 통해 개인의 프라이버시 침해 우려 프레임워크를 제시하였다. 이 경우 유통업체의 개인정보 활용 증대에 따라 소비자들에게 발생할 수 있는 프라이버시 침해 우려에 대한 설명으로 가장 옳지 않은 것은?

① 유통업체가 지나치게 많은 개인정보를 수집하는 것에 대한 우려가 나타날 수 있다.

② 유통업체의 정보시스템에 저장된 개인정보에 권한이 없는 부적절한 접근에 대한 우려가 나타날 수 있다.

③ 유통업체에서의 인가받지 못한 개인정보에 대한 이차적 이용에 따른 우려가 나타날 수 있다.

④ 유통업체가 보유하고 있는 개인정보의 의도적 또는 사고적인 오류에 대해 적절하게 보호되고 있는지에 대한 우려가 나타날 수 있다.

⑤ 유통업체가 데이터 3법을 적용하여 개인정보를 활용함에 따라 개인이 자신의 정보에 대한 접근 권한을 차단당하는 상황이 발생할 수 있다는 우려가 나타날 수 있다.

89 빅데이터는 다양한 유형으로 존재하는 모든 데이터가 대상이 된다. 데이터 유형과 데이터 종류, 그에 따른 수집 기술의 연결이 가장 옳지 않은 것은?

① 정형데이터 – RDB – ETL
② 정형데이터 – RDB – Open API
③ 반정형데이터 – 비디오 – Open API
④ 비정형데이터 – 이미지 – Crawling
⑤ 비정형데이터 – 소셜데이터 – Crawling

90 정부는 수산물의 건강한 유통을 위해 수산물 이력제를 시행하고 있다. 이에 대한 설명으로 가장 옳지 않은 것은?

① 수산물을 수확하는 어장에서 시작하여 소비자의 식탁에 이르기까지 수산물의 유통 과정에 대한 정보를 관리하고 공개해서 소비자들이 안전하게 수산물을 선택할 수 있도록 도와주는 제도이다.

② 수산물 이력제의 등록표시는 표준화와 일관성을 위해 바코드로 된 이력추적관리번호만 사용한다.

③ 식품안전사고를 대비하기위해 소비자가 구매한 수산물의 유통과정이 투명하게 공개되도록 관리하여 신속한 사고발생 단계 파악 및 조속한 조치가 가능하다.

④ 생산자는 수산물에 대한 품질 및 위생정보를 효과적으로 관리할 수 있고 축적된 정보로 소비패턴 및 니즈파악이 가능하다.

⑤ 수산물 이력제의 활용은 위생 부분의 국제기준을 준수하여 수산물 관리의 국제 경쟁력을 높여 주는 효과가 있다.

2022년

유통관리사 2급 2개년 기출문제

제1회 기출문제 (2022년 5월 14일 시행)

제2회 기출문제 (2022년 8월 20일 시행)

제3회 기출문제 (2022년 11월 19일 시행)

01~25 | 1과목 | 유통물류일반

01 아래 글상자에서 설명하는 조직구성원에 대한 성과평가방법으로 옳은 것은?

> – 종업원의 성과를 특정범주로 할당해서 평가하는 방법(예: S등급 10%, A등급 30%, B등급 30%, C등급 30%)
> – 구성원의 성과가 다양한 분포를 보일 때 효과적임
> – 갈등을 피하려고 모두를 관대하게 평가하고자 하는 유혹을 극복할 수 있음

① 행동관찰척도법(BOS: behavioral observation scales)
② 단순서열법(simple ranking method)
③ 쌍대비교법(paired-comparison method)
④ 행위기준고과법(BARS: behaviorally anchored rating scales)
⑤ 강제배분법(forced distribution method)

02 아래 글상자의 괄호안에 들어갈 중간상이 수행하는 분류기준으로 가장 옳은 것은?

> (㉠) 이질적인 제품들을 색이나 크기, 용량 등에 따라 상대적으로 동질적인 집단으로 구분하는 활동
> (㉡) 다양한 생산자들로부터 제공되는 제품들을 대규모 공급이 가능하도록 다량으로 구매하여 집적하는 활동
> (㉢) 구매자가 원하는 소규모 판매단위로 나누는 활동

① ㉠ 분류(sorting out), ㉡ 수합(accumulation), ㉢ 분배(allocation)
② ㉠ 구색갖춤(assorting), ㉡ 분류(sorting out), ㉢ 분배(allocation)
③ ㉠ 분배(allocation), ㉡ 구색갖춤(assorting), ㉢ 분류(sorting out)
④ ㉠ 분배(allocation), ㉡ 수합(accumulation), ㉢ 분류(sorting out)
⑤ ㉠ 분류(sorting out), ㉡ 구색갖춤(assorting), ㉢ 수합(accumulation)

03 아래 글상자 내용은 조직의 일반원칙 중 무엇에 관한 설명인가?

> 조직의 공통목적을 달성하기 위하여 각 부문이나 각 구성원의 충돌을 해소하고 조직의 제 활동의 내적 균형을 꾀하며, 조직의 느슨(slack)함을 조절하려는 원칙을 말한다.

① 기능화의 원칙(principle of functionalization)

② 위양의 원칙(principle of delegation)

③ 명령통일의 원칙(principle of unity of command)

④ 관리한계의 원칙(principle of span of control)

⑤ 조정의 원칙(principle of cordination)

04 MRO(Maintenance, Repair, Operation)의 구매 특성에 대한 설명으로 가장 옳지 않은 것은?

① 인력과 비용의 효율성을 위해 구매대행 업체를 이용하기도 한다.

② 작업현장에서 임의적인 구매가 많아 이에 대한 통제가 원활하게 이루어지지 않고 있다.

③ 대형장비, 기계 등 기업에서 제품을 생산하는 데 핵심적인 설비를 포함한다.

④ 부정기적인 구매로 인해 수요예측에 따른 전략적 구매계획의 수립이 어렵고, 이에 따라 재고유지비용이 많이 발생한다.

⑤ 적게는 수천가지에서 많게는 수만가지 품목을 대상으로 하기 때문에 이를 관리하기 위해 많은 비용이 발생한다.

05 고객 서비스 특성에 따른 품질평가요소에 대한 설명으로 옳은 것은?

① 유형성(tangibles) – 서비스 장비 및 도구, 시설 등 물리적인 구성

② 신뢰성(reliability) – 고객의 요구에 신속하게 서비스를 제공하려는 의지

③ 반응성(responsiveness) – 지식과 예절 및 신의 등 직원의 능력에 따라 가능되는 특성

④ 확신성(assurance) – 고객에 대한 서비스 제공자의 배려와 관심의 정도

⑤ 공감성(empathy) – 계산의 정확성, 약속의 이행 등과 같이 정확하고 일관성 있는 서비스 제공

06 아래 글상자에서 회계 내용과 물류원가분석의 특징으로 가장 옳지 않은 것은?

구분	회계 내용	물류원가분석
㉠	계산목적	물류원가분석
㉡	계산대상	물류업무의 전반
㉢	계산기간	예산기간(월별, 분기별 등)
㉣	계산방식	항상 일정
㉤	할인의 여부	할인계산 함

① ㉠   ② ㉡

③ ㉢   ④ ㉣

⑤ ㉤

07 재고, 운송, 고객서비스 등의 상충관계 (trade-off)에 대한 설명으로 옳지 않은 것은?

① 재고수준을 낮추게 되면 보관비용이 감소되고 고객서비스 수준도 낮아진다.
② 재고 감소는 주문에 적시 대응하는 조직의 능력을 저하시킨다.
③ 배달을 신속하게 해서 고객서비스 수준을 증가시키는 것은 수송비용 증가를 초래한다.
④ 높은 고객서비스 수준을 지향하는 경우 재고비용과 재고운반비가 증가한다.
⑤ 낮은 배송비용을 지향하는 것은 시간측면에서 고객서비스 수준의 증가를 가져온다.

08 "유통산업발전법"(시행 2021. 1. 1., 법률 제17761호, 2020. 12. 29., 타법개정) 상 유통정보화시책의 내용으로 옳지 않은 것은?

① 유통표준코드의 보급
② 유통표준전자문서의 보급
③ 판매시점 정보관리시스템의 보급
④ 유통산업에 종사하는 사람의 자질 향상을 위한 교육·연수
⑤ 점포관리의 효율화를 위한 재고관리시스템·매장관리시스템 등의 보급

09 소매유통회사를 중심으로 PB상품을 강화하고 있는데, 그 이유로 옳지 않은 것은?

① 수익성을 증가시키기 위해서
② 재고를 감소시키기 위해서
③ 소매유통회사의 차별화 수단으로 활용하기 위해서
④ 점포 이미지를 개선하는데 활용하기 위해서
⑤ 소비자의 구매성향 변화에 적극적으로 대응하기 위해서

10 기업 윤리와 관련된 설명으로 옳지 않은 것은?

① 기업은 종업원에게 단순히 돈의 대가로 노동력을 요구하는 것이 아니라, 떳떳한 구성원으로서 헌신과 열정을 이끌어 낼 수 있도록 그들에게 자긍심과 비전을 심어 주어야 한다.
② 협력사는 물품을 사오는 대상 이상의 의미를 지니는 장기적으로 협조해야 할 상생의 대상이다.
③ 거래비용의 발생 원인은 기회주의, 제한된 합리성, 불확실성 등이며 교환당사자 간에 신뢰가 부족할 때 거래비용은 작아진다.
④ 도덕적 해이는 도덕적 긴장감이 흐려져서 다른 사람의 이익을 희생한 대가로 자신의 이익을 추구하는 행위이다.
⑤ 대리인비용은 주인이 대리인에게 자신을 대신하도록 할 때 발생하는 비용으로, 주인과 대리인의 이해불일치와 정보 비대칭상황 등의 요인 때문에 발생한다.

11 다음 사례에서 적용된 기법이 다른 하나는?

① 유통업체의 판매, 재고데이터가 제조업체로 전달되면 제조업체가 유통업체의 물류센터로 제품을 배송

② 전자기기의 모듈을 공장에서 생산한 뒤 선박으로 미국이나 유럽으로 보내고 현지에서 각국의 니즈에 맞게 조립

③ 기본적인 형태의 프린터를 생산한 후 해외주문이 오면 그 나라 언어가 기재된 외관을 조립하여 완성

④ 페인트 공장에서 페인트를 만드는 대신에 페인트 가게에서 고객의 요청에 맞게 페인트와 안료비율을 결정하여 최종 페인트로 완성

⑤ 고객들이 청바지 매장에서 신체치수를 맞춰놓고 가면, 일반 형태의 청바지를 고객치수에 맞게 바느질만 완성하여 제품을 완성시킴

12 대한이는 작은 가게를 인수할 것을 고려 중이다. 아래 글상자의 내용을 이용해서 3년치 현금유입에 대한 현재가치를 계산한 것으로 옳은 것은?

> – 시장조사 결과 1년 후에 3,000,000원, 2년 후에 4,000,000원, 3년 후에 5,000,000원의 현금유입이 발생할 것으로 나타났다.
> – 시장이자율은 연간 10%로 가정한다.
> – 최종답은 10,000원의 자리에서 버림하여 구한다.

① 약 9,700,000원

② 약 10,600,000원

③ 약 12,000,000원

④ 약 13,200,000원

⑤ 약 15,000,000원

13 유통경로 성과를 평가하는 차원을 설명하는 아래 글상자에서 괄호 안에 들어갈 단어를 순서대로 나열한 것으로 가장 옳은 것은?

> (㉠) – 하나의 경로시스템이 표적시장에서 요구하는 서비스 산출을 얼마나 제공하였는가를 측정하는 것에 중점을 두는 목표지향적 성과기준
> (㉡) – 유통시스템에 의해 제공되는 혜택이 여러 세분시장에 어느 정도 골고루 배분되는지를 측정하는 성과기준
> (㉢) – 일정한 비용에 의해 얼마나 많은 산출이 발생하였는가르를 측정하는 기준

① ㉠ 형평성, ㉡ 효율성, ㉢ 효과성

② ㉠ 효과성, ㉡ 형평성, ㉢ 효율성

③ ㉠ 형평성, ㉡ 효과성, ㉢ 효율성

④ ㉠ 효과성, ㉡ 효율성, ㉢ 형평성

⑤ ㉠ 효율성, ㉡ 형평성, ㉢ 효과성

14 유통경로를 설계할 때 유통경로 흐름과 소요되는 각종비용의 예를 짝지은 것으로 가장 옳지 않은 것은?

① 물적유통 – 보관 및 배달 관련 비용
② 촉진 – 광고, 홍보, 인적판매 비용
③ 협상 – 시간 및 법적 비용
④ 재무 – 보험 및 사후관리 비용
⑤ 위험 – 가격보증, 품질보증 관련 비용

15 범위의 경제와 관련된 설명으로 가장 옳지 않은 것은?

① 한 기업이 다양한 제품을 동시에 생산함으로써 비용상 우위를 누리는 것을 말한다.
② 하나의 생산과정에서 두 개 이상의 생산물이 생산되는 경우에 발생한다.
③ 기업은 생산량을 증대하여 단위당 비용의 하락을 통해 이익을 얻을 수 있다.
④ 한 제품을 생산하는 과정에서 부산물이 생기는 경우에 나타날 수 있다.
⑤ 제조업체에게 비용절감 효과를 가져올 수 있다.

16 유통경영의 외부환경을 분석하기 위해 포터의 산업분석을 활용할 경우에 대한 설명으로 가장 옳지 않은 것은?

① 기존 경쟁자들 간의 경쟁 정도를 확인해야 한다.
② 공급자의 협상능력이 클수록 산업전반의 수익률이 증가하여 시장 매력도가 높아진다.
③ 생산자입장에서 소매상의 힘이 커질수록 가격결정에서 불리하다.
④ 외부환경이 미치는 영향은 기업에 따라 기회 또는 위협으로 작용한다.
⑤ 대체재의 유무에 따라 산업의 수익률이 달라진다.

17 치열해지는 기업간 경쟁에 따른 전통적 비즈니스에서 글로벌 비즈니스로의 변화로 가장 옳지 않은 것은?

① 고객만족에서 고객을 즐겁게 하는 것으로 변화
② 이익지향에서 이익 및 사회 지향으로 변화
③ 선행적 윤리에서 사후 비판에 대응하는 반응적 윤리로 변화
④ 제품 지향에서 품질 및 서비스 지향으로 변화
⑤ 경영자에 대한 초점에서 고객에 대한 초점으로 변화

18 재무, 생산소요계획, 인적자원, 주문충족 등 기업의 전반적인 업무 프로세스를 통합·관리하여 정보를 공유함으로써 효율적인 업무처리가 가능하게 하는 경영기법으로 가장 옳은 것은?

① 리엔지니어링 ② 식스시그마
③ 아웃소싱   ④ 벤치마킹
⑤ 전사적자원관리

19 6시그마(6 Sigma)를 추진할 경우 각 단계별 설명으로 가장 옳지 않은 것은?

① 정의 – 고객의 요구사항과 CTQ(Critical To Quality)를 결정한다.
② 측정 – 프로세스 측정 방법을 결정한다.
③ 분석 – 결함의 발생 원인을 규명한다.
④ 개선 – 제품이나 서비스의 공정능력을 규명한다.
⑤ 관리 – 지속적인 관리를 실시한다.

20 수요예측을 위해 사용하는 각종 기법 중 그 성격이 다른 하나는?

① 판매원 추정법 – 판매원들이 수요추정치를 작성하게 하고 이를 근거로 예측하는 기법
② 시장조사법 – 인터뷰, 설문지, 면접법 등으로 수집한 시장 자료를 이용하여 예측하는 기법
③ 경영자판단법 – 경영자 집단의 의견, 경험을 요약하여 예측하는 기법
④ 시계열 분석 – 종속변수의 과거 패턴을 이용해서 예측하는 기법
⑤ 델파이법 – 익명의 전문가 집단으로부터 합의를 도출하여 예측하는 기법

21 다양한 재고와 관련된 설명으로 가장 옳지 않은 것은?

① 성수기와 비수기의 수요공급차이에 대응하기 위한 재고는 예상재고이다.
② 총재고 중에서 로트의 크기에 따라 직접적으로 변하는 부분은 리드타임재고이다.
③ 안전재고는 각종 불확실성에 대처하기 위해 보유하는 여분의 재고이다.
④ 주기재고의 경우 주문 사이의 시간이 길수록 재고량이 증가한다.
⑤ 수송재고는 자재흐름체계 내의 한 지점에서 다른 지점으로 이동중인 재고를 말한다.

22 식품매장을 중심으로 주목받고 있는 그로서란트(grocerant)에 대한 설명으로 가장 옳지 않은 것은?

① 매장에서 판매하는 식재료를 이용해 고객에게 메뉴를 제안하고 즉시 제공하는 장점이 있다.

② 식재료 쇼핑에 외식 기능을 더해 소매와 외식의 경계를 없앤 서비스이다.

③ 제철 식재료와 추천상품을 제안하는 등 다양한 방식으로 운영할 수 있다.

④ 그로서리(grocery)와 레스토랑(restaurant)의 합성어이다.

⑤ 오프라인과 경쟁하기 위한 온라인 쇼핑몰의 차별화 요소로 각광받고 있다.

23 아래 글상자의 사례에 해당하는 유통경영전략으로 가장 옳은 것은?

> 식품회사인 미국의 A사와 유럽의 B사는 140여 개 해외시장에서 상대방의 제품을 각자의 유통망에서 유통시키고 있다. 에를 들어, 미국 외의 지역에서는 A사의 대표적인 시리얼 브랜드가 B사의 유통망을 통해 공급되는 유통경영전략을 사용하고 있다.

① 복합경로마케팅전략

② 제품개발전략

③ 인수합병전략

④ 전략적경로제휴전략

⑤ 다각화전략

24 아래 글상자에서 설명하고 있는 리더십 유형으로 가장 옳은 것은?

> – 구성원들의 기본적 가치, 믿음, 태도 등을 변화시켜서 조직이 기대하는 것보다 더 높은 수준의 성과를 스스로 추구하도록 만드는 리더십을 의미한다.
> – 리더와 구성원 간의 원활한 상호작용을 통해 구성원을 긍정적으로 변화시켜 성과를 내는데 집중한다.

① 거래적 리더십   ② 변혁적 리더십

③ 상황적 리더십   ④ 지시형 리더십

⑤ 위임형 리더십

25 장소의 편의성이 높게 요구되는 담배, 음료, 과자류 등과 같은 품목에 일반적으로 이용되는 유통채널의 유형으로 가장 옳은 것은?

① 전속적 유통채널(exclusive distribution channel)

② 독립적 유통채널(independent distribution channel)

③ 선택적 유통채널(selective distribution channel)

④ 집중적 유통채널(intensive distribution channel)

⑤ 대리점 유통채널(agent distribution channel)

26~45 2과목 | 상권분석

26 권리금에 대한 설명으로 가장 옳지 않은 것은?

① 때로는 권리금이 보증금보다 많은 경우도 있다.

② 시설 및 상가의 위치, 영업상의 노하우 등과 같은 다양한 유무형의 재산적 가치에 대한 양도 또는 사용료로 지급하는 것이다.

③ 권리금을 일정 기간안에 회복할 수 있는 수익성이 확보될 수 있는지를 검토해야 한다.

④ 신축건물인 경우 주변 상권의 강점을 반영하는 바닥권리금의 형태로 나타나기도 한다.

⑤ 임차인이 점포의 소유주에게 제공하는 추가적인 비용으로 보증금의 일부이다.

27 상권 유형별 개념과 일반적 특징을 설명한 내용으로서 가장 옳은 것은?

① 역세권상권은 지하철이나 철도역을 중심으로 형성되는 지상과 지하의 입체적 상권으로서, 저밀도 개발이 이루어지는 경우가 많다.

② 부도심상권의 주요 소비자는 점포 인근의 거주자들이어서, 생활밀착형 업종의 점포들이 입지하는 경향이 있다.

③ 부도심상권은 보통 간선도로의 결절점이나 역세권을 중심으로 형성되는바, 도시 전체의 소비자를 유인한다.

④ 도심상권은 중심업무지구(CBD)를 포함하며, 상권의 범위가 넓고 소비자들의 체류시간이 길다.

⑤ 아파트상권은 고정고객의 비중이 높아 안정적인 수요확보가 가능하고, 외부고객을 유치하기 쉬워서 상권확대가능성이 높다.

28 소매점의 입지 선정을 위한 공간분석의 논리적 순서로서 가장 옳은 것은?

① 개별점포(site)분석 – 지구상권(district area)분석 – 광역지역(general area)분석

② 광역지역(general area)분석 – 개별점포(site)분석 – 지구상권(district area)분석

③ 지구상권(district area)분석 – 광역지역(general area) 분석 – 개별점포(site)분석

④ 광역지역(general area)분석 – 지구상권(district area) 분석 – 개별점포(site)분석

⑤ 개별점포(site)분석 – 광역지역(general area)분석 – 지구상권(district area)분석

29 아래 글상자의 왼쪽에는 다양한 상권분석 기법들의 특성이 정리되어 있다. 이들 특성과 관련된 상권분석 기법들을 순서대로 정리한 것으로 가장 옳은 것은?

분석내용 및 특성	상권분석 기법
두 도시간의 상권경계지점 ( )	
점포이미지 등 다양한 점포특성 반영 ( )	㉠ 다항로짓(MNL) 모형
Newton의 중력모형을 수용한 초기 모형 ( )	㉡ Huff 모형 ㉢ Converse 모형
소비자의 점포선택은 결정론적이 아님 ( )	㉣ Christaller 중심지이론
육각형 형태의 배후지 모양 ( )	㉤ Reilly의 소매중력모형

① ㉠, ㉤, ㉡, ㉢, ㉣
② ㉢, ㉣, ㉤, ㉡, ㉠
③ ㉤, ㉡, ㉠, ㉣, ㉢
④ ㉣, ㉤, ㉢, ㉠, ㉡
⑤ ㉢, ㉠, ㉤, ㉡, ㉣

30 비교적 넓은 공간인 도시, 구, 동 등의 상권분석 상황에서 특정지역의 개략적인 수요를 측정하기 위해 사용되고 있는 구매력지수(BPI: Buying Power Index)를 계산하는 과정에서 필요한 자료로 가장 옳지 않은 것은?

① 부분 지역들의 인구수(population)
② 전체 지역의 인구수(population)
③ 부분 지역들의 소매점면적(sales space)
④ 부분 지역들의 소매매출액(retail sales)
⑤ 부분 지역들의 가처분소득(effective buying income)

31 아동용 장난감 소매업체가 출점할 입지를 선정하기 위해 새로운 지역의 수요를 분석할 때 고려해야 할 요인으로 가장 옳지 않은 것은?

① 인구 증감
② 인구 구성
③ 가구 규모
④ 가구 소득
⑤ 가족 생애주기

32 입지를 선정할 때 취급상품의 물류비용을 고려할 필요성이 가장 낮은 도매상 유형으로 옳은 것은?

① 직송도매상(drop shipper)
② 판매대리점(selling agents)
③ 제조업체 판매사무소(manufacturer's branches)
④ 일반잡화도매상(general merchandise wholesaler)
⑤ 전문도매상(specialty wholesaler)

33 가장 다양한 업태의 소매점포를 입주시키는 쇼핑센터 유형으로 옳은 것은?

① 파워 쇼핑센터
② 아웃렛 쇼핑센터
③ 쇼핑몰 지역센터
④ 네이버후드 쇼핑센터
⑤ 패션/전문품 쇼핑센터

34 일정 요건을 갖춘 판매시설에 대한 교통영향평가의 실시를 정한 법률로서 옳은 것은?

① 도로법(법률 제17893호, 2021. 1. 12., 타법개정)
② 유통산업발전법(법률 제17761호, 2020. 12. 29., 타법개정)
③ 도시교통정비 촉진법(법률 제17871호, 2021. 1. 5.,일부개정)
④ 지속가능 교통물류 발전법(법률 제18563호, 2021. 12. 7., 일부개정)
⑤ 국토의 계획 및 이용에 관한 법률(법률 제17893호,2021. 1. 12., 타법개정)

35 입지 분석에 사용되는 각종 이론들에 대한 설명 중 가장 옳지 않은 것은?

① 공간상호작용모델은 소비자 구매행동의 결정요인에 대한 이해를 통해 입지를 결정한다.

② 다중회귀분석은 점포성과에 영향을 주는 요소의 절대적 중요성을 회귀계수로 나타낸다.
③ 유추법은 유사점포에 대한 분석을 통해 입지후보지의 예상매출을 추정한다.
④ 체크리스트법은 특정입지의 매출규모와 입지비용에 영향을 줄 요인들을 파악하고 유효성을 평가한다.
⑤ 입지분석이론들은 소매점에 대한 소비자 점포선택 행동과 소매상권의 크기를 설명한다.

36 점포 개점을 위한 경쟁점포의 분석에 관한 설명으로 가장 옳지 않은 것은?

① 1차 상권 및 2차 상권 내의 주요 경쟁업체를 분석하고 필요할 경우 3차 상권의 경쟁업체도 분석한다.
② 점포 개설을 준비하고 있는 잠재적인 경쟁업체가 있다면 조사에 포함시킨다.
③ 목적에 맞는 효과적인 분석을 위해 동일업태의 점포에 한정해서 분석한다.
④ 경쟁점포의 상품 구색 및 배치에 대해서도 분석한다.
⑤ 상권의 계층 구조를 고려하여 분석한다.

37 주거지역과 상업지역에서 업종을 변경하거나 점포를 확장하려 할 경우 용도변경 신청을 해야 하는 경우가 있다. 이때 하수도법, 주차장법 등 매우 많은 법률의 적용을 다르게 받게 되어 업종변경이나 확장이 어려울 수도 있다. 이와 관련된 행정 처리 절차로서 가장 옳은 것은?

① 용도 변경 신청 – 신고필증 교부 – 공사 착수 – 건축물대장 변경 – 사용 승인

② 용도 변경 신청 – 신고필증 교부 – 건축물대장 변경 – 공사 착수 – 사용 승인

③ 용도 변경 신청 – 사용 승인 – 신고필증 교부 – 공사 착수 – 건축물대장 변경

④ 용도 변경 신청 – 신고필증 교부 – 건축물대장 변경 – 사용 승인 – 공사 착수

⑤ 용도 변경 신청 – 신고필증 교부 – 공사 착수 – 사용 승인 – 건축물대장 변경

38 상권에 대한 일반적인 설명으로 가장 옳지 않은 것은?

① 상권의 범위는 점포의 업종이나 업태와 관련이 있다.

② 소매상권의 크기는 판매하는 상품의 종류에 따라 달라진다.

③ 상권은 행정구역과 일치하지 않는 경우가 많다.

④ 상권의 범위는 고정적이지 않고 변화하므로 유동적이다.

⑤ 점포가 소재하는 위치적, 물리적인 조건을 의미한다.

39 아래 글상자에 기술된 절차에 따르는 상권 분석기법을 널리 알린 사람으로 가장 옳은 것은?

> ㉠ 자기가 개점하려는 점포와 유사한 기존 점포를 선정한다.
>
> ㉡ 기존의 유사점포의 상권범위를 결정한다.
>
> ㉢ 전체 상권을 몇 개의 단위 지역으로 나누고, 각 지역에서의 유사점포의 매출액을 인구수로 나누어 각 지역 내의 1인당 매출을 구한다.
>
> ㉣ 자기가 입지하려는 지역의 인구수에다 앞에서 구한 1인당 매출을 곱하여 각 지역에서의 예상 매출액을 구한다.

① 레일리(W. Reilly)

② 컨버스(P. Converse)

③ 허프(D. Huff)

④ 넬슨(R. L. Nelson)

⑤ 애플바움(W. Applebaum)

40 입지의 시계성(視界性)은 점포의 매출과 밀접한 관련이 있다. 시계성에 관한 설명으로 가장 옳지 않은 것은?

① 입지의 시계성은 기점, 대상, 거리, 주체의 4가지 관점에서 평가한다.

② 시계성이 양호한 정도는 어디에서 보이는가에 따라 달라진다.

③ 점포의 위치와 함께 간판의 위치와 형태도 시계성확보에 중요하다.

④ 차량으로부터의 시계성은 외측(아웃커브)보다 내측(인커브)의 경우기 디 좋다.

⑤ 차량의 속도가 빨라질수록 내측(인커브) 점포의 시계성은 더 나빠진다.

41 사람들은 점포가 눈 앞에 보여도 간선도로를 횡단해야 하는 경우 그 점포에 접근하지 않으려는 경향을 보인다. 이런 현상에 대한 설명으로 가장 옳은 것은?

① 최단거리로 목적지까지 가고자 하는 최단거리 추구의 원칙

② 득실을 따져 득이 되는 쪽을 선택하려는 보증실현의 원칙

③ 위험하거나 잘 모르는 길을 지나지 않으려는 안전추구의 원칙

④ 사람이 운집한 곳을 선호하는 인간집합의 원칙

⑤ 동선을 미리 예상하고 진행하지만 상황에 맞추어 적응하는 목적추구의 원칙

42 입지선정을 위해서는 도시공간구조 상에서의 동선(動線)에 대한 이해가 필요하다. 동선에 대한 아래 글상자의 설명 중에서 옳지 않은 설명들만을 바르게 짝지은 것은?

⊙ 화물차 통행이 많은 도로는 자석(anchor)과 자석을 연결하는 동선상에 있다고 할 수 있다.

ⓛ 동선이란 사람들이 집중하는 자석(anchor)과 자석을 연결하는 흐름을 말한다.

ⓒ 주동선이라 자석(anchor)과 자석을 잇는 가장 기본이 되는 선을 말한다.

ⓔ 경제적 사정으로 많은 자금이 필요한 주동선에 입지하기 어려운 점포는 부동선(副動線)을 중시한다.

ⓜ 복수의 자석(anchor)이 있는 경우의 동선을 부동선(副動線)이라 한다.

① ⊙ - ⓛ   ② ⊙ - ⓜ
③ ⓛ - ⓔ   ④ ⓒ - ⓔ
⑤ ⓒ - ⓜ

43 아래 글상자의 업종들에 적합한 점포의 입지조건을 공간균배의 원리에 의해 구분할 때 일반적으로 가장 적합한 것은?

백화점, 고급음식점, 고급보석상, 미술품점, 영화관

① 집심(集心)성 점포

② 집재(集在)성 점포

③ 산재(散在)성 점포

④ 국부(局部)성 집중성 점포

⑤ 국부(局部)성 집재성 점포

44 소매점의 입지와 상권에 대한 설명으로 가장 옳은 것은?

① 입지 평가에는 점포의 층수, 주차장, 교통망, 주변 거주인구 등을 이용하고, 상권 평가에는 점포의 면적, 주변유동인구, 경쟁점포의 수 등의 항목을 활용한다.

② 상권을 강화한다는 것은 점포가 더 유리한 조건을 갖출 수 있도록 점포의 속성들을 개선하는 것을 의미한다.

③ 상권은 점포를 경영하기 위해 선택한 장소 또는 그 장소의 부지와 점포 주변의 위치적 조건을 의미한다.

④ 입지는 점포를 이용하는 소비자들이 분포하는 공간적 범위 또는 점포의 매출이 발생하는 지역 범위를 의미한다.

⑤ 상권은 일정한 공간적 범위(boundary)로 표현되고 입지는 일정한 위치를 나타내는 주소나 좌표를 가지는 점(point)으로 표시된다.

45 아래 글상자에서처럼 월매출액을 추정하려 할 때 괄호 안에 들어갈 용어로 가장 옳은 것은?

> 월매출액 = (㉠) × 1일 평균 내점객수
> × 월간 영업일수

① 상권내 점포점유율   ② 회전율
③ 내점율   ④ 실구매율
⑤ 객단가

46~70   3과목 | 유통마케팅

46 고객별 수익과 비용을 고려한 고객관계관리에서 개별고객의 수익성을 평가하는 기준 중 하나인 고객평생가치(CLV: customer lifetime value)를 추정하는데 필요한 정보로서 가장 옳지 않은 것은?

① 충성도   ② 고객확보비용
③ 평균총마진   ④ 평균구매금액
⑤ 관계 유지 기간

47 서비스 실패의 회복 과정에서 고객이 지각하는 다양한 유형의 공정성은 고객 만족에 영향을 미친다. 종업원 행동의 영향을 받는 공정성 유형으로서 가장 옳은 것은?

① 법적 공정성   ② 절차적 공정성
③ 산출적 공정성   ④ 결과적 공정성
⑤ 상호작용적 공정성

48 CRM의 적용을 통해 수행성과를 개선할 수 있는 분야로서 가장 옳지 않은 것은?

① 고객이탈에 대한 조기경보시스템 운영
② 다양한 접점의 고객정보의 수집 및 분석
③ 유통기업 재무 활동의 자동화 및 효율화
④ 영업 인력의 영업활동 및 관리의 자동화
⑤ 서비스 차별화를 위한 표적고객의 계층화

49 소비자 판매 촉진(consumer sales pro-motion)에 대한 설명으로 옳지 않은 것은?

① 소비자의 직접구매를 유도하는데 효과적이다.
② 판매촉진은 가격판촉과 비가격판촉으로 나눌 수 있다.
③ 판매촉진은 광고에 비해 단기적인 성과를 얻을 때 유용하다.
④ 판매촉진의 예로는 할인, 쿠폰, 선물, 시제품 배포 등이 있다.
⑤ 소비자뿐만 아니라 기업과 관련된 이해관계자들을 대상으로 한다.

50 매장외관(exterior) 관리에 대한 설명으로 가장 옳지 않은 것은?

① 매장의 외관은 기업의 이미지에 매우 중요한 영향을 미치므로 사전에 면밀히 계획되어야 한다.
② 매장의 외관은 매장의 이미지를 상징적으로 표현할 수 있도록 디자인되어야 한다.
③ 매장 입구는 입구의 수, 형태, 그리고 통로를 고려해서 설계해야 한다.
④ 매장의 외관은 플래노그램(planogram)을 통해 효과성을 평가해야 한다.
⑤ 매장의 외관을 꾸미는 데 있어서 중요한 목적은 고객의 관심을 유발하는 것이다.

51 아래 글상자에서 설명하는 용어로 옳은 것은?

> 판매사원이 제품을 판매할 때 고객과 장기 지향적인 관계를 유지하기 위해 고객의 필요와 욕구에 초점을 두고 고객이 만족스러운 구매결정을 할 수 있도록 마케팅 컨셉을 수행하는 판매행동을 말한다.

① 고객지향적 판매행동
② 제품지향적 판매행동
③ 판매지향적 판매행동
④ 관리지향적 판매행동
⑤ 시스템지향적 판매행동

52 EAN(유럽상품)코드에 대한 설명으로 가장 옳지 않은 것은?

① 소매점 POS시스템과 연동되어 판매시점 관리가 가능하다.
② 첫째 자리는 국가코드로 대한민국의 경우 880이다.
③ 두번째 자리는 제조업체 코드로 생산자가 고유번호를 부여한다.
④ 체크숫자는 마지막 한자리로 판독오류 방지를 위해 만들어진 코드이다.
⑤ 국가, 제조업체, 품목, 체크숫자로 구성되어 있다.

53 아래 글상자는 유통경로상 갈등을 초래하는 원인을 설명한 것이다. 이러한 갈등의 원인으로 가장 옳은 것은?

> 프랜차이즈 가맹본부가 가맹점 매출의 일정비율을 로열티로 받고 있는 경우에 가맹본부의 목표는 가맹점 매출의 극대화가 되지만, 가맹점의 목표는 매출이 아닌 수익이기 때문에 갈등이 발생할 가능성이 커진다.

① 추구하는 목표의 불일치
② 역할에 대한 인식 불일치
③ 현실에 대한 인식 불일치
④ 품질요구의 불일치
⑤ 경로파워 불일치

54 아래 글상자는 표적시장 범위에 따른 표적시장 선정 전략에 대한 내용이다. 설명이 옳은 것만을 모두 나열한 것은?

> ㉠ 비차별적 마케팅 전략은 세분시장 간 차이를 무시하고 전체 시장 혹은 가장 규모가 큰 대중시장을 표적으로 하나의 제공물을 제공하는 것이다.
> ㉡ 집중적 마케팅 전략은 여러 세분시장을 표적시장으로 선정하고, 각 세분시장별로 서로 다른 시장제공물을 개발하는 전략이다.
> ㉢ 차별적 마케팅 전략은 큰 시장에서 작은 점유율을 추구하는 대신 하나 혹은 소수의 작은 세분시장 또는 틈새시장에서 높은 점유율을 추구하는 전략이다.

① ㉠
② ㉠, ㉡
③ ㉡, ㉢
④ ㉠, ㉢
⑤ ㉠, ㉡, ㉢

55 점포의 환경관리에 대한 설명으로 가장 옳지 않은 것은?

① 매장 내 농축산품 작업장 바닥높이는 매장보다 높게 하여 물이 바닥에 고이지 않게 한다.
② 화장실은 물을 사용하는 공간으로 확실한 방수공사가 필요하며 주기적으로 관리한다.
③ 주차장은 도보나 자전거로 내점하는 보행자와 가능한 한 겹치지 않도록 동선을 설계한다.
④ 매장진열의 효율성을 위해 매장 집기 번호대로 창고 보관 상품을 보관한다.
⑤ 간판, 포스터, 게시판, POP 등의 진열이 고객의 동선을 방해하지 않도록 관리한다.

56 아래 글상자의 괄호 안에 들어갈 용어로 가장 옳은 것은?

> 문제를 강하게 인식하여 구매동기가 형성된 소비자는 문제를 해결해 줄 수 있는 대안들에 대한 정보를 찾게 된다. 필요한 정보가 소비자의 기억속에 이미 저장되어 있는 경우에는 (㉠)만으로 충분하지만, 그렇지 않은 경우에는 (㉡)을 하게 된다.

① ㉠ 외적 탐색, ㉡ 내적 탐색
② ㉠ 단기 기억, ㉡ 장기 기억
③ ㉠ 내적 탐색, ㉡ 외적 탐색
④ ㉠ 장기 기억, ㉡ 내적 기억
⑤ ㉠ 단기 기억, ㉡ 외적 탐색

57 제조업자가 중간상들과의 거래에서 흔히 사용하는 가격할인의 형태에 대한 설명으로 가장 옳은 것은?

① 현금할인 - 중간상이 일시에 대량구매를 하는 경우 구매량에 따라 주어지는 현금할인
② 거래할인 - 중간상이 제조업자를 위한 지역광고 및 판촉을 실시할 경우 이를 지원하기 위한 보조금 지급
③ 판매촉진지원금 - 제조업자의 업무를 대신 수행한 것에 대한 보상으로 경비의 일부를 제조업자가 부담
④ 수량할인 - 제품을 현금으로 구매하거나 대금을 만기일 전에 지불하는 경우 판매대금의 일부를 할인
⑤ 계절할인 - 제품판매에 계절성이 있는

경우 비수기에 제품을 구매하는 중간상에게 제공되는 할인

58 상품연출이라고도 불리는 상품진열이 가지는 고객 서비스 관점의 의미로 가장 옳지 않은 것은?

① 진열은 빠른 시간에 상품을 찾을 수 있게 해주는 시간절약 서비스이다.
② 진열은 상품선택 시 다른 상품과의 비교를 쉽게 해주는 비교서비스이다.
③ 진열은 상품종류를 쉽게 식별하게 해주는 식별서비스이다.
④ 진열은 상품이 파손 없이 안전하게 보관되도록 하는 보관서비스이다.
⑤ 진열은 무언의 커뮤니케이션으로 상품정보를 제공해주는 정보서비스이다.

59 면도기의 가격은 낮게 책정하고 면도날의 가격은 비싸게 책정한다든지, 프린터의 가격은 낮은 마진을 적용하고 프린터 카트리지나 다른 소모품의 가격은 매우 높은 마진을 적용하는 등의 가격결정 방식으로 가장 옳은 것은?

① 사양제품 가격책정(optional product pricing)
② 제품라인 가격책정(product line pricing)

③ 종속제품 가격책정(captive product pricing)

④ 부산물 가격책정(by-product pricing)

⑤ 이중부분 가격결정(two-part pricing)

60 레이아웃의 영역에 해당하지 않는 것은?

① 상품 및 집기의 배치와 공간의 결정

② 집기 내 상품 배치와 진열 양의 결정

③ 출입구와 연계된 주통로의 배치와 공간 결정

④ 상품품목을 구분한 보조통로의 배치와 공간 결정

⑤ 상품 계산대의 배치와 공간결정

61 아래 글상자에서 RFM기법에 대한 설명으로 옳은 것을 모두 나열한 것은?

> ㉠ 재무적인 가치측정 뿐만 아니라 관계 활동에 대한 질적 측면도 함께 고려한 고객가치 평가모형이다.
> ㉡ 최근 구매시점, 구매빈도, 구매금액의 3가지 지표를 바탕으로 계량적으로 측정한다.
> ㉢ R.F.M.의 개별 요소에 대한 중요도가 산업에 따라 다를 수 있으므로 중요도에 따라 다른 가중치를 적용하여 측정한다.

> ㉣ 고객세그먼트에 따라 차별적 마케팅을 하거나 고객평가를 통해 등급을 부여하여 관리할 수 있다.
> ㉤ 사용하기에는 편리하지만 개별고객별 수익기여도를 직접적으로 측정하지 못한다는 한계점을 갖는다.

① ㉠, ㉡, ㉤   ② ㉠, ㉢, ㉣

③ ㉠, ㉡, ㉢, ㉣   ④ ㉠, ㉡, ㉣, ㉤

⑤ ㉠, ㉡, ㉢, ㉣, ㉤

62 마케팅통제(marketing control)에 대한 설명으로 가장 옳지 않은 것은?

① 마케팅목표를 달성하기 위해 마케팅전략과 계획을 마케 활동으로 전환시키는 과정이다.

② 마케팅전략 및 계획의 실행결과를 평가하고, 마케팅목표가 성취될 수 있도록 시정조치하는 것이다.

③ 마케팅계획의 실행과정에서 예상치 않은 일들이 발생하기 때문에 지속적인 마케팅통제가 필요하다.

④ 운영통제(operating control)는 연간 마케팅계획에 대비한 실제성과를 지속적으로 확인하고 필요할 때마다 시정조치하는 것이다.

⑤ 전략통제(strategic control)는 기업의 기본전략들이 시장기회에 잘 부응하는지를 검토하는 것이다.

63 쇼루밍(showrooming) 소비자의 특징에 대한 설명으로 가장 옳은 것은?

① 주된 구매동기는 제품을 즉시 수령하고, 반품을 더 쉽게 하기 위함이다.

② 온라인에서만 구매하는 온라인 집중형 소비자이다.

③ 오프라인 점포에서 제품을 살펴본 후 온라인에서 저렴한 가격으로 구입하려 한다.

④ 오프라인 상점에서만 직접 경험하고 구매하려는 오프라인 집중형 소비자이다.

⑤ 온라인에서 쇼핑을 즐기지만 정작 구매는 오프라인에서 한다.

64 설문조사를 위한 표본 추출 방법 중 확률적 표본추출에 해당하는 것은?

① 편의 표본 추출

② 단순 무작위 표본 추출

③ 판단 표본 추출

④ 할당 표본 추출

⑤ 자발적 표본 추출

65 유통마케팅 목표달성을 위해 자금을 효율적으로 지출하는지를 확인할 수 있는 유통마케팅 성과평가 분석으로 가장 옳은 것은?

① 시장점유율 분석   ② 자금유지율 분석

③ 고객만족도 분석   ④ ROI 분석

⑤ 경로기여도 분석

66 소매 마케팅전략 수립을 위해 필요한 소매 믹스(retailing mix)로 옳지 않은 것은?

① 소매가격 책정

② 점포입지 선정

③ 유통정보 관리

④ 소매 커뮤니케이션

⑤ 취급상품 결정

67 아래 글상자의 사례를 통해 계산한 A상품의 연간 상품 회전율(rate of stock turnover)로 옳은 것은?

> – 가격: 1천원
> – 평균 재고량: 약 200개
> – 연간매출액: 1백만원

① 5회   ② 10회

③ 13회   ④ 15회

⑤ 20회

68 유통목표설정에 대한 설명으로 가장 옳지 않은 것은?

① 유통경로 상에서 소비자들이 기대하는 서비스 수준에 근거하여 유통목표를 설정한다.

② 유통목표는 포괄적인 유통관리를 위해 개념적으로 서술되어야 한다.

③ 기업 전체의 장기목표를 반영하여 유통목표를 설정해야 한다.

④ 유통목표는 언제까지 달성하겠다는 시한을 구체적으로 명시해야 한다.

⑤ 유통목표는 목표달성도를 확인하기 위해 측정 가능해야 한다.

69 선발주자의 이점 또는 선점우위효과(first mover advantage)로 가장 옳지 않은 것은?

① 경험곡선효과

② 규모의 경제효과

③ 기술적 불확실성 제거효과

④ 시장선점에 따른 진입장벽 구축효과

⑤ 전환비용에 의한 진입장벽 구축효과

70 아래 글상자에서 설명하는 벤더를 일컫는 말로 가장 옳은 것은?

> 소매업자들이 특정 카테고리 내에서 특별히 선호하는 벤더를 일컫는다. 카테고리 내의 다른 브랜드나 벤더를 대신하여 소매업체를 위한 카테고리 전문가의 역할을 하며 소매업체와 일종의 파트너 관계를 확보, 유지하는 브랜드 또는 벤더이다.

① 1차 벤더(primary vendor)

② 리딩 벤더(leading vendor)

③ 스마트 벤더(smart vendor)

④ 카테고리 캡틴(category captain)

⑤ 카테고리 플래너(category planner)

71~90 **4과목 | 유통정보**

71 효과적인 공급사슬관리를 위해 활용할 수 있는 정보기술로 가장 옳지 않은 것은?

① EDI

② POS

③ PBES(Private Branch Exchange Systems)

④ CDS(Cross Docking Systems)

⑤ RFID(Radio-Frequency IDentification)

72 산업혁명 발전과정을 설명한 것으로 가장 옳은 것은?

① 1차 산업혁명 시기에는 전자기기의 활용을 통한 업무생산성 개선이 이루어졌다.

② 2차 산업혁명 시기에는 전력을 활용해 대량생산 체계를 구축하기 시작하였다.

③ 3차 산업혁명 시기에는 사물인터넷과 인공지능 기술이 업무처리에 활용되기 시작하였다.

④ 4차 산업혁명 시기에는 업무처리에 인터넷 활용이 이루어지기 시작하였다.

⑤ 2차 산업혁명 초기에는 정보통신기술을 통한 데이터수집과 이를 분석한 업무처리가 이루어지기 시작하였다.

73 공급사슬관리의 변화 방향에 대한 설명으로 가장 옳지 않은 것은?

① 재고 중시에서 정보 중시 방향으로 변화하고 있다.

② 공급자 중심에서 고객 중심으로 변화하고 있다.

③ 거래 중시에서 관계 중시 방향으로 변화하고 있다.

④ 기능 중시에서 프로세스 중시 방향으로 변화하고 있다.

⑤ 풀(pull) 관행에서 푸시(push) 관행으로 변화하고 있다.

74 아래 글상자에서 제시하는 지식관리 시스템 구현 절차를 순서대로 바르게 나열한 것으로 가장 옳은 것은?

> ㉠ 지식관리시스템 구현에 대한 목표를 설정한다. 예를 들면, 지식관리 시스템을 통해 해결해야 하는 문제를 명확하게 정의한다.
>
> ㉡ 지식기반을 창출한다. 예를 들면, 고객의 니즈를 만족시킬 수 있도록 베스트 프랙티스(best practice) 등을 끊임없이 개발해서 지식관리 시스템에 저장한다.
>
> ㉢ 프로세스 관리팀을 구성한다. 예를 들면, 최상의 지식관리시스템에서 지식활용이 이루어질 수 있도록 프로세스를 구축한다.
>
> ㉣ 지식 활용 증대를 위한 업무처리 프로세스를 구축한다. 예를 들면, 지식관리시스템에서 고객과 상호작용을 활성화 하기 위해 전자메일, 라이브채팅 등 다양한 커뮤니케이션 도구 활용이 가능하도록 구현한다.

① ㉠ – ㉡ – ㉢ – ㉣

② ㉣ – ㉢ – ㉡ – ㉠

③ ㉢ – ㉣ – ㉡ – ㉠

④ ㉠ – ㉡ – ㉣ – ㉢

⑤ ㉠ – ㉢ – ㉡ – ㉣

75 RFID 태그에 대한 설명으로 가장 옳지 않은 것은?

① RFID 태그는 QR 코드에 비해 근거리 접촉으로 정보를 확보할 수 있다.

② RFID 태그는 동시 복수 인증이 가능하다.

③ 배터리를 내재한 RFID 태그는 그렇지 않은 태그에 비해 성능이 우월하다.

④ RFID 태그 가격이 지속적으로 하락하고 있어 기업의 유통 및 물류 부분에서의 활용 가능성이 높아지고 있다.

⑤ RFID 태그는 바코드와 비교할 때, 오염에 대한 내구성이 강하다.

76 사물인터넷 통신기술을 활용해 마케팅을 하고자 할 때, 아래 글상자의 설명에 해당하는 기술로 가장 옳은 것은?

> – 선박, 기차 등에서 위치를 확인하는데 신호를 보내는 기술이다.
> – RFID, NFC 방식으로 작동하며 원거리 통신을 지원한다.
> – 모바일 결제 서비스와 연동하여 간편 결제 및 포인트 적립에 활용된다.

① 비콘(Beacon)

② 와이파이(Wi-Fi)

③ 지웨이브(Z-Wave)

④ 지그비(ZigBee)

⑤ 울트라와이드밴드(Ultra Wide Band)

77 데이터 마이그레이션(migration) 절차에 대한 설명으로 가장 옳지 않은 것은?

① 데이터 운반은 외부로부터 유입된 데이터를 기업 표준으로 변환하는 작업이다.

② 데이터 정제는 데이터를 ERP시스템에서 사용할 수 있도록 수정하는 작업이다.

③ 데이터 수집은 새로운 데이터를 디지털 포맷으로 변환하기 위해 모으는 작업이다.

④ 데이터 추출은 기존의 레거시 시스템과 데이터베이스에서 데이터를 꺼내는 작업이다.

⑤ 데이터 정제는 린 코드번호, 의미없는 데이터, 데이터 중복 및 데이터 오기 (misspellings) 등 부정확한 데이터를 올바르게 고치는 작업이다.

78 공급자재고관리(VMI)의 목적으로 가장 옳지 않은 것은?

① 비즈니스 가치 증가

② 고객서비스 향상

③ 재고 정확성의 제고

④ 재고회전율 저하

⑤ 공급자와 구매자의 공급사슬 운영의 원활화

79 아래 글상자의 ㉠에 들어갈 기술로 가장 옳은 것은?

> – 유통업체에서는 판매 시점 상품관리를 위한 데이터의 입력 및 작업 보고서에 대한 자동 입력을 위해서 (㉠) 기술을 활용하고 있다.
> – 유통업체에서 일단위 및 월단위 업무 마감 처리를 자동화 하기 위해서 (㉠) 기술을 활용하고 있다.
> – (㉠) 기술은 유통업체의 단순하고 반복적인 업무를 체계화해서 소프트웨어로 구현하여 일정한 규칙에 의해 자동화된 프로세스를 따라 업무를 수행하도록 되어 있다.

① IPA(Intelligent Process Automation)
② ETL(Extraction Transformation Loading)
③ RPA(Robotic Process Automation)
④ ETT(Extraction Transformation Tracking)
⑤ VRC(Virtual Reality Construction)

80 거래 단품을 중복없이 식별하는 역할을 하는 GTIN(국제거래단품식별코드) 및 GTIN 관련 데이터는 대개 고정데이터이지만, 때로는 기본 식별 데이터 외에 더 세부적이고 상세한 상품 정보를 제공해야 할 때도 있다. 이 경우 사용되는 가변 데이터로 가장 옳지 않은 것은?

① 유통기한
② 일련번호
③ 로트(lot) 번호
④ 배치(batch) 번호
⑤ 성분 및 영양정보

81 아래 글상자의 ㉠에 들어갈 용어로 가장 옳은 것은?

> – 데이터 기반으로 상품의 입고부터 고객주문 및 배송까지 제공하는 일괄처리 서비스인 (㉠)(이)가 유통산업의 최대 화두로 등장하였다.
> – (㉠)(이)란 물류를 필요로 하는 판매자를 대상으로 상품 보관 및 재고관리, 고객이 상품 주문시 선별, 포장, 배송, 반품 및 고객대응까지 일괄적으로 처리하는 서비스를 지칭한다.
> – 최근 국내 물류·유통 시장은 (㉠)의 각축전이 되고 있다. 국내시장에서도 쿠팡, CJ대한통운, 네이버, 신세계 등 탑플레이어들이 (㉠) 서비스 확대에 총력을 기울이고 있다. SSG 닷컴의 경우 주문부터 상품분류, 포장, 출고 등 유통 全주기를 빅데이터 등 신기술 기반으로 통합 관리하는 (㉠) 시스템으로 온라인 주문에 신속한 대응을 하고 있다고 한다.

① 풀필먼트
② 로지틱스
③ 데이터마이닝
④ 풀서포트
⑤ 풀브라우징

82 기업의 강점, 약점과 같은 내부 역량과 기회, 위협과 같은 외부 가능성 사이의 적합성을 평가하기 위해 사용되는 도구로 분석범위를 내부 뿐만 아니라 외부까지 확장시켜 보다 넓은 상황 분석을 할 경우 활용되는 전략적 분석 도구로 가장 옳은 것은?

① PEST   ② ETRIP
③ STEEP   ④ 4FACTOR
⑤ SWOT

83 A유통은 입고부터 판매까지 제품의 정보를 관리하고자 정보시스템을 구축하려고 결정하였다. A유통은 전문업체인 B사를 선정하여 사업기간 6개월로 계약을 체결하였다. B사는 A유통의 정보시스템 구축을 위해 일련의 활동계획을 수립하였다. 사업 착수 후 분석단계에 포함되는 활동으로 가장 옳은 것은?

① 데이터베이스 설계
② 단위테스트 수행
③ 사용자매뉴얼 작성
④ 요구사항 정의
⑤ 인수테스트 수행

84 지역별 점포를 운영하고 있는 유통기업이 사용하는 판매시점관리를 지원하는 POS시스템에서 획득한 데이터의 관리 및 활용에 대한 설명으로 가장 옳지 않은 것은?

① 고객이 제품을 구매한 정보를 관리한다.
② 상품 판매동향을 분석하여 인기제품, 비인기제품을 파악할 수 있다.
③ 타 점포와의 상품 판매동향 비교·분석에 활용할 수 있다.
④ 개인의 구매실적, 구매성향 등에 관한 정보를 관리한다.
⑤ 기회손실(자점취급, 비취급)에 대한 분석은 어렵다.

85 아래 글상자의 내용이 설명하고 있는 ㉠에 들어갈 용어로 가장 옳은 것은?

> – 기업 간의 거래에 관한 데이터(각종 서류양식)를 표준화하여 컴퓨터통신망을 통해 거래 당사자의 컴퓨터 사이에서 직접 전송신호로 주고받도록 지원하는 기술로 최근 클라우드 컴퓨팅 (㉠) 서비스가 등장하였다.
> – 클라우드 기반의 (㉠) 서비스 업체인 A사는 코로나19로 인해 온라인 쇼핑몰을 통한 주문량이 폭주하면서 그동안 수작업으로 진행하던 주문 수발주 업무의 실수가 많이 발생하고, 업무 담당자들은 재택 근무를 하면서 업무가 지연되거나 공백이 발생하는 경우가 많아 이런 문제를 보완하기 위해서 본 사의 서비스 도입 문의가 늘어나고 있다고 밝혔다.

① Beacon　　　② XML

③ O2O　　　　④ EDI

⑤ SaaS

86 A사는 전자상거래 서비스를 위해 기존의 시스템을 고도화하였다. 웹서비스 뿐만아니라 모바일 서비스도 구축하였다. 모바일 채널은 웹으로 개발하였다. 모바일 웹에 대한 설명으로 가장 옳지 않은 것은?

① 모바일 기기에 관계없이 모바일 웹사이트에 접속이 가능하다.

② 모바일웹은 컨텐츠나 디자인을 변경할 때 웹 표준에 맞춰 개발하기 때문에 OS 별로 수정할 필요가 없다.

③ 단말기의 카메라, GPS 또는 각종 프로세싱 능력을 활용한 서비스 이용시 앱보다 훨씬 효과적이다.

④ 모바일웹은 데스크톱용 웹 브라우저와 기능적으로 동일한 수준의 브라우저 설치와 실행이 가능하다.

⑤ URL을 통해 접속한다.

87 인터넷 기반의 전자상거래를 위협하는 요소와 그 설명이 가장 옳지 않은 것은?

① 바이러스 – 자체 복제되며, 특정 이벤트로 트리거 되어 컴퓨터를 감염시키도록 설계된 컴퓨터 프로그램

② 트로이 목마 – 해킹 기능을 가지고 있어 인터넷을 통해 감염된 컴퓨터의 정보를 외부로 유출하는 것이 특징

③ 에드웨어 – 사용자의 동의 없이 시스템에 설치되어서 무단으로 사용자의 파일을 모두 암호화하여 인질로 잡고 금전을 요구하는 악성 프로그램

④ 웜 – 자체적으로 실행되면서 다른 컴퓨터에 전파가 가능한 프로그램

⑤ 스파이웨어 – 이용자의 동의 없이 또는 이용자를 속여 설치되어 이용자 몰래 정보를 빼내거나 시스템 및 정상프로그램의 설정을 변경 또는 운영을 방해하는 등의 악성행위를 하는 프로그램

88 QR코드를 활용하는 간편결제 방식에 대한 설명으로 가장 옳지 않은 것은?

① QR코드는 다양한 방향에서 스캔·인식이 가능하고 일부 훼손되더라도 오류를 정정하여 정상적으로 인식할 수 있는 장점이 있다.

② 소비자가 모바일 앱으로 가맹점에 부착된 QR코드를 스캔하여 결제처리하는 방식을 고정형이라 한다.

③ 결제 앱을 통해 소비자가 QR코드를 생성하고, 가맹점에서 QR리더기(결제 앱 또는 POS단말기)로 읽어서 결제처리하는 것을 변동형이라 한다.

④ 고정형 QR은 가맹점 탈퇴·폐업 즉시 QR코드를 파기한 후 가맹점 관리자에게 신고해야 한다.

⑤ 변동형 QR은 개인이 별도의 위·변조 방지 특수필름 부착이나 잠금장치 설치 등의 조치를 취해야 한다.

89 데이터 내에 포함된 개인 정보를 식별하기 어렵게 하는 조치를 비식별화라 한다. 이에 대한 설명으로 가장 옳지 않은 것은?

① 정형데이터는 개인정보 비식별 조치 가이드라인의 대상데이터이다.

② 비식별화를 위해 개인이 식별가능한 데이터를 삭제처리하는 방법이 있다.

③ 성별, 생년월일, 국적, 고향, 거주지 등 개인특성에 대한 정보는 비식별화 대상이다.

④ 혈액형, 신장, 몸무게, 허리둘레, 진료내역 등 신체 특성에 대한 정보는 비식별화 대상이다.

⑤ JSON, XML 포맷의 반정형데이터는 개인정보 비식별화 대상이 아니다.

90 데이터, 지식, 정보에 대한 설명으로 가장 옳지 않은 것은?

① 일반적으로 데이터에서 정보를 추출하고, 정보에서 지식을 추출한다.

② 1차 데이터는 이미 생성된 데이터를 의미하고, 2차 데이터는 특정한 목적을 달성하기 위해 직접적으로 고객으로부터 수집한 데이터를 의미한다.

③ 일반적으로 정보는 이전에 수집한 데이터를 재가공한 특성을 갖고 있다.

④ 암묵적 지식은 명확하게 체계화하기 어려운 지식을 의미한다.

⑤ 지식창출 프로세스에는 공동화, 표출화, 연결화, 내면화가 포함된다.

⊚ 정답 및 해설 481p

01~25 1과목 | 유통물류일반

01 채찍효과(bullwhip effect)를 줄일 수 있는 대안으로 가장 옳지 않은 것은?

① 지나치게 잦은 할인행사를 지양한다.
② S&OP(Sales and Operations Planning)를 활용한다.
③ 공급체인에 소속된 각 주체들이 수요 정보를 공유한다.
④ 항시저가정책을 활용해서 수요변동의 폭을 줄인다.
⑤ 공급체인의 각 단계에서 독립적인 수요예측을 통해 정확성과 효율성을 높인다.

02 아래 글상자의 동기부여이론을 설명하는 내용으로 가장 옳은 것은?

- 맥그리거(D. McGregor)가 제시함
- 종업원은 조직에 의해 조종되고 동기 부여되며 통제받는 수동적인 존재임

① 위생요인에 대해 설명하는 이론이다.
② 인간의 행동을 지나치게 일반화 및 단순화하고 있다는 문제가 있다.
③ 고차원의 욕구가 충족되면 저차원의 욕구를 충족시키기 위해 노력한다.

④ Y형 인간에 대해 기술하고 있다.
⑤ 감독, 급료, 작업조건의 개선은 동기부여 자체와는 관련이 없다.

03 기업이 물류부문의 아웃소싱을 통해 얻을 수 있는 편익에 대한 설명으로 가장 옳지 않은 것은?

① 비용 절감
② 물류서비스 수준 향상
③ 외주 물류기능에 대한 통제력 강화
④ 핵심부분에 대한 집중력 강화
⑤ 물류 전문 인력 활용

04 풀필먼트(fulfillment)에 대한 설명으로 가장 옳지 않은 것은?

① 판매자 입장에서 번거로운 물류에 신경 쓰지 않고 기획, 마케팅 등 본업에 집중할 수 있도록 도와준다.
② 생산지에서 출발해 물류보관창고에 도착하는 구간인 last mile의 성장과 함께 부각되고 있다.
③ e-commerce 시장의 성장으로 소비자들의 소비패턴이 오프라인에서 온라인으로 이동하며 급격히 발달하고 있다.

④ 다품종 소량 상품, 주문 빈도가 잦은 온라인 쇼핑몰에 적합하다.

⑤ 판매상품의 입고, 분류, 재고관리, 배송 등 고객에게까지 도착하는 전 과정을 일괄처리하는 시스템이다.

05 기능식 조직(functional organization)의 단점에 대한 설명으로 가장 옳지 않은 것은?

① 명령이 통일되지 않아 전체적으로 관리가 어려워지는 경우가 있다.

② 각 관리자가 담당하는 전문적 기능에 대한 합리적인 업무분장이 실제로는 쉽지 않다.

③ 책임의 소재가 불명확하고 조직의 모순은 사기를 떨어 뜨린다.

④ 일의 성과에 따른 정확한 보수를 가감할 수 없다.

⑤ 각 직원이 차지하는 직능이 지나치게 전문화되어 그 수가 많아지면 간접적 관리자가 증가되어 고정적 관리비가 증가한다.

06 아래 글상자에서 JIT와 JIT II의 차이점에 대한 설명으로 옳지 않은 것을 모두 고르면?

> ㉠ JIT는 부품과 원자재를 원활히 공급하는 데 초점을 두고, JIT II는 부품, 원부자재, 설비공구, 일반자재 등 모든 분야를 대상으로 한다.
>
> ㉡ JIT가 공급체인 상의 파트너의 연결과 그 프로세스를 변화시키는 시스템이라면, JIT II는 개별적인 생산현장을 연결한 것이다.
>
> ㉢ JIT는 자사 공장 내의 무가치한 활동을 감소·제거하는 데 주력하고, JIT II는 기업 간의 중복업무와 무가치한 활동을 감소·제거하는 것이다.
>
> ㉣ JIT가 JIT와 MRP를 동시에 수용할 수 있는 기업 간의 운영체제를 의미한다면, JIT II는 푸시(push)형식인 MRP와 대비되는 풀(pull)형식의 생산방식을 말한다.

① ㉠, ㉡   ② ㉠, ㉢

③ ㉡, ㉣   ④ ㉡, ㉢

⑤ ㉠, ㉣

07 기업이 자재나 부품, 서비스를 외부에서 구매하지 않고 자체 생산하는 이유로 가장 옳지 않은 것은?

① 자신들의 특허기술 보호

② 경쟁력 있는 외부 공급자의 부재

③ 적은 수량의 제품은 자체 생산을 통해 자본투자를 정당화할 수 있음

④ 자사의 기존 유휴 생산능력 활용

⑤ 리드타임, 수송 등에 대한 통제 가능성 확대

08 물류영역과 관련해 고려할 사항으로 가장 옳지 않은 것은?

① 조달물류: JIT 납품

② 조달물류: 수송루트 최적화

③ 판매물류: 수배송시스템화를 위한 수배송센터의 설치

④ 판매물류: 공정재고의 최소화

⑤ 반품물류: 주문예측 정밀도 향상으로 반품을 감소시키는 노력

09 기업의 사회적 책임의 중요성에 대한 내용으로 가장 옳지 않은 것은?

① 기업의 사회적 책임의 중요성은 자주성의 요구에 있다.

② 기업의 사회적 책임의 중요성은 자유주의 발전에 근거를 두고 있다.

③ 기업의 사회적 책임의 중요성은 기업 자체의 노력에 있다.

④ 사회적 책임의 중요성 내지 필요성은 권력-책임-균형의 법칙에 있다.

⑤ 기업의 사회적 책임은 기업이 당연히 지켜야 할 의무는 포함하지만 이익을 사회에 공유, 환원하는 것은 포함하지 않는다.

10 마이클 포터(Michael E. Porter)가 제시한 5가지 세력(force)모형을 이용하여 기업을 분석할 때, 이 5가지 세력에 해당되지 않는 것은?

① 신규 진입자의 위협

② 공급자의 교섭력

③ 구매자의 교섭력

④ 대체재의 위협

⑤ 보완재의 위협

11 유통산업발전법(시행 2021. 1. 1., 법률 제17761호, 2020. 12. 29., 타법개정)에서 규정하고 있는 체인사업 중 아래 글상자에서 설명하고 있는 형태로 가장 옳은 것은?

> 체인본부가 주로 소매점포를 직영하되, 가맹계약을 체결한 일부 소매점포에 대하여 상품의 공급 및 경영지도를 계속하는 형태의 체인사업

① 프랜차이즈형 체인사업

② 중소기업형 체인사업

③ 임의가맹점형 체인사업

④ 직영점형 체인사업

⑤ 조합형 체인사업

12 유통기업의 경로구조에 대한 설명으로 옳지 않은 것은?

① 도매상이 제조업체를 통합하는 것은 후방통합이다.

② 유통경로의 수직적 통합을 이루는 방법에는 합작투자, 컨소시엄, M&A 등이 있다.

③ 기업형 수직적 경로구조를 통해 유통경로 상 통제가 가능하고 제품 생산, 유통에 있어 규모의 경제를 실현할 수 있다.

④ 기업형 수직적 경로구조는 소유의 규모가 커질수록 환경변화에 신속하고 유연하게 대응할 수 있다.

⑤ 관리형 수직적 경로구조는 독립적인 경로구성원 간의 상호 이해와 협력에 의존하고 있지만 협력을 해야만 하는 분명한 계약상의 의무는 없다.

13 기업이 오프라인, 온라인, 모바일 등의 모든 채널을 연결해 고객이 마치 하나의 매장을 이용하는 것처럼 느끼도록 하는 쇼핑 시스템을 지칭하는 것으로 옳은 것은?

① Cross border trade

② Omni channel

③ Multi channel

④ Mass customization

⑤ IoT

14 임금을 산정하는 방법에 대한 설명으로 가장 옳은 것은?

① 근로자의 성과와 무관하게 근로시간을 기준으로 보상을 지급하는 형태는 성과급제이다.

② 근로자의 성과에 따라 보상을 지급하는 형태는 시간급제이다.

③ 근로자의 입장에서는 시간당 보상액이 일정하고, 사용자 측에서는 임금산정방식이 쉬운 것은 시간급제이다.

④ 작업능률을 자극할 수 있고 근로자에게 소득증대 효과가 있는 것은 시간급제이다.

⑤ 근로자의 노력과 생산량과의 관계가 없을 때 효과적인 것은 성과급제이다.

15 유통환경분석 시 고려하는 거시환경, 미시환경과 관련된 내용으로 옳지 않은 것은?

① 자본주의, 사회주의 같은 경제체제는 거시환경에 포함된다.

② 어떤 사회가 가지고 있는 문화, 가치관, 전통 등은 사회적 환경으로서 거시환경에 포함된다.

③ 기업과 거래하는 협력업자는 미시환경에 포함된다.

④ 기업이 따라야 할 규범, 규제, 법 등은 미시환경에 포함된다.

⑤ 기업과 비슷한 제품을 제조하는 경쟁회사는 미시환경에 포함된다.

16 기업이 사용하는 재무제표 중 손익계산서의 계정만으로 옳게 나열된 것은?

① 자산 – 부채 – 소유주 지분
② 자산 – 매출원가 – 소유주 지분
③ 수익 – 매출원가 – 비용
④ 수익 – 부채 – 비용
⑤ 자산 – 부채 – 비용

17 구매관리를 위해 기능의 집중화와 분권화를 비교할 때, 집중화의 장점으로 가장 옳지 않은 것은?

① 구매절차가 간단하고 신속하다.
② 주문 비용을 절감할 수 있다.
③ 자금의 흐름을 통제하기 쉽다.
④ 품목의 표준화가 용이하다.
⑤ 구매의 전문화가 용이하다.

18 유통의 경제적 의미에 대한 설명으로 가장 옳지 않은 것은?

① 유통을 통해 생산자는 부가가치를 더 높일 수 있고, 소비자에게는 폭넓은 선택의 기회가 주어질 수 있다.
② 유통을 통해 생산과 소비 사이에서 발생할 수 있는 괴리를 줄여서 생산과 소비를 원활하게 연결할 수 있다.
③ 후기산업사회 이후 소비자들의 욕구가 다양해지면서 유통의 경제적 역할이 축소되고 있다.

④ 유통산업은 신업태의 등장, 유통단계의 축소 등과 같은 유통구조 개선을 통해 국가경제에 이바지하고 있다.
⑤ 유통은 일자리 창출에 기여하는 동시에 서비스산업 발전에 중요한 역할을 한다.

19 균형성과표(BSC)에 대한 설명으로 가장 옳지 않은 것은?

① 고객 관점은 고객유지율, 반복구매율 등의 지표를 활용한다.
② 각 지표들은 전략과 긴밀하게 연계되어 상호작용을 한다.
③ 조직의 지속적 생존을 위해 핵심 성공요인이 중요하다.
④ 학습과 성장의 경우 미래지향적인 관점을 가진다.
⑤ 비용이 저렴하지만 재무적 지표만을 성과관리에 적용한다는 한계를 가진다.

20 종업원들이 자신과 비슷한 위치에 있는 타인과 비교하여 자기가 투입한 노력과 결과물 간의 균형을 유지하려고 하는 이론으로 가장 옳은 것은?

① 강화이론
② 공정성이론
③ 기대이론
④ 목표관리론
⑤ 목표설정이론

21 연간 재고유지비용과 주문비용의 합을 최소화하는 로트 크기인 경제적 주문량을 계산하는 과정에서 사용하는 가정으로 가장 옳지 않은 것은?

① 수량할인은 없다.

② 각 로트의 크기에 제약조건은 없다.

③ 해당 품목의 수요가 일정하고 정확히 알려져 있다.

④ 입고량은 주문량에 안전재고를 포함한 양이며 시기별로 분할입고된다.

⑤ 리드타임과 공급에 불확실성이 없다.

22 유통기업의 윤리경영에 대한 설명으로 가장 옳지 않은 것은?

① 건전하고 투명한 경영을 위해 노력한다.

② 협력사와 합리적인 상호발전을 추구한다.

③ 유연하고 수직적인 임원우선의 기업문화를 조성한다.

④ 고객의 만족을 위해 노력한다.

⑤ 사회적 책임을 완수하기 위해 노력한다.

23 소비자기본법(시행 2021. 12. 30., 법률 제17799호, 2020. 12. 29., 타법개정) 상 제8조에서 사업자가 소비자에게 제공하는 물품등으로 인한 소비자의 생명·신체 또는 재산에 대한 위해를 방지하기 위해 지켜야 할 기준을 정해야 할 주체로 옳은 것은?

① 지방자치단체　② 사업자

③ 공정거래위원회　④ 대통령

⑤ 국가

24 아래 글상자에서 설명하는 유통이 창출하는 소비자 효용으로 가장 옳은 것은?

> 탄산음료의 제조사들이 탄산음료의 원액을 제조하여 중간 상인 보틀러(bottler)에게 제공하면, 보틀러(bottler)는 탄산음료 원액에 설탕과 감미료를 첨가하여 탄산과 혼합해 병이나 캔에 넣어 소매상에게 판매하고 소비자는 탄산음료를 마시는 혜택을 누릴 수 있다.

① 시간효용　② 장소효용

③ 소유효용　④ 형태효용

⑤ 거래효용

25 유통경로의 설계전략에 영향을 주는 시장의 특성과 관련된 설명으로 가장 옳지 않은 것은?

① 시장밀도는 지리적 영역단위 당 구매자의 수를 말한다.

② 시장지리는 생산자와 소비자 사이의 물리적인 거리 차이를 말한다.

③ 제조업체가 직접 채널에 의해 커버할 시장의 크기가 큰 경우에는 많은 소비자와 직접 접촉을 해야 하기 때문에 비용이 증

가한다.

④ 시장밀도가 낮으면 한정된 유통시설을 이용해 많은 고객을 상대할 수 있다.

⑤ 시장크기는 시장을 구성하는 소비자의 수에 의해 결정된다.

26~45 2과목 | 상권분석

26 분석대상이 되는 점포와의 거리를 기준으로 상권유형을 구분할 때 상대적으로 소비수요 흡인비율이 가장 낮은 지역을 한계상권(fringe trading area)이라고 한다. 일반적으로 한계상권은 다음 중 어느 것에 해당하는가?

① 최소수요충족거리

② 분기점상권

③ 1차상권

④ 2차상권

⑤ 3차상권

27 소비자들이 점포를 선택할 때 가장 가까운 점포를 선택한다는 가정을 하며, 상권경계를 결정할 때 티센다각형(thiessen polygon)을 활용하는 방법으로 가장 옳은 것은?

① 입지할당모델법

② Huff모델법

③ 근접구역법

④ 유사점포법

⑤ 점포공간매출액비율법

28 소비자의 점포방문동기를 개인적동기, 사회적동기, 제품구매동기로 분류할 수 있다. 이때 다른 항목들과 다른 유형의 동기로서 가장 옳은 것은?

① 사교적 경험

② 기분 전환

③ 자기만족

④ 역할 수행

⑤ 새로운 추세 학습

29 점포를 이용하는 고객 인터뷰를 통해 소비자의 지리적 분포를 확인할 수 있는 방법은?

① 컨버스(Converse)의 소매인력이론

② 아날로그(analog) 방법

③ 허프(Huff)의 소매인력법

④ 고객점표법(customer spotting technique)

⑤ 라일리(Reilly)의 소매인력모형법

30 입지 분석에 사용되는 각종 기준에 대한 내용으로 가장 옳지 않은 것은?

① 호환성: 해당점포를 다른 업종으로 쉽게 전환할 수 있는가?

② 접근성: 고객이 쉽게 점포에 접근할 수 있는가?

③ 인지성: 점포의 위치를 쉽게 설명할 수 있는가?

④ 확신성: 입지분석의 결과를 확실하게 믿을 수 있는가?

⑤ 가시성: 점포를 쉽게 발견할 수 있는가?

31 아래 글상자의 내용은 Huff모델을 적용하여 신규점포 입지를 분석하는 단계들이다. 일반적인 분석과정을 순서대로 나열할 때 가장 옳은 것은?

> ⊙ 점포크기 및 거리에 대한 민감도계수를 추정한다.
>
> ⓛ 소규모 고객집단 지역(zone)으로 나눈다.
>
> ⓒ 신규점포의 각 지역(zone)별 예상매출액을 추정한다.
>
> ⓔ 전체시장 즉, 조사할 잠재상권의 범위를 결정한다.
>
> ⓜ 각 지역(zone)에서 점포까지의 거리를 측정한다.

① ⓛ, ⓜ, ⓔ, ⊙, ⓒ

② ⓔ, ⓒ, ⓜ, ⊙, ⓛ

③ ⊙, ⓔ, ⓛ, ⓜ, ⓒ

④ ⓔ, ⓛ, ⓜ, ⊙, ⓒ

⑤ ⊙, ⓜ, ⓛ, ⓒ, ⓔ

32 점포를 개점할 경우 전략적으로 고려해야 할 사항들에 대한 설명으로 가장 옳지 않은 것은?

① 경쟁관계에 있는 다른 점포의 규모나 위치도 충분히 검토한다.

② 상품의 종류에 따라 소비자의 이동거리에 대한 저항감이 다르기 때문에 상권의 범위도 달라진다.

③ 개점으로 인해 인접 주민의 민원제기나 저항이 일어날 부분이 있는지 검토한다.

④ 점포의 규모를 키울수록 규모의 경제 효과는 커지기에 최대규모를 지향한다.

⑤ 점포는 단순히 하나의 물리적 시설이 아니고 소비자들의 생활과 직결되며, 라이프스타일에도 영향을 미친다.

33 A시의 인구는 20만명이고 B시의 인구는 5만명이다. 두 도시 사이의 거리는 15km이다. Converse의 상권분기점 분석법을 이용할 경우 두 도시간의 상권경계는 A시로부터 얼마나 떨어진 곳에 형성되겠는가?

① 3km ② 5km

③ 9km ④ 10km

⑤ 12km

34 상가임대차 관계에서 권리금을 산정할 때 근거가 되는 유무형의 재산적 가치로 가장 옳지 않은 것은?

① 거래처 ② 상가건물의 위치

③ 영업상의 노하우 ④ 영업시설 · 비품

⑤ 임대료 지불수단

35 소매점 입지유형 가운데 아파트 단지내 상가의 일반적 특성으로 가장 옳지 않은 것은?

① 공급면적 변화가 어려워 일정한 고정고객의 확보를 통한 꾸준한 매출이 가능하다.

② 수요 공급 측면에서 아파트 단지 가구수와 가구당 상가 면적을 고려해야 한다.

③ 주변지역 거주자의 상가 이용과 같은 활발한 외부 고객유입이 장점이다.

④ 편의품 소매점의 경우 대형평형보다는 중형평형의 단지가 일반적으로 더 유리하다.

⑤ 관련법규에서는 단지내 상가를 근린생활시설로 분류하여 관련내용을 규정하고 있다.

36 면적 300m²인 대지에 지하2층 지상5층으로 소매점포 건물을 신축하려 한다. 층별 바닥면적은 각각 250m²로 동일하며 주차장은 지하1,2층에 각각 200m²와 지상1층 부속용

도에 한하는 주차장 면적 50m²로 구성되어 있다. 이 건물의 용적률을 계산하면 얼마인가?

① 300% ② 333%

③ 400% ④ 416%

⑤ 533%

37 지리정보시스템(GIS)과 관련한 내용으로 가장 옳지 않은 것은?

① 주제도작성, 공간조회, 버퍼링(buffering)을 통해 효과적인 상권분석이 가능하다.

② 점포의 고객을 대상으로 gCRM을 실현하기 위한 기본적 틀을 제공할 수 있다.

③ 지도레이어는 점, 선, 면을 포함하는 개별 지도형상으로 구성되며, 여러 겹의 지도레이어를 활용하여 상권의 중첩(overlay)을 표현할 수 있다.

④ 지도상에서 데이터를 표현하고 특정 공간기준을 만족시키는 지도를 얻는 데이터 및 공간조회 기능이 있다.

⑤ 위상은 어떤 지도형상, 즉 점이나 선 혹은 면으로부터 특정한 거리 이내에 포함되는 영역을 의미하며 면의 형태로 나타나 상권 혹은 영향권을 표현하는데 사용될 수 있다.

38 동선과 관련한 소비자의 심리를 나타내는 대표적 원리로 가장 옳지 않은 것은?

① 최단거리실현의 법칙: 최단거리로 목적지에 가려는 심리
② 보증실현의 법칙: 먼저 득을 얻는 쪽을 선택하려는 심리
③ 고차선호의 법칙: 넓고 깨끗한 곳으로 가려는 심리
④ 집합의 법칙: 군중심리에 의해 사람이 모여 있는 곳에 가려는 심리
⑤ 안전중시의 법칙: 위험하거나 모르는 길은 가려고 하지 않는 심리

39 대표적인 입지조건의 하나인 고객유도시설(customer generator)은 도시형 점포, 교외형 점포, 인스토어형 점포 등 점포 유형별로 구분해서 평가한다. 일반적인 인스토어형 점포의 고객유도시설로서 가장 옳지 않은 것은?

① 주차장 출입구　　② 푸드코트
③ 주 출입구　　　　④ 에스컬레이터
⑤ 간선도로

40 입지적 특성에 따라 소매점포 유형을 집심성, 집재성, 산재성, 국부적집중성 점포로 구분하기도 한다. 업태와 이들 입지유형의 연결로서 가장 옳지 않은 것은?

① 백화점-집심성점포
② 화훼점-집심성점포
③ 편의점-산재성점포
④ 가구점-집재성점포
⑤ 공구도매점-국부적집중성점포

41 신규점포의 예상매출액을 추정할 때 활용하는 애플바움(W. Applebaum)의 유추법(analog method)에 대한 설명으로 옳지 않은 것은?

① 일관성 있는 예측이 중요하므로 소비자 특성의 지역별 차이를 고려하기보다는 동일한 방법을 적용해야 한다.
② 현재 운영 중인 상업시설 중에서 유사점포(analog store)를 선택한다.
③ 과거의 경험을 계량화한 자료를 이용해 미래를 예측하지만 시장요인과 점포특성들이 끊임없이 변화하기 때문에 주관적 판단이 요구된다.
④ 비교대상 점포들의 특성이 정확히 일치하는 경우를 찾기 어려울 뿐만 아니라 특정 환경변수의 영향이 동일하게 작용하지도 않기 때문에 주관적 판단이 요구된다.
⑤ 점포의 물리적 특성, 소비자의 쇼핑패턴, 소비자의 인구통계적 특성, 경쟁상황이 분석대상과 비슷한 점포를 유사점포(analog store)로 선택하는 것이 바람직하다.

42 "국토의 계획 및 이용에 관한 법률" (법률 제17893호, 2021. 1. 12., 타법개정)에서 규정하고 있는 용도지역 중 상업지역을 구분하는 유형으로 볼 수 없는 것은?

① 중심상업지역   ② 일반상업지역
③ 근린상업지역   ④ 전용상업지역
⑤ 유통상업지역

43 중심지체계에 의한 상권유형 구분에서 전통적인 도심(CBD) 상권의 일반적 특징으로 가장 옳지 않은 것은?

① 고객흡인력이 강해 상권범위가 상대적으로 넓다.
② 교통의 결절점으로 대중교통이 편리하다.
③ 전통적 도시의 경우에는 주차문제가 심각하다.
④ 상대적으로 거주인구는 적고 유동인구는 많다.
⑤ 소비자들의 평균 체류시간이 상대적으로 짧다.

44 아래 글상자의 현상과 이들을 설명하는 넬슨(R. N. Nelson)의 입지원칙의 연결로서 옳은 것은?

> ㉠ 식당이 많이 몰려있는 곳에 술집이나 커피숍들이 있다든지, 극장가 주위에 식당들이 많이 밀집하는 현상

> ㉡ 귀금속 상점들이나 떡볶이 가게들이 한 곳에 몰려서 입지함으로써 더 큰 집객력을 갖는 현상

① ㉠ 동반유인 원칙, ㉡ 보충가능성 원칙
② ㉠ 고객차단 원칙, ㉡ 보충가능성 원칙
③ ㉠ 보충가능성 원칙, ㉡ 점포밀집 원칙
④ ㉠ 보충가능성 원칙, ㉡ 동반유인 원칙
⑤ ㉠ 점포밀집 원칙, ㉡ 보충가능성 원칙

45 제4차 산업혁명의 핵심기술 중의 하나인 빅데이터 기술이 소매 경영과 소매상권분석에 미치는 영향에 관한 설명으로서 가장 옳지 않은 것은?

① 개별적으로 상권분석 능력이 부족한 소규모 소매점포, 창업자들에게 정부 또는 각종 단체에서 빅데이터 기술에 기반한 상권분석 및 입지분석 정보를 제공함으로써 소매경영 개선을 돕는다.
② 신상품 개발이나 고객만족도 향상을 위한 소매믹스 개선에 기여할 수 있다.
③ 소매상권 내에서 표적시장을 구체적으로 파악하는 데 도움을 줄 수 있다.
④ 하나의 상권을 지향하는 개별점포 소유자들의 상권분석에 필수 도구이지만 복수의 상권에 접근하는 체인사업에게는 효과적이지 않다.
⑤ 히트상품 및 데드셀러(dead seller)분석을 통해 재고관리의 효율성을 높일 수 있게 한다.

46~70   3과목 | 유통마케팅

46 시장세분화 유형과 사용하는 변수들의 연결로서 가장 옳지 않은 것은?

① 행동분석적 세분화: 라이프스타일, 연령
② 지리적 세분화: 인구밀도, 기후
③ 인구통계적 세분화: 성별, 가족규모
④ 심리적 세분화: 개성, 성격
⑤ 인구통계적 세분화: 소득, 직업

47 소매점포의 공간 분류와 그 용도에 대한 연결이 가장 옳지 않은 것은?

항목	용도
㉠ 고객존	고객용 출입구, 통로 계단
㉡ 상품존	상품매입, 보관 장소
㉢ 직원존	사무실, 종업원을 위한 식당과 휴게실
㉣ 매장존	매장, 고객 휴게실과 화장실, 비상구
㉤ 후방존	물류 공간, 작업 공간

① ㉠   ② ㉡
③ ㉢   ④ ㉣
⑤ ㉤

48 지속성 상품의 경우 다음 주문이 도착하기 전에 판매 가능한 수량이 없거나 재고가 바닥이 나게 되는 최저 재고물량을 기준으로 주문점을 결정한다. 일일 예상판매량이 5개이고, 리드타임이 7일이며, 예비재고 20개를 유지하고자 할 때 주문점은 얼마인가?

① 15개   ② 35개
③ 55개   ④ 75개
⑤ 145개

49 아래 글상자에서 설명하는 용어로 옳은 것은?

> 주어진 상황에서 특정 대상에 대한 개인의 중요성 및 관련성 지각정도를 의미하는 것으로 고객이 제품 구매결정에 투입하는 시간 및 정보수집 노력과 관련이 높다.

① 판매정보   ② 구매동기
③ 구매특성   ④ 지각도
⑤ 관여도

50 매장에서 비주얼 머천다이징(VMD)을 구성할 때 다양한 방법을 사용할 수 있다. 아래 글상자에서 설명하는 내용의 기법으로 가장 옳은 것은?

- 고객에게 상품의 특성과 장점에 대한 정보를 제공하고 인기상품이나 계절상품 등을 제안하는 역할을 한다.
- 고객의 시선이 닿기 쉬운 곳에 구성하여 고객의 무의식적인 구매충동을 자극하도록 구성한다.
- 고객에게 상품의 콘셉트나 가치를 시각적으로 호소한다.

① 쇼윈도 프레젠테이션
② 파사드 프레젠테이션
③ 비주얼 프레젠테이션
④ 포인트 프레젠테이션
⑤ 아이템 프레젠테이션

51 촉진예산을 결정하는 방법에 대한 설명으로 가장 옳지 않은 것은?

① 가용예산법: 기업의 여유 자금에 따라 예산을 결정하는 방법
② 매출액 비율법: 과거의 매출액이나 예측된 미래의 매출액을 근거로 예산을 결정하는 방법
③ 단위당 고정비용법: 고가격 제품의 촉진에 특정 비용이 수반될 때 이를 고려하여 예산을 결정하는 방법
④ 경쟁 대항법: 경쟁사의 촉진 예산 규모를 기반으로 결정하는 방법
⑤ 목표 과업법: 촉진목표를 설정하고 이를 달성하기 위한 과업을 분석하여 예산을 결정하는 방법

52 아래 글상자에 설명하는 마케팅조사 기법으로 가장 옳은 것은?

다수의 대상(소비자, 제품 등)들을 그들이 소유하는 특성을 토대로 유사한 대상들끼리 집단으로 분류하는 통계 기법

① 분산분석
② 회귀분석
③ 군집분석
④ t-검증
⑤ 컨조인트분석

53 세분화된 시장들 중에서 매력적인 표적시장을 선정하기 위한 고려사항으로 가장 옳지 않은 것은?

① 경쟁의 측면에서 개별 세분시장 내의 경쟁강도를 살펴보아야 한다.
② 해당 세분시장이 자사의 역량과 자원에 적합한지를 살펴보아야 한다.
③ 선택할 시장들의 절대적 규모를 고려하여 살펴보아야 한다.
④ 자사가 기존에 가지고 있는 마케팅 믹스 체계와 일치하는지를 살펴보아야 한다.
⑤ 선택할 시장이 자사가 가지고 있는 목표 및 이미지와 일치하는지 살펴보아야 한다.

54 셀프서비스를 활용한 상품판매의 특징으로 가장 옳지 않은 것은?

① 영업시간의 유연성 증가
② 소매점의 판매비용 절감
③ 고객에게 전달되는 상품정보의 정확성 향상
④ 구매과정에 대한 고객의 자기통제력 향상
⑤ 직원의 숙련도와 상관없는 비교적 균일한 서비스제공

55 고객생애가치(CLV: customer lifetime value)에 대한 설명으로 가장 옳지 않은 것은?

① CLV는 어떤 고객으로부터 얻게 되는 전체 이익흐름의 현재가치를 의미한다.
② 충성도가 높은 고객은 반드시 CLV가 높다.
③ CLV를 증대시키려면 고객에게 경쟁자보다 더 큰 가치를 제공해야 한다.
④ CLV 관리는 단속적 거래보다는 장기적 거래관계를 통한 이익에 집중한다.
⑤ 올바른 CLV를 정확하게 산출하려면 수입흐름 뿐만 아니라 고객획득비용이나 고객유지비용 같은 비용 흐름도 고려해야 한다.

56 판매촉진 방법 가운데 프리미엄(premium)의 장점으로 가장 옳지 않은 것은?

① 지속적으로 사용해도 제품 자체 이미지에 손상을 가져 오지 않는다.
② 많은 비용을 투입하지 않으면서 신규고객을 확보하는 효과적인 방법이다.
③ 제품에 별도의 매력을 부가함으로써 부족할 수 있는 상품력을 보완할 수 있다.
④ 제품수준이 평준화되어 차별화가 어려운 상황에서 특히 효과적이다.
⑤ 치열한 경쟁상황에서 제품에 대한 주목률을 높여주고 특히 구매시점에 경쟁제품보다 돋보이게 한다.

57 소매점에서 제공하는 상품 관련 핵심서비스의 내용으로서 가장 옳은 것은?

① 정확한 대금 청구   ② 편리한 환불 방식
③ 친절한 고객 응대   ④ 다양한 상품 구색
⑤ 신속한 상품 배달

58 생산업체가 경로구성원들의 성과를 평가하는 기준으로서 가장 옳지 않은 것은?

① 경로구성원에 대한 투자수익률
② 유통업체의 영업에서 차지하는 자사제품 판매 비중의 변화

③ 유통업체의 영업에 대한 자사 통제의 허용 정도

④ 환경 변화에 대한 경로구성원의 적응력

⑤ 경로구성원의 재고투자이익률

59 단수가격설정정책(odd pricing)에 대한 설명으로 옳은 것은?

① 최대한 인하된 상품 가격이라는 인상을 주어 판매량을 증가시키기 위해 가격을 990원, 1,990원처럼 설정하는 것을 말한다.

② 가격이 높을수록 우수한 품질이나 높은 지위를 상징하는 경우에 주로 사용된다.

③ 캔음료나 껌처럼 오랫동안 같은 가격을 지속적으로 유지함으로써 소비자가 그 가격을 당연하게 받아들이는 것을 말한다.

④ 같은 계열에 속하는 몇 개의 제품 가격을 품질에 따라 1만원, 3만원, 5만원 등으로 설정하는 것을 말한다.

⑤ 고객을 모으기 위해서 특정 제품을 아주 저렴한 가격으로 판매하는 방법이다.

60 고객 서비스는 사전적 고객 서비스, 현장에서의 고객서비스, 사후적 고객 서비스로 구분해볼 수 있다. 다음 중 사전적 고객 서비스 요소로 가장 옳은 것은?

① 자사의 경영철학에 따라 서비스에 관한 표준을 정하고 조직을 편성하여 교육 및 훈련한다.

② 구매계획이나 공급 여력 등에 따라 발생할지 모르는 재고품절을 방지하기 위해 적정 재고수준을 유지한다.

③ 고객의 주문 상황이나 기호에 맞는 상품의 주문을 위한 정보시스템을 효율적으로 관리·운영한다.

④ 고객의 상품 주문에서부터 상품 인도에 이르기까지 적절한 물류서비스를 공급한다.

⑤ 폭넓은 소비자 선택을 보장하기 위해 가능한 범위 내에서 다양한 상품을 진열하고 판매한다.

61 아래 글상자의 사례들에 해당하는 유통경쟁 전략으로 가장 옳은 것은?

- A사는 30대 전후의 여성들에게 스포츠 웨어를 주로 판매한다.
- B사는 대형 사이즈의 의류를 주력상품으로 판매한다.
- C사는 20대 여성을 대상으로 대중적인 가격대의 상품을 판매한다.
- D사는 가격대와 스타일이 서로 다른 7개의 전문의류점 사업부를 가지고 있다.

① 편의성 증대

② 정보기술의 도입 및 확대

③ 점포 포지셔닝 강화 ④ 유통업체 브랜드의 확대

⑤ e-커머스 확대

62 과자나 라면 같은 상품들을 정돈하지 않고 뒤죽박죽으로 진열하여 소비자들에게 저렴한 특가품이라는 인상을 주려는 진열방식의 명칭으로 가장 옳은 것은?

① 돌출진열(extended display)

② 섬진열(island display)

③ 점블진열(jumble display)

④ 후크진열(hook display)

⑤ 골든라인진열(golden line display)

63 다음의 여러 가격결정 방법 중에서 원가중심 가격결정(cost-oriented pricing)방법에 해당하지 않는 것은?

① 원가가산법(cost plus pricing)

② 손익분기점 가격결정법(breakeven pricing)

③ 목표이익 가격결정법(target-profit pricing)

④ 지각가치 중심 가격결정법(perceived value pricing)

⑤ 이폭가산법(markup pricing)

64 고객관계관리(CRM)에 대한 접근방법으로 가장 옳지 않은 것은?

① 마케팅부서만이 아닌 전사적 관점에서 고객지향적인 전략적 마케팅활동을 수행한다.

② 전사적 자원관리(ERP) 시스템을 통해 고객정보를 파악하고 분석한다.

③ 데이터마이닝 기법을 활용해 고객행동에 내재돼 있는 욕구(needs)를 파악한다.

④ 고객과의 관계 강화를 지속적으로 모색하는 고객중심 비즈니스모델을 수립한다.

⑤ 표적고객에 대한 고객관계 강화에 집중하며 고객점유율 향상에 중점을 둔다.

65 마케팅 전략수립을 위한 다양한 조사활동 중 1차 자료를 수집하기 위한 조사방식으로 옳지 않은 것은?

① 현장조사　　② 관찰조사

③ 설문조사　　④ 문헌조사

⑤ 실험조사

66 점포의 구성 및 설계에 대한 설명으로 옳지 않은 것은?

① 포스 죠닝(POS zoning)은 판매가 이루어지는 마지막 접점이므로 최대한 고객의 체류시간을 늘려야 한다.

② 매장의 주통로는 고객의 편안한 이동을 제공하는 동시에 보조통로들과 잘 연계되게 구성해야 한다.

③ 공간면적당 판매생산성 향상을 고려하여 매장 내의 유휴 공간이 없도록 레이아웃

을 구성해야 한다.

④ 동선 폭은 고객의 편의를 고려해 유동성과 체류시간 등의 동선 혼잡도를 예상하여 결정해야 한다.

⑤ 표적고객을 최대한 명확하게 설정하고 상품 관련성을 고려하여 상품을 군집화 한다.

67 마케팅변수를 흔히 제품변수, 가격변수, 유통변수, 촉진 변수로 나누어 4P라고 한다. 다음 중 나머지와는 다른 P에 속하는 변수로서 가장 옳은 것은?

① 시장 커버리지
② 재고와 보관
③ 점포 위치
④ 1차 포장과 2차 포장
⑤ 수송

68 기업의 성장전략 대안들 가운데 기존시장에서 기존제품으로 점유율을 높여서 성장하려는 전략의 명칭으로 가장 옳은 것은?

① 제품개발전략   ② 시장개척전략
③ 시장침투전략   ④ 전방통합전략
⑤ 다각화전략

69 아래 글상자의 괄호 안에 들어갈 용어를 순서대로 나열한 것으로 가장 옳은 것은?

> 상품의 다양성(variety)은 (㉠)의 수가 어느 정도 되는 지를 의미하며, 상품의 구색(assortment)은 (㉡)의 수를 말한다.

① ㉠ 상품계열, ㉡ 상품품목
② ㉠ 상품형태, ㉡ 상품지원
③ ㉠ 상품품목, ㉡ 상품계열
④ ㉠ 상품지원, ㉡ 상품형태
⑤ ㉠ 상품형태, ㉡ 상품계열

70 고객관계 강화 및 유지를 위한 CRM활동으로 가장 옳지 않은 것은?

① 교차판매(cross-selling)
② 상향판매(up-selling)
③ 고객참여(customer involvement)
④ 2차구매 유도(inducing repurchase)
⑤ 영업자원 최적화(sales resource optimization)

71~90 4과목 | 유통정보

71 RFID의 특징에 대한 설명으로 가장 옳지 않은 것은?

① 태그는 데이터를 저장하거나 읽어 낼 수 있어야 한다.

② 태그는 인식 방향에 관계없이 ID 및 정보 인식이 가능해야 한다.

③ 태그는 직접 접촉을 하지 않아도 자료를 인식할 수 있어야 한다.

④ 태그는 많은 양의 데이터를 보내고, 받을 수 있어야 한다.

⑤ 수동형 태그는 능동형 태그에 비해 일반적으로 데이터를 보다 멀리까지 전송할 수 있다.

72 의사결정시스템에 대한 설명으로 가장 옳지 않은 것은?

① 최고경영층은 주로 비구조적 의사결정에 대한 문제에 직면해 있고, 운영층은 주로 구조적 의사결정에 대한 문제에 직면해 있다.

② 의사결정지원시스템을 이용해 의사결정의 품질을 높이기 위해서는 의사결정지원시스템에서 활용하는 데이터의 품질을 개선해야 한다.

③ 의사결정지원시스템은 수요 예측 문제, 민감도 분석 등에 활용된다.

④ 운영층은 주로 의사결정지원시스템을 이용해 마케팅 계획 설계, 예산 수립 계획 등과 같은 업무를 수행한다.

⑤ 의사결정지원시스템의 의사결정 품질 개선을 위해 딥러닝(deep learning)과 같은 고차원적 알고리즘(algorithm)이 활용된다.

73 소스마킹과 인스토어마킹에 관련된 설명으로 가장 옳지 않은 것은?

① 인스토어마킹은 소분포장, 진열 단계에서 마킹이 이루어진다.

② 소스마킹은 생산 및 제품 포장 단계에서 마킹이 이루어진다.

③ 소스마킹은 전 세계적으로 공통 사용이 가능하다.

④ 소스마킹은 과일이나 농산물에 주로 사용된다.

⑤ 인스토어마킹은 원칙적으로 소매업체가 자유롭게 표시한다.

74 바코드에 대한 설명으로 가장 옳지 않은 것은?

① 유통업체의 재고관리와 판매관리에 도움을 제공한다.

② 국가표준기관에 의해 관리되고 있다.

③ 컬러 색상은 인식하지 못하고, 흑백 색상만 인식한다.

④ 스캐너 또는 리더기를 이용하여 상품 관련 정보를 간편하게 읽어들일 수 있다.

⑤ 바코드에는 국가코드, 제조업체코드, 상품품목코드 등에 대한 정보가 저장되어 있다.

75 아래 글상자의 내용을 지칭하는 용어로 가장 옳은 것은?

> – 기업이 필요에 따라 단기 계약직이나 임시직으로 인력을 충원하고 그 대가를 지불하는 형태의 경제를 의미
> – 맥킨지는 '디지털 장터에서 거래되는 기간제 근로자'라고 정의

① 오프쇼어링(off-shoring)

② 커스터마이징(customizing)

③ 매스커스터마이제이션(masscustomization)

④ 긱 이코노미(gig economy)

⑤ 리쇼어링(reshoring)

76 아래 글상자에서 설명하는 내용을 지칭하는 용어로 가장 옳은 것은?

> – 기존 데이터베이스 관리도구의 능력을 넘어서 데이터에서 가치있는 정보를 추출하는 기술로, 디지털 환경에서 다양한 형식으로 빠르게 발생하는 대량의 데이터를 다루는 기술임.
> – 유통업체에서 보다 탁월한 의사결정을 위해 활용하는 비즈니스 애널리틱스(Business Analytics: BA) 중 하나로 고차원적 의사결정을 지원하는 기술임.

① 리포팅　　　　② 쿼리

③ 스코어카드　　④ 대시보드

⑤ 빅데이터

77 유통정보시스템 이용에 있어서 정보보안의 주요 목표에 대한 내용으로 가장 옳은 것은?

① 허락받지 않은 사용자가 정보를 변경해서는 안되는 것은 기밀성이다.

② 정보의 소유자가 원치 않으면 정보를 공개할 수 없는 것은 무결성이다.

③ 보낸 이메일을 상대가 읽었는지 알 수 있는 수신 확인 기능은 부인방지 원칙을 잘 반영한 것이다.

④ 웹사이트에 접속하려고 할 때 에러 등 서비스 장애가 일어나는 것은 무결성이 떨어진다고 볼 수 있다.

⑤ 인터넷 거래에 필요한 공인인증서에 기록된 내용은 타인이 조작할 수 없도록 만들어 가용성을 유지해야 한다.

78 유통업체에서 새로운 비즈니스 모델을 개발하고자 할 때 사용하는 비즈니스 모델 캔버스를 구성하는 요인에 대한 설명으로 가장 옳지 않은 것은?

① 유통채널이란 기업이 고객에게 가치를 전달하는 경로이다.

② 고객 세분화란 고객이 무언가를 수행하는 것을 도움으로써 가치를 창출할 수 있다는 것이다.

③ 핵심자원은 기업이 비즈니스를 수행하는데 핵심이 되는 중요한 자산이다.

④ 고객관계 구축이란 우량 고객과 비우량 고객을 구분하고, 차별화된 관리방안을 마련하는 것을 의미한다.

⑤ 핵심 파트너십은 비즈니스 생태계에서 원만한 기업관계를 구축하기 위한 핵심 역량을 말한다.

79 스마트폰과 같은 모바일 기기를 이용하는 모바일 쇼핑의 특성으로 가장 옳지 않은 것은?

① 소비자가 직접 능동적으로 필요한 제품을 검색하여 보다 상세하게 정보를 얻을 수 있다는 장점이 있다.

② 모바일 쇼핑은 소비자가 인지-정보탐색-대안평가-구매 등의 구매의사결정을 하나의 매체에서 통합적으로 수행할 수 있는 쇼핑형태이다.

③ 기업은 구매과정을 단순하고 편리하게 구성함으로써 구매단계에 대한 통합적 관리가 가능해진다.

④ 쿠폰, 티켓, 상품권 등을 중심으로 형성되었던 모바일쇼핑은 의류, 패션잡화, 가전제품, 화장품, 식품, 가구 등 거의 전 부문으로 확산되고 있다.

⑤ 모바일 쇼핑의 활성화에 따라 백화점, 대형마트, 인터넷 쇼핑 등과의 채널별 시장 경계가 명확해지면서 기존에 비해 가격 경쟁은 약화되고 있다.

80 EDI 시스템의 사용 이점에 대한 설명으로 가장 옳지 않은 것은?

① 데이터의 입력에 소요되는 시간과 오류를 줄일 수 있다.

② 주문기입 오류로 인해 발생되는 문제점 및 지연을 없앰으로써 데이터 품질을 향상시킨다.

③ 문서 관련 업무를 자동화처리함으로써 직원들은 부가가치업무에 집중할 수 있고 중요한 비즈니스 데이터를 실시간으로 추적할 수 있다.

④ EDI는 세계 도처에 있는 거래 당사자와 연계를 촉진시키는 공통의 비즈니스 언어를 제공하기 때문에 새로운 영역 및 시장에 진입을 원활하게 한다.

⑤ EDI는 전자기반 프로세스를 문서기반 프로세스로 대체함으로써 많은 비용을 절약하고 이산화탄소 배출량을 감소시켜 궁극적으로 기업의 사회적 책임을 이행하게 한다.

81 고객관리를 최적화하기 위해 활용되는 비즈니스 인텔리전스(Business Intelligence: BI)에 대한 설명으로 가장 옳지 않은 것은?

① BI는 의사결정자에게 적절한 시간, 적절한 장소, 적절한 형식의 실행가능한 방식으로 정보를 제공한다.

② BI는 사물인터넷 기술을 이용해서 새로운 데이터를 수집하는 기능을 제공한다.

③ BI는 데이터 마이닝이나 OLAP 등의 다양한 분석도구를 사용하여 의사결정에 필요한 정보를 제공한다.

④ BI는 발생된 사건의 내부 데이터, 구조화된 데이터, 히스토리컬 데이터(historical data) 등에 대한 분석기능을 제공한다.

⑤ BI는 분석적 도구를 활용해 경영 의사결정에 필요한 경쟁력 있는 정보와 지식을 제공한다.

82 일반 상거래와 비교할 때, 전자상거래의 차별화된 특성을 설명한 것으로 가장 옳지 않은 것은?

① 고객과 대화형 비즈니스 모델로의 변이가 가능하다.

② 인터넷 비즈니스는 시간적, 공간적 제약 없이 실시간으로 운영 가능하다.

③ 재고부담을 최소화하면서 기술개발과 마케팅에 더 많은 투자를 한다.

④ 변화에 대한 융통성은 프로세스에 의존하기보다는 유형자산에 의존한다.

⑤ 동시다발적 비즈니스 요소가 성립하며 포괄적 비즈니스 모델에 의한 운영이 가능하다.

83 아래 글상자의 괄호 안에 들어갈 용어를 순서대로 나열한 것으로 가장 옳은 것은?

> – 디지털 뉴딜의 일환으로 (㉠)을 이용한 '유통/물류 이력관리시스템'은 위변조가 불가하고 정보 공유가 용이하여 입고부터 가공, 포장, 판매에 이르는 과정을 소비자와 공유하는 것이 가능해짐.
> – (㉡)는 개인이 자신의 정보에 대한 완전한 통제권을 가지는 비대면 시대에 가장 적합한 기술로 분산원장의 암호학적 특성을 기반으로 한 신뢰된 ID 저장소를 이용하여 제3기관의 통제 없이 분산원장에 참여한 누구나 신원정보의 위조 및 변조 여부를 검증할 수 있도록 지원함.

① ㉠ 블록체인, ㉡ DID(Decentralized Identity)

② ㉠ 금융권 공동인증, ㉡ OID(Open Identity)

③ ㉠ 블록체인, ㉡ PID(Personality Identity)

④ ㉠ 블록체인, ㉡ OID(Open Identity)

⑤ ㉠ 공인인증, ㉡ DID(Decentralized Identity)

84 QR(Quick Response)에 대한 설명으로 가장 옳지 않은 것은?

① QR은 1980년대 중반 미국의 의류업계와 유통업체가 상호 협력하면서 시작되었다.

② QR의 도입으로 기업은 리드타임의 증가, 재고비용의 감소, 판매의 증진 등의 획기적인 성과를 거둘 수 있다.

③ QR이 업계 전반에 걸쳐 확산되기 위해서는 유통업체마다 각각 다르게 운영되고 있는 의류상품에 대한 상품분류체계를 표준화하여야 한다.

④ 미국의 식품업계는 QR에 대한 벤치마킹을 통해 식품업계에 적용할 수 있는 SCM 시스템인 ECR을 개발하였다.

⑤ QR의 핵심은 유통업체가 제조업체에게 판매된 의류에 대한 정보를 매일 정기적으로 제공함으로써 제조업체로 하여금 판매가 부진한 상품에 대해서는 생산을 감축하고 잘 팔리는 상품의 생산에 주력할 수 있도록 하는데 있다.

85 빅데이터는 다양한 유형으로 존재하는 모든 데이터가 대상이 된다. 데이터 유형과 데이터 종류, 그에 따른 수집 기술의 연결이 가장 옳지 않은 것은?

① 정형데이터 – RDB – ETL

② 정형데이터 – RDB – Open API

③ 반정형데이터 – JSON – Open API

④ 반정형데이터 – 이미지 – Crawling

⑤ 비정형데이터 – 소셜데이터 – Crawling

86 노나카 이쿠지로 교수가 제시한 지식변환 프로세스에서 암묵적 형태로 존재하는 지식을 형식화하여 수집 가능한 데이터로 생성시켜 공유가 가능하도록 만드는 과정을 일컫는 용어로 옳은 것은?

① 공동화(socialization)

② 지식화(intellectualization)

③ 외부화(externalization)

④ 내면화(internalization)

⑤ 연결화(combination)

87 고객발굴을 위해 CRM시스템의 고객정보를 활용하여 분석을 수행하고자 한다. 고객으로부터 전화문의, 인터넷 조회, 영업소 방문 등의 내용을 바탕으로 하는 분석을 지칭하는 용어로 가장 옳은 것은?

① 외부 데이터 분석

② 고객 프로필 분석

③ 현재 고객 구성원 분석

④ 하우스–홀딩 분석

⑤ 인바운드 고객 분석

88 공급업체와 구매업체의 재고관리 영역에서 구매업체가 가진 재고 보충에 대한 책임을 공급업체에게 이전하는 전략을 일컫는 용어로 가장 옳은 것은?

① CPP(cost per rating point)
② ASP(application service provider)
③ CMI(co-managed inventory)
④ ABC(activity based costing)
⑤ VMI(vender managed inventory)

89 CRM시스템을 구축하는 이유에 대한 설명으로 가장 옳지 않은 것은?

① 고객과의 장기적인 관계 형성
② 거래 업무 효율화와 수익 증대
③ 의사결정 향상을 위한 고객에 대한 이해 활성화
④ 우수한 고객서비스 제공 및 확고한 경쟁우위 점유
⑤ 기존 고객유지보다 신규 고객유치 활성화를 통한 비용 절감

90 아래 글상자의 내용과 관련있는 용어로 가장 옳은 것은?

> – 금융소비자 개인의 금융정보(신용정보)를 통합 및 관리하여 주는 서비스
> – 개인데이터를 생산하는 정보주체인 개인이 본인 데이터에 대한 권리를 가지고, 본인이 원하는 방식으로 관리하고 처리하는 패러다임
> – 개인데이터의 관리 및 활용 체계를 기관 중심에서 사람 중심으로 전환한 개념

① 마이데이터
② BYOD(Bring Your Own Device)
③ 개인 핀테크
④ 디지털 전환
⑤ 빅테크

01~25   1과목 | 유통물류일반

01 국제물류주선업에 관련된 설명으로 가장 옳지 않은 것은?

① 화주에게 운송에 관련된 최적의 정보를 제공하고 물류비, 인력 등을 절감하는 데 도움을 줄 수 있다.

② 일반적으로 선사는 소량화물을 직접 취급하지 않기 때문에 소량화물의 화주들에게는 무역화물운송업무의 간소화와 운송비용 절감의 혜택을 제공할 수 있다.

③ 국제물류주선인은 다수의 화주로부터 위탁받은 화물로 선사에 보다 효과적인 교섭권을 행사하여 유리한 운임률 유도를 통해 규모의 경제 효과를 창출할 수 있다.

④ 안정적 물량 확보를 위해 선사는 국제물류주선인과 계약하는 것보다 일반화주와 직접 계약하는 것이 유리하다.

⑤ NVOCC(Non-Vessel Operating Common Carrier)는 실제운송인형 복합운송인에 속하지 않는다.

02 소비자기본법(법률 제17799호, 2020. 12. 29., 타법개정)에 의한 소비자의 기본적 권리로만 바르게 짝지어진 것은?

> ㉠ 물품 또는 용역을 선택함에 있어서 필요한 지식 및 정보를 제공받을 권리
> ㉡ 합리적인 소비생활을 위하여 필요한 교육을 받을 권리
> ㉢ 사업자 등과 더불어 자유시장경제를 구성하는 주체일 권리
> ㉣ 안전하고 쾌적한 소비생활 환경에서 소비할 권리
> ㉤ 환경친화적인 자원재활용에 대해 지원받을 권리

① ㉠, ㉡, ㉢, ㉣, ㉤   ② ㉠, ㉡, ㉢
③ ㉠, ㉡, ㉣   ④ ㉡, ㉢, ㉤
⑤ ㉡, ㉣, ㉤

03 재고관리에 대한 설명으로 가장 옳지 않은 것은?

① 소비자가 원하는 상품을 적시에 제공하기 위하여 소매점은 항상 적절한 양의 재고를 보유해야 할 필요가 있다.

② 재고가 지나치게 많을 경우, 적절한 시기에 처분하기 위해 상품가격을 인하시켜 판매하기 때문에 투매손실이 발생할 수 있다.

③ 재고가 너무 적은 경우 소비자의 수요에 대응할 수 없는 기회손실이 발생할 수 있다.

④ 투매손실이나 기회손실이 발생하지 않도록 하기 위해서 유지해야 하는 적정 재고량은 표준재고이다.

⑤ 재고가 적정 수준 이하가 되면 미리 결정해둔 일정주문량을 발주하는 방법은 상황 발주법이다.

04 경로 지배를 위한 힘의 원천으로 가장 옳지 않은 것은?

① 보상적 힘   ② 협력적 힘
③ 합법적 힘   ④ 준거적 힘
⑤ 전문적 힘

05 산업재와 유통경로에 대한 설명으로 가장 옳지 않은 것은?

① 산업재는 원자재의 저가격협상과 수급연속성, 안정적인 공급경로의 구축이 중요하다.

② 설비품(고정장비)은 구매결정자의 지위가 낮으며 단위당 가격이 낮고 단기적 거래가 많다.

③ 윤활유, 잉크 등과 같은 운영소모품의 거래는 구매 노력이 적게 들기에 구매결정자의 지위나 가격이 낮다.

④ 산업재는 제조업자와 소비자 간의 직접 판매가 많고 소비재보다는 경로가 짧고 단순하다.

⑤ 산업재 중 못, 청소용구, 페인트 같은 수선소모품은 소비재 중 편의품과 같은 성격을 갖고 있다.

06 JIT(Just-in-time)와 JIT(Just-in-time) II와의 차이점에 대한 설명으로 가장 옳지 않은 것은?

① JIT는 부품과 원자재를 원활히 공급받는데 초점을 두고, JIT II는 부품, 원부자재, 설비공구, 일반자재 등 모든 분야를 공급받는 데 초점을 둔다.

② JIT가 개별적인 생산현장(plant floor)을 연결한 것이라면, JIT II는 공급체인 상의 파트너의 연결과 그 프로세스를 변화시키는 시스템이다.

③ JIT는 자사 공장 내의 무가치한 활동을 감소·제거하는데 주력하고, JIT II는 기업 간의 중복업무와 무가치한 활동을 감소·제거하는데 주력한다.

④ JIT가 풀(pull)형인 MRP와 대비되는 푸시(push)형의 생산방식인데 비해, JIT II는 JIT와 MRP를 동시에 수용할 수 있는 기업 간의 운영체제를 의미한다.

⑤ JIT가 물동량의 흐름을 주된 개선대상으로 삼는 데 비해, JIT II는 기술, 영업, 개발을 동시화(synchronization)하여 물동량의 흐름을 강력히 통제한다.

07 공급사슬관리(SCM)를 위해 활용할 수 있는 지연전략(postponement strategy)에 대한 설명으로 가장 옳은 것은?

① 지연전략은 고객의 수요를 제품설계에 반영하기 위해 완제품의 재고보유 시간을 최대한 연장시키는 전략이다.

② 주문 이전에는 모든 스웨터를 하얀색으로 생산한 후 주문이 들어오면 염색을 통해 수요에 맞춰 공급하는 것은 지리적 지연전략이다.

③ 가장 중요한 창고에 재고를 유지하며, 지역 유통업자들에게 고객의 주문을 넘겨주거나 고객에게 직접 배송하는 것은 제조 지연전략이다.

④ 컴퓨터의 경우, 유통센터에서 프린터, 웹캠 등의 장치를 조립하거나 포장하는 것은 지리적 지연전략이다.

⑤ 자동차를 판매할 때 사운드 시스템, 선루프 등을 설치옵션으로 두는 것은 결합 지연전략이다.

08 경영성과 분석을 위해 글상자 안의 활동성 비율들을 계산할 때 공통적으로 사용되는 요소로 가장 옳은 것은?

> 재고자산회전율,   고정자산회전율,
> 총자산회전율,   매출채권회전율

① 재고자산   ② 자기자본
③ 영업이익   ④ 매출액
⑤ 고정자산

09 각 점포가 독립된 회사라는 점에서 프랜차이즈 체인방식과 같지만, 조직의 주체는 가맹점이며 전 가맹점이 경영의 의사결정에 참여한다는 차이점이 있는 연쇄점(chain)의 형태로 가장 옳은 것은?

① 정규연쇄점(regular chain)
② 직영점형 연쇄점(corporate chain)
③ 조합형 연쇄점(cooperative chain)
④ 마스터 프랜차이즈(master franchise)
⑤ 임의형 연쇄점(voluntary chain)

10 아래 글상자의 내용을 6시그마 도입절차대로 나열한 것으로 가장 옳은 것은?

> ㉠ 필요성(needs)의 구체화
> ㉡ 비전의 명확화
> ㉢ 계획수립
> ㉣ 계획실행
> ㉤ 이익평가
> ㉥ 이익유지

① ㉤ - ㉥ - ㉠ - ㉡ - ㉢ - ㉣
② ㉡ - ㉢ - ㉣ - ㉤ - ㉥ - ㉠
③ ㉢ - ㉣ - ㉤ - ㉥ - ㉠ - ㉡
④ ㉣ - ㉤ - ㉥ - ㉠ - ㉡ - ㉢
⑤ ㉠ - ㉡ - ㉢ - ㉣ - ㉤ - ㉥

11 정량주문법과 정기주문법을 적용하기 유리한 경우에 대한 상대적인 비교로 가장 옳은 것은?

구분	항목	정량주문법	정기주문법
㉠	표준화	전용부품	표준부품
㉡	품목수	적음	많음
㉢	주문량	변경가능	고정
㉣	리드타임	짧다	길다
㉤	주문시기	일정	일정하지 않음

① ㉠
② ㉡
③ ㉢
④ ㉣
⑤ ㉤

12 제품/시장 확장그리드(product/market expansion grid)에서 기존제품을 가지고 새로운 세분시장을 파악해서 진출하는 방식의 기업성장전략으로 가장 옳은 것은?

① 시장침투전략(market penetration strategy)
② 시장개발전략(market development strategy)
③ 제품개발전략(product development strategy)
④ 다각화전략(diversification strategy)
⑤ 수평적 다각화전략(horizontal diversification strategy)

13 공급사슬을 효율적 공급사슬과 반응적 공급사슬로 구분하여 설계할 때 반응적 공급사슬에 대한 특징으로 가장 옳지 않은 것은?

① 리드타임을 적극적으로 단축하려 노력한다.
② 여유생산능력이 높다.
③ 저가격, 일관된 품질이 납품업체 선정기준이다.
④ 제품 혹은 서비스의 다양성을 강조하는 생산전략이다.
⑤ 신속한 납기가 가능할 정도의 재고 투자를 한다.

14 아래 글상자의 물류채산분석 회계 내용에 대한 설명으로 가장 옳지 않은 것은?

구분	회계 내용	물류채산분석
㉠	계산목적	물류에 관한 의사결정
㉡	계산대상	특정의 개선안, 대체안
㉢	계산기간	개선안의 전체나 특정 기간
㉣	계산방식	상황에 따라 상이
㉤	계산의 계속성	반복적으로 계산

① ㉠
② ㉡
③ ㉢
④ ㉣
⑤ ㉤

15 프로젝트 조직에 대한 내용으로 가장 옳지 않은 것은?

① 과제 진행에 따라 인력 구성의 탄력성이 존재한다.

② 목적달성을 지향하는 조직이므로 구성원들의 과제해결을 위한 사기를 높일 수 있다.

③ 기업 전체의 목적보다는 사업부만의 목적달성에 더 관심을 기울이게 된다.

④ 해당 조직에 파견된 사람은 선택된 사람이라는 우월감이 조직 단결을 저해하기도 한다.

⑤ 전문가로 구성된 일시적인 조직이므로 그 조직 관리자의 지휘능력이 중요하다.

16 소비재의 유형별로 일반적인 경로목표를 설정할 경우에 대한 설명으로 가장 옳지 않은 것은?

① 편의품의 경우 최대의 노출을 필요로 하기에 개방적 유통을 사용한다.

② 일부 의약품은 고객 편의를 위해 편의점을 통한 개방적 유통을 사용하기도 한다.

③ 이질적 선매품의 경우 품질비교가 가능하도록 유통시킨다.

④ 동질적 선매품의 경우 가격비교가 용이하도록 유통시킨다.

⑤ 전문품은 구매횟수가 정기적인 것이 특징이기에 개방적 유통을 사용한다.

17 A사의 제품은 연간 19,200개 정도가 판매될 것으로 예상되고 있다. 제품의 1회 주문비용은 150원, 제품당 연간 재고유지비가 9원이라고 할 때 경제적주문량(EOQ)으로 가장 옳은 것은?

① 600개 ② 650개

③ 700개 ④ 750개

⑤ 800개

18 아래 글상자의 괄호 안에 들어갈 용어를 순서대로 바르게 나열한 것으로 가장 옳은 것은?

> (㉠)은/는 이질적인 생산물을 동질적인 단위로 나누는 과정을 말한다.
> (㉡)은/는 이질적인 것을 모으는 과정을 말한다.
> (㉢)은/는 동질적으로 모아진 것을 나누는 과정을 말한다.

① ㉠ 배분, ㉡ 집적, ㉢ 구색

② ㉠ 구색, ㉡ 집적, ㉢ 분류

③ ㉠ 분류, ㉡ 구색, ㉢ 배분

④ ㉠ 배분, ㉡ 집적, ㉢ 분류

⑤ ㉠ 집적, ㉡ 구색, ㉢ 분류

19 인플레이션 상황에서 급격한 가격인상 없이 매출과 수익의 손실을 막기 위해 유통기업들이 채택할 수 있는 방법으로 가장 옳지 않은 것은?

① 취급하는 상품의 종류를 재정비하여 재고비용이나 수송비용을 줄인다.

② 생산성이 낮은 인력이나 시설을 정리하고 정보화를 통해 이를 대체한다.

③ 무료설치, 운반, 장기보증 같은 부가적 상품서비스를 줄이거나 없앤다.

④ 포장비를 낮추기 위해 더 저렴한 포장재를 이용한다.

⑤ 절약형 상표, 보급형 상표의 비중을 줄인다.

20 서비스 유통의 형태인 플랫폼 비즈니스(platform business)에 대한 설명으로 가장 옳지 않은 것은?

① 플랫폼을 통해 사람과 사람, 사람과 사물을 연결함으로써 새로운 유형의 서비스가 창출된다.

② 정보통신기술의 발달은 사람 간의 교류를 더 빠르고 효율적으로 실현시키면서 플랫폼 비즈니스 성장에 긍정적인 영향을 미치고 있다.

③ 플랫폼 비즈니스의 구성원은 플랫폼 구축자와 플랫폼 사용자로 크게 나뉜다.

④ 플랫폼은 소식, 물건, 서비스 등 다양한 유형의 콘텐츠 교류가 가능하게 해주는 일종의 장터이다.

⑤ 플랫폼 비즈니스 사업자는 플랫폼을 제공해주는 대가를 직접적으로 취할 수 없으므로, 광고 등을 통해 간접적으로 수익을 올리는 비즈니스 모델이다.

21 수직적 통합이 일어나는 경우 합병하는 회사측은 현실적으로 여러 문제점에 직면할 수 있는데 이에 대한 설명으로 가장 옳지 않은 것은?

① 분업에 따른 전문화의 이점을 누리기 힘들어진다.

② 유통경로 구성원 간의 관계를 경쟁관계로 바뀌게 한다.

③ 조직의 슬림화로 인해 구성원의 업무량이 증가한다.

④ 통합하려는 기업은 많은 자금을 합병에 투입하게 된다.

⑤ 조직관리에 많은 비용을 소모하게 되어 경기가 좋지 않을 때에는 자금부담이 생길 수 있다.

22 아래 글상자에서 설명하는 개념으로 옳은 것은?

> 제품에 대한 최종소비자의 수요 변동 폭은 크지 않지만, 소매상, 도매상, 제조업자, 원재료 공급업자 등 공급사슬을 거슬러 올라갈수록 변동 폭이 크게 확대되어 수요예측치와 실제 판매량 사이의 차이가 커지게 된다.

① 블랙 스완 효과(black swan effect)
② 밴드 왜건 효과(band wagon effect)
③ 채찍 효과(bullwhip effect)
④ 베블렌 효과(Veblen effect)
⑤ 디드로 효과(Diderot effect)

23 파욜(Fayol)의 조직원리에 대한 설명으로 가장 옳지 않은 것은?

① 각각의 종업원들은 오직 한명의 관리자에게 보고한다.
② 최고관리자에게 부여된 의사결정력의 크기는 상황에 따라 변화한다.
③ 마케팅, 재무, 생산 등의 전문적인 분야의 기능들은 통합된다.
④ 조직의 목표는 개인 각각의 목표보다 우선시 된다.
⑤ 종업원들은 누구에게 보고해야 하는지 알아야 한다.

24 기업윤리의 중요성을 강조하기 위해 취할 수 있는 방법으로 가장 옳지 않은 것은?

① 기업윤리와 관련된 헌장이나 강령을 만들어 발표한다.
② 기업의 모든 의사결정 프로세스에서 반영될 수 있게 모니터링한다.
③ 윤리경영의 지표로서 정성적인 지표는 적용하기 힘드므로 계량적인 윤리경영지표만을 활용한다.
④ 조직 내의 문제점을 제기할 수 있는 제도를 활성화한다.
⑤ 윤리기준을 적용한 감사 결과를 조직원과 공유한다.

25 아래 글상자의 내용을 이용하여 작업량 접근방식(workload approach)을 통해 확보해야 할 영업조직 규모(영업사원수)를 계산한 것으로 옳은 것은?

> − 거래처: 100개
> − 거래처별 연간 방문횟수: 1년에 12회 방문필수
> − 영업사원 1명이 한 해 평균 방문가능 횟수: 100번

① 10명　　　　② 12명
③ 14명　　　　④ 18명
⑤ 20명

26~45 2과목 | 상권분석

26 두 도시 A, B의 거리는 12km, A시의 인구는 20만 명, B시의 인구는 5만 명이다. Converse의 상권분기점 분석법에 따른 도시 간의 상권경계는 B시로부터 얼마나 떨어진 곳에 형성되겠는가?

① 3km ② 4km

③ 6km ④ 8km

⑤ 9km

27 국토의 계획 및 이용에 관한 법률(법률 제18310호, 2021. 7. 20., 타법개정)에 의거한 주거 및 교육 환경보호나 청소년 보호 등의 목적으로 오염물질 배출시설, 청소년 유해시설 등 특정시설의 입지를 제한할 필요가 있는 용도지구에 해당하는 것으로 가장 옳은 것은?

① 청소년보호지구 ② 보호지구

③ 복합용도지구 ④ 특정용도제한지구

⑤ 개발제한지구

28 입지의사결정 과정에서 점포의 매력도에 영향을 미치는 입지조건 평가에 대한 설명으로 가장 옳지 않은 것은?

① 상권단절요인에는 하천, 학교, 종합병원, 공원, 주차장, 주유소 등이 있다.

② 주변을 지나는 유동인구의 수보다는 인구특성과 이동방향 및 목적 등이 더 중요하다.

③ 점포가 보조동선 보다는 주동선상에 위치하거나 가까울수록 소비자 유입에 유리하다.

④ 점포나 부지형태는 정방형이 장방형보다 가시성이나 접근성 측면에서 유리하다.

⑤ 층고가 높으면 외부가시성이 좋고 내부에 쾌적한 환경을 조성하기 유리하다.

29 소비자 K가 거주하는 어느 지역에 아래 조건과 같이 3개의 슈퍼가 있는 경우, Huff모델을 사용하여 K의 이용확률이 가장 높은 점포와 해당 점포에 대한 이용확률을 추정한 것으로 가장 옳은 것은? (단, 거리와 점포면적에 대한 민감도계수가 −2와 3이라고 가정함)

구분	A 슈퍼	B 슈퍼	C 슈퍼
거 리	10	2	3
점포면적	5	4	6

① C 슈퍼, 57% ② A 슈퍼, 50%

③ B 슈퍼, 50% ④ A 슈퍼, 44%

⑤ B 슈퍼, 33%

30 소매입지를 선정하기 위해 활용되는 각종 지수(index)에 대한 설명으로 가장 옳지 않은 것은?

① 시장포화지수(IRS)는 특정 시장 내에서 주어진 제품계열에 대한 점포면적당 잠재매출액의 크기이다.

② 구매력지수(BPI)는 주로 통계자료의 수집단위가 되는 행정구역별로 계산할 수 있다.

③ 시장확장잠재력지수(MEP)는 지역 내 소비자들이 타지역에서 쇼핑하는 비율을 고려하여 계산한다.

④ 판매활동지수(SAI)는 특정지역의 총면적당 점포면적 총량의 비율을 말한다.

⑤ 구매력지수(BPI)는 주로 인구, 소매 매출액, 유효소득 등의 요인을 이용하여 측정한다.

31 유추법(analog method)을 통해 신규점포에 대한 수요를 추정하는 과정에 대한 설명으로 가장 옳지 않은 것은?

① 비교점포는 통계분석 대신 주관적 판단을 주로 사용해서 선정한다.

② 신규점포의 수요는 비교점포의 상권정보를 활용해서 산정한다.

③ 비교점포의 상권을 단위거리에 따라 구역(zone)으로 나눈다.

④ 비교점포의 구역별 고객 1인당 매출액을 추정한다.

⑤ 수요예측을 위해 반드시 2개 이상의 비교점포를 선정해야 한다.

32 주변에 인접한 점포가 없이 큰길가에 위치한 자유입지인 고립된 점포입지에 관한 설명 중 가장 옳지 않은 것은?

① 대형점포를 개설할 경우 관련상품의 일괄구매(onestopshopping)를 가능하게 한다.

② 토지 및 건물의 가격이 상대적으로 싸다.

③ 개점 초기에 소비자를 점포 내로 유인하기가 쉽다.

④ 고정자산에 투입된 비용이 적어서 상대적으로 상품가격의 할인에 융통성이 있다.

⑤ 비교구매를 원하는 소비자에게는 매력적이지 않다.

33 상가건물 임대차보호법(법률 제18675호, 2022. 1. 4.,일부개정)에서 규정하는 환산보증금의 계산식으로 가장 옳은 것은?

① 보증금+(월임차료×24)

② 보증금+(월임차료×36)

③ 보증금+(월임차료×60)

④ 보증금+(월임차료×100)

⑤ 보증금+(월임차료×120)

34 상권과 관련된 가맹본부와 가맹점 사이의 관계에 대한 설명으로 가장 옳지 않은 것은?

① 가맹계약 체결 시 가맹본부는 가맹점사업자의 영업지역을 설정하여 가맹계약서에 이를 기재하여야 한다.

② 정보공개서는 가맹본부의 재정상태, 임원 프로필, 직영점 및 가맹점 수 등과 같은 정보를 포함한다.

③ 상권의 급격한 변화가 발생하는 경우에는 가맹본부의 경영전략상의 의사결정과정을 통해 기존 영업지역을 합리적으로 변경할 수 있다.

④ 지역 환경에 따라 수익이 다를 수 있으므로 가맹희망자는 개점하려는 지역의 환경과 가맹본부에서 제시한 창업환경의 유사성을 면밀히 검토해야 한다.

⑤ 가맹본부는 가맹계약을 위반하여 가맹계약 기간 중 가맹사업자의 영업지역 안에서 가맹사업자와 같은 업종의 자기 또는 계열회사의 직영점이나 가맹점을 설치하면 안 된다.

35 상권 규정 요인에 대한 설명으로 가장 옳지 않은 것은?

① 상권을 규정하는 요인에는 시간요인과 비용요인이 있다.

② 공급측면에서 비용요인이 상대적으로 저렴할수록 상권은 축소된다.

③ 재화의 이동에서 사람을 매개로 하는 소매상권은 재화의 종류에 따라 비용 지출이나 시간 사용이 달라지므로 상권의 크기도 달라진다.

④ 수요측면에서 고가품, 고급품일수록 상권범위가 확대된다.

⑤ 시간요인은 상품가치를 좌우하는 보존성이 강한 재화일수록 상권이 확대된다.

36 상권의 유형에 대한 설명으로 가장 옳지 않은 것은?

① 도심상권은 중심업무지구(CBD)를 포함하며 상권의 범위가 넓고 소비자들의 평균 체류시간이 길다.

② 근린상권은 점포인근 거주자들이 주요 소비자로 생활밀착형 업종의 점포들이 입지하는 경향이 있다.

③ 부도심상권은 간선도로의 결절점이나 역세권을 중심으로 형성되는 경우가 많으며 도시전체의 소비자를 유인한다.

④ 역세권상권은 지하철이나 철도역을 중심으로 형성되며 지상과 지하의 입체적 상권으로 고밀도 개발이 이루어지는 경우가 많다.

⑤ 아파트상권은 고정고객의 비중이 높아 안정적인 수요확보가 가능하지만 외부와 단절되는 경우가 많아 외부고객을 유치하는 상권확대가능성이 낮은 편이다.

37 상권분석에서 활용하는 소비자 대상 조사기법 중 조사대상의 선정이 내점객조사법과 가장 유사한 것은?

① 고객점표법 ② 점두조사법
③ 가정방문조사법 ④ 지역할당조사법
⑤ 편의추출조사법

38 소매점포의 상권범위나 상권형태는 소매점포를 이용하는 소비자의 공간적 분포를 나타낸다. 이에 대한 설명으로 가장 옳지 않은 것은?

① 소매점포의 면적이 비슷하더라도 업종이나 업태에 따라 개별점포의 상권범위는 차이가 날 수 있다.
② 동일 점포라도 소매전략에 따른 판촉활동 등의 차이에 따라 시기별로 점포의 상권범위는 변화한다.
③ 상권의 형태는 점포를 중심으로 일정한 거리 간격의 동심원 형태로 나타난다.
④ 동일한 지역에 인접하여 입지한 경우에도 점포 규모에 따라 개별 점포의 상권범위는 차이가 날 수 있다.
⑤ 동일한 위치에서 입지조건의 변화가 없고 점포의 전략적 변화가 없어도 상권의 범위는 유동적으로 변화하기 마련이다.

39 소매점의 상권을 공간적으로 구획하는 과정에서 상권의 지리적 경계를 분석할 때 활용할 수 있는 기법이나 도구에 해당하지 않는 것은?

① 내점객 및 거주자 대상 서베이법(survey technique)
② 티센다각형(thiessen polygon)
③ 소매매트릭스분석(retail matrix analysis)
④ 고객점표법(CST: customer spotting technique)
⑤ 컨버스의 분기점분석(Converse's breaking-point analysis)

40 다양한 소매점포 유형들 중에서 광범위한 상권범위를 갖는 대형상업시설인 쇼핑센터의 전략적 특성은 테넌트믹스(tenant mix)를 통해 결정된다고 한다. 상업시설의 주요 임차인으로서 시설 전체의 성격을 결정하는 앵커점포(anchor store)에 해당하는 것으로 가장 옳은 것은?

① 마그넷 스토어 ② 특수테넌트
③ 핵점포 ④ 일반테넌트
⑤ 보조핵점포

41 넬슨(R.L. Nelson)의 소매입지 선정원리 중에서 아래 글상자의 괄호 안에 들어갈 내용을 순서대로 나열한 것으로 가장 옳은 것은?

(㉠)은 동일한 점포 또는 유사업종의 점포가 집중적으로 몰려 있어 집객효과를 높일 수 있는 가능성을 말하며 집재성 점포의 경우에 유리하다.
(㉡)은 상이한 업종의 점포들이 인접해 있으면서 보완관계를 통해 상호 매출을 상승시키는 효과를 발휘하는 것을 의미한다.

① ㉠ 양립성, ㉡ 누적적 흡인력
② ㉠ 양립성, ㉡ 경합의 최소성
③ ㉠ 누적적 흡인력, ㉡ 양립성
④ ㉠ 상권의 잠재력, ㉡ 경합의 최소성
⑤ ㉠ 누적적 흡인력, ㉡ 경합의 최소성

42 상권분석 기법과 관련한 특성을 설명하는 내용으로 그 연결이 가장 옳지 않은 것은?

① 회귀모형은 원인과 결과변수 사이의 관계를 분석하여 원인변수의 영향력을 파악한다.
② 다항로짓(MNL)모형은 점포이미지와 입지특성을 반영하여 상권을 분석할 수 있다.
③ Christaller의 중심지이론은 중심지와 배후지의 관계를 규명하고 중심지체계 및 중심지 공간배열의 원리를 설명한다.

④ 체크리스트법은 소비자의 점포선택 행동을 결정론적이 아닌 확률론적으로 인식한다.
⑤ 유사점포법에서는 상권의 범위와 특성을 파악하기 위하여 CST map을 활용한다.

43 소매점의 상품구색과 상권 및 입지 특성에 대한 설명 중에서 가장 옳지 않은 것은?

① 편의품 소매점의 상권은 도보로 이동이 가능한 범위 이내로 제한되는 경우가 많다.
② 편의품은 일반적으로 소비자가 점포선택에 구매노력을 상대적으로 덜 기울이기 때문에 주택이나 사무실 등에 가까운 입지가 유리하다.
③ 선매품 소매점은 편의품 보다 상권의 위계에서 높은 단계의 소매 중심지나 상점가에 입지하여 넓은 범위의 상권을 가져야 한다.
④ 전문품 소매점의 경우 고객이 지역적으로 밀집되어 있어서 상권의 밀도는 높고 범위는 좁은 것이 특징이다.
⑤ 동일 업종이라 하더라도 점포의 규모나 품목구성에 따라 상권의 범위가 달라진다.

44 입지조건에 대한 일반적인 평가 중에서 가장 옳은 것은?

① 방사(放射)형 도로구조에서 분기점에 위치하는 것은 불리하다.

② 일방통행로에 위치한 점포는 시계성(가시성)과 교통접근성에 있어서 유리하다.

③ 곡선형 도로의 안쪽입지는 바깥쪽입지보다 시계성(가시성) 확보 측면에서 불리하다.

④ 주도로와 연결된 내리막이나 오르막 보조도로에 위치한 점포는 양호한 입지이다.

⑤ 차량 출입구는 교차로 교통정체에 의한 방해를 피하기 위해 모퉁이에 근접할수록 좋다.

45 상권 범위내 소비자들이 특정점포를 선택할 확률을 근거로 예상매출액을 추정할 수 있는 상권분석 기법들로 가장 옳은 것은?

① 유사점포법, Huff모델

② 체크리스트법, 유사점포법

③ 회귀분석법, 체크리스트법

④ Huff모델, MNL모델

⑤ MNL모델, 회귀분석법

46~70 3과목 | 유통마케팅

46 유통업 고객관계관리 활동의 성과 평가기준으로서 가장 옳은 것은?

① 시장점유율의 크기

② 판매량의 안정성

③ 고객자산(customer equity)의 크기

④ 고객정보의 신뢰성

⑤ 시장의 다변화 정도

47 아래 글상자의 설명을 모두 만족하는 유통마케팅조사의 표본추출방법으로 가장 옳은 것은?

- 모집단을 적절한 기준 변수에 따라 서로 상이한 소집단으로 나누고, 각 소집단별로 할당된 숫자의 표본을 단순무작위로 추출한다.
- 기준 변수를 잘 선택할 경우 모집단을 대표하는 표본을 얻을 수 있는 장점이 있다.

① 할당표본추출   ② 군집표본추출

③ 판단표본추출   ④ 층화표본추출

⑤ 편의표본추출

48 아래 글상자에서 설명하는 경로구성원의 공헌도 평가기법이 평가하는 요소로 가장 옳은 것은?

> 구매자 입장에서 특정 공급자의 개별품목혹은 재고관리단위(SKU: stock keeping unit) 각각에 대해 평가하는 기법

① 평당 총이익
② 직접제품이익
③ 경로구성원 종합성과
④ 경로구성원 총자산수익률
⑤ 상시종업원당 총이익

49 유통업체가 활용하는 자체 브랜드(PB: private brand)의 유형으로 가장 옳지 않은 것은?

① 제조업체 브랜드의 외형이나 명칭을 모방한 저가브랜드사용료를 지불한 제조업체 브랜드의 라이센스 브랜드
② 가격에 민감한 세분시장을 표적으로 하는 저가 브랜드
③ 제조업체 브랜드와 품질과 가격에서 경쟁하는 프리미엄 브랜드
④ 사용료를 지불한 제조업체 브랜드의 라이센스 브랜드
⑤ 제조업체 브랜드를 모방한 대체품이지만 유통업체 브랜드임을 밝힌 유사 브랜드

50 가격결정방식에 대한 설명으로 가장 옳지 않은 것은?

① 가격 탄력성이 1보다 클 경우 그 상품에 대한 수요는 가격비탄력적이라고 한다.
② 가격을 결정할 때 기업의 마케팅목표, 원가, 시장의 경쟁구조 등을 고려해야 한다.
③ 제품의 생산과 판매를 위해 소요되는 모든 비용을 충당하고 기업이 목표로 한 이익을 낼 수 있는 수준에서 가격을 결정하는 방식을 원가중심 가격결정이라고 한다.
④ 소비자가 제품에 대해 지각하는 가치에 따라 가격을 결정하는 것을 수요중심 가격결정이라고 한다.
⑤ 자사제품의 원가나 수요보다도 경쟁제품의 가격을 토대로 가격을 결정하는 방식을 경쟁중심 가격결정이라고 한다.

51 프랜차이즈 본부가 직영점을 설치하는 이유로 가장 옳지 않은 것은?

① 본부 직영점들은 프랜차이즈 시스템 내의 다른 점포들에 대한 모델점포로서의 기능을 할 수 있다.
② 직영점들은 프랜차이즈 시스템의 초기에 프랜차이즈 유통망의 성장을 촉진할 수 있다.
③ 본부 직영점을 통해 점포운영상의 문제점들을 직접 피부로 파악할 수 있다.

④ 본부가 전체 프랜차이즈 시스템의 운영에 대해 강력한 통제를 유지할 수 있는 가능성을 높일 수 있다.

⑤ 본부는 가맹점 증가보다 직영점을 통해 가입비, 교육비 등의 수입을 보다 적극적으로 확보할 수 있다.

52 고객충성도와 관련된 설명으로 가장 옳지 않은 것은?

① 충성도는 상호성과 다중성이라는 두 가지 속성을 가지고 있다.

② 충성도는 기업이 고객에게 물질적, 정신적 혜택을 제공하고, 고객이 긍정적인 반응을 해야 발생한다.

③ 고객 만족도가 높아지면 재구매 비율이 높아지고, 이에 따라 충성도도 높아진다.

④ 타성적 충성도(inertial loyalty)는 특정 상품에 대해 습관에 따라 반복적으로 나타나는 충성도이다.

⑤ 잠재적 충성도(latent loyalty)는 호감도는 낮지만 반복구매가 높은 경우에 발생하는 충성도이다.

53 효과적인 진열을 위해 활용하는 IP(item presentation), PP(point of presentation), VP(visual presentation)에 대한 설명으로 가장 옳지 않은 것은?

① IP의 목적은 판매포인트 전달과 판매유도이다.

② IP는 고객이 하나의 상품에 대한 구입의사를 결정할 수 있도록 돕기 위한 진열이다.

③ VP의 목적은 중점상품과 테마에 따른 매장 전체 이미지 표현이다.

④ VP는 점포나 매장 입구에서 유행, 인기, 계절상품 등을 제안하기 위한 진열이다.

⑤ PP는 어디에 어떤 상품이 있는가를 알려주는 진열이다.

54 매장 배치에 관한 아래의 내용 중에서 옳게 설명된 것은?

① 백화점 등 고급점포는 매장의 효율을 높이기 위해 그리드(grid) 방식의 고객동선 설계가 바람직하다.

② 복합점포매장의 경우, 고가의 전문매장, 가구매장 등은 고층이나 층 모서리에 배치하는 것이 바람직하다.

③ 충동구매를 일으키는 상품은 점포 후면에 진열, 배치하는 것이 바람직하다.

④ 층수가 높은 점포는 층수가 높을수록 그 공간가치가 높아진다.

⑤ 넓은 바닥면적이 필요한 상품은 통행량이 많은 곳에 배치하여야 한다.

55 산업재에 적합한 촉진수단으로 가장 옳은 것은?

① 광고   ② 홍보
③ 인적판매   ④ PR
⑤ 콘테스트

56 유통마케팅 조사 절차의 첫 번째 단계로서 가장 옳은 것은?

① 조사 설계   ② 자료 수집
③ 모집단 설정   ④ 조사문제 정의
⑤ 조사 타당성 평가

57 브랜드 관리와 관련된 설명으로 가장 옳지 않은 것은?

① 브랜드 자산(brand equity)이란 해당 브랜드를 가졌기 때문에 발생하는 차별적 브랜드 가치를 말한다.

② 브랜드 재인(brand recognition)은 브랜드가 과거에 본인에게 노출된 적이 있음을 알아차리는 것이다.

③ 브랜드 인지도(brand awareness)가 높을수록 브랜드 자산(brand equity)이 증가한다고 볼 수 있다.

④ 브랜드 인지도(brand awareness)는 브랜드 이미지의 풍부함을 의미한다.

⑤ 브랜드 회상(brand recall)이란 브랜드 정보를 기억으로 부터 인출하는 것을 말한다.

58 핵심고객관리(key account management)의 대상이 되는 핵심고객의 특징에 대한 설명으로 가장 옳지 않은 것은?

① 대량 구매를 하거나 구매점유율이 높다.

② 구매과정에서 기능적으로 상이한 여러 분야(생산, 배송, 재고 등)의 사람이 관여한다.

③ 지리적으로 분산된 조직단위(상점, 지점, 제조공장 등)를 위해 구매한다.

④ 전문화된 지원과 특화된 서비스(로지스틱스, 재고관리 등)가 필요하다.

⑤ 효과적이고 수익성 높은 거래의 수단으로 구매자와 판매자 간의 일회성 협력관계를 요구한다.

59 소매업체 대상 판촉프로그램에 대한 설명으로 옳지 않은 것은?

① 가격할인이란 일정 기간의 구매량에 대해 가격을 할인해주는 방법을 말한다.

② 리베이트란 진열위치, 판촉행사, 매출실적 등 소매상의 협력 정도에 따라 판매금액의 일정률에 해당하는 금액을 반환해주는 것을 말한다.

③ 인적지원이란 월 매출이 일정수준 이상인 점포에는 판촉사원을 고정적으로 배치하고 그 외 관리대상이 될 만한 점포에는 판촉사원을 순회시키는 것을 말한다.

④ 소매점 경영지도란 소매상에게 매장연출 방법, 상권분석 등의 경영지도를 통해 매출증대를 돕는 것을 말한다.

⑤ 할증판촉이란 소매점이 진행하고 있는

특정 제품 및 세일 관련 광고 비용 일부를 부담하는 것을 말한다.

60 아래 글상자에서 설명하는 경우에 적용할 수 있는 유통 마케팅전략으로 가장 옳은 것은?

> – 자사 제품을 효과적이고 효율적으로 전달할 수 있는 하나의 구매자 세분시장을 찾아낸 경우
> – 하나의 세분시장만으로도 기업의 이익목표를 충족시키기에 충분한 경우
> – 특정 시장, 특정 소비자 집단, 일부 제품종류, 특정 지역 등의 시장에 초점을 맞춰 공략하고자 하는 경우

① 시장확대전략　　② 비차별화전략
③ 집중화전략　　　④ 차별화전략
⑤ 원가우위전략

61 점포의 매장면적에 관한 설명으로 가장 옳지 않은 것은?

① 점포면적은 매장면적과 비매장면적으로 구분한다.
② 각 상품부문의 면적당 생산성을 고려하여 매장면적을 배분한다.
③ 일반적으로 전체 면적에서 차지하는 매장면적의 비율은 점포의 규모가 클수록 높아진다.

④ 매장면적을 배분할 때는 소비자의 편의성에 대한 요구, 효과적인 진열과 배치 등도 고려해야 한다.
⑤ 전체 면적 중 매장면적의 비율은 고급점포일수록 낮아 진다.

62 제조업자가 중간상들과의 거래에서 사용하는 가격할인 유형 중 판매촉진지원금에 대한 설명으로 옳은 것은?

① 중간상이 제품을 현금으로 구매할 경우 제조업자가 판매대금의 일부를 할인해 주는 것이다.
② 중간상이 제조업자가 일반적으로 수행해야 할 업무의 일부를 수행할 경우 경비의 일부를 제조업자가 부담하는 것이다.
③ 중간상이 제조업자를 대신하여 지역광고를 하거나 판촉을 실시할 경우 지급하는 보조금이다.
④ 중간상이 대량구매를 하는 경우 해주는 현금할인이다.
⑤ 중간상이 하자있는 제품, 질이 떨어지는 제품 등을 구매할 때 지급하는 지원금이다.

63 고객생애가치(CLV: customer lifetime value)에 대한 설명으로 가장 옳은 것은?

① 업태에 따라 고객생애가치는 다르게 추정될 수 있다.

② 고객생애가치는 고객과 기업 간의 정성적 관계 가치이므로 수치화하여 측정하기 어렵다.

③ 고객생애가치는 고객이 일생동안 구매를 통해 기업에게 기여하는 수익을 미래가치로 환산한 금액이다.

④ 고객생애가치는 고객점유율(customer share)에 기반하여 추정할 수 있다.

⑤ 고객의 생애가치는 고객의 이용실적, 고객당 비용, 고객이탈가능성 및 거래기간 등을 통해 추정할 수 있다.

64 아래 글상자에서 설명하는 가격전략으로 가장 옳은 것은?

> - 동일 상품군에 속하는 상품들에 다양한 가격대를 설정하는 가격전략
> - 소비자가 디자인, 색상, 사이즈 등을 다양하게 비교하는 선매품, 특히 의류품의 경우 자주 활용
> - 몇 개의 구체적인 가격만이 제시되므로 복잡한 가격비교를 하지 않아도 되어 소비자의 상품선택과정이 단순화된다는 장점을 제공

① 가격계열화전략(price lining strategy)

② 가격품목화전략(price itemizing strategy)

③ 가격단위화전략(price unitizing strategy)

④ 가격구색화전략(price assortment strategy)

⑤ 가격믹스전략(price mix strategy)

65 마이클 포터(Michael Porter)의 5요인모델 (5-Forces Model)에 근거한 설명으로 가장 옳지 않은 것은?

① 기존 기업들은 높은 진입장벽의 구축을 통해 시장매력도를 높일 수 있다.

② 구매자의 교섭력이 높아질수록 시장 매력도는 낮아진다.

③ 시장매력도는 산업 전체의 평균 수익성을 의미한다.

④ 경쟁자, 공급자, 구매자가 분명하게 구분되는 것을 가정한다.

⑤ 대체재가 많을수록 시장의 매력도는 높아진다.

66 상품구색의 다양성(variety)에 대한 설명으로 가장 옳지 않은 것은?

① 취급하는 상품계열의 수가 어느 정도 되는가를 의미한다.
② 취급하는 상품품목의 수가 얼마나 되느냐와 관련된다.
③ 동일한 성능이나 용도를 가진 상품들을 하나의 상품군으로 취급하기도 한다.
④ 동일한 고객층 또는 동일한 가격대 등을 하나의 상품군으로 취급하기도 한다.
⑤ 전문점은 백화점이나 양판점에 비해 상품구색의 다양성이 한정되어 있다.

67 업체별 머천다이징의 특징으로 가장 옳지 않은 것은?

① 전문점의 머천다이징은 전문성의 표현과 개성전개, 표적의 명확화를 바탕으로 구성한다.
② 할인점은 저비용, 저마진, 대량판매의 효율성을 바탕으로 구성한다.
③ 선매품점은 계절욕구, 패션지향에 대한 특성과 개성표현이 잘 되도록 구성한다.
④ 백화점은 계절성, 편리성, 친절성을 바탕으로 효율적 판매가 가능하도록 구성한다.
⑤ 슈퍼마켓은 합리적 상품회전율과 상품품목별 효율 중심을 바탕으로 구성한다.

68 고객관계를 강화하기 위한 고객관리전략으로 가장 옳지 않은 것은?

① 잠재가능고객 파악 및 차별적 프로모션 실행
② 구매 후 고객관리를 통한 관계 심화
③ 고객충성도의 주기적 측정 및 관리
④ 적극적이고 체계적인 불평관리
⑤ 고객이탈을 방지하는 인센티브 제공

69 판매원의 판매활동에 대한 설명으로 가장 옳지 않은 것은?

① 상품과 대금의 교환을 실현시키는 활동이다.
② 상품의 효용과 가치에 대한 정보를 제공하는 활동이다.
③ 제한된 공간에서 소매점의 이익을 극대화하기 위한 활동이다.
④ 고객이 상품과 서비스를 구매하도록 설득하는 활동이다.
⑤ 대화를 통해 고객의 욕구를 파악하고 그에 부합되는 제품을 추천하는 활동이다.

70 판매 결정을 촉구하는 판매원의 행동기법으로 가장 옳지 않은 것은?

① 두 가지 대안 중 어느 한쪽을 선택하도록 유도한다.

② 제품을 구매함으로써 얻게 되는 여러 이점을 설명한다.

③ 고객이 어느 정도 사고 싶은 마음이 있는지 파악할 수 있는 질문을 한다.

④ 고객에게 어필할 수 있는 주요 이익을 요약 설명한다.

⑤ 구매하지 않아도 된다는 태도를 취하여 소비자를 유혹하는게 아니라는 신뢰감을 갖게 한다.

71~90   **4과목 | 유통정보**

71 인터넷 상거래의 비즈니스 모델 유형별로 세부 비즈니스 모델을 짝지어 놓은 것으로 가장 옳지 않은 것은?

① 소매 모델 – 소비자에게 제품이나 서비스 판매 – 온 · 오프 병행소매

② 중개 모델 – 판매자와 구매자 연결 – 이마켓플레이스

③ 콘텐츠서비스 모델 – 이용자에게 콘텐츠 제공 – 포털

④ 광고 모델 – 인터넷을 매체로 광고 – 배너광고

⑤ 커뮤니티 모델 – 공통관심의 이용자들에게 만남의 장제공 – 검색 에이전트

72 아래 글상자에서 암묵지에 해당하는 내용만을 모두 나열한 것으로 가장 옳은 것은?

㉠ 매뉴얼	㉡ 숙련된 기술
㉢ 조직 문화	㉣ 조직의 경험
㉤ 데이터베이스	㉥ 컴퓨터 프로그램

① ㉠, ㉢, ㉣   ② ㉠, ㉢, ㉤

③ ㉡, ㉢, ㉣   ④ ㉡, ㉢, ㉣, ㉥

⑤ ㉢, ㉣, ㉤, ㉥

73 베스트 오브 브리드(best of breed)전략을 통해 ERP 시스템을 구축할 경우에 대한 설명으로 가장 옳지 않은 것은?

① 상대적으로 낮은 비용으로 시스템을 구축할 수 있다.

② 특정 기능 구현에 있어서 고도의 탁월한 기능성을 발휘함으로써 보다 많은 경쟁 우위를 창출하도록 해준다.

③ 별도의 미들웨어 개발없이 모듈간 통합을 할 수 있다.

④ 소프트웨어 선택, 프로젝트 관리 및 업그레이드에 더 많은 시간과 자원이 소요된다.

⑤ 고도의 전문성을 지닌 IT자원이 요구된다.

74 데이터의 깊이와 분석차원을 마음대로 조정해가며 분석하는 OLAP(online analytical processing)의 기능으로 가장 옳은 것은?

① 분해(slice &dice)   ② 리포팅(reporting)
③ 드릴링(drilling)   ④ 피보팅(pivoting)
⑤ 필터링(filtering)

75 절차별 모바일 결제 서비스에 대한 내용 중 괄호 안에 들어갈 용어를 순서대로 나열한 것으로 가장 옳은 것은?

절차	From	To
구매요청/ 지불 정보 전송	고객	쇼핑몰
지불 정보 전송	쇼핑몰	(㉠)
고객 확인 요청/ 거래 암호 생성, 전송	(㉠)	(㉡)
고객 확인 후 거래 암호 전송	(㉡)	고객
거래 암호 전송	고객	쇼핑몰
대금 정보 전송	쇼핑몰	모바일PG
상품 배송	쇼핑몰	고객
대금 정보 전송	모바일PG	이동통신사
대금 청구	이동통신사	고객
대금 수납	고객	(㉢)
수납 정보/ 수납 금액 인도	(㉢)	(㉣)
상점 정산	(㉣)	쇼핑몰

	㉠	㉡	㉢	㉣
①	이동 통신사	모바일 PG	이동 통신사	모바일 PG
②	이동 통신사	모바일 PG	모바일 PG	이동 통신사
③	모바일 PG	이동 통신사	이동 통신사	모바일 PG
④	모바일 PG	이동 통신사	모바일 PG	이동 통신사
⑤	이동 통신사	모바일 PG	신용 카드사	모바일 PG

① ①   ② ②
③ ③   ④ ④
⑤ ⑤

76 4차 산업혁명에 따라 파괴적인 혁신을 이루는 기하급수기술(exponential technology)로 가장 옳지 않은 것은?

① 3D 프린팅(3D printing)
② 인공지능(artificial intelligence)
③ 로봇공학(robotics)
④ 사물인터넷(internet of things)
⑤ 레거시 시스템(legacy system)

77 NoSQL에 관련된 내용으로 가장 옳지 않은 것은?

① 화면과 개발로직을 고려한 데이터 셋을 구성하여 일반적인 데이터 모델링이라기 보다는 파일구조 설계에 가깝다고 볼 수 있다.

② 데이터 항목을 클러스터 환경에 자동적으로 분할하여 적재한다.

③ 스키마 없이 데이터를 상대적으로 자유롭게 저장한다.

④ 대규모의 데이터를 유연하게 처리할 수 있는 전통적인 관계형 데이터베이스 시스템이다.

⑤ 간단한 API Call 또는 HTTP를 통한 단순한 접근 인터페이스를 제공한다.

78 유통업체에서 활용하는 비즈니스 애널리틱스(analytics)의 유형에 대한 설명으로 가장 옳지 않은 것은?

① 대시보드(dashboards)는 데이터 분석결과에 대한 이용자 이해도를 높이기 위한 데이터 시각화 기술이다.

② 스코어카드(scorecards)는 데이터베이스로부터 정보를 추출하는 주요 매커니즘이다.

③ 데이터 마이닝(data mining)은 대규모 데이터를 분석하여 숨겨진 상관관계 및 트렌드를 발견하는 기법이다.

④ 리포트(reports)는 비즈니스에서 요구하는 정보를 포맷화하고 조직화하기 위해 변환시켜 표현하는 것이다.

⑤ 알림(alert)은 특정 사건이 발생했을 때 이를 관리자에게 인지시켜주는 자동화된 기능이다.

79 아래 글상자의 괄호 안에 들어갈 내용을 순서대로 나열한 것으로 가장 옳은 것은?

	자료	정보	지식
구조화	(㉠)	단위필요	(㉡)
부가가치	(㉢)	중간	(㉣)
객관성	(㉤)	가공필요	(㉥)

	㉠	㉡	㉢	㉣	㉤	㉥
①	어려움	쉬움	적음	많음	객관적	주관적
②	쉬움	어려움	많음	적음	주관적	객관적
③	어려움	쉬움	많음	적음	주관적	객관적
④	쉬움	어려움	적음	많음	객관적	주관적
⑤	어려움	쉬움	적음	많음	주관적	객관적

① ①

② ②

③ ③

④ ④

⑤ ⑤

80 고객이 기존에 구매한 상품보다 가치가 높고, 성능이 우수한 상품을 추천하는 시스템을 활용하는 것을 지칭하는 용어로 가장 옳은 것은?

① 클릭 앤드 모타르(click and mortar)

② 옴니채널(omnichannel)

③ 서비스 시점(point of service)

④ 크로스 셀링(cross selling)

⑤ 업 셀링(up selling)

81 아래 글상자가 설명하는 용어로 가장 옳은 것은?

> - Ian Foster, Carl Kesselman, Steve Tuecke에 의해 제안된 개념으로 분산 병령 컴퓨팅의 한 분야로 원거리 통신망(WAN: wide area network)으로 연결된 서로 다른 기종의 (heterogeneous) 컴퓨터들을 하나로 묶어 가상의 대용량 고성능 컴퓨터를 구성하는 기술을 지칭한다.
> - 거대 데이터 집합 분석과 날씨 모델링 같은 대규모 작업을 수행하는 네트워크로 연결된 컴퓨터 그룹이다.

① 클라우드 컴퓨팅 ② 그리드 컴퓨팅

③ 그린 컴퓨팅 ④ 클러스터 컴퓨팅

⑤ 가상 컴퓨팅

82 유통업체의 지식관리 시스템 구축 및 활용과 관련된 설명으로 가장 옳은 것은?

① 기업은 지식에 대한 유지관리를 위해 불필요한 지식도 철저하게 잘 보존해야 한다.

② 지식관리 시스템을 도입하면 조직 내부의 지식관리에 대한 모든 문제를 해결할 수 있다.

③ 지식관리 시스템 활용에 있어, 직원이 보유한 업무처리 지식에 대한 공유 방지를 위해 철저하게 통제한다.

④ 지식관리 시스템 구축은 단기적 관점에서 경쟁력을 강화하기 위한 프로젝트로 단기 매출 증대에 기여 하도록 시스템을 구축해야 한다.

⑤ 성공적인 도입을 위해서 초기에는 소규모로 시스템을 도입하고, 성과가 나타나기 시작하면 전사적으로 지식관리 시스템을 확장하는 것이 유용하다.

83 빅데이터 분석과 관련된 설명으로 가장 옳지 않은 것은?

① 텍스트 마이닝(text mining)은 자연어를 분석하고, 자연어 속에 숨겨진 정보를 파악하는 데이터 분석기법이다.

② 오피니언 마이닝(opinion mining)은 특정한 상품 및서비스에 대한 시장 규모 예측, 고객 구전효과 분석에 활용되는 데이터 분석 기법이다.

③ 소셜 네트워크분석(social network analysis)은 그래프 이론을 활용해서 소셜 네트워크의 연구구조 및 강도를 분석하는 데이터 분석 기법이다.

④ 군집 분석(cluster analysis)은 비슷한 특성을 가지고 있는 데이터를 통합해서 유사한 특성으로 군집화하는 데이터 분석 기법이다.

⑤ 회귀 분석(regression analysis)은 종속변수와 독립변수의 상관관계를 분석하는 데이터 분석 기법이다.

84 아래 글상자의 내용을 의사결정에 활용되는 시뮬레이션 절차대로 바르게 나열한 것으로 가장 옳은 것은?

> ㉠ 모델 설정
> ㉡ 문제 규정
> ㉢ 모형의 타당성 검토
> ㉣ 시뮬레이션 시행
> ㉤ 결과 분석 및 추론

① ㉠ - ㉡ - ㉢ - ㉣ - ㉤
② ㉠ - ㉡ - ㉣ - ㉢ - ㉤
③ ㉠ - ㉢ - ㉡ - ㉣ - ㉤
④ ㉡ - ㉠ - ㉢ - ㉣ - ㉤
⑤ ㉡ - ㉠ - ㉣ - ㉢ - ㉤

85 아래 글상자에서 설명하는 내용에 부합하는 용어로 가장 옳은 것은?

> 모든 디바이스가 정보의 뜻을 이해하고 논리적인 추론까지 할 수 있는 지능형 기술로 사람의 머릿속에 있는 언어에 대한 이해를 컴퓨터 언어로 표현하고 이것을 컴퓨터가 사용할 수 있게 만드는 것이다.

① 고퍼(gopher)
② 냅스터(napster)
③ 시맨틱웹(semantic-Web)
④ 오페라(opera)
⑤ 웹클리퍼(Web-clipper)

86 식별코드와 바코드에 대한 설명으로 가장 옳지 않은 것은?

① GS1 표준 상품 식별코드는 전세계적으로 널리 사용되는 '사실상의(de facto)' 국제 표준이다.

② 상품 식별코드 자체에는 상품명, 가격, 내용물 등에 대한 정보가 포함되어 있다.

③ 바코드는 식별코드를 기계가 읽을 수 있도록 막대 모양으로 표현한 것이다.

④ GTIN은 기업에서 자사의 거래단품을 고유하게 식별하는데 사용하는 국제표준상품코드이다.

⑤ ITF-14는 GTIN-14코드체계(물류단위 박스)를 표시하는데 사용되는 바코드 심벌이다.

87 QR 코드에 대한 설명으로 가장 옳지 않은 것은?

① 1994년 일본의 덴소 웨이브(DENSO WAVE)에서 데이터를 빠르게 읽는 데 중점을 두고 개발 보급한 기술이다.

② 360° 어느 방향에서나 빠르게 데이터를 읽을 수 있다.

③ 기존 바코드 기술과 비교할 때, 대용량 데이터의 저장이 가능하고, 고밀도 정보 표현이 가능하다.

④ 일부 찢어지거나 젖었을 때 오류를 복원하는 기능이 포함되어 있다.

⑤ 바이너리(binary), 제어 코드를 제외한 모든 숫자와 문자를 처리할 수 있다.

88 아래 글상자에서 설명하고 있는 용어로 가장 옳은 것은?

> - Robert Kaplan과 David Norton이 재무적 성과, 고객성과, 프로세스 혁신 성과, 학습 및 성장 성과 등을 기업의 핵심 성공요소로 파악하고 이들 요소를 종합적으로 평가할 것을 제안하였다.
> - 기업의 지적재산에 대한 체계적인 관리와 전략적 활용에 중점을 두고 있다.

① IC Index

② 스칸디아네비게이터

③ 균형성과표

④ 기술요소평가법

⑤ 무형자산모니터

89 드론의 구성요인에 대한 설명으로 가장 옳지 않은 것은?

① 드론의 항법센서는 전자광학센서, 초분광센서, 적외선 센서 등이 있다.

② 탑재 컴퓨터는 드론을 운영하는 브레인 역할을 하는 컴퓨터로 드론의 위치, 모터, 배터리 상태 등을 확인할 수 있다.

③ 드론 모터는 드론의 움직임이 가능하도록 지원하고, 배터리는 모터에 에너지를 제공한다.

④ 드론 임무장비는 드론 비행을 하면서 특정한 임무를 하도록 관련 장비를 장착한다.

⑤ 드론 프로펠러 및 프레임은 드론이 비행하도록 프레임 워크를 제공한다.

90 POS시스템의 특징에 대한 설명으로 가장 옳지 않은 것은?

① SKU별로 상품 정보를 파악할 수 있는 관리시스템으로 상품 판매동향을 파악할 수 있다.

② 모든 거래정보 및 영업정보를 즉시 파악할 수 있으므로 정보의 변화에 즉각 대응할 수 있는 배치(batch)시스템이다.

③ 현장에서 발생하는 각종 거래 관련 데이터를 실시간으로 직접 컴퓨터에 전달하는 수작업이 필요 없는 온라인시스템이다.

④ 고객과의 거래와 관련된 정보를 POS시스템을 통해 수집할 수 있다.

⑤ POS를 통해 수집된 정보는 고객판촉 활동의 기초자료로 사용할 수 있다.

2023년

유통관리사 2급 2개년 정답 및 해설

제1회 정답 및 해설 (2023년 5월 13일 시행)

제2회 정답 및 해설 (2023년 8월 26일 시행)

제3회 정답 및 해설 (2023년 11월 25일 시행)

2023년
제1회 기출문제
정답 및 해설

01	②	02	①	03	⑤	04	④	05	④
06	②	07	④	08	⑤	09	③	10	④
11	④	12	⑤	13	⑤	14	③	15	③
16	⑤	17	⑤	18	⑤	19	⑤	20	⑤
21	③	22	③	23	③	24	②	25	④
26	③	27	④	28	②	29	②	30	⑤
31	④	32	③	33	⑤	34	①	35	①
36	④	37	④	38	②	39	③	40	⑤
41	④	42	②	43	②	44	③	45	⑤
46	②	47	⑤	48	⑤	49	④	50	②
51	⑤	52	④	53	①	54	②	55	③
56	⑤	57	③	58	①	59	②	60	⑤
61	④	62	⑤	63	⑤	64	④	65	⑤
66	①	67	③	68	④	69	①	70	③
71	④	72	⑤	73	③	74	⑤	75	④
76	⑤	77	②	78	②	79	④	80	②
81	⑤	82	②	83	④	84	③	85	⑤
86	④	87	③	88	②	89	①	90	④

[1과목] 유통물류일반

01　　　　　　　　　　　　　　　　　정답 ②

사치재와 같은 재화는 수요의 가격 탄력성이 크고, 편의품은 수요의 가격 탄력성이 낮다. 그러므로 소득에서 재화의 가격이 차지하는 비중과 가격탄력성은 비례한다.

02　　　　　　　　　　　　　　　　　정답 ①

유통비용을 최소화시킬 수 있는 유통시스템 설계를 위한 유통경로의 길이 결정 시 파악해야 할 상품요인은 부피, 부패성, 기술적 특성, 총마진이다.
② 고객에 대한 지식, 통제의 욕구, 재무적 능력 → 기업요인
③ 비용, 품질, 이용가능성 → 경로구성원요인
④ 지리적 분산, 고객밀집도, 고객의 수준, 평균 주문량 → 시장요인
⑤ 단위가치, 상품표준화, 비용, 품질 → 환경요인

03　　　　　　　　　　　　　　　　　정답 ⑤

갈등은 조직의 획일적 운영을 배제하고 다양성과 민주성 확보에 기여하는 순기능의 역할을 한다. 유통시스템 내의 자원을 권력 순서대로 재분배하게 해주는 것은 권력의 서열화이므로 갈등의 순기능으로 보기 어렵다.

04　　　　　　　　　　　　　　　　　정답 ④

• 무점포판매란 상시 운영되는 매장을 가진 점포를 두지 아니하고 상품을 판매하는 것으로서 (산업통상자원부령)으로 정하는 것을 말한다.
• 유통표준코드란 상품·상품포장·포장용기 또는 운반용기의 표면에 표준화된 체계에 따라 표기된 숫자와 바코드 등으로서 (산업통상자원부령)으로 정하는 것을 말한다.

05　　　　　　　　　　　　　　　　　정답 ④

6시그마 실행 단계

정의 (Define)	㉣ CTQ를 파악하고 개선 프로젝트를 선정한다.
↓	
측정 (Measure)	㉢ 현재 CTQ 충족 정도를 측정한다.
↓	
분석 (Analyze)	㉡ 핵심품질특성(CTQ)과 그에 영향을 주는 요인의 인과관계를 파악한다.
↓	
개선 (Improve)	㉤ CTQ의 충족 정도를 높이기 위한 방법과 조건을 찾는다.
↓	
관리 (Control)	㉠ 개선된 상태가 유지될 수 있도록 관리한다.

06 정답 ②

인간의 욕구를 성장, 관계, 생존의 3단계로 구분하여 설명한 것은 앨더퍼(C. Alderfer)의 ERG이론이다. 맥클리란드는 성취동기이론에서 인간의 욕구를 성취, 권력, 친교로 구분하여 설명하였다.

07 정답 ④

수량 표시(case mark)는 포장 화물 안의 내용물의 총 수량이 아니라, 화물의 개수를 표시하기 위하여 연속적으로 기입하는 일련번호이다.

08 정답 ⑤

물류여건에 대응하는 원가 절감형 포장법 개발은 기법 표준화에 해당한다. 관리표준화를 제외한 재료표준화, 강도표준화, 치수표준화, 기법표준화는 포장 표준화의 4대 요소이다.

09 정답 ③

지급형태별 물류비에는 자가 물류비와 위탁 물류비가 있다. 자가 물류비는 자사의 설비 및 인력으로 물류활동을 수행하면서 지출한 비용이고, 위탁 물류비는 물류활동의 일부 또는 전부를 제3자 물류업체나 자회사에게 위탁하여 지불한 비용이다.
① 영역별 물류비 : 조달물류비, 사내물류비, 역물류비
② 기능별 물류비 : 수송비, 보관비, 포장비
④ 세목별 물류비 : 재료비, 노무비, 경비
⑤ 조업도별 물류비 : 물류고정비, 물류변동비

10 정답 ④

기본 형태의 제품 제공은 제품수명주기 단계 중 도입기에 사용할 수 있는 마케팅믹스전략이다. 성숙기에는 다양한 소비자 요구를 충족시키기 위한 다양한 형태의 제품을 제공해야 한다.

11 정답 ④

제품이 고객에게 인도되기 전에 품질요건이 충족되지 못함으로써 발생하는 품질관리비용은 내부실패비용이다.

품질관리비용

구분		설명
통제 비용	예방비용	결함 예방을 위해 지출되는 비용
	평가비용	규격을 만족하는지 확인하기 위해 제품의 품질을 측정하고 평가하는데 드는 비용
실패 비용	내부 실패비용	고객에게 배달되기 전에 품질 규격이 맞지 않아 수정하거나, 실패를 진단하는데 드는 비용
	외부 실패비용	고객에게 배달된 뒤 제품이나 서비스를 수정하는데 드는 비용

12 정답 ⑤

근무시간은 개인 임의로 조정해서는 안 되며, 관리자와 사전에 상의하여 조율해야 한다.

13 정답 ⑤

글로벌 유통산업의 환경변화
㉠ 유통시장 개방의 가속화로 인한 글로벌 경영의 확대
㉡ 주요 소매업체들의 해외 신규출점 증대 및 M&A를 통한 규모의 경쟁력 강화
㉢ 선진국 시장의 포화에 따른 시장 잠재성이 높은 신흥시장 발굴 노력
㉣ 대형유통업체들의 해외시장 개척 및 글로벌 유통망 확대

14 정답 ③

테일러의 기능식 조직(functional organization)은 조직의 상층에서 하층까지 공통기능을 중심으로 활동이 부서화되는 조직으로, 조직 구성원들에게 정확한 과업을 부여할 수 있어 일의 성과에 따른 보수산정이 용이하다.

15 정답 ③

유통기업에 종사하는 종업원은 근무시간 이외의 시간에 자유

의사에 따라 정치활동을 포함한 외부활동을 자유롭게 할 수 있는 권리가 있다.

16   정답 ⑤

도매상의 혁신전략 중 자산가치가 높은 브랜드의 보유는 시장에서의 지속적인 경쟁력을 획득하기 위한 전략이다. 창고 자동화와 향상된 재고관리에 해당하는 도매상의 혁신전략은 유통의 새로운 기술이다.

17   정답 ⑤

유통경로의 기능
① **교환과정의 촉진** : 중간상의 개입으로 교환과정을 보다 단순화시킬 수 있으므로 보다 많은 거래를 효율적으로 이루어낼 수 있음
② **소비자와 제조업체의 연결** : 제조업자는 소수의 제품라인을 대량생산하고 소비자는 소수의 다양한 제품을 구매함에 따라 양자의 욕구차이에서 발생하는 제품구색과 생산·구매량 간의 불일치를 유통경로가 완화시켜줌
③ **제품구색 불일치의 완화** : 제조업자는 중간상 이용을 통해 적은 비용으로 더 많은 잠재고객에 도달할 수 있고, 소비자들의 탐색비용도 절약됨
④ **고객서비스 제공** : 유통경로는 제조업자를 대신하여 소비자에게 애프터서비스의 제공과 제품의 배달, 설치, 사용방법의 교육 등의 서비스를 제공함

18   정답 ⑤

유통경영조직의 원칙 중 조정의 원칙은 조직의 공통목적을 달성하기 위하여 모든 업무는 조정되어야 한다는 원칙이다.
① **기능화의 원칙** : 조직은 사람이 아닌 직무를 중심으로 구성되어야 한다는 원칙
② **권한위양의 원칙** : 권한을 갖고 있는 상위자가 하위자에게 일정범위의 직무를 위임할 경우 그 직무를 효과적으로 수행할 수 있도록 직무에 수반되는 권한도 동시에 위양해야 한다는 원칙
③ **명령통일의 원칙** : 조직의 각 구성원은 누구나 한 사람의 직속상관에게만 보고하고 또 그로부터 명령을 받아야 한다는 원칙
④ **관리한계의 원칙** : 한 사람의 상급자가 가장 효과적으로 직접 관리할 수 있는 하급자의 수는 한정되어 있다는 원칙

19   정답 ③

기업 수준의 경영전략은 주로 최고경영층에 의해 이루어지는 전략으로 시장개발전략, 제품개발전략, 시장침투전략, 다각화전략 등이 이에 해당한다. ③의 차별화전략은 기업 수준 경영전략의 하위 전략인 사업부 전략에 해당한다.

20   정답 ⑤

마이클 포터가 제시한 5가지 세력(forces) 모델은 보완재가 아니라 대체재의 유무가 중요한 경쟁요소로 작용한다.

포터의 산업분석(5 forces model)
- 기존 기업 간의 경쟁 정도
- 신규 기업의 진입 위협
- 대체재의 위협
- 구매자의 협상력
- 공급자의 협상력

21   정답 ③

㉠ 출입구가 동일한 경우 입출하 빈도가 높은 상품을 출입구에서 가까운 장소에 보관하는 것은 회전대응 보관의 원칙이다.
㉡ 표준품은 랙에 보관하고 비표준품은 특수한 보관기기 및 설비를 사용하여 보관하는 것은 형상 특성의 원칙이다.

보관의 원칙
- **통로대면 보관의 원칙** : 물품의 입출고를 용이하게 하고 효율적으로 보관하기 위해 통로면에 보관하는 원칙
- **높이 쌓기의 원칙** : 팔레트 등을 이용하여 물품을 고층으로 적재함으로써 평평하게 적재하는 것보다 용적 효율을 향상시키는 원칙
- **선입선출의 원칙** : FIFO(First In First Out), 즉 먼저 보관한 물품을 먼저 출고하는 원칙
- **회전대응보관의 원칙** : 보관할 물품의 장소를 회전정도에 따라 정하는 것으로 입출하 빈도의 정도에 따라 보관장소를 결정하는 원칙
- **동일성 및 유사성의 원칙** : 동일품종은 동일장소에 보관하고, 유사품은 근처 가까운 장소에 보관하는 원칙
- **중량특성의 원칙** : 중량에 따라 보관장소나 높낮이를 결정하는 원칙
- **형상특성의 원칙** : 형상에 따라 보관방법을 변경하며 형상특성에 부응하여 보관하는 원칙

- **위치표시의 원칙** : 보관품의 장소와 선반번호 등의 위치를 표시함으로써 업무의 효율화를 증대시키는 원칙
- **명료성의 원칙** : 시각적으로 보관품을 용이하게 식별할 수 있도록 보관하는 원칙
- **네트워크보관의 원칙** : 관련 품목을 한 장소에 모아서 보관하는 원칙

22 　　　　　　　　　　　　　　　정답 ③

사전 주문 수량과 일치하는 재고를 보유하면 예상치 못한 긴급 상황에 대비할 수 없으므로, 리드타임 등을 고려한 최적화된 수준의 재고를 보유하여 결품을 방지하고 서비스 수준을 높일 수 있다.

23 　　　　　　　　　　　　　　　정답 ③

SWOT(Strength, Weakness, Opportunities, Threats)는 기업의 내부환경을 분석하여 강점과 약점을 발견하고, 외부환경을 분석하여 기회와 위협을 찾는 마케팅 전략 분석법이다. WT 상황에서는 기업 내부의 약점을 보완하고 원가 절감, 사업 축소 및 철수 등 위험을 회피하는 전략을 구사한다.

24 　　　　　　　　　　　　　　　정답 ②

매입자는 콜옵션 또는 풋옵션을 행사할 권리만 가지고, 매도자는 매입자가 권리를 행사할 때만 그 계약을 이행할 의무를 가지는 전형적인 비대칭적 계약이다.

25 　　　　　　　　　　　　　　　정답 ④

쇼루밍(Showrooming)은 오프라인 매장에서 자신이 원하는 상품을 살펴본 후 가격이 더 저렴한 온라인 쇼핑몰에서 구매하는 것을 말한다. 스마트폰을 통해 가격을 검색하고 오프라인 매장에서 실물을 보고 구매하는 것은 역쇼루밍이다.

[2과목] 상권분석

26 　　　　　　　　　　　　　　　정답 ③

선매품이란 제품을 구매하기 전에 가격 · 품질 · 형태 · 욕구

등에 대한 적합성을 충분히 비교하여 선별적으로 구매하는 제품을 말한다. 구매자는 여러 점포를 통해 상품을 비교한 후 선매품을 구매하기 때문에 인접한 경쟁점포는 선매품점의 상권을 확장시킨다.
① 인접한 경쟁점포는 편의품점의 상권을 축소시킨다.
② 인접한 경쟁점포는 편의품점의 매출을 감소시킨다.
④ 산재성 점포는 분산입지하는 것이 유리한 점포 유형이므로, 산재성 점포가 인접해 있을 경우 매출증가에 불리하다.
⑤ 집재성 점포는 점포가 한 곳에 모여 입지해야 유리한 점포 유형이므로, 인접한 동일업종 점포가 있어야 유리하다.

27 　　　　　　　　　　　　　　　정답 ④

비용요인에는 생산비, 운송비, 판매비용 등이 포함되며 비용이 상대적으로 저렴할수록 상권은 확대된다.

28 　　　　　　　　　　　　　　　정답 ②

상권은 상업상의 거래가 행하여지고 있는 공간적 범위로, 이러한 상권의 범위는 확정적 개념이 아니라 가변적 개념이다.

29 　　　　　　　　　　　　　　　정답 ②

인근점포의 보완성이 클수록 고객이 상호보완적인 다른 소매점포를 방문할 가능성도 높으므로 소매점포의 상권은 확장된다.

30 　　　　　　　　　　　　　　　정답 ⑤

신규 소매점포의 개점은 상권분석 → 입지선정 → 점포계획 → 소매믹스설계의 순으로 준비하는 것이 가장 바람직하다.

31 　　　　　　　　　　　　　　　정답 ④

일방통행 도로는 차량이 한 방향으로만 통행하기 때문에 가시성과 접근성 면에서 불리하다.

32 　　　　　　　　　　　　　　　정답 ③

체크리스트법(Checklist method)은 상권에 영향을 주는 요소에 대한 평가표를 통해 신규상권의 잠재력을 평가한다.

그러므로 현재 영업 중인 점포의 상권범위를 파악하려는 조사기법으로는 부적절하다.

---

33   정답 ⑤

상권은 상업상의 거래가 행하여지고 있는 공간적 범위로 표현되고, 입지는 점포의 소재지인 주소나 좌표를 가지는 점으로 표시된다. 그러므로 가구 특성, 경쟁 강도, 소득 수준, 인구 특성 등은 상권요인에 해당하고, 점포 면적은 입지요인에 해당한다.

---

34   정답 ①

백화점은 (㉠)고객흡인력이 강하고, (㉢)점포주변 유동인구가 많으며, (㉣)대형 개발업체의 개발계획으로 조성된다.
② 독립입지는 다른 점포들과 지리적으로 떨어져 교외지역에 위치한 입지이므로, ㉡은 독립입지의 특성으로 옳지 않다.
③ 도심입지는 대도시나 소도시에 자연발생적으로 형성된 전통적 입지이므로, ㉣은 도심입지의 특성으로 옳지 않다.
④ 교외 대형쇼핑몰은 주로 땅값이 저렴한 도시 외곽에 조성되므로, ㉡·㉢은 교외 대형쇼핑몰의 입지 특성으로 옳지 않다.
⑤ 근린쇼핑센터는 일용품 위주의 소규모 쇼핑센터를 의미하므로, ㉠·㉡·㉣은 근린쇼핑센터의 입지 특성으로 옳지 않다.

---

35   정답 ①

유통산업발전법상 대규모점포를 개설하거나 전통상업보존구역에 준대규모점포를 개설하려는 자는 영업을 시작하기 전에 산업통상자원부령으로 정하는 바에 따라 상권영향평가서 및 지역협력계획서를 첨부하여 특별자치시장·시장·군수·구청장에게 등록하여야 한다. 즉, 전통상업보존구역에 준대규모점포를 개설하려고 할 때 개설등록 기한은 영업 개시 전까지이다.

---

36   정답 ④

A점포의 매력도 : $\dfrac{50,000}{4^2} = 3.125$

B점포의 매력도 : $\dfrac{70,000}{6^2} = 1.944$

C점포의 매력도 : $\dfrac{40,000}{3^2} = 4.444$

그러므로 세 점포에 대해 소비자가 느끼는 매력도의 크기는 C>A>B순이다.

---

37   정답 ④

대형마트, 대형병원, 대형공연장 등 대규모 서비스업종은 독자적 입지선정이 가능하므로, 경쟁점이 몰려있으면 상호보완 효과가 낮아지고 경쟁력은 입지보다는 차별성이나 홍보 등에 의해 주로 정해진다.

---

38   정답 ②

크리스탈러의 중심지이론에서 중심지로부터 실제로 재화가 공급되는 범위를 재화의 도달 범위라고 하고, 중심지의 기능을 유지하기 위해 필요한 최소한의 수요인 최소 요구치보다 재화의 도달 범위가 클 때 중심지는 이익을 확보하게 되어 중심지가 성립하게 된다고 하였다. 그러므로 크리스탈러의 중심지이론은 중심지에서 먼 곳은 재화와 서비스를 제공받지 못하게 된다고 가정하지 않는다.

---

39   정답 ③

대형 쇼핑센터의 공간구성요소 중 결절점(node)은 교차하는 통로의 접합점 또는 교차점으로 쇼핑센터 내부의 주요 공간인 전이공간, 이벤트 장소 등이 된다.
① 지표(landmark) – 길찾기를 위한 방향성 제공
② 선큰(sunken) – 지하공간의 쾌적성과 접근성을 높임
④ 구역(district) – 공간과 공간을 분리하여 영역성을 부여
⑤ 에지(edge) – 경계선이며 건물에서 꺾이는 부분에 해당

---

40   정답 ⑤

공급체인관리(SCM : Supply Chain Management)는 제품이나 정보가 생산자에게서 사용자에게로 전달되는 일련의 과정을 최적화함으로써 적기배송과 물류비용의 절감 등을 목적으로 한다. 그러므로 공급체인관리(SCM)는 상권분석의 주요 목적과는 연관성이 떨어진다.

---

41   정답 ④

토지의 소재, 지번, 지목, 면적 등을 확인하기 위한 공부서류는 토지대장이다.

42 정답 ②

수치지도(Digital Map)는 컴퓨터상에서 도로, 철도, 건물, 하천 등 다양한 인공지물과 자연지형을 도식(기호)과 3차원의 위치좌표로 표현한 디지털 지리정보 지도를 말한다. 즉, 수치지도와 디지털지도는 유사 개념이다.

43 정답 ②

거리감소효과(distance decay effect)는 해당 점포와 거리가 멀수록 거리 마찰에 따른 비용과 시간의 증가로 소비자 분포의 크기와 밀도가 감소하는 거리조락현상 또는 거리체감효과를 말한다.

44 정답 ③

점포신축을 위한 부지매입은 적당한 부지 확보가 어렵고 건설 및 인허가기간이 소요되며 초기 고정투자부담이 크다. 그러나 직접 소유로 인한 자산가치 증대와 장기간 영업이 가능하고 점포형태, 진입로, 주차장 등 새로운 시설의 설계 및 구조의 유연성을 확보할 수 있다.

45 정답 ⑤

Huff모형과 MNL모형은 Luce의 선택공리를 근거로 하는 확률적 상권분석 기법들이지만, Reilly의 소매중력모형은 규범적 모형에 의한 상권분석 기법이다.

> **상권분석기법 유형**
> • 서술적 방법에 의한 상권분석기법 : 체크리스트법, 유추법, 현지조사법, 비율법 등
> • 규범적 모형에 의한 상권분석기법 : 중심지이론, 소매중력모형, 컨버스모형
> • 확률적 모형에 의한 상권분석기법 : Huff모델, MNL모델, MCI모델

[3과목] 유통마케팅

46 정답 ②

GRP(gross rating points)는 특정 기간 동안 한 매체나 여러 매체를 통해 노출된 총 시청률로, 도달범위와 도달빈도의 곱으로 측정한다. 즉, 시청자들의 광고인지도를 중심으로 GRP를 측정하는 것은 아니다.

47 정답 ⑤

고객들이 주 통로를 지나다니면서 다양한 각도의 시선으로 상품을 살펴볼 수 있는 매장 레이아웃은 경주로형 배치이다. 자유형 배치는 특정 쇼핑경로를 유도하지 않고 충동구매를 유발하려는 목적의 매장 레이아웃이다.

48 정답 ③

기업은 평생고객 유치를 위해 고객관계관리를 전략적 차원에서 활용하게 된다. 전략적 CRM의 적용 과정은 전략개발과정, 가치창출과정, 다채널통합과정, 정보관리과정, 성과평가과정으로 구성된다.

49 정답 ④

최종소비자를 대상으로 영업활동을 하는 소매상은 점포와 같은 물리적인 시설에 비용투자를 해야 한다.

50 정답 ②

소매업체들의 서비스 마케팅 관리를 위한 서비스 마케팅 믹스(7P)는 전통적인 마케팅 믹스인 제품(product), 가격(price), 장소(place), 촉진(promotion)의 4P에 사람(people), 과정(process), 물리적 환경(physical evidence)의 3P를 추가한 것을 말한다.

51 정답 ⑤

제품 및 제품성과에 대한 소비자들의 지각과 느낌을 상징하는 것은 브랜드 인지도이다. 머천다이징(merchandising)은 제조업자 또는 유통업자가 특정 제품의 구매와 판매방법 등을 계획하는 것으로서 상품화계획이라고도 한다.

52 정답 ④

심리묘사적 세분화는 시장을 사회 계층, 라이프 스타일, 개성 등의 기준에 따라 세분화하는 것을 말한다.
① 지리적 세분화 : 국가, 지방, 도, 도시, 군, 주거지, 기후, 입지조건 등에 의한 시장 세분화
② 인구통계적 세분화 : 연령, 성별, 직업, 소득, 교육, 종교, 인종 등에 의한 시장 세분화
③ 행동적 세분화 : 추구하는 편익, 사용량, 상표충성도 등에

의한 시장 세분화

53 정답 ①

제품라인 내 제품품목의 수는 제품믹스의 깊이(product mix depth)를 일컫는다.

> **제품믹스의 폭·깊이·길이의 구분**
> • 제품믹스의 폭(width) : 기업이 가지고 있는 제품계열의 수
> • 제품믹스의 깊이(depth) : 각 제품계열 안에 있는 품목의 수
> • 제품믹스의 길이(length) : 제품믹스 내의 모든 제품품목의 수

54 정답 ②

㉠ **전방통합** : 제조회사가 도·소매업체를 소유하거나, 도매상이 소매업체를 소유하는 것과 같이 공급망의 상류 기업이 하류의 기능을 통합하는 것
㉡ **후방통합** : 도·소매업체가 제조기능을 수행하거나 소매업체가 도매기능을 수행하는 것과 같이 공급망의 하류에 위치한 기업이 상류의 기능까지 통합하는 것

55 정답 ③

㉡은 다각화전략으로 가장 위험도가 높은 전략이다. 위험이 낮고 투자가 적게 요구되는 전략이지만, 가맹계약 해지를 통해 경쟁자가 되는 위험을 가지고 있는 것은 프랜차이즈전략에 해당한다.

56 정답 ⑤

로열티 프로그램은 포인트나 마일리지 등과 같은 각종 보상제도를 통하여 소비자가 해당 상품이나 브랜드를 지속적으로 사용하게 만드는 마케팅 전략으로, 기업의 자선활동 및 공익프로그램과는 거리가 멀다.

57 정답 ⑤

시각적 머천다이징은 고객에게 알맞은 상품구색을 결정하고 구색이 갖춰진 상품에 대해 최적의 매장 이미지를 연출하는 전략적 판촉을 통해 소매점포의 이윤을 극대화시키는 작업이다. 따라서 시각적 머천다이징은 상품의 잠재적 이윤은 물론 인테리어 컨셉 및 전체적 조화 등을 고려하여 이루어진다.

58 정답 ①

제품구색이 넓은 소매업태에서 전문화된 좁은 제품구색의 소매업태로 변화되었다가 다시 넓은 제품 구색의 소매업태로 변화하는 과정을 설명한 이론은 소매아코디언 이론(retail accordion theory)이다.

② **소매수명주기 이론(retail life cycle theory)** : 소매업체가 시간의 경과에 따라 진화하는 이론으로 도입기, 초기성장기, 가속성장기, 성숙기, 쇠퇴기 단계를 거치게 된다.
③ **소매차륜 이론(the wheel of retailing theory)** : 소매기관의 진입, 성장, 쇠퇴 과정을 비용에 초점을 두어 설명한 이론으로, 초기에는 혁신적인 형태에서 출발하다 성장하면서 다른 산업태에 자리는 내주는 것을 말한다.
④ **변증법적 이론(dialetic theory)** : 소매점의 진화과정을 변증법적 유물론에 입각하여 정반합의 과정 속에 계속해서 새로운 형태의 소매점이 출현하게 된다는 이론이다.
⑤ **진공지대 이론(vacuum zone theory)** : 기존의 소매업태가 다른 유형의 소매로 변화할 때 그 빈 자리, 즉 진공지대를 새로운 형태의 소매업태가 자리를 메운다는 이론이다.

59 정답 ②

보다 풍요로운 생활과 즐거움을 제공하는 제품으로 스타일과 디자인을 강조하는 것은 편의품이 아니라 선매품이다. 선매품은 제품을 구매하기 전에 가격·품질·형태·욕구 등에 대한 적합성을 충분히 비교하여 선별적으로 구매하는 제품이다.

60 정답 ⑤

옴니채널(omni channel)이란 소비자가 온라인, 오프라인, 모바일 등 다양한 경로를 넘나들며 상품을 검색하고 구매할 수 있도록 한 서비스로, 각 유통 채널의 특성을 결합해 어떤 채널에서든 같은 매장을 이용하는 것처럼 느낄 수 있도록 한 쇼핑 환경을 말한다. 그러므로 매장별로 독특한 마케팅 프로그램을 활용하여 판매하는 것은 옴니채널의 특징이 아니다.

61 정답 ④

개인정보는 보유기간의 경과나 처리 목적의 달성 등으로 불

필요하게 되었을 때에는 지체 없이 파기해야 한다. 경품응모권을 통해 수집한 개인정보도 보유 및 이용기간이 끝나면 지체 없이 파기해야 한다.

62 　　　　　　　　　　　　　정답 ⑤

대부분의 기업에서는 데이터마이닝 등 고객행동분석에 있어 CRM과 eCRM을 통합하여 전사적으로 활용한다.

① CRM과 eCRM 모두 원투마케팅(one-to-one marketing)과 데이터베이스마케팅 활용을 중시한다.
② CRM과 eCRM 모두 고객 개개인에 대한 차별적 서비스를 실시간으로 제공한다.
③ CRM과 eCRM 모두 고객접점과 커뮤니케이션 경로의 활용을 중시한다.
④ CRM과 eCRM 모두 고객서비스 개선 및 거래활성화를 위한 고정고객 관리에 중점을 둔다.

63 　　　　　　　　　　　　　정답 ③

비율척도는 가장 높은 수준의 척도로 모든 수학 연산이 가능하며 절대적 크기의 비교가 가능한 척도이다. ② 소비자의 구매확률, ⑩ 충성고객의 구매액, ⑪ 매장의 시장점유율은 비율척도로 측정해야 하는 요소들이다.

㉠ 구매자의 성별 및 직업 → 명목척도
㉡ 상품 인기 순위 → 서열척도
㉢ 타겟고객의 소득구간 → 등간척도

64 　　　　　　　　　　　　　정답 ④

다단계 판매는 제품을 구매한 고객이 새로운 판매원이 되고, 이 판매원이 다시 소비자에게 제품을 판매하는 연쇄적인 형태로 유통망을 확대하는 무점포 판매기법이다. 따라서 다단계 판매는 매출 증가 없이도 조직을 방대하게 늘려가는 것이 가능하다.

65 　　　　　　　　　　　　　정답 ①

소매업체 입장에서 특정 공급자의 개별품목 혹은 재고 관리단위(SKU : Stock Keeping Unit)를 평가하는 방법은 직접제품이익(DPP : Direct Product Profit)이다. 직접제품이익은 각 경로대안의 총 마진에서 직접제품비용을 뺀 제품수익성을 평가하여 직접제품이익이 가장 높은 경로 대안을 선택하는 기법이다.

66 　　　　　　　　　　　　　정답 ①

주어진 글상자의 내용은 경로구성원들 간에 이해관계의 대립이나 추구하는 목표들 간의 양립불가능성, 즉 목표 불일치에서 오는 갈등 원인이다.

유통경로 갈등의 원인
- **목표불일치** : 이해관계의 대립이나 추구하는 목표의 불일치에서 오는 갈등
- **지각불일치** : 동일 현상을 다르게 해석하는 데서 오는 갈등
- **영역불일치** : 상권의 범위 또는 경로구성원의 역할에 대한 견해 차이로 인한 갈등

67 　　　　　　　　　　　　　정답 ③

원가가산법(cost plus pricing)에 의한 가격책정은 제품의 원가와 이익률만을 이용하여 가격을 결정할 수 있기 때문에, 예상판매량이 예측 가능한 경우가 아니더라도 사용할 수 있다. 원가가산법은 재화의 가격탄력성이 크지 않고 경쟁이 치열하지 않을 경우 활용되는 가격결정법으로, 시장의 수요 상황이나 경쟁사의 가격 등을 고려하지 않는다는 한계가 있다.

68 　　　　　　　　　　　　　정답 ④

컨조인트 분석은 어떤 제품 또는 서비스가 갖고 있는 속성 하나하나에 고객이 부여하는 가치를 추정함으로써 그 고객이 어떤 제품을 선택할지를 예측하는 기법이다.

① **t-검증** : 두 집단 또는 두 상관적인 표본의 평균치가 동일한 모집단에서 추출되었는지를 검증하는 분석기법이다.
② **분산 분석** : 두 개 이상인 대상의 평균을 비교하는 분석방법으로, 평균 간의 차이가 발견되는지 검증하기 위해 사용된다.
③ **회귀 분석** : 하나 또는 하나 이상의 독립변수의 종속변수에 대한 영향을 추정할 수 있는 분석기법이다. 체계적인 변수 고려로 점포의 매출에 미치는 영향에 대해 계량적으로 분석할 수 있다.
⑤ **군집 분석** : 서로 유사한 특성을 지니는 사례를 묶어 집단화한 후 군집들의 특성을 파악해 군집들 사이의 관계를 분석하는 방법이다.

69 　　　　　　　　　　　　　정답 ①

매장의 입출구와 주차시설은 매장의 외부환경요소에 해당한다.

70   **정답 ③**

쉘빙(shelving)은 매대나 선반에 올려서 진열하는 방법으로, 종적인 공간효율을 개선시키고 진열선반의 높이가 낮을 때는 위에서 아래로 시선을 유도하는 페이싱 방법이다.

① 페이스 아웃(face out) : 상품의 전면이 보이도록 진열하는 방법으로 디자인을 한눈에 볼 수 있다.
② 슬리브 아웃(sleeve out) : 상의의 소매나 바지, 스커트의 측면이 보이도록 행거를 이용하여 진열하는 방법이다.
④ 행깅(hanging) : 상품을 걸어서 진열하는 방법이다.
⑤ 폴디드 아웃(folded out) : 선반이나 상자를 이용하여 상품의 접은 면이 보이도록 진열하는 방법이다.

[4과목] 유통정보

71   **정답 ④**

QR(Quick Response) 코드는 현재 국제규격으로 규격화되어 있으며, 특허권이 없기 때문에 누구라도 다양한 목적으로 쉽게 제작하여 사용할 수 있다.

72   **정답 ⑤**

챗지피티는 미국의 오픈AI(Open AI)에서 개발한 GPT(Generative Pre-trained Transformer) 기반의 대화형 인공지능 서비스로, 사전에 학습한 데이터를 기반으로 실시간 대화가 가능하다.

73   **정답 ③**

반정형 데이터는 데이터의 형식과 구조가 변경될 수 있는 데이터로 HTML, XML, JSON 등이 이에 속한다. 문서는 비정형 데이터이다.

> **데이터의 유형**
> • 정형 데이터 : 미리 정해놓은 형식과 구조에 따라 저장된 구조화된 데이터 예 관계형 데이터베이스(RDB), 스프레드시트, CSV 데이터 등
> • 반정형 데이터 : 데이터의 형식과 구조가 변경될 수 있는 데이터로, 데이터의 구조 정보를 데이터와 함께 제공하는 파일 형식의 데이터 예 웹로그, HTML, XML, JSON 등
> • 비정형 데이터 : 정해진 구조가 없이 저장된 데이터 예 문서, 텍스트, 이미지, 비디오, PDF 문서 등

74   **정답 ⑤**

시스템 다운타임은 시스템이 동작 불능이거나 오프라인 상태여서 이용할 수 없는 시간이므로, CRM을 통해 성공적으로 고객을 관리하고 있음을 추적하는 지표로 사용할 수 없다.

75   **정답 ④**

㉠ 정보 정정권 : 개인정보가 부정확하거나 불완전한 경우 이를 수정할 권리
㉡ 정보 삭제권 : 자신의 개인정보를 삭제할 수 있는 법적 강제력이 있는 권리

76   **정답 ⑤**

인공지능과 사물인터넷 등의 정보기술을 이용해 비즈니스 프로세스에 혁신이 이루어진 시기는 4차 산업혁명 때이다.

① 컴퓨터와 같은 전자기기의 활용을 통해 업무 프로세스 개선을 달성한 것은 3차 산업혁명 때이다.
② 업무 프로세스에 대한 부분 자동화가 이루어지고 네트워킹 기능이 프로세스 혁신을 위해 활성화되기 시작한 것은 3차 산업혁명 때이다.
③ 노동에서 분업이 이루어지기 시작하고 전문성이 강조되기 시작한 것은 2차 산업혁명 때이다.
④ 전화, TV, 인터넷 등과 같은 의사소통 방식이 기업에서 활성화된 것은 3차 산업혁명 때이다.

> **산업혁명의 발전과정**
> • 1차 산업혁명 : 증기기관 기반의 기계화 혁명
> • 2차 산업혁명 : 전기 에너지 기반의 대량생산 혁명
> • 3차 산업혁명 : 컴퓨터와 인터넷 기반의 지식정보 혁명
> • 4차 산업혁명 : 빅데이터, AI, 사물인터넷 등 정보기술 기반의 초연결 혁명

77   **정답 ④**

디지털 전환(digital transformation)은 디지털 기술을 다양한 분야에 적용하여 전통적인 산업군의 디지털화를 촉진시키는 것을 말한다.

① 디지타이제이션(digitization) : 아날로그 또는 물리적 데이터에서 디지털 형식으로 이전 또는 변환하는 단순한 디지털화를 의미한다.
② 초지능화(hyper-intellectualization) : 빅데이터와 인공지능과 같은 초연결성을 기반으로 하여 유입된 다분

야·대량의 데이터를 분석하고 처리하는 과정에서 의미
있는 결과물을 통해 기계의 자가 학습에 필요한 데이터·
지식이 산업의 새로운 경쟁 원천이 되는 것을 의미한다.
③ 디지털 컨버전스(digital convergence) : 디지털 융합
이라는 뜻으로, 하나의 기기와 서비스에 모든 정보통신기
술이 융합되는 현상을 말한다.
⑤ 하이퍼인텐션(hyper-intention) : 꼭 하고 싶다는 강한
의도가 목적하는 일을 불가능하게 만든다는 심리학적 용
어이다.

78   정답 ②

새로운 공장입지 선정 및 신기술 도입 등과 같은 사항은 전
략적 수준에서 다루는 정보이다. 관리적 수준의 의사결정은
기업의 목표와 전략을 실행하기 위한 구체적이고 반구조적인
의사결정으로, 인력 및 원재료의 획득, 인적 자원 개발 및 훈
련, 자본 및 설비 조달 등을 위한 의사결정이 이에 해당한다.

79   정답 ④

균형성과표(BSC : balanced score card)는 기업의 비전
과 전략을 조직 내외부의 핵심성과지표(KPI)로 재구성해 전
체 조직이 목표달성을 위한 활동에 집중하도록 하는 성과관
리 기법이다.
① 경제적 부가가치(economic value added) : 기업이 벌
어들인 영업이익 가운데 세금과 자본비용을 공제한 금액
으로, 경제적 부가가치가 클수록 수익성과 안전성이 높은
기업으로 인식한다.
② 인적자원회계(human resource accounting) : 기업
의 인적자원을 대상으로 하는 회계의 한 영역으로, 조직
자원으로서 인간 가치를 측정하는 것을 말한다.
③ 총자산이익률(return on assets) : 수익성을 나타내는
대표적인 지표로, 총자산에서 당기순이익이 차지하는 비
중을 말한다.
⑤ 투자수익률(return on investment) : 가장 널리 사용
되는 경영성과 측정기준 중의 하나로, 기업의 순이익을 투
자액으로 나누어 구한다.

80   정답 ②

데이터마트는 데이터의 한 부분으로서 특정 사용자가 관심
을 갖는 데이터들을 담은 비교적 작은 규모의 데이터 웨어하
우스이다. 데이터마트는 일반적인 데이터베이스 형태로 갖고
있는 다양한 정보를 사용자의 요구 항목에 따라 체계적으로
분석하여 기업의 경영 활동을 돕는다.

81   정답 ⑤

메타버스는 가상, 초월 등을 뜻하는 영어 단어 메타(Meta)와
우주를 뜻하는 유니버스(Universe)의 합성어로, 현실세계
와 같은 사회·경제·문화 활동이 이뤄지는 3차원 가상세계
를 가리킨다. 메타버스는 가상현실보다 한 단계 더 진화한 개
념으로, 아바타를 활용해 단지 게임이나 가상현실을 즐기는
데 그치지 않고 실제 현실과 같은 사회·문화적 활동을 할
수 있다는 특징이 있다.

82   정답 ④

UDI(Unique Device Identification)는 의료기기에 고
유 식별 번호를 부여한 의료기기 표준 코드로, 최소 명칭단위
및 포장단위별로 생성해야 하기 때문에 상위 포장인 묶음 포
장단위에도 부여해야 한다.

83   정답 ④

블록체인(block chain)은 관리 대상 데이터를 블록이라고
하는 소규모 데이터들이 P2P 방식을 기반으로 생성된 체인
형태의 연결고리 기반 분산 데이터 저장 환경에 저장하여, 누
구라도 임의로 수정할 수 없고 누구나 변경의 결과를 열람할
수 있는 분산 컴퓨팅 기술 기반의 원장 관리 기술이다.
① 비트코인 : P2P 기반의 암호화폐로, 각국 중앙은행이 화
폐발행을 독점하고 자의적인 통화정책을 펴는 것에 대한
반발로 탄생한 사이버 머니이다.
② 비콘 : 블루투스 프로토콜을 기반으로 한 근거 무선통신
장치로, 모든 기기가 항상 연결되는 사물인터넷 구현에 적
합하다.
⑤ 딥러닝 : 컴퓨터가 스스로 외부 데이터를 조합·분석하여
학습하는 기술로, 컴퓨터가 인간처럼 판단하고 학습할 수
있도록 하고 이를 통해 사물이나 데이터를 군집화하거나
분류하는 데 사용한다.

84   정답 ③

웹 3.0은 탈중앙화와 개인의 콘텐츠 소유가 주요 특징인 차
세대 인터넷으로, 블록체인과 분산 기술을 기반으로 지능화
된 개인맞춤형 웹을 구현한다.

85   정답 ⑤

옵트 인(opt in)은 선동의 후사용으로 정보 주체의 개인정보

를 보호하기 위한 방식이고, 옵트 아웃(opt out) 선사용 후배제로 마케팅 등에 있어서 개인정보를 활용하기 위한 방식이다. 기업에서 발송하는 광고성 메일에 대해 수신거부 의사를 전달해야만 더 이상 광고성 메일을 받지 않을 수 있는 것은 옵트 아웃에 해당한다.

---

86 정답 ④

빅데이터는 단순히 큰 데이터가 아니라 부피(Volume)가 크고, 변화의 속도(Velocity)가 빠르며, 속성이 매우 다양(Variety)한 데이터라는 3 가지 특징을 가진 큰 데이터를 말한다.

---

87 정답 ③

플랫폼이란 공급자와 수요자 등 복수 그룹이 참여해 각 그룹이 얻고자 하는 가치를 공정한 거래를 통해 교환할 수 있도록 구축된 환경이다. 플랫폼 참여자들의 연결과 상호작용을 통해 진화하며, 모두에게 새로운 가치와 혜택을 제공해 줄 수 있는 상생의 생태계라고 말할 수 있다.

① **데이터베이스** : 데이터를 한곳에 모아 놓고 관리함으로써 효율성을 높이고 여러 사람에게 필요한 정보를 제공할 수 있도록 체계적으로 구성된 데이터의 집합체
② **옴니채널** : 다양한 채널이 고객의 경험관리를 중심으로 하나로 통합된 것
④ **클라우드 컴퓨팅** : 인터넷 상의 서버를 통하여 IT 관련 서비스를 한번에 사용할 수 있는 컴퓨팅 환경
⑤ **m-커머스** : 스마트폰, 개인정보 단말기, 기타 이동 전화 등을 이용한 은행 업무, 지불 업무, 티켓 업무와 같은 서비스를 하는 비즈니스 모델

---

88 정답 ②

㉠ **디지털문서** : 어떤 사람을 특정할 수 있는 정보와 공개 키(public key), 전자서명으로 구성된 전자적 형태의 문서를 말한다.
㉡ **분산ID** : 블록체인 기술 기반으로 구축한 전자신분증 시스템으로, 지갑에서 주민등록증을 꺼내듯 필요한 상황에만 블록체인 지갑에서 분산ID를 제출해 신원을 증명할 수 있다.

---

89 정답 ①

가상현실(VR : Virtual Reality)은 특정한 장소나 상황을 3차원 컴퓨터 그래픽으로 구현하여 간접적으로 경험할 수 있는 환경을 제공하는 기술이다.

② **증강 현실** : 가상현실(VR)의 한 분야로 실제로 존재하는 환경에 가상의 사물이나 정보를 합성하여 마치 원래의 환경에 존재하는 사물처럼 보이도록 하는 컴퓨터 그래픽 기법이다.
③ **UI/UX** : UI(User Interface)는 사용자와 디지털 제품 또는 서비스 간의 상호작용을 가능하게 하는 시각적 요소이고, UX(User Experience)는 사용자가 제품 또는 서비스와 상호작용을 하는 동안 느끼는 모든 경험을 말한다.
④ **사이버 물리 시스템** : 융합연구의 발전으로 새롭게 이목을 끌고 있는 시스템으로, 일반적으로는 다양한 컴퓨터 기능들이 물리세계의 일반적인 사물들과 융합된 형태인 시스템을 의미한다.
⑤ **브레인 컴퓨터 인터페이스** : 인간의 뇌파 신호를 해석하여 컴퓨터와의 상호작용을 가능하게 하는 기술이다.

---

90 정답 ④

㉠ **채찍효과(bullwhip effect)** : 공급사슬관리에서 제품에 대한 수요정보가 공급사슬상의 참여 주체를 하나씩 거쳐 전달될 때마다 그 변동 폭이 확대·왜곡되는 현상을 말한다.
㉡ **가시성** : 공급자, 유통업자, 고객 관련 정보 등의 흐름을 효율적으로 관리하는 e-SCM을 구축하여 공급사슬의 가시성을 확보하면 채찍효과 현상을 감소시키거나 제거할 수 있다.

2023년
제2회 기출문제
정답 및 해설

01	③	02	③	03	②	04	⑤	05	④
06	②	07	④	08	⑤	09	④	10	④
11	④	12	③	13	①	14	③	15	③
16	④	17	③	18	④	19	④	20	④
21	④	22	③	23	④	24	⑤	25	⑤
26	④	27	③	28	③	29	⑤	30	④
31	③	32	③	33	③	34	⑤	35	⑤
36	⑤	37	③	38	⑤	39	④	40	⑤
41	①	42	②	43	④	44	②	45	⑤
46	①	47	③	48	⑤	49	⑤	50	④
51	③	52	③	53	④	54	①	55	①
56	⑤	57	③	58	③	59	⑤	60	⑤
61	④	62	④	63	②	64	④	65	④
66	①	67	③	68	③	69	④	70	①
71	②	72	③	73	②	74	②	75	⑤
76	⑤	77	③	78	⑤	79	⑤	80	⑤
81	⑤	82	①	83	④	84	④	85	③
86	④	87	④	88	②	89	④	90	③

[1과목] 유통물류일반

01
정답 ③

기업의 윤리경영은 계량적 지표 외에 기업에 대판 평판, 지역 사회의 공헌 정도, 종업원의 기업 경영에 대한 만족도 등 정성적인 지표들도 함께 활용해야 한다.

02
정답 ③

제조업자는 소수의 제품라인을 대량생산하고 소비자는 소수의 다양한 제품을 구매하려는 양자의 욕구차이에서 발생하는 제품구색과 생산·구매량 간의 불일치를 해소할 수 있기 때문에 유통경로와 중간상이 필요하다.

03
정답 ②

⊙ 합작투자 : 2개국 이상의 기업·개인·정부기관이 영구적인 기반 아래 특정기업체 운영에 공동으로 참여하는 국제경영방식으로 전체 참여자가 공동으로 소유권을 갖는다.

ⓒ 위탁제조 : 주문자상표부착생산(OEM : Original Equipment Manufacturing)으로 일컬으며, 유통망을 구축하고 있는 주문업체에서 생산기술을 가진 제조업체에 주문자가 요구하는 상품을 제조하도록 위탁하여 완성된 상품을 주문자의 브랜드로 판매하는 방식이다.

• 전략적 제휴 : 다수의 기업들이 자신의 경쟁우위 요소를 바탕으로 각자의 독립성을 유지하면서 전략적으로 상호협력 관계를 형성함으로써 타 경쟁기업에 대해 경쟁우위를 확보하려는 경영 전략이다.

• 라이선싱(licensing) : 상표 등록된 재산권을 가지고 있는 개인 또는 단체가 타인에게 대가를 받고 그 재산권을 사용할 수 있도록 상업적 권리를 부여하는 계약이다.

• 해외직접투자 : FDI(Foreign Direct Investment)는 외국인이 장기적인 관점에서 타국 기업에 출자하고 경영권을 확보하여 직접 경영하거나 경영에 참여하는 형태의 외국인투자를 말한다.

• 프랜차이징(franchising) : 정부 또는 회사가 개인 또는 집단에게 특정한 활동을 할 수 있도록 하는 권한을 부여하여, 특정한 지역 안에서 회사의 상품 또는 서비스를 거래하도록 하는 것이다.

04
정답 ⑤

윤리 라운드는 윤리적 행위를 기업 경영활동에 적용하려는 국제적 시도로서 경제활동의 윤리적 환경과 조건을 세계 각국 공통으로 표준화하려는 움직임을 말한다. 비윤리적인 기업의 제품이나 서비스를 국제 거래에서 규제하자는 것이 대표적인 움직임이다.

① 우루과이 라운드 : 이전까지 세계 무역 질서를 이끌어 온 관세 및 무역에 관한 일반협정(GATT) 체제의 문제점을 해결하고 이 체제를 다자간 무역기구로 발전시키려는 국가 간 협상이다.

② 부패 라운드 : 국제무역에서 부패 관행을 퇴치할 국제적 규칙의 마련을 위한 다자간 협상을 말한다.

③ 블루 라운드 : 세계 각국의 근로조건을 국제적으로 표준화할 목적으로 추진되는 다자간 무역협상이다.

④ 그린 라운드 : 지구 환경문제를 국제무역거래와 연계할 경우 관세 및 무역에 관한 일반협정을 중심으로 맺어지는 협상이다.

---

05   정답 ④

경영자는 조직 공동의 목표를 명확히 설정하고, 목표 달성과 보상을 적절히 연계하여 실행해야 한다.

---

06   정답 ②

관리격자연구에 따른 리더십 유형 중 팀형(9-9)은 헌신적인 과업 활동과 구성원에 대한 신뢰와 존중을 바탕으로 목표를 달성한다.

> **관리격자이론의 리더십 유형**
> • **인기형(1-9)** : 만족스러운 관계를 위해 사람들의 욕구 만족에 대해 배려하고 편안하고 친절한 조직 분위기를 만든다.
> • **무관심형(1-1)** : 퇴출 되지 않고 조직에 남아 있을 정도로만 과업 수행의 노력을 기울인다.
> • **중도형(5-5)** : 적절한 과업 수행과 구성원 만족을 관리하여 일정 수준의 성과를 추구한다.
> • **팀형(9-9)** : 헌신적인 과업 활동과 구성원에 대한 신뢰와 존중을 바탕으로 목표를 달성한다.
> • **과업형(9-1)** : 인간적 요소의 개입을 최소화하여 업무 수행의 능률을 최대화하고 조직의 목표를 중시한다.

---

07   정답 ④

팩토링(factoring)은 금융기관들이 기업으로부터 상업어음, 외상매출증서 등 매출채권을 매입하고 이를 바탕으로 자금을 빌려주는 외상매출채권의 매입업무이다.

---

08   정답 ⑤

직계 · 참모식(line & staff) 조직은 직계조직과 참모조직의 혼합 형태로, 직계조직에 있어서의 지휘 · 명령의 일원화를 유지하고 수평적 분화에 따른 책임과 권한을 확립하는 조직 형태이다.

---

09   정답 ④

프랜차이즈 시스템은 가맹본부가 일정 조건 하에 가맹점에게 판매권을 주어 판매활동권리와 특권을 부여함과 동시에 직영과 같이 경영지도 및 자금지원을 하는 수직적 마케팅 시스템(vertical marketing system)이다.

---

10   정답 ④

유통경로 커버리지(channel coverage)는 특정 지역에서 자사 제품을 취급하는 점포의 수를 말한다. 즉, 특정 지역에서 자사 제품을 취급하는 점포를 얼마나 많이 활용할 것인가를 결정하는 것이다.
① 유통경로의 수준
② · ⑤ 유통경로의 길이
③ 전속적 유통경로(exclusive distribution)

---

11   정답 ④

우리나라 유통산업은 1990년대 후반 유통시장 개방과 자유화 정책 이후 선진유통기법의 도입과 대형유통업체의 등장으로 급속히 성장하였다.

---

12   정답 ③

상품의 가치 및 상태를 보호하기 위해 적절한 재료와 용기를 사용하는 것은 포장활동이다. 유통가공활동은 유통부분이 수행하는 제품의 형태 변화 및 품질의 변경 등을 말한다.

---

13   정답 ①

조직 문화(organizational culture)는 조직 구성원의 공유된 가치나 신념 체계이다. 즉, 구성원들이 공유하는 가치나 신념, 관습, 전통 등을 통합한 총체적인 개념이며 조직과 개인에게 영향을 미치는 비공식적인 분위기이다.

---

14   정답 ③

> **유통채널 구조의 변화 과정**
> ㉠ 전통시장단계 → ㉡ 제조업체 우위단계 → ㉢ 소매업체 성장단계와 제조업체 국제화단계 → ㉣ 소매업체 대형화단계 → ㉤ 소매업체 국제화단계

15　　　　　　　　　　　　정답 ③

고객이 대금을 지급하거나 판매점이 생산자에게 송금하는 것은 지급 흐름이다. 지급 흐름은 물적 흐름 및 소유권 흐름과 반대로 소비자에서 생산자로 흐른다.
- ㉠ **물적 흐름** : 생산자로부터 최종 소비자에 이르기까지의 제품의 이동
- ㉢ **소유권 흐름** : 유통 기관으로부터 다른 기관으로의 소유권 이전
- ㉣ **정보 흐름** : 유통 기관 사이의 정보의 흐름
- ㉤ **촉진 흐름** : 광고, 판촉원 등 판매촉진 활동의 흐름

16　　　　　　　　　　　　정답 ⑤

유통기업들이 물류에 높은 관심을 가지는 것은 기술혁신에 의하여 운송, 보관, 하역, 포장기술이 발전되었고 정보면에서도 그 발전 속도가 현저하게 높아졌기 때문이다.

17　　　　　　　　　　　　정답 ③

드럭스토어는 의사의 처방전 없이 구입할 수 있는 일반의약품 및 화장품 · 건강보조식품 · 음료 등 다양한 상품을 판매하는 복합형 전문점이다.
- ① **상설할인매장** : 상시로 제품의 가격을 할인하여 판매하는 매장
- ② **재래시장** : 소상인들이 모여서 갖가지 물건을 직접 판매하는 전통적 구조의 시장
- ④ **대중 양판점** : 백화점과 슈퍼마켓의 장점을 살려 쾌적한 분위기로 물건을 싸게 파는 소매점
- ⑤ **구멍가게** : 간단한 식료품이나 공산품을 살 수 있는 시골이나 동네 골목길의 작은 가게

18　　　　　　　　　　　　정답 ④

소매수명주기이론(retail life cycle theory)에서 소매기관의 상대적 취약성이 명백해지면서 시장점유율이 떨어지고 수익이 감소하여 경쟁에서 뒤처지게 되는 단계는 쇠퇴기이다.
- ① **도입기** : 판매량과 이익이 모두 낮으며 경쟁사 수도 소수이기 때문에 시장확대 전략에 초점을 두는 시기
- ② **성장기** : 판매량과 이익이 모두 급성장하여 경쟁자 수도 증가하기 때문에 시장침투 전략에 초점을 두는 시기
- ③ **성숙기** : 판매량은 저성장, 이익은 정점에 달하고 경쟁자 수도 다수이기 때문에 시장 점유율을 유지하는 전략에 초점을 두는 시기

19　　　　　　　　　　　　정답 ⑤

공동집배송센터란 여러 유통사업자 또는 제조업자가 공동으로 사용할 수 있도록 집배송시설 및 부대업무시설이 설치되어 있는 지역 및 시설물을 말한다.

20　　　　　　　　　　　　정답 ④

품질관련부서의 직원을 중심으로 챔피언, 마스터블랙벨트, 블랙벨트, 그린벨트의 자격이 주어지는 것은 6시그마 벨트제도에 대한 설명이다. ISO 9000 시리즈(품질경영규격)는 공급자에 대한 품질경영 및 품질보증의 국제규격으로, 9000과 9001~9004의 5가지 규격으로 구성되어 있다.

21　　　　　　　　　　　　정답 ④

단순 이동평균법은 가장 최근의 기간 동안의 자료들의 단순평균을 이용하여 다음 기간을 예측하는 방법이다. 이동평균 기간을 2개월로 한다고 하였으므로, 단순 이동평균법으로 예측한 4월의 판매량은 다음과 같다.

$$\frac{2월\ 판매량 + 3월\ 판매량}{2개월} = \frac{19+21}{2} = 20$$

22　　　　　　　　　　　　정답 ③

㉠ 감정적 갈등 / ㉡ 표출된 갈등

> **조직 내 갈등의 생성 단계**
> - **감정적 갈등** : 상대방에 대한 감정이 적대적이거나 긴장된 상태
> - **잠재적 갈등** : 갈등이 존재할 수도 있는 상태
> - **지각 갈등** : 상대방에 대해 적대적이거나 긴장된 감정을 지각하는 상태
> - **표출 갈등** : 갈등이 밖으로 드러난 상태
> - **갈등 결과** : 갈등이 해소 또는 잠정적으로 억제된 상태

23　　　　　　　　　　　　정답 ④

집중준비의 원칙은 도매상이 유통경로에 개입하여 상품재고의 도매상 집중현상을 소매상에 분산함으로써 도매상의 대량 보관기능을 분담시키고, 사회 전체의 상품재고 총량을 감소시킨다는 원칙이다.
- ① **분업의 원칙** : 유통경로에서 수급조절기능, 보관기능, 위험

부담기능, 정보수집기능 등을 제조업자가 일괄적으로 수행하기보다는 중간상들이 분업의 원리로 참여하면 유통기능이 경제적·능률적으로 원활하게 수행될 수 있다는 원칙이다.

② **변동비 우위의 원칙** : 조건적으로 제조와 유통기관을 통합하여 대규모화하기보다는 각각의 유통기관이 적절한 규모로 역할분담을 하는 것이 비용면에서 훨씬 유리하다는 원칙이다

③ **총거래수 최소의 원칙** : 생산자와 소비자가 직거래를 하는 것보다 중간상이 개입하면 거래가 보다 효율적으로 이루어져 총거래수가 줄어든다는 원칙이다.

⑤ **규모의 경제 원칙** : 기업이 생산량을 증대하여 단위당 비용의 하락을 통해 이익을 얻는다는 원칙이다.

24 　　　　　　　　　　　　　　　　정답 ③

자신의 가맹점만이 개선할 수 있는 부분을 활용한 차별점을 검토하는 것은 가맹점이 아니라 가맹본부, 즉 본사에서 고려해야 할 점이다.

25 　　　　　　　　　　　　　　　　정답 ⑤

물류관리의 3S 1L 원칙은 필요한 물품을 필요한 장소에 필요한 때에 적정한 가격으로 전달한다는 원칙으로 신속성(Speedy), 정확성(Surely), 안전성(Safely), 경제성(Low)이 모두 고려된 원칙이다.

[2과목] 상권분석

26 　　　　　　　　　　　　　　　　정답 ④

접근가능성의 원칙은 지리적으로 인접하거나 교통이 편리한 입지에 점포가 위치하면 고객을 유인하는데 유리하다는 원칙으로, 점포를 방문하는 고객의 심리적·물리적 특성과 관련된 원칙이다.

① **고객차단의 원칙** : 사무실밀집지역, 쇼핑지역 등은 고객이 특정지역에서 타 지역으로 이동할 시에 점포를 유인하게 한다.

② **동반유인의 원칙** : 동종 점포가 서로 집중된 입지가 고객을 유인하는데 유리하다는 원칙이다.

③ **점포밀집의 원칙** : 유사한 점포 또는 대체가 가능한 점포가 인접할수록 고객 흡인력이 떨어진다.

⑤ **보충가능성의 원칙** : 두 개의 점포가 인접한 장소에 위치할수록 고객을 유인하는데 있어 유리하다.

27 　　　　　　　　　　　　　　　　정답 ⑤

중심상업지역(CBD : central business district)은 대도시나 소도시의 전통적인 도시상업지역으로, 그 지역에 많은 주민이 거주하고 대중교통의 중심지역이기 때문에 도보통행량이 많다.

28 　　　　　　　　　　　　　　　　정답 ③

수정허프(Huff)모델에 따르면 소비자가 어느 상업지에서 구매하는 확률은 그 상업 집적의 매장면적에 비례하고 그곳에 도달하는 거리의 제곱에 반비례한다고 한다. 주어진 글상자에서 이사 이후에 C의 거주지와 A 사이의 거리가 C의 거주지와 B 사이 거리의 2배가 되었다고 하였으므로, 소비자 C의 소매지출에 대한 소매단지 A의 점유율은 $\frac{1}{2^2} = \frac{1}{4}$로 감소하였다고 볼 수 있다.

29 　　　　　　　　　　　　　　　　정답 ⑤

둥지내몰림 또는 젠트리피케이션(gentrification)은 낙후된 구도심 지역이 활성화되어 중산층 이상의 계층이 유입됨으로써 기존의 저소득층 원주민을 대체하는 현상을 말한다. 상권이 활성화되면서 자본이 유입되어 대형 프랜차이즈 점포가 입점하는 등 대규모 상업지구로 변모하면서 결국 치솟은 임대료를 감당할 수 없게 된 기존의 소규모 근린상점들이 떠나게 된다.

30 　　　　　　　　　　　　　　　　정답 ④

체크리스트법은 상권의 규모에 영향을 미치는 요인들을 수집·평가하여 이들에 대한 시장잠재력을 측정하는 방법으로, 특정 점포의 상대적 매력도는 파악할 수 있지만 상권의 공간적 경계를 추정하는 데는 도움을 주지 못한다.

① **CST map** : 점포를 이용하는 고객 인터뷰를 통해 소비자의 지리적 분포를 확인하는 방법

② **컨버스(P. D. Converse)의 분기점 분석** : 두 도시 간의 구매 영향력이 같은 분기점의 위치를 구하는 방법

③ **티센다각형(thiessen polygon)** : 소비자들이 가장 가까운 소매시설을 이용한다는 가정 하에 공간독점 접근법에 기반한 일종의 상권 구획모형

⑤ **허프(Huff)모델** : 소비자의 점포선택을 결정론적 접근이 아닌 확률론적 접근으로 보며, 고객이 특정 점포를 선택할 확률은 점포의 크기에 비례하고 점포까지의 거리에 반비례한다고 추정하는 기법

31 　　　　　　　　　　　　　　정답 ②

중심지 이론과 소매인력법칙은 규범적 분석에 의한 상권분석 기법이다.

> **상권분석기법 유형**
> • 서술적 방법에 의한 상권분석기법 : 체크리스트법, 유추법, 현지조사법, 비율법 등
> • 규범적 모형에 의한 상권분석기법 : 중심지이론, 소매 중력모형, 컨버스모형
> • 확률적 모형에 의한 상권분석기법 : Huff모델, MNL모델, MCI모델

32 　　　　　　　　　　　　　　정답 ②

공급측면에서의 비용요인 중 교통비가 저렴할수록 상권은 확대된다.

33 　　　　　　　　　　　　　　정답 ⑤

노면 독립입지는 전혀 점포가 없는 곳에 독립하여 점포를 운영하는 형태로, 고객을 지속적으로 흡인하기 위한 마케팅 비용이 많이 든다.

34 　　　　　　　　　　　　　　정답 ⑤

점포의 예상수요는 상권설정 시 획득가능한 매출을 추정하는 단계이므로, 점포의 상권을 설정하기 위한 지역특성 및 입지조건 관련 조사내용과는 거리가 멀다.

35 　　　　　　　　　　　　　　정답 ⑤

신규점포의 개점은 ⓒ 창업자 특성분석 → ⑩ 창업 아이템 선정 → ⑦ 상권분석 및 입지선정 → ⓒ 점포계획 → ⓒ 홍보 및 운영 계획의 순으로 준비하는 것이 바람직하다.

36 　　　　　　　　　　　　　　정답 ⑤

집심성 입지는 백화점, 고급음식점, 고급보석상, 미술품점, 영화관처럼 배후지나 도시의 중심지에 모여 입지하는 것이 유리한 입지유형이다.
① 적응형 입지 - 거리에서 통행하는 유동인구에 의해 영업

이 좌우됨
② 산재성 입지 - 동일 업종끼리 모여 있으면 불리함
③ 집재성 입지 - 동일 업종끼리 한곳에 집단적으로 입지하는 것이 유리함
④ 생활형 입지 - 지역 주민들이 주로 이용함

37 　　　　　　　　　　　　　　정답 ③

용적률을 계산할 때 해당 건축물의 부속용도에 한하는 지상 주차장은 연면적에서 제외된다. 즉, 건축물의 부속용도가 아닌 지상층의 주차용 면적은 연면적에 포함된다.

38 　　　　　　　　　　　　　　정답 ⑤

어떤 지역의 소매판매액을 1인당 평균 구매액으로 나눈 값을 상업인구라 하고, 상업인구를 그 지역의 거주인구로 나눈 값을 중심성지수라 한다. 따라서 소매 판매액의 변화가 없어도 해당 지역의 인구가 감소하면 중심성지수는 상승한다.

39 　　　　　　　　　　　　　　정답 ④

허프(Huff)모델과 마찬가지로 수정허프(Huff)모델도 상권을 세부지역(zone)로 구분하는 절차를 거친다.

40 　　　　　　　　　　　　　　정답 ⑤

평면도로 볼 때 도로에 접한 정면너비가 깊이보다 큰 장방형 형태의 점포가 가시성이 좋으므로 유리한 점포 입지이다.
① 건축선의 후퇴(setback)는 해당 점포가 앞 건물에 가려질 수 있으므로 상가건물의 가시성을 떨어트린다.
② 점포 출입구 부근에 단차가 있으면 사람과 물품의 출입이 용이하지 않다.
③ 점포 부지와 점포의 형태는 직사각형에 가까울수록 소비자 흡인에 좋다.
④ 점포규모가 커지면 매출이 증가할 수 있으나 단위면적당 매출비율이 낮아져 효율성이 떨어질 수 있으므로, 점포면적이 무조건 클수록 좋은 것은 아니다.

41 　　　　　　　　　　　　　　정답 ①

임차인이 3기의 차임액에 해당하는 금액에 이르도록 차임을 연체한 사실이 있는 경우가 임대인이 임대차 계약의 갱신을 거부할 수 있는 예외 사항에 해당한다.

42 정답 ②

구매력지수(BPI : Buying Power Index)를 산출하기 위해서는 인구수, 소매매출액, 가처분소득 등 3가지 요소에 가중치를 곱하여 합산한다. 이때 가처분소득 비율의 가중치가 0.5로 가장 크다.

구매력지수(BPI : Buying Power Index)
BPI = (인구비 × 0.2) + (소매매출액비 × 0.3) + (가처분소득비 × 0.5)

43 정답 ④

컨버스(P. D. Converse)의 분기점분석은 소매점포의 예상 매출을 추정하는 분석 방법이 아니라, 두 상권의 경계를 분석하는 방법이다. 두 상권의 분기점에서의 두 점포에 대한 구매지향력은 같다고 보고, 두 도시 간의 상권경계지점을 계산한다.

44 정답 ②

소매포화지수(IRS : Index of Retail Saturation)는 특정 지역시장의 잠재수요를 총체적으로 측정할 수 있는 지표로, 다음과 같이 특정 업태의 총매장면적을 분모로 한다.

소매포화지수(IRS)
$$= \frac{\text{지역시장의 총가구수} \times \text{가구당 특정 업태에 대한 지출액}}{\text{특정 업태의 총매장면적}}$$

45 정답 ⑤

지리정보시스템(GIS)에 기반한 상권분석정보는 백화점, 대형마트 등의 대규모 점포의 입지선정뿐만 아니라 편의점, 마트 등의 소규모 점포의 입지선정에도 활용가능성이 높다.

[3과목] 유통마케팅

46 정답 ①

시장세분화를 위한 조건
㉠ **측정가능성** : 시장세분화 후 세분시장의 특성들을 측정할 수 있어야 한다.
㉡ **접근가능성** : 해당 세분시장의 소비자에게 유통경로를 통해 기업의 제품을 전달할 수 있어야 한다.
㉢ **실행가능성** : 각 세분시장을 공략할 수 있는 효과적인 마케팅프로그램을 개발하고 실행할 수 있어야 한다.
㉣ **규모의 적정성** : 세분시장은 충분한 규모를 가지고 이익을 낼 수 있어야 한다.
㉤ **차별화 가능성** : 세분시장 내에는 동질적인 소비자들로 구성되지만, 세분시장 간에는 이질적인 차별성이 있어야 한다.

47 정답 ②

ABC분석은 재고 항목을 중요도에 따라 A, B, C의 세 그룹으로 나누어 관리하는 전략적 분류 방법으로, 매출비중이 높더라도 수익성이 떨어지는 상품은 재고의 상당 부분을 차지하므로 미끼상품으로 활용하는 등의 전략이 필요하다.

48 정답 ⑤

소매업 수레바퀴가설은 소매기관의 진입, 성장, 쇠퇴 과정을 비용에 초점을 두어 설명한 이론으로, 초기에는 혁신적인 형태에서 출발하다 성장하면서 다른 신업태에 자리를 내주는 소매업의 순환과정을 말한다.
① **자연도태설** : 환경에 적응하는 소매상은 생존 및 발전하고, 환경에 적응하지 못한 소매상은 도태된다는 이론이다.
② **소매수명주기 이론** : 소매업체가 시간의 경과에 따라 진화하는 이론으로 도입기, 초기성장기, 가속성장기, 성숙기, 쇠퇴기 단계를 거치게 된다.
③ **소매아코디언 이론** : 소매업태의 변천은 제품구색의 변화에 따라 제품구색이 넓은 소매업태에서 제품구색이 좁은 소매업태로, 다시 넓은 제품구색의 소매업태를 되풀이하게 된다.
④ **변증법적 이론** : 소매점의 진화과정을 변증법적 유물론에 입각하여 정반합의 과정 속에 계속해서 새로운 형태의 소매점이 출현하게 된다는 이론이다.

49 정답 ②

쾌락적 편익은 소비자의 오감을 만족시키거나 혹은 소비자의 사회·심리적인 상징적 욕구를 충족시켜 주는 편익이므로 소매업체가 점포를 디자인할 때 효율적으로 제품을 찾고 구입하기 위해 고려해야 하는 요소는 아니다.

50 정답 ⑤

손익분기점은 일정 기간 수익과 비용이 같아서 이익도 손실도 생기지 않는 경우의 매출액을 말한다. 따라서 손익분기 매출액 산출이 채산성을 위한 목표 매출 및 달성 가능성을 분석하기 위한 유통계량조사의 내용으로는 부적절하다.

51 정답 ③

고저가격전략(high-low pricing)은 일부 제품은 가격인하용 미끼상품으로 판매하고 일부는 정상가격으로 판매하는 전략으로, 할인이나 이벤트 등의 판매촉진을 위한 광고 및 운영비가 증가하는 단점이 있다.

52 정답 ③

경로구성원과 장기적 협력관계를 구축할 필요가 있는 경우 경제성, 통제성, 적응성 등의 기준에 따라 평가한 후 성과가 좋지 못한 중간상은 교체한다.

53 정답 ④

제시된 글상자에서 N사는 고객에게 잊지 못할 감동을 주고 있으므로, 서비스품질을 평가하는 요소 중 고객에 대한 관심과 배려의 정도를 평가하는 공감성(empathy)이다.
① 신뢰성(reliability) : 정확한 서비스를 수행하는 능력
② 확신성(assurance) : 고객에게 신뢰를 주는 능력
③ 유형성(tangibility) : 시설, 장비, 직원 등의 외적 요소
⑤ 응답성(responsiveness) : 즉각적인 서비스 능력

54 정답 ①

교차판매, 묶음판매를 통한 관계의 확대는 고객과의 관계에서 견고성과 친밀성을 강화하여 수익성이 높은 우량고객으로 진화시켜 나가는 관계강화 단계에 해당한다.

55 정답 ①

㉠ 풀전략 : 제조사가 직접 광고나 판촉 활동을 통해 소비자의 관심을 끌고, 소비자들이 유통업체에게 제품을 주문하도록 유도하는 전략
㉡ 푸시전략 : 제조사가 유통업체에 직접 접근하여 판촉 활동을 하고 유통업체가 소비자에게 적극적인 판매를 유도하는 전략
• 집중적 마케팅전략 : 큰 시장에서 작은 점유율을 추구하는 대신 하나 혹은 소수의 작은 세분시장 또는 틈새시장에서 높은 점유율을 추구하는 전략
• 차별적 마케팅전략 : 여러 세분시장을 표적시장으로 선정하고, 각 세분시장별로 서로 다른 시장제공물을 개발하는 전략

56 정답 ⑤

산업구조분석모형(5-forces model)은 마이클 포터(Michael Porter)가 발표한 산업구조분석 기법으로 다섯 가지 경쟁요인을 통해 특정 산업분야의 현황과 미래를 분석한다. 한 재화의 가격이 상승하면 다른 재화의 수요가 증가하므로 대체재가 많을수록 시장의 매력도는 낮아진다.

57 정답 ③

마케팅 성과는 통합적이고 가치 프로세스 상에서 발생하는 특성이 있으므로, 단일 마케팅성과척도보다는 통합된 마케팅 성과척도를 사용하는 것이 바람직하다.

58 정답 ③

판매촉진 예산을 결정할 때 과거의 매출액이나 예측된 미래의 매출액을 근거로 예산을 결정하는 방법은 매출비율법이다. 가용예산법(affordable method)은 기업의 여유 자금에 따라 예산을 결정하는 방법으로, 기업의 다른 필수적 경영활동에 우선적으로 자금을 책정한 후 여유자금이 허락하는 범위 내에서 판매촉진 예산을 결정하는 방법이다.

59 정답 ⑤

CRM을 성공적으로 수행하기 위해서는 다양한 채널을 고객의 경험관리를 중심으로 통합하여 운영해야 한다.

60 정답 ⑤

상품 설명, 쇼핑 상담, 배달 등과 같은 노역 기술 제공 서비스는 소매업이 상품 판매를 효과적으로 전개하기 위해 제공하는 인적 서비스에 해당한다.

61 정답 ③

제한된 지역을 순방하므로 상대적으로 영업비용을 줄일 수 있는 영업조직은 지역별 영업조직이다.

62 정답 ④

OLAP(On-Line Analytical Processing)는 사용자가 직접 데이터를 검색 및 분석해서 문제점이나 해결책을 찾는 온라인 분석 처리 기법이다.
① 데이터마이닝(data mining) : 대량의 데이터베이스에 내재되어 있는 패턴을 발견하고 규칙을 추론함으로써 유용한 정보를 추출해내는 과정
② 데이터웨어하우징(data warehousing) : 기업 내 흩어져 있는 방대한 양의 데이터에 쉽게 접근하고 이를 활용할 수 있게 하는 기술
③ OLTP(online transaction processing) : 네트워크 상의 여러 이용자가 실시간으로 데이터베이스의 데이터를 갱신하거나 조회하는 등의 단위 작업을 처리하는 방식
⑤ EDI(electronic data interchange) : 기업 간에 데이터를 효율적으로 교환하기 위해 지정한 데이터와 문서의 표준화 시스템

63 정답 ②

격자형 레이아웃은 점포의 공간 효율성을 높이는 레이아웃으로, ㉠ · ㉣ · ㉻이 장점이다. ㉡ · ㉢ · ㉤은 자유형 레이아웃의 장점에 해당한다.

64 정답 ③

고객생애가치(CLV : Customer lifetime value)는 고객이 일생동안 기업에게 구매를 통해 평균적으로 기여하는 미래수익의 현재가치이다. 따라서 기업은 고객생애가치를 높이기 위하여 경쟁자보다 더 높은 가치를 제공해 주어야 한다.
① 고객생애가치는 특정 고객으로부터 얻게 되는 이익 흐름의 현재가치를 의미한다.
② 고객 애호도가 높다고 해서 반드시 고객생애가치가 높은 것은 아니다.
④ 올바른 고객생애가치를 산출하기 위해서는 기업의 수입 흐름 외에 고객의 이용실적, 고객당 비용, 고객이탈가능성 및 거래기간 등을 고려해야 한다.
⑤ 고객생애가치는 고객과의 한 번의 거래에서 나오는 이익이 아니라, 일생동안 누적된 거래에서 나오는 이익이다.

65 정답 ④

주로 충동구매 상품을 배치하여 매출을 극대화하기 위해 활용하는 비주얼 머천다이징 구성요소는 PP이다. IP(interior presentation)는 상품을 분류 및 정리하고 행거, 선반, 테이블 등을 이용해 보기 쉽게 진열하여 고객의 구입의지를 결정하도록 하는 진열방식이다.

66 정답 ①

쿠폰은 판매촉진을 위해 사용되는 일종의 가격할인권으로, 상품의 구매동기 유발이나 촉진을 목적으로 소비자에게 여러 혜택이나 가격할인 등을 제공하는 다양한 형태의 대상물이다.
② 프리미엄 : 일정 금액 이상을 구매하면 추가 증정품을 지급하는 판매촉진 방법이다.
③ 컨테스트 : 특정 제품이나 서비스에 대한 행사 또는 경연을 통해 경품이나 상을 주어 소비자들의 관심과 인지도를 높이는 방법이다.
④ 인적 판매 : 구입을 유도하기 위해 고객 및 예상고객과 직접 접촉할 때 판매를 촉진시키기 위해 제품과 서비스를 제공하는 활동이다.
⑤ 리베이트 : 상품을 구입하거나 서비스를 이용한 소비자가 표시가격을 완전히 지불한 후, 그 지불액의 일부를 돌려주는 판매장려금 제도이다.

67 정답 ③

세그먼트 머천다이징(segment merchandising)은 세분시장 대응 머천다이징으로, 동일한 고객층을 대상으로 하되 경쟁점과는 달리 그들 고객이 가장 원하는 품종에 중점을 두거나, 가격대에 대응하는 상품이나 품질을 차별화하는 방향으로 전개하는 머천다이징이다.
① 혼합식 머천다이징(scrambled merchandising) : 소매점이 상품의 구색, 즉 구성을 확대하여 가는 유형의 머천다이징
② 선별적 머천다이징(selective merchandising) : 소매업, 2차 상품 제조업자, 가공업자 및 소재 메이커가 수직적으로 연합하여 상품계획을 수립하는 머천다이징
④ 계획적 머천다이징(programed merchandising) : 대규모 소매업과 선정된 주요 상품 납품회사 사이의 계획을 조정 · 통합시킨 머천다이징
⑤ 상징적 머천다이징(symbol merchandising) : 자기 점포의 상징적 구색을 정하여 자기 점포의 특색을 명확히 함으로써 점포의 매력을 증대시키는 머천다이징

68 　　　　　　　　　　　정답 ③

㉠ 선도가격(leader pricing) : 특정 제품의 가격을 미리 정해놓고 그 가격에 맞추어 다른 제품의 가격도 결정하는 방식
㉡ 단수가격(odd pricing) : 가격 자릿수를 한 단위 낮춤으로써 상품의 판매를 증진시키는 가격결정 방식

69 　　　　　　　　　　　정답 ④

POS시스템은 소매점의 판매시점에서 발생하는 판매정보를 컴퓨터로 자동처리하는 판매시점 정보관리시스템으로, 전년도 목표 대비 판매량 또는 전월 대비 매출액 변화분석과 같은 시계열 정보를 효율적으로 수집하고 분석할 수 있다.

70 　　　　　　　　　　　정답 ①

성숙기는 경쟁사 제품들과 치열한 경쟁이 진행되고 판매 성장률이 둔화되는 시기로, 타사 상품 사용자에 대한 상표 전환을 유도하기 위해 판촉을 증대시켜야 한다.
② 수요확대에 따라 점차적으로 판촉이 감소하는 단계는 성장기이다.
③ 매출증대를 위한 판매촉진 활동을 최저 수준으로 감소시키는 단계는 성장기이다.
④ 제품의 인지도 향상을 위한 강력한 판촉을 전개해야 하는 단계는 도입기이다.
⑤ 성장기에는 시장점유율을 방어하기 위해 제품을 다양화하고 경쟁대응가격을 실행해야 한다.

[4과목] 유통정보

71 　　　　　　　　　　　정답 ②

상품등록은 백 오피스(back office) 요소에 해당한다.

- **프론트 오피스(front office)** : 고객이 쇼핑몰에 로그인을 하여 접속한 후 상품을 검색하여 진열된 상품을 보고 상품결제 및 상품리뷰를 작성하는 것을 말한다.
- **백 오피스(back office)** : 일련의 서비스를 제공하기 위해 상품을 등록하고 마케팅 설정, 결제, 매출, 수익 등을 관리하는 것을 말한다.

72 　　　　　　　　　　　정답 ③

라이브 커머스(live commerce)는 온라인상에서 실시간 소통을 기반으로 한 홈쇼핑 플랫폼으로, 생방송이 진행되는 동안 소비자들은 채팅을 통해 쇼호스트 혹은 다른 소비자들과 실시간으로 대화할 수 있다.

73 　　　　　　　　　　　정답 ⑤

4차 산업혁명 시대에는 인공 지능, 사물 인터넷, 빅데이터, 모바일 등 첨단 정보통신기술이 경제·사회 전반에 융합되어 혁신적인 변화가 나타나는 시대로, 노동과 자본 중심의 성장이 한계를 보이고 전통적 생산요소인 토지, 노동, 자본의 가치가 이전만큼 중요하지 않다.

74 　　　　　　　　　　　정답 ②

QR 물류시스템은 리드타임을 감소시키는 효과가 있다. 리드타임은 물품 발주부터 납입되어 사용하기까지의 기간을 의미한다.

75 　　　　　　　　　　　정답 ⑤

블록체인은 공급망 관리의 투명성과 효율성을 크게 향상시키며, 블록체인 기록에 모든 거래를 추적함으로써 기업은 상품의 출처, 이동 및 상태에 대한 실시간 가시성을 확보할 수 있다.

76 　　　　　　　　　　　정답 ⑤

비즈니스 모델 캔버스는 비즈니스를 운영하는 데 필요한 9가지 요소를 문서화하기 위해 사용하는 템플릿으로, ① 고객 세분화 → ② 가치제안 → ③ 채널 → ④ 고객관계 → ⑤ 수익원 → ⑥ 핵심자원 → ⑦ 핵심 활동 → ⑧ 핵심 파트너 → ⑨ 비용구조의 순으로 작성한다.

77 　　　　　　　　　　　정답 ⑤

연속 판매 프로그램은 순차 패턴에 해당한다. 데이터마이닝 기법 중 순차 패턴은 CRM에서 시간에 따른 고객들의 구매형태를 분석한다.

78 　　　　　　　　정답 ⑤

그린워싱(green washing)은 기업이 실제로는 환경에 악영향을 끼치는 제품을 생산하면서도 광고 등을 통해 친환경적인 이미지를 내세우는 행위를 말한다. 즉, 실제로는 친환경적이지 않지만 마치 친환경적인 것처럼 홍보하는 위장환경주의를 가리킨다.

79 　　　　　　　　정답 ⑤

스튜어트(Stewart)의 지식 자산 특성 중 구조적 자산으로 외재적 존재 형태를 갖고 있는 지식은 형식적 지식에 해당한다.

80 　　　　　　　　정답 ⑤

마이데이터는 개인이 자신의 정보를 적극적으로 관리 · 통제하는 것은 물론 이러한 정보를 신용이나 자산관리 등에 능동적으로 활용하는 일련의 과정을 말한다.
① 데이터베이스 : 데이터를 한곳에 모아 놓고 관리함으로써 효율성을 높이고 여러 사람에게 필요한 정보를 제공할 수 있도록 체계적으로 구성된 데이터의 집합체
② 빅데이터 분석 : 소셜 빅데이터, 실시간 사물지능통신(M2M) 센서 데이터, 기업 고객관계 데이터 등 도처에 존재하는 다양한 성격의 빅데이터를 효과적으로 분석하는 것
③ 데이터 댐 : 사회, 경제, 인프라 전반에서 생성되는 빅데이터를 초연결 통신망을 이용해 수집하고 인공지능(AI)으로 분석하도록 인프라를 구축하는 국가 프로젝트
④ 데이터마이닝 : 대량의 데이터베이스에 내재되어 있는 패턴을 발견하고 규칙을 추론함으로써 유용한 정보를 추출해내는 과정

81 　　　　　　　　정답 ⑤

라스트마일은 주문한 물품이 고객에게 배송되는 마지막 단계를 의미하는 용어로, 상품을 받으면서 만족도가 결정되는 고객과의 마지막 접점을 일컫는다.
① 엔드 투 엔드 공급사슬 : 제품 설계 및 원자재 조달부터 일정 계획, 생산 및 최종 제품을 고객에게 전달하는 전체 통합 공급사슬
② 고객만족경영 : 경영의 모든 부문을 고객의 입장에서 생각하고 고객을 만족시켜 기업을 유지하고자 하는 경영기법
③ 배송 리드타임 : 발주부터 물품 배송까지 걸리는 시간
④ 스마트 로지스틱 : 인공지능(AI), 빅데이터, 블록체인 등의

최신 IT 기술을 접목시켜 물류 기능을 지능화 · 고도화시키는 것

82 　　　　　　　　정답 ①

㉠ 메트칼프의 법칙 : 네트워크의 규모가 커짐에 따라 그 비용의 증가 규모는 점차 줄어들지만 네트워크의 가치는 기하급수적으로 증가한다는 법칙을 말한다.
㉡ 티핑 포인트 : 대중의 반응이 한 순간 폭발적으로 늘어날 때, 광고 마케팅이 효과를 발하며 폭발적인 주문으로 이어질 때 등을 일컫는다.
• 팔레토의 법칙 : 상위 20%가 전체 생산의 80%를 해낸다는 법칙
• 롱테일의 법칙 : 주목받지 못하는 다수가 핵심적인 소수보다 더 큰 가치를 창출하는 현상
• 네트워크 효과 : 특정 상품에 대한 어떤 사람의 수요가 다른 사람의 수요에 의해 영향을 받는 효과
• 무어의 법칙 : 반도체 집적회로의 성능이 24개월마다 2배로 증가한다는 법칙
• 규모의 경제 : 기업이 생산량을 증대하여 단위당 비용의 하락을 통해 이익을 얻는 것
• 범위의 경제 : 하나의 기업이 2가지 이상의 제품을 함께 생산할 경우, 2가지를 각각 따로 생산하는 경우보다 생산비용이 적게 드는 현상
• 학습효과 : 지속적으로 쌓인 경험으로 기억속에 저장되는 인지 현상
• 공정가치선 : 고객이 기업의 수익창출에 기여하는 가치와 기업이 고객에게 제공하는 가치가 일치하는 경향을 갖고 있는지를 확인하기 위한 기준

83 　　　　　　　　정답 ④

다이나믹 프라이싱 전략(dynamic pricing strategy)은 제품이나 서비스의 가격을 수요 · 공급 및 경쟁 조건에 따라 탄력적으로 조정하는 동적 가격 설정 전략이다.
① 시장침투가격 전략(penetration pricing strategy) : 빠른 기간 안에 매출, 시장점유율을 확보하기 위해 신제품 출시 초기에는 낮은 가격을 책정하는 가격전략
② 초기고가 전략(skimming pricing strategy) : 시장에 신제품을 선보일 때 고가로 출시한 후 점차적으로 가격을 낮추는 전략
③ 낚시가격 전략(bait and hook pricing strategy) : 초기 제품의 가격을 낮게 설정하여 고객들의 구매를 유도한 후 추가 구매품, 교체부품 또는 소모품에 높은 가격을 설정하여 수익을 얻는 전략
⑤ 명성가격 전략(prestige pricing strategy) : 제품에

고급 이미지를 부여하기 위해 가격 결정 시 해당 제품군의 주 소비자층이 지불할 수 있는 가장 높은 가격이나 시장에서 제시된 가격 중 가장 높은 가격을 설정하는 전략

84　정답 ④

OECD 개인정보 보호 8원칙
㉠ **수집 제한의 법칙** : 개인정보는 적법하고 공정한 방법을 통해 수집되어야 한다.
㉡ **정보 정확성의 원칙** : 이용 목적상 필요한 범위 내에서 개인정보의 정확성, 완전성, 최신성이 확보되어야 한다.
㉢ **목적 명시의 원칙** : 개인정보는 수집 과정에서 수집 목적을 명시하고, 명시된 목적에 적합하게 이용되어야 한다.
㉣ **이용 제한의 원칙** : 정보 주체의 동의가 있거나, 법규정이 있는 경우를 제외하고 목적 외 이용되거나 공개될 수 없다.
㉤ **안전성 확보의 원칙** : 개인정보의 침해, 누설, 도용 등을 방지하기 위한 물리적, 조직적, 기술적 안전 조치를 확보해야 한다.
㉥ **공개의 원칙** : 개인정보의 처리 및 보호를 위한 정책 및 관리자에 대한 정보는 공개되어야 한다.
㉦ **개인 참가의 원칙** : 정보 주체의 개인정보 열람 · 정정 · 삭제 청구권은 보장되어야 한다.
㉧ **책임의 원칙** : 개인정보 관리자에게 원칙 준수 의무 및 책임을 부과해야 한다.

85　정답 ③

비즈니스 애널리틱스에 대한 분석
㉠ **기술분석(descriptive analytics)** : 과거에 발생한 일에 대한 소급 분석함
㉡ **예측분석(predictive analytics)** : 애널리틱스를 이용해 미래에 발생할 가능성이 있는 일을 예측함
㉢ **진단분석(diagnostic analytics)** : 특정한 일이 발생한 이유를 이해하는 데 도움을 제공
㉣ **처방분석(prescriptive analytics)** : 성능개선 조치에 대한 대응 방안을 제시함

86　정답 ④

NFT를 적용한 다양한 형태의 콘텐츠는 소유권 거래가 가능한 디지털 자산이자 고유성과 희소성을 가지고 있어 투자의 대상으로도 주목받고 있지만, 누구나 온라인상에서 열람할 수 있는 콘텐츠를 거액에 거래하는데다 가치 책정 또한 매우 주관적이어서 안전자산으로 인정되고 있지 않다.

87　정답 ④

GS1에서는 각국 GS1 코드관리기관의 회원업체정보 데이터베이스를 인터넷을 통해 연결하여 자국 및 타 회원국의 업체 정보를 실시간으로 검색할 수 있게 해주는 글로벌 기업정보 조회서비스(GEPIR : Global Electronic Party Information Registry)를 제공하고 있다.
① **덴소 웨이브(DENSO WAVE)** : QR 코드나 IC 카드 자동인식기기, 산업용 로봇(FA기기) 등을 개발 · 제조하는 기업
② **코리안넷** : 유통표준코드(GTIN) 생성, 상품정보 등록 및 회원정보까지 통합하여 관리할 수 있는 유통표준코드 통합 관리 시스템
⑤ **GS1(Global Standard No.1)** : 유통물류를 비롯한 전 산업에 사용되는 상품 식별용 바코드, 전자문서, 전자카탈로그 등의 표준화를 주도해 온 민간 국제표준기구

88　정답 ②

㉠ **무결성** : 데이터의 정확성과 일관성을 유지하고 전달 과정에서 위변조가 없는 것
㉡ **기밀성** : 정보를 암호화하여 인가된 사용자만이 접근할 수 있게 하는 것
· **부인방지** : 메시지의 송수신이나 교환 후, 또는 통신이나 처리가 실행된 후에 그 사실을 사후에 증명함으로써 사실 부인을 방지하는 보안 기술
· **가용성** : 서버, 네트워크 등의 정보 시스템이 장애 없이 정상적으로 요청된 서비스를 수행할 수 있는 능력

89　정답 ④

구매-지불 프로세스 : ㉠ 재화 및 용역에 대한 구매요청서 발송 → ㉡ 조달 확정 → ㉢ 구매주문서 발송 → ㉤ 재화 및 용역 수령증 수취 → ㉣ 공급업체 송장 확인 → ㉤ 대금 지불

90 정답 ③

ETL(extract, transform, load)은 다양한 소스 시스템으로부터 필요한 데이터를 추출하여 변환작업을 거쳐 저장하거나 분석을 담당하는 시스템으로 전송 및 적재하는 모든 과정을 포함한다.

① OLTP(online transaction processing) : 네트워크 상의 여러 이용자가 실시간으로 데이터베이스의 데이터를 갱신하거나 조회하는 등의 단위 작업을 처리하는 방식

② OLAP(online analytical processing) : 사용자가 직접 데이터를 검색 및 분석해서 문제점이나 해결책을 찾는 온라인 분석 처리 기법

④ **정규화**(normalization) : 데이터를 일정한 규칙에 따라 변형하여 이용하기 쉽게 만드는 것으로, 가지고 있는 데이터를 모델에 학습시키기 위해 스케일링(scaling) 작업을 함

2023년 제3회 기출문제 정답 및 해설

01	④	02	①	03	④	04	④	05	⑤
06	⑤	07	③	08	②	09	②	10	⑤
11	④	12	③	13	②	14	④	15	②
16	③	17	④	18	⑤	19	④	20	③
21	⑤	22	①	23	③	24	④	25	④
26	④	27	⑤	28	②	29	③	30	④
31	①	32	④	33	④	34	③	35	①
36	⑤	37	③	38	⑤	39	③	40	④
41	④	42	⑤	43	④	44	④	45	③
46	③	47	⑤	48	④	49	④	50	④
51	③	52	③	53	④	54	④	55	②
56	④	57	③	58	①	59	④	60	④
61	①	62	③	63	④	64	④	65	②
66	②	67	③	68	④	69	②	70	⑤
71	③	72	①	73	③	74	③	75	①
76	③	77	③	78	③	79	③	80	⑤
81	③	82	④	83	⑤	84	③	85	②
86	④	87	②	88	⑤	89	③	90	②

[1과목] 유통물류일반

01 정답 ④

기능위양(functional spinoff)이론은 경로구성원들 가운데서 특정 기능을 가장 저렴한 비용으로 수행하는 구성원에게 그 기능이 위양된다는 이론이다.

① 대리인(agency)이론 : 대리인비용을 최소화하기 위해 주인과 대리인의 이해관계가 연계된 인센티브 시스템과 통제시스템 등을 개발하게 되고 이로 인해 효율적인 유통경로구조가 설계된다는 이론

② 게임(game)이론 : 수직적으로 경쟁관계에 있는 제조업체와 중간상이 각자 자신의 이익을 극대화화기 위해 자신과 상대방의 행위를 조정하는 과정에서 유통경로구조가 결정된다는 이론

③ 거래비용(transaction cost)이론 : 거래비용이 증가하는 원인과 그 해결방안을 수직적 통합으로 나타낸 이론

⑤ 연기-투기(postponement-speculation)이론 : 경로구성원들 중 누가 재고보유에 따른 위험을 감수하느냐에 따라 경로구조가 결정된다는 이론

02 정답 ①

경제적주문량(EOQ)=200

$$EOQ = \sqrt{\frac{2 \times 주문비용 \times 연간총수요량}{단위당\ 재고유지비용}}$$ 이므로,

$$200 = \sqrt{\frac{2 \times 200 \times 10,000}{단위당\ 재고유지비용}}$$

$$200 = \sqrt{\frac{4,000,000}{단위당\ 재고유지비용}}$$

$$(200)^2 = \frac{4,000,000}{단위당\ 재고유지비용}$$

$$단위당\ 재고유지비용 = \frac{4,000,000}{40,000}$$

∴ 연간 단위당 재고유지비용=100

03 정답 ④

항공운송은 고객이 원하는 지점까지의 운송을 위해 버디백(birdy back) 복합운송서비스를 활용한다. 피기백(piggy back)은 화물차량과 철도를 이용한 복합운송서비스이다.

04 정답 ④

예수금은 회사가 거래처 또는 임직원으로부터 임시로 수령한 자금, 고객이 거래의 이행을 보증하기 위해 금융기관에 거래대금의 일부를 예치하는 자금 등 거래와 관련하여 임시로 보관하는 자금으로 부채 항목에 속한다.

05 정답 ⑤

e–SCM은 공급자로부터 최종소비자에게 상품이 도달되는 모든 과정인 SCM과 관련된 기술들을 웹상에서도 수행할 수 있도록 한 것으로, 구매자의 데이터를 분석하여 그들의 개별 니즈를 충족시킬 수 있는 개별화된 고객 서비스 제공이 가능해졌다.

06 정답 ⑤

플랫폼 비즈니스 사업자는 생산자와 소비자로부터 플랫폼을 제공해주는 대가를 직접적으로 취할 수 있다. 즉, 플랫폼은 가치 창출과 이익 실현의 비즈니스 모델이다.

07 정답 ③

채찍효과(bullwhip effect)는 공급사슬관리에서 제품에 대한 수요정보가 공급사슬상의 참여 주체를 하나씩 거쳐 전달될 때마다 그 변동 폭이 확대·왜곡되는 현상을 말한다.
① 블랙 스완 효과(black swan effect) : 극단적으로 예외적이어서 발생가능성이 없어 보이지만 일단 발생하면 엄청난 충격과 파급 효과를 가져오는 사건
② 밴드 왜건 효과(band wagon effect) : 어떤 재화에 대한 수요가 많아지면 다른 사람들도 그 경향에 따라서 수요를 증가시키는 편승효과
④ 베블렌 효과(Veblen effect) : 가격이 오르는 데도 불구하고 특정 계층의 허영심 또는 과시욕으로 인해 수요가 줄어들지 않고 오히려 증가하는 현상
⑤ 디드로 효과(Diderot effect) : 하나의 물건을 구입한 후 그 물건과 어울리는 다른 제품들을 계속 구매하는 현상

08 정답 ②

시장개발전략(market development strategy)은 기존 제품을 신규 시장에 판매하는 방법을 통한 기업의 성장전략으로 지역적인 한계를 넘어서는 전략이다.
① 시장침투전략(market penetration strategy) : 같은 상품으로 같은 시장에서의 점유율을 높여 성장하는 전략으로 경쟁사 고객획득, 소비자 구매회수 및 구매량 증대를 추구한다.
③ 제품개발전략(product development strategy) : 같은 시장에서 다른 상품을 이용하여 기업을 성장시키는 전략으로 신제품 개발, 기존 제품의 개량을 통해 기존시장에서 판매 증가를 추구한다.
④ 다각화전략(diversification strategy) : 다른 상품으로 새로운 시장을 개척하여 기업을 성장시키는 전략으로 성장과 위험분산을 위한 것이며 가장 위험도가 높은 전략이다.

09 정답 ②

강제력은 영향력 있는 한 경로구성원의 요구에 구성원들이 따르지 않을 경우 이를 처벌하거나 제재를 가할 수 있는 능력으로, 강제력의 강도는 처벌이 지닌 부정적 효과의 크기에 비례한다.

10 정답 ⑤

환경오염, 자연파괴, 산업폐기물 수출입, 지구환경 관련 규정 위반 등은 공생적 관계를 가치이념으로 추구하는 환경집단의 문제들이다. 경쟁자는 공정경쟁을 가치이념으로 추구하며 카르텔, 입찰담합, 거래선제한, 거래선차별 취급, 덤핑, 지식재산침해, 기업비밀침해, 뇌물 등의 각종 불공정경쟁행위 문제들을 취급한다.

11 정답 ④

각 판매지역별로 하나 혹은 극소수의 중간상에게 독점적으로 유통할 권리를 부여하는 유통 형태는 전속적 유통이다.
①·② 집중적(개방적) 유통 : 소비자들에게 가능한 한 제품의 노출 수준을 높임으로써 소비자들이 쉽게 접근하여 구입할 수 있도록 한 유통 형태로, 자사 제품을 어떠한 도매상과 소매상이라도 취급할 수 있도록 유통 경로를 개방한다.
③ 선택적 유통 : 소비자들에게 제품의 노출 수준을 선택적으로 제한하기 위하여 어떤 기준에 의해 선택된 중간상을 통해 제품을 유통시키는 형태로, 선택된 중간상들에 대해 판매노력을 강화할 수 있고 중간상에 대한 통제도 강화할 수 있다.

12 정답 ③

유통산업이 합리화될수록 법률이나 정부의 규제는 완화된다.

13 정답 ②

②는 직무기술서, ①·③·④·⑤는 직무명세서에 대한 내용이다.

직무기술서 & 직무명세서
- **직무기술서** : 직무분석을 통해 얻어진 직무의 성격과 내용, 직무의 이행방법과 직무에서 기대되는 결과 등 과업요건을 중심으로 정리해 놓은 문서
- **직무명세서** : 직무를 만족스럽게 수행하는 데 필요한 작업자의 지식·기능·능력 및 기타 특성 등을 정리해 놓은 문서

---

14   정답 ④

유통경영전략의 수립단계 : 기업의 사명 정의 → 기업의 목표 설정 → 사업포트폴리오분석 → 성장전략의 수립

---

15   정답 ②

영업 창고는 물류업자가 소유·운영하며, 타인이 기탁한 물품을 보관하고 그 대가로 보관료와 기타 수수료를 받는 창고이다. 영업 창고의 창고 요금에는 하역료도 포함된다.

---

16   정답 ③

아웃소싱은 업무의 일부 공정을 외부 기업 등에 위탁하여 처리하는 방식으로, 고정비용을 줄여서 비용절감 효과를 얻을 수 있다.

---

17   정답 ③

라이센싱(licensing)은 한 회사가 외국에 있는 다른 회사에게 자사의 생산기술, 특허, 등록브랜드 등을 쓸 수 있는 권리를 부여하고 그 대가로 사용료를 받는 것을 말한다. 이러한 경우 라이센싱을 주는 회사는 큰 위험부담 없이 외국에 진출할 수 있다.
① **계약생산(contract manufacturing)** : 라이센싱과 직접투자의 중간적 성격을 띠고 있지만 지분 참여가 없다는 점에서는 직접투자와 확실히 구분된다. 통상 해외고객에게 자사가 제품을 직접 공급할 수 있는 생산 여력이 미치지 못하거나 현지시장이 협소하여 직접투자형태 진출이 타당하지 않는 경우에 이용된다.
② **관리계약(management contracting)** : 기업이 자본을 투자하는 외국 기업에게 자사의 관리 노하우를 제공하는 것이다. 즉 기업은 제품이 아닌 관리 서비스를 수출한다.
④ **공동소유(joint ownership)** : 여러 명이 하나의 물건을 공동으로 소유하는 것을 말한다.
⑤ **간접수출(indirect exporting)** : 종합무역상사, 수출대행업자 등을 통하여 수출함으로써 수출 관련 기능을 제조업체가 스스로 수행하지 않으면서 제품을 해외에 판매하는 방식이다.

---

18   정답 ⑤

윤리적 리더십
① **변혁적 리더십(transformation leadership)** : 구성원들의 가치관, 정서, 행동규범 등을 변화시켜 개인, 집단, 조직을 바람직한 방향으로 변혁시키는 리더십
② **참여적 리더십(participative leadership)** : 부하들의 의견을 의사결정에 많이 반영시키고 정보를 공유하는 리더십
③ **지원적 리더십(supportive leadership)** : 부하의 복지와 안락에 관심을 두며 지원적 분위기 조성에 노력하는 리더십
④ **지시적 리더십(directive leadership)** : 부하 직원에게 과업지시를 내리고 그들에게 기대하는 성과기준을 명확히 알려주는 리더십

---

19   정답 ④

제품에 대한 소유권을 갖고 제조업자로부터 제품을 취득하여 소매상에 바로 직송하는 도매상은 직송도매상(drop shipper)이다.
① **우편주문도매상(mail-order wholesaler)** : 우편을 통해 카탈로그와 제품주문서 등을 발송하여 주문을 접수받으면 제품을 배달하는 도매상
② **진열도매상(rack jobber)** : 소매점 내의 상품 진열 선반에 상품을 공급하는 것을 목적으로 하는 도매상
③ **트럭도매상(truck wholesaler)** : 소매상에게 트럭으로 직접 제품을 수송하며 거래하는 도매상
⑤ **현금무배달도매상(cash-and-carry wholesaler)** : 현금거래만 하며 배달 서비스는 제공하지 않는 도매상

---

20   정답 ③

제조업자의 대리인은 제조업자의 시장지배력이 약한 지역에서만 활동하지만 판매대리인은 모든 지역에서 판매를 한다.

2023년 제3회 정답 및 해설

판매대리인 & 제조업자대리인
- 판매대리인(selling agent) : 제조업자의 물건 판매에 대한 권한을 계약에 의하여 부여받은 자로, 제조업자가 판매 능력을 갖추지 못하였을 경우 실질적인 판매기능을 수행한다.
- 제조업자대리인(manufacture's agent) : 제조업자와 계약한 대리인으로, 일반적으로 의류나 가구 또는 전자제품 등을 제조하는 제조업 중 판매원을 고용할 수 없는 소규모 제조업자나 자사의 판매원이 접근하기 어려운 판매지역으로 진출하려는 대규모 제조업자와 대리인 계약을 체결한 자를 말한다.

21 정답 ⑤

직매입 납품업체의 납품과정에서 상품에 훼손이나 하자가 발생한 경우 상품대금을 감액하는 것은 납품업체의 단순 실수로 인한 손해배상 행위일 뿐 불공정 거래행위는 아니다. 불공정 거래행위는 주로 독과점적 지위나 거래상 우월적인 지위를 이용하여 거래과정에서 거래상대방에게 불이익을 주는 행위를 말한다.

22 정답 ①

인지가치와 행위가치로 구분할 수 있는 가치관은 샤인(Schein)이 제시한 조직 문화의 세 가지 수준 중 인식적 수준에 해당한다.
② · ⑤ 가시적 수준
③ · ④ 내재적 수준

샤인(Schein)의 조직문화 수준

수준	설명
내재적 수준	신념이나 가치관 이면에 숨겨져 있는 암묵적 기본 가정
인식적 수준	그 집단이 표방하는 신념이나 가치관
가시적 수준	물리적 공간과 겉으로 드러난 행동 등의 인공물과 창조물

23 정답 ③

평가 기준의 중요성을 정확하게 판단할 수 없는 경우 평가 오류를 줄이기 위해 평가대상 항목을 최소화한 최소기준 평가방법이 유용하다.

24 정답 ⑤

국가는 물품 등의 잘못된 소비 또는 과다한 소비로 인하여 발생할 수 있는 소비자의 생명 · 신체 또는 재산에 대한 위해를 방지하기 위하여 다음의 어느 하나에 해당하는 경우에는 광고의 내용 및 방법에 관한 기준을 정하여야 한다.
- 용도 · 성분 · 성능 · 규격 또는 원산지 등을 광고하는 때에 허가 또는 공인된 내용만으로 광고를 제한할 필요가 있거나 특정내용을 소비자에게 반드시 알릴 필요가 있는 경우
- 소비자가 오해할 우려가 있는 특정용어 또는 특정표현의 사용을 제한할 필요가 있는 경우
- 광고의 매체 또는 시간대에 대하여 제한이 필요한 경우

25 정답 ④

상품을 품질수준에 따라 분류하거나 규격화함으로써 거래 및 물류를 원활하게 하는 유통의 기능은 표준화기능이다.
① **보관기능** : 상품을 생산 시점에서 소비 시점까지 저장함으로써 상품의 효용가치를 창조하는 것으로 생산 · 소비의 시간적 간격을 해소하는 기능
② **운송기능** : 상품 및 재화의 생산과 소비 사이의 공간 · 장소적 불일치를 극복하고 사회적 유통을 조성하는 기능
③ **정보제공기능** : 생산자의 의사정보를 소비자에게 전달하고, 반대로 소비자의 의사정보를 생산자에게 전달하는 기능
⑤ **위험부담기능** : 상품이 생산자에서 소비자에게 유통되는 과정에서 발생하는 물질적 위험이나 경제적 위험을 상업기관에서 부담하는 기능

[2과목] 상권분석

26 정답 ④

동일한 경계선을 가진 두 지도레이어를 겹쳐서 형상과 속성을 비교하는 지리정보시스템(GIS)의 기능은 중첩(overlay)이다.

27 정답 ⑤

포켓상권은 도로 개설이 용이하지 않은 산이나 하천을 배후로 하여 독립적으로 상권이 형성되는 경우 도로, 산, 강에 둘러싸여 독립적으로 형성되는 상권으로, 항아리 상권이라고도 한다.

28 정답 ③

부도심상권은 간선도로의 결절점이나 역세권을 중심으로 형성되며, 주도심에서 나온 소비자를 상대하기 때문에 도시 전체의 소비자를 유인하지 못하는 경우가 많다.

29 정답 ③

소매점의 상권범위는 자사점포를 중심으로 서로 다른 거리의 동심원을 그려 파악한다. 즉, 상권의 형태가 점포를 중심으로 일정한 거리 간격의 동심원 형태로 나타나는 것은 아니다.

30 정답 ④

가격조사 당시 주력상품 특매상황이라면 실제 판매가격보다는 정상 판매가격을 분석하는 것이 바람직하다.

31 정답 ①

크리스탈러의 중심지이론에서 중심지 기능의 최대 도달거리(the range of goods and services)는 중심지의 유통서비스 기능이 지역거주자에게 제공될 수 있는 최대거리, 즉 한계거리를 의미한다.

32 정답 ④

할당표본추출법(quota sampling)은 조사변수에 관련이 있다고 판단되는 특성에 대한 모집단의 구성비율이 표본에 그대로 유지되도록 하는 비확률표본추출법이다.

표본추출방법

확률 표본추출법	• 단순무작위표본추출법 • 층화표본추출법 • 군집표본추출법 • 체계적표본추출법
비확률 표본추출법	• 할당표본추출법 • 편의표본추출법 • 판단표본추출법 • 눈덩이표본추출법

33 정답 ④

일반적으로 특정 지역에 유사한 단일 목적으로 방문하는 통행객보다는 서로 다른 목적으로 방문하는 통행객이 많을수록 상권의 질은 높아진다.

34 정답 ③

도심으로부터 새로운 교통로가 발달하면 교통로를 축으로 도매, 경공업 지구가 부채꼴 모양으로 확대된다는 공간구조 이론은 호이트(H. Hoyt)의 선형이론(sector theory)이다.

① 동심원지대이론(concentric zone theory) : 도시 공간은 도심부를 중심으로 토지 이용이 동심원상으로 분할되고, 그 외주 방향으로의 발전이 이루어진다고 하는 이론

② 다핵심이론(multiple nuclei theory) : 도시의 발달은 하나의 핵을 중심으로 구조화되어 있지 않고, 다른 기능을 수행하는 몇 개의 핵을 중심으로 전개된다는 사실을 규명한 이론

④ 차액지대설(differential rent theory) : 토지의 생산성의 차이로 인해 지주에게 지불하는 대가를 지대로 보고, 그 지대는 토지의 비옥도에 따라 차이가 난다는 가설

⑤ 절대지대설(absolute rent theory) : 토지 소유 자체가 농산물의 가격을 인상시키고, 잉여가치는 평균이윤보다 높아진다는 주장

35 정답 ①

Converse의 제1법칙 공식에 따라 도시 B로부터 두 도시 간 상권분기점까지의 거리는

$$\frac{D_{ab}}{1+\sqrt{\dfrac{P_b}{P_a}}}=\frac{20}{1+\sqrt{\dfrac{90,000}{10,000}}}=\frac{20}{1+\sqrt{9}}$$

$$=\frac{20}{1+3}=\frac{20}{4}=5$$

그러므로 두 도시 간의 상권경계는 5km이다.

Converse의 제1법칙 공식

$$D_a = \frac{D_{ab}}{1 + \sqrt{\dfrac{P_b}{P_a}}}$$

D_a = A시로부터 분기점까지의 거리
D_b = B시로부터 분기점까지의 거리
D_{ab} = A, B 두 도시 간의 거리
P_a = A시의 인구
P_b = B시의 인구

---

36 정답 ⑤

회귀분석모형은 체계적인 변수 고려로 점포의 매출에 미치는 영향에 대해 계량적으로 분석할 수 있는 방법이므로 표본의 수가 충분하게 확보되어야 한다.

---

37 정답 ③

키오스크(kiosk)는 신문 · 음료 등을 파는 매점으로, 쇼핑몰 내 일반점포에 비해 임대차 계약기간이 짧다.

---

38 정답 ⑤

특별자치시장 · 시장 · 군수 · 구청장은 건전한 유통질서확립과 근로자의 건강권 및 대규모점포 등과 중 · 소유통업의 상생발전을 위해 필요한 경우 영업시간 제한을 명할 수 있다.
① 의무휴업일은 공휴일 중에서 지정하되, 이해당사자와 합의를 거쳐 공휴일이 아닌 날을 의무휴업일로 지정할 수 있다.
② 특별자치시장 · 시장 · 군수 · 구청장은 의무휴업일 지정에 따라 매월 이틀을 의무휴업일로 지정하여야 한다.
③ 영업시간 제한 및 의무휴업일 지정에 필요한 사항은 해당 지방자치단체의 조례로 정한다.
④ 특별자치시장 · 시장 · 군수 · 구청장 등은 오전 0시부터 오전 10시까지의 범위에서 영업시간을 제한할 수 있다.

---

39 정답 ③

경쟁업체의 수, 종류, 품질, 가격 등을 고려하여 경쟁분석을 실시하는 분석수준은 상권분석(trade area analysis)에 해당한다.

---

40 정답 ④

전문품점은 도시 전체를 배후지로 하여 배후지의 중심부에 입지하여야 유리한 집심성 점포에 해당한다.

공간균배의 원리에 따른 점포유형

집심성 점포	배후지의 중심지에 입지하는 것이 경영상 유리한 점포 예 백화점, 고급음식점, 고급보석상, 미술품점, 영화관 등
집재성 점포	동일 업종의 점포가 서로 한 곳에 모여서 입지하여야 하는 유형의 점포 예 은행, 보험회사, 관공서, 서점, 가구점 등
산재성 점포	동일 업종의 점포가 서로 분산입지하여야 하는 유형의 점포 예 잡화점, 소매점포, 주방용품점, 이발소, 공중목욕탕, 세탁소 등
국부적 집중성 점포	동일 업종의 점포끼리 국부적 중심지에 입지하여야 하는 점포 예 농기구점, 철공소, 비료상, 종묘판매상, 기계공구점, 컴퓨터부품점 등

---

41 정답 ④

물류요구의 크기는 취급하는 소매점 숫자에 영향을 미치지만, 물류요구의 크기만으로 취급하는 소매점 숫자를 알 수 없다.
① 물류요구가 높을수록 집중적 유통이 이루어진다.
② 물류요구가 낮을수록 전속적 유통이 이루어진다.
③ 물류요구의 정도에 따라 효율적인 유통방식을 선택해야 한다.
⑤ 물류요구의 크기는 취급하는 소매점 숫자에 영향을 미친다.

---

42 정답 ⑤

투자계획은 신규설비 및 시설 등의 투자에 관한 점포의 예산으로 자금조달계획, 자금운용계획, 수익계획, 비용계획 등을 포함한다. 상품계획은 판매목표를 효과적으로 실현하기 위해 소비자의 욕구와 구매력에 맞는 상품을 기획 · 결정하는 활동이다.

43   정답 ⑤

인구증가와 소득수준의 향상, 교통망의 발달과 소매단지의 분포 등은 도시상권의 매력도를 높이는 직접적인 요인들이다. 행정구역의 구분은 행정기관의 권한이 미치는 범위를 구분한 것으로, 상권의 범위와는 관련이 없으므로 도시상권의 매력도 측정 지표로는 부적절하다.

44   정답 ③

빅데이터 축적은 상권분석을 위해 필요한 분석 도구로, 상권분석의 수단이지 목적이 아니다.

45   정답 ③

상가건물 임대차보호법상 차임 또는 보증금의 증액청구는 청구 당시의 차임 또는 보증금의 100분의 5의 금액을 초과하지 못한다.

[3과목] 유통마케팅

46   정답 ⑤

통합적 마케팅커뮤니케이션(IMC : integrated marketing communication)은 마케팅 커뮤니케이션의 효과를 극대화하기 위하여 광고, 홍보, PR, 판매 촉진 등 다양한 커뮤니케이션 수단들의 전략적인 역할을 비교ㆍ검토하여 통합적인 메시지를 전달하는 전략으로, 동일한 촉진 목표를 달성하도록 하는 것은 아니다.

47   정답 ③

소비자에게 상품에 대한 정보를 전달하거나 결제를 도와주는 곳은 판매 공간이다. 판매 예비 공간은 상품을 준비하는 공간이다.

48   정답 ④

마케팅믹스 요소인 4P 중 유통(Place)을 구매자 관점인 4C로 표현한 것은 편의성(Convenience)이다.

마케팅믹스의 4P와 4C

4P		4C
제품 (Product)		소비자 (Consumer)
가격 (Price)	➡	소비자 가격 (Customer Cost)
유통 (Place)		편의성 (Convenience)
판촉 (Promotion)		의사소통 (Communication)

49   정답 ④

현재 보고 있는 창 앞에 나타나는 새로운 창에 구현되는 온라인 광고는 팝업광고이다. 리치미디어광고(rich media advertising)는 배너광고에 비디오, 오디오, 애니메이션 효과 등을 결합하여 배너광고를 보다 풍부하게 만든 멀티미디어형 광고를 말한다.

50   정답 ④

브랜드 인지도(brand awareness)는 소비자가 한 제품 범주에 속하는 특정 브랜드를 재인하거나 회상할 수 있는 능력으로, 소비자가 특정 제품이나 서비스의 이름을 얼마나 알고 있는지를 나타내는 지표로 사용된다.

51   정답 ③

판매를 빠르게 달성하는 전술적, 기술적 관점에 비해 판매기술이 고도화 되는 요즘은 전략적 관점에서 고객과의 관계를 형성하는 영업 방식이 더욱 부각되고 있다.

52   정답 ③

소매업, 2차 상품 제조업자, 가공업자 및 소재 메이커가 수직적으로 연합하여 상품계획을 수립하는 머천다이징은 선별적 머천다이징이다.
① 혼합식 머천다이징 : 소매점이 상품의 구색, 즉 구성을 확대하여 가는 유형의 머천다이징
② 세그먼트 머천다이징 : 동일한 고객층을 대상으로 하되 경

쟁점과는 달리 그들 고객이 가장 원하는 품종에 중점을 두거나, 가격대에 대응하는 상품이나 품질을 차별화하는 방향으로 전개하는 머천다이징

④ **계획적 머천다이징** : 대규모 소매업과 선정된 주요 상품 납품회사 사이의 계획을 조정 · 통합시킨 머천다이징

⑤ **상징적 머천다이징** : 자기 점포의 상징적 구색을 정하여 자기 점포의 특색을 명확히 함으로써 점포의 매력을 증대시키는 머천다이징

53 　　　　　　　　　　　　　　정답 ④

친절한 접객서비스와 쾌적한 점포분위기를 제공하는 것은 가치증진서비스에 해당한다. ① · ② · ③ · ⑤는 거래지원서비스에 해당한다.

54 　　　　　　　　　　　　　　정답 ②

균형점수표(BSC)는 과거의 성과에 대한 재무적 지표뿐만 아니라 미래의 성과를 창출하는 고객, 공급자, 종업원, 프로세스 및 혁신 등의 비재무적 지표도 균형적으로 적용한다. 즉, 균형점수표(BSC)의 균형은 과거 성과지표와 현재 성과지표 사이의 균형이 아니라, 과거 성과지표와 미래 성과지표 사이의 균형을 의미한다.

55 　　　　　　　　　　　　　　정답 ②

로저스(Rogers)는 소비자가 신제품을 수용하는 시점에 따라 5단계로 소비자층을 구분하였다. 조기 수용자(early adopter)는 혁신자 다음으로 신제품을 수용하는 소비자층으로, 제품 정보나 자신의 의견 등을 타인들에게 전파시키는 데 적극적이어서 의견 선도자 역할을 수행한다.

① **혁신자(innovator)** : 제품 도입 초기에 가장 먼저 신제품을 수용하는 소비자층으로, 모험적인 성향을 가지고 있으며 신제품 수용에 따르는 위험을 기꺼이 감수한다.

③ **조기 다수자(early majority)** : 조기 수용자 다음으로 신제품을 수용하는 소비자층으로, 조기 수용자의 신제품에 대한 반응 및 평가를 참고하여 신중하게 신제품을 수용한다.

④ **후기 다수자(late majority)** : 조기 다수자 다음으로 신제품을 수용하는 소비자층으로, 신제품이 충분히 검증된 다음에야 신제품을 수용하는 다소 의심이 많은 소비자층이다.

⑤ **최후 수용자(laggard)** : 신제품을 가장 나중에 수용하는 소비자층으로, 변화를 거부하며 전통에 집착하는 성향이 있다.

56 　　　　　　　　　　　　　　정답 ④

성숙기에 판매량은 저성장, 이익은 정점에 달하고 경쟁자 수도 다수이기 때문에 시장 점유율을 유지하는 전략에 초점을 두어야 한다. 그러기 위해서 표적시장을 수정하거나 제품을 수정하거나 마케팅믹스를 수정하는 마케팅전략을 수행한다.

57 　　　　　　　　　　　　　　정답 ③

중고품을 반납하고 신제품을 구매한 고객에게 가격을 할인해주거나 판매촉진행사에 참여한 거래처에게 구매 대금의 일부를 깎아주는 형식의 할인은 공제(allowances)이다.

① · ② **기능 할인(functional discount) 또는 중간상 할인 (trade discount)** : 마케팅을 위하여 생산자가 수행해야 하는 기능 중 일부를 중간상이 대신 수행할 때 제공하는 할인

④ **수량 할인(quantity discount)** : 중간상이 일시에 대량 구매를 하는 경우 구매량에 따라 주어지는 현금할인

⑤ **계절 할인(seasonal discount)** : 제품판매에 계절성이 있는 경우 비수기에 제품을 구매하는 중간상에게 제공되는 할인

58 　　　　　　　　　　　　　　정답 ①

원료공급부터 유통까지의 공급망에 대한 통합적 관리는 공급사슬관리에 대한 설명이다. 카테고리 매니지먼트(CM)는 유통업체와 제조업체가 공동으로 고객의 관점에서 상품을 카테고리 수준에서 관리하는 경영기법으로, 전체 카테고리의 효율을 올리기 위한 모든 마케팅 활동 및 세일즈를 포함한다.

59 　　　　　　　　　　　　　　정답 ②

㉠ · ㉡ · ㉢은 성과를 측정하는 기법에 해당하나, ㉤은 재고관리기법, ㉥은 판매예측기법에 해당한다.

60 　　　　　　　　　　　　　　정답 ④

매장 내 콘테스트와 경품추첨은 최종 소비자를 대상으로 하는 촉진 전략이므로 풀 전략에 해당한다.

> **풀전략 & 푸시전략**
> - **풀전략** : 제조사가 직접 광고나 판촉 활동을 통해 소비자의 관심을 끌고, 소비자들이 유통업체에게 제품을 주문하도록 유도하는 전략

- **푸시전략** : 제조사가 유통업체에 직접 접근하여 판촉
  활동을 하고 유통업체가 소비자에게 적극적인 판매를
  유도하는 전략

61　정답 ①

도입기에는 소비자들에게 상품을 알리고 브랜드 인지도를 높
이는 광고가 필요하므로, ㉠ · ㉡이 도입기의 광고 목표로 적
절하다.
㉢ · ㉣ : 성장기의 광고 목표
㉤ · ㉥ : 성숙기의 광고 목표
㉦ : 쇠퇴기의 광고 목표

62　정답 ⑤

불량고객은 고객의 성향 및 태도에 따라 분류한 고객 유형
이다.

63　정답 ④

관습가격은 캔음료나 껌처럼 오랫동안 같은 가격을 지속적으
로 유지함으로써 소비자에게 정착되어 있는 가격을 말한다.
① **균일가격** : 가격 라인을 한 가지로 설정하는 방법으로, 각
　종 상품에 공통된 균일가격을 설정해 판매하는 방법과 동
　일 상품을 지역에 불문하고 동일가격으로 판매하는 방법
　이 있다.
② **단수가격** : 최대한 인하된 상품 가격이라는 인상을 주어
　판매량을 증가시키기 위해 가격을 990원, 1,990원처럼 설
　정하는 가격을 말한다.
③ **명성가격** : 제품에 고급 이미지를 부여하기 위해 가격 결
　정 시 해당 제품군의 주 소비자층이 지불할 수 있는 가장
　높은 가격이나 시장에서 제시된 가격 중 가장 높은 가격
　을 설정하는 전략이다.

64　정답 ③

데이터웨어하우스는 기업의 의사결정 과정에 효과적으로 사
용될 수 있도록 여러 시스템에 분산되어 있는 데이터를 주제
별로 통합 · 축적해 놓은 데이터베이스를 말한다.

65　정답 ②

충동구매 성격이 높은 상품은 고객을 유인하기 위해 매장의
전면부나 입구 쪽에 배치한다.

66　정답 ②

양방통행은 오히려 자유로운 고객 흐름을 방해하므로, 점포
구성 시 주통로 및 부통로를 명확히 구분하여 설계한다.

67　정답 ⑤

고객관계관리(CRM)의 실행 순서 : 대상고객선정 → 고객니
즈분석 → 가치창조 → 가치제안 → 성과평가

68　정답 ④

마케팅조사에서 정성조사와 정량조사 모두 필수적으로 제시
되어야 하는 것이 아니며, 마케팅조사의 필요 목적에 따라 적
절한 조사방법을 선택해야 한다.

69　정답 ②

매장 및 후방은 점포의 기본적인 구성요소에 해당한다. 비주
얼 머천다이징(VMD)은 고객에게 알맞은 상품구색을 결정
하고 구색이 갖춰진 상품에 대해 최적의 매장 이미지를 연출
하는 전략적 판촉을 통해 소매점포의 이윤을 극대화시키는
작업이다.

70　정답 ⑤

신상품, 행사상품의 효율적 소구를 위해 매장의 빈 공간에 독
립적으로 진열하는 방식은 섬 진열(island display)이다.
엔드진열(end cap display)은 매장 진열 시에 맨 끝에 위
치하는 매대로, 전방으로 돌출되어 있어 상품의 노출도가 가
장 크며, 소비자의 점내 회유 및 일반 매대로 유인하는 역할
을 한다.

[4과목] 유통정보

71 정답 ③

㉠ 지도학습 / ㉡ 강화학습
기계학습은 인간의 학습 능력과 같은 기능을 컴퓨터에서 실현하고자 하는 기술 및 기법으로 지도학습, 비지도학습, 강화학습으로 구분한다.
- **지도학습(supervised learning)** : 정답이 있는 데이터를 사용하여 모델을 학습하는 방법
- **비지도학습(unsupervised learning)** : 정답이 없는 데이터를 비슷한 특징끼리 군집화 하여 모델을 학습하는 방법
- **강화학습(reinforcement learning)** : 환경과 상호작용하며 보상을 최대화하는 학습 방법

72 정답 ①

전자광학센서, 초분광센서, 적외선센서는 드론의 목적에 따라 다양한 장비를 싣는 역할을 하는 드론의 임무 장비이다. 드론의 항법센서에는 위성항법, MEMS(Micro Electro Mechanical System), 임베디드 소프트웨어 기술 등이 있다.

73 정답 ③

시맨틱웹(semantic-web)은 기계가 정보의 의미를 이해하고 논리적 추론까지 할 수 있는 지능형 웹을 말한다.
① **고퍼(gopher)** : 정보의 내용을 주제별이나 종류별로 구분하여 메뉴로 구성한 후 메뉴 방식으로 사용할 수 있는 인터넷 정보검색 서비스
② **냅스터(napster)** : 개인의 음악파일들을 인터넷으로 공유할 수 있게 해주는 프로그램
④ **오페라(opera)** : 노르웨이의 오슬로에서 설립된 오페라소프트웨어가 개발한 웹 브라우저
⑤ **웹클리퍼(web-clipper)** : 텍스트, 이미지, 링크 등을 포함해 웹페이지를 스크랩할 수 있는 기능

74 정답 ②

공급사슬의 성과지표 중 약속 기일 충족률은 고객이 요청한 기일 또는 이전에 충족된 주문의 비율을 의미하므로 고객서비스의 신뢰성 지표에 해당한다.

75 정답 ①

균형성과표는 하버드대의 로버트 캐플란 교수와 노튼 박사가 공동 개발한 것으로, 기업의 비전과 전략을 조직 내외부의 핵심성과지표(KPI)로 재구성해 전체 조직이 목표달성을 위한 활동에 집중하도록 하는 전략경영시스템이다.

76 정답 ③

매시업(mashup)은 여러 웹사이트에서 제공하는 정보를 합쳐 새로운 서비스를 제공하는 웹사이트나 애플리케이션을 말한다.

77 정답 ⑤

가격결정에 있어 신축성을 부여하기 위해서는 전국적인 평균비용의 산출에 의존하기보다는 개별시장으로의 운송에 소요되는 실제 분배비용의 산출이 필요하게 되었다.

78 정답 ⑤

CPFR은 공급측면의 SCM 응용기술로 판매정보관리 시스템인 POS와는 관련성이 없다. CPFR은 기업이 거래처와의 협력을 통해 상품 계획과 예측을 하고 상품을 보충하는 것으로 수요 예측과 재고 보충을 위한 공동 사업을 말한다.

79 정답 ③

회귀분석은 매개변수 모델을 이용하여 통계적으로 변수들 사이의 관계를 추정하는 분석 방법이다. 주로 독립변수가 종속변수에 미치는 영향을 확인하고자 사용하는 분석 방법이다.
① **감성분석** : 감정 상태 및 주관적 정보의 패턴을 체계적으로 정량화하고, 이를 활용하여 데이터에 존재하는 성향을 식별하고 분석하는 기술
② **기계학습** : 인간의 학습 능력과 같은 기능을 컴퓨터에서 실현하고자 하는 기술 및 기법
④ **텍스트 마이닝(text mining)** : 대량의 텍스트 데이터에서 의미 있는 정보를 추출하고 분석하는 과정
⑤ **오피니언 마이닝(opinion mining)** : 웹사이트와 소셜미디어에 나타난 여론과 의견을 분석하여 유용한 정보로 재가공하는 기술

80 정답 ⑤

유통부문의 전자문서 국제표준인 EANCOM은 사설표준이 아니라 공통표준이다. 사설표준은 특정 개별기업만이 활용할 수 있는 표준이고, 공통표준은 기업과 산업, 국가단위가 사용할 수 있도록 개발된 표준이다.

81 정답 ③

마케팅 개념측면에서 유통업체는 기존의 푸시(push) 마케팅에서 다이렉트(direct) 마케팅으로 변화해야 한다.

푸시 마케팅 & 다이렉트 마케팅

- 푸시(push) 마케팅 : 소비자 욕구를 무시하고 표준화와 규격화에 따라 대량 생산된 상품을 광고를 통하여 소비자에게 강제로 판매하는 마케팅 기법이다.
- 다이렉트(direct) 마케팅 : 기존의 광고나 판촉, 홍보에서 벗어나 직접 소비자에게 다가가는 마케팅으로 오늘날 컴퓨터와 인터넷, IPTV 등 신기술이 도입되면서 한층 발전하고 있다.

82 정답 ④

기존 시스템의 정보를 추출, 변환, 저장하는 과정을 거쳐 업무 담당자 목적에 맞는 정보만을 모아 관리할 수 있도록 지원해 주는 것은 데이터웨어하우스의 개념이다.

83 정답 ⑤

지식관리시스템은 고객이 웹사이트, 챗봇, 디지털 어시스트, 휴대폰 앱 등 다양한 셀프 고객 서비스 플랫폼을 통해 이용하기도 하므로 고객서비스와도 밀접한 관련이 있다.

84 정답 ③

㉠ 생성 AI(generative AI) : 텍스트, 오디오, 이미지 등 기존 콘텐츠를 활용해 유사한 콘텐츠를 새롭게 만들어 내는 AI
㉡ 식별 AI(discriminative AI) : 기존 데이터를 기반으로 예측을 수행하는 AI

85 정답 ②

우리나라 의약품 및 의료기기에 사용되는 의약품표준바코드에는 GS1 Data Matrix 외에도 EAN-13, GS1-128 등이 있다.

86 정답 ④

사물인터넷(IoT : Internet of Things)의 서비스 방식은 주변의 사물이 알아서 사용자에게 조언하고 권하는 푸시(push) 방식이다.

87 정답 ②

신속대응(quick response) 시스템은 제품의 제조부터 소비자에게 전달되기까지의 제조 과정을 단축시키고, 소비자의 수요를 충족하는 제품을 공급하는 기법이다.

88 정답 ⑤

데이터 3법은 개인정보 보호법, 정보통신망법, 신용정보법 개정안을 일컫는 말로 개인과 기업이 정보를 활용할 수 있는 폭을 넓히기 위해 마련됐다. 데이터 3법은 추가 정보의 결합 없이는 개인을 식별할 수 없도록 안전하게 처리된 가명정보의 개념을 도입하는 것이 핵심이다.

89 정답 ③

비디오는 비정형 데이터이다. 반정형 데이터는 데이터의 형식과 구조가 변경될 수 있는 데이터로 HTML, XML, JSON 등이 이에 속한다.

데이터의 유형

- 정형 데이터 : 미리 정해놓은 형식과 구조에 따라 저장된 구조화된 데이터 예 관계형 데이터베이스(RDB), 스프레드시트, CSV 데이터 등
- 반정형 데이터 : 데이터의 형식과 구조가 변경될 수 있는 데이터로, 데이터의 구조 정보를 데이터와 함께 제공하는 파일 형식의 데이터 예 웹로그, HTML, XML, JSON 등
- 비정형 데이터 : 정해진 구조가 없이 저장된 데이터 예 문서, 텍스트, 이미지, 비디오, PDF 문서 등

90 정답 ②

수산물 이력제의 등록표시는 이력추적관리번호 또는 수산물
이력제 업무 시스템을 통해 생성한 QR코드를 사용한다.

2022년
제1회 기출문제
정답 및 해설

① 행동관찰척도법(BOS : behavioral observation scales) : 피평가자의 실제 행동을 평가기준으로 삼는 고과법으로, 평가항목에 대한 구체적인 행위들을 제시하고 피평가자가 그것을 수행한 빈도를 평가하는 방법
② 단순서열법(simple ranking method) : 직무평가에서 근무성적이나 능력에 대하여 순위로 서열을 매기는 방법 중 평가요소별로 서열을 정하여 이를 종합하여 평가하는 방법
③ 쌍대비교법(paired-comparison method) : 두 사람씩 쌍을 지어 비교하면서 인사고과의 서열을 정하는 평가방법
④ 행위기준고과법(BARS : behaviorally anchored rating scales) : 직무수행의 과정과 성과를 동기유발의 행동과학적 입장에서 평가하는 방법

01	⑤	02	①	03	⑤	04	③	05	①
06	⑤	07	⑤	08	④	09	②	10	③
11	①	12	①	13	②	14	④	15	③
16	②	17	③	18	⑤	19	④	20	⑤
21	②	22	⑤	23	④	24	②	25	④
26	⑤	27	③	28	④	29	⑤	30	⑤
31	③	32	①	33	③	34	③	35	⑤
36	③	37	⑤	38	⑤	39	⑤	40	④
41	③	42	②	43	①	44	④	45	⑤
46	①	47	⑤	48	⑤	49	⑤	50	④
51	①	52	③	53	①	54	①	55	①
56	⑤	57	③	58	④	59	④	60	②
61	⑤	62	①	63	④	64	②	65	④
66	③	67	⑤	68	②	69	③	70	④
71	③	72	②	73	⑤	74	⑤	75	①
76	①	77	①	78	④	79	③	80	⑤
81	①	82	⑤	83	④	84	⑤	85	④
86	③	87	③	88	④	89	⑤	90	②

[1과목] 유통물류일반

01 정답 ⑤

강제배분법(forced distribution method)은 조직구성원의 성과를 평가함에 있어서 평정 성적의 분포가 어느 한쪽에 치우치지 않도록 성적분포의 비율을 미리 정해 놓는 방법이다.

02 정답 ①

중간상의 선별 기능
• 분류(sorting out) : 이질적 상품을 비교적 동질적인 개별상품단위로 구분하는 것
• 수합(accumulation) : 다수의 공급업자로부터 제공받는 상품을 모아서 동질적인 대규모 상품들로 선별하는 것
• 분배(allocation) : 동질적 제품을 분배, 소규모 로트의 상품별로 모아서 분류하는 것
• 구색갖춤(assorting) : 사용목적이 서로 관련성이 있는 상품별로 일정한 구색을 갖추어 함께 취급하는 것

03 정답 ⑤

조직의 일반원칙 중 조정의 원칙(principle of coordination)은 조직의 공통목적을 달성하기 위하여 모든 업무는 조정되어야 한다는 원칙이다.
① 기능화의 원칙(principle of functionalization) : 조직은 사람이 아닌 직무를 중심으로 구성되어야 한다는 원칙
② 위양의 원칙(principle of delegation) : 권한을 갖고 있는 상위자가 하위자에게 일정범위의 직무를 위임할 경우 그 직무를 효과적으로 수행할 수 있도록 직무에 수반되는 권한도 동시에 위양해야 한다는 원칙
③ 명령통일의 원칙(principle of unity of command) : 조직의 각 구성원은 누구나 한 사람의 직속상관에게만 보고하고 또 그로부터 명령을 받아야 한다는 원칙
④ 관리한계의 원칙(principle of span of control) : 한

사람의 상급자가 가장 효과적으로 직접 관리할 수 있는 하급자의 수는 한정되어 있다는 원칙

04 정답 ③

MRO(Maintenance, Repair, Operation)는 기업에서 제품 생산과 직접 관련된 원자재를 제외한 소모성 자재를 말한다. 그러므로 대형장비, 기계 등 기업에서 제품을 생산하는 데 드는 핵심적인 설비는 포함되지 않는다.

05 정답 ①

고객 서비스 품질평가요소 중 유형성(tangibles)은 물적 요소의 외형으로 물적 시설, 장비, 인력 및 의사소통자의 외양이 이에 속한다.
② 반응성(responsiveness)
③ 확신성(assurance)
④ 공감성(empathy)
⑤ 신뢰성(reliability)

고객 서비스 품질평가요소
- 유형성(tangibles) : 시설, 장비, 직원 등의 외적 요소
- 반응성(responsiveness) : 즉각적인 서비스 능력
- 확신성(assurance) : 고객에게 신뢰를 주는 능력
- 공감성(empathy) : 고객에 대한 관심과 배려
- 신뢰성(reliability) : 정확한 서비스를 수행하는 능력

06 정답 ⑤

물류원가분석은 물류업무 전반에 소요되는 비용을 체계적으로 계산하는 일련의 과정으로, 할인의 여부와 관련하여 할인 계산을 하지 않는다.

07 정답 ⑤

기업의 물류비용 절감과 고객서비스 수준은 서로 상충관계(trade-off)에 있으므로, 낮은 배송비용을 지향하는 것은 시간측면에서 고객서비스 수준의 감소를 가져온다.

08 정답 ④

유통산업발전법에 명시된 유통정보화시책은 유통정보화의

촉진 및 유통부문의 전자거래기반을 넓히기 위한 것으로, 유통산업에 종사하는 사람의 자질 향상을 위한 교육·연수 사항은 포함되어 있지 않다.

유통정보화시책(유통산업발전법 제21조)
- 유통표준코드의 보급
- 유통표준전자문서의 보급
- 판매시점정보관리시스템의 보급
- 점포관리의 효율화를 위한 재고관리시스템·매장관리시스템 등의 보급
- 상품의 전자적 거래를 위한 전자장터 등의 시스템의 구축 및 보급
- 상품의 전자적 거래를 위한 전자장터 등의 시스템의 구축 및 보급
- 다수의 유통·물류기업 간 기업정보시스템의 연동을 위한 시스템의 구축 및 보급
- 유통·물류의 효율적 관리를 위한 무선주파수인식시스템의 적용 및 실용화 촉진
- 유통정보 또는 유통정보시스템의 표준화 촉진
- 그 밖에 유통정보화의 촉진을 위하여 필요하다고 인정하는 사항

09 정답 ②

PB상품(Private Brand Goods)은 백화점, 슈퍼마켓 등 대형소매상이 자기매장의 특성과 고객의 성향에 맞추어 독자적으로 개발한 브랜드 상품으로, 편의성의 극대화, 수익성의 개선, 점포의 차별화 및 이미지 개선, 상품개발의 용이성 등을 목적으로 한다.

10 정답 ③

거래비용의 발생 원인은 기회주의, 제한된 합리성, 불확실성 등이며 교환당사자 간에 신뢰가 부족할 때 거래비용은 작아지는 것이 아니라 커진다.

11 정답 ①

유통업체의 판매, 재고데이터가 제조업체로 전달되면 제조업체가 유통업체의 물류센터로 제품을 배송하는 것은 공급자주도형 재고관리(VMI : Vender Managed Inventory)에 해당한다.
②·③·④·⑤는 가능한 한 제품의 최종 구성을 늦추고, 주문이 발생한 후에 필요한 변경사항을 반영하여 제품을 완성

하는 지연 전략(Postponement Strategy)에 해당한다.

12 　　　　　　　　　　　　　정답 ①

$$현재가치(PV) = \frac{미래가치(FV)}{\{1+이자율(R)\}^n}$$

3년치 현금유입에 대한 현재가치

$$\frac{3,000,000}{(1+0.1)^1} + \frac{4,000,000}{(1+0.1)^2} + \frac{5,000,000}{(1+0.1)^3}$$

$$= \frac{3,000,000}{1.1} + \frac{4,000,000}{1.21} + \frac{5,000,000}{1.331}$$

$$= 2,727,272 + 3,305,785 + 3,756,574$$

$$= 9,789,631$$

최종답은 10,000원의 자리에서 버림하여 구한다고 하였으므로 약 9,700,000원이다.

13 　　　　　　　　　　　　　정답 ②

유통경로 성과평가
- ㉠ 효과성(effectiveness) : 표적시장에서 요구하는 서비스 산출을 얼마나 제공하였는가를 측정하는 목표지향적 성과기준
- ㉡ 형평성(equity) : 혜택이 세분시장에 얼마나 골고루 배분되었는가를 측정하는 성과기준
- ㉢ 효율성(efficiency) : 투입한 비용에 비해 얼마나 많은 산출이 발생하였는가를 측정하는 성과기준

14 　　　　　　　　　　　　　정답 ④

보험 및 사후관리 비용은 재무비용이 아니라 위험부담 관련 비용이다.

15 　　　　　　　　　　　　　정답 ③

기업이 생산량을 증대하여 단위당 비용의 하락을 통해 이익을 얻는 것은 규모의 경제(Economy of scale)와 관련된 내용이다. 범위의 경제(Economy of scope)는 하나의 기업이 2가지 이상의 제품을 함께 생산할 경우, 2가지를 각각 따로 생산하는 경우보다 생산비용이 적게 드는 경우를 말한다.

16 　　　　　　　　　　　　　정답 ②

유통경영의 외부환경을 분석하기 위해 포터의 산업분석을 활용할 경우 공급자의 협상능력이 클수록 기업의 원가부담이 증가하여 이윤은 감소하게 되고 따라서 시장 매력도는 낮아진다.

포터의 산업분석(5 forces model)
- 기존 기업 간의 경쟁 정도
- 신규 기업의 진입 위협
- 대체재의 위협
- 구매자의 협상력
- 공급자의 협상력

17 　　　　　　　　　　　　　정답 ③

글로벌비즈니스는 사후 비판에 대응하는 반응적 윤리에서 선행적 윤리로 변화하고 있다.

18 　　　　　　　　　　　　　정답 ⑤

재무, 생산소요계획, 인적자원, 주문충족 등 기업의 전반적인 업무 프로세스를 통합·관리하여 정보를 공유함으로써 효율적인 업무처리가 가능하게 하는 경영기법을 전사적자원관리(ERP)라 한다.
① 리엔지니어링 : 기업의 체질 및 구조와 경영방식을 근본적으로 재설계하여 경쟁력을 확보하는 경영혁신기법
② 식스시그마 : 품질혁신과 고객만족을 달성하기 위해 전사적으로 실행하는 21세기형 기업경영 전략
③ 아웃소싱 : 기업이나 기관이 비용 절감, 서비스 수준 향상 등의 이유로 기업에서 제공하는 일부 서비스를 외부에 위탁하는 전략
④ 벤치마킹 : 기업이 경쟁력을 높이기 위해 타사에서 배워오는 혁신 기법

19 　　　　　　　　　　　　　정답 ④

6시그마 프로세스 중 개선(Improve)은 최적의 프로세스 개선안과 문제의 해결책을 도출하는 단계이다.

6시그마
- 정의(Define) : 고객의 요구 사항 파악과 프로젝트 목표 및 정의
- 측정(Measure) : 현 수준 파악과 잠재 원인 변수의 발굴

- **분석(Analyze)** : 수집된 데이터를 근거로 문제의 근본 원인인 핵심인자 확인
- **개선(Improve)** : 최적의 프로세스 개선안과 문제의 해결책 도출
- **관리(Control)** : 개선 결과의 문서화와 유지 계획 수립

20 정답 ④

①·②·③·⑤는 모두 주관적 의견과 판단을 중시하는 정성적 수요예측기법에 해당하나, ④의 시계열 분석은 객관적인 데이터에 의한 정량적 수요예측기법에 해당한다.

21 정답 ②

총재고 중에서 로트(lot)의 크기에 따라 직접적으로 변하는 부분은 주기 재고이다. 리드타임재고는 생산을 준비하는 동안에 수용을 충족시키기 위하여 준비하는 재고를 말한다.

22 정답 ⑤

그로서란트(Grocerant)는 식료품점인 그로서리(Grocery)와 레스토랑(Restaurant)의 합성어로, 다양한 식재료를 판매하고 그 식재료를 이용한 음식을 맛볼 수 있는 신개념의 식문화 공간인 복합식품매장을 말한다. 그로서란트는 오프라인 매장이 온라인 쇼핑 또는 해외직구 등과의 차별화 요소로 선보이는 샤워효과 또는 분수효과 전략이다.

23 정답 ④

전략적 제휴는 다수의 기업들이 자신의 경쟁우위 요소를 바탕으로 각자의 독립성을 유지하면서 전략적으로 상호협력 관계를 형성함으로써 타 경쟁기업에 대해 경쟁우위를 확보하려는 경영 전략이며, 이를 유통경영에 접목시킨 것이 전략적 경로제휴전략이다.

24 정답 ②

변혁적 리더십은 구성원들의 가치관, 정서, 행동규범 등을 변화시켜 개인, 집단, 조직을 바람직한 방향으로 변혁시키는 리더십이다.

① **거래적 리더십** : 지도자와 부하 간에 비용-효과의 거래관계로 수행되는 리더십
③ **상황적 리더십** : 현재 업무 환경에 대한 리더 유형의 효과성과 관련이 있는 리더십
④ **지시형 리더십** : 부하 직원에게 과업지시를 내리고 그들에게 기대하는 성과기준을 명확히 알려주는 리더십
⑤ **위임형 리더십** : 부하 직원에게 권한을 위임함으로써 의사결정을 하거나 문제를 해결하는데 리더 개인의 통찰력보다 팀의 통찰력을 존중하는 리더십

25 정답 ④

장소의 편의성이 높게 요구되는 담배, 음료, 과자류 등과 같은 품목에 일반적으로 이용되는 유통채널 유형은 집중적 유통채널(intensive distribution channel)로 개방적 유통채널이라고도 한다.

[2과목] 상권분석

26 정답 ⑤

권리금은 영업시설 및 비품, 거래처, 신용, 영업상의 노하우, 상가건물의 위치에 따른 영업상의 이점 등 유형·무형의 재산적 가치와 양도 또는 이용대가로서 보증금과 차임 이외에 지급하는 금전 등의 대가이다. 즉, 권리금은 보증금과는 별개이며 보증금의 일부가 아니다.

27 정답 ④

도심상권은 중심업무지구(CBD)를 포함하며 상권의 범위가 넓고 소비자들의 체류시간이 길다.
① 역세상권은 고밀도 개발이 이루어지는 경우가 많다.
② 생활밀착형 업종의 점포들이 입지하는 경향이 있는 상권은 근린상권이다.
③ 부도심상권은 도시 일부의 소비자를 유인한다.
⑤ 아파트상권은 외부고객을 유치하기가 어려워 상권확대 가능성이 높지 않다.

28 정답 ④

소매점의 입지 선정을 위한 공간분석은 상권의 크기에 따라 광역지역(general area)분석 > 지구상권(district area)분석 > 개별점포(site)분석 순으로 진행된다.

29 　　　　　　　　　　　　　　정답 ⑤

ⓐ 다항로짓(MNL)모형 : 상권 내 소비자들이 점포이미지 등 다양한 점포특성을 반영한 관측 자료를 이용하여 각 점포에 대한 선택 확률의 예측은 물론 시장점유율 및 상권의 크기를 추정하는 확률적 선택 모형이다.
ⓑ Huff모형 : 소비자의 점포선택을 결정론적 접근이 아닌 확률론적 접근으로 보며, 고객이 특정 점포를 선택할 확률은 점포의 크기에 비례하고 점포까지의 거리에 반비례한다고 추정한다.
ⓒ Converse모형 : 두 상권의 분기점에서의 두 점포에 대한 구매지향력은 같다고 보고, 두 도시 간의 상권경계지점을 계산한다.
ⓓ Christaller의 중심지 이론 : 상권은 단일 중심지의 경우에는 원형이지만, 다수의 중심지가 분포하는 경우 정육각형을 이룬다.
ⓔ Reilly의 소매중력모형 : Newton의 중력모형을 수용한 초기모형으로, 두 중심지 사이에 위치하는 소비자에 대해 상권이 미치는 영향력의 크기는 상점가의 크기와 상점수, 두 중심의 크기에 비례하여 배분된다.

30 　　　　　　　　　　　　　　정답 ③

구매력지수(BPI : Buying Power Index)는 소매점포의 입지분석 시 해당 지역시장의 구매력을 측정하는 기준으로 사용되며, 이를 산출하기 위해서는 인구수(population), 소매 매출액(retail sales), 가처분 소득(effective buying income) 등 3가지 요소에 가중치를 곱하여 합산한다. 그러므로 소매점 면적(sales space)은 구매력지수의 계산 요소에 해당되지 않는다.

> **구매력지수(BPI : Buying Power Index)**
> BPI = (인구비 × 0.2) + (소매 매출액비 × 0.3) + (가처분 소득비 × 0.5)

31 　　　　　　　　　　　　　　정답 ③

아동용 장난감 소매업체가 출점할 입지를 선정하기 위해 새로운 지역의 수요를 분석할 때는 가구의 규모보다는 가구 내 아동의 수를 고려하여야 한다. 그 외 상권 내 인구수와 증감 여부, 상권 내 가구의 수, 가구의 평균 구성원 수, 평균소득 등이 고려 대상이다.

32 　　　　　　　　　　　　　　정답 ①

직송도매상(drop shipper)은 생산자와 대량구매계약을 하고 상품은 생산자의 창고나 혹은 보관장소에 그대로 두고서 소매상이나 혹은 산업소비자로부터 주문이 올 때마다 주문받은 수량을 생산자에게 연락하여 직접 구매자 앞으로 직송하게 하고 대금만 회수하는 도매상이다. 그러므로 직송도매상은 입지를 선정할 때 취급상품의 물류비용을 고려할 필요성이 가장 낮은 도매상 유형이다.

33 　　　　　　　　　　　　　　정답 ③

쇼핑몰 지역센터는 일반상품과 서비스를 매우 깊고 다양하게 제공하는 쇼핑센터로, 가장 다양한 업태의 소매점포를 입주시키는 쇼핑센터 유형이다.
① 파워 쇼핑센터 : 종래의 백화점이나 양판점과 달리 할인점이나 카테고리 킬러 등 저가를 무기로 강한 집객력을 가진 염가점들을 한 곳에 종합해놓은 초대형 소매센터
② 아웃렛 쇼핑센터 : 유통업자 상표제품 및 이월상품을 할인 판매하는 쇼핑센터
④ 네이버후드 쇼핑센터 : 슈퍼마켓이 중심점포 역할을 수행하는 동네의 소형 쇼핑센터
⑤ 패션/전문품 쇼핑센터 : 선별된 패션이나 품질이 우수하고 값이 비싼 독특한 제품을 판매하는 고급의류점, 부티크, 선물점 등이 있는 쇼핑센터

34 　　　　　　　　　　　　　　정답 ③

도시교통정비 촉진법상 도시교통정비지역 또는 도시교통정비지역의 교통권역에서 판매시설의 사업을 하려는 자는 교통영향평가를 실시하여야 한다.

35 　　　　　　　　　　　　　　정답 ②

다중회귀분석은 종속 변수는 하나이고 독립 변수가 2개 이상인 회귀 모델에 대한 분석을 수행하는 방법으로, 다중회귀분석은 점포성과에 영향을 주는 요소의 상대적 중요성을 회귀 계수로 나타낸다.

36 　　　　　　　　　　　　　　정답 ③

점포 개점을 위한 경쟁점포의 분석은 상품의 차별화를 위해 동일 업태의 점포는 물론 유사 업태의 점포에 대한 분석도 필요하다.

37 　　　　　　　　정답 ④

본래의 사용 목적 외로 건축물의 용도를 변경하려면 용도 변경 신청 → 신고필증 교부 → 건축물대장 변경 → 사용 승인 → 공사 착수의 순으로 행정 처리 절차를 밟아야 한다.

38 　　　　　　　　정답 ⑤

점포가 소재하는 위치적, 물리적인 조건은 상권이 아니라 입지에 대한 설명이다. 상권은 상업상의 거래가 행하여지고 있는 공간적 범위를 말한다.

39 　　　　　　　　정답 ⑤

자기가 개점하려는 점포와 유사한 기존 점포를 선정하여 상권 규모를 시각적으로 파악하는 상권분석기법은 애플바움 (W. Applebaum)이 주장한 유추법이다.

40 　　　　　　　　정답 ④

입지의 시계성은 해당 점포가 통행인들의 눈에 얼마만큼 잘 띄는지의 정도를 나타낸다. 일반적으로 차량으로부터의 시계성은 내측(인커브) 보다 외측(아웃커브)의 경우가 더 좋다.

41 　　　　　　　　정답 ③

사람들이 점포가 눈앞에 보여도 간선도로를 횡단해야 하는 경우 그 점포에 접근하지 않으려는 경향은 동선의 심리법칙 중 위험하거나 잘 모르는 길을 지나지 않으려는 안전추구의 원칙 때문이다.

42 　　　　　　　　정답 ②

㉠ 자석(anchor)과 자석을 연결하는 동선은 주동선이므로, 화물차 통행이 많은 도로는 주동선상에 있다고 할 수 없다.
㉤ 복수의 자석(anchor)이 있는 경우의 동선을 복수 동선이라 한다. 부동선은 뒷골목과 같이 사람들이 통행하는 주동선 이외의 동선을 말한다.

43 　　　　　　　　정답 ①

백화점, 고급음식점, 고급보석상, 미술품점, 영화관 등은 도시

전체를 배후지로 하여 배후지의 중심부에 입지하여야 유리한 집심성 점포에 해당한다.

공간균배의 원리에 따른 점포유형

집심성 점포	배후지의 중심지에 입지하는 것이 경영상 유리한 점포 예 백화점, 고급음식점, 고급보석상, 미술품점, 영화관 등
집재성 점포	동일 업종의 점포가 서로 한 곳에 모여서 입지하여야 하는 유형의 점포 예 은행, 보험회사, 관공서, 서점, 가구점 등
산재성 점포	동일 업종의 점포가 서로 분산입지하여야 하는 유형의 점포 예 잡화점, 소매점포, 주방용품점, 이발소, 공중목욕탕, 세탁소 등
국부적 집중성 점포	동일 업종의 점포끼리 국부적 중심지에 입지하여야 하는 점포 예 농기구점, 철공소, 비료상, 종묘판매상, 기계공구점, 컴퓨터부품점 등

44 　　　　　　　　정답 ⑤

상권은 상업상의 거래가 행하여지고 있는 공간적 범위 (boundary)로 표현되고, 입지는 인간이 경제 활동을 하기 위하여 선택하는 점포의 소재지인 주소나 좌표를 가지는 점 (point)으로 표시된다.
① 상권 평가에는 점포의 층수, 주차장, 교통망, 주변 거주인구 등을 이용하고, 입지 평가에는 점포의 면적, 주변유동인구, 경쟁점포의 수 등의 항목을 활용한다.
② 입지를 강화한다는 것은 점포가 더 유리한 조건을 갖출 수 있도록 점포의 속성들을 개선하는 것을 의미한다.
③ 입지는 점포를 경영하기 위해 선택한 장소 또는 그 장소의 부지와 점포 주변의 위치적 조건을 의미한다.
④ 상권은 점포를 이용하는 소비자들이 분포하는 공간적 범위 또는 점포의 매출이 발생하는 지역 범위를 의미한다.

45 　　　　　　　　정답 ⑤

월매출액＝객단가×1일 평균 내점객 수×월간영업일 수

[3과목] 유통마케팅

46   정답 ①

고객평생(생애)가치(CLV: Customer Lifetime Value)는 소비자가 평생에 걸쳐 구매할 것으로 예상되는 이익 흐름에 대한 현재가치로 다음과 같이 계산한다. 따라서 ①의 충성도는 고객평생가치를 추정하는데 필요한 정보로 옳지 않다.

$$CLV = \left(\frac{M-C}{1-r+i} \right) - AC$$

M : 고객 1인당 평균 매출
C : 고객 1인당 평균 비용
r : 고객 유지 비율
i : 할인율
AC : 고객 획득 비용

47   정답 ⑤

종업원 행동의 영향을 받는 공정성 유형은 고객을 응대하는 태도 등에 대하여 지각하는 공정성인 상호작용적 공정성이다.

공정성 유형
- **분배적 공정성** : 의사결정의 결과와 자원의 배분에 대하여 지각하는 공정성
- **절차적 공정성** : 서비스 실패를 정정하기 위해 사용되는 절차에 대하여 지각하는 공정성
- **상호작용적 공정성** : 고객을 응대하는 태도 등에 대하여 지각하는 공정성

48   정답 ③

CRM(Customer Relationship Management)의 활용 분야
- **판매 분야** : 판매자동화를 통해 콜센터를 활용한 전화판매 지원 및 제반 영업활동 지원
- **마케팅 분야** : 캠페인 관리 및 상품 관리, 고객데이터 관리, 판촉 관리, 유통경로 관리 등의 기능을 지원
- **고객서비스 분야** : 영업사원 및 A/S 사원들에게 서비스 관련 내용을 전달하며, 현장 사원들이 고객정보를 효율적으로 활용 가능하도록 지원

49   정답 ⑤

소비자 판매 촉진(consumer sales promotion)은 제품이나 서비스의 최종 소비자를 대상으로 수요를 자극하는 활동이다. 따라서 기업과 관련된 이해관계자들을 대상으로 하지는 않는다.

50   정답 ④

플래노그램(planogram)은 가장 최적화된 방식으로 매장 내에 상품구색을 만들고 표현하는 일종의 상품진열지도이므로, 매장외관(exterior) 관리와는 관련이 없다.

51   정답 ①

고객지향성은 고객의 입장에서 생각하여 고객의 욕구나 가치를 효과적으로 충족시킬 수 있도록 조직을 설계하고 관리하는 것을 말한다.

52   정답 ③

EAN(European Article Number)는 유럽상품코드로 편의점이나 마트 등의 POS 시스템에서 활용되고 있는 상품용 유통 코드이다. EAN코드의 두 번째 자리는 제조업체 코드로, 생산자가 아니라 한국유통물류진흥원에서 고유번호를 부여한다.

53   정답 ①

프랜차이즈 가맹본부의 목표가 매출의 극대화인 반면 가맹점의 목표가 수익이기 때문에 발생하는 유통경로상의 갈등 원인은 '목표의 불일치'이다.

유통경로 갈등의 원인
- **목표불일치** : 이해관계의 대립이나 추구하는 목표의 불일치에서 오는 갈등
- **지각불일치** : 동일 현상을 다르게 해석하는 데서 오는 갈등
- **영역불일치** : 상권의 범위 또는 경로구성원의 역할에 대한 견해 차이로 인한 갈등

54 정답 ①

ⓒ 여러 세분시장을 표적시장으로 선정하고, 각 세분시장별로 서로 다른 시장제공물을 개발하는 전략은 차별적 마케팅 전략이다.
ⓔ 큰 시장에서 작은 점유율을 추구하는 대신 하나 혹은 소수의 작은 세분시장 또는 틈새시장에서 높은 점유율을 추구하는 전략은 집중적 마케팅 전략이다.

55 정답 ①

매장 내 농축산품 작업장 바닥높이는 매장보다 낮게 하여 매장으로 물이 흘러들어가지 않도록 해야 한다.

56 정답 ③

ⓐ 내적 탐색 : 욕구가 발생하여 소비자가 기억하고 있는 관련 정보를 자연스럽게 회상하는 것
ⓑ 외적 탐색 : 소비자가 충분한 정보를 보유하고 있지 않아 외부의 정보에 자신을 노출시켜 추가 정보를 탐색하는 것

57 정답 ⑤

계절할인은 특정 제품의 비수기에 가격을 일시적으로 내리는 할인 정책을 말한다.
① 수량할인
② 판매촉진지원금
③ 거래할인
④ 현금할인

58 정답 ④

상품이 파손 없이 안전하게 보관되도록 하는 보관서비스는 포장(packing)이다. 진열(display)은 손님에게 보이기 위해 상품을 벌여 놓는 것을 의미한다.

59 정답 ③

본체의 가격은 낮게 책정하여 소비자의 구매를 유도한 후, 부속품의 가격은 높게 책정해 이윤을 창출하는 가격정책은 종속제품 가격정책(captive product pricing)이다.
① 사양제품 가격정책(optional product pricing) : 주제품 외에 액세서리 등의 사양제품 또는 다양한 옵션을 추

가하여 판매가격을 결정하는 정책
② 제품라인 가격정책(product line pricing) : 동일 계열 제품을 함께 판매할 때 세부 특성에 따라 각 제품의 가격을 결정하는 정책
④ 부산물 가격정책(by-product pricing) : 주산물이 아닌 부수적으로 생기는 부산물의 가격을 결정하는 정책
⑤ 이중부분 가격결정(two-part pricing) : 고정 요금의 기본 서비스와 다양한 서비스의 사용 정도에 따라 부과되는 추가 요금으로 서비스 가격을 결정하는 정책

60 정답 ②

집기 내 상품 배치와 진열 양의 결정은 진열의 기본 영역에 해당된다. 레이아웃은 보다 효율적인 매장 구성을 위한 일련의 배치작업을 의미한다.

61 정답 ⑤

RFM은 구매 가능성이 높은 고객을 선정하기 위한 데이터 분석방법으로 최근 구매 시점(Recency), 구매빈도(Frequency), 구매금액(Monetary)의 3가지 지표를 바탕으로 계량적으로 측정된다. 제시된 글상자의 ⓐ～ⓔ 모두 RFM에 대한 옳은 설명이다.

62 정답 ①

마케팅목표를 달성하기 위해 마케팅전략과 계획을 마케팅활동으로 전환시키는 과정은 마케팅실행이다. 마케팅통제는 마케팅목표에 따라 수립된 마케팅계획이 적절하게 수행되었는지를 측정하여 평가하고 그에 따라 마케팅계획을 수정하거나 보완하는 과정이다.

63 정답 ③

쇼루밍(Showrooming)은 쇼룸 즉, 오프라인 매장에서 자신이 원하는 상품을 살펴본 후 가격이 더 저렴한 온라인 쇼핑몰에서 구매를 진행하는 소비자 행동을 말한다.

64 정답 ②

단순 무작위 표본 추출은 가장 기본적인 확률적 표본추출 방법으로, 표본추출 대상에 대해 어떠한 조작도 하지 않고 추출하는 방법이다. ①·③·④·⑤는 모두 비확률적 표본추출

방법에 해당한다.

---

65 정답 ④

유통마케팅 달성을 위해 자금을 효율적으로 지출하는지를 확인할 수 있는 유통마케팅 성과평가 분석은 ROI 분석이다. ROI(Return On Investment)는 투자수익률로 경영성과를 종합적으로 측정하는 데 이용되는 가장 대표적인 재무비율이다.

---

66 정답 ③

소매믹스(retailing mix)는 고객의 요구를 만족시키고 고객의 구매의사 결정에 영향을 주기 위해 소매업체가 활용하는 입지, 머천다이징, 점포디자인, 판촉 및 서비스 등의 조합을 일컫는다. ③의 유통정보 관리는 소매믹스의 요소에 해당되지 않는다.

---

67 정답 ①

상품회전율은 일정기간에 상품이 몇 번 회전하였는가를 표시하는 비율로, 연간 매출액(매출원가)에 대한 상품 재고액(재고원가)의 비율이다.

$$상품회전율 = \frac{연간매출액}{상품 재고액}$$

$$\frac{1,000,000}{1,000 \times 200} = \frac{1,000,000}{200,000} = 5(회)$$

---

68 정답 ②

유통목표는 포괄적인 유통관리를 위해 개념적으로 서술되는 것이 아니라, 세부적인 유통관리를 위해 명백하고 구체적으로 서술되어야 한다.

---

69 정답 ③

선발주자는 기술적 불확실성에 직면하지만, 나중에 진출한 후발주자는 선발주자에 의해 기술적 불확실성이 제거되므로 후발우위효과 내지 무임승차효과를 향유한다.

---

70 정답 ④

소매업자들이 특정 카테고리 내에서 특별히 선호하는 벤더는 카테고리 캡틴(category captain)이다.

> **소매점에서의 카테고리 캡틴 활용 이유**
> - 가격설정, 촉진활동 등의 위임을 통한 해당 카테고리 관리의 부담 감소
> - 고객에 대한 이해 증진에 협력함으로써 해당 카테고리 전반의 수익 증진
> - 재고품질의 방지를 통한 관련된 손해의 회피 및 서비스 수준의 향상
> - 해당 카테고리 품목의 여타 납품업체들과의 구매협상 노력을 생략한 비용 절감

[4과목] 유통정보

71 정답 ③

PBES(Private Branch Exchange Systems)는 자동으로 전화를 연결해 주는 구내 전화교환 시스템으로, 공급사슬관리를 위한 정보기술은 아니다.
① EDI(Electronic Data Interchange) : 기업 간에 데이터를 효율적으로 교환하기 위해 지정한 데이터와 문서의 표준화 시스템
② POS(Point Of Sales) : 매상금액을 정산해 줄뿐만 아니라 동시에 소매경영에 필요한 각종 정보와 자료를 수집·처리해 주는 판매시점 관리 시스템
④ CDS(Cross Docking Systems) : 물류센터로 입고되는 상품을 물류센터에 보관하는 것이 아니라 분류 또는 재포장의 과정을 거쳐 곧바로 재배송하는 물류 시스템
⑤ RFID(Radio-Frequency IDentification) : 반도체 칩이 내장된 태그·라벨·카드 등의 저장된 데이터를 무선 주파수를 이용하여 비접촉으로 읽어내는 무선인식 시스템

---

72 정답 ②

2차 산업혁명은 19세기 중후반부터 20세기 초까지 전기 에너지 기반의 대량생산 혁명이 이루어진 시기이다.
① 전자기기의 활용을 통한 업무생산성 개선이 이루어진 시기는 3차 산업혁명 때이다.
③ 사물인터넷과 인공지능 기술이 업무처리에 활용되기 시작한 시기는 4차 산업혁명 때이다.
④ 업무처리에 인터넷 활용이 이루어지기 시작한 시기는 3차 산업혁명 때이다.

⑤ 정보통신기술을 통한 데이터수집과 이를 분석한 업무처리가 이루어진 시기는 4차 산업혁명 때이다.

산업혁명의 발전과정
- 1차 산업혁명 : 증기기관 기반의 기계화 혁명
- 2차 산업혁명 : 전기 에너지 기반의 대량생산 혁명
- 3차 산업혁명 : 컴퓨터와 인터넷 기반의 지식정보 혁명
- 4차 산업혁명 : 빅데이터, AI, 사물인터넷 등 정보기술 기반의 초연결 혁명

73 　　　　　　　　　　　　　　　 **정답 ⑤**

공급사슬관리는 고객이 원하는 제품을 사용하고자 하는 시점에 필요한 수량만큼 공급함으로써 고객에게 가치를 제공하는 관리 기법으로, 재고중심의 푸시(push) 관행에서 고객중심의 풀(pull) 관행으로 변화하고 있다.

74 　　　　　　　　　　　　　　　 **정답 ⑤**

지식관리 시스템(KMS : Knowledge Management System)은 조직 내의 인적자원들이 축적하고 있는 개별적인 지식을 체계화하여 공유함으로써 기업 경쟁력을 향상시키기 위한 기업정보 시스템으로 다음의 절차에 따라 구현된다.

목표설정(㉠) → 프로세스 구축(㉢) → 지식기반 창출(㉡) → 업무 프로세스 구축(㉣)

75 　　　　　　　　　　　　　　　 **정답 ①**

RFID 태그는 근거리 접촉으로 정보를 확보하는 QR 코드와 달리 태그에 저장된 데이터를 무선주파수를 이용하여 비접촉으로 읽어낸다.

76 　　　　　　　　　　　　　　　 **정답 ①**

비콘(Beacon)은 블루투스 프로토콜을 기반으로 한 근거 무선통신 장치로, 모든 기기가 항상 연결되는 사물인터넷 구현에 적합하다.
② 와이파이(Wi-Fi) : 전자기기들을 무선랜(WLAN)에 연결할 수 있게 하는 근거리 무선망 기술
③ 지웨이브(Z-Wave) : 스마트 홈 시스템에 주로 적용되는 가정 자동화 무선 전송 표준
④ 지그비(ZigBee) : 스마트홈에 사용되는 근거리 무선통신

기술로, 허브 중심의 사물인터넷 플랫폼의 대표적인 통신규격
⑤ 울트라와이드밴드(Ultra Wide Band) : 기존의 주파수 대역에 비해 매우 넓은 대역에 걸쳐 낮은 전력으로 대용량의 정보를 전송하는 초광대역 무선통신 기술

77 　　　　　　　　　　　　　　　 **정답 ①**

데이터 마이그레이션(data migration) 즉, 데이터 이송은 데이터의 사용 빈도에 따라서 데이터의 저장 공간이나 저장 형태를 조정시켜 데이터베이스의 검색 성능이 향상되도록 하는 것을 말한다. 외부로부터 유입된 데이터를 기업 표준으로 변환하는 작업은 데이터 변환에 해당한다.

78 　　　　　　　　　　　　　　　 **정답 ④**

공급자재고관리(VMI : Vender Managed Inventory)는 재고를 최소화하기 위해 판매자가 아닌 공급자가 직접 재고를 관리하여 재고비용 절감과 재고회전율 향상을 목적으로 한다.

79 　　　　　　　　　　　　　　　 **정답 ③**

RPA(Robotic Process Automation)는 사람이 반복적으로 처리해야 하는 단순 업무를 로봇 소프트웨어로 자동화하는 기술을 말한다. 유통업체에서는 상품관리를 위한 데이터나 작업 보고서의 입력과 같은 단순 · 반복적 업무에 RPA 기술을 활용하고 있다.

80 　　　　　　　　　　　　　　　 **정답 ⑤**

GTIN(Global Trade Item Numbers)는 국내 또는 국외로 유통되는 상품을 식별하기 위해 사용하는 유통표준코드로 배치 및 일련번호, 로트번호, 유통 및 사용기한, 포장 중량 등의 다양한 상품 정보를 제공한다.

81 　　　　　　　　　　　　　　　 **정답 ①**

풀필먼트는 물류 전문업체가 물건을 판매하려는 업체들의 위탁을 받아 보관, 포장, 배송, 재고관리, 교환 · 환불 서비스 등의 모든 과정을 담당하는 물류 일괄 대행 서비스를 말한다.
② 로지스틱스 : 유통 합리화의 수단으로서 원료 준비, 생산, 보관, 판매에 이르기까지의 과정에서 물적 유통을 가장 효율

적으로 수행하는 종합적 시스템
③ **데이터마이닝** : 대량의 데이터베이스에 내재되어 있는 패턴을 발견하고 규칙을 추론함으로써 유용한 정보를 추출해내는 과정
⑤ **풀브라우징** : 휴대전화에서도 인터넷 상의 웹사이트를 일반 컴퓨터에서와 같이 이용할 수 있는 서비스

82	정답 ⑤

SWOT(Strength, Weakness, Opportunities, Threats)란 기업의 내부환경을 분석하여 강점과 약점을 발견하고 외부환경을 분석하여 기회와 위협을 찾아내어 마케팅 전략을 수립하는 분석법이다.
① PEST(Politics, Economy, Society, Technology) : 정치, 경제, 사회, 기술적 요인을 살펴보는 기업환경 분석법
② ETRIP(Economic, Trade, Raw Material, Industry, Political) : 세계경제동향, 국제무역, 원자재 수급, 산업지형, 정치지형 등을 살펴보는 글로벌 거시환경 분석법
③ STEEP(Social, Technological, Economic, Environmental / Ecological and Political) : 사회, 기술, 경제, 정치 외에 자연환경 또는 생태환경이 포함된 거시환경 분석법

83	정답 ④

정보시스템 구축 과정에서 사업 착수 후 분석단계에 포함되는 활동은 요구사항 정의이다. 요구사항은 소프트웨어가 어떤 문제를 해결하기 위해 제공하는 서비스에 대한 설명과 정상적으로 운영되는 데 필요한 제약조건 등을 나타내며 소프트웨어 개발이나 유지 보수 과정에서 필요한 기준과 근거를 제공한다.

84	정답 ⑤

POS시스템을 통해 인기상품, 비인기상품을 신속하게 파악할 수 있고 품목별 판매실적, 판매실적 구성비, 단품별 판매순위, 판매동향 등의 정보를 제공하며, 기회손실(자점취급, 비취급)에 대한 분석도 용이하다.

85	정답 ④

기업 간의 거래에 관한 데이터(각종 서류양식)를 표준화하여

컴퓨터통신망을 통해 거래 당사자의 컴퓨터 사이에서 직접 전송신호로 주고받도록 지원하는 기술은 전자문서교환 즉, EDI(Electronic Data Interchange)이다.
① Beacon : 블루투스 프로토콜을 기반으로 한 근거 무선통신 장치
② XML(eXtensible Markup Language) : 인터넷 웹페이지를 만드는 html을 획기적으로 개선하여 만든 언어
③ O2O(Online to Offline) : 온라인의 기술을 이용해서 오프라인의 수요와 공급을 혁신시키는 새로운 현상
⑤ SaaS(Software as a Service) : 소프트웨어의 여러 기능 중에서 사용자가 필요로 하는 서비스만 이용 가능하도록 한 소프트웨어

86	정답 ③

단말기의 카메라, GPS 또는 각종 프로세싱 능력을 활용한 서비스 이용 시 모바일 웹보다 앱이 훨씬 효과적이다.

87	정답 ③

사용자의 동의 없이 시스템에 설치되어서 무단으로 사용자의 파일을 모두 암호화하여 인질로 잡고 금전을 요구하는 악성 프로그램은 랜섬웨어이다. 에드웨어는 특정 소프트웨어를 설치 또는 실행 후 자동적으로 광고가 표시되는 프로그램을 말한다.

88	정답 ⑤

개인이 별도의 위·변조 방지 특수 필름 부착이나 잠금장치 설치 등의 조치를 취해야 하는 것은 고정형 QR이다.

89	정답 ⑤

반정형데이터는 데이터의 형식과 구조가 변경될 수 있는 데이터로 비식별화가 쉽지 않기 때문에 해당 데이터에서 개인정보를 찾아내 비식별화시켜야 한다.

90	정답 ②

1차 데이터는 특정한 목적을 달성하기 위해 직접적으로 고객으로부터 수집한 데이터를 의미하고, 2차 데이터는 이미 생성된 데이터를 의미한다.

2022년
제2회 기출문제
정답 및 해설

01	⑤	02	②	03	③	04	②	05	④
06	③	07	③	08	④	09	⑤	10	⑤
11	④	12	④	13	②	14	③	15	④
16	③	17	①	18	③	19	⑤	20	②
21	④	22	③	23	⑤	24	④	25	②
26	⑤	27	③	28	①	29	③	30	④
31	④	32	③	33	④	34	⑤	35	④
36	③	37	⑤	38	③	39	⑤	40	②
41	①	42	④	43	⑤	44	④	45	④
46	①	47	④	48	③	49	⑤	50	③
51	③	52	⑤	53	③	54	③	55	②
56	②	57	④	58	⑤	59	①	60	①
61	③	62	③	63	④	64	②	65	⑤
66	①	67	④	68	③	69	①	70	⑤
71	⑤	72	④	73	④	74	③	75	①
76	②	77	③	78	②	79	⑤	80	⑤
81	②	82	④	83	①	84	②	85	④
86	③	87	⑤	88	⑤	89	⑤	90	①

[1과목] 유통물류일반

01 정답 ⑤

채찍효과(bullwhip effect)는 공급사슬관리에서 제품에 대한 수요정보가 공급사슬상의 참여 주체를 하나씩 거쳐 전달될 때마다 계속 왜곡되는 것을 의미한다. 따라서 공급체인의

각 단계에서 독립적인 수요예측을 하는 것은 채찍효과를 유발시키는 원인이 된다. 채찍효과를 줄이기 위해서는 공급체인 전반에 걸쳐 수요에 대한 정보를 집중화하고 공유하는 전략이 필요하다.

02 정답 ②

맥그리거(D.McGregor)의 동기부여 이론은 인간의 행동을 지나치게 일반화 및 단순화하고 있다는 문제점이 있다.

① 위생요인은 허츠버그(Herzberg)의 2요인 이론에 해당한다.
③ 고차원 욕구와 저차원 욕구의 구분은 매슬로우의 욕구 5단계 이론에 해당한다.
④ 맥그리거는 XY이론에서 인간의 본성에 대한 부정적 관점의 X이론과 긍정적 관점의 Y이론을 제시하고 있다.
⑤ 감독, 급료, 작업조건의 개선은 허츠버그의 2요인 이론 중 위생요인에 해당한다.

03 정답 ③

물류 아웃소싱은 전문물류업체를 활용함으로써 전문화의 이점을 살릴 수 있으나 외주 물류기능에 대한 의견충돌 및 통제력 약화 등의 위험이 발생할 수 있다.

04 정답 ②

last mile은 주문한 물품이 고객에게 배송되는 마지막 단계를 의미하지만, 풀필먼트는 보관, 포장, 배송, 재고관리, 교환·환불 서비스 등의 전 과정을 의미한다.

05 정답 ④

기능식 조직(functional organization)은 조직의 상층에서 하층까지 공통기능을 중심으로 활동이 부서화되는 조직으로, 조직 구성원들에게 정확한 과업을 부여할 수 있어 일의 성과에 따른 정확한 보수를 가감할 수 있다.

06 정답 ③

ⓒ JIT가 개별적인 생산현장을 연결한 것이라면, JITⅡ는 공급체인 상의 파트너 연결과 그 프로세스를 변화시키는 시스템이다.
ⓔ JIT가 푸시(push) 형식인 MRP와 대비되는 풀(pull) 형

식의 생산방식을 의미한다면, JIT Ⅱ는 JIT와 MRP를 동시에 수용할 수 있는 기업 간의 운영체제를 말한다.

---

07 정답 ③

기업이 자재나 부품, 서비스를 외부에서 구매하지 않고 자체 생산하는 이유는 대량생산을 통해 비용을 절감하고 자본투자를 정당화할 수 있기 때문이다.

---

08 정답 ④

공정재고의 최소화는 생산물류 영역에서 고려할 사항이다.

---

09 정답 ⑤

기업의 사회적 책임은 기업이 당연히 지켜야 할 의무를 비롯하여 기업의 이익을 사회에 공유 및 환원하는 것도 포함한다.

---

10 정답 ⑤

마이클 포터가 제시한 5가지 세력(forces)모형은 산업구조 분석 기법으로 신규 진입자의 위협, 공급자의 교섭력, 구매자의 교섭력, 대체재의 위협, 기존 기업 간의 경쟁 정도 등 다섯 가지 경쟁요인을 통해 특정 산업분야의 현황과 미래를 분석한다.

---

11 정답 ④

유통산업발전법에서 규정하고 있는 체인사업은 직영점형 체인사업, 프랜차이즈형 체인사업, 임의가맹점형 체인사업, 조합형 체인사업의 4가지 종류를 규정하고 있으며 해당 문제의 글상자는 직영점형 체인점에 대한 설명이다.
① 프랜차이즈형 체인사업 : 독자적인 상품 또는 판매·경영 기법을 개발한 체인본부가 상호·판매방법·매장운영 및 광고방법 등을 결정하고, 가맹점으로 하여금 그 결정과 지도에 따라 운영하도록 하는 형태의 체인사업
③ 임의가맹점형 체인사업 : 체인본부의 계속적인 경영지도 및 체인본부와 가맹점 간의 협업에 의하여 가맹점의 취급품목·영업방식 등의 표준화사업과 공동구매·공동판매·공동시설활용 등 공동사업을 수행하는 형태의 체인사업
⑤ 조합형 체인사업 : 같은 업종의 소매점들이 중소기업협동조합, 협동조합, 협동조합연합회, 사회적 협동조합 또는 사회적 협동조합연합회를 설립하여 공동구매·공동판매·공동시설활용 등 사업을 수행하는 형태의 체인사업

---

12 정답 ④

기업형 수직적 경로구조는 소유의 규모가 커질수록 융통성이 감소되어 시장이나 기술 등의 환경 변화에 신속하고 유연하게 대응하기가 어렵다.

---

13 정답 ②

옴니채널(omni channel)이란 소비자가 온라인, 오프라인, 모바일 등 다양한 경로를 넘나들며 상품을 검색하고 구매할 수 있도록 한 서비스로 각 유통 채널의 특성을 결합해 어떤 채널에서든 같은 매장을 이용하는 것처럼 느낄 수 있도록 한 쇼핑 환경을 말한다.
① Cross border trade : 주로 온라인을 통한 해외 상품 직매
③ Multi channel : 서로 경쟁관계에 있는 온, 오프라인의 복수 채널
④ Mass customization : 개별고객의 다양한 요구와 기대를 충족시키면서도 값싸게 대량생산할 수 있는 대량맞춤생산
⑤ IoT(Internet of Things) : 각종 사물에 센서와 통신 기능을 내장하여 인터넷에 연결하는 기술인 사물 인터넷

---

14 정답 ③

시간급제는 근로자의 근로시간을 단위로 임금을 산정하는 방법으로 근로자의 입장에서는 시간당 보상액이 일정하고, 사용자 측에서는 임금산정방식이 쉽다.
① 근로자의 성과와 무관하게 근로시간을 기준으로 보상을 지급하는 형태는 시간급제이다.
② 근로자의 성과에 따라 보상을 지급하는 형태는 성과급제이다.
④ 작업능률을 자극할 수 있고 근로자에게 소득증대 효과가 있는 것은 성과급제이다.
⑤ 근로자의 노력과 생산량과의 관계가 없을 때 효과적인 것은 시간급제이다.

---

15 정답 ④

기업이 따라야 할 규범, 규제, 법 등은 거시환경에 포함된다.

16   정답 ③

- 재무상태 계정 : 자산, 부채, 소유주 지분
- 손익계산서 계정 : 수익, 매출원가, 비용

> **손익계산서 계정과목**
> 매출액, 매출원가, 매출총손익, 판매비와관리비, 영업외
> 비용, 영업손익, 영업외수익, 법인세비용, 당기순이익

17   정답 ①

구매관리의 집중화는 구매절차가 복잡하고 많은 시간이 소요
되는 단점이 있다.

18   정답 ③

후기산업사회 이후 소비자들의 욕구가 다양해지면서 정보기
술의 혁신과 지속 가능한 유통의 경제적 역할이 더욱 확대되
고 있다.

19   정답 ⑤

균형성과표(BSC : balanced scorecard)는 과거의 성과
에 대한 재무적 지표뿐만 아니라 미래의 성과를 창출하는 고
객, 공급자, 종업원, 프로세스 및 혁신 등의 비재무적 지표도
균형적으로 적용한다.

20   정답 ②

공정성이론은 특정 과업을 수행할 때 필요한 노력과 그 노력
의 투입 및 결과를 타인과의 비교를 통해 본인의 동기부여에
영향을 미친다는 이론이다.
① 강화이론 : 보상이 직접적으로 주어지는 행위는 강화 및
　반복되는 반면, 보상이 주어지지 않고 벌이 따르는 행위는
　억제 및 약화된다는 이론
③ 기대이론 : 구성원 개인의 동기부여의 강도를 성과에 대한
　기대와 성과의 유의성에 의해 설명하는 이론
④ 목표관리론 : 조직과 개인이 달성해야 할 목표를 먼저 설
　정하고 이를 이루기 위한 구체적인 계획을 세운 다음 실
　행에 옮김으로써 조직의 효율성을 증진시키고자 하는 이
　론
⑤ 목표설정이론 : 의식적인 목표나 의도가 동기의 기초이며
　행동의 지표가 된다고 보는 이론

21   정답 ④

경제적 주문량(EOQ : Economic Order Quantity) 산
출 시 입고량은 주문량과 정확히 일치하며 일시에 입고되는
것으로 가정한다.

> **경제적 주문량 산출을 위한 가정**
> - 해당 품목의 수요율이 일정하고 확실히 알려져 있다.
> - 로트의 크기에는 제한이 없다.
> - 관련된 비용은 재고유지비용과 고정비용 밖에 없다.
> - 다른 품목과 독립적으로 의사결정한다.
> - 리드타임과 공급에 불확실성이 없다.
> - 입고량은 주문량과 정확히 일치한다.

22   정답 ③

조직의 목표 달성을 위해 상사와 부하직원 간의 상호존중을
바탕으로 한 유연하고 수평적인 기업문화를 조성한다.

23   정답 ⑤

소비자기본법 상 국가는 사업자가 소비자에게 제공하는 물품
등으로 인한 소비자의 생명·신체 또는 재산에 대한 위해를
방지하기 위해 지켜야 할 기준을 정하여야 한다.

> **위해방지 기준(소비자기본법)**
> - 물품 등의 성분·함량·구조 등 안전에 관한 중요한
>   사항
> - 물품 등을 사용할 때의 지시사항이나 경고 등 표시할
>   내용과 방법
> - 그 밖에 위해방지를 위하여 필요하다고 인정되는 사항

24   정답 ④

제시된 글상자의 유통효용은 생산되는 상품의 수량을 소비지
에서 요구되는 적절한 수량으로 분할·분배함으로써 창출되
는 형태효용(Form Utility)이다.
① 시간효용(Time Utility) : 재화나 서비스의 생산과 소비
　간 시차를 극복하여 소비자가 재화나 서비스를 필요로 할
　때 이를 소비자가 이용 가능하도록 해주는 효용
② 장소효용(Place Utility) : 지역적으로 분산되어 생산되
　는 재화나 서비스가 소비자가 구매하기 용이한 장소로 전
　달될 때 창출되는 효용

③ 소유효용(Possession Utility) : 재화나 서비스가 생산 자로부터 소비자에게 거래되어 소유권이 이전되는 과정에서 발생하는 효용

25 정답 ④

시장밀도가 낮으면 중간상의 개입 가능성이 높아지고 유통경로의 길이가 길어져 한정된 유통시설을 이용해 많은 고객을 상대할 수 없다.

[2과목] 상권분석

26 정답 ⑤

한계상권(fringe trading area)은 3차 상권에 해당한다.

고객 흡인율별 상권의 분류
- **1차 상권** : 점포 매출 또는 고객 수의 60% 이상을 점유하며, 점포에 지리적으로 인접한 지역에 거주하는 소비자들이 주요 고객이다.
- **2차 상권** : 점포 매출 또는 고객 수의 23~30%를 포함하며, 1차 상권의 외곽에 위치해 있다. 주요 고객은 밀집되어 있는 것이 아니라 지역적으로 넓게 분산되어 있다.
- **3차 상권** : 한계상권이라고도 하며, 점포 이용고객은 5~10%를 차지한다. 상권지역의 외곽에 위치하며, 주요 고객은 점포로부터 장거리에 위치하여 고객의 수와 이들의 구매빈도가 적어 점포 매출액에서 차지하는 비중이 낮다.

27 정답 ③

소비자들이 점포를 선택할 때 가장 가까운 점포를 선택한다는 가정을 하며, 상권경계를 결정할 때 티센다각형(thiessen polygon)을 활용하는 방법은 근접구역법이다. 티센다각형은 한 점에 가까운 영역을 경계 짓는 다각형으로, 이분된 선분들이 직각으로 교차하여 지역을 분할하는 방법이다.

28 정답 ①

소비자의 점포방문동기 중 ①의 사교적 경험은 사회적 동기에 해당하며, 나머지 ②·③·④·⑤는 개인적 동기에 해당한다.

소비자의 점포방문동기

개인적 동기	• 사회적 역할 수행 • 기분 전환의 추구 • 욕구불만의 해소 • 신체적 활동 • 감각적인 자극 • 유행 및 새로운 경향에 대한 정보 학습
사회적 동기	• 사교적 경험 • 동호인과의 의사소통 • 동료집단과의 일체감 • 자신의 지위와 권위 추구 • 가격 흥정

29 정답 ④

점포를 이용하는 고객 인터뷰를 통해 소비자의 지리적 분포를 확인할 수 있는 방법은 고객점표법(CST : Customer Spotting Technique)이다.
① 컨버스(Converse)의 소매인력이론 : 두 상권의 분기점에서의 두 점포에 대한 구매지향력은 같다고 보고, 두 도시 간의 상권경계지점을 계산한다.
② 아날로그(analog) 방법 : 유추법이라고도 하며, 자기가 개점하려는 점포와 유사한 기존 점포를 선정하여 상권 규모를 시각적으로 파악하는 상권분석기법이다.
③ 허프(Huff)의 소매인력법 : 소비자의 점포선택을 결정론적 접근이 아닌 확률론적 접근으로 보며, 고객이 특정 점포를 선택할 확률은 점포의 크기에 비례하고 점포까지의 거리에 반비례한다고 추정한다.
⑤ 라일리(Reilly)의 소매인력모형법 : Newton의 중력모형을 수용한 초기모형으로, 두 중심지 사이에 위치하는 소비자에 대해 상권이 미치는 영향력의 크기는 상점가의 크기와 상점수, 두 중심의 크기에 비례하여 배분된다.

30 정답 ④

입지 분석에 사용되는 기준에는 점포의 가시성, 접근성, 홍보성, 인지성, 호환성, 주차편의성 등이 포함된다. ④의 확신성은 입지 분석의 기준으로 적합하지 않다.

31 정답 ④

Huff모델을 이용한 신규점포의 입지 분석 과정

잠재상권의 범위 결정(ⓔ) → 소규모 고객집단 지역 분할(ⓒ) → 개별점포까지의 거리 측정(ⓓ) → 민감도계수 추정(ⓐ) → 신규점포의 지역별 예상매출액 추정(ⓑ)

32 정답 ④

독점적으로 제품 및 서비스를 제공하는 점포가 아닌 경우에는 다른 점포와의 경쟁, 새로운 점포의 등장 및 경제상황 등의 다양한 변수로 인해 규모의 경제를 달성하지 못하고 비용만 증가할 수도 있다. 따라서 반드시 점포의 규모가 클수록 유리하다고 볼 수 없다.

33 정답 ④

Converse의 제1법칙 공식에 따라

$$D_a\frac{D_{ab}}{1+\sqrt{\dfrac{P_b}{P_a}}}=\frac{15}{1+\sqrt{\dfrac{50,000}{200,000}}}=\frac{15}{1+\sqrt{\dfrac{1}{4}}}$$

$$=\frac{15}{1+\dfrac{1}{2}}=\frac{15}{\dfrac{3}{2}}=\frac{30}{3}=10$$

그러므로 두 도시 간의 상권경계는 10km이다.

Converse의 제1법칙 공식

$$D_a=\frac{D_{ab}}{1+\sqrt{\dfrac{P_b}{P_a}}}$$

D_a＝A시로부터 분기점까지의 거리
D_b＝B시로부터 분기점까지의 거리
D_{ab}＝A, B 두 도시 간의 거리
P_a＝A시의 인구
P_b＝B시의 인구

---

34 정답 ⑤

상가건물임대차보호법상 권리금은 임대차 목적물인 상가건물에서 영업을 하는 자 또는 영업을 하려는 자가 영업시설・비품, 거래처, 신용, 영업상의 노하우, 상가건물의 위치에 따른 영업상의 이점 등 유형・무형의 재산적 가치의 양도 또는 이용대가로서 임대인, 임차인에게 보증금과 차임 이외에 지급하는 금전 등의 대가를 말한다.

35 정답 ③

아파트 단지 내 상가는 아파트와 주변 세대 소비자들의 고정고객 비중이 높으나, 외부고객을 유치하기가 어려워 상권 확대 가능성이 높지 않은 단점이 있다.

36 정답 ③

건축물의 연면적은 각 층 바닥면적의 합계로, 용적률을 계산할 때 지하층의 면적과 지상층의 주차장 면적은 제외된다.
건축물의 연면적 ＝ 지상 1층(250－50) ＋ 지상 2층(250) ＋ 지상 3층(250) ＋ 지상 4층(250) ＋ 지상 5층(250) ＝ 1,200

용적률＝$\dfrac{건축물의연면적}{대지면적}\times100$이므로,

$\dfrac{1,200}{300}\times100=400(\%)$

37 정답 ⑤

지리정보시스템(GIS)에서 위상(topology)은 어떤 지도형상, 즉 점이나 선 혹은 면으로부터 특정한 거리 이내에 포함되는 영역으로, 개별 지도형상에 경도와 위도 좌표체계를 기반으로 다른 지도형상과 비교하여 상대적인 위치를 알 수 있는 기능을 부여한다. 한편, 면의 형태로 나타나 상권 혹은 영향권을 표현하는 것은 레이어(layer)이다.

38 정답 ③

동선의 심리법칙에는 최단거리실현의 법칙, 보증실현의 법칙, 안전중시의 법칙, 집합의 법칙이 있으며, 고차선호의 법칙은 이에 해당되지 않는다.

39 정답 ⑤

간선도로는 교외형 점포의 고객유도시설(customer generator)에 해당한다.

고객유도시설
• **도시형 점포** : 역 개찰구, 대형 소매점, 대형 교차로
• **교외형 점포** : 간선도로, 간선도로의 교차점, 인터체인지, 대형 레저 시설
• **인스토어형 점포** : 주 출입구, 주차장 출입구, 에스컬레이터, 엘리베이터

---

40   정답 ②

화훼점은 동일 업종의 점포끼리 일정한 지역에 집중하여 입지해야 유리한 국부적 집중성 점포에 해당한다.

41   정답 ①

애플바움(W. Applebaum)의 유추법(analog method)은 신규점포와 특성이 비슷한 기존의 유사점포를 조사하여 추정한 결과를 토대로 자사점포의 신규입지에서의 매출액과 상권규모를 측정하는 예측기법으로, 동일한 방법을 적용하기보다 소비자 특성의 지역별 차이를 고려하는 것이 중요하다.

42   정답 ④

국토의 계획 및 이용에 관한 법률 상 용도지역 중 상업지역은 중심상업지역, 일반상업지역, 근린상업지역, 유통상업지역으로 구분한다.

용도지역 중 도시지역의 세분화

주거지역	전용주거지역, 일반주거지역, 준주거지역
상업지역	중심상업지역, 일반상업지역, 근린상업지역, 유통상업지역
공업지역	전용공업지역, 일반공업지역, 준공업지역
녹지지역	보전녹지지역, 생산녹지지역, 자연녹지지역

43   정답 ⑤

도심상권은 중심업무지구(CBD)를 포함하며, 상권의 범위가 넓기 때문에 소비자의 체류시간은 상대적으로 길다.

44   정답 ④

- ㉠ **보충가능성의 원칙** : 두 개의 점포가 인접한 장소에 위치할수록 고객을 유인하는데 있어 유리하다.
- ㉡ **동반유인의 원칙** : 동종 점포가 서로 집중된 입지가 고객을 유인하는데 유리하다.
- **고객차단의 원칙** : 사무실밀집지역, 쇼핑지역 등은 고객이 특정지역에서 타 지역으로 이동할 시에 점포를 유인하게 한다.
- **점포밀집의 원칙** : 유사한 점포 또는 대체가 가능한 점포가 인접할수록 고객 흡인력이 떨어진다.

45   정답 ④

빅데이터 기술은 하나의 상권을 지향하는 개별점포 소유자들의 상권분석뿐만 아니라 복수의 상권에 접근하는 체인사업자에게도 효과적이다.

[3과목] 유통마케팅

46   정답 ①

라이프스타일은 심리적 세분화 변수에 해당하고, 연령은 인구통계적 세분화 변수에 해당한다.

47   정답 ④

고객 휴게실과 화장실, 비상구는 소매점포의 공간 분류 중 고객존에 해당한다.

48   정답 ③

주문점 = (일일 예상판매량 × 리드타임) + 예비재고
= (5 × 7) + 20 = 55(개)

49   정답 ⑤

관여도는 특정 상황에서 자극에 의하여 발생하는 개인적인 중요성이나 관심도로, 소비자 자신에게 어떤 제품이나 서비스의 구매가 얼마나 중요하게 여겨지는가를 의미한다.

50   정답 ③

비주얼 프레젠테이션은 상품의 진열이나 윈도 기타 쇼윙 디스플레이에 의해서 취급되는 상품의 콘셉트나 가치를 소비자에게 효과적이며 시각적으로 호소해서 제안하는 진열방식을 말한다.

51 　　　　정답 ③

촉진예산을 결정하는 방법에는 가용예산법, 매출액 비율법, 경쟁 대항법, 목표 과업법 등이 있으며 단위당 고정비용법은 이에 해당되지 않는다.

52 　　　　정답 ③

군집분석은 서로 유사한 특성을 지니는 사례를 묶어 집단화한 후 군집들의 특성을 파악해 군집들 사이의 관계를 분석하는 방법이다.

① 분산분석 : 두 개 이상인 대상의 평균을 비교하는 분석방법으로, 평균 간의 차이가 발견되는지 검증하기 위해 사용된다.
② 회귀분석 : 하나 또는 하나 이상의 독립변수의 종속변수에 대한 영향을 추정할 수 있는 분석기법이다. 체계적인 변수 고려로 점포의 매출에 미치는 영향에 대해 계량적으로 분석할 수 있다.
④ t-검증 : 두 집단 또는 두 상관적인 표본의 평균치가 동일한 모집단에서 추출되었는지를 검증하는 분석기법이다.
⑤ 컨조인트분석 : 어떤 제품 또는 서비스가 갖고 있는 속성 하나하나에 고객이 부여하는 가치를 추정함으로써 그 고객이 어떤 제품을 선택할지를 예측하는 기법이다.

53 　　　　정답 ③

세분화된 시장들 중에서 매력적인 표적시장을 선정하기 위해서는 선택할 표적시장의 상대적 규모를 고려하여 무차별적 시장, 차별적 시장, 집중(틈새) 시장, 미시시장(지역시장) 등으로 구분한다.

54 　　　　정답 ③

셀프서비스를 활용한 상품판매는 고객이 직접 상품을 선택하기 때문에 매장 직원이 판매하는 것보다 고객에게 전달되는 상품정보의 정확성이 떨어진다.

55 　　　　정답 ②

고객생애가치(CLV : Customer lifetime value)는 고객이 일생동안 기업에게 구매를 통해 평균적으로 기여하는 미래수익의 현재가치로, 충성도가 높은 고객이 반드시 CLV가 높은 것은 아니다.

56 　　　　정답 ②

프리미엄(premium)은 일정 금액 이상을 구매하면 추가 증정품을 지급하는 판매촉진 방법이다. 따라서 신규고객을 확보하는 데 추가비용이 투입되어야 하는 단점이 있다.

57 　　　　정답 ④

소매점에서 제공하는 상품 관련 핵심서비스는 상품 자체와 관련된 ④의 다양한 상품 구색이다. 소매점은 다양한 상품 구색을 갖춤으로써 소비자들에게 제품 선택의 폭을 넓혀주고 상품 선택에 소요되는 시간과 비용을 절감시켜 준다.

58 　　　　정답 ⑤

경로구성원의 재고투자이익률은 생산업체가 아닌 소매업체의 성과평가기준에 해당한다. 소매업체의 재고투자이익률을 분석하는 도구로 GMROI(Gross Margin Return On Investment)가 사용된다.

59 　　　　정답 ①

최대한 인하된 상품 가격이라는 인상을 주어 판매량을 증가시키기 위해 가격을 990원, 1,990원처럼 설정하는 것은 단수가격설정정책(odd pricing)이다.
② 가격이 높을수록 우수한 품질이나 높은 지위를 상징하는 경우에 주로 사용되는 가격정책은 명성가격전략이다.
③ 캔음료나 껌처럼 오랫동안 같은 가격을 지속적으로 유지함으로써 소비자가 그 가격을 당연하게 받아들이는 것은 관습가격이다.
④ 같은 계열에 속하는 몇 개의 제품 가격을 품질에 따라 1만원, 3만원, 5만원 등으로 설정하는 것은 제품라인 가격정책이다.
⑤ 고객을 모으기 위해서 특정 제품을 아주 저렴한 가격으로 판매하는 방법은 유인가격정책이다.

60 　　　　정답 ①

자사의 경영철학에 따라 서비스에 관한 표준을 정하고 조직을 편성하여 교육 및 훈련하는 것은 제품의 판매 전에 제공되는 사전적 고객 서비스이다. ② · ③ · ④ · ⑤는 모두 현장에서의 고객 서비스에 해당한다.

61   정답 ③

A~D사의 유통경쟁전략은 마케팅 믹스를 통해 소비자들에게 자사 제품의 정확한 위치를 인식시키는 점포 포지셔닝 강화 전략이다. 포지셔닝(positioning)은 소비자의 마음속에 자사 제품의 위상을 정립하는 과정을 말한다.

62   정답 ③

점블진열(jumble display)은 바스켓 진열이라고도 하며, 과자나 라면 등의 스낵 같은 상품들을 아무렇게나 뒤죽박죽으로 진열하는 방식이다.

① **돌출진열(extended display)** : 진열용구 및 박스 등을 활용해서 일반 매대보다 통로 쪽으로 튀어나오게 돌출시켜 진열하는 방식
② **섬 진열(island display)** : 점포 매장의 빈 공간에 박스 등 진열용구를 활용하여 마치 섬처럼 대량 진열하는 방식
④ **후크진열(hook display)** : 소비자들의 눈에 띄지 않는 두께가 얇고 가벼운 상품을 후크를 사용하여 진열하는 방식
⑤ **골든라인진열(golden line display)** : 고객이 상품을 보기에 가장 편안하고 직접 손으로 만져 보기에도 수월한 위치에 진열하는 방식

63   정답 ④

지각가치 중심 가격결정법(perceived value pricing)은 소비자가 지각한 가치를 기준으로 가격을 결정하는 소비자중심 가격결정 방법이다.

> **가격결정 방법**
> • **원가중심 가격결정법** : 원가가산법, 손익분기점 가격결정법, 목표이익 가격결정법, 이폭가산법
> • **소비자중심 가격결정법** : 직접 가격 평가법, 지각가치 중심 가격결정법, 진단 평가법
> • **경쟁중심 가격결정법** : 시장가격에 따른 가격결정법, 경쟁입찰에 따른 가격결정법

64   정답 ②

전사적 자원관리(ERP)는 재무, 생산소요계획, 인적자원, 주문충족 등 기업의 전반적인 업무 프로세스를 통합·관리하고 정보를 공유함으로써 효율적인 업무처리가 가능하게 하는 경영기법이므로 고객정보를 파악하고 분석하는 데는 용이하지 않다. 따라서 전사적 자원관리(ERP)는 고객관계관리(CRM)에 대한 접근방법으로는 부적합하다.

65   정답 ④

④의 문헌조사는 마케팅 전략수립을 위한 2차 자료 수집방법에 해당한다. 1차 자료는 조사자가 직접 수집한 자료를 의미하고, 2차 자료는 다른 조사자가 이미 수집 및 정리하여 문헌으로 보관된 기존의 모든 자료를 말한다.

66   정답 ①

포스 죠닝(POS zoning)은 POS 단말기를 이용해 상품의 바코드 판독과 계산이 이루어지는 판매 접점의 마지막 구역이므로 가급적 고객의 체류시간을 줄여야 한다.

67   정답 ④

마케팅변수의 4P는 제품(Product)변수, 가격(Price)변수, 유통(Place)변수, 촉진(Promotion)변수를 말한다. ④의 1차 포장과 2차 포장은 제품변수에 해당하고, 나머지 ①·②·③·⑤는 유통변수에 해당한다.

68   정답 ③

기존시장에서 기존제품으로 점유율을 높여 성장하려는 전략은 시장침투전략이다.

① **제품개발 전략** : 같은 시장에서 다른 상품을 이용하여 기업을 성장시키는 전략으로 신제품 개발, 기존 제품의 개량을 통해 기존시장에서 판매 증가를 추구한다.
② **시장개척 전략** : 기존제품을 신규 시장에 판매하는 방법을 통하여 기업의 성장전략, 지역적인 한계를 넘어서는 전략이다.
④ **전방통합 전략** : 유통경로상에서 기업이 현재 차지하고 있는 위치의 다음 단계를 차지하고 있는 경로구성원을 자본적으로 통합하는 전략이다.
⑤ **다각화 전략** : 다른 상품으로 새로운 시장을 개척하여 기업을 성장시키는 전략으로 성장과 위험분산을 위한 것이며 가장 위험도가 높은 전략이다.

> **앤소프(Ansoff, H. I.)의 제품/시장 그리드**
>
> | 시장/제품 | 기존제품 | 신제품 |
> | --- | --- | --- |
> | 기존시장 | 시장침투 전략 | 제품개발 전략 |
> | 신시장 | 시장개발 전략 | 다각화 전략 |

69 정답 ①

상품의 다양성(variety)은 ㉠(상품계열)의 수가 어느 정도 되는 지를 의미하며, 상품의 구색(assortment)은 ㉡(상품품목)의 수를 말한다.

㉠ **상품계열** : 성능, 기능, 고객, 유통, 가격범위 등에서 서로 밀접한 관련이 있는 제품의 집합

㉡ **상품품목** : 상품계열 내에서 크기, 가격, 형태, 기타 특성에 의해서 명확히 구별될 수 있는 단위

70 정답 ⑤

① **교차판매(cross-selling)** : 이미 판매한 제품이나 서비스와 관련이 있는 제품이나 서비스를 추가로 판매하는 것

② **상향판매(up-selling)** : 소비자가 희망하는 제품보다 단가가 높은 동일 분류의 제품을 판매하는 것

③ **고객참여(customer involvement)** : DIY 제품처럼 고객이 제품 선택부터 제작까지 직접 참여하게 하는 것

④ **2차구매 유도(inducing repurchase)** : 기존 고객의 이탈을 방지하고 재구매를 유도하는 것

[4과목] 유통정보

71 정답 ⑤

RFID는 반도체 칩이 내장된 태그 · 라벨 · 카드 등의 저장된 데이터를 무선주파수를 이용하여 비접촉으로 읽어내는 무선인식 시스템이다. 일반적으로 능동형 RFID 태그는 수동형 RFID 태그에 비해 데이터를 보다 멀리까지 전송할 수 있다.

72 정답 ④

의사결정지원 시스템을 이용한 마케팅 계획 설계, 예산 수립 계획 등과 같은 업무는 관리층에서 수행한다. 운영층은 주문처리나 재고관리 등과 같은 주로 일상적이고 반복적인 업무를 수행한다.

73 정답 ④

과일이나 농산물에 주로 사용되는 것은 인스토어마킹이며, 소스마킹은 가공식품이나 잡화 등에 주로 사용된다.

> **소스마킹 & 인스토어마킹**
> • **소스마킹(source marking)** : 제조업체가 자사 상품에 바코드를 일괄적으로 인쇄하여 부착하는 것
> • **인스토어마킹(instore marking)** : 소매업체에서 상품 하나하나에 직접 라벨을 붙이는 것

74 정답 ③

바코드는 컴퓨터가 판독할 수 있도록 고안된 코드로, 흑백 색상뿐만 아니라 컬러 색상도 인식이 가능하다.

75 정답 ④

긱 이코노미(gig economy)는 기업이나 사용자가 필요에 따라 임시로 계약을 맺고 노동력을 공급하고 대가를 지불하는 경제 형태를 말한다.

① **오프쇼어링(off-shoring)** : 기업이 생산 및 서비스 제공을 위해 국내에서 해외로 업무를 이전하는 것

② **커스터마이징(customizing)** : 고객이 기호에 따라 제품을 요구하면 생산자가 요구에 따라 제품을 만들어주는 일종의 맞춤제작 서비스

③ **매스커스터마이제이션(masscustomization)** : 개별고객의 다양한 요구와 기대를 충족시키면서도 값싸게 대량생산하는 방법

⑤ **리쇼어링(reshoring)** : 비용 등을 이유로 해외에 나간 자국 기업이 다시 국내로 돌아오는 현상

76 정답 ⑤

빅 데이터(big data)는 기존 데이터베이스 관리도구의 능력을 넘어서는 대량의 정형 또는 비정형 데이터 집합으로부터 가치를 추출하고 결과를 분석하는 기술을 말한다.

① **리포팅** : 데이터를 취합하여 체계적인 형태로 제시하는 과정

② **쿼리** : 데이터베이스 등에서 원하는 정보를 검색하기 위해 쓰이는 컴퓨터 언어

③ **스코어카드** : 다양한 데이터의 변화를 수치화하여 미래를 예측할 수 있게 한 것

④ **대시보드** : 한 화면에서 다양한 정보를 관리하는 기능

77 정답 ③

보낸 이메일을 상대가 읽었는지 알 수 있는 수신 확인 기능은 부인방지 원칙을 잘 반영한 것이다. 부인방지(Non-repudiation)는 메시지의 송수신이나 교환 후, 또는 통신이나 처리가 실행된 후에 그 사실을 사후에 증명함으로써 사실부인을 방지하는 보안 기술이다.

① 허락받지 않은 사용자가 정보를 변경해서는 안 되는 것은 무결성이다.
② 정보의 소유자가 원치 않으면 정보를 공개할 수 없는 것은 기밀성이다.
④ 웹사이트에 접속하려고 할 때 에러 등 서비스 장애가 일어나는 것은 가용성이 떨어진다고 볼 수 있다.
⑤ 인터넷 거래에 필요한 공인인증서에 기록된 내용은 타인이 조작할 수 없도록 만들어 무결성을 유지해야 한다.

78 정답 ②

비즈니스 모델 캔버스에서 고객이 무언가를 수행하는 것을 도움으로써 가치를 창출할 수 있다고 하는 것은 가치제안이다. 고객 세분화는 인구통계학적, 심리유형적, 구매패턴적, 가치추구적 분류를 통해 고객을 그룹화하는 것이다.

> **비즈니스 모델 캔버스의 9가지 구성요소**
> ① 고객 세분화(Customer Segments)
> ② 가치제안(Value Proposition)
> ③ 채널(Channels)
> ④ 고객관계(Customer Relationships)
> ⑤ 수익원(Revenue Streams)
> ⑥ 핵심자원(Key Resources)
> ⑦ 핵심 활동(Key Activities)
> ⑧ 핵심 파트너(Key Partners)
> ⑨ 비용구조(Cost Structure)

79 정답 ⑤

모바일 쇼핑의 활성화에 따라 백화점, 대형마트, 인터넷쇼핑 등과의 채널별 시장 경계가 모호해지면서 기존에 비해 가격경쟁이 심화되고 있다.

80 정답 ⑤

EDI는 문서기반 프로세스를 전자기반 프로세스로 대체함으로써 많은 비용을 절약하고 이산화탄소 배출량을 감소시켜

궁극적으로 기업의 사회적 책임을 이행하게 한다.

81 정답 ②

비즈니스 인텔리전스(BI : Business Intelligence)는 기업 전략 수립에 필요한 데이터를 수집하고 이 데이터를 이용하여 적절한 의사결정을 내리는데 도움이 되는 일련의 소프트웨어제품군을 말한다. 그러나 BI가 사물인터넷 기술을 이용해서 새로운 데이터를 수집하는 기능을 제공하지는 않는다.

82 정답 ④

변화에 대한 융통성은 일반 상거래가 유형자산에 의존하지만 전자상거래는 프로세스에 의존한다.

83 정답 ①

㉠ 블록체인(block chain) : 관리 대상 데이터를 블록이라고 하는 소규모 데이터들이 P2P 방식을 기반으로 생성된 체인 형태의 연결고리 기반 분산 데이터 저장 환경에 저장하여 누구라도 임의로 수정할 수 없고 누구나 변경의 결과를 열람할 수 있는 분산 컴퓨팅 기술 기반의 원장 관리 기술이다.
㉡ 분산식별자(DID : Decentralized Identity) : 블록체인 기술 기반으로 구축한 전자신분증 시스템으로, 지갑에서 주민등록증을 꺼내듯 필요한 상황에만 블록체인 지갑에서 분산 식별자(DID)를 제출해 신원을 증명할 수 있다.

84 정답 ②

QR의 도입으로 기업은 리드타임의 감소, 재고비용의 감소, 판매의 증진 등의 획기적인 성과를 거둘 수 있다.

85 정답 ④

이미지는 비정형데이터 종류이다.

86 정답 ③

노나카 이쿠지로 교수가 제시한 지식변환 프로세스(knowledge conversion)는 조직에서 지식을 획득 · 공유 · 표현 · 결합 · 전달하는 창조 프로세스의 매커니즘을 말

한다. 지식변환의 4가지 유형 중 암묵적 형태로 존재하는 지식을 형식화하여 수집 가능한 데이터로 생성시켜 공유가 가능하도록 만드는 과정은 외부화(externalization)이다.

① 공동화(socialization) : 개인의 암묵지식을 경험을 통해 타인의 암묵지식으로 전환하는 것

④ 내면화(internalization) : 형식지식을 개인의 암묵지식으로 체득하는 것

⑤ 연결화(combination) : 형식지식을 다른 형식지식으로 가공·조합·편집하는 것

---

87   정답 ⑤

고객으로부터 전화문의, 인터넷 조회, 영업소 방문 등의 내용을 바탕으로 하는 CRM시스템 활용 분석은 인바운드 고객분석이다.

---

88   정답 ⑤

공급업체와 구매업체의 재고관리 영역에서 구매업체가 가진 재고 보충에 대한 책임을 공급업체에게 이전하는 전략은 VMI(vender managed inventory), 즉 공급자주도형재고관리이다.

① CPP(cost per rating point) : 시청률 1%를 올리기 위한 매체비용

② ASP(application service provider) : 인터넷을 이용해 소프트웨어를 임대·관리해 주는 사업자

③ CMI(co-managed inventory) : 유통업체와 제조업체의 공동 재고관리 시스템

④ ABC(activity based costing) : 제품별 활동에 기준하여 제조간접비를 배분하는 활동기준 원가계산법

---

89   정답 ⑤

CRM 시스템은 기업이 기존고객에 대한 데이터를 분석해 고객이 원하는 제품 및 서비스를 지속적으로 제공하여 고객의 평생가치를 극대화하여 수익성을 높이는 고객관계관리 과정이다. 즉, 신규고객 유치보다 기존고객 유지관리에 더 비중을 둔 시스템이다.

---

90   정답 ①

마이데이터는 은행 계좌와 신용카드 이용내역 등 금융데이터의 주인을 금융회사가 아니라 개인으로 정의하는 패러다임을 말한다.

② BYOD(Bring Your Own Device) : 개인 소유의 노트북, 태블릿PC, 스마트폰 같은 스마트기기를 회사 업무에 활용하는 것

③ 개인 핀테크 : 모바일, SNS, 빅데이터 등 새로운 IT기술 등을 활용한 기술기반 금융서비스

④ 디지털 전환 : 디지털 기술을 다양한 분야에 적용하여 전통적인 산업군의 디지털화를 촉진시키는 것

⑤ 빅테크 : 구글, 아마존, 메타, 애플, 알파벳 같은 대형 정보기술(IT) 기업

2022년
제3회 기출문제
정답 및 해설

01	④	02	③	03	⑤	04	②	05	②
06	④	07	⑤	08	④	09	⑤	10	⑤
11	④	12	②	13	③	14	⑤	15	③
16	④	17	⑤	18	④	19	⑤	20	⑤
21	③	22	③	23	④	24	③	25	②
26	②	27	④	28	④	29	답없음	30	④
31	④	32	③	33	④	34	③	35	②
36	③	37	②	38	④	39	③	40	③
41	③	42	④	43	④	44	③	45	④
46	③	47	④	48	②	49	답없음	50	①
51	⑤	52	⑤	53	①	54	②	55	③
56	⑤	57	④	58	⑤	59	⑤	60	③
61	⑤	62	③	63	④	64	①	65	⑤
66	⑤	67	④	68	①	69	④	70	⑤
71	⑤	72	③	73	④	74	⑤	75	③
76	⑤	77	④	78	④	79	④	80	⑤
81	②	82	⑤	83	⑤	84	④	85	③
86	②	87	⑤	88	③	89	①	90	②

[1과목] 유통물류일반

01 　　　　　　　　　　정답 ④

국제물류주선인은 송하인으로부터 화물을 인수하여 수하인에게 인도할 때까지의 모든 업무를 주선하므로, 안정적 물량 확보를 위해 선사는 일반화주와 직접 계약하는 것보다 국제물류주선인과 계약하는 것이 더 유리하다.

02 　　　　　　　　　　정답 ③

소비자기본법상 소비자의 기본적 권리
- 물품 또는 용역으로 인한 생명·신체 또는 재산에 대한 위해로부터 보호받을 권리
- 물품 등을 선택함에 있어서 필요한 지식 및 정보를 제공받을 권리
- 물품 등을 사용함에 있어서 거래상대방·구입장소·가격 및 거래조건 등을 자유로이 선택할 권리
- 소비생활에 영향을 주는 국가 및 지방자치단체의 정책과 사업자의 사업활동 등에 대하여 의견을 반영시킬 권리
- 물품 등의 사용으로 인하여 입은 피해에 대하여 신속·공정한 절차에 따라 적절한 보상을 받을 권리
- 합리적인 소비생활을 위하여 필요한 교육을 받을 권리
- 소비자 스스로의 권익을 증진시키기 위하여 단체를 조직하고 이를 통하여 활동할 수 있는 권리
- 안전하고 쾌적한 소비생활 환경에서 소비할 권리

03 　　　　　　　　　　정답 ⑤

재고가 적정 수준 이하가 되면 미리 결정해둔 일정 주문량을 발주하는 방법은 정량주문법이다. 정량주문법은 표준화된 부품 주문으로 품목수가 많으며, 상대적으로 값 싼 물품에 사용한다.

04 　　　　　　　　　　정답 ②

경로 지배를 위한 힘의 원천에는 보상적 힘, 강압적 힘, 합법적 힘, 준거적 힘, 전문적 힘 등이 있다.
① 보상적 힘 : 한 경로구성원이 다른 경로구성원에게 여러 가지 물질적 또는 심리적인 도움을 줄 수 있을 때 형성되는 영향력
③ 합법적 힘 : 다른 구성원들에게 영향력을 행사할 정당한 권리를 갖고 있고 상대방도 당연히 그렇게 해야 한다고 내재적으로 지각할 때 미치는 영향력
④ 준거적 힘 : 한 경로구성원이 여러 측면에서 장점을 갖고 있고 다른 경로구성원이 그와 일체성을 가지고 한 구성원이 되고 싶어 하며 거래관계를 계속 유지하고 싶어할 때 미치는 영향력
⑤ 전문적 힘 : 한 경로구성원이 특별한 전문지식이나 경험을

가졌다고 상대방이 인지할 때 가지게 되는 영향력

05 　　　　　　　　　　　　　정답 ②

소비재와 달리 설비품(고정장비)과 같은 산업재는 소수의 대량구매자들로 이루어지기 때문에 구매결정자의 지위와 단위당 가격이 높고 비교적 장기적 거래가 많다.

06 　　　　　　　　　　　　　정답 ④

JIT가 푸시(push)형인 MRP와 대비되는 풀(pull)형의 생산방식인데 비해, JIT Ⅱ는 JIT와 MRP를 동시에 수용할 수 있는 기업 간의 운영체제를 의미한다.

07 　　　　　　　　　　　　　정답 ⑤

① 지연전략은 제품 생산의 마지막 단계에서 제품의 최종 구성을 늦춘 후 고객의 변경사항을 반영하여 제품을 완성하는 전략이다.
② 주문 이전에는 모든 스웨터를 하얀색으로 생산한 후 주문이 들어오면 염색을 통해 수요에 맞춰 공급하는 것은 제조 지연전략이다.
③ 지역 유통업자들에게 고객의 주문을 넘겨주거나 고객에게 직접 배송하는 것은 지리적 지연전략이다.
④ 컴퓨터의 경우, 유통센터에서 프린터, 웹캠 등의 장치를 조립하거나 포장하는 것은 결합 지연전략이다.

08 　　　　　　　　　　　　　정답 ④

- 재고자산회전율 : 매출액의 재고자산에 대한 비율
- 고정자산회전율 : 매출액의 고정자산에 대한 비율
- 총자산회전율 : 매출액의 총자산에 대한 비율
- 매출채권회전율 : 매출액의 매출채권에 대한 비율

09 　　　　　　　　　　　　　정답 ⑤

각 점포가 독립된 회사라는 점에서 프랜차이즈 체인방식과 같지만, 조직의 주체는 가맹점이며 전 가맹점이 경영의 의사결정에 참여하는 연쇄점은 임의형 연쇄점(voluntary chain)이다.
① 정규연쇄점(regular chain) : 동일 자본에 속하는 많은 수의 복제 점포가 각지에 분산해 중앙 본부의 통제를 받는 연쇄점 형태

② 직영점형 연쇄점(corporate chain) : 체인본부가 주로 소매점포를 직영하되, 가맹계약을 체결한 가맹점에 대해 상품공급 및 경영지도를 하는 연쇄점 형태
③ 조합형 연쇄점(cooperative chain) : 동일 업종의 소매점들이 중소기업협동조합을 설립해 공동구매, 공동판매, 공동시설활용 등을 수행하는 연쇄점 형태
④ 마스터 프랜차이즈(master franchise) : 기업이 해외로 진출할 때 해외 현지의 기업과 계약을 맺어 가맹사업 운영권을 판매하는 연쇄점 형태

10 　　　　　　　　　　　　　정답 ⑤

6시그마의 도입절차 : 필요성(needs)의 구체화(㉠) → 비전의 명확화(㉡) → 계획수립(㉢) → 계획실행(㉣) → 이익평가(㉤) → 이익유지(㉥)

11 　　　　　　　　　　　　　정답 ④

정량주문법과 정기주문법의 비교

항목	정량주문법	정기주문법
표준화	표준부품	전용부품
품목수	많음	적음
주문량	고정	변경 가능
리드타임	짧음	길음
주문시기	일정하지 않음	일정함

12 　　　　　　　　　　　　　정답 ②

제품/시장 확장그리드에서 기존제품을 가지고 새로운 세분시장을 파악해서 진출하는 기업성장전략은 시장개발전략(market development strategy)이다.

앤소프(Ansoff, H. I.)의 제품/시장 그리드

시장/제품	기존제품	신제품
기존시장	시장침투 전략	제품개발 전략
신시장	시장개발 전략	다각화 전략

- 시장침투(market penetration) 전략 : 같은 상품으로 같은 시장에서의 점유율을 높여 성장하는 전략으로 경쟁사 고객획득, 소비자 구매회수 및 구매량 증

대를 추구한다.
- **시장개발(new market development) 전략** : 기존제품을 신규 시장에 판매하는 방법을 통한 기업의 성장전략으로 지역적인 한계를 넘어서는 전략이다.
- **제품개발(product development) 전략** : 같은 시장에서 다른 상품을 이용하여 기업을 성장시키는 전략으로 신제품 개발. 기존 제품의 개량을 통해 기존시장에서 판매 증가를 추구한다.
- **다각화(diversification) 전략** : 다른 상품으로 새로운 시장을 개척하여 기업을 성장시키는 전략으로 성장과 위험분산을 위한 것이며 가장 위험도가 높은 전략이다.

13 　　　　　　　　　　정답 ③

저가격, 일관된 품질의 납품업체 선정기준은 효율적 공급사슬의 특징에 해당한다.

> **효율적 공급사슬과 반응적 공급사슬**
> - **효율적 공급사슬** : 긴 제품수명주기와 안정적이고 예측가능한 수요를 갖는 제품을 대량으로 생산하는 기업의 비용절감을 위해 효율적 운영을 강조하는 공급사슬
> - **반응적 공급사슬** : 제품수명주기가 짧고 고객의 취향이 쉽게 변하는 패션제품의 경우와 같이 신제품의 도입과 시장수요의 변화에 민감하게 반응하도록 설계된 공급사슬

14 　　　　　　　　　　정답 ⑤

물류채산분석은 임시적으로 계산하며, 반복적으로 계산하는 것은 물류원가계산의 특징에 해당한다.

15 　　　　　　　　　　정답 ③

프로젝트 조직은 혁신적이고 비일상적인 과제의 해결을 위해 형성된 동태적 조직으로, 사업부만의 목적 달성보다는 기업 전체의 목적 달성에 더 큰 관심을 갖는다.

16 　　　　　　　　　　정답 ⑤

자동차나 고급가구 등의 전문품은 판매지역별로 하나 혹은

극소수의 중간상에게 독점적으로 유통할 권리를 부여하는 전속적 유통을 사용한다.

17 　　　　　　　　　　정답 ⑤

$$EOQ = \sqrt{\frac{2 \times 주문비용 \times 연간총수요량}{단위당\ 재고유지비용}}$$
$$= \sqrt{\frac{2 \times 150 \times 19,200}{9}}$$
$$= \sqrt{\frac{5,760,000}{9}}$$
$$= \sqrt{640,000}$$
$$= 800(개)$$

18 　　　　　　　　　　정답 ③

> **올더슨(W. Alderson)의 구색창출과정**
> - **집적(accumulation)** : 생산물을 모으는 과정
> - **분류(sorting out)** : 이질적인 생산물을 동질적인 단위로 나누는 과정
> - **배분(allocation)** : 동질적으로 모아진 것을 나누는 과정
> - **구색(assortment)** : 이질적인 것을 다시 모으는 과정

19 　　　　　　　　　　정답 ⑤

인플레이션 상황에서 유통기업들은 급격한 가격인상 없이 매출과 수익의 손실을 막기 위해 절약형 상표, 보급형 상표의 비중을 늘리는 방법을 택한다.

20 　　　　　　　　　　정답 ⑤

플랫폼 비즈니스 사업자는 생산자와 소비자로부터 플랫폼을 제공해주는 대가를 직접적으로 취할 수 있다. 즉, 플랫폼은 가치 창출과 이익 실현의 비즈니스 모델이다.

21 　　　　　　　　　　정답 ③

수직적 통합은 조직의 슬림화가 아니라 조직의 비대화를 가져온다. 수직적 통합은 트리 구조에 기반을 둔 조직 구성으로 인해 조직의 규모가 커질 수밖에 없으며 다양화된 조직으로

인해 각종 기능을 통제하기 어렵다.

22 정답 ③

채찍효과(bullwhip effect)는 공급사슬관리에서 제품에 대한 수요정보가 공급사슬상의 참여 주체를 하나씩 거쳐 전달될 때마다 그 변동 폭이 확대·왜곡되는 현상을 말한다.

① 블랙스완효과(black swan effect) : 극단적으로 예외적이어서 발생가능성이 없어 보이지만 일단 발생하면 엄청난 충격과 파급 효과를 가져오는 사건

② 밴드왜건효과(band wagon effect) : 어떤 재화에 대한 수요가 많아지면 다른 사람들도 그 경향에 따라서 수요를 증가시키는 편승효과

④ 베블렌효과(Veblen effect) : 가격이 오르는 데도 불구하고 특정 계층의 허영심 또는 과시욕으로 인해 수요가 줄어들지 않고 오히려 증가하는 현상

⑤ 디드로효과(Diderot effect) : 하나의 물건을 구입한 후 그 물건과 어울리는 다른 제품들을 계속 구매하는 현상

23 정답 ③

파욜(Fayol)의 조직원리에서 마케팅, 재무, 생산 등의 전문적인 분야의 기능들은 구별된다.

> **파욜(Fayol)의 조직원리**
> • **일관된 명령** : 각각의 종업원들은 오직 한 명의 관리자에게 보고한다.
> • **권한의 위계화** : 모든 종업원은 누구에게 보고해야 하는지 알아야 한다.
> • **개인 이익의 종속성** : 기업의 이익을 위해 개인의 이익은 종속되며, 조직의 목표는 개인 각각의 목표보다 우선시된다.
> • **분업** : 생산, 마케팅, 재무와 같은 전문적인 분야의 기능들은 구별된다.
> • **권한** : 관리자들은 명령할 수 있는 권한과 그러한 명령을 관철할 수 있는 힘을 가진다.
> • **권한 집중도** : 최고 관리자에게 부여된 의사 결정력의 크기는 상황에 따라 변화한다.
> • **분명한 의사소통 채널** : 모든 종업원은 쉽고 빠르게 기업 내 다른 이들에게 의사를 전달할 수 있어야 한다.
> • **질서** : 도구나 사람은 적절한 장소에 유지되고 위치해야 한다.
> • **공평** : 관리자는 팀원과 동료들을 존중하고 공정하게 대우해야 한다.
> • **애사심** : 기업의 종업원 사이에 자긍심과 충성심이 형성되어야 한다.

24 정답 ③

기업의 윤리경영은 계량적 지표 외에 기업에 대판 평판, 지역사회의 공헌 정도, 종업원의 기업 경영에 대한 만족도 등 정성적인 지표들도 함께 활용해야 한다.

25 정답 ②

영업조직 규모(영업사원 수)

$$= 거래처수 \times \frac{거래처별 연간 방문횟수}{영업사원의 평균 방문가능 횟수}$$

$$= 100 \times \frac{12}{100} = 12(명)$$

[2과목] 상권분석

26 정답 ②

Converse의 제1법칙 공식에 따라

$$D_a = \frac{D_{ab}}{1+\sqrt{\dfrac{P_b}{P_a}}} = \frac{12}{1+\sqrt{\dfrac{200,000}{50,000}}} = \frac{12}{1+\sqrt{4}}$$

$$= \frac{12}{1+2} = \frac{12}{3} = 4$$

그러므로 두 도시 간의 상권경계는 4km이다.

> **Converse의 제1법칙 공식**
> $$D_a = \frac{D_{ab}}{1+\sqrt{\dfrac{P_b}{P_a}}}$$
> D_a = A시로부터 분기점까지의 거리
> D_b = B시로부터 분기점까지의 거리
> D_{ab} = A, B 두 도시 간의 거리
> P_a = A시의 인구
> P_b = B시의 인구

27 정답 ④

국토의 계획 및 이용에 관한 법률에 의거한 주거 및 교육 환경 보호나 청소년 보호 등의 목적으로 오염물질 배출시설, 청소년 유해시설 등 특정시설의 입지를 제한할 필요가 있는 용도지구는 특정용도제한지구이다.

> **용도지구의 지정(국토의 계획 및 이용에 관한 법률)**
> • **경관지구** : 경관의 보전·관리 및 형성을 위하여 필요

한 지구

- **고도지구** : 쾌적한 환경 조성 및 토지의 효율적 이용을 위하여 건축물 높이의 최고한도를 규제할 필요가 있는 지구
- **방화지구** : 화재의 위험을 예방하기 위하여 필요한 지구
- **방재지구** : 풍수해, 산사태, 지반의 붕괴, 그 밖의 재해를 예방하기 위하여 필요한 지구
- **보호지구** : 문화재, 중요 시설물 및 문화적 · 생태적으로 보존가치가 큰 지역의 보호와 보존을 위하여 필요한 지구
- **취락지구** : 녹지지역 · 관리지역 · 농림지역 · 자연환경보전지역 · 개발제한구역 또는 도시자연공원구역의 취락을 정비하기 위한 지구
- **개발진흥지구** : 주거기능 · 상업기능 · 공업기능 · 유통물류기능 · 관광기능 · 휴양기능 등을 집중적으로 개발 · 정비할 필요가 있는 지구
- **특정용도제한지구** : 주거 및 교육 환경 보호나 청소년 보호 등의 목적으로 오염물질 배출시설, 청소년 유해시설 등 특정시설의 입지를 제한할 필요가 있는 지구
- **복합용도지구** : 지역의 토지이용 상황, 개발 수요 및 주변 여건 등을 고려하여 효율적이고 복합적인 토지이용을 도모하기 위하여 특정시설의 입지를 완화할 필요가 있는 지구

---

28 정답 ④

점포나 부지형태는 장방형이 정방형보다 가시성이나 접근성 측면에서 유리하다.

---

29 답 없음

- A슈퍼의 이용 확률 : P_{KA}

$$P_{KA} = \frac{\dfrac{5^3}{10^2}}{\dfrac{5^3}{10^2} + \dfrac{4^3}{2^2} + \dfrac{6^3}{10^2}} = \frac{1.25}{1.25 + 16 + 24} = 0.03 = 3\%$$

- B슈퍼의 이용 확률 : P_{KB}

$$P_{KB} = \frac{\dfrac{4^3}{2^2}}{\dfrac{5^3}{10^2} + \dfrac{4^3}{2^2} + \dfrac{6^3}{3^2}} = \frac{16}{1.25 + 16 + 24} = 0.39 = 39\%$$

- C슈퍼의 이용 확률 : P_{KC}

$$P_{KC} = \frac{\dfrac{6^3}{3^2}}{\dfrac{5^3}{10^2} + \dfrac{4^3}{2^2} + \dfrac{6^3}{3^2}} = \frac{24}{1.25 + 16 + 24} = 0.58 = 58\%$$

그러므로 소비자 K의 이용 확률이 가장 높은 점포는 58%의 C슈퍼이다.

---

30 정답 ④

판매활동지수(SAI : Sales Activity Index)는 다른 지역과 비교한 특정 지역 내의 1인당 소매 매출액을 측정하는 지표로, 면적이 아닌 인구를 기준으로 소매 매출액의 비율을 계산한다.

---

31 정답 ⑤

애플바움의 유추법(analog method)은 자사의 신규점포와 특성이 비슷한 기존의 유사점포를 조사하여 추정한 결과를 토대로 자사점포의 신규입지에서의 매출액과 상권 규모를 추정하는 상권분석기법으로, 반드시 2개 이상의 비교점포를 선정해야 하는 것은 아니다.

---

32 정답 ③

주변에 인접한 점포가 없는 고립 점포는 개점 초기에 소비자를 점포 내로 유인하기가 쉽지 않다.

---

33 정답 ④

환산보증금은 임차인이 임대인에게 지급한 보증금과 매달 지급하는 월세 이외에 실제로 얼마나 자금부담 능력이 있는 지를 추정하는 것으로 다음의 식으로 계산한다.

$$환산보증금 = 보증금 + (월임차료 \times 100)$$

---

34 정답 ③

가맹본부가 상권의 급격한 변화 등으로 기존 영업지역을 변경하기 위해서는 개별 가맹점과 합의하여야 하므로 가맹본부의 의사결정만으로 기존 영업지역을 변경하기는 어렵다.

---

35 정답 ②

공급측면에서 비용요인이 상대적으로 저렴할수록 상권은 확대된다.

36 정답 ③

부도심상권은 간선도로의 결절점이나 역세권을 중심으로 형성되며, 주도심에서 나온 소비자를 상대하기 때문에 도시 전체의 소비자를 유인하지 못하는 경우가 많다.

37 정답 ②

점두조사법은 상권분석에서 활용하는 소비자대상 조사기법 중 내점객조사법과 가장 유사하다. 점두조사법은 방문하는 소비자의 주소를 파악하여 자기 점포의 상권을 조사하는 방법으로, 매시간별, 요일별(평일, 주말, 휴일, 경축일 등) 등으로 구분하여 조사한다.

① 고객점표법 : 점포를 이용하는 고객 인터뷰를 통해 소비자의 지리적 분포를 확인하는 방법이다.
③ 가정방문조사법 : 조사목적에 따라 응답자 거소 등으로 직접 찾아가 면접하여 조사하는 방법을 방문조사법이라 한다.
④ 지역할당조사법 : 인구비례로 할당하는 취지의 조사법이다.
⑤ 편의추출조사법 : 정해진 크기의 표본을 추출 할 때 까지 조사자가 모집단의 일정 단위 또는 사례를 표집하며, 일정한 표집의 크기가 결정되면 그 표집을 중지하는 비확률 표본 추출 조사 방법이다.

38 정답 ③

상권의 형태가 일정한 거리 간격의 동심원 형태로 나타나는 것이 아니므로, 소매점의 상권범위는 자사점포를 중심으로 서로 다른 거리의 동심원을 그려 파악한다.

39 정답 ③

매트릭스 분석은 행렬의 여러 법칙을 이용하여 방정식으로 기술된 계통의 상태를 분석하는 것으로, 상권의 지리적 경계를 분석하는 기법과는 거리가 멀다.

① 내점객 및 거주자 대상 서베이법(survey technique) : 점포 방문객의 인터뷰나 조사원의 설문지를 기초로 상권을 분석하는 방법
② 티센다각형(thiessen polygon) : 소비자들이 가장 가까운 소매시설을 이용한다는 가정 하에 공간독점 접근법에 기반을 둔 일종의 상권 구획모형
④ 고객점표법(CST : customer spotting technique) : 점포를 이용하는 고객 인터뷰를 통해 소비자의 지리적 분포를 확인하는 방법

⑤ 컨버스의 분기점분석(Converse's breaking-point analysis) : 두 도시 간의 구매 영향력이 같은 분기점의 위치를 구하는 방법

40 정답 ③

앵커점포(anchor store)는 특정 상권을 대표하거나 대형 상가의 핵심이 되는 유명 점포로, 소매단지 안으로 고객을 유인하는 역할을 담당하는 입점 점포인 핵점포가 앵커점포에 해당한다.

41 정답 ③

㉠ 누적적 흡인력 : 동일 또는 유사상품을 취급하는 소매점들이 밀집되어 있어 고객의 흡인력이 더욱 커지는 입지
㉡ 양립성 : 상호 보완 관계에 있는 점포들이 서로 양립하면서 경쟁력을 키울 수 있는 입지

42 정답 ④

체크리스트법은 상권의 규모에 영향을 미치는 요인들을 수집 · 평가하여 이들에 대한 시장잠재력을 측정하는 방법으로, 부지와 주변 상황에 관하여 사전에 결정된 변수 리스트에 따라 점포를 평가하는 방법이다. 따라서 소비자의 점포선택 행동을 확률론적으로 인식하는 기법이 아니다.

43 정답 ④

전문품을 취급하는 점포는 특수한 매력을 갖춘 상품을 주로 취급한다. 보통 고객이 구매를 위해 거리, 시간, 비용의 노력을 아끼지 않으며 유명 브랜드가 많다. 따라서 전문품 소매점의 경우 고객이 지역적으로 분산되어 있으며 상권의 밀도는 낮고, 범위는 넓은 것이 특징이다.

44 정답 ③

입지의 시계성은 해당 점포가 통행인들의 눈에 얼마만큼 잘 띄는지의 정도를 나타낸다. 일반적으로 곡선형 도로의 안쪽보다 바깥쪽 입지가 더 유리하다.
① 방사형 도로구조에서 분기점에 위치하는 것은 유리하다.
② 일방통행로에 위치한 점포는 시계성과 교통 접근성에 있어서 불리하다.

④ 주도로와 연결된 내리막이나 오르막 보조도로에 위치한 점포는 불리한 입지이다.

⑤ 차량 출입구는 모퉁이에 근접할수록 교차로 교통정체에 의한 방해를 피하기 어렵기 때문에 좋지 않다.

45 　　　　　　　　　　　　　　　정답 ④

Huff모델과 MNL모델은 상권 범위 내 소비자들이 특정점포를 선택할 확률을 근거로 예상매출액을 추정할 수 있는 상권분석 기법이다.

> **상권분석기법 유형**
> - 서술적 방법에 의한 상권분석기법 : 체크리스트법, 유추법, 현지조사법, 비율법 등
> - 규범적 모형에 의한 상권분석기법 : 중심지이론, 소매중력모형, 컨버스모형
> - 확률적 모형에 의한 상권분석기법 : Huff모델, MNL모델, MCI모델

[3과목] 유통마케팅

46 　　　　　　　　　　　　　　　정답 ③

고객자산(customer equity)은 어떤 회사가 가진 고객생애가치의 총합을 의미한다. 그러므로 기업내부에 축적된 고객정보를 효과적으로 활용하여 고객을 기업의 평생고객으로 전환시키려고 하는 고객관계관리(CRM : Customer Relationship Management)의 목적상 고객자산은 중요한 성과평가기준이다.

47 　　　　　　　　　　　　　　　정답 ④

층화표본추출은 표본설계에서 보조 변수의 값이 유사한 추출단위를 묶어서 층을 분할하고 각 층에서 단순임의추출하는 표본추출법이다.

① 할당표본추출 : 조사변수에 관련이 있다고 판단되는 특성에 대한 모집단의 구성비율이 표본에 그대로 유지되도록 하는 표본추출법이다.

② 군집표본추출 : 모집단을 기존의 지리적 구획 또는 행정구역 등으로 구분하여 집락을 수행하며, 몇 개의 집락을 선택한 후 이 집락에서만 표본을 추출하는 방법이다.

③ 판단표본추출 : 모집단의 성격에 대해 전문지식이 있는 사람이, 그가 판단하기에 가장 효과적이라고 생각하는 표본을 뽑는 비확률적 표본추출 방법이다.

⑤ **편의표본추출** : 조사자가 손쉽게 접촉할 수 있는 대상들을 표본으로 추출하는 방법이다.

48 　　　　　　　　　　　　　　　정답 ②

직접제품이익(DPP : Direct Product Profit)은 각 경로 대안의 총 마진에서 직접제품비용을 뺀 제품수익성을 평가하여 직접제품이익이 가장 높은 경로 대안을 선택하는 방법으로, 구매자 입장에서 특정 공급자의 개별품목 혹은 재고 관리단위(SKU : Stock Keeping Unit) 각각에 대해 평가한다.

49 　　　　　　　　　　　　　　　답 없음

자기상표브랜드(PB)는 유통업체가 직접 제조하거나 제조업체에 직접 생산을 요구해 자사의 브랜드를 부착, 판매하는 제품을 말한다.

50 　　　　　　　　　　　　　　　정답 ①

가격 탄력성이 1보다 클 경우 그 상품에 대한 수요는 가격 탄력적이라고 하며, 상품 수요가 가격 변화에 민감하다는 의미이다.

51 　　　　　　　　　　　　　　　정답 ⑤

본부는 직영점보다 가맹점 증가를 통해 가입비, 교육비 등의 수입을 보다 적극적으로 확보할 수 있다.

52 　　　　　　　　　　　　　　　정답 ⑤

잠재적 충성도(latent loyalty)는 호감도는 높지만 반복구매가 낮은 경우에 발생하는 충성도이다. 즉, 잠재적 충성도는 호감도는 높으나 환경, 물리적인 거리 등의 이유로 반복구매도가 낮기 때문에 홍보의 중요성이 부각된다.

53 　　　　　　　　　　　　　　　정답 ①

판매포인트 전달과 판매유도를 목적으로 하는 것은 PP(point of presentation)이다. PP는 매장 내에서 고객의 시선이 머무르는 곳에 어떤 상품을 보여줄지를 결정하여 판매를 유도하는 역할을 한다.

54 정답 ②

고가의 전문매장 또는 가구매장 등의 전문품 매장은 고층이나 층 모서리에 배치하는 것이 바람직하다.

① 백화점 등 고급점포는 곡선적 동선 설계가 바람직하며, 그리드(grid) 방식의 고객동선 설계가 바람직한 점포는 대형마트, 슈퍼마켓, 식료품점 등이다.

③ 충동구매를 일으키는 상품은 점포 전면에 진열, 배치하는 것이 바람직하다.

④ 층수가 높은 점포는 층수가 높을수록 그 공간가치가 낮아진다.

⑤ 넓은 바닥면적이 필요한 상품은 통행량이 적은 곳에 배치하여야 한다.

55 정답 ③

산업재에 적합한 촉진수단은 인적판매이다. 인적판매는 구입을 유도하기 위해 고객 및 예상고객과 직접 접촉할 때 판매를 촉진시키기 위해 제품과 서비스를 제공하는 활동이다.

인적판매
- 고객의 반응에 맞추어 즉석에서 커뮤니케이션을 할 수 있는 유통성이 있으나 비용이 많이 듦
- 산업재를 판매하는 기업이 촉진활동을 인적판매에 주로 의존하여 촉진예산의 가장 높은 비중을 차지함
- 인적대면, 유대관계 형성, 즉각적인 반응 등의 특징이 있기 때문에 구매행동 단계에서 구매자의 선호, 확신 및 행동을 유발하는 데 가장 효과적인 수단임
- 최종 구매행동을 자극하기 때문에 시간과 비용의 낭비가 적음
- 혁신적인 신제품 도입에 효과적인 촉진수단임
- 고객 1인당 비용은 매우 많이 드나, 목표시장에 효율적으로 자원을 집중할 수 있음

56 정답 ④

유통마케팅 조사 절차
조사문제 정의 → 조사 설계 → 자료 수집 → 모집단 설정 → 조사 타당성 평가

57 정답 ④

브랜드 인지도(brand awareness)는 소비자가 한 제품 범주에 속하는 특정 브랜드를 재인하거나 회상할 수 있는 능력으로, 소비자가 특정 제품이나 서비스의 이름을 얼마나 알고 있는지를 나타내는 지표로 사용된다.

58 정답 ⑤

핵심고객관리(key account management)는 효과적이고 수익성 높은 거래의 수단으로 구매자와 판매자 간의 지속적 협력관계를 요구한다.

59 정답 ⑤

소매점이 진행하고 있는 특정 제품 및 세일 관련 광고비용의 일부를 부담하는 것은 판매촉진지원금에 해당한다.

60 정답 ③

특정 시장, 특정 소비자 집단, 일부 제품종류, 특정 지역 등을 집중적으로 공략하는 유통마케팅전략은 집중화전략이다.

① **시장확대전략** : 제품의 경쟁력 제고와 서비스 혁신 등으로 시장에서의 점유율을 확대하는 전략

② **비차별화전략** : 세분시장 간의 차이를 무시하고 단일 제품이나 서비스로 소비자 욕구의 차이보다 공통점에 초점을 맞춘 전략

④ **차별화전략** : 차별화된 제품이나 서비스의 제공을 통해 기업이 산업 전반에서 독특하다고 인식될 수 있는 그 무엇을 창조함으로써 경쟁우위를 달성하고자 하는 전략

⑤ **원가우위전략** : 경쟁기업보다 낮은 원가로 재화 또는 용역(서비스)을 생산하여 제공함으로써 경쟁자에 대해 비교우위를 확보하려는 전략

61 정답 ③

일반적으로 전체 면적에서 차지하는 매장면적의 비율은 점포의 규모가 클수록 높아지는 것이 아니라, 점포의 종류와 특성에 따라 달라진다.

62 정답 ③

중간상이 제조업자를 대신하여 지역광고를 하거나 판촉을 실시할 경우 지급하는 보조금은 판재촉진지원금에 해당한다.

① 중간상이 제품을 현금으로 구매할 경우 제조업자가 판매대금의 일부를 할인해 주는 것은 현금할인이다.

② 중간상이 제조업자가 일반적으로 수행해야 할 업무의 일부를 수행할 경우 경비의 일부를 제조업자가 부담하는 것은 거래할인이다.

④ 중간상이 대량구매를 하는 경우에 해주는 현금할인은 수량할인이다.

⑤ 중간상이 하자있는 제품, 질이 떨어지는 제품 등을 구매할 때 지급하는 지원금은 하자보조금이다.

63 　　　　　　　　　　　　　정답 ⑤

고객생애가치(CLV : Customer lifetime value)는 고객이 일생동안 기업에게 구매를 통해 평균적으로 기여하는 미래수익의 현재가치로 고객의 이용실적, 고객당 비용, 고객이 탈가능성 및 거래기간 등을 통해 추정할 수 있다.

① 업태에 따라 고객생애가치가 달라지는 것은 아니다.

② 고객생애가치는 고객과 기업 간의 관계를 정량적 가치로 수치화하여 측정할 수 있다.

③ 고객생애가치는 고객이 일생동안 구매를 통해 기업에게 기여하는 수익을 현재가치로 환산한 금액이다.

④ 고객생애가치는 고객유지율(CRR : Customer Retention Rate)에 기반하여 추정할 수 있다.

64 　　　　　　　　　　　　　정답 ①

동일 상품군에 속하는 개별 상품의 품질이나 디자인을 고려하여 다양한 가격대를 설정하는 가격전략은 가격계열화전략(price lining strategy)이다. 소비자가 상품의 가격이 비쌀수록 품질이나 디자인이 더 좋으리라고 기대하도록 유인하려는 마케팅 전략이다.

65 　　　　　　　　　　　　　정답 ⑤

대체재가 많을수록 시장의 매력도는 낮아진다. 마이클 포터의 5요인모델(5-Forces Model)은 신규 진입자의 위협, 공급자의 교섭력, 구매자의 교섭력, 대체재의 위협, 기존 기업 간의 경쟁 정도 등 다섯 가지 경쟁요인을 통해 특정 산업분야의 현황과 미래를 분석한다.

66 　　　　　　　　　　　　　정답 ②

상품의 다양성(variety)은 취급하는 상품계열의 수가 어느 정도 되는가를 의미하며, 취급하는 상품목의 수가 얼마나 되는가는 상품의 구색(assortment)을 의미한다.

67 　　　　　　　　　　　　　정답 ④

머천다이징(merchandising)은 특정 제품의 판매방법 등을 계획하는 상품화계획으로, 편리성은 대형마트 등의 머천다이징 특징에 해당하나 백화점의 머천다이징 특징으로 볼 수 없다.

68 　　　　　　　　　　　　　정답 ①

고객관계관리(CRM)는 기존고객과의 관계를 강화하기 위한 고객관리전략에 해당하나, 잠재가능고객 파악 및 차별적 프로모션 실행은 신규고객 확보를 위한 고객관리전략에 해당한다.

69 　　　　　　　　　　　　　정답 ③

판매원은 일하는 장소와 판매방법에 따라 상점판매원, 방문판매원, 이동판매원 등으로 구분되므로 판매활동의 공간이 소매점만으로 제한되지는 않는다.

70 　　　　　　　　　　　　　정답 ⑤

구매하지 않아도 된다는 태도를 취하는 것은 판매 결정을 촉구하는 판매원의 행동으로 타당하지 못하다. 판매원은 고객의 욕구를 파악하고 전문적인 상품지식을 통해 그에 부합된 제품을 추천함으로써 고객에게 신뢰감을 얻는다.

[4과목] 유통정보

71 　　　　　　　　　　　　　정답 ⑤

검색 에이전트는 인터넷 상에서 유용한 정보를 검색하거나 추출하는 비즈니스 모델이다. 공통관심의 이용자들에게 만남의 장을 제공하는 커뮤니티 모델로는 소셜 네트워크(SNS)가 적합하다.

72 　　　　　　　　　　　　　정답 ③

암묵지 : 숙련된 기술, 조직 문화, 조직의 경험

형식지 : 매뉴얼, 데이터베이스, 컴퓨터 프로그램

> **암묵지와 형식지**
> • **암묵지** : 경험과 학습을 통하여 개인에게 체화되어 있

지만 명료하게 공식화되거나 언어로 표현할 수 없는 지식
- **형식지** : 문서나 매뉴얼처럼 외부로 표출되어 여러 사람이 공유할 수 있는 지식

73　　　　　　　　　　　　　　정답 ③

베스트 오브 브리드(best of breed)는 특정 업체에 종속될 수 있는 통합 제품보다 기능별로 다양한 회사 제품을 사용하는 전략으로, 미들웨어를 통한 애플리케이션 통합이 필요하다.

74　　　　　　　　　　　　　　정답 ③

OLAP(On-Line Analytical Processing)는 사용자가 직접 데이터를 검색 및 분석해서 문제점이나 해결책을 찾는 온라인 분석 처리 기법을 말한다. 데이터의 깊이와 분석차원을 마음대로 조정해가며 분석하는 OLAP의 기능은 드릴링(drilling)이다.

① **분해(slice & dice)** : 다양한 각도에서 자료를 조회하고 자유롭게 비교하는 기능
② **리포팅(reporting)** : 보고서의 현재 정보를 간단한 대화식 조작을 통해 원하는 형태의 보고서로 나타내는 기능
④ **피보팅(pivoting)** : 보고서의 행, 열, 페이지 차원을 무작위로 바꾸어 볼 수 있는 기능
⑤ **필터링(filtering)** : 원하는 자료만을 걸러서 추출하는 기능

75　　　　　　　　　　　　　　정답 ③

절차별 모바일 결제 서비스(PG : Payment Gateway)는 인터넷상에서 금융기관과의 거래를 대행해 주는 서비스로 신용카드, 계좌이체, 휴대전화 요금결제, 자동응답서비스(ARS) 결제 등 다양한 소액결제 서비스를 제공한다.

절차	From	To
구매요청/지불 정보 전송	고객	쇼핑몰
지불 정보 전송	쇼핑몰	(㉠ 모바일PG)
고객 확인 요청/ 거래 암호 생성, 전송	(㉠ 모바일PG)	(㉡ 이동통신사)
고객 확인 후 거래 암호 전송	(㉡ 이동통신사)	고객

거래 암호 전송	고객	쇼핑몰
대금 정보 전송	쇼핑몰	모바일PG
상품 배송	쇼핑몰	고객
대금 정보 전송	모바일PG	이동통신사
대금 청구	이동통신사	고객
대금 수납	고객	(㉢ 이동통신사)
수납 정보/ 수납 금액 인도	(㉢ 이동통신사)	(㉣ 모바일PG)
상점 정산	(㉣ 모바일PG)	쇼핑몰

76　　　　　　　　　　　　　　정답 ⑤

레거시 시스템(legacy system)은 과거로부터 물려 내려온 낡은 컴퓨터 시스템이나 소프트웨어로 4차 산업혁명의 기하급수기술(exponential technology)과는 거리가 멀다.

77　　　　　　　　　　　　　　정답 ④

NoSQL은 전통적인 관계형 데이터베이스 관리 시스템(RDBMS)과는 다르게 설계된 비관계형(non-relational) DBMS로, 대규모 데이터를 유연하게 처리할 수 있는 강점이 있다.

78　　　　　　　　　　　　　　정답 ②

데이터베이스로부터 정보를 추출하는 주요 매커니즘을 의미하는 것은 쿼리이다. 스코어카드(scorecards)는 다양한 데이터의 변화를 수치화하여 미래를 예측할 수 있게 하는 것이다.

79　　　　　　　　　　　　　　정답 ④

자료·정보·지식의 비교

구분	자료	정보	지식
구조화	(㉠ 쉬움)	단위필요	(㉡ 어려움)
부가가치	(㉢ 적음)	중간	(㉣ 많음)
객관성	(㉤ 객관적)	가공필요	(㉥ 주관적)

80 정답 ⑤

업 셀링(up selling)이란 같은 고객이 이전에 구매한 상품보다 더 비싼 상품을 사도록 유도하는 판매 방법을 말한다.

① 클릭 앤드 모타르(click and mortar) : 인터넷에서의 비즈니스와 실물세계에서의 비즈니스를 함께 병행하는 방식
② 옴니채널(omnichannel) : 다양한 채널이 고객의 경험관리를 중심으로 하나로 통합됨
④ 크로스 셀링(cross selling) : 고객이 이미 구매한 상품 또는 서비스와 연관시켜 그와 유사하거나 보완적인 다른 상품이나 서비스를 판매하는 방법

81 정답 ②

그리드 컴퓨팅(Grid Computing)은 분산 병렬 컴퓨팅의 한 분야로서, 원거리 통신망으로 연결된 서로 다른 기종의 컴퓨터들을 하나로 묶어 가상의 대용량 고성능 컴퓨터를 구성하여 고도의 연산 작업 혹은 대용량 처리를 수행하는 것을 말한다.

① 클라우드 컴퓨팅 : 인터넷 상의 서버를 통하여 IT 관련 서비스를 한번에 사용할 수 있는 컴퓨팅 환경
③ 그린 컴퓨팅 : 컴퓨팅 작업에 소모되는 에너지를 절약하자는 운동
④ 클러스터 컴퓨팅 : 여러 대의 컴퓨터들이 연결되어 하나의 시스템처럼 동작하는 컴퓨터들의 집합
⑤ 가상 컴퓨팅 : 한 대의 대형 컴퓨터에 접속된 개개의 단말기에서 다른 운영체제를 가상적으로 실행할 수 있게 하는 컴퓨터 인터페이스

82 정답 ⑤

지식관리 시스템은 조직 내의 인적자원들이 축적하고 있는 개별적인 지식을 체계화하여 공유함으로써 기업 경쟁력을 향상시키기 위한 기업정보 시스템으로, 처음에는 소규모로 시작하였다가 성과가 나타나면 전사적으로 확장하는 것이 유용하다.

① 기업은 지식에 대한 유지관리를 위해 유용한 지식을 합리적으로 잘 보존해야 한다.
② 지식관리 시스템을 도입한다고 조직 내부의 지식관리에 대한 모든 문제를 해결할 수 있는 것은 아니다.
③ 지식관리 시스템은 직원이 보유한 업무처리 지식을 체계화하여 공유함으로써 기업의 경쟁력을 향상시킨다.
④ 지식관리 시스템은 장기적 관점에서 경쟁력을 강화하기 위해 구축하는 프로젝트이다.

83 정답 ⑤

회귀분석(regression analysis)은 종속변수와 독립변수의 상관관계가 아니라, 하나 또는 하나 이상의 독립변수가 종속변수에 미치는 영향을 추정하는 분석기법이다.

84 정답 ④

의사결정에 활용되는 시뮬레이션 절차
ⓒ 문제 규정 → ⑦ 모델 설정 → ⓔ 모형의 타당성 검토 → ② 시뮬레이션 시행 → ⑩ 결과 분석 및 추론

85 정답 ③

시맨틱웹(semantic-Web)은 기계가 정보의 의미를 이해하고 논리적 추론까지 할 수 있는 지능형 웹을 말한다.

① 고퍼(gopher) : 정보의 내용을 주제별이나 종류별로 구분하여 메뉴로 구성한 후 메뉴 방식으로 사용할 수 있는 인터넷 정보검색 서비스
② 냅스터(napster) : 개인의 음악파일들을 인터넷으로 공유할 수 있게 해주는 프로그램
④ 오페라(opera) : 노르웨이의 오슬로에서 설립된 오페라소프트웨어가 개발한 웹 브라우저
⑤ 웹클리퍼(Web-clipper) : 텍스트, 이미지, 링크 등을 포함해 웹페이지를 스크랩할 수 있는 기능

86 정답 ②

상품 식별코드 자체에는 상품명, 가격, 내용물 등에 대한 정보가 포함되어 있지 않다.

87 정답 ⑤

QR(Quick Response) 코드는 바코드보다 훨씬 많은 정보를 담을 수 있는 격자무늬의 2차원 코드로 숫자, 영자, 한자, 한글, 바이너리(binary), 제어 코드를 포함한 모든 데이터를 처리할 수 있다.

88 정답 ③

균형성과표(BSC : balanced scorecard)는 기업의 비전

과 전략을 조직 내외부의 핵심성과지표(KPI)로 재구성해 전체 조직이 목표달성을 위한 활동에 집중하도록 하는 전략경영시스템이다.

89   정답 ①

전자광학센서, 초분광센서, 적외선센서는 드론의 목적에 따라 다양한 장비를 싣는 역할을 하는 드론의 임무 장비이다. 드론의 항법센서에는 위성항법, MEMS(Micro Electro Mechanical System), 임베디드 소프트웨어 기술 등이 있다.

90   정답 ②

POS 시스템은 모든 거래정보 및 영업정보를 즉시 파악할 수 있는 리얼타임방식으로 정보의 변화에 즉각 대응할 수 있다. 배치(Batch) 방식은 처리의 대상이 되는 데이터를 일 단위나 월 단위마다 모아두고 나중에 종합하여 일괄처리하는 방식이다.